U0788023

中国年鉴资源全文数据库核心年鉴

2015

XISHAN YEARBOOK

锡山年鉴

无锡市锡山区人民政府 主办
无锡市锡山区档案局 编

方志出版社
Publishing House of Local Records

图书在版编目（CIP）数据

锡山年鉴. 2015 / 无锡市锡山区档案局编. — 北京：方志出版社，2015.8
ISBN 978-7-5144-1651-0

Ⅰ. ①锡… Ⅱ. ①无… Ⅲ. ①区（城市）—无锡市—2015—年鉴 Ⅳ. ①Z525.33

中国版本图书馆CIP数据核字（2015）第173876号

锡山年鉴（2015）

编 者：无锡市锡山区档案局
责任编辑：李 静
出 版 人：冀祥德
出 版 者：方志出版社
地址 北京市朝阳区潘家园东里9号（国家方志馆4层）
邮编 100021
网址 http://www.fzph.org
发 行：方志出版社发行中心
电话（010）67110500
经 销：各地新华书店
印 刷：无锡市人民印刷厂有限公司
开 本：889×1194 1/16
印 张：31
字 数：840千字
版 次：2015年8月第1版 2015年8月第1次印刷
印 数：0001～1000册
ISBN 978-7-5144-1651-0 定价：180.00元
·版权所有 翻印必究·

《锡山年鉴》编纂委员会

主　任：顾中明

副主任：窦　虹　陈　奕　宋永敏

成　员：徐　悦　张　瑜　王立新　华　炜

孟静卫　孙军伟　浦向民　殷旭东

范嘉明　王　琪　司建新　叶上山

陆晓波　冯冬雁　张　盛　唐中明

王利江　冯筱虹　倪　勇

《锡山年鉴》编辑部

主　编：宋永敏

副主编：周红亚　倪　勇　周　枫

编　辑：钱惠芳　张　彤　吴　霞

袁　渊　孙剑光

编　务：陈　洲　马　蓉　吴晓平

△ 12月28日，农业部部长韩长赋（前排左二）一行视察锡山台创园 （台创园 供稿）

△ 4月3日，省委常委、市委书记黄莉新（左三）一行视察荡口古镇 （华 佳 摄）

△ 7月25日，省政协副主席、省政府党组成员、省科技厅厅长徐南平（左三）到锡山区调研，就科技创新工作听取基层代表意见 （区科技局 供稿）

△ 5月10日，市委副书记、市长汪泉（左二）一行在锡山国土资源分局服务窗口调研　　（华　佳 摄）

△ 1月24日，全国中小企业股份转让系统（俗称“新三板”）在国家会议中心举行扩容后的首次集中挂牌仪式。江苏红豆杉生物科技股份有限公司（红豆杉、430383）、无锡阿科力科技股份有限公司（阿科力、430605）和无锡市兴港包装股份有限公司（兴港包装、430586）3家企业顺利实现挂牌。图为红豆杉盆景大棚
（《新锡山》 供稿）

△ 3月12日，美国科学院院士、教授罗纳德·菲利普（左一）被聘为无锡哈勃生物种业技术研究院有限公司首席科学顾问。图为罗纳德·菲利普一行在锡山台创园参观 （沈 忱 摄）

△ 5月13日，位于羊尖镇的江苏永尚能源科技有限公司在上海股权托管交易中心“Q板”挂牌上市，成为全国净水器行业首家挂牌企业 （过亚叶 摄）

△ 5月28日，澳大利亚Blerick Tree FARM公司—上海东郁园林科技有限公司的彩色苗木育种研发合作项目落户锡山台创园。图为签约现场 （沈 忱 摄）

△ 11月4日，2014无锡锡山—麻省理工学院科技和人才合作会议在锡山区举行。图为鹅湖镇政府、无锡隆达金属材料有限公司、无锡富瑞德精密机械有限公司分别与麻省理工学院签署项目合作协议

（华　佳　摄）

“荟聚·云林”购物中心

6月27日，由瑞典英特宜家集团打造的中国首家购物中心——“荟聚·云林”购物中心正式开门迎客

（以上照片由过亚叶提供）

△9月3日，盖世理无锡现代物流产业园在开发区举行奠基仪式 （开发区 供稿）

△11月11日，伽力森主食企业（无锡）股份有限公司在北京举行新三板挂牌仪式 （《新锡山》 供稿）

无锡地铁2号线

无锡地铁2号线于2014年12月28日正式通车，全长约26.6千米，起于滨湖区梅园开原寺站，止于锡山区安镇站，沿线设站22处，沿途穿越河埒口商圈、中心商务区、广益新城、锡东新城等城市重要区域，是横贯市区东西的交通主动脉。

△ 无锡地铁2号线车厢内景

◁ 无锡地铁2号线的开通运营，极大地方便了百姓的出行

△ 无锡地铁2号线车站内一景

▽ 无锡地铁2号线云林站

（以上照片由《新锡山》提供）

△ 九里河风光 （《新锡山》 供稿）

△ 斗山晨雾 （陈惠初 摄）

△ 暮色中的锡山城区 （《新锡山》 供稿）

△ 新华路高架　　（《新锡山》 供稿）

△ 斗山采茶一景 （《新锡山》 供稿）

△ 11月10日，东港镇山联村13.33公顷贡皇菊盛开，成为一道亮丽的风景　　（沈　忱　摄）

◁ 宜居锡东新城　　（孙剑光 摄）

△1月13日，无锡首个“鸟巢图书馆”在天一中学前的公交站台旁亮相
（《新锡山》 供稿）

△1月，全区首家“少儿悦读E站”在东亭街道映月社区启用 （《新锡山》 供稿）

△4月20日，区人社局举办迎“五一”春风行动大型综合招聘会　（《新锡山》供稿）

△ 6月20日，无锡市民卡有限公司驻点云林街道新农丰社区，为70岁以上高龄老人办理公交高龄卡换卡业务 （《新锡山》 供稿）

△ 4月29日，区委常委、区委统战部部长、区总工会主席张映雪（前排中）一行深入锡山企业慰问新疆阿合奇县到锡山务工人员 （过亚叶 摄）

△4月的江苏省天一中学校园环境优美，图为学生们课间在林荫小道休憩　　（《新锡山》 供稿）

无锡市第二届“群芳奖”锡山作品获奖掠影

△ 广场鼓乐《龙腾虎跃》

△ 女声小组唱《女大十八变》

▽ 群舞《荷灯愿》

（以上照片由《新锡山》提供）

△4月2日，厚桥街道中东村第三届“梨文化节”开幕。图为游客在梨园拍照留影 （《新锡山》 供稿）

△ 4月28日，游客们在无锡现代农业博览园樱桃种植采摘基地采摘樱桃　　（《新锡山》 供稿）

△10月1~7日，无锡现代农业博览园举行首届亲子民俗文化节　（《新锡山》供稿）

△锡北镇泉山文化公园健身广场成为人们茶余饭后的好去处　　（《新锡山》 供稿）

荡口古镇

△ 12月19日，无锡贺岁剧《五福临门之荡口奇缘》在荡口古镇开拍。图为区委副书记、区长顾中明（右）和无锡广播电视集团总裁严克勤（左）为《五福临门》拍摄基地揭牌 （华 佳 摄）

◁ 水上戏曲（《新锡山》 供稿）

△窗外古镇 （《新锡山》 供稿）

△ 荡口古镇船游 （郁大波 摄）

▽ 荡口古镇水弄堂 （周 杰 摄）

△春到荡口古镇 （《新锡山》 供稿）

△外国学生畅游荡口古镇 （《新锡山》 供稿）

“就业创业”项目

实现城乡劳动力就业6710人，开发公益性岗位345个，分别完成目标任务的134%和101%；扶持自主创业1182人，实现创业带动就业7562人，分别完成目标任务的118%和126%。图为锡山区人才中心2015届毕业生专场招聘会　（《新锡山》 供稿）

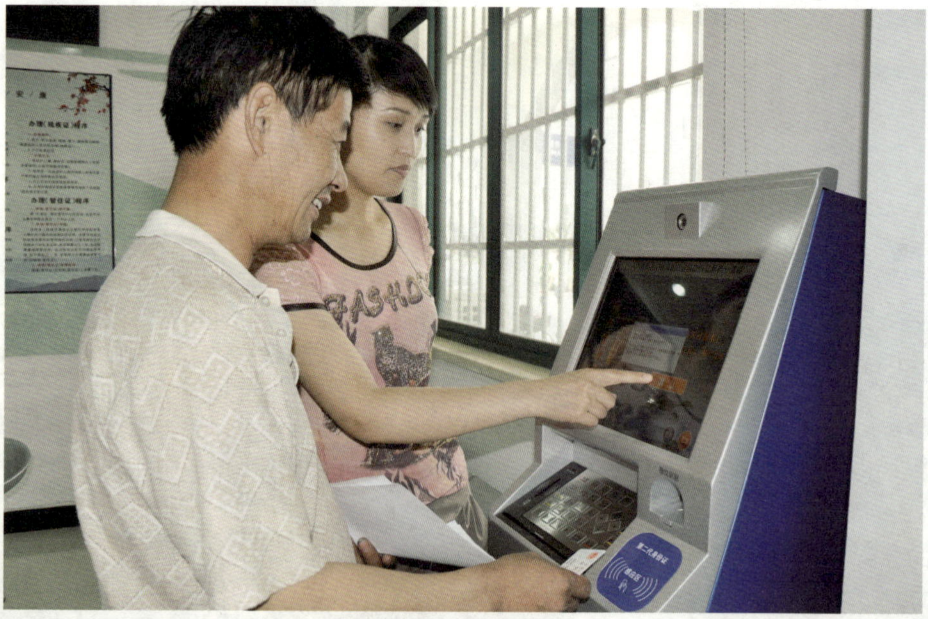

“社会保障”项目

居民医疗保险参保24.8万人，适龄居民养老保险和居民医疗保险参保覆盖率分别在98.5%和99%以上。新增被征地农民接续缴费5878人，完成目标任务的294%。图为工作人员指导居民使用社保“一体机”　（《新锡山》 供稿）

“扶贫帮困”项目

开展深度贫困走访慰问和关爱弱势群体帮扶活动，对全区593户深度贫困家庭、194名低保大学生和49名孤儿、困境儿童等救助对象发放深度贫困帮扶资金1309.86万元，比2013年增长26.8%。上图为10月22日，区领导为无锡市锡山区特困帮扶基金会成立揭牌　（孙剑光 摄）
下图为区委书记陆志坚（中）走访慰问贫困家庭　（华　佳 摄）

“学校建设”项目

云林春雷小学新建工程启动建设，完成2号、3号教学楼三层结构砼浇筑和操场二层结构钢筋、模板施工，完成综合楼基础地梁砼浇筑。厚桥实验小学一期改建工程完成招标。锡山实验小学完成主体工程，正在内部装修。图为新建成的无锡市东北塘实验小学

（朱凤娟 摄）

“安居工程”项目

全区安置房施工面积174.6万平方米，竣工面积117万平方米，交付9345套；完成桑达、东街、柏庄等8个社区、28个住宅小区整治工作，整治面积14.26万平方米。图为环境优美、设施完善的安置房小区

（安镇街道 供稿）

“公共交通”项目

在广泛调研和征集民意的基础上，新开辟717路（张泾—安镇）、806路微循环（开发区园区专线）、807路（锡北专线）3条公交线路，优化调整702路、732路、737路、802路、726路、720路、708路、758路、80路、111路10条公交线路。图为公交708路开通现场　（区交通运输局 供稿）

“医疗服务”项目

锡山人民医院新建工程建至第八层；东北塘街道社区卫生服务中心改扩建工程完成立项及环评审批，正在办理工程规划许可证等有关报建手续，预计2015年春节前完成招投标手续。羊尖镇社区卫生服务中心新医疗大楼装修基本结束，待工程验收后即可投用。全区社区卫生服务中心规范化建成率100%，社区卫生服务站规范化建成率90%。开展医疗惠民服务，对2388名孕产妇实施住院分娩补助，补助金额104.49万元；免费为22783名35~64岁妇女开展“两癌”检查；免费开展白内障超声乳化手术605例；为52331名65岁以上老年人提供免费健康体检。图为6月15日，锡山区卫生局与东南大学附属中大医院签约共建，正式挂牌成立“东南大学附属中大医院无锡分院”　（华　珏　摄）

“食品安全”项目

全年开展食品安全实验室检测1666批次，检测合格率97%。除东亭街道（东亭地区无蔬菜基地，在柏庄农贸市场设立检测室）外，其他各镇（街道）均建立蔬菜质量检测室，地产农产品抽检合格率达99.3%。推进8家农贸市场改造提升工作，东亭街道庄桥农贸市场、锡北镇锡北商城、羊尖镇廊下农贸市场、开发区厚桥街道谢埭荡农贸市场、东北塘街道东北塘农贸市场完成改造；安镇街道先锋村牌楼下农贸市场（新建）基本建成；鹅湖镇锡东商贸城（改造）和东港镇港下农贸市场（改造）进度略缓，2015年1月下旬完成主体工程建设。图为工作人员进行蔬菜农药残留检测

（《新锡山》 供稿）

“文化体育”项目

全年举办各类广场文艺、书画摄影展93场次，送电影下乡478场次。60套公共健身器材安装到位，投入使用。全区新增公共文体活动场地6.25万平方米。东港镇文体服务中心、羊尖镇文体服务中心建成启用。图为锡山区“走进新锡山”广场文艺演出暨东亭街道秋之韵专场演出现场　　（《新锡山》 供稿）

“环境提升”项目

全区新增绿化面积166.67公顷，其中成片造林151.33公顷。安镇空气质量自动监测站完成建设。经市环保局验收，东港镇创建成市级“两型社会”示范镇，东港镇张缪舍村、锡北镇周家阁村创建成市级“两型社会”示范村。图为锡北镇周家阁村　　（《新锡山》 供稿）

编辑说明

《锡山年鉴》指导思想：以马克思列宁主义、毛泽东思想、邓小平理论和“三个代表”重要思想为指导，全面贯彻落实科学发展观，坚持辩证唯物主义和历史唯物主义的立场、观点和方法。

《锡山年鉴》是由中共锡山区委领导、锡山区人民政府主办，各有关部门共同参与编撰的综合性地方资料工具书。其前身为《锡山区概览》，自2002年起，每年编印一册，2007年更名为《锡山年鉴》。其宗旨是全面、系统、翔实地载录锡山区经济社会的基本面貌和发展情况，为社会各界和海外人士了解和研究锡山提供基本资料。

《锡山年鉴》采用类目、分目和条目三个层次的结构形式，其中条目是本书反映情况的主要形式，其标题统一加方头括号（【】）表示。全书前有目录，后有索引，具有比较完善的检索系统。

《锡山年鉴》以出版年号为刊次名称，《锡山年鉴（2015）》主要载录锡山区2014年经济社会发展的基本资料，设有特载、大事记（2014年）、锡山区概况、中共锡山区委员会、锡山区人大常委会、锡山区人民政府、政协锡山区委员会、中共锡山区纪委（含监察）、民主党派·工商联·无党派联委会、人民团体、武装·法治、农业、工业、开放型经济、服务业·商贸·旅游、经济管理、财政·税务·金融、城镇建设和管理、环境保护·水利、交通·电力·邮政、信息化·电信、教育、科学技术、文化、卫生、体育、人力资源和社会保障、社会生活、各镇（街道）、人物·荣誉栏、经济和社会发展统计资料、文件汇编、索引33个类目。

本卷年鉴的条目由各撰稿单位确定专人撰写，并经单位主要领导审定。撰稿人姓名署于条目之后，若同一人撰写数个相连的条目，则在最后一个条目后署名。

本卷年鉴所用统计数据，因统计来源、口径、方式、方法和时间的不同而有一定的差异，使用时请以锡山区统计局提供的数据为准。

本卷年鉴在编辑过程中得到各撰稿单位和社会各界的大力支持，在此深表谢意。如有疏漏和错误之处，恳请读者批评指正。

审稿领导名单

（以姓氏笔画为序）

丁益民	方　力	王　彪	王立新	王利江	王祖庚
邓加红	邓重高	石国洪	华　兴	华　炜	华　星
华荣清	吕　斌	孙亚君	孙军伟	朱　惕	朱一丹
朱洪元	朱晓军	过文洁	严卫中	宋永敏	宋吉雯
张　杰	张　晔	张　浩	张　瑜	张立新	张映雪
张荣兴	张骁杰	张晓庆	张锦标	李佩东	杨自安
言国强	陈亚萍	陈旭东	陈志贤	陈秋峰	陈荣伟
周　勇	周　挥	周建伟	周柏平	周嘉模	孟静卫
欧文钱	郁　枫	胡小坚	唐中明	唐进华	唐珏如
席子南	徐　悦	徐卫兵	徐志军	殷旭东	浦向民
钱　斌	钱红星	钱雨晨	陶　波	曹显华	黄朝奎
黄懿斌	蒋　飞	蒋文伟	谢　军	谢旭东	窦　虹
鲍雪峰	蔡　伟	蔡　昌			

《锡山年鉴》部分机构（单位）简称全称对照表

简称	全称	简称	全称
区委	中国共产党锡山区委员会	区城管局	锡山区城市管理局
区委办	中国共产党锡山区委员会办公室	区宗教局	锡山区民族宗教局
区人大常委会	锡山区人民代表大会常务委员会	区重点办	锡山区重点工程建设管理办公室
区政府	锡山区人民政府	区供销社	锡山区供销合作总社
区政府办	锡山区人民政府办公室	团区委	中国共产主义青年团锡山区委员会
区法制办	锡山区人民政府法制办公室	区妇联	锡山区妇女联合会
区政协	中国人民政治协商会议锡山区委员会	区科协	锡山区科学技术协会
区纪委	中国共产党锡山区纪律检查委员会	区残联	锡山区残疾人联合会
区法院	锡山区人民法院	区工商联	锡山区工商业联合会
区检察院	锡山区人民检察院	民革锡山区支部	中国国民党革命委员会锡山区支部委员会
区委统战部	中共锡山区委统一战线工作部	民盟锡山总支	中国民主同盟锡山区总支部委员会
区侨办	锡山区人民政府侨务办公室	民建锡山总支	中国民主建国会锡山区总支部委员会
区人武部	锡山区人民武装部	锡山公安分局	无锡市公安局锡山分局
区委政法委	中共锡山区委政法委员会	锡山国土分局	无锡市国土资源局锡山分局
区委农办	中共锡山区委农村工作办公室	锡山工商局	无锡市锡山工商行政管理局
区委台办	中共锡山区委台湾工作办公室	区国税局	无锡市锡山区国家税务局
区编办	锡山区机构编制委员会办公室	锡山地税局	无锡市锡山地方税务局
区级机关党工委	中共锡山区委区级机关工作委员会	锡山质监局	无锡市锡山质量技术监督局
区发改局	锡山区发展和改革局	锡山规划分局	无锡市规划局锡山分局
区经信局	锡山区经济和信息化局	锡山食药监局	无锡市食品药品监督管理局锡山分局
区科技局	锡山区科学技术局	开发区	国家级锡山经济技术开发区
区人社局	锡山区人力资源和社会保障局	商务区	无锡锡东新城商务区
区人防办	锡山区人民防空办公室	台创园	无锡锡山台湾农民创业园
区住保房管局	锡山区住房保障和房产管理局	西港特区	西哈努克港经济特区
区人口计生局	锡山区人口和计划生育局	红豆集团	红豆集团有限公司
区环保局	锡山区环境保护局	农博园	无锡现代农业博览园
区安监局	锡山区安全生产监督管理局	青奥会	青年奥林匹克运动会

无锡市锡山区区域示意图

总　目

目　录

特　载
Special Record

大事记（2014年）
Chronicle of Events (2014)

锡山区概况
Survey of Xishan District

中共锡山区委员会
CPC Xishan District Committee

重要会议
Important Conferences

组织工作
Organizational Work

宣传思想工作
Publicity and Ideological Work

统战工作
Multi-Party Cooperation

对台工作
Taiwan Affairs

农村农经工作
Agricultural and Rural Economy

机要保密工作
Secret Safty

民主党派·工商联·无党派联委会
Democratic Party,Industry,Commerce Union,Nonpartisan Commission

人民团体
People 's Organization

锡山区总工会
General Labor Union of Xishan District

共青团锡山区委员会
The Chinese Communist Youth League of Xishan District

锡山区妇女联合会
Women's Federation of Xishan District

锡山区科学技术协会
Science and Technology Association of Xishan District

武装·法治
Armed Force, Rule of Law

人民武装
People 's Armed Force

人防工作
People 's Air Defence

综合治理
Comprehensive Governance

公安工作
Public Security Mission

检察工作
Procuratorial Mission

法院工作
Court Mission

司法行政
Justice Administration

农 业
Agriculture

综述
Briefs

农业机械化
Agriculture Mechanization

锡山台湾农民创业园
Taiwan Farmers Pioneer Park of Xishan District

工 业
Industry

综述
Briefs

“两车”产业
The Car Industry

开放型经济
Open Economy

烟草专卖
Tobacco Monopoly

旅游
Tourism

经济管理
Economic Management

发展改革管理
Development and Reform Management

统计管理
Statistics Management

物价管理
Pricing Control

土地资源管理
Land Resources Management

审计管理
Auditing Management

安全生产监管
Safety Production Supervision

工商行政管理
Industrial and Commercial Administration

质量监督管理
Quality Supervision

食品药品监督管理
Foodstuff and Drug Supervision

海关
Custom

财政·税务·金融
Finance,Taxation,Banking

财政
Finance

国税
State Taxation

地税
Local Taxation

金融
Banking

城镇建设和管理
Urban Construction and Management,Environmental Protection

城乡规划
Urban and Rural Planning

城市建设
Urban Construction

交通・电力・邮政
Transportation,Power Supply, Post Service

交通基础设施建设
Transportation Infrastructure Construction

交通行业管理
Transportation Industry Management

电力
Power Supply

邮政
Post Service

信息化・电信
Informationization ,Telecommunication

政务信息化
Informationization of Government Affairs

软件和信息服务产业
Software and Information Outsourcing

电信
Telecommunication

教　育
Education

综述
Briefs

社会保障
Social Security

人才人事
Talent Personnel

劳动关系
Labor Relation

社会生活
Social Life

人民生活
People' s Life

民政工作
Civil Administration Mission

人口和计划生育
Population and Family Planning

民族宗教
Ethnic and Religion

东北塘街道
Dongbeitang Sub-district

锡北镇
Xibei Township

东港镇
Donggang Township

经济和社会发展统计资料
Statistics of Economic and Social Development

综合
Integration

农业
Agriculture

工业·交通
Industry and Transportation

固定资产投资
Investment in Fixed Assets

贸易业·开放型经济
Trade Industry and Open Economy

财政·金融
Finance,Banking

教育·文化·卫生
Education, Culture,Health

文件汇编
Document Collection

区委、区政府主要文件目录
Main Document Catalogue of District Committee and Government

指导性文件
Instruction Documents

索　引
Index

图片专辑
Picture Edition

特　载

Special Record

锡山区进入地铁时代　　（胡懿文 供稿）

深入贯彻党的十八届四中全会精神
加快建设富强美丽和谐幸福现代化新锡山

——在中共锡山区委三届六次全体会议上的讲话

区委书记　陆志坚

（2015年1月4日）

同志们：

今天，我们在这里召开区委三届六次全会，主要任务是深入学习贯彻党的十八届四中全会、中央经济工作会议、习近平总书记在江苏视察调研时的重要讲话精神，按照省委十二届八次、九次全会和市委十二届八次全会的部署要求，回顾总结去年工作，深入分析当前形势，谋划部署今年任务，动员全区各级党组织、广大党员和干部群众，统一思想、坚定信心，以务实的举措推进法治建设，以创新的理念推动改革发展，为建设富强美丽和谐幸福现代化新锡山而努力奋斗。下面，我根据区委常委会讨论的意见，讲四个方面的问题。

一、深入贯彻十八届四中全会精神，全面推进法治建设新实践

党的十八届四中全会，是在我国全面建成小康社会进入决定性阶段、全面深化改革进入攻坚期和深水区的重要关头召开的一次重要会议。全会通过的《中共中央关于全面推进依法治国若干重大问题的决定》，是新形势下加快建设社会主义法治国家的纲领性文件。省委和市委十二届八次全会，对推进法治建设作出了全面部署，为我们推进依法治区指明了方向、提供了遵循。我们要认真学习、深刻领会、准确把握党的十八届四中全会的精神实质，充分认识加强法治建设的重要性和紧迫性，切实增强走中国特色社会主义法治道路的自觉性。要深刻认识全面推进依法治区是推进现代化建设的迫切需要，更加自觉地把法治建设摆到突出的位置，贯穿于现代化建设各领域、全过程，在加快建设富强美丽和谐幸福现代化新锡山的过程中，更好地发挥法治的引领和示范作用；要深刻认识全面推进依法治区是全面深化改革的迫切需要，更加自觉地把全面深化改革与依法治区统一起来，做到在法治的引领下推进改革、在法治的框架内规范改革，确保全面深化改革始终在法治轨道上运行；要深刻认识全面推进依法治区是维护社会公平正义的迫切需要，更加自觉地以法治思维和法治方式提高社会治理水平，有效解决损害群众利益的突出问题，切实保障全区人民合法权益，让人民群众感受到公平正义就在身边，促进社会和谐稳定。我们要切实增强加强法治建设、全面推进依法治区的自觉性和坚定性，扎实做好依法治区各项工作，确保法治建设各项任务落到实处。

当前和今后一个时期，我区全面推进依法治区的总体要求是：认真贯彻落实党的十八大、十八届三中、四中全会和习近平总书记系列重要讲话精神，按照省委、市委十二届八次全会部署要求，坚持党的领导、人民当家做主、依法治国有机统一，坚定不移走中国特色社会主义法治道路，坚决维护宪法法律权威，依法保障公民合法权益、维护社会公平正义、促进社会大局稳定，全面提升全区经济、政治、文化、社会和生态文明建设法治化水平，为锡山现代化建设提供有力的法治保障。总体目标是：按照中央确定的“建设中国特色社会主义法治体系、建设社会主义法治国家”总目标，围绕形成高效的法治实施体系、严密的法治监督体系、有力的法治保障体系，坚持依法治国、依法执政、依法行政共同推进，法治国家、法治政府、法治社会一体建设，大力推动严格执法、公正司法、全民守法，着力推进中国特色社会主义法治体系和社会主义法治国家建设在锡山的实践和探索，不断开创锡山法治建设新局面。

1.**建设法治政府，提升依法行政水平。**全区各级政府要始终在党的领导下、在法治轨道上行使各项权力，加快打造职能科学、权责法定、执法严格、公开公正、廉洁高效、守法诚信的法治政府。要依法履行政府职能。加快推进政府机构、职能、权限、程序、责任法定化，继续深化行政审批制度改革，建立政府权力清单制度，切实做到法定职责必须为、法无授权不可为。严格推行依法决策，建立终身责任追究制度和责任倒查机制，确保行政决策制度科学、程序正当、过程公开、责任明确。要坚持严格规范执法。完善执法程序，整合执法主体，规范执法行为，探索推进联动执法、协同执法、综合执法，切实提高执法的效率、规范化水平和社会满意度。要加强权力监督制约。积极探索对权力集中部门和岗位实行分事行权、分岗设权、分级授权的管理制度，加快推进对公共资金、领导干部经济责任履行情况审计监督的全覆盖，坚持公开为常态、不公开为例外的原则全面推进政务公开，着力形成科学有效的权力运行制约和监督体系，做到有权必有责、用权受监督、违法必追究。

2. 坚持公正司法，捍卫法律尊严权威。加强司法规范化建设，切实提高司法公信力，努力让群众在每一个司法案件中感受到公平正义。要优化司法职权配置。有序推进司法体制改革，健全公安、检察、审判、司法行政机关各司其职，侦查权、检察权、审判权、执行权相互配合、相互制约的体制机制。要加强司法活动监督。拓宽创新人民群众参与、监督、评判司法的途径和方式，构建开放、动态、透明、便民的阳光司法机制。加强法律监督，严格规范司法行为，强化司法队伍业务能力和职业道德建设，实行办案质量终身负责制和错案责任倒查问责制，有效遏制司法领域腐败。要杜绝干预司法行为。各级党政机关和领导干部要支持法院、检察院依法独立公正行使职权，构建完善违法干预司法活动、插手具体案件处理的记录、通报和责任追究制度，坚决查处各种违法干扰和以职权打击报复司法人员严格司法的行为，切实增强司法的权威性。

3. 建设法治社会，增强全民法治观念。准确把握法治社会建设的正确方向和基本原则，加快形成办事依法、遇事找法、解决问题用法、化解矛盾靠法的良好氛围。要加强法治宣传教育。认真落实“谁执法谁普法”的普法责任制，广泛开展法治宣传教育活动，健全完善普法宣传教育机制，推进领导干部带头学法、模范守法，努力在全社会形成守法光荣、违法可耻的良好氛围。坚持公民道德教育和法治教育并举，大力加强法治文化建设和公民道德建设，引导群众自觉践行社会主义核心价值观。要提升依法治理水平。坚持用法治思维谋划社会治理思路、用法治精神引领社会治理实践、用法治方式破解社会治理难题，加快推进社会治理法治化，提高多层次多领域依法治理水平。充分发挥法治对深化平安社会建设的引领和保障作用，进一步创新完善立体化社会治安防控体系，提高社会治安综合治理法治化水平。要依法维护群众权益。完善利益表达机制、协商沟通机制、救济救助机制，健全社会矛盾预防和化解机制，全面推进信访法治化，强化法律在维护群众权益、化解社会矛盾中的权威地位。大力培育发展公共法律服务组织，积极建设覆盖城乡居民的公共法律服务体系，努力为群众提供更加便捷、更加优质的法律服务。

4. 强化党的领导，扎实推进依法治区。加强和改进党对法治工作的领导，切实把党的主张贯彻到依法治区全过程和各方面，确保依法治区工作始终沿着正确的政治方向前进。要提升依法执政能力。深入贯彻“三统一”“四善于”的要求，健全法治建设领导体制和工作机制，完善党委依法决策机制，既确保党的主张贯彻到全面推进依法治区的全部实践之中，又自觉在宪法法律范围内活动，真正做到以法治的理念、法治的体制、法治的程序开展工作。党员干部特别是领导干部要牢记法律红线不可逾越、法律底线不可触碰，带头遵守法律，带头依法办事，决不能以言代法、以权压法、徇私枉法。要强化党内法规监督。加强对党内法规制度执行情况的监督检查，促进党员干部坚定理想信念，践行党的宗旨，遵守党的纪律，坚决同一切违法乱纪行为作斗争，坚决纠正有令不行、有禁不止现象。要建强法治工作队伍。加强执法、司法机关领导班子建设，严格执行法律职业准入制度，完善符合职业特点的法治工作人员管理制度，着力建设一支高素质的法治专门队伍。加强对律师队伍的教育和管理，发展基层法律服务工作者、人民调解员和法律服务志愿者队伍，为全面推进依法治区提供人才支撑和智力支持。

全面推进法治建设的部署要求已经十分明确，关键在于抓好落实。全区各级各部门要以开拓创新的精神和善作善成的作风，扎扎实实把法治建设各项任务落到实处，为建设富强美丽和谐幸福现代化新锡山提供坚实的法治保障。

二、回顾总结全年工作，始终坚持稳中求进工作总基调

过去的一年，面对复杂多变的宏观形势，全区上下牢牢把握“稳中求进”的总基调，严格按照市委

“三个深化年”活动的总要求，紧紧围绕建设富强美丽和谐幸福现代化新锡山的总目标，扎实推进各项重点工作，全区经济社会发展呈现稳中向好的良好态势。全年地区生产总值预计比上年增长8.5%；预计完成公共财政预算收入60.6亿元，比上年增长10.6%；预计完成规模以上工业总产值1144亿元；预计完成固定资产投资596.1亿元，比上年增长16%；预计完成社会消费品零售总额196.6亿元，比上年增长11.9%；预计完成外贸出口额35.3亿美元，比上年增长7.5%；预计城镇居民人均可支配收入、农村居民人均可支配收入分别达到40800元和22480元，分别比上年增长8.3%和10.3%。

1.**突出稳定增长，发展基础不断巩固。**坚持把稳增长作为首要任务，注重发挥好项目、企业、财税对稳增长的支撑作用，经济稳中向好的内生基础不断巩固。一是重点项目稳步推进。深入开展“项目建设深化年”活动，建立区项目建设服务督导制度，加快推进134个重大产业项目建设，完成投资209.2亿元，国泰四期、高德电子等重点项目全面竣工。狠抓招商引资，制定出台招商引资奖励办法，组织举办金秋重大项目合作恳谈会，总投资超1亿美元的慧谷金融电商产业园、国宏硬质刀具等重大产业项目成功落户，全年预计完成到位注册外资及港澳台资3.2亿美元。二是骨干企业稳健发展。坚持把服务企业作为稳增长的重要举措，优化“71580”服务企业区长热线运行管理机制，组织银企对接活动，多措并举帮助企业破解发展难题、增强发展活力。大力扶持优势企业上市扩张，制定出台鼓励扶持企业新三板挂牌的意见，全面激发企业上市热情，无锡阿科力科技股份有限公司、无锡市大元广盛电气股份有限公司等5家企业在新三板成功实现挂牌。助推企业转型发展，红豆集团移动通信转售牌照获批，正式进入电信领域。三是财税收入稳定增长。坚持吸引新兴税源和涵养现有税源并重、拓展增量税源和挖掘存量税源并举，积极扶持实体经济，深入开展“双低”企业治理，确保财税稳收增收、应收尽收，预计全年完成公共财政预算税收收入50.5亿元，比上年增长9.8%，税收占比达83.4%。

2.**立足转型升级，质量效益有效提高。**紧扣转型升级主线，深入实施创新驱动战略，加快提升产业层次，经济发展的质量和效益稳步提高。一是工业经济扩量提质。深入实施企业技改专项行动，积极引导企业加大技改投入，预计全年完成技改投资159.8亿元，占全部工业投资的比重达60%。纵深推进工业化与信息化融合发展，新增省级两化融合示范企业6家。二是服务经济内涵优化。大力发展楼宇经济、休闲旅游、电子商务等现代服务业，促进服务业层次提升、比重提高，预计全年完成服务业增加值271亿元。全力做大旅游经济，荡口古镇成功获批国家AAAA级旅游景区并入选中国最美村镇，山联村山前嘉园、周家阁村庄里乡村旅游持续走热，带动全区旅游业快速发展，预计全年完成旅游营业收入7.5亿元，比上年增长145%。提速发展楼宇经济，预计全年商务楼宇实现营业额80亿元，比上年增长74.3%。三是现代农业质效提升。纵深推进无锡国家现代农业示范区核心区建设，园区道路、水电等公建配套基本到位，智慧农业园区工程深入实施，无锡哈勃生物工程育种中心、江苏东郁园林彩色苗木育种引繁中心等重点项目全面建成，园区环境面貌和功能水平进一步提升。大力发展现代高效设施农业，深入推进高标准农田整治工程建设，全年建成高标准农田示范片区4个，新增高效设施农业200公顷。四是创新驱动成效显现。全面深化产学研合作，荣获“中国产学研合作促进奖”，与麻省理工学院的合作平台被科技部认定为国家级国际技术转移中心。不断加强知识产权保护运用，我区被评为“全省知识产权工作先进集体”，开发区成为国家知识产权试点园区。加速集聚创新创业人才，成功引进美国科学院院士、“沃尔夫奖”获得者、教授罗纳德·菲利普，全年引育中央“千人计划”人才5名、省“双创计划”人才5名。

3.**深化改革创新，发展活力逐步释放。**按照中央和省市委关于全面深化改革工作的部署要求，成立区委全面深化改革领导小组及办公室，研究出台《区委关于全面深化改革的意见》《区委全面深化改革领导小组2014年工作要点》《关于进一步简政放权加快转变政府职能的实施意见》《关于加快发展现代市场体系的指导意见》等一系列政策文件，明确了改革的方向和重点，各项改革任务稳步推进，全面深化改革实现良好开局。一是审批制度改革扎实推进。制定《锡山区基本建设项目“并联审批”试行办法》，全面实施基本建设项目联合审批，有效简化了审批流程、提高了审批效率；出台《锡山区企业设立登记“一站式”服务试行办法》，在全市创新推行企业设立登记“一站式”服务，实行注册登记“一照三证一章”联办，平均办件时间压缩至5天。二是农村综合改革不断深化。稳步推进农村改革试验区建设，土地承包经营权确权登记深入开展，农村集体资金、资产、资源信息管理平台基本建成。三是医药卫生体制改革深入实施。探索建立区域医疗联合体，锡山人民医院与东南大学附属中大医院开展合作共建，挂牌成立东南大学附属中大医院无锡分院，以锡山人民医院（中大医院无锡分院）为核心，区内其他二级医院、基层医疗卫生机构为基础的紧密型医联体初具雏形。四是体制机制创新积极推进。大力推进开发区管理体制创新，着力调整街道管理体制，推进直属企业公司化运作，有效释放和激活了开发区的发展活力。

4. **坚持建管并重，城市形象快速提升。**立足完善功能、提升品质，狠抓建设管理、环境优化，城乡一体加速融合，城市形象快速提升。一是城乡建设扎实推进。加快新城建设步伐，锡东创融大厦建成投用，华夏商务大厦、长庆油田大厦等4幢商务楼宇主体封顶，润发购物中心即将建成开业，映月湖中央公园基本建成，胶阳路景观带、九里河风光带等景观工程全线贯通。优化主城功能形态，英特宜家“荟聚·云林”购物中心开业运营，绿地中央广场（一期）结构封顶，城市商圈布局逐步成形。二是城市管理不断加强。深入实施市容环境综合整治，完成背街小巷整治4条。加大违建整治力度，建立区、镇（街道）、村（社区）三级组织领导和巡查防控网络，拆除各类违法建设6.5万平方米，有力遏制了违建蔓延势头。扎实推进文明城市创建，启动开展以“孝义崇善之区”为主题的精神文明建设活动，城区文明程度指数、未成年人思想道德建设在市级测评中持续位居前列。三是生态环境持续改善。编制完成《锡山区生态文明建设规划》，落实生态保护红线制度，构建了系统完整的生态建设政策体系。加大环境监管力度，强化环境在线监测体系建设，安镇空气质量自动监测站建成调试，新材料产业园环境监控中心建成投用。纵深推进水生态综合整治，完成河道综合整治86条，畜禽养殖综合整治工作全面完成；完善村庄环境长效管理机制，制定《锡山区村庄环境长效管理实施意见》，持续巩固村庄环境整治成效。深化大气污染防治，扎实推进工业废气排放达标、秸秆禁烧等工作，环境空气质量持续改善。

5. **注重民生改善，惠民效应更加显现。**坚持民生优先理念，积极推进就业富民、服务惠民、保障安民，人民群众的幸福感和满意度不断提升。一是就业保障更加充分。加大就业帮扶力度，落实就业援助政策，重点扶持自主创业1182人，实现创业带动就业7562人；积极扶持大学生创业，万力大学生创业园顺利开园。深入推进社保扩面，新增社保净缴费9523人，居民养老保险和居民医疗保险参保覆盖率分别达到98.5%和99%以上。切实加强住房保障，全年竣工安置房117万平方米，基本实现拆迁安置“零过渡”。二是社会事业协调发展。优化整合教育资源，锡山实验小学主体工程基本建成，东北塘实验小学、荡口实验小学建成投用。健全医疗卫生体系，锡山人民医院新建工程顺利推进，羊尖镇、云林街道社区卫生服务中心全面建成。繁荣发展文体事业，东港镇、羊尖镇文体服务中心建成开放，新增公共文体活动场地6.25万平方米。三是救助水平大幅提高。扎实推进最弱势群体帮扶工作，成立特困帮扶基金会，建立以政府出资为主、社会捐赠为辅、原始资金达2.5亿元的特困帮扶基金，实现了弱势群体帮扶工作的制度化、长效化。持续加大弱势群体救助力度，进一步提升救助标准、扩大救助覆盖，全年累计发放深度贫困帮扶资金1309.86万元，比2013年提高26.8%。四是社会治理不断加强。创新社区管理模式，加快新型安置社区建居步伐，深入推进社区扁平化管理，鹅湖镇甘露社区创建为国家级示范和谐社区。深入推进平安法治建设，扎实做好南京青奥会期间安保维稳工作，开展化解信访积案专项治理行动，矛盾纠纷调处率和调处成功率分别达到100%和99.3%。加大安全监管力度，建立“党政同责、一岗双责”的安全生产责任体系，开展粉尘专项检查和“六打六治”专项行动，全区安全生产形势总体平稳。

6. **践行群众路线，党的建设全面加强。**深入开展党的群众路线教育实践活动，统筹推进党的思想建设、组织建设、作风建设、反腐倡廉建设和制度建设，党建工作科学化水平不断提高。一是教育实践活动取得实效。围绕“为民务实清廉”的主题，按照“照镜子、正衣冠、洗洗澡、治治病”的总要求，将教育实践活动作为重大政治任务抓紧抓好，做到了善始善终、善作善成。广泛听取群众意见，深入开展“三级四方八点”听意见活动，切实找准找实“四风”问题。认真组织召开专题民主生活会和组织生活会，以整风精神开展批评与自我批评，会议开出了较高质量，达到了预期效果。注重整改落实、建章立制，制定了《关于全区党的群众路线教育实践活动区委常委会开展重大问题研究、专项整治行动、集中整改事项和长效机制建设的方案》，扎实推进12项专项整治行动和9个集中整改事项，一批群众反映强烈的突出问题得到有效解决。二是干部队伍优化提升。加强党员干部理论培训和党性教育，引导党员干部补足精神之“钙”，全年组织区委中心组各类学习18次，举办干部集中轮训班79场次，荣获“2013~2014年度全省基层党员冬训工作示范区”称号。坚持正确用人导向，选优配强领导班子，积极推进干部交流轮岗，加大年轻干部培养力度，干部队伍结构进一步优化、战斗力进一步增强。三是基层基础夯实筑牢。深入开展“基层组织建设深化年”活动，扎实推进基层服务型党组织建设，全区118个村（社区）党群公共服务中心实现全覆盖。对新四军六师师部旧址纪念馆进行修缮，构建弘扬优良传统、接受革命教育的党建示范基地。深入开展“一党委一特色”品牌创建活动，形成了非公党建红豆样本、安镇社情民意大收集机制、锡北红色党建高地建设等一批特色做法。四是作风建设纵深推进。针对“四风”突出问题，开展集中整治“中梗阻”“会所中的歪风”和减轻社区（村）负担等专项行动，党风政风明显好转。扎紧扎密制度“笼子”，制定下发区委党风廉政建设责任清单，健全区管领导干部报告个人有关事项制度，形成了作风建设的刚性约束。健全完善惩防体系，深入推进廉政文化“六进”活动，持续加大违法违纪案件查处力度，党风廉政建设和反腐败工作取得新成效。

在充分肯定成绩的同时，我们也要清醒地认识到，我区经济社会发展仍然面临不少困难和问题：一是重大产业项目尚未取得明显突破，新经济增长点的培育力度还需进一步加大；二是社会领域不稳定因素仍然较多，社会治理和社区管理水平还需进一步提升；三是少数领导干部干事创业的激情有所退化，精神状态有待进一步提振。这些问题，都需要我们高度重视，并在今后的工作中不断改进和解决。

三、主动适应经济发展新常态，推动经济社会发展迈上新台阶

今年是全面深化改革的关键之年，是全面推进依法治区的开局之年，也是全面完成“十二五”规划的收官之年，做好今年工作至关重要，必须科学认识当前形势，准确研判未来走势。中央经济工作会议指出，我国宏观经济步入新常态，增长速度正从高速增长转向中高速增长，经济发展方式正从规模速度型粗放增长转向质量效率型集约增长，经济结构正从增量扩能为主转向调整存量、做优增量并存的深度调整，经济发展动力正从传统增长点转向新的增长点。新常态，是中央从我国经济发展阶段性特征出发作出的重大战略判断，是我们谋划和推动今年和今后一个时期经济工作的重要依据。我们要深刻认识新常态，清醒地认识到新常态没有改变我国发展仍处于可以大有作为的重要战略机遇期的判断，改变的是重要战略机遇期的内涵和条件；没有改变我国经济发展总体向好的基本面，改变的是经济发展方式和经济结构。我们要准确把握发展阶段和发展形势的新变化，进一步振奋精神、坚定信心，以积极向上的姿态迎接新常态，努力在新常态下开创锡山改革发展的新局面。

2014年12月13～14日，习近平总书记在江苏视察调研并发表了重要讲话。总书记在讲话中，殷切希望江苏认真落实中央各项决策部署，积极适应经济发展新常态，紧紧围绕率先全面建成小康社会、率先基本实现现代化的光荣使命，协调推进全面建成小康社会、全面深化改革、全面推进依法治国、全面从严治党，努力建设经济强、百姓富、环境美、社会文明程度高的新江苏，并明确要求江苏在推动经济发展、现代农业建设、文化建设、民生建设、全面从严治党五个方面迈上新台阶。在省委十二届九次全会和市委十二届八次全会上，省委书记罗志军和市委书记黄莉新分别对学习贯彻总书记重要讲话精神作了全面部署。全区上下要认真贯彻省委和市委全会精神，深入学习总书记讲话，准确把握总书记提出的新要求新期待，切实用讲话精神统一思想和行动、凝聚智慧和力量。要深刻理解总书记重要讲话的丰富内涵，把总书记重要讲话精神与锡山实际结合起来，主动适应经济发展新常态，牢牢把握各项工作主动权，全力推进经济社会发展迈上新台阶。

今年经济社会发展的总体要求是：**全面贯彻落实党的十八大、十八届三中、四中全会和习近平总书记系列重要讲话精神，认真落实总书记对江苏发展提出的新要求，主动适应经济发展新常态，坚持稳中求进工作总基调，坚持以提高经济发展质量和效益为中心，按照市委扎实开展项目建设突破年、改革创新突破年、作风建设突破年活动的部署要求，突出改革创新，推进依法治区，加强民生改善，全面从严治党，加快建设富强美丽和谐幸福现代化新锡山。**

今年经济社会发展的主要预期目标是：地区生产

总值比上年增长8%左右；公共财政预算收入比上年增长8%以上；城乡居民收入增长与经济增长同步。

围绕既定目标，今年要着重抓好五个方面的工作：

1. **着力深化改革，激发创新活力。**按照中央和省市委关于全面深化改革的决策部署，结合锡山实际，一着不让抓好各项改革措施的落实，切实打好全面深化改革攻坚战。深化经济体制改革是全面深化改革的重点，要坚持以经济体制改革为主轴，积极实践、大胆探索，力争在重点领域和关键环节上实现突破，带动各项改革向纵深推进。一要加快转变政府职能。围绕建设服务型政府，进一步转变管理理念，改进工作方式，推动政府职能向创造良好环境、提供优质服务转变。要提高行政审批效率，探索实施负面清单、权力清单、监管清单“三单”管理模式，推行重大项目容缺预审服务，完善网上审批、“并联审批”制度，进一步简化办事流程，提高审批效率。要创新公共服务供给，深入推进公共服务专业化、市场化与社会化改革，鼓励和引导社会资本参与公共服务领域投资、建设和运营，促进公共服务质量提升。二要增强市场主体活力。充分发挥市场配置资源的决定性作用，加快构建有利于市场主体发展的体制机制，不断释放经济增长的内生活力。要深化落实企业注册资本登记制度改革，鼓励和促进符合条件的个体工商户转型升级为私营企业，促进小微企业特别是创新型企业更好更快发展。三要强化财税支撑作用。扎实推进财税体制改革，加快建立现代财政制度，促进地方可用财力持续稳定增长。要强化财税增收，坚持把发展税源经济作为财税增收的主要途径，充分发挥财税政策的调节作用，帮助企业做大做强，提升市场竞争力和财税贡献力。要规范财政支出，实行全口径预算管理，建立跨年度预算平衡机制，创新政府投融资体制，有效提高财政资金使用效益。四要融入金融改革创新。认真落实中央和省市关于加快推进金融改革创新的部署要求，深入分析研判、积极探索金融重点领域改革，促进全区金融业创新发展。要积极发展新型金融业态，加快设立锡商民营银行，有序发展村镇银行、小额贷款公司等新型农村金融组织，不断强化金融对实体经济的保障。完善科技金融服务体系，大力发展创业投资、风险投资等科技金融服务，促进创新成果与金融资本深度融合。

2. **力促产业转型，提升经济质量。**坚持把稳增长与调结构结合起来、优存量与扩增量结合起来，全面推进产业更新、技术创新，加速推动产业层次提升和发展方式转变。一要提升存量。关键是抓好工业提质和农业提效两大重点。深入落实“千企技改”行动，积极引导区内重点骨干企业实施技改项目、加大技改投入，着力提高企业装备层次、技术水平和产出能力。要把上市工作作为推动企业转型提升的重要抓手，全力支持企业上市扩张，力争企业上市工作实现更大突破，形成境内、境外“多点开花”，主板、创业板、新三板“多板齐上”的良好局面。纵深推进无锡国家现代农业示范区核心区建设，加快发展集农业生产、休闲观光、文化创意、参与体验于一体的休闲农业，全面提升园区产业规模和经营效益。切实改善农业基础条件，加快建设高标准农田和标准化农机场库，不断提升农田基础设施和农机装备设施水平。二要拓展增量。关键是抓好招商引资和项目建设两大任务。要强化招商引资，紧盯先进制造业和现代服务业，充分发挥高端中介机构、重点行业协会的平台作用，有效放大区内重点骨干企业的资源优势，加快引进一批具有突破性、引领性、带动性的重大产业项目，全面增强锡山经济的活力和后劲。要加快项目建设，围绕提升项目开工率、竣工率和产出率，深化落实动态跟踪、服务督导、约谈考核、检查评估等工作措施，确保项目早开工、早投产、早见效。三要提高质量。关键是强化科技、人才两大支撑。要深入实施创新驱动战略，鼓励企业加大研发投入，深化政产学研合作，不断提高自主创新能力。要提升国际科技合作水平，充分利用国家级国际技术转移中心的平台优势，更大力度推进与麻省理工学院的合作，推动科技成果与企业需求有机衔接、深度融合。要围绕争创省级人才工作先进区的目标，进一步优化引才政策，完善工作体系，加大人才引育力度。要以开发区、商务区为重点，全面实施“双招双引”，推动人才与项目融合、智力与资本融合。纵深推进“人才强企”工程，鼓励企业引进带团队、带技术、带项目的领军人才，更好地发挥引才主体作用，不断提高企业的人才竞争力。

3. **突出统筹发展，促进城乡一体。**按照中央和省市有关新型城镇化规划的要求，突出以人为本，推进城乡统筹，不断提升锡山城镇化发展的质量和水平。一要推动新城产城融合。商务区要统筹好“产”与“城”的关系，将产业功能、城市功能、生态功能有机融合，切实实现以城促产、以产兴城。要做强产业，以省级现代服务业集聚区建设为核心，争取宇培电商物流园、绿地站北总部商务园等产业项目尽快落地；推动中隆广场、红豆东方财富广场、网新国际科创园等载体加快建设，力争华夏商务大厦、长庆油田大厦等4幢总部楼宇建成投运，确保映月天地商业广场建成开业。要做精城市，加快启动五星级酒店城市综合体、巧克力开心乐园等功能性项目，加速推进凤凰山生态园建设，不断提升新城集聚辐射力。二要提升主城形象品位。发挥轨道交通对城市商业的带动作用，以无锡地铁2号线开通为契机，精心谋划轨道沿线商业载体建设，加快形成地铁经济带。要打造城市商业集聚圈，全面加快绿地中央广场、八佰伴城市生活广场等大型商业载体建设，扩大“荟聚·云林”购物中心辐射半径，着力打造质态鲜明、功能齐全的现代化主城。三要促进镇村互动发展。加大统筹协调力度，推动城乡一体发展，实现新型城镇化和新农村建设协调推进、良性互动。各镇要根据各自资源禀赋和发展定位，通盘考虑生产、生活、生态的需要，统筹发展布局，完善基础设施，强化核心功能，提升新市镇整体形象。要加快新农村建设，着力推进农村产权制度改革，完善农村“三资”信息平台，扩大产权交易试点范围，加快推进土地承包经营权确权登记；深化股份合作社转型，加快股份合作联社项目建设步伐，做大集体经济，提高收益分配比例。

4. 坚持环保优先，打造宜居环境。紧紧围绕建设国家生态文明示范区目标，持续加大生态文明建设力度，推动生态环境向优美宜居提升。一要加强污染治理。纵深推进水环境综合整治，持续加大对重点河道、重点企业的整治力度，加快推进九里河综合整治工程，基本完成区、镇（街道）、村（社区）三级河道综合整治工作。要深入实施“蓝天工程”，严格落实大气污染防治“国十条”“锡十条”等措施，切实抓好燃煤小锅炉整治、工业烟粉尘和挥发性有机废气治理、秸秆禁烧等重点工作，促进空气质量持续改善。要加大减排力度，加快推进东亭、安镇、鹅湖污水处理厂扩建工程，深入实施中水回用、电厂脱硫脱硝等重点减排项目，确保“十二五”减排任务顺利完成。二要深化环境整治。深入开展市容环境综合整治，加大集镇区、地铁出入口等重点场所的整治力度，确保市容环境整洁有序。要加快推进新一轮覆盖拉网式农村环境综合整治试点工作，全面改善农村环境面貌。三要严格执法监管。环境监管部门要用好新《中华人民共和国环境保护法》赋予的执法手段，动真碰硬、从严执法，以“零容忍”的态度彻查环境违法行为，严惩违法排污企业，切实保障群众环境权益。要创新环境监管手段，加强污染源在线监控，扩大新材料产业园环境监控中心的监控覆盖，切实提高环境监管水平。四要落实长效管理。着眼巩固文明城市创建成果，不断完善长效管理机制，全面落实长效管理措施，切实提升长效管理的制度化水平。要全面强化“河长制”“片长制”管理，督促各级河长切实担负起第一责任人的职责，把分管的河道管起来、管好、管出成效。要突出抓好村庄环境的长效管理，巩固提升村庄环境整治成效，确保村容村貌整齐美观。

5. 健全民生保障，增进群众福祉。坚持把保障和改善民生作为工作的出发点和落脚点，扎实办好各项民生实事，努力使发展成果更多更公平惠及全区人民。一要增强就业保障能力。要积极落实就业帮扶工作机制，加大对失地农民、就业困难人员等群体就业援助力度，不断提高全区城乡劳动力就业水平。要积极扶持大学生创业，实施“大学生就业创业计划”，依托万力大学生创业园，举办大学生创业技能培训班，设立创业服务联系点，为大学生创业营造良好环境。要实施“社保全民参保登记计划”，加快完善覆盖全民的社会保障体系，稳步提高社会保障水平。二要提升公共服务水平。优化配置教育资源，启动羊尖廊下小学改扩建，完成云林春雷小学主体建设和厚桥实验小学一期改扩建，投用锡山实验小学。完善医疗卫生服务体系，启用新东亭医院、新东亭街道社区卫生服务中心，建成应用城乡协同医疗服务数字化平台。深化锡山人民医院与东南大学附属中大医院的合作共建，扩大合作范围，强化人才培养和品牌专科建设，切实把中大医院无锡分院建设成为特色明显、技术领先、具有较强辐射力的区域性医疗中心。加强公共文体设施建设，推动公办学校体育设施向社会开放，让群众享受到更多、更优的文体服务。三要加大社会救助力度。深化深度贫困家庭救助工作，依托特困帮扶基金，进一步完善长效化救助体系、提升帮扶救助水平，切实守住人民群众基本生活安全底线。要稳步扩面，适当放宽救助门槛，扩大救助覆盖，将更多的困难群众纳入救助范围。要加快提标，科学设定救助比例，合理提高救助金额在家庭支出中的占比。要规范运行，加强对基金会项目运作、财务收支、资产经营情况的监管和审计，确保专款专用，提高资金使用效率。四要加强社会治理创新。积极化解矛盾纠纷，大力推进社会稳定风险评估全覆盖工作，严格落实领导接访制度，深入开展信访积案集中攻坚，有效减少不和谐因素，切实维护社会稳定。加强和创新社区治理，不断完善“一委一居一站一办”新型社区服务管理模式，深化社区扁平化管理，切实增强社区服务效能。加强公共安全管理，持续开展安全生产隐患排查和专项整治行动，落实公共卫生、食品、药品等领域的监管措施，全力保障群众生命财产安全。

四、全面落实从严治党新要求，不断开创党建工作新局面

全面从严治党，是推进党的建设新的伟大工程的必然要求。全区上下要认真贯彻落实中央和省市委的部署要求，把抓党建作为最大的政绩，深入实施党建工作创新工程，推动全区党建工作水平实现新的提升。

1. 深入学习贯彻习近平总书记系列重要讲话精神。各级各部门要把深入学习贯彻习近平总书记系列重要讲话精神作为重大的、长期的政治任务，作为各级党委中心组学习的最重要、最基本的内容，组织开展形式多样的学习活动，促进广大党员干部切实加深对讲话精神实质和精髓要义的领会和把握，始终在思想上政治上行动上同党中央保持高度一致。要广泛开展面向基层的宣讲活动，不断扩大学习宣传的覆盖面。要坚持用讲话精神指导和推动实际工作，使学习成果真正转化为分析问题、解决问题的实际本领，转化为促进经济社会发展的具体举措，确保中央和省市的决策部署在锡山得到不折不扣的贯彻落实。

2. 从严深化作风效能建设。坚持把作风建设紧紧抓在手上，以钉钉子精神抓好整改落实后续工作，严肃认真抓好中央巡视组反馈意见的整改落实，确保各项整改承诺兑现到位、落实到位。要集中开展执法不公专项治理、公共服务行业乱收费专项治理等行动，持续整治“庸懒散”“中梗阻”等机关病，着力解决机关部门及工作人员在服务基层、服务企业、服务群众中存在的突出问题。要健全完善作风建设长效机制，巩固提升党的群众路线教育实践活动的制度性成果，持之以恒抓好中央“八项规定”和省市委“十项规定”的落实，创造性地把中央和省市委精神与锡山实际相结合，不断把作风建设引向深入。

3. 从严强化干部教育管理。按照“管理全面、标准严格、环节衔接、措施配套、责任分明”的要求，从严加强干部管理，推动党员干部自觉践行“三严三实”，做到在思想上划出红线、在行为上明确界限、在道德上坚守底线。要严肃党内政治生活，自觉遵守党的纪律特别是政治纪律，积极开展批评和自我批评，自觉做到讲政治、讲原则、讲规矩。要加强干部选拔任用，认真贯彻中央新修订的《党政领导干部选拔任用工作条例》，进一步完善干部选拔任用工作机制，全面提高选人用人工作科学化水平。要加强干部监督管理，既要管好八小时以内的工作圈，又要管好八小时以外的生活圈、社交圈、朋友圈，确保监督管理不留死角、不留盲区。

4. 从严抓好基层基础建设。党的基层组织是党全部工作和战斗力的基础。要围绕抓基层、打基础，大力推进基层服务型党组织建设，不断增强基层党组织的创造力、凝聚力、战斗力。要建强基层队伍，选优配强基层党组织带头人，积极开展有针对性的党组织书记专题培训，不断提高服务群众、服务发展的能力和水平。要下沉服务重心，深入开展“基层党组织统一活动日”等活动，有效拓展基层党务综合管理平台、非公企业党建之窗等网络平台的服务功能，充分发挥好基层党组织联系服务群众的主阵地作用。要创建服务品牌，深入开展“一党委一特色”活动，完善农村经济合作组织“支部+协会”运作模式，加大专业市场党建工作力度，精心打造一批具有锡山特色的党建工作品牌。

5. 从严加强党风廉政建设。全面落实党风廉政建设“两个责任”，健全完善党风廉政建设责任体系，加快形成上下贯通、层层负责的反腐倡廉工作格局。要深化党风廉政教育，组织开展廉政文化“六进”活动，切实敲好“警示钟”、打好“预防针”。要坚持用“零容忍”的态度惩治腐败，进一步加大违纪违法案件查处力度，做到有案必查、有腐必惩，切实保持惩治腐败的高压态势。要认真执行“一案双查”制度，在查办案件的同时，同步调查发案单位党委主体责任、纪委监督责任是否落实到位，真正做到有错必纠、有责必问，努力维护干部清正、政府清廉、政治清明的良好环境。

同志们，发展永无止境，改革任重道远。让我们更加紧密地团结起来，以饱满的热情、高昂的斗志、务实的作风，锐意进取、真抓实干，为开创我区法治建设新局面、推动各项事业发展再上新台阶、谱写好中国梦的锡山篇章而努力奋斗！

政府工作报告

——2015年4月1日在无锡市锡山区
第三届人民代表大会第四次会议上

区长 顾中明

各位代表：

现在，我代表区人民政府，向大会报告工作，请予审议，并请各位政协委员和其他列席会议的同志提出意见。

2014年工作回顾

2014年，区政府在区委的正确领导下，紧密团结和依靠全区人民，克难而上，砥砺奋进，较好完成了各项年度目标任务。全年完成地区生产总值620.71亿元，比上年增长8.8%；实现公共财政预算收入60.55亿元，比上年增长10.6%，其中税收收入50.52亿元，比上年增长9.8%，两项增幅分别居全市第一位和第二位；城乡居民人均可支配收入分别为39820元和22489元，分别比上年增长8.6%和10.1%；环境质量综合指数达94.4，锡山区被评为“2014年度全市科学发展先进地区”。

一、经济发展稳中有进

深入企业听取意见、开展服务，建立全覆盖的工业企业信息库，优化“71580”服务企业区长热线运行管理机制，出台小规模成长型企业用地分类保障等政策措施，完善科技型中小企业贷款风险补偿机制，搭建“金融超市”促进银企合作。全年工业开票销售比上年增长7%，新兴产业总产值比上年增长16.9%；社会消费品零售总额比上年增长11.6%，商品房成交面积比上年增长16.2%、成交金额比上年增长16.6%，服务业增加值占GDP的比重达44.2%；新增高效设施农业200公顷，农业龙头企业实现销售收入22.7亿元，农业园区化比重全市第一位。项目引建力度加大，出台招商激励政策，健全区、镇招商机构和招商队伍，强化招商人员业务提升，逐个板块督导推进重大项目建设，全年招引落户慧谷金融电商产业园等项目159个，在建重大项目117个，国泰四期等39个项目建成投产，台创园引进建成现代农业项目17个。投资结构不断优化，全年固定资产投资比上年增长16.1%，其中工业投入比上年增长14.9%，固定资产设备增值税抵扣额增幅全市第一位。创新驱动成效显现，新增高新技术企业13家，锡山区与麻省理工学院的合作平台被认定为国家级国际技术转移中心，开发区获评国家知识产权试点园区，红豆集团获评全国质量标杆企业。全年全社会研发经费支出占GDP的比重达3.01%，列全市第二位；引进各类人才1.15万人，引育中央“千人计划”人才5名、省“双创计划”人才5名。完善新供地项目跟踪检查评估制度，建立生产经营场所对外租赁规范管理机制。对152家低产出工业企业开展增效整治，亩均税收实现增长25.1%。在全市率先完成工业性用地调查，建成高标准农田示范片区4个，盘活存量土地133.71公顷。节能减排扎实推进，全年规模以上工业产值能耗同比下降6.87%，预计主要污染物排放量在2010年基础上累计削减20%。顺利完成第三次经济普查。

二、改革开放深化拓展

稳妥有序推进重点领域和关键环节改革。上市工作取得新成效，完成股改企业7家，新增江苏证监局辅导备案企业2家，无锡阿科力科技股份有限公司等5家企业成功实现新三板挂牌。红豆集团抢抓改革机遇，红豆电信获批成立，锡商民营银行筹建顺利。积极推进“营改增”试点，整体减税规模达1.77亿元。落实企业登记制度改革，新登记企业和注册资本分别比上年增长21.46%和48.72%。制定行政审批事项目录清单，向镇（街道）下放行政审批事项93项，向村（社区）前移便民服务事项19项；试行企业设立登记“一站式”服务和基本建设项目“并联审批”，启动行政审批“中介服务超市”建设。农村综合改革深入实施，建成农村集体资金、资产、资源信息管理平台，开展农村集体资产产权交易试点，完成16个村土地承包经营权调查与确权信息核对，新建农民专业合作社24家，建成街道股份合作联社4家，村级新增物业面积3.93万平方米，全年村均可支配收入比上年增长10%。锡山人民医院与东南大学附属中大医院合作共建医疗联合体。启动实施工商、质监、食品药品管理体制调整和相关政府部门职能整合工作，完成事业单位岗位设置方案核准报备。完善事业单位人员招录管理办法，招录过程更加严格规范、结果更加公正公平。开发区创新体制机制，赋予云林、厚桥经济发展职能，实施直属企业所有权与经营权分开。积极扩大对外开放，经济国际化水平稳步提升。利用外资及港澳台资取得新成果，总投资超1亿美元的宇培电商物流园、国宏硬质刀具等项目顺利落户，全年新批重大外资及港澳台资项目8个，到位注册外资及港澳台资3.3亿美元。对外贸易平稳增长，新增省级国际知名品牌出口企业5家，成功创建为国家级出口“两车”质量安全示范区，全年完成进出口总额46.22亿美元，其中出口总额35.63亿美元，分别比上年增长3.6%和8.6%。外经合作再创新高，新批境外投资项目15个，全年完成境外中方投资额1亿美元，比上年增长68.6%。

三、美丽城乡加快构建

城乡规划深化完善，启动编制热电联产、燃气管网专项规划和开发区东区概念规划，编制完成电力专项规划、东港锡北城乡统筹规划、开发区产业发展规划、商务区色彩专项规划及凤凰山生态园概念规划。城市功能不断提升，英特宜家“荟聚·云林”购物中心、锡东创融大厦建成运营，映月天地商业广场主体完工，荡口古镇获评国家AAAA级旅游景区和2014中国最美村镇人文环境奖。新开辟和优化调整公交线路13条，泉山大道、荡厚路、吼山北路等重点道路建成通车。新建（改造）农贸市场8个，建成标准化农机场库4个，完成粮食危仓老库改造。全面推行网格化管理，建立村庄环境长效管理奖补机制，开展市容环境综合整治，启动公共自行车服务系统建设，完成1处城郊结合部、4条背街小巷和14.26万平方米老新村整治，拆除违法建设6.5万平方米。高标准完成全国文明城市创建任务，文明程度测评指数列全市城区第一位。控源截污深入推进，完成第三轮化工企业整治任务，整治“三高两低”企业30家，强制性清洁生产审核企业18家，畜禽养殖综合整治全面完成。启动东亭、安镇、鹅湖污水处理厂扩容和主城区污水主管网增设前期工作，改造升级污水提升泵站16个。区域生态文明建设规划获批实施。加强“河长制”管理，实施河道综合整治86条，疏浚镇村河道52条，完成11项30个治太重点工程年度任务。开展57家企业工业废气专项治理，整治燃煤锅炉43台，PM2.5平均浓度同比下降8%。建成映月湖中央公园、胶阳路景观带、九里河风光带、锡北绿色休闲长廊等景观绿化工程，绿化造林面积166.67公顷。

四、社会民生不断改善

促进就业成效明显，开发公益性岗位345个，发放“两项补贴”4248.4万元、惠及就业困难人员30613人次，全年城镇新增就业18972人、城镇失业人员再就业2997人，帮扶被征地劳动力就业2851人；发放各类创业补贴283.5万元，扶持自主创业1182人，创业带动就业7562人，万力大学生创业园入驻创业企业33家。社保扩面深入推进，发放被征地农民参保补贴3009万元，被征地农民新增接续缴费5878人，全年城镇职工社会保险净增缴费9523人。提高居民养老保险待遇和居民医疗保险政府补贴标准，两项保险参保覆盖率分别达98.5%和99%。建立以政府出资为主、社会捐赠为辅、原始资金达2.5亿元的特困帮扶基金，救助机制更加科学，救助水平不断提升，全年发放深度贫困帮扶资金1309.8万元，比上年提高26.8%。竣工安置房117万平方米，交付安置9345套，基本实现拆迁安置“零过渡”。启动云林春雷小学新建和厚桥实验小学一期改扩建工程，锡山实验小学基本建成，东北塘实验小学、荡口实验小学全面投用，学前教育现代化镇（街道）实现全覆盖，高考本二以上进线率创建区以来最好成绩。医疗卫生事业加快发展，锡山人民医院新建工程顺利推进，建成羊尖镇、云林街道社区卫生服务中心，社区卫生服务站规范化建成率达90%，居民健康档案电子化建档率达71.9%，创建成国家级慢性非传染性疾病综合防控示范区。免费孕前优生健康检查深入实施，流动人口计生基本公共服务均等化试点工作扎实开展。新增公共文体活动场地6.25万平方米，东港镇、羊尖镇文体服务中心建成投用，修缮开放新四军六师师部旧址纪念馆，7件群众文化作品获评省“五星工程奖”。为八类5828户特定老人家庭提供居家养老信息服务，完成查桥敬老院改扩建。区残疾人综合服务中心建成投用。

五、综合治理切实加强

深入推进社区扁平化管理，逐步完善安置房、商品房小区社区管理服务机制，优化调整东亭、云林社区服务区域，开展首届公益创投项目评选，新增社会组织31个，92%的农村社区和93%的城镇社区完成省级和谐社区达标建设，鹅湖镇甘露社区创建成国家级示范和谐社区。大力开展“社区减负”专项治理，精简台账目录145项，取消创建评比目录37项、组织机构和挂牌目录105个。严格落实安全生产责任制，集中开展“六打六治”等安全生产检查整改专项行动，新设2个安全生产监察站，生产安全事故死亡人数同比下降7.7%。强化食品安全监管，食品检测合格率达97%。加强法治宣传教育，新增省级民主法治示范村（社区）7个，建成市级以上法治文化示范点26个。完善公共法律服务平台，法律援助工作体系实现全覆盖。社区矫正安全监管责任全面落实。开展信访积案化解专项行动，社会矛盾调处成功率达99.3%。强化社会治安立体防控，严密社会面巡逻防范，“八大类”案件、入室盗窃案件分别比上年下降12.2%和8.4%。扎实开展党的群众路线教育实践活动，全面排查整改“四风”突出问题，主动回应社会关切，大力推进专项治理，政风行风得到明显转变。严格执行中央“八项规定”和省市区委“十项规定”，党风廉政建设责任制在政府系统得到推进落实。自觉接受监督，加强民主协商，认真落实代表主题活动、政协议政大会所提的意见、建议，如期办复40件人大代表建议和100件政协委员提案。强化预算管理，严肃财经纪律，发挥审计监督作用，开展部门预决算公开试点，区本级财政预决算全面公开。此外，人武、双拥、民族、宗教、侨务、对台、档案、史志、外事、物价、人防、工会、妇女、儿童、青少年、科普、慈善等事业也取得了新进步。

各位代表，过去一年的成绩来之不易，凝聚着全区人民的辛劳和智慧，得益于方方面面的支持和奉献。在此，我代表区人民政府，向全区人民，向人大代表、政协委员，向各民主党派、工商联、无党派联委会、各人民团体、驻区各条线单位和各界人士，向离退休老同志，向公安干警、双拥共建部队官兵、民兵预备役人员，向所有参与、支持和关心锡山发展的海内外朋友，表示衷心的感谢并致以崇高的敬意！

回顾过去一年，我们也看到，全区经济社会发展和政府工作中仍然存在一些问题，主要是：经济增长动力不足，存量提升不快、增量引育不强的问题较为突出；改革举措落地见效还不够明显；城乡发展水平滞后于群众的期盼，建设管理、生态环境、民生保障、公共服务还存在不少薄弱环节；各种影响稳定的因素相互交织，社会治理有待进一步加强和创新；政府工作的推进力度还不够理想，少数部门和工作人员积极作为、主动服务的意识不强，服务效能亟须提高。对此，我们将采取措施，积极加以解决。

2015年工作任务

2015年，是全面深化改革的关键之年，是全面推进依法治国的开局之年。尽管面临的宏观环境错综复杂，但发展中的有利条件和积极因素也明显增多。我们将始终坚持发展第一要务不动摇，紧紧围绕中央对经济发展新常态的重大战略判断，深刻把握增速换挡、结构升级、动力转换的阶段性特征，主动顺应新常态带来的趋势性变化，积极抢抓改革发展新机遇，广泛调动全区上下投身发展、干事创业的蓬勃热情，坚定信心，锐意进取，奋发有为，着力推动各项工作在新常态下有新提升、取得新成效。

今年政府工作的总体要求是：**深入贯彻落实党的十八大、十八届三中、四中全会和习近平总书记系列重要讲话精神，按照区委三届六次全会的决策部署，坚持稳中求进工作总基调，主动适应经济发展新常态，更大力度深化改革，更高水平依法治区，更富成效转型升级，更快步伐统筹城乡，更实举措改善民生，更优作风提升服务，奋力推动各项工作迈上新台阶，不断开创富强美丽和谐幸福现代化新锡山建设的新局面。**

今年全区经济社会发展的主要预期目标是：地区生产总值比上年增长8%左右；一般公共预算收入比上年增长8%左右；固定资产投资比上年增长9%左右；社会消费品零售总额比上年增长11%；城乡居民收入增长与经济增长同步；节能减排完成市下达指标。围绕上述目标，重点抓好以下八个方面的工作：

一、立足提质增效，着力构建经济发展新质态

坚持以提高质量效益为中心，把握总基调，更具针对性地抓重点、抓关键，努力在新常态下积极构建发展新质态，促进经济稳中有进、行稳致远。

力促企业加快发展。梳理整合区级层面扶持企业发展的各项政策，集成政策资源助推企业发展、促进企业转型。引导企业顺应市场竞争的新变化，加快转变经营发展方式，强化质量品牌支撑，提高市场竞争力。切实抓好企业服务，开展“企业服务周”活动，依托工业企业信息库加强运行监测，完善“71580”服务企业区长热线网上受理平台，发挥“金融超市”、科技型中小企业贷款风险补偿资金积极作用，千方百计帮助企业化解困难、稳定生产。建立涉企收费目录清单，切实规范涉企收费行为，减轻企业负担。组织开展针对性、主题式学习培训活动，着力提高企业家及新生代企业家的开拓创新精神和经营管理能力。

推动产业结构优化。大力实施“千企技改”工程，积极发展智能制造，促进工业化与信息化深度融合，培育自主品牌和知名品牌企业，推动新兴产业形成规模效应、传统产业向高端攀升，力争高新技术产业产值占比达到41%。加快发展电子商务等服务业新兴业态，深度挖掘开发旅游资源，优化完善无锡地铁2号线沿线商业配套，积极推动制造业主辅分离，年内服务业增加值占GDP的比重达到44.8%。大力发展现代高效农业，培育壮大农业龙头企业，新增高效设施农业（渔业）面积50公顷。

发挥载体支撑作用。突出开发区“主力军”地位、商务区“新引擎”作用，全面强化产业招商，推进功能载体建设，加快产城融合步伐，切实增强对全区发展的牵引力。强化各镇（街道）专业园区的承载支撑作用，加快培育壮大特色产业集群，切实提高投入强度和产出效益。放大商务区总部楼宇经济集聚区、荡口古镇等服务业载体的集聚辐射作用，培育壮大总部经济、楼宇经济，提高锡山旅游的影响力和美誉度。发挥农业园区的引领示范作用，深化推进台创园、安镇凤凰山生态园、甘露青鱼现代产业园等重点园区建设，进一步提高园区的科技含量、项目水平和综合效益。

二、坚持高端引领，着力增强转型升级新动能

适应动力转换新变化，坚持高端引领、转型发展，积极推动经济在“中高速”增长中向“中高端”水平跃升，努力实现更为稳健的增长、更高质量的转型。

突出科技创新驱动。大力实施创新驱动战略，积极推动科技同经济对接、创新成果同产业对接、创新项目同现实生产力对接，促进更多的科技成果实现产业化。强化企业创新主体地位，发挥科技镇长团积极作用，深化拓展产学研合作和国际科技合作，积极推动创新要素向企业集聚，鼓励企业加大研发投入，着力突破一批关键核心技术、形成一批自主知识产权，力争年内万人发明专利拥有量达到17.5件。加强科技“三创”载体建设，进一步增强载体孵化育成功能。坚持以高层次人才支撑高水平创新，建立健全“双招双引”联动机制，深入实施“人才强企”工程，着力优化人才发展环境，加快培育引进一批高端型、领军型人才和复合型创新人才，力争引进国际国内顶尖和领军型创新创业人才及团队15个。

强化重大项目带动。坚持把重大产业项目招引作为拓增量、增后劲、促转型的重要抓手，紧跟科技前沿产业发展、商业运营模式变革的新潮流，积极创新招商理念，完善招商激励机制，强化专业化招商队伍建设和招商人员业务提升，大力开展针对性招商、产业链招商，推动重大产业项目招引出成果、见实效。组织开展“项目建设突破年”活动，健全项目建设推进机制，深化落实动态跟踪、督导服务、约谈考核、检查评估等工作措施，大力推进110个超1亿元重大产业项目建设，力争新开工项目的数量和质量、竣工投产项目的规模和产出都有新突破。

注重对外开放拉动。突出量质并重，跟踪落实一批重大外资及港澳台资项目，鼓励现有外资及港澳台资企业增资扩股，推动存量外资及港澳台资项目出资到位，积极拓展融资租赁等利用外资及港澳台资新模式，进一步提高利用外资及港澳台资水平，全年到位注册外资及港澳台资3亿美元以上。发挥“两车”出口国家级载体的带动作用，引导企业加强高技术、高附加值、自主品牌产品和服务出口，积极扩大先进技术设备和重要原材料进口，促进对外贸易增长方式转型。完善“走出去”促进体系，鼓励和支持更多本土企业到西港特区等境外经济合作区投资发展。

三、推进改革攻坚，着力激发体制机制新活力

坚持问题导向，在顶层设计的框架下，切实抓好各项改革举措的承接落地，因地制宜开展改革探索实践，不断优化体制机制环境，最大限度激发发展活力。

深化重点领域改革。推进企业登记制度改革。强化分类指导和政策激励，鼓励企业兼并重组，支持优势企业上市扩张，年内完成股改企业5家以上、新三板挂牌企业3家，力争企业境内外上市取得突破。创新科技金融服务，加快培育引进天使、风投、创投基金，积极筹建科技小额贷款公司。开展“营改增”扩面试点，落实小微企业税收优惠政策。稳步推进农村产权制度改革，进一步完善“三资”信息管理平台，扩大产权交易试点范围，加快土地承包经营权确权登记。积极培育发展家庭农场、农民专业合作社等新型经营主体，进一步提升股份合作社盈利能力。巩固完善基本药物制度。深化公立医院改革，加快构建以锡山人民医院（中大医院无锡分院）为核心、二级医院和基层医疗卫生机构为基础的紧密型区域医疗联合体。推进区教师进修学校与锡山中等专业学校事业整合。

加快政府职能转变。深化行政管理体制改革，完成工商、质监、食品药品管理体制调整和卫生与计生、建设与房管等职能整合工作，有序推进事业单位

清理规范与分类改革。深化行政审批制度改革，探索实行清单管理模式，切实加强事中事后监管。加大简政放权力度，进一步推动区级行政审批事项、便民服务事项向镇（街道）和村（社区）下放前移，实行行政审批（服务）收费标准化、规范化和公开化。全面推行企业设立登记“一站式”服务和基本建设项目“并联审批”，优化审批流程设计，开发网络应用平台。成立运行中介服务超市，促进涉及行政审批的中介服务机构降低收费、提高效率。积极推进财政管理体制改革，逐步建立全口径预算管理体系，完善政府采购“管采分离”机制。

四、注重统筹协调，着力提升城乡建管新水平

坚持以新型城镇化发展规划为引领，加大城乡统筹发展力度，优化城乡规划布局和功能形态，不断提升城市现代化和城乡发展一体化水平。

突出规划导控支撑。结合“十三五”规划编制，积极推进经济社会发展规划、城乡规划、土地利用规划有机衔接，切实加强各板块功能优化研究，完成新一轮镇村布局规划调整，同步推进布点村庄详细建设规划编制。围绕锡东新城产业培育和人口导入，加快商务区控规调整更新并适时启动产业规划修编，完成开发区东区概念规划和控规修编。优化雨污水等专项规划，试点开展生态空间规划研究，完成热电联产、燃气管网规划编制。突出规划执行刚性，严格规划监督管理。

完善城乡配套设施。加快启动八佰伴城市生活广场、巧克力开心乐园、中隆广场综合体等城市功能项目，完善荡口古镇配套服务设施，推进锡北星邻里、东港红豆城市广场等建设，投用映月天地商业广场和润发购物中心。启动泉山大道北延、锦阳路西延等道路工程，实施芙蓉五路大修，完善老锡沙线等道路交通安全设施。建成投用公共自行车服务系统一期项目，新开辟和优化调整公交线路5条，加强公交停车场、候车亭等配套设施建设。完成八士、东湖塘、甘露农贸市场改造，投运安镇街道水岸佳苑农贸市场。

加强城市精细管理。完善网格化城市管理机制，健全镇（街道）网格化管理架构，制订管理菜单和管理标准，加强绩效考核。强化市政设施、环卫保洁、绿化养护等精细化管理，实行沿街店面分类管理模式，落实渣土运输备案核准机制，推进锡东新城生活垃圾中转站建设。大力整治各类显见性市容环境问题，切实加强对集镇区、地铁沿线及出入口等重点场所的市容秩序管理。全面完成新三年城市环境整治任务。强化违法建设源头防控，切实加大违建查处力度。深入开展城管创优、公众参与等活动，注重发挥城管义务监督员作用。

五、突出集约环保，着力打造生态宜居新环境

顺应人民群众对良好生态环境的期待，坚持标本兼治，大力实施节能减排和生态治理工程，扎实推进生态文明示范区建设，促进生态环境质量持续改善。

坚持节约集约发展。加强工业、建筑、交通运输、公共机构等重点领域节能管理，开展重点用能企业节能改造，严格控制能源消耗总量，着力推动绿色低碳发展。推进强制性清洁生产审核。严格落实耕地保护责任。坚持集约用地，严格产业项目供地标准，积极盘活利用存量土地，实施建设用地预留区指标统筹管理。落实生态补偿制度。推进新一轮小型农田水利重点县建设。

加大生态治理力度。强化“河长”履责监督，完善区域补偿断面考核机制，加大重点流域、河道及沿岸排污企业整治力度，推进九里河及伯渎港综合整治等重点工程，基本完成区、镇（街道）、村（社区）三级河道综合整治。新开鹅湖五星河北段等小流域水系，完成26条河道清淤轮浚，同步落实长效保洁措施。加快推进污水处理厂扩容及管网优化工程，巩固提升村庄环境长效管理成效。强化大气污染综合防治，推进实施工业废气治理、燃煤锅炉整治等治气工程，切实抓好扬尘控制、秸秆禁烧管理，积极开展绿化造林，完成市下达的PM2.5平均浓度下降目标。

严格环保执法监管。全面贯彻新《中华人民共和国环境保护法》，实行最严格的环境保护制度，坚持源头严防、过程严管、后果严惩，更大力度推进铁腕治污。落实生态红线保护制度，切实把好建设项目环保准入关和验收关，严格项目环评审批和排污许可证管理，推进企业环境行为等级评定和信息公开，加强重点污染风险源动态监管。健全环保执法体系，强化部门协同、司法联动，大力开展环保专项行动，依法严肃查处、严厉打击环境违法行为。

六、加快改善民生，着力满足人民群众新期待

始终把增进民生福祉作为一切工作的出发点和落脚点，坚持尽力而为与量力而行相结合，立足当前办好实事，着眼长远构建体系，努力让城乡居民生活得更加美好。

加强就业创业服务。落实就业扶持政策，完善就

业服务体系，加强职业技能公共实训基地建设，健全就业困难群体帮扶机制，全年实现城乡劳动力就业再就业5000人以上、就业困难人员再就业900人以上。充分发挥创业带动就业的倍增效应，落实免费培训、开业补贴、租金补贴等创业扶持政策，推进大学生创业园等载体建设，年内重点扶持自主创业1100人以上，实现创业带动就业3300人以上。

提高社会保障水平。启动社保全民参保登记工作，建立健全社会保险基础数据库。依法推进企业职工参加社会保险，进一步拓展参保覆盖面，全年城保净增缴费4000人以上、被征地农民断保接续缴费2000人以上。巩固扩大居民养老、居民医疗保险参保覆盖面，稳步提高两项保险筹资标准和待遇水平。统筹各类社会救助资源，规范高效运作特困帮扶基金，加大对弱势群体的救助力度，建立深度贫困家庭子女就业帮扶机制，确保困有所济、难有所助。加强养老机构建设，拓展居家养老服务功能。深入实施残疾人幸福生活工程，不断完善残疾人保障服务体系。全面实现拆迁安置“零过渡”。

推动社会事业发展。启动羊尖廊下小学改扩建，完成云林春雷小学主体建设和厚桥实验小学一期改扩建，投用锡山实验小学。加强教育内涵建设，优化师资力量配备，深化教学课程改革，严格师德师风管理，促进教育公平，提升教育质量。优化医疗卫生资源布局，完善分级诊疗制度，加强社区卫生服务中心特色科室建设，建成城乡协同医疗服务体系与应用项目，社区卫生服务站全面达到规范化建设标准。推进锡山人民医院新建工程，投用新东亭医院，建成锡北120急救分站。深入开展免费孕前优生健康检查，促进流动人口计生基本公共服务均等化。加强公共文体设施建设，支持基层文体团队发展，推动有条件的公办学校体育设施向社会开放。

七、强化社会治理，着力形成和谐安定新局面

积极创新社会治理机制，加强基层基础工作，提高依法治理水平，推动政府治理和社会自我调节良性互动。

优化社区管理服务。严格规范工作事项进社区，大力促进社区减负增效，力争“政社互动”工作机制实现全覆盖。深化社区扁平化管理，积极推进“智慧社区”建设，加快培育一批贴近居民需求的社会组织，着力提高社工队伍专业化水平，促进社区、社会组织、社工“三社联动”。加快新建商品房小区和安置小区建居步伐，切实加强业委会组建指导，积极推动安置房物业管理市场化服务。以基层社区为载体，加强公民道德建设，开展群众性精神文明活动，培育和践行社会主义核心价值观，弘扬正能量，营造好风尚，不断提高社会文明程度。

严格安全监管责任。全面贯彻新《中华人民共和国安全生产法》和“党政同责、一岗双责”制度，严格落实企业安全生产主体责任，严明政府分级分类监管责任，建设安监信息化管理系统，持续开展隐患排查和专项整治行动，依法从严从重打击各类非法违法生产经营建设行为。加强房屋租赁市场管理，严格查处违规群租现象。完善公共消防设施，推进专职消防队建设。强化行业监管和社会监督，切实抓好食品药品、校园校车等领域安全管理工作。完善城市防洪保安体系，启动望虞河除险加固工程，实施谢埭荡联圩堤防达标等工程。加强网络信息安全工作。健全应急管理机制，提高应急处置能力。

维护社会大局稳定。完善法治宣传教育工作机制，开展更具针对性、实效性的普法活动，加强公共法律服务体系建设，着力在全社会形成办事依法、遇事找法、解决问题用法、化解矛盾靠法的良好氛围。加大社会矛盾纠纷排查化解力度，及时就地解决群众合理诉求。加强阳光信访信息系统建设，引导信访群众逐级依法有序表达诉求，运用法治思维和法治方式推动信访积案化解。探索政府购买专业矫正服务，加强矫正对象安置帮教。强化社会治安综合治理，严密防范、依法打击违法犯罪活动。坚持底线思维，有效防范和化解金融风险。

八、全面从严要求，着力树立自身建设新形象

坚持以更加严格的标准和要求，在法治轨道上开展工作，在改进作风中优化服务，在严守规定下立身行事，努力建设人民满意的法治型、服务型、廉洁型政府。

提高依法行政水平。牢固树立宪法法律至上等基本法治观念，全面推进依法治区，严格按照法定权限和程序行使权力、履行职责，自觉接受人大及其常委会的法律监督、工作监督和政协的民主监督，带头厉行法治、依法办事。坚持依法决策，完善政府法律顾问制度，加强行政决策合法性审查，落实重大事项尤其是重大决策出台前向人大汇报和向政协通报制度。严格落实行政执法责任制，积极推动行政执法重心下移，健全完善行政执法监督与行政监察联动、行政执

法与刑事司法衔接工作机制。大力推进政务公开，及时主动公开财政预决算、重大建设项目批准和实施等政府信息，接受社会监督和舆论监督。

强化作风效能建设。自觉践行“三严三实”要求，严格落实中央“八项规定”和省市区委“十项规定”，持之以恒推进作风建设。大兴密切联系群众之风，深入基层调查研究，坚持“面对面”直接联系服务群众，全力办好10件为民办实事项目和人大代表建议、政协委员提案。强化行政效能监察，深入开展“转作风、提效能、促发展”行动，加强督促检查，强化刚性问责，大力整治“慵懒散”“中梗阻”和行政“不作为、慢作为、乱作为”现象，推动各项工作快节奏、高效率运转。

严守廉洁从政规定。注重从源头上预防和治理腐败，深入开展党纪国法、廉政法规和从政道德教育，推进权力运行监控体系建设，加大行政监察和审计监督力度，让行政权力在阳光下运行。加强政府系统惩防体系建设，认真落实党风廉政“一岗双责”责任，严肃查处腐败案件。严格执行财政资金安全内控制度，加强专项资金使用绩效管理、国有资产管理和财政投资评审。强化预算约束，厉行勤俭节约，从严控制和压缩“三公一会”等一般性经费支出，把更多的财力用在保障和改善民生上，进一步树立起为民务实清廉的良好形象。

各位代表，锡山改革发展已经迈入新阶段，政府工作责任重大、使命光荣。让我们在中共锡山区委的正确领导下，紧密团结和依靠全区人民，抢抓机遇，锐意改革，求真务实，攻坚克难，为在新常态下取得最大作为、加快建设富强美丽和谐幸福的现代化新锡山而共同努力奋斗！

相关链接

三统一：把依法治国基本方略同依法执政基本方式统一起来；把党总揽全局、协调各方同人大、政府、政协、审判机关、检察机关依法依章程履行职能、开展工作统一起来；把党领导人民制定和实施宪法法律同党坚持在宪法法律范围内活动统一起来。

四善于：善于使党的主张通过法定程序成为国家意志；善于使党组织推荐的人选通过法定程序成为国家政权机关的领导人员；善于通过国家政权机关实施党对国家和社会的领导；善于运用民主集中制原则维护中央权威、维护全党全国团结统一。

三个深化年：项目建设深化年、基层组织建设深化年、作风建设深化年。

新三板：即全国中小企业股份转让系统，是经国务院批准设立的全国性证券交易场所，全国中小企业股份转让系统有限责任公司为其运营管理机构。

两车：摩托车、电动车。

“双低”企业：低产出、低贡献企业。

中央“千人计划”：从2011年开始，每年引进400名左右海外优秀青年人才，至2015年共引进2000人。

省“双创计划”：即江苏省高层次创业创新人才引进计划。“十一五”期间，重点围绕省优先发展的重点产业，引进500名左右的高层次创业创新人才和若干人才团队。

一照三证一章：工商营业执照，组织机构代码证、国税登记证、地税登记证，企业公章。

“六打六治”专项行动：打击矿山企业无证开采、超越批准的矿区范围采矿行为，整治图纸造假、图实不符问题；打击破坏损害油气管道行为，整治管道周边乱建乱挖乱钻问题；打击危险化学品非法运输行为，整治无证经营、充装、运输，非法改装、认证，违法挂靠、外包，违规装载等问题；打击无资质施工行为，整治层层转包、违法分包问题；打击客车客船非法营运行为，整治无证经营、超范围经营、挂靠经营及超速、超员、疲劳驾驶和长途客车夜间违规行驶等问题；打击“三合一”“多合一”场所违法生产经营行为，整治违规住人、消防设施缺失损坏、安全出口疏散通道堵塞封闭等问题。

三级四方八点：下沉镇（街道）、村（社区）、基层群众三级听取意见、建议；聚焦形式主义、官僚主义、享乐主义、奢靡之风四个方面查找问题；着重查找经济发展、深化改革、民主法制、城市管理、生态文明、改善民生、党的建设、社会稳定八个工作领域方面存在的“四风”问题。

四风：形式主义、官僚主义、享乐主义和奢靡之风。

廉政文化“六进”：廉政文化进机关、进社区、进家庭、进学校、进企业、进农村。

两个责任：党委主体责任、纪委监督责任。

双招双引：即无锡市引进人才“双招双引”联动工作机制，通过赋予招商部门和招商人员人才工作职能，提升招商人员的招商能力与招才能力，引进资本又引进智力，使项目与人才的招引互为因果，实现招商引资与招才引智的高度融合。

三资：资金、资产、资源。

三严三实：严以修身、严以用权、严以律己，谋事要实、创业要实、做人要实。

三高两低：高消耗、高污染、高危险，低产出、低效益。

两项补贴：就业困难人员的社会保险补贴和公益性岗位招用就业困难人员的就业岗位补贴。

“八类”特定老人家庭：家庭成员均年满70周岁的低保、低收入户（家庭月人均收入在低保标准以上，1.5倍以下）；家庭成员均年满80周岁的纯老年人家庭；老人年满70周岁的独居老年人家庭；“五保”（保吃、穿、住、医、葬）老人或“三无”老人（无劳动能力、无生活来源、无赡养人和扶养人，或者其赡养人和扶养人确无赡养或扶养能力的60周岁及以上老年人）家庭；家庭成员中有市级以上劳动模范的纯老年人家庭；家庭成员中有定期领取抚恤金或补助金的重点优抚对象的纯老年人家庭；家庭成员中有重度残疾对象（一级、二级肢体残疾，一级、二级智力残疾，一级、二级精神残疾，一级盲、二级盲视力残疾）的纯老年人家庭；家庭成员中有部分失能对象（日常行为依赖扶手、拐杖、轮椅和升降等设施帮助和日常生活行为依赖他人护理的对象）的纯老年人家庭。

“八大类”案件：故意杀人、故意伤害、强奸、抢劫、绑架、放火、爆炸、投毒案件。

三创：创新、创业、创意。

三公一会：公费招待、公务用车、公费出境和会议费。

（区委办 区政府办 区档案局）

编辑：袁 渊

【锡山区非物质文化遗产】

吴歌传承人唐建琴在田间唱吴歌 （区文体局 供稿）

吴 歌

吴歌发源于古吴国，至今已有3000多年的历史。锡山属古梅里区域，是古吴国的发祥地，也是吴歌产生和发展的中心地区。“吴歌王”钱阿福唱吴歌80个春秋，他一生传唱的歌谣在10000首以上；民间文学家朱海容从事吴歌搜集整理工作60年，挖掘整理出长篇吴歌20余部，短歌10000首，其中《华抱山》被认为打破了继《孔雀东南飞》后汉语无叙事诗的定论；“吴歌刘三姐”唐建琴1979年拜“吴歌王”钱阿福为师，是吴歌项目的省级传承人；查桥实验小学是吴歌传承学校。吴歌属民间文学，于2008年被列入国家级第二批非物质文化遗产保护项目扩展名录。

2014年，云林街道社区卫生服务中心建成投用　　（万　青　摄）

区城乡一体化综合示范点——锡北镇周家阁村庄里　　（王莉群　供稿）

大事记（2014年）

Chronicle of Events

4月3日，省委常委、市委书记黄莉新（中）宣布中国历史文化名镇荡口古镇开街（周雯洁 摄）

1月

1日　锡山区全面启用新版《出生医学证明》。

6日　区法院在江苏省内首开执行工作公开先河，为法院执行人员配发单兵执法记录仪、3G执法记录仪，从而实现执行实施过程的全程记录及对疑难复杂案件的即时、应急指挥。

8日　由新华社、新华网等研究机构组织评选的“2013年度中国县域网络形象排行榜”在北京市揭晓，锡山区入选“中国县域网络形象排行榜百强榜单”，并获“商务网络形象奖”。

11日　中央电视台《中华长歌行》栏目到锡山区云林街道倪瓒纪念馆拍摄倪氏宗亲祭祖的场景。

13日　天一中学女教师师素方在锡山区二泉中路天一中学门前的公交站台旁建立全市首个“鸟巢图书馆”。该图书馆24小时免费开放、无人值守，借书人自取自还，在网络上引发热议，全国各大媒体争相报道。

16日　区红十字会开展迎新春送温暖活动，救助困难家庭287户，发放救助金114.45万元。

17日　2014年无锡市暨锡山区科技文化卫生“三下乡”集中活动在锡北镇斗山村开展。市委宣传部、市文化广播新闻出版局、市科技局、市卫生局、市文化艺术管理中心等24家市级机关部门和锡山区各部门组建“三下乡”服务团队到农村，送关怀、送温暖。

17日　锡山区召开党外代表人士区情通报会。区委书记陆志坚通报2013年全区经济社会发展情况和下阶段工作安排。

17日　区委常委、纪委书记方力和副区长言国强带队赴徐州市丰县开展南北挂钩扶贫帮困活动。

22日　区落实党风廉政建设责任制暨述职述廉情况汇报会在区会议中心召开。区委书记陆志坚代表区委常委会作领导班子落实党风廉政建设责任制情况汇报。

24日　全国中小企业股份转让系统（俗称“新三板”）在国家会议中心举行扩容后的首次集中挂牌仪式。锡山区江苏红豆杉生物科技股份有限公司、无锡阿科力科技股份有限公司和无锡市兴港包装股份有限公司3家企业挂牌。

24日　区委召开全区领导干部会议，宣布市委决定：顾中明任中共无锡市锡山区委委员、常委、副书记，提名为区长候选人。

26日　区三届人大常委会任命顾中明为副区长、代理区长。

1月　天一中学AP（大学生一年级学分转移课程）班学生张嘉浩在美国SAT1考试中以满分成绩成为无锡市首个美国“高考”状元。

1月　无锡市住房公积金管理中心锡山分中心增设建设银行东湖塘支行服务网点，主要向东港、锡北等地区缴存人提供公积金缴存、职工账户转移等服务。

2月

13日　全区农村工作会议召开，第一时间贯彻全市农村工作会议精神，确保各项部署要求落到实处。区委书记陆志坚在会上讲话。

14日　全区安全生产工作会议召开。会议深入贯彻国家和省市安全生产工作会议精神，回顾总结2013年工作，细致部署2014年重点工作。区委副书记、代理区长顾中明讲话。

20日　区委召开全区党的群众路线教育实践活动动员大会，学习贯彻中央、全省党的群众路线教育实践活动第一批总结暨第二批部署会议和全市党的群众路线教育实践活动动员大会精神，对全区党的群众路线教育实践活动进行动员和部署。市委副书记、市长汪泉到会讲话。省委督导组成员郜成平出席会议。市委第二督导组组长陈尧明到会提出督导要求。区委书记、区委党的群众路线教育实践活动领导小组组长陆志坚作动员讲话。

23～25日　区政协三届三次会议在锡州花园酒店举行。会议听取和讨论区委书记陆志坚所作的讲话，听取并讨论政府工作报告以及其他报告，审议通过区政协主席蒋群所作的区政协三届常委会工作报告、副主席章建新所作的提案工作情况报告，会议选举魏良、华颖珍为区政协三届常委会委员。

24日　“感动锡山”——2012~2013年度锡山区十佳身边好人评选活动揭晓。经区文明委审定，“爱心接力10年、断指重生107例”邓伟雄等10人当选“2012～2013年度锡山区十佳身边好人”。

24～26日　区三届人大三次会议在锡州花园酒店举行。代理区长顾中明作政府工作报告。区人大常委会主任华炳泉作区人大常委会工作报告。会议听取并通过议案审查委员会主任委员郑永君所作的议案审查报告。会议通过关于《政府工作报告》《无锡市锡山区2013年国民经济和社会发展计划执行情况与2014年国民经济和社会发展计划》等多项决议。会议选举顾中明为区长，朱华、童建伟为区三届人大常委会委员。

2月　锡山区首个“社区少儿悦读E站”在东亭街道映月社区少儿活动中心建成启用，占地面积40平方米，建有多功能区域，内设书柜、滑梯、平衡木等设施。

2月　德国Cremer公司落户开发区。该项目总投资2000万美元，达产后预计年产值2亿元人民币。

3月

1～5日　第24届中国华东进出口商品交易会（简称“华交会”）在上海新国际博览中心举办。锡山区组织15家企业32个展位参展，其中服装展位12个，家纺展位10个，家居展位10个。

4日　市委副书记、市长汪泉到党的群众路线教育实践活动联系点锡山区，就开展好第二批党的群众路线教育实践活动进行调研。区委书记陆志坚汇报锡山区党的群众路线教育实践活动进展情况。

5日　无锡市第十二届志愿者活动月锡山区集中行动暨“三下乡”活动在东港镇新湖苑睦邻中心广场举行。活动月主题是“学习雷锋好榜样、践行核心价值观”。30余个区级机关部门和相关志愿者团队组成区“三下乡”总服务团，为群众提供便民利民志愿服务。

7日　锡山区召开妇女工作会议，全区各界妇女代表欢聚一堂，共同庆祝“三八”国际妇女节104周年。区委书记陆志坚讲话。区委常委、组织部部长邓加红作工作报告。

上旬　锡山区“12358”价格举报网络服务平台运行，企业和群众只需登陆中国锡山网站，点击“12358价格举报”，就能迅速完成网上举报。

12日　全区民生改善与社会事业发展工作会议在区会议中心召开。区委书记陆志坚讲话。区委副书记、区长顾中明作工作报告。

12日　全区政法工作会议召开。区委书记陆志坚讲话。区委常委、政法委书记吴建元部署工作。

12日　美国科学院院士、“沃尔夫奖”获得者、教授罗纳德·菲利普到锡山台创园考察，并被园区科创中心内企业无锡哈勃生物种业技术研究院有限公司聘请为首席科学顾问。

14日　区委召开党的群众路线教育实践活动“一把手”推进会。市委第二督导组组长陈尧明讲话。区委书记陆志坚讲话。

14日　区行政服务中心工商窗口工作人员向无锡普熙斯空调设备制造有限公司员工颁发企业登记制度改革后的第一张新版营业执照。

14～16日　“2014南京国际度假旅游及房车展览会”在南京市举办，锡山区荡口古镇参加展览会。

18日　区委召开全区关心下一代工作会议。会议传达中央、省委省政府领导对关工委工作的重要批示，宣读锡山区2013年获省市关工委表彰的先进名单。

19日　由辽宁省大连市政府副市长张亚东带队的考察团一行12人到商务区，实地考察商务区地下环路管理中心、地下环路系统和锡东新城规划展示馆。

19日　由重庆市璧山县县长章勇武率领的政府考察团一行到商务区，实地考察锡东新城规划展示馆等地。

20日　锡山区科技镇长团组织部分骨干企业负责人、相关板块科技工作负责人赴南通大学举办高校科技合作洽谈会。锡山区3家企业与南通大学纺织服装学院、机械工程学院签订科技项目合作研发协议，羊尖机械（高铁）装备产业园与学校签约共建产学研合作公共平台。

26日　由《人民日报》、中央人民广播电台、新华社、中新社、《经济日报》《科技日报》《新华日报》《现代快报》、江苏人民广播电台等多家中央和省级媒体有关负责人组成的媒体团走进锡山区荡口古镇，进行实地采风访问，共同为荡口古镇宣传出谋划策。

27日　全区经济工作会议召开，分析当前形势，部署落实2014年经济工作重点任务。区委书记陆志坚讲话。区委副书记、区长顾中明部署2014年全区经济工作。

27日　全区城乡建设暨生态文明工作会议召开。会议动员全区上下进一步统一思想、明确目标，理清思路、务实工作，加快推动锡山城市形象大提升、生态环境大改观。区委书记陆志坚讲话。区委副书记、区长顾中明全面部署城乡建设和生态文明建设工作。

27日　全区统战（民宗、侨务）工作会议召开。区委常委、区委统战部部长、区总工会主席张映雪讲话。副区长陈奕主持会议并下达2014年民族宗教工作目标任务书。

28日　全区深化质量强区建设工作会议召开。会议提出，要以提升经济发展质量和效益为中心，大力促发展，全力保安全，着力抓规范，把质量强区事业不断推向新的高度。

28日　境外媒体走进锡山区荡口古镇采风活动举行，《人民日报》（海外版）、《中国日报》《香港文汇报》《大公报》《香港商报》《香港成报》、新加坡联合早报网、凤凰卫视等多家境外媒体，就古镇旅游定位、文化特质、修缮修复等情况进行专题采访和核心话题提问。

28日　云林街道居民诸海燕赴南京市为一名12岁的白血病患儿捐献造血干细胞，诸海燕成为无锡市第29位、锡山区第3位造血干细胞捐献者。

28日　江苏隆达集团暨“大成·隆达教育奖励基金”成立大会在锡东高级中学举行，江苏隆达集团董事长浦益龙捐赠50万元作为基金会的原始运作资金。

31日　区科技局组织无锡福祁制药有限公司、无锡中盛医疗设备有限公司等生物医药领域的企业代表，参加在南京市举办的“东英格兰—江苏生命科学研讨会”。

3月　区首家农民专业合作社联合社——锡山区新悦农副产品专业合作联社注册成立。该联社位于安镇街道胶山村，由区内9家农民专业合作社联合组成，出资总额1521万元。

3月　区法院以卖家身份进驻淘宝网，启动被执行人财产网络拍卖工作，4月拍品上线。

4月

1日　陆志坚、华炳泉、蒋群等区四套班子领导到锡北革命烈士陵园，开展“学习革命先烈，弘扬优良作风”暨祭扫烈士陵园活动。

1日　锡山区首家青少年税收实践基地在锡山地税局挂牌成立，标志着锡山区青少年税收宣传教育有了固定的长期的阵地。

2日　人民网、新华网、中国江苏网、新浪网、搜狐网、腾讯网、凤凰网等全国知名网站记者、编辑到锡山区荡口古镇，实地探寻古镇文化特质，从不同视角捕捉古镇亮点，立体展示“驿江南，回荡口”的形象和魅力。

2日　厚桥街道中东村第三届“梨文化节”在中东村晏家湾精品果园广场开幕。

3日　中国历史文化名镇荡口古镇开街，古镇内华氏义庄、华蘅芳故居、新当里古民居、北仓河驳岸等省市级文物保护单位开放。省委常委、市委书记黄莉新宣布开街。

9日　锡山区举行践行党的群众路线先进事迹报告会，以“学先进、找差距、作表率”为主题，对照先进、查找差距，引导党员领导干部牢记党的宗旨，增强服务群众的能力，争当为民务实清廉的好干部。区委书记陆志坚作专题党课报告。

11日　全区金融工作座谈会召开。区委副书记、区长顾中明讲话。区有关部门、18家驻区金融机构负责人参加会议。

12日　锡山区（安镇）现代服务业实训基地启用，实训基地的目标是“把培养职工的整体素质放在首位，多方联动创建成首个区职工素质提升基地”。

18日　全区企业上市工作推进会召开。区委书记陆志坚讲话。区委副书记、区长顾中明主持会议。

22日　“走群众路线、扬身边典型”——无锡市道德讲堂总堂锡山地税专场活动在市图书馆举行，通过身边人讲身边事，弘扬社会公德、职业道德、家庭美德和个人品德。

25日　锡山首批20对符合单独两孩政策的夫妻获得《批准再生育一个孩子生育证》。

28日　全区庆祝“五一”国际劳动节大会在区会议中心召开，会议表彰2013年全区各行各业的先进典型，并共同庆祝“五一”国际劳动节。

29日　锡山区组织区委、区人大、区政府、区政协全体领导同志，区委各部委办局、区各办局、区各人民团体、区各直属单位党员干部在锡山大剧院集中收看电影《焦裕禄》。

30日　锡山区召开践行群众路线即知即改“一把手”推进会。区委书记陆志坚讲话。

30日　锡山区第五届群众文艺会演（展）开幕，首个新故事专场演讲会在锡山大剧院举办，12名本土业余作者演讲了各自创作的新故事。活动至11月结束，将举行新故事会讲、器乐、戏剧、声乐、舞蹈、少儿演讲比赛6个专场演出以及书法、美术、书画影展览等系列活动。

4月　全区首个由不同宗教派别人士联合发起的慈善基金——锡北镇“宗教慈爱基金”成立。该基金的主旨是在学校设立专项奖学金，奖励品学兼优、家境困难的学生，以后基金的扶持项目将进一步扩大到扶贫帮困、敬老助残等多个公益范围。

5月

1～6日　云林街道2014年民俗文化活动周举办，云林街道依托农历四月初八祇陀寺庙会，举办民俗文化团队巡游、冷餐制作、趣味运动会、企业便民活动等15个活动，300余名草根艺术爱好者表演精彩节目。

5日　“莆田商会杯”2014年国际象棋明星混双对抗赛在锡山区举

办，中国国际象棋4位世界棋后谢军、诸宸、许昱华、侯逸凡与国家队教练叶江川、徐俊、李文良、余少腾进行组合比赛。

6～15日　“金铭祥杯”中国（锡山）第四届国际象棋国际女子名人赛在锡山区举办。居文君、谭中怡、黄茜、诸宸、沈阳、雷挺婕、章晓雯、王珏、倪诗群、翟墨10位女将参加比赛。雷挺婕、居文君、谭中怡分别获得冠军、亚军、季军。

10日　市委副书记、市长汪泉到党的群众路线教育实践活动联系点锡山区，深入镇（街道）、社区，走访企业和窗口服务单位等，与干部群众交流座谈，认真听取意见和建议，对锡山区党的群众路线教育实践活动进行实地调研指导。

11日　中国（锡山）第四届国际象棋国际女子名人赛“绿羊杯”国际象棋女子特级大师车轮指导赛和“五洲国际杯”国际象棋女子特级大师车轮指导赛双双开赛，200名小棋手与大师们精彩对垒。

13日　羊尖镇新锐企业江苏永尚能源科技有限公司在上海股权托管交易中心“Q板”挂牌上市，成为全国净水器行业首家挂牌企业。

14～15日　由北京市作家协会、江苏省作家协会主办，无锡市文学艺术界联合会、无锡市作家协会承办的中国网络文学南北对话论坛在锡山区举办，北京市、江苏省等地的近50名新锐网络作家进行交流研讨。中国作家协会党组成员、书记处书记、《文艺报》总编辑阎晶明，江苏省作家协会主席、党组书记范小青等领导参加研讨。

15～17日　由无锡市人民政府、中国自行车协会助力车专业委员会、江苏省自行车电动车协会主办，锡山区人民政府和锡山电动车协会承办的“2014第八届中国无锡国际电动车展览会”在无锡太湖国际博览中心举行。展览会以“宜行、宜动、时尚、健康”为主题，设三个展厅，有近1000个国际标准展位，展览面积2万余平方米。无锡、天津等地的30余家行业知名电动车品牌展示其造型时尚、科技智能的产品。

16日　区红十字会第三次会员代表大会召开。大会审议通过相关工作报告，明确今后五年锡山区红十字事业发展的目标任务，选举产生新一届理事会。大会聘请区委书记陆志坚，区委副书记、区长顾中明为区红十字会名誉会长。大会选举副区长陈奕为区红十字会第三届理事会会长。

18日　在第二十四个全国助残日，区残联、区人社局联合举办残疾人专场招聘会，拉开锡山区助残日系列活动的序幕。活动主题是“关心帮助残疾人，实现美好中国梦”。

23日　锡山区“云家教”微信公众账号开通，成为锡山区继2013年“云家教”服务平台后，家庭教育服务与自媒体平台运作相结合的又一次探索和尝试。

23日　区国税局发售首份电信业“营改增”增值税专用发票，北京移数通电讯有限公司无锡锡山分公司成为无锡市第一个领购增值税专用发票的电信业“营改增”试点纳税人。

23日　锡山区第十四届科普宣传周集中活动在荡口古镇举行，拉开2014年全国科技活动周暨锡山区第十四届科普宣传周的序幕。宣传主题是“科技在身边”。

23～26日　第十一届中国（无锡）国际设计博览会在无锡太湖国际博览中心召开，锡山区组织300家科技型企业代表、企业家协会成员参加博览会。其间，锡山区40余家企业参加产学研合作科技成果洽谈会，与清华大学、中国科学院等全国31所高校院所的近100名专家进行“一对一”洽谈，达成合作意向6项，有4个项目签约。

23日　厚桥街道文体服务中心启用，位于大诚苑社区，图书馆、乒乓室、健身房、书画创作室、声乐室等基础设施一应俱全。

28日　澳大利亚布莱瑞克林业公司与上海东郁园林科技有限公司共同在锡山台创园投资设立江苏东郁园林彩色苗木育种引繁中心。该中心投资2000万元，注册资本1000万元，拥有组培室3072平方米、智能化设施大棚9408平方米，计划打造华东地区乃至全国最大的彩色苗木育种引繁中心。

29日　“2014年全国百城千村健身气功交流展示系列活动锡山大会暨区健身气功八套功法汇展”在区老体康乐场举行。

29日　东亭街道华亭社区青年施晨在北京解放军空军总医院进行4个小时的造血干细胞捐献，成为无锡市第30位造血干细胞捐献者、第2位跨国捐献的志愿者。其骨髓随即空运至美国，给身患血液病的3岁小男孩进行干细胞移植。

5月29日至6月10日　锡山区首届“光明书香节”活动在馨和园广场举办。该活动由区委宣传部、区教育局、区文体局和光明日报出版社联合举办，提供图书1000余个品种、10万余册，内容涵盖社会科学、文学、经济、生活、文化教育、少儿百科等多个方面。

30日　全区党的群众路线教育实

践活动推进会召开，深入学习贯彻习近平总书记重要讲话精神，按照中央和省市委要求，总结交流前阶段活动情况，研究安排下一步工作。市委第二督导组组长陈尧明到会讲话。区委书记陆志坚讲话。

30日　“锡山慕课学习在线”上线试运行，成为锡山区继2013年全国首创理论学习“移动云学堂”后，重点打造的又一理论学习创新平台。

5月　锡山国税便民办税微信公众平台开通，纳税人只需登录微信，搜索“锡山国税”后添加关注，或者在锡山国税各办税服务大厅内扫描二维码添加，涉税资讯就能触手可及、尽在掌中。

5月　锡山区青少年交通安全主题公园被省委宣传部等部门命名为第二批省级法治文化建设示范点，成为锡山区首个被命名的省级法治文化阵地。

12~15日　美国斯坦福大学、芝加哥大学、范德堡大学、加州大学伯克利分校、华盛顿西雅图大学、斯沃斯莫尔学院、汉米尔顿学院、科尔比学院、科罗拉多学院9所大学的招生官齐聚天一中学国际部，与其AP班学生进行“零距离”交流。

6月

3日　锡山区国土资源数据中心管理系统上线测试。该系统将大大提高国土工作效率，提升业务信息化水平，为政府和国土部门进行土地决策提供依据。

5日　无锡巧克力开心乐园项目在商务区签约。该项目位于东安路东、新华路西、半夜浜北地段，规划总面积约6.33公顷，其中建筑面积10万平方米。

6日　“海内外商会无锡行——锡山投资推介会”举行。欧洲、澳大利亚、中国香港等地的海外商会嘉宾、海外无锡商会代表、国内无锡商会代表以及德国勒沃库森市政府代表团一行到锡山区参观考察、交流合作。

10日　由江苏省苏商发展促进会、江苏苏商研究院联合主办的“学习苏商好榜样”名企走访活动走进锡山区红豆集团，全省80余名知名企业家共同探讨如何促进企业可持续发展，再造苏商新优势。

上旬　“锡山法宣”微信公众号开通，成为继锡山普法微博、锡山法制宣传微群、“阳光·法制·空间”预防青少年违法犯罪博客后推出的又一网络普法载体和平台。

11日　锡山区召开“71580”服务企业区长热线成员会议，回顾分析热线运行情况，进一步研究热线工作管理办法、热线升级方案。

12日　“法润锡山——普法惠民村村行”暨公共法律服务工作现场推进会召开。

12～15日　“第28届香港国际旅游展及第9届商务会奖旅游展”在中国香港会议展览中心举办，锡山区荡口古镇参展并向观展民众发放宣传折页，展示荡口人文及旅游指南。

15日　东南大学附属中大医院无锡分院在锡山人民医院挂牌成立，无锡市副市长华博雅和东南大学党委常委、副校长浦跃朴共同为“东南大学附属中大医院无锡分院”揭牌。

16日　“2014锡山区安全生产咨询日暨安全生产青年志愿者队伍成立启动仪式”在馨和园广场举行。区委常委、宣传部部长窦虹向安全生产志愿者总队代表授旗。

17日　由省政协副秘书长程玉松带队的考察团一行到商务区，实地考察水岸佳苑睦邻中心和锡东新城规划展示馆。

18日　区人社局、区劳动人事争议仲裁委员会首个基层调解仲裁庭——东港调解仲裁庭开庭，并举行首场劳动人事争议案件的审理，全区各镇（街道）人社所（劳动争议调解委员会）相关人员20余人参加庭审观摩。

20日　区科技局组织科技镇长团成员、部分科技型企业负责人以及各板块科技工作负责人赴北京市举办政产学研合作暨科技招商洽谈会。锡山区4家企业分别与清华大学、北京科技大学、北京化工大学、北京航空材料研究院签订项目合作协议。

23日　由国家粮食局总工程师何毅带领的督导检查团到锡山区，就夏粮收购、危仓老库维修改造等工作进行检查和调研。

24日　世界职业台球和斯诺克联合会主席杰森·弗格以及世界斯诺克有限公司商业总监麦尔斯·皮尔斯在国家体育总局小球运动管理中心副主任王延梅的陪同下游览锡山区荡口古镇。

25日　省人大常委会委员、农业委员会主任张京霞带领省人大调研组到锡山区调研新型农业经营主体发展情况，锡山区新型农业经营主体发展模式得到省人大调研组的高度肯定。

27日　由瑞典英特宜家集团打造的中国首家购物中心——荟聚·云林购物中心开业。该购物中心占地面积约23公顷，项目总投资3.27亿美元，是瑞典英特宜家集团在中国建成的首家超区域购物中心。

27日　全区纪念中国共产党成立

93周年暨优秀共产党员表彰大会在区会议中心召开。区委书记陆志坚讲话。

28日　无锡慧谷金融电商产业园项目落户锡北镇。该项目是江苏爱康实业集团有限责任公司依托最新物联网技术，在无锡地区打造的智慧物流园区项目，注册资本5500万美元，计划总投资2亿美元。

6月　厚桥街道大诚苑早教中心投用，面积600平方米。

6月　无锡现代农业博览园有限公司通过ISO 9001:2008质量管理体系认证，成为锡山区首个通过认证的农业旅游园区。

7月

1日　红豆集团举行纪念中国共产党成立93周年暨二级党委成立大会，成立红豆国际发展有限公司党委和江苏通用科技股份有限公司党委，并进行授牌。区委书记陆志坚到会致辞。

1日　清风荷韵——“丰汇通杯”无锡市书法美术作品展在锡山区开幕，展出书画作品88件，其中书法作品54件，美术作品34件。

3日　锡山区召开2014年度征兵工作会议，总结2013年度征兵工作情况，部署2014年征兵工作任务。

4日　由中央文明办主办、中国文明网承办的“我推荐、我评议身边好人”活动6月“中国好人榜”名单揭晓，锡山区东港镇山联村党总支副书记朱虹入选6月敬业奉献类“中国好人”。

4日　市委副书记、市长汪泉到党的群众路线教育实践活动联系点锡山区，全程参加并指导锡山区委常委班子专题民主生活会。

8日　全区招商工作和重大项目建设推进会在区会议中心召开。区委书记陆志坚讲话。

9日　浙大—普威蔬菜生物育种引繁中心在锡山台创园签约落户，中央“千人计划”人才、教授陈志祥及其团队加盟该项目。

10日　无锡历史文献馆、无锡市历史学会、无锡市东林文化研究会和锡山区荡口古镇管委会联合发起，在荡口古镇举行明代无锡金属活字印刷研讨座谈会，市内30余名文史研究工作者参加会议，并参观荡口古镇会通馆的中国印刷史陈列内容。

11日　锡山区举办“诺贝尔奖得主走进锡山话创新—锡山区企业创新国际化工作推进会”，邀请诺贝尔奖得主布鲁斯·博伊特勒介绍美国技术创新及科技成果转化机制、生物医药研发趋势，并与锡山区50余家企业负责人交流互动。副区长陈建清出席会议并讲话。中以（无锡）国际技术转移中心总经理乔丹介绍中以技术转移情况。

14日　恒丰银行无锡分行在东亭街道金锡财富广场开业。

15～20日　2014年“建行杯”全国青少年国际象棋锦标赛（团体）在浙江省杭州市委党校举行。全国各地的65支代表队共481名棋手参赛。由锡山区中国国际象棋高水平后备人才（无锡）培训基地组队的两支代表队，分别获得男子甲组冠军和青年组别的团体亚军。其中，16岁的韦青平和20岁的吴梦娴晋级为国际象棋国家大师，锡山区国际象棋国家大师增至13位，成为全国国际象棋国家大师人数最多的区（县、市）。

16日　锡山区召开区委、区政府专题民主生活会情况通报会，对区委、区政府领导班子及其成员对照检查、开展批评与自我批评情况进行民主评议。

20日　无锡荡口古镇景区对外旅游推介在无锡新洲君濠酒店启动。上海市43家旅行社以及《旅游天地》等5家上海媒体代表应邀参加。

22日　中共无锡市锡山区荡口古镇工作委员会、无锡市锡山区荡口古镇管理委员会设立，为中共锡山区委、区政府派出机构，正科级建制。

22日　开发区被国家知识产权局确定为国家知识产权试点园区，成为无锡市继无锡高新区后第二个跻身国家知识产权试点园区的开发区。

23日　区委工作会议在区会议中心召开。区委书记陆志坚作题为《坚定信心，务实奋进，努力开创锡山改革发展新局面》的讲话。

25日　省政协副主席、省政府党组成员、省科技厅厅长徐南平率省政府办公厅、省科技厅工作人员专题到锡山区调研，就科技创新工作听取基层代表意见。

8月

1日　泉山大道（锡港公路—锡虞路）新建工程竣工通车，工程总投资约1.2亿元，全长3365米。其中，泉山大桥横跨锡北运河，全长454米，为17孔特大桥。

13日　伽力森主食企业（无锡）股份有限公司实现新三板挂牌。

18日　全国工商联发布“2014中国民营企业500强”榜单，锡山区红豆集团、江苏大明金属制品有限公司、无锡兴达泡塑新材料股份有限公司3家企业上榜。

21日　2014年无锡台商协会锡山

联谊会“爱心助学”捐赠暨“联茂立青”奖助学金发放仪式在区教育局举行。锡山台商联谊会向区教育局捐赠教育救助金8万元。联茂（无锡）电子科技有限公司向75名锡山区在读优秀贫困大学生现场发放“联茂立青”奖学金、助学金24万余元，同时分别向云林实验小学、云林幼儿园捐赠助学金6万元和4.8万元。

21日　由全国工商联牵头组织，59家知名民营企业发起设立的中国民生投资股份有限公司在上海市金外滩国际广场揭牌。该公司是由总理李克强签字批准成立的第一个国字号民营公司，注册资本500亿元，也被誉为“民营版中投公司”。锡山区红豆集团入股10亿元。

29日　科技部国际合作司司长靳晓明一行3人在省市科技部门有关领导的陪同下，到锡山区调研创新国际化工作推进情况。

9月

1日　东北塘实验小学新校区投入使用。新校区占地面积5.34公顷，建筑面积28215平方米，绿化面积25258平方米；有52个教学班，学生2434名。

1日　荡口实验小学新校区投入使用。新校区占地面积5.2公顷，建筑面积23943平方米，绿化率37%，是一所具有浓郁江南古镇韵味的现代化学校。

3日　国际领先的物流仓储及配送园区的投资人及开发商盖世理在开发区的盖世理无锡现代物流产业园举行开工典礼。项目占地面积约12.63公顷。

3日　锡山区召开全区党的群众路线教育实践活动推进会，深入学习贯彻习近平总书记重要讲话精神，总结前阶段活动情况，研究部署整改落实、建章立制环节的各项工作。区委书记陆志坚讲话。

4日　锡山区政务微信公众号“微锡山”上线。“微锡山”是区委宣传部对原“锡山微学习”微信公众号进行更名、改版和认证后推出的又一新媒体宣传平台。

5日　由区委宣传部和荡口古镇管委会主办，新浪无锡承办，历时两个多月的“走荡口、拍古镇”手机拍客摄影大赛闭幕，在荡口古镇举行颁奖仪式。经过评选，《桥上的江南人家》等10件作品从4000余件征集作品中脱颖而出，分别获得一等奖、二等奖、三等奖；由部分优秀作品制成的照片墙同日揭幕。

9日　锡山区教育系统举行庆祝第30个教师节大会。会议表彰锡山区“最美教师”及2013～2014学年度省级及以上荣誉获得者，并组织锡山区教师事迹风采展示、省特级教师访谈和新教师代表宣誓等活动。

10日　上海交通大学校长助理彭颖红、国家大学科技园副总经理刘南楠、制冷与低温工程研究所教授陈江平以及精密成形与知识工程研究所教授李大永一行4人到锡山区专题调研产学研合作情况。

11日　东北塘街道私营业主朱凤荣赴北京市为一名韩国白血病患者捐献造血干细胞，朱凤荣是无锡市第31位造血干细胞捐献者，也是无锡市第3位跨国捐献的志愿者。

12日　市委副书记、市长汪泉率相关部门负责人到商务区调研，要求商务区继续坚持高定位规划和高标准建设，加大力度招商引资，进一步推进产城融合，为新型城镇化示范区创建奠定坚实基础。

14日　以宫内阳子（女）为团长的神户南京心连心会第18次访中团一行17名日本友好人士到“许巷惨案”发生地云林街道春雷社区，进行座谈交流，共同回顾许巷惨案历史，悼念遇难的中国同胞。

16～17日　荡口古镇携手上海春秋国旅、上海市长宁区老年协会、上海市长宁区旅游协会共同发起“重阳游古镇·祈福夕阳红——千名老人重阳节留念活动”。千名老人齐聚荡口，游览古镇人文景点，品尝传统风味小吃。

19日　民革锡山区支部第三届“心心相连、手手相牵”缤纷假日夏令营在羊尖镇严家桥小学开营。羊尖镇的50名外来务工子女将参加为期5天的夏令营活动。开营仪式上，民革“同心”实践基地揭牌成立。

20日　由中国自行车协会、中国轻工业职业技能鉴定指导中心主办，江苏新日电动车股份有限公司承办的“专业才能智造——新日全国电动车装配技能大赛”开赛。大赛旨在培养选拔行业技能人才，推进整个电动车行业由“大”变“强”。无锡赛区的郭保党以装车和卸车总计用时50分钟的成绩获得冠军。

20～21日　由《大众摄影》杂志社和锡山区荡口古镇联合主办，无锡市摄影家协会、中国影像网无锡站协办的荡口古镇全国摄影比赛评选活动在荡口古镇闭幕。经过各位专家的综合评审，最终评选出特级佳作3件，二级佳作20件，三级佳作80件。

23日　由市民营企业（企业家）协会和区企业家协会联合举办的锡商大讲堂在锡山区开讲，阿里巴巴两位高管应邀作题为《锡商在电子商务时代的机遇和途径》的主题演讲，吸引数百家企业相关负责人参加。

25日　锡山区政府与到访的新疆维吾尔自治区克孜勒苏柯尔克孜自治州的阿合奇县政府举行签约仪式，缔结区县友好、乡镇结对全面共建合作协议。

25日　锡山区召开全区党的群众路线教育实践活动“一把手”暨整改工作推进会。区委书记陆志坚要求切实履行“第一责任人”职责，确保教育实践活动善始善终、善作善成。

26日　锡山区召开小微企业金融服务宣传暨政银企融资项目签约大会，24家银行与24家企业代表签订授信协议，累计签约2.23亿元。活动中，有193家企业与银行达成合作意向，授信意向金额14.26亿元，其中制造业授信意向金额12.1亿元。

30日　省委常委、市委书记黄莉新到锡山区东港镇，走访慰问困难老人、百岁老人、爱心老人以及敬老院，为老人们送上节日的祝福和关怀。

30日　在全国首个法定“烈士纪念日”，锡山区在锡北革命烈士陵园举行烈士纪念日公祭活动。区四套班子领导，原区四套班子正职老领导，区、镇（街道）机关干部代表，社会各界群众代表和学生代表参加。

9月　锡山区东北塘垊坝小学教师过琴芬被评为“全国模范教师”，全市仅两人入选。

9月　江苏新日电动车股份有限公司研发全国首辆全数字化车联网电动车。该电动车可通过智能手机锁车、开锁，远程采集、检测车辆状况和发生故障时自动报警，获工业和信息化部肯定。

9月　锡山区加盟全国区域课程改革协作理事会。全国15个省（区、市）、33个县（区）教育行政部门首批加入该理事会。

10月

10月5日至11月4日　第116届广交会在广东省广州市举行。锡山区有参展企业87家、摊位179个，展品涵盖大型机械及设备、动力、电力设备、工具、五金、汽配家居用品、医保器械等20个展区。

10日　锡山区举办“2014无锡锡山国际生物医药洽谈会”，邀请1998年诺贝尔生理医学奖得主斐里德·穆拉德以及在海外发展的多位生物医药专家与锡山区的生物医药企业负责人进行交流洽谈。

10日　科技部农村司司长陈传宏一行在省科技厅副厅长段雄的陪同下调研锡山区农业科技园区建设情况。

11～13日　中央电视台中文国际频道专程到锡山区荡口古镇，为《中华情（音乐版图）·荡口古镇》节目拍摄外景。整个外景拍摄分为三个部分，分别聚焦荡口华氏义庄所代表的“孝义文化”，以翰林学士华察（华太师）为核心的“三笑文化”，以及琵琶曲编辑家华秋苹为代表的“琵琶文化”。

15日　无锡宇培电商物流园项目签约仪式在商务区管委会举行。该项目注册资本1亿美元，总投资3亿美元，占地面积约40公顷，其中一期项目占地面积10公顷。

15～17日　锡山区第十届中小学生田径运动会在锡东高级中学举行。全区34所中小学校组成的14个代表团、35个运动队近600名运动员参加比赛，刷新7项历史纪录。运动会汇集高中（中专）、初中、小学三大组别，涵盖跳高、铅球、短跑、中长跑、接力等63个田径项目及实心球、极速穿越、穿梭八字跳3项阳光体育类集体项目。

16日　锡山区荡口古镇景区被江苏省旅游局批准为国家AAAA级旅游景区。

18～24日　在韩国仁川举行的“2014年亚洲残疾人运动会”上，锡山籍运动员姚娟获得铅球金牌、铁饼银牌，盛玉红领衔的中国女子坐式排球队以全胜战绩获得金牌。

20日　锡山区召开创建全国文明城市工作汇报会。开发区、商务区、各镇（街道）和相关部门重点汇报全区创建工作推进情况，分析创建达标中存在的主要问题及原因，提出创建工作设想和达标举措。区委副书记、区长、区创建领导小组组长顾中明讲话。

21日　锡山区召开秋季秸秆禁烧和综合利用工作会议，部署秸秆禁烧和综合利用各项工作。

22日　锡山区召开全区党的群众路线教育实践活动总结大会，回顾总结锡山区党的群众路线教育实践活动，对巩固拓展活动成果、深化作风建设、全面推进从严治党进行部署。区委书记、区委党的群众路线教育实践活动领导小组组长陆志坚讲话。市委第二督导组组长陈尧明讲话。

22日　“2014锡山金秋重大项目合作恳谈会”在锡州花园酒店举行。现场签约重大产业项目40个，总投资172.8亿元。

22日　区委副书记、区长顾中明在锡州花园酒店会见到锡山区考察访问的韩国光州广域市北区代表团一行，就进一步扩大两地经济文化交流合作、共同推动发展等问题进行交谈。

22日　锡山区召开弱势群体帮扶工作会议，同时成立特困帮扶基金会。区委书记陆志坚讲话。

23日　由孟加拉国锡莱赫特市市长阿瑞夫·哈库·秋杜里带队的孟加拉国友城代表团参观锡山台创园。

26日　“歌唱祖国”纪念王莘诞辰96周年音乐会在荡口实验小学举办，王莘少儿艺术团同时揭牌。

26日　由中国工业设计协会与江苏省经济和信息化委员会联合主办，江苏新日电动车股份有限公司协办的新日全国大学生智能电动车设计大赛在锡山区闭幕。大赛旨在发现及培养优秀电动车工业设计人才，提升电动车产业的工业设计水平。大赛于6月20日启动，历时3个多月，全国100余所高校参赛学生提交1728件设计作品。经专家组评审，山东工艺美术学院学生曲芹芹凭借作品《蜂》夺冠，荣膺“航天大奖”。

26日　以“设计的突破”为主题的“2014年中国电动车产业创新论坛”在锡山区举办，国内多位工业设计专家就中国电动车企业的产品设计创新之路发表独特的见解。

28日　无锡倪云林艺术研究会、无锡市美术家协会、锡山区书法家协会在锡山区云林街道中国乡镇企业博物馆举办“云林遗风”无锡书画名家作品展暨《倪云林诗词三百首》首发式纪念系列活动，以纪念倪云林谢世640周年。倪瓒（1301—1374），元代画家、诗人。初名珽，字泰宇，后字元镇，号云林子、荆蛮民、幻霞子等。江苏无锡人（今无锡市云林街道云林社区人）。中国古代十大画家之一，“诗书画”三绝名誉中外，其绘画开创了水墨山水的一代画风，与黄公望、吴镇、王蒙并称“元代四大家”。

28日　锡山区首家中福在线即开型福利彩票销售厅运营，填补了锡山区即开型视频彩票玩法的空白。

31日　宁波银行无锡锡山支行举行开业典礼，区委副书记、区长顾中明为宁波银行无锡锡山支行揭牌。

10月　坐落于安镇街道大成工业园区的雅迪总部大楼建成投用。占地面积15公顷。

10月　省内最大铁皮石斛种植基地落户锡山区羊尖镇。无锡双喜金阳生物科技有限公司与浙江农林大学开展合作，在羊尖镇南村村建设省内最大铁皮石斛种植销售基地，一期规模13.33公顷，全部建成后规模33.33公顷。

11月

1～2日　由中国人才研究会超常人才专业委员会主办，江苏省天一中学承办的“中国人才研究会超常人才专业委员会第十届年会暨全国中学英才教育学术研讨会”在天一中学举行。全国15家高校或研究院所、51所中小学以及无锡部分学校的300余名代表参加会议。

3日　第十届全国“聚焦课堂·生长课堂课型”研讨活动在天一中学举行。活动延续“生长课堂”主题，全国各地的近4000名中学老师参加活动。

3日　区委与党外人士专题民主协商会召开，区各民主党派、工商联和无党派联委会围绕“推进改革促发展，同心共谱梦篇章”专题发表意见和建议。

4日　“2014年无锡锡山—麻省理工学院科技和人才合作会议”举行，锡山区与麻省理工学院的合作平台被科技部命名为国家级国际技术转移中心，成为无锡市首个国家级国际技术转移平台。

6日　锡山区第五届群众文艺会演（展）“在我身边的图书馆”少年儿童演讲比赛在东亭实验小学春江分部举行，八士实验小学学生周玄策和仓下中学学生许丹婷获一等奖。同时，锡山区第五届群众文艺会演（展）闭幕。

11日　锡山区金融超市启动仪式在锡州花园酒店举行。20余家驻区金融机构和300余家区内企业参与活动，部分银企达成授信意向。

12～13日　由无锡市老年人体协承办的“2014年江苏省沿江八城市老年人体协工作交流会”在锡山区召开。大会通过工作研讨、经验交流、实地考察等形式，互相交流，增进友谊，共同促进老年体育工作和全民健身运动的发展。

13日　无锡市大元广盛电气股份有限公司在新三板挂牌。

13～14日　国家质量监督检验检疫总局考核验收组一行，对锡山区国家级出口摩托车、电动车质量安全示范区创建工作进行考核验收。

15日　由上海第一财经联合全国50余家电台共同举办的“牵手·2014中国最美村镇”在江苏省南京市举行颁奖仪式，全国60个村镇入选，锡山区荡口古镇入选“2014中国最美村镇”，被授予“人文环境奖”。

15日　在广东省深圳市召开的第八届中国产学研合作创新大会上，锡山区获“2014年中国产学研合作促进奖”。

17日　省委常委、市委书记黄莉

新到锡山区，考察了解开发区部分中小企业运行情况。

20日　工业和信息化部向8家民营企业发放第四批移动通信转售业务试点批文，锡山区红豆集团成为无锡市唯一一家获得虚拟电信运营商资质的企业。

25~27日　区领导陈建清、李佩东率区科技局、开发区科技局及部分企业负责人一行11人，赴辽宁省沈阳市开展政产学研高端合作活动。

30日　在北京市召开的中国国民党革命委员会第十二届中央委员会第三次全体会议上，民革锡山区支部被授予“优秀基层组织”称号。

11月　锡山区安镇实验小学发布全国首个普通教育学校综合性“智慧教育云APP”。

11月　位于安镇大成工业园区的江苏雅迪科技发展有限公司获得国家五星级售后服务认证书，成为业内唯一一家国家五星级售后服务认证企业。

11月　由中共中央宣传部、住房和城乡建设部、国家新闻出版广电总局、国家文物局牵头实施，中央电视台组织拍摄的大型纪录片《记住乡愁》项目全面启动。锡山区中国传统古村落严家桥入选拍摄地。

12月

3日　区委书记陆志坚，区委副书记、区长顾中明率锡山区党政代表团，先后赴常州市溧阳市、金坛市参观考察，全面了解两市经济社会发展状况，探寻锡山区科学发展新路径。

4日　在首个国家宪法日，锡山区组织收听收看在南京市召开的全省人大工作电视电话会议。

6~7日　徐州市丰县优质农副产品在农博园集中展销，大沙河苹果、山药、牛蒡、洋葱等产地直供、价格实惠的新鲜农产品和深加工产品，受到市民欢迎。

9日　“映美杯”2014年中国国际象棋甲级联赛在广东省江门市落幕。由江苏绿羊温泉农场有限公司、江苏国际象棋队、中国国际象棋高水平后备人才（无锡）培训基地共同组建的江苏绿羊温泉队首夺联赛冠军。江苏队成为第五支获得甲级联赛冠军的队伍。锡山籍队员韦奕获“最佳男棋手奖”。

18日　为期3天的无锡地铁2号线万人试乘活动启动。无锡地铁2号线是一条贯穿无锡城区东西的城市快速轨道交通线路，起于滨湖区梅园开原寺站，止于锡山区安镇站，共22个站点，在锡山区有柏庄站、东亭站、庄桥站、云林站、九里河公园站、查桥站、映月湖公园站、迎宾广场站、无锡东站、安镇站10个站点。

19日　由无锡广播电视集团出品的年度贺岁剧《五福临门之荡口奇缘》在锡山区荡口古镇开拍。

22日　“2014年度爱玛电动车第400万辆下线暨江苏爱玛二期工厂落成投产典礼”举行，标志着江苏爱玛车业科技有限公司成为全国乃至全球销量最大的自动车领军企业。

26日　锡山区举行首届公益创投项目签约仪式，23个公益项目获得政府福彩公益金资助。

27日　锡北镇首个全业态的商业项目——泉山商业中心举行开业仪式。该中心紧靠锡北新市镇景观主轴，与星天地滨水步行街、泉山文化公园直接串联，是一个集连锁超市、巨幕影院、购物娱乐、餐饮美食、精品公寓于一体的多元化大型商业综合体。

27日　东南大学微创外科研究所胆道疾病诊疗中心在锡山人民医院（东南大学附属中大医院无锡分院）揭牌成立。锡山区副区长陈奕、东南大学附属中大医院院长滕皋军为该中心揭牌。

28日　农业部部长韩长赋率队调研锡山台创园，省、市、区领导黄莉新、徐鸣、刘霞、陆志坚、顾中明、言国强等陪同调研。

12月　农业部、国家旅游局公布全国休闲农业与乡村旅游示范县和示范点名单，锡山区东港镇山联村被认定为全国休闲农业与乡村旅游示范点。

（区档案局）

编辑：吴　霞

3月12日，美国科学院院士罗纳德·菲利普（右五）受聘无锡哈勃生物种业技术研究院有限公司首席科学顾问仪式举行

（台创园 供稿）

8月，锡山区南北重要通道——泉山大道开通　　（《新锡山》 供稿）

锡山区概况

Survey of Xishan District

无锡地铁2号线东亭站　　（胡懿文 供稿）

地情概要

【位置面积】锡山区位于长江三角洲腹地，江苏省东南部，无锡市东北部。南临太湖，北通长江，东邻苏州、常熟，东至上海128公里，西至南京177公里，为苏锡常中心地区，水陆空交通十分便捷。沪宁、锡澄（京沪）、锡张高速公路在区内交汇，G312国道穿境而过，设立在锡山区安镇街道的京沪高铁无锡东站于2011年6月竣工并投入使用，京杭大运河贴界而过，距苏南硕放国际机场仅15公里。无锡地铁2号线于2014年12月28日开通运行，起于滨湖区梅园，终于锡山区安镇街道。全区土地面积399.1平方公里，境内土地肥沃，物产丰富，经济繁荣，是近代民族工业和现代乡镇工业的发祥地。

【气候】2014年，锡山区气温正常，降水正常，日照正常。年内，夏季出现罕见的低温阴雨天气，高温日数和高温强度偏少和偏弱；台风影响少且轻。主要气象灾害有连阴雨、暴雨、寒潮、强对流、高温、雾霾、台风等。气象条件对主要农作物及特色农业、人体健康、旅游等为较好的气候年景，对水资源和交通等行业为正常略差气候年景。

年平均气温16.8℃，年极端最高气温36.7℃，年极端最低气温为-4.3℃。年高温日数（日最高气温≥35℃）12天，年低温日数（日最低气温<0℃）26天。

年降水量1348.8毫米，2月、4月、7月、8月明显偏多，1月、10月、12月明显偏少；年雨日122天；日最大降水量100.4毫米（8月8日，安镇监测点），年暴雨日数3天。

年日照时数1893.5小时。1月、3月、10月、12月日照充足。8月、9月日照持续寡少，均不到常年日照同期的一半。

（市史志办　区档案局）

【人口】2014年年末，全区户籍总户数12.83万户，总人口431565人，其中男性人口211388人，女性人口220177人。全年出生人口4347人，其中男婴2277人，女婴2070人；死亡人口3041人。全年人口自然增长1306人，人口自然增长率为3.04‰。

（刘异伟）

【区划建置】商末（约公元前12世纪），古公亶父（周太王）之长子泰伯，为让位于三弟季历，偕二弟仲雍南奔南蛮，定居梅里（今无锡市新区梅村街道），自号“句吴”。汉高祖五年（公元前202年），始设无锡县，属会稽郡。清雍正二年（1724年），分无锡县为无锡、金匮两县。民国元年（1912年），又合二为一，复称无锡县，初属江苏苏常道，1927年直属江苏省。1949年4月23日，无锡解放，析城区及近郊，置无锡市，市、县分置。1983年3月，江苏省实行市管县新体制，无锡县属于无锡市。1995年6月8日，经国务院批准，撤销无锡县，设立锡山市。2000年12月，经国务院批准，撤销锡山市，分设锡山区和惠山区，隶属无锡市，沿太湖7个镇分别归无锡市滨湖区和新区。

（区档案局）

【行政区划】2014年年末，锡山区辖5个街道、4个镇，76个行政村、42个社区居委会和1个国家级开发区、1个锡东新城商务区。

2014年年末锡山区村（居）委会一览

表1

单位	村（居）委会名称	个数
东亭街道	东街社区　柏庄一村社区　桑达园社区　春江花园社区　门楼社区　柏庄社区　春星社区　春合社区　庄桥社区　北街社区　东亭社区　新屯社区　映月社区　华亭社区	14
安镇街道	鑫安社区　吼山社区　谈村社区　白丹山村　大厍头村　先锋村　查桥村　山河村　春光村　安南村　胶西村　安西村　胶山村　胶南村　安镇村　团结村	16
羊尖镇	羊尖镇社区　羊尖村　南村村　宛山村　廊下村　南丰村　严家桥村　丽安村　龙凤巷村	9
鹅湖镇	人民路社区　青虹路社区　甘露社区　尚书苑社区　鹅湖村　青荡村　三新村　圆通村　新桥村　圩厍村　群联村　松芝村　燕水庄村　彩桥村	14

续表1

单位	村（居）委会名称	个数
东北塘街道	严埭社区 锡通社区 东北塘社区 梓旺新村社区 裕巷村 垓坝村 大马巷村 正阳村 锦阳村 梓旺村	10
锡北镇	八士社区 张泾社区 斗山花苑社区 新坝村 八士村 联新村 劲丰村 斗山村 春风村 东房桥村 光明村 寨门村 泾西村 泾新村 新明村 周家阁村	16
东港镇	东湖塘社区 港下社区 湖塘桥社区 蠡涸西社区 东湖村 朝阳村 东升村 黄土塘村 亚光村 东青河村 东南村 华东村 新巷村 张缪舍村 港东村 山联村 勤新村 港南村 陈市村	19
云林街道	云昌社区 云龙社区 云林社区 云祥社区 云扬社区 春雷社区 竹园社区 新农丰社区 蓉阳村 芙蓉村 双桥村	11
厚桥街道	厚桥社区 南桥头村 年余村 太芙村 新联村 新厚桥村 嵩山村 中东村 谢埭荡村	9

（区档案局）

经济和社会发展

【概况】2014年，面对宏观经济下行压力持续加大，全区上下深入学习贯彻党的十八大和十八届三中、四中全会精神，紧密围绕建设富强美丽和谐幸福现代化新锡山的工作目标，迎难而上、锐意进取，全力保增长、调结构、促和谐、惠民生，经济、政治、文化、社会和环境保护各项事业扎实推进，成效明显。

【发展基础进一步夯实】2014年，全区完成地区生产总值（GDP）620.71亿元，比上年增长8.8%。完成公共财政预算收入60.6亿元，比上年增长10.6%。投资、消费、外贸“三驾马车”稳步推动，固定资产投资596.8亿元，比上年增长16.1%；社会消费品零售总额135.87亿元，比上年增长11.6%；进出口总额46.2亿美元，比上年增长3.62%，其中出口额35.6亿美元，比上年增长8.6%。全年到位注册外资及港澳台资3.3亿美元。

【产业结构进一步优化】工业经济稳中趋升，全年完成规模以上工业总产值1128亿元，比上年增长0.3%。服务业提速发展，服务业增加值占GDP的比重为44.2%。新兴产业不断壮大，全年新兴产业总产值比上年增长16.9%。科技创新持续增强，全年高新技术产业产值占规模以上工业总产值的比重为42.5%，比2013年提高6个百分点；全社会研发经费支出占GDP的比重为3.01%；引进各类人才1.15万人。

【发展活力进一步增强】2014年，项目建设加快推进，全区134个超1亿元重大产业项目在建117个，完成投资224.7亿元，联东U谷一期、平谦精密机械装备产业园、爱玛电动车等39个重大产业项目建成竣工。城乡规划有序开展，顺利完成电力专项规划、东港锡北城乡统筹规划、开发区产业发展规划、商务区色彩专项规划及凤凰山生态园概念规划等编制工作。城市功能不断提升，英特宜家“荟聚·云林”购物中心、锡东创融大厦建成运营，映月天地商业广场主体完工，无锡地铁2号线开通运行，安镇站启动建设，锡山人民医院新建工程有序推进，荡口古镇获评国家AAAA级旅游景区和2014中国最美村镇人文环境奖。新开辟和优化调整公交线路13条，泉山大道、荡厚路、吼山北路等重点道路建成通车。

【生态环境进一步提升】生态工程扎实推进，全年造林绿化面积166.67公顷，林木覆盖率23.71%。切实加强水生态综合治理，地表水好于Ⅲ类水质比例为50%，水质呈逐年改善趋势，综合污染指数从2009年的1.92下降至2014年的0.87。着力开展大气污染防治“蓝天工程”，至12月底，全区环境空气质量优良天数比例为60.8%，比无锡市区高3.1个百分点。环境质量综合指数为94.4。

【社会事业进一步改善】社保覆盖面进一步完善，适龄居民养老保险参保覆盖率98.5%，居民医疗保险参保覆盖率99%。教育发展不断投入，东北塘实验小学、荡口实验小学等一批学校易地新建、改扩建工程相继完成。文化体育事业蓬勃发展，新增公共文体活动面积6.25万平方米。社会管理水平不断提升，全区累计建成7个市级“幸福镇”、57个市级“幸福村”。城乡居民收入与经济发展保持同步，城镇居民人均可支配收入39820元，农村居民人均可支配收入22489元。（张　诚）

精神文明建设

【概况】2014年，全区精神文明创建工作围绕区委、区政府中心工作，以实施“孝义崇善之区”精神文明建设工程为抓手，深入开展“讲文明树新风”公益广告宣传、道德领域突出问题专项教育整治、道德模范和身边好人推荐宣传、文明城市测评迎检、“我们的节日”主题活动、学雷锋志愿服务活动、未成年人思想道德建设等工作，各项工作位居全市领先位置。

【“孝义崇善之区”精神文明建设工程】萃取和弘扬“孝义崇善”传统文化和美德精髓，与社会主义核心价值观教育实践活动衔接融合，通过道德模范和身边好人推荐宣传、巡讲巡演活动，褒扬模范、好人精神，引导人们尚义凝心、布善于学；通过志愿服务制度化建设、团队建设、主题志愿服务活动，引导人们聚义汇力、积善于行；通过构建诚信联盟、强化失信约束，引导人们立义祛恶、守善于信；通过五好文明家庭和各级精神文明建设先进单位创建，引导人们固义修为、强善于根；通过“讲文明树新风”公益广告登载、“道德讲堂”建设、“文明餐桌”行动，营造文明崇德风尚，引导人们扬义守道、注善于心；通过“锡山少年梦、三爱见行动”主题教育、“云家教”家庭教育服务、低保家庭青少年周末关爱空间等活动，集结三方关爱力量，传义启蒙、育善于幼。该项工程的六个方面内容囊括了全区精神文明建设年度具体工作，相关板块、部门明确了主要任务，汇聚力量构筑共有精神家园，共同推动全区精神文明建设向层次突出、特色鲜明的方向发展。以该工程为内容的《从五维入手，培育“孝义崇善”文化》一稿被《江苏精神文明建设简报》录用，《锡山区“三位一体”打造“孝义崇善之区”》一稿被《无锡宣传》录用。

【“道德讲堂”建设】4月22日，在无锡市道德讲堂总堂举办“走群众路线，扬身边典型”——无锡市道德讲堂总堂锡山专场活动。根据市文明办部署，2014年继续推进“道德讲堂”建设，实现全区镇（街道）和村（社区）全覆盖。继续推进区卫生局、无锡尚品食品有限公司、无锡超科食品有限公司、无锡福祈制药有限公司、无锡晶海氨基酸有限公司等辖区内食品药品企业和窗口单位的“道德讲堂”建设。

【道德模范和身边好人推荐宣传】建立好人迭出的遴选推荐机制。下发《关于规范完善“无锡好人”推选工作的通知》《关于进一步落实“无锡好人”推荐工作的通知》，明确各板块、部门年度推荐任务，更新140余人的备选好人库。东港镇山联村党总支副书记朱虹入选6月敬业奉献类“中国好人”，全区累计入选“无锡好人”52名、“江苏好人”9名、“中国好人”7名。开展身边好人、道德模范事迹巡讲巡演活动。下发《关于做好2014年度全区道德模范、身边好人巡讲巡演工作的通知》，各板块、各有关部门制订道德模范和身边好人巡讲巡演计划，区教育系统安排巡讲巡演活动30余场。在推荐“无锡好人”的同时，开展媒体宣传工作，除借助无锡广播电视台交通频率等载体外，还在区情简报《新锡山》开设“身边好人专栏”、公布投票人选情况，官方微博《锡山发布》同步发布好人事迹。结合社会主义核心价值观教育，各类身边好人的事迹刊登在《无锡日报》《现代快报》《江南晚报》等媒体，《锡山区打造好人文化品牌，构筑城市文明基石》一稿被《无锡宣传》录用。春节前，制作3名“中国好人”专题公益广告，登载在主要路口的公益广告栏上；以“中国好人”倪丽霞的故事为原型，编排的锡剧受到广大戏迷的欢迎。2月下旬，“感动锡山”——2012~2013年度锡山区十佳身边好人评选活动揭晓，评选出10名锡山区十佳身边好人，5人入围身边好人，并颁发慰问金和奖牌。8月，编印《锡山好人群》1000本，向基层群众免费发放。9月19日，组织60名市民参加无锡市“好人就在身边”第12个公民道德宣传日主题活动，锡北镇选送的锡剧《文明花开》参加演出，用锡剧说唱的形式宣传了锡北镇的好人好事。以身边好人为重点，开展“善行义举榜”建设工作。在锡山宣传网设立“锡山善行义举榜”，并在中国·锡山E点通协同办公平台设置宣传链接，各镇（街道）根据部署在村（社区）公示栏同步设立“善行义举榜”。帮扶礼遇身边好人。3月22日下午，组织全区20名“无锡好人”作为市民代表，走进无锡市中桥水厂，参加无锡市自来水总公司举办的“水厂开放日”活动。10月31日，以“好人身边的好银行”为理念的宁波银行无锡锡山支行开业典礼举行，倪丽霞、端木凡芳等10名好人代表接受馈赠。

【“我们的节日”主题活动】 根据市文明办《关于在2014年春节、元宵节期间深入开展“我们的节日”主题活动的通知》精神，制定《锡山区2014年度“我们的节日——春节”文体活动安排》。各镇（街道）、区文体局组织开展各类喜庆祥和、喜闻乐见的文体娱乐活动。结合“缤纷的冬日——未成年人寒假活动”，针对未成年人的特点和需求，以村（社区）为重点，组织开展民俗、国学、体育等活动。各镇（街道）以村（社区）为单位，开展“邻里守望”“新春大家乐”等各具特色的文体活动。根据市文明办的部署，积极配合中央电视台《中华长歌行——我们的节日·春节》节目组在荡口古镇的拍摄工作。协调红豆集团，举办“我们节日——红豆七夕节”系列活动。6月18日，举办全国红豆树认养仪式，红豆集团与全国11个红豆村签订统筹共建协议，促进双方共同发展。8月2日，红豆集团举行第三届“红豆树下的婚礼”集体婚礼活动。

【学雷锋志愿服务活动】 结合传统节日，部署主题活动，弘扬雷锋精神，开展志愿服务。区文明办下发《关于春节期间组织开展“邻里守望、情暖无锡”主题志愿服务活动的通知》，全区各村（社区）开展关爱“空巢”老人、新市民子女、农民工、残疾人等特殊群体志愿服务活动。结合无锡市科技、文化、卫生“三下乡”集中活动，各相关志愿者团队走进锡北镇斗山村，开展“送春联”、健康咨询、家电修理等便民利民活动。2月下旬，征集上报2014年无锡市第十二届志愿者活动月活动项目30余个。3月5日，开展无锡市第十二届志愿者活动月锡山区集中行动暨“三下乡”活动，以“学习雷锋好榜样，践行核心价值观”为主题，组织相关部门志愿团队在东港镇开展集中活动，其他镇（街道）均设立集中服务点，《新锡山》简报对该活动进行专版报道。志愿服务项目和团队建设取得新进展。由天一中学女教师师素方牵头设立的街头“鸟巢图书馆”，引起社会的强烈反响，中央电视台等国家级媒体也广泛报道。锡山地税局“蓝翼”志愿服务队入选2013年江苏省优秀志愿服务组织。

【“讲文明树新风”公益广告宣传】 继续落实通稿刊载工作。4月11日，在锡山分会场组织区委宣传部、区文体局、区住保房管局、区建设局、区交通运输局、区城管局、锡山工商局等部门负责人及相关处（科）室负责人以及区主要报纸、主要网站负责人参加全省“讲文明树新风”公益广告电视电话会议。会后，下发《关于落实“讲文明树新风”公益广告和“遵德守礼”提示牌目标任务责任的通知》，明确各板块、各相关责任部门的责任，主要路口的公益广告牌，《新锡山》简报刊载社会主义核心价值观的通稿作品。继续推进公益广告展架、建筑工地围挡、电子屏、LED显示屏等载体“讲文明树新风”公益广告落实工作，继续确保公共场所、建筑围挡“讲文明树新风”公益广告占比分别在20%、30%以上。《新锡山》简报定期刊发通稿作品，中国锡山网站开设公益广告专栏，登载通稿作品。继续开展“文明餐桌”行动。制定2014年的工作方案，全区63家宾馆饭店参与率100%，1421家餐馆参与率95%，继续通过宣传和倡导，帮助广大市民树立新的饮食观念，由“爱面子”向“重实情”转变，由“讲排场”向“求健康”转变，由“畸形消费”向“绿色饮食”转变，在全社会形成浓厚的节俭风尚。

【未成年人思想道德建设】 2月18日下午，全国未成年人思想道德建设工作视讯会议在北京市召开。区委常委、区委宣传部部长、区文明委主任窦虹率区委宣传部、区文明办、区教育局、区文体局负责人在无锡市分会场参加会议。根据《全国未成年人思想道德建设工作测评体系》和《无锡市2014年度未成年人思想道德建设目标管理项目》要求，制定下发《锡山区2014年度未成年人思想道德建设目标管理项目》。贯彻落实省市《关于开展未成年人文明礼仪养成教育的意见》，5月22日举办锡山区未成年人“八礼四仪”教育实践活动暨天一实验学校14岁青春仪式，组织全区中小学现场观摩，推动文明礼仪教育融入日常教学活动。

相关链接

八礼：仪表之礼、餐饮之礼、言谈之礼、待人之礼、行走之礼、观赏之礼、游览之礼、仪式之礼。

四仪：7岁入学仪式、10岁成长仪式、14岁青春仪式、18岁成人仪式。

【文明城市创建测评迎检】 发挥区卫生、城管、文体、工商、交警等11个部门和东亭街道等板块的作用，加强联动和协调，提升长效、常态迎检水平，确保城区文明程度指数、未成年人思想道德建设工作季度测评成绩保持全市前列位置。无锡市创建全国文明城市工作领导小组办公室全年开展三次城区两项测评（第三季度未开展），锡山区获得季度和年度排名第一位的成绩。4月上旬，锡山区召开第一季度两项测评工作重点部门工作部署会议，围绕第三方测评（问卷调查、实地考察）、部门测评和市文明办重点工作测评等环节工作进行具体安排。通过全过程、全流程推进，第一季度两项测评分别为87.68分、96.22分，均列全市七区排名第一位。6月下旬，锡山区召开第二季度两项测评工作重点部门工作部署会议，分析第一季度测评成绩，在肯定成绩的同时指出不足和问题。围绕测评方案及测评方式，继续保持全过程跟踪的工作机制，第二季度两项测评成绩继续领先其他城区，分别为91.39分、95.34分。12月中旬，结合全国文明城市中央文明办测评迎检工作，锡山区召开第四季度两项测评迎检部署会。无锡市创建全国文明城市工作领导小组办公室对第四季度测评内容和方式进行简化，融合未成年人思想道德建设实地考察项目，进行城区文明程度指数测评，锡山区测评成绩保持优势领先地位，获得94.63分。

【第四届全国文明城市创建】 根据市委、市政府的部署，全市9月下旬进入创建关键阶段。按照三大阶段的工作安排，11月2日，锡山区组建由区委副书记挂帅的全国文明城市省测评迎检指挥部。11月4～5日，省测评组先后5次突击实地暗访检查东亭南路、云林街道及社区、无锡市儿童福利院周边环境、东亭街道（学士路、锡山商贸城、锡州路），检查结果较好，打好了文明城市创建第一战，为迎接12月的国家测评奠定了基础。12月29日至2015年1月2日，中央测评组到无锡市测评，先后实地暗访锡山商贸城、馨和园广场、太湖大道（华夏路口至广南立交段），开展两次问卷调查（其中12月30日晚，测评组两名成员至东亭街道映月社区赛维拉小区抽取21户居民进行问卷调查；12月31日上午，测评组4名成员随机坐车到赛维拉小区周边开展拦截式问卷调查，在华夏路、新明路、二泉路采用随机拦截街头市民、进入商铺等方式，调查25份问卷）。由于区委、区政府主要领导、分管领导高度重视，相关责任板块和部门主要负责人驻点严守，锡山区圆满实现国家测评不失分、迎检得高分的目标。

（安志强）

组织机构和领导人员名单

（2014.1～2014.12）

中共锡山区委

书　记　陆志坚

副书记　顾中明（1月任）
　　　　章红新（5月任）

常　委　章红新（至5月）
　　　　周文栋（至3月）
　　　　李　江　张映雪
　　　　窦　虹
　　　　吴建元（至5月）
　　　　邓加红　方　力
　　　　夏同军（至5月）
　　　　周柏平（5月任）
　　　　朱洪元（11月任）

区委办公室

主　任　徐　悦

副主任　唐　皓（至11月）
　　　　孙　伟　徐　星
　　　　黄　庆（11月任）

区委研究室

副主任　唐　皓（至11月）

区委机要保密局

局　长　徐　悦

副局长　徐　星（11月任）

区委组织部

部　长　邓加红

副部长　孙军伟　殷旭东
　　　　徐建东

区新经济社会组织党工委

区委宣传部

部　长　窦　虹

副部长　张　晔　冯筱虹

区精神文明建设指导委员会办公室
主　任　张　晔
　　　　王　强（11月任）

区委统战部
部　长　张映雪
副部长　陈荣伟　丁益民
　　　　王祖庚
　　　　汪海峰（至4月）

区政府侨务办公室
主　任　丁益民

区委政法委
书　记　吴建元（至11月）
　　　　朱洪元（11月任）
副书记　盛汉平
　　　　陆建荣（至9月）

区社会管理综合治理委员会办公室
主　任　盛汉平（9月任）
副主任　盛汉平（至9月）
　　　　沈　锋　陈涌浩

区委农村工作办公室
主　任　华　星
副主任　费晨波

区委台湾工作办公室
主　任　谢旭东
副主任　马界明（至9月）
　　　　陆志斌

区政府台湾事务办公室
主　任　谢旭东
副主任　马界明（至9月）
　　　　陆志斌

区委党校、区行政学校
校　长　陆志坚
副校长　周　勇
　　　　江兴荣
　　　　王丽霞

区委区级机关工委
书　记　朱晓军
副书记　许虎良

区机构编制委员会办公室
主　任　孙军伟
副主任　王华珍

区事业单位登记管理局
局　长　王华珍

区委老干部局
局　长　殷旭东
副局长　邓建华

区档案局、区档案馆
局长、馆长　宋永敏
副局长、副馆长　周红亚
　　　　　　　　倪　勇
　　　　　　　　周　枫

锡山区人大常委会

党组书记　华炳泉
党组副书记　张黎平
　　　　　　郑永君
主　任　华炳泉
副主任　张黎平
　　　　郑永君
　　　　周　挥
　　　　姚永新
协理员　吴富生（至3月）

区人大常委会办公室
主　任　吕　斌
副主任　徐石平（至12月）
　　　　钱智卿

区人大常委会研究室
主　任　吕　斌

区人大常委会人事代表联络工作委员会
主　任　邓建华

区人大常委会内务司法工作委员会
主　任　童建伟

区人大常委会财政经济工作委员会
主　任　邹纬青（至1月）
　　　　胡建明（9月任）
副主任　胡建明（至9月）

区人大常委会教科文卫工作委员会
主　任　许　晔

区人大常委会环境资源城乡建设工作委员会
主　任　方云生（至9月）
　　　　朱　华（9月任）
副主任　顾国清

锡山区人民政府

党组书记　高　佩（至1月）
　　　　　顾中明（1月任）
党组副书记　李　江（11月任）
区　长　顾中明（2月任）
代理区长　顾中明（1月至2月）
副区长　顾中明（1月至2月）
　　　　章红新（至12月）
　　　　李　江　言国强
　　　　陈建清　包　鸣
　　　　陈　奕
　　　　李佩东（12月任）
　　　　陆起涌（挂职，至9月）
　　　　顾忠卫（挂职，至12月）
　　　　李永明（挂职，8月任）
协理员　陆南恺（至12月）

区政府办公室
主　任　张　瑜
副主任　张立新
　　　　张京东（至11月）

王美娟
叶上山（至11月）
徐涵明（至4月）
莫祚文
刘飞平
王　洪
李广飞
许雷亮（11月任）
党委书记　张　瑜
党委副书记、纪委书记
张京东（至11月）

区政府法制办公室
主　任　刘飞平

区信访局
局　长　张立新
副局长　王安华　许孝强

区外事和接待办公室
主　任　张　瑜（至11月）
徐　悦（11月任）
副主任　洪　叶

区区级机关事务管理局
局　长　张　瑜
副局长　王美娟

区采购中心
主　任　王美娟

区发展和改革局
局　长　王立新
副局长　陈亚萍
吴健芳
虞科峰
陆　军（11月任）
刘　博（挂职，至3月）
党组书记　王立新

区物价局
局　长　陈亚萍

区经济和信息化局
局　长　华　炜
副局长　周建新　张　栋
胡亚青
陆　军（至11月）
戴德峰（至11月）
路永明
张　旭（挂职，4月至6月）
王万里（挂职，7月至9月）
党委书记　华　炜
党委副书记、纪委书记　周建新

区中小企业局
局　长　周建新
副局长　路永明

区乡镇企业局
局　长　周建新

区教育局
局　长　孟静卫
副局长　孟晓东　朱卓君
吴洪明
范　忠（11月任）
党委书记　孟静卫
党委副书记、纪委书记　姚华芳

区政府教育督导室
主　任　孟晓东
副主任　华　敏

区科学技术局
局　长　陈新宇
副局长　程宇峰
赵又力
华红丹
李大永（挂职，至8月）
赵海军（挂职，9月任）
党组书记　陈新宇

区知识产权局
局　长　陈新宇

区生产力促进中心
主　任　程宇峰

区人力资源和社会保障局
局　长　孙军伟
副局长　侯虹霓（至9月）
钱　伟　俞建国
戴　洁（至1月）
管自力　边荣伟
党组书记　孙军伟

区财政局
局　长　朱洪元（至12月）
浦向民（12月任）
副局长　匡凤娟　沈炳伟
吴建一
党组书记　朱洪元（至11月）
浦向民（11月任）

区财政结算中心
主　任　周肖平

区财政投资评审中心
主　任　周　耀（至1月）

区监察局
局　长　曹敏伟（至5月）
周嘉模（5月任）
副局长　毛　晨　华维晔
何建忠

区民政局
局　长　席子南
副局长　陆　军　周　奕
党组书记　席子南

区司法局
局　长　蔡　伟
副局长　唐绍友（至9月）
谢　敏　徐　军
钱亚锋
党组书记　蔡　伟

区建设局
局　长　张　杰
副局长　马益明　张健明
　　倪宏伟　朱雅明
党委书记　张　杰
党委副书记、纪委书记　朱建英

区人民防空办公室
主　任　张　杰
副主任　朱雅明

区房屋拆迁管理办公室
主　任　马益明

区住房保障和房产管理局
局　长　唐珏如
副局长　黄新丰　王赛亮
　　沈　强
党组书记　唐珏如

区交通运输局
局　长　朱　惕
副局长　倪大尧　李赛锋
　　吴健刚（11月任）
党委书记　朱　惕
党委副书记、纪委书记　华　萍

区重点工程建设管理办公室
主　任　朱　惕
副主任　吴健刚（至11月）
　　李赛锋

区水利局
局　长　冯锡生
副局长　吴嘉平　许正东
　　徐　晴（9月任）
党委书记　冯锡生
党委副书记、纪委书记　徐勇惠

区农林局
局　长　张锦标
副局长　胡建伟　王培军
　　吴燕南　蒋红梅
　　华　翊
党委书记　张锦标
党委副书记、纪委书记　胡建伟

无锡市现代农业开发试验区管委会
主　任　张锦标

区农业资源开发局
局　长　张锦标

区商务局
局　长　钱红星
副局长　丁　磊
　　汤　沸
　　滕文杰
　　陈　冠
　　滕　进（挂职，至3月）
党组书记　钱红星

区招商局
局　长　钱红星
副局长　陈　冠
　　冯彬彬（挂职，4月至6月）
　　吉爱国（挂职，7月至9月）

区旅游局
局　长　钱红星

区投资促进中心
主　任　钱红星

区卫生局
局　长　石国洪
副局长　钱岷丹
　　孙根福
　　赵　征
党委副书记、纪委书记　钱岷丹

区红十字会
会　长　陈　奕
副会长　张满江

区人口和计划生育局
局　长　过文洁
副局长　朱莉敏　戴伟东
　　郑洁华（至7月）
党组书记　过文洁

区审计局
局　长　邓重高
副局长　华义良　刘水长
　　钱国红
　　黄建国（挂职，4月至6月）
党组书记　邓重高

区环境保护局
局　长　王　彪
副局长　党　政　殷晓伟
　　王晓东
党组书记　王　彪

区环境监察大队
大队长　李　宾（至11月）
　　苏　彪（11月任）
教导员　苏　彪（至11月）

区安全生产监督管理局
局　长　张骁杰
副局长　缪可为　林伟庆
　　顾君伟
党组书记　张骁杰

区城市管理局
局　长　胡小坚
副局长　张文龙　马新华
　　张建国
党组书记　胡小坚

区城市管理行政执法局
局　长　胡小坚
副局长　张建国

区城市管理行政执法大队
大队长　周　刚

教导员　施敏宇

区文体局

局　长　郁　枫

副局长　宋铁军（至10月）
　　　　程铭心
　　　　邹忆军

党组书记　郁　枫

区文化遗产局

无锡中国乡镇企业博物馆

馆　长　郁　枫

副馆长　程铭心

区统计局

局　长　陈旭东

副局长　韩　薇　孙　朝

党组书记　王立新

区粮食局

局　长　陆兴荣

副局长　周国英　陈云山
　　　　杨　超

党组书记　陆兴荣

区民族宗教事务局

局　长　王祖庚

副局长　汪海峰（至4月）
　　　　王　强（4月至11月）

区行政服务中心

主　任　章红新（至11月）
　　　　李　江（11月任）

副主任　钱雨晨
　　　　钱　敏
　　　　徐沫泉

党组书记　钱雨晨

区供销社

主　任　华　炜

副主任　朱　坚
　　　　李　宾（11月任）

党委书记　华　炜

党委副书记、纪委书记　朱　坚

天一中学

校　长　沈茂德

党委书记　冯　朴

副校长　朱卓君　许　芹
　　　　陈梦俭　陈志刚
　　　　周　斌　张春华

区教师进修学校

校　长　周静元

党支部书记　周静元

副校长　陈小玮
　　　　王　讯

区医院

院长、党委书记　华建平

区卫生局卫生监督所、区疾病预防控制中心

所长、主任　张坚强

党支部书记　张坚强

锡州花园酒店

总经理、党支部书记　凌志刚

政协锡山区委员会

党组书记　蒋　群

党组副书记　章建新

主　席　蒋　群

副主席　章建新　毛　晨
　　　　石国洪　朱卓君
　　　　金玮琳

协理员　黄宪辉（至10月）
　　　　王　剑（至6月）

区政协办公室

秘书长、主任　宋吉雯

副秘书长　戴锡军（至10月）
　　　　　吴健龙

副主任　戴锡军（至10月）
　　　　吴健龙

区政协学习文史和社会法制委员会

主　任　李惠珍

副主任　龚　磊　徐　军

区政协提案委员会

主　任　李惠珍

副主任　王美娟　吴健龙

区政协经济科技委员会

主　任　吴伟鸿

副主任　汤　沸　周建新

区政协文教卫体委员会

副主任　查耀金
　　　　王祖庚
　　　　宋铁军（至10月）

区政协人口资源环境和城乡建设委员会

主　任　魏　良

副主任　张健明
　　　　朱莉敏
　　　　吴建伟

中共锡山区纪律检查委员会

书　记　方　力

副书记　曹敏伟　周嘉模

常　委　马明初　张小伍

办公室主任　周品飞

信访室主任　周达科

案件审理室主任　蒋德莉

执法监察室主任　马韶军

干部教育室主任　华　军

纪检监察室主任　余宏伟

党风廉政建设室主任　钟　昇

纪检监察一室主任　张小伍

纪检监察二室主任
　　　　马明初（至11月）

纪检监察三室主任　华维晔

区检察院

检察长　黄懿斌
副检察长　龚　磊　黄煜明
　　周燕华　金士健
党组书记　黄懿斌
党组副书记　周燕华
纪检组长　岳有仁

区法院

院　长　蒋　飞
副院长　李　敏　王　春
　　曹　彪　虞静珠
　　齐永远（挂职，9月至12月）
党组书记　蒋　飞
纪检组长　王　春

人民团体·工商联

区总工会

主　席　张映雪
副主席　朱　华（至10月）
　　鲁晓东（10月任）
　　姚国新（至5月）
　　李　娅（至5月）
　　张丽芳
　　汪海峰（5月任）
党组书记　朱　华（至9月）
党组副书记　鲁晓东（9月任）

团区委

书　记　张晓庆
副书记　董　斌　余佳欢

区妇联

主　席　朱一丹
副主席　华颖珍　巫敏燕

区科协

主　席　张荣兴
副主席　李伏魁
　　王　鸣（至9月）
　　李明杰

区残联

理事长　徐卫兵
副理事长　韩庆东

区工商联

主　席　周　挥
副主席　陈荣伟　戈兴栋
　　华若中　吴　坚
　　许运枫　王　茂
　　杨建林　钱云皋
党组书记　陈荣伟（6月任）

锡山经济技术开发区

党工委书记　陆志坚
党工委副书记　李佩东
党工委委员　夏养波
　　裴春传（至8月）
　　华龙兴　张学军
　　黄维民
纪工委书记　黄维民
管委会副主任　李佩东
　　夏养波
　　裴春传（至8月）
　　华龙兴　张学军
管委会主任助理　周忠林

内设机构

党政办公室主任
　　尤东升（至11月）
　　张京东（11月任）
党政办公室副主任　吕颖芳
党群工作部部长
　　黄维民（至11月）
　　方宏伟（11月任）
党群工作部副部长　徐秋林
经济发展局局长
　　史锡联（至11月）
　　尤东升（11月任）
经济发展局副局长　万颖岚
　　华锡炎
　　杨中兴（挂职，4月至6月）
　　邱正富（挂职，7月至9月）
财政局局长　吕政威
财政局副局长　周敏伟　华晓东
招商局局长　华龙兴（至11月）
　　陈涵杰（11月任）
招商局副局长　朱　艳　章建芬
　　王　强（至4月）
建设局局长　韩邦民（至11月）
建设局副局长　胡建国（至11月）
建设城管局局长
　　韩邦民（11月任）
建设城管局副局长
　　胡建国（11月任）
拆迁安置管理办公室主任
　　韩邦民（至11月）
　　张京东（11月任）
拆迁安置管理办公室副主任
　　张建春
安全环保局局长　蔡晓江
安全环保局副局长　张少华
服务外包产业园管理局局长
　　朱　锋
服务外包产业园管理局副局长
　　顾　艳
科学技术局局长
　　陈涵杰（至11月）
　　史锡联（11月任）
科学技术局副局长
　　邓卓军（至7月）
　　李　峰（11月任）
　　李正球（挂职，至8月）
　　朱开军（挂职，9月任）
监察室主任（审计局局长）
　　黄维民
监察室副主任（审计局副局长）
　　薛　静
科技创业服务中心主任
　　陈涵杰（至11月）
　　史锡联（11月任）
科技创业服务中心副主任
　　邓卓军（至7月）
　　程　涛
　　李　峰（11月任）

无锡锡东新城商务区

党工委书记　陆志坚
党工委副书记　周文栋（至3月）
方　力（4月任）
党工委委员　周维科　陈秋峰
章金伟　徐　悦
纪工委书记　徐　悦
纪工委副书记　马明初（11月任）
管委会主任　周文栋（至3月）
管委会副主任　方　力（4月任）
周维科　陈秋峰
章金伟

内设机构
党政办公室主任　滕　卫
党政办公室副主任
黄　庆（至11月）
徐希伟（11月任）
经济发展局局长
章金伟（至11月）
唐　皓（11月任）
经济发展局副局长　郭明州
缪叶锋（11月任）
刘凯文（挂职，至8月）
陆彬彬（挂职，9月任）
招商局局长　章金伟
招商局副局长　王季燕
耿志强
财政审计局局长
浦向民（至11月）
财政审计局副局长
薛　武（至11月）
陆相林（至11月）
财政局副局长　薛　武（11月任）
陆相林（11月任）
建设局局长　陈　伟
建设局副局长　高晓伟　王　健
金　一　李　荣
城市管理局局长
戴德峰（11月任）
城市管理局副局长　陆　敏
李晔军
社会事务局局长　王　琪
监察局（审计局）局长
马明初（11月任）

江苏无锡锡山台湾农民创业园

管委会主任　言国强
管委会副主任　张锦标
徐涵明（4月任）

内设机构
党政办公室主任
赵　琰（11月任）
综合管理部部长
周　斌（9月任）
招商部部长　唐　浩（11月任）

条线驻区单位

锡山区人武部
部　长　周柏平
政　委　夏同军（至3月）
唐明刚（3月任）
副部长　孙战地

无锡市公安局锡山分局
局　长　蒋文伟
政　委　张正怿
副局长　杨建平　朱林弟
胡　玮　吴永君
黄晋宁
纪检组长　梁世凯
区维稳办主任　曹伟龙

无锡交警支队锡山大队
大队长　周立平
教导员　雷淦泉
副大队长　肖壮凌　丁　明
范桂锦（11月任）

无锡市锡山工商行政管理局
局　长　孙亚君
副局长　顾静燕
许建民（6月任）
叶　锋
周　廷

无锡市锡山区国家税务局
党组书记、局长　欧文钺
副局长　陈云仙
戴秋良
王茹辛
纪检组长　戴秋良（至10月）
朱　斌（11月任）

无锡市锡山地方税务局
党组书记、局长　严卫中
副局长　吴晓红　陶　江
纪检组长　陶　江（至1月）
张　益（2月任）

无锡海关驻锡山办事处
主　任　张　浩
副主任　王志洪（至10月）
朱国正（10月任）

无锡市锡山质量技术监督局
局　长　华荣清
副局长　周　毅　谢旭东
纪检组长　过勤丰

无锡市国土资源局锡山分局
党委书记、局长　黄朝奎
副局长　张锦锋　曹小龙
纪委书记　刘锁根
开发区国土分局副局长　李惠民
胡中华　王海滨
安镇中心国土资源所所长　陈建华

无锡市规划局锡山分局
局　长　杨自安
副局长　王春浩（至9月）
徐国良（10月任）
万　骞（至12月）

锡山区公安消防大队

大队长　赵晨光（至4月）
　　　　李正学（9月任）
教导员　王　欣
副大队长　蒋　骅

无锡市食品药品监督管理局锡山分局

局　长　陈志贤
副局长　金海荣　丁军武
纪检组长　金海荣

锡山区邮政分局

局　长　钱路红（至7月）
　　　　谢　军（7月任）
副局长　任　鸣（7月任）

中国电信无锡分公司锡山区局

局　长　唐进华
副局长　秦永华（至9月）
　　　　徐志豪（10月任）
　　　　顾国锋

锡山区烟草专卖局

局长、经理　曹显华
副局长、副经理　钱煜翔
　　　　　　　　王　杰

各镇（街道）

东亭街道

党工委书记　周建伟
副书记　范嘉明
　　　　夏养波（挂职）
　　　　朱锦伟
纪工委书记　朱锦伟
区人大东亭街道工委主任
　　　　虞伟军
办事处主任　范嘉明
副主任　夏养波（挂职）
　　　　王小莺（至7月）
　　　　过敬伟
　　　　王　群
　　　　虞　军
　　　　冯汉伟
　　　　马新峰（11月任）

安镇街道

党工委书记　陈秋峰
副书记　王　琪
　　　　张建华
　　　　王　澄
纪工委书记　王　澄
区人大安镇街道工委主任　张建华
办事处主任　王　琪
副主任　高晓伟
　　　　陆　敏
　　　　刘人大
　　　　沈　源
　　　　辛　毅
　　　　吴剑峰

羊尖镇

党委书记　鲍雪峰
副书记　司建新
　　　　周凤南
纪委书记　周凤南
人大主席　鲍雪峰
副主席　周祖义
镇　长　司建新
副镇长　保海燕
　　　　顾正强
　　　　滕国良
　　　　桂　彬
　　　　奚新华
　　　　朱龙彪
　　　　（挂职，至8月，9月任）

鹅湖镇

党委书记　鲁晓东（至9月）
　　　　钱　斌（11月任）
副书记　钱　斌（至11月）
　　　　蒋新岐
　　　　李　立
纪委书记　蒋新岐
人大主席　华　兴
镇　长　钱　斌
副镇长　余剑铭
　　　　徐　洁
　　　　蒋红江
　　　　朱继峰
　　　　丁维伟
　　　　郝俊杰（挂职，至8月）
　　　　潘德安（挂职，9月任）

荡口古镇（7月机构变更）

党工委书记　钱　斌（11月任）
副书记　李　立（11月任）
管委会主任　李　立（11月任）
管委会副主任　朱继峰（11月任）

东北塘街道

党工委书记　徐志军
副书记　陆晓波
　　　　陈　钢
纪工委书记　陈　钢
区人大东北塘街道工委主任
　　　　丁伦元（至1月）
　　　　徐志军（12月任）
办事处主任　陆晓波
副主任　钱献忠
　　　　许雷亮（至11月）
　　　　何鸣宇
　　　　周可军
　　　　陆建伟
　　　　徐石平（11月任）

锡北镇

党委书记　陶　波
副书记　冯冬雁
　　　　陈　云（至11月）
　　　　吴从荣（挂职，4月至6月）
　　　　黄　勇（挂职，7月至9月）
纪委书记　陈　云（至11月）
人大主席　李杏根
镇　长　冯冬雁
副镇长　李　松

王　杰
张品红
江利民
陆敏方
徐志国（挂职，至8月）

东港镇

党委书记　蔡　昌
副书记　张　盛
　　　　张　岩
　　　　马天元
纪委书记　张　岩
人大主席　李金亭
镇　长　张　盛
副镇长　司建新（至1月）
　　　　马天元（1月任）
　　　　钱岷丹（至1月）
沈　勇
陈　忠
时　峰
邹春舫
杨　彤（挂职，至8月）
程宏英（挂职，9月任）

云林街道

党工委书记　李佩东
副书记　唐中明
　　　　浦征宇
纪工委书记　浦征宇
区人大云林街道工委副主任
　　　　浦征宇
办事处主任　唐中明
副主任　袁振宇（至9月）
　　　　陶继东
徐志高
顾敏霞
王　杰（11月任）

厚桥街道

党工委书记　李佩东
副书记　王利江
　　　　张锡伟
纪工委书记　张锡伟
区人大厚桥街道工委副主任
　　　　张锡伟
办事处主任　王利江
副主任　钱晓东
　　　　顾黎明
　　　　万　新

（区委组织部　区档案局）

编辑：吴　霞

【锡山区非物质文化遗产】

甘露庙会盛况　　（区文体局 供稿）

甘露烈帝庙会

甘露烈帝庙原名忠佑庙，祀奉的是隋司徒陈杲仁，因他有“忠、孝、文、武、信、义、谋、辩”的美德，故立专庙祭祀，后因陈杲仁被册为武烈帝，故俗称烈帝庙。烈帝庙位于鹅湖镇甘露社区新泾河沿自然村甘露老粮管所旁。每年农历正月十五的灯会、四月十五的民俗文化节是烈帝庙的传统活动，演出节目都是传承数百年甚至上千年的民间文艺，如云车、戏文抬阁、荡湖船、挑花担……形成一个集民俗文化和经济交流于一体的传统节场。甘露烈帝庙会属民俗活动，于2007年被列入无锡市第一批非物质文化遗产保护项目名录。

中共锡山区委员会

CPC Xishan District Committee

7月1日，区级机关纪念中国共产党成立93周年座谈会召开

（郎　英摄）

综　述

【概况】2014年，中共锡山区委团结和带领全区广大干部群众，全面贯彻党的十八届三中、四中全会精神，积极应对复杂多变的宏观形势，牢牢把握“稳中求进”的总基调，严格按照市委“三个深化年”活动的总要求，紧紧围绕建设富强美丽和谐幸福现代化新锡山的总目标，扎实推进各项重点工作，全区经济社会发展呈现稳中向好的良好态势。全年完成公共财政预算收入60.6亿元，比上年增长10.6%；完成规模以上工业总产值1128亿元；完成固定资产投资596.8亿元，比上年增长16.1%；完成社会消费品零售总额135.87亿元，比上年增长11.6%；完成外贸出口额35.6亿美元，比上年增长8.6%；城镇居民人均可支配收入、农村居民人均可支配收入分别为39820元和22489元，分别比上年增长8.6%和10.1%。

【发展基础不断巩固】坚持把稳增长作为首要任务，注重发挥好项目、企业、财税对稳增长的支撑作用，经济稳中向好的内生基础不断巩固。重点项目稳步推进。深入开展“项目建设深化年”活动，建立区项目建设服务督导制度，国泰四期、高德电子等重点项目全面竣工。狠抓招商引资，制定出台招商引资奖励办法，组织举办金秋重大项目合作恳谈会，总投资超1亿美元的慧谷金融电商产业园、国宏硬质刀具等重大产业项目成功落户。骨干企业稳健发展。坚持把服务企业作为稳增长的重要举措，优化“71580”服务企业区长热线运行管理机制，组织银企对接活动，多措并举帮助企业破解发展难题、增强发展活力。大力扶持优势企业上市扩张，制定出台鼓励扶持企业新三板挂牌的意见，全面激发企业上市热情，无锡阿科力科技股份有限公司、无锡市大元广盛电气股份有限公司等5家企业在新三板实现挂牌。助推企业转型发展，红豆集团移动通信转售牌照获批，进入电信领域。财税收入稳定增长。坚持吸引新兴税源和涵养原有税源并重、拓展增量税源和挖掘存量税源并举，积极扶持实体经济，深入开展“双低”企业治理，确保财税稳收增收、应收尽收，全年完成公共财政预算税收收入50.5亿元，比上年增长9.8%，税收占比为83.4%。

【质量效益有效提高】紧扣转型升级主线，深入实施创新驱动战略，加快提升产业层次，经济发展的质量和效益稳步提高。工业经济扩量提质。深入实施企业技改专项行动，积极引导企业加大技改投入，全年完成技改投资171.1亿元，占全部工业投资的比重为64.3%。纵深推进工业化与信息化融合发展，新增省级两化融合示范企业6家。服务经济内涵优化。大力发展楼宇经济、休闲旅游、电子商务等现代服务业，促进服务业层次提升、比重提高。全力做大旅游经济，荡口古镇获评国家AAAA级旅游景区并入选中国最美村镇，东港镇山联村山前嘉园、锡北镇周家阁村庄里乡村旅游持续走热，带动全区旅游业快速发展，全年完成旅游营业收入8亿元，比上年增长171%。现代农业质效提升。纵深推进无锡国家现代农业示范区核心区建设，园区道路、水电等公建配套基本到位，智慧农业园区工程深入实施，无锡哈勃生物工程育种中心、江苏东郁园林彩色苗木育种引繁中心等重点项目全面建成，园区环境面貌和功能水平进一步提升。大力发展现代高效设施农业，深入推进高标准农田整治工程建设，全年建成高标准农田示范片区4个，新增高效设施农业200公顷。创新驱动成效显现。全面深化产学研合作，获“中国产学研合作促进奖”，与麻省理工学院的合作平台被科技部认定为国家级国际技术转移中心。不断加强知识产权保护运用，锡山区被评为“全省知识产权工作先进集体”，开发区成为国家知识产权试点园区。加速集聚创新创业人才，引进美国科学院院士、“沃尔夫奖”获得者、教授罗纳德·菲利普，全年引育中央“千人计划”人才5名、省“双创计划”人才5名。

【发展活力逐步释放】按照中央和省市委关于全面深化改革工作的部署要求，成立区委全面深化改革领导小组及办公室，研究出台《区委关于全面深化改革的意见》《区委全面深化改革领导小组2014年工作要点》《关于进一步简政放权加快转变政府职能的实施意见》《关于加快发展现代市场体系的指导意见》等一系列政策文件，明确改革的方向和重点，各项改革任务稳步推进，全面深化改革实现良好开局。审批制度改革扎实推进。制定《锡山区基本建设项目“并联审批”试行办法》，全面实施基本建设项目联合审批，有效简化了审批流程、提高了审批效率；出台《锡山区企业设立登记“一站式”服务试行办法》，在全市创新推行企业设立登记“一站式”服务，实行注册登记“一照三证一章”联办，平均办件时间压缩至5天。农村综合改革不断深化。稳步推进农村改革试验区建设，土地承包经营权确权登记深入开展，农村集体资金、资产、资源信息管理平台基本建成。医药卫生体制改革深入实施。探索建立区域医疗联合体，锡山人民医院与东南大学附属中大医院开展合作共建，挂牌成立东南大学附属中大医院无锡分院，以锡山人民医院（中大医院无锡分院）为核心，区内其他二级医院、基层医疗卫生机构为基础的紧密型医联体初具雏形。体制机制创新积极推进。大力推进开发区管理体制创新，着力调整街道管理体制，推进直属企业公司化运作，有效释放和激活了开发区的发展活力。

【城市形象快速提升·】 立足完善功能、提升品质，狠抓建设管理、环境优化，城乡一体加速融合，城市形象快速提升。城乡建设扎实推进。加快锡东新城建设步伐，锡东创融大厦建成投用，华夏商务大厦、长庆油田大厦等4幢商务楼宇主体封顶，润发购物中心建成开业，映月湖中央公园基本建成，胶阳路景观带、九里河风光带等景观工程全线贯通。优化主城功能形态，英特宜家“荟聚·云林”购物中心开业运营，绿地中央广场（一期）结构封顶，城市商圈布局逐步成形。城市管理不断加强。深入实施市容环境综合整治，完成背街小巷整治4条。加大违建整治力度，建立区、镇（街道）、村（社区）三级组织领导和巡查防控网络，拆除各类违法建设6.5万平方米，有力遏制了违建蔓延势头。扎实推进文明城市创建，启动开展以“孝义崇善之区”为主题的精神文明建设活动，城区文明程度指数、未成年人思想道德建设在市级测评中持续位居前列。生态环境持续改善。编制完成《无锡市锡山区生态文明建设规划》，落实生态保护红线制度，构建了系统完整的生态建设政策体系。加大环境监管力度，强化环境在线监测体系建设，安镇空气质量自动监测站建成调试，新材料产业园环境监控中心建成投用。纵深推进水生态综合整治，完成河道综合整治86条，畜禽养殖综合整治工作全面完成；完善村庄环境长效管理机制，制定《无锡市锡山区村庄环境长效管理实施意见》，持续巩固村庄环境整治成效。深化大气污染防治，扎实推进工业废气排放达标、秸秆禁烧等工作，环境空气质量持续改善。

【惠民效应更加显现】 坚持民生优先理念，积极推进就业富民、服务惠民、保障安民，人民群众的幸福感和满意度不断提升。就业保障更加充分。加大就业帮扶力度，落实就业援助政策，重点扶持自主创业1182人，实现创业带动就业7562人；积极扶持大学生创业，万力大学生创业园顺利开园。深入推进社保扩面，新增社保净缴费9523人，居民养老保险和居民医疗保险参保覆盖率分别在98.5%和99%以上。切实加强住房保障，全年竣工安置房117万平方米，基本实现拆迁安置“零过渡”。社会事业协调发展。优化整合教育资源，锡山实验小学主体工程基本建成，东北塘实验小学、荡口实验小学建成投用。健全医疗卫生体系，锡山人民医院新建工程顺利推进，羊尖镇、云林街道社区卫生服务中心全面建成。繁荣发展文体事业，东港镇、羊尖镇文体服务中心建成开放，新增公共文体活动场地6.25万平方米。救助水平大幅提高。扎实推进最弱势群体帮扶工作，成立特困帮扶基金会，建立以政府出资为主、社会捐赠为辅、原始资金2.5亿元的特困帮扶基金，实现了弱势群体帮扶工作的制度化、长效化。持续加大弱势群体救助力度，进一步提升救助标准、扩大救助覆盖，全年累计发放深度贫困帮扶资金1309.86万元，比2013年提高26.8%。社会治理不断加强。创新社区管理模式，加快新型安置社区建居步伐，深入推进社区扁平化管理，鹅湖镇甘露社区创建为国家级示范和谐社区。深入推进平安法治建设，扎实做好南京青奥会期间安保维稳工作，开展化解信访积案专项治理行动，矛盾纠纷调处率和调处成功率分别为100%和99.3%。加大安全监管力度，建立“党政同责、一岗双责”的安全生产责任体系，开展粉尘专项检查和“六打六治”专项行动，全区安全生产形势总体平稳。

【党的建设全面加强】 深入开展党的群众路线教育实践活动，统筹推进党的思想建设、组织建设、作风建设、反腐倡廉建设和制度建设，党建工作科学化水平不断提高。教育实践活动取得实效。围绕“为民务实清廉”的主题，按照“照镜子、正衣冠、洗洗澡、治治病”的总要求，将教育实践活动作为重大政治任务抓紧抓好，做到善始善终、善作善成。广泛听取群众意见，深入开展“三级四方八点”听意见活动，切实找准、找实“四风”问题。认真组织召开专题民主生活会和组织生活会，以整风精神开展批评与自我批评，会议开出较高质量，达到预期效果。注重整改落实、建章立制，制定《关于全区党的群众路线教育实践活动区委常委会开展重大问题研究、专项整治行动、集中整改事项和长效机制建设的方案》，扎实推进12项专项整治行动和9个集中整改事项，一批群众反映强烈的突出问题得到有效解决。干部队伍优化提升。加强党员干部理论培训和党性教育，引导党员干部补足精神之“钙”，全年组织区委中心组各类学习18次，举办干部集中轮训班79场次，获“2013～2014年度全省基层党员冬训工作示范区”称号。坚持正确用人导向，选优配强领导班子，积极推进干部交流轮岗，加大年轻干部培养力度，干部队伍结构进一步优化、战斗力进一步增强。基层基础夯实筑牢。深入开展“基层组织建设深化年”活动，扎实推进基层服务型党组织建设，全区118个村（社区）党群公共服务中心实现全覆盖。对新四军六师师部旧址纪念馆进行修缮，构建弘扬优良传统、接受革命教育的党建示范基地。深入开展“一党委一特色”品牌创建活动，形成非公党建红豆样本、安镇社情民意大收集机制、锡北红色党建高地建设等一批特色做法。作风建设纵深推进。针对“四风”突出问题，开展集中整治“中梗阻”“会所中的歪风”和减轻社区（村）负担等专项行动，党风政风明显好转。扎紧扎密制度“笼子”，制定下发区委党风廉政建设责任清单，健全区管领导干部报告个人有关事项制度，形成作风建设的刚性约束。健全完善惩防体系，深入推进廉政文化“六进”活动，持续加大违法违纪案件查处力度，党风廉政建设和反腐败工作取得新成效。　　（张会坡）

重要会议

【全区党的群众路线教育实践活动动员大会】 2月20日在区会议中心召开。会议学习贯彻中央、全省党的群众路线教育实践活动第一批总结暨第二批部署会议和全市党的群众路线教育实践活动动员大会精神，对全区党的群众路线教育实践活动进行动员部署。围绕务实推进全区党的群众路线教育实践活动，会议提出四个方面的意见：一是着力提高思想认识，进一步增强开展教育实践活动的责任感、使命感；二是认真把握总体要求，推动教育实践活动取得实实在在成效；三是严格按照方法步骤，切实抓好教育实践活动各个环节；四是切实加强组织领导，确保教育实践活动善始善终、善作善成。会议号召全区上下按照中央和省市委的部署要求，围绕“四风”问题，切实排查整改，扎实推动教育实践活动深入开展，努力取得人民满意的实效。

【全区民生改善与社会事业发展工作会议】 3月12日在区会议中心召开。会议认真贯彻党的十八届三中全会及省市相关会议精神，研究部署2014年民生工作的目标任务和重点措施：坚持“以人为本、民生优先”的理念，拓宽富民增收渠道、完善社会保障体系、提升公共服务水平、加大贫困救助力度、下移社会治理重心，着力解决群众最关心最直接最现实的利益问题；加强对民生工作的组织领导，进一步明确责任分工、强化资金保障、严格监督检查，全力开创民生工作新局面；以深入开展党的群众路线教育实践活动为契机，多思民生之需、多谋民生之利、多解民生之忧，扎实做好民生改善和社会事业发展各项工作。会议号召全区广大党员干部进一步增强抓好民生工作的紧迫感和责任感，更大力度推进保障和改善民生各项工作，不断开创民生事业发展新局面。

【全区经济工作会议】 3月27日在区会议中心召开。会议在回顾总结2013年经济工作的基础上，研究分析当前形势，部署落实2014年经济工作重点任务。会议对2014年的经济工作提出四点意见：一是壮大产业实力，不断提升锡山产业的整体素质；二是聚焦重点项目，尽快实现项目建设的全面突破；三是突出创新驱动，为产业转型提升、经济持续健康发展提供科技人才支撑；四是抓牢企业主体，以企业的加快发展、规模发展推动全区经济的持续健康发展。会议指出，2014年是深入贯彻落实党的十八届三中全会精神、全面深化改革的重要一年，号召广大干部以更加饱满的精神、更加清晰的思路、更加务实的举措，确保完成全年各项经济发展目标任务。

【全区城乡建设暨生态文明工作会议】 3月27日在区会议中心召开。会议对2014年全面推进城乡建设和生态文明建设各项任务提出五点意见：一是城乡发展要追求高融合，坚持规划引领，加强产业支撑，提升城市功能，加快推动城乡一体化发展；二是要素供给要追求高水平，着力化解土地、资金等各类要素制约，为城乡建设扫除障碍、提供动力；三是城市建设要追求高品位，建设一批品牌工程、百年工程，不断提升城市品位和形象；四是城市管理要追求高效能，下大力气抓好城市管理工作，持续提升城市品质和形象；五是生态环境要追求高质量，扎实推进生态文明建设，有效改善城乡环境质量。会议动员全区上下以更加务实的举措推动城乡建设和生态文明建设再上新台阶，为建设富强美丽和谐幸福现代化新锡山创造更加良好的发展环境。

【区委工作会议】 7月23日在区会议中心召开。会议深入贯彻落实省市委十二届七次全会精神，对上半年工作进行回顾总结，对下半年任务进行研究部署。会议指出，上半年，面对复杂严峻的宏观经济形势，全区上下认真贯彻中央和省市委决策部署，紧扣市委“三个深化年”活动的总要求，围绕建设富强美丽和谐幸福现代化新锡山的总目标，积极应对各种挑战，扎实推进各项重点工作，全区经济社会发展呈现“稳中有进”的良好态势。会议强调，下半年重点要抓好五方面工作：一是着眼稳中求进，稳定经济增长；二是聚焦项目引育，培植增长后劲；三是坚持因地制宜，深化改革创新；四是抢抓发展机遇，完善城市功能；五是致力改善民生，促进社会和谐。会议号召全区上下以分秒必争的拼搏干劲，以决战决胜的坚定姿态，投身改革发展，为完成全年目标任务、建设富强美丽和谐幸福现代化新锡山做出新的更大贡献。

【全区弱势群体帮扶工作会议】 10月22日在区会议中心召开。会议回顾总结锡山区弱势群体帮扶工作的成效，表彰了一批热心参与助弱帮困和慈善事业的企业和个人，并成立特困帮扶基金会。会议对下一步弱势群体帮扶工作作出部署：要切实提高帮扶工作的实效性，健全综合型救助体系，使每一个受助家庭都实现生活有帮扶、医疗有救助、学业有保障、就业有扶助、精神有提振的“五有”目标；要进一步增强全社会对弱势群体的关爱意识、帮扶意识、奉献意识，使更多的企业家、社会热心人士自觉参与到社会救助工作中，在全区形成扶贫济困、团结互助的良好氛围。会议动员全区上下以更高的标准、更大的力度扎实推进社会救助事业，切实把该项“民心工程”抓实抓好。

【全区党的群众路线教育实践活动总结大会】 10月22日在区会议中心召开。会议认真学习贯彻习近平总书记系列重要讲话精神，对全区党的群众路线教育实践活动进行回顾，总结活动取得的务实成效和宝贵经验。会议指出，要以教育实践活动为新的起点，坚决把从严治党要求落实到党的建设各个方面，落实从严治党责任、坚持从严管理干部、严肃党内政治生活、持续深入改进作风、着力夯实基层基础、严明党的各项纪律，推动全区党建工作不断取得新的成效。会议号召全区上下深入贯彻落实习近平总书记系列重要讲话精神，认真践行党的群众路线，大力弘扬党的优良作风，聚精会神抓好党的建设，不断提升党建工作科学化水平。

【区委工作调研座谈会】 12月9日在区会议中心召开。会议分析研判当前形势，讨论研究2015年和今后一个时期工作的设想和思路，集思广益理思路、明方向、定目标。会议指出，贯彻落实党的十八届四中全会精神，是当前和今后一个时期的重要政治任务，全区各级党员干部要迅速把思想和行动统一到党的十八届四中全会的精神上来，把智慧和力量凝聚到法治建设的实践中去，坚持用法治思维和法治方式谋划发展、推动工作，确保各项事业沿着法治轨道前进。会议强调，当前中国经济发展进入新常态、全面深化改革处于关键期，全区广大党员干部要围绕建设富强美丽和谐幸福现代化新锡山的目标，着力在深化改革、转型升级、社会管理、生态建设、改善民生、党的建设六个方面下更大功夫，全力开创锡山发展新局面。会议号召全区上下进一步坚定信心，振奋精神，切实抓好各项工作任务的落实，为建设富强美丽和谐幸福现代化新锡山做出更大贡献。 （张会坡）

组织工作

【概况】 2014年，全区各级党委组织部门和广大组工干部以党的十八大精神为指引，紧紧围绕建设富强美丽和谐幸福现代化新锡山的目标，选干部配班子，建队伍聚人才，抓基层打基础，各项工作取得明显成效。

【全区党的群众路线教育实践活动扎实开展】 坚持把党的群众路线教育实践活动作为重大政治任务，高起点谋划、高标准推进、高质量落实，全区52个区级机关部门，开发区、商务区、9个镇（街道）、

118个村（社区）和843个“两新”（新经济、新社会）组织，1808个基层党组织，3.03万名党员参加活动。活动中，坚持“书记抓，抓书记”，层层签订责任状，各级领导干部建立联系点438个，广泛开展“三级四方八点”听意见活动，走访慰问群众1924户，召开座谈会568次，协调解决具体问题1025个，解决信访积案47个。突出问题导向真抓实改，区委制定“440”（重大问题研究、专项整治行动、集中整改事项、长效机制建设4个方面的40项整改措施，其中重大问题研究和推进10项、专项整治行动12项、集中整改事项9项、长效机制建设9项）整改行动方案，集中开展12项专项整治行动，制定出台9个方面的制度规定，推进作风建设制度化、常态化、长效化。

【选人用人满意度整体提升】 认真落实《党政领导干部选拔任用工作条例》及中央、省市委关于加强干部工作的制度文件，制定出台锡山区配套制度。选优配强镇（街道）党政“一把手”，两名优秀干部进入镇（街道）党政正职岗位。积极推进干部交流轮岗工作，全年交流轮岗区管干部40人次。开展领导干部超职数配备清理工作，清理消化13人。开展领导干部在企业兼职（任职）清理工作，企业兼（任）职干部全面清理到位。开展规范离退休领导干部社团兼职工作，全面完成“裸官”清查、工作调动工资不动和到龄不退等清理工作。严格干部监督管理，全区71名省管、市管党员领导干部严格执行个人有关事项报告制度，完成9名领导干部经济责任审计，20名干部实行干部选拔任用全程纪实。

【科学发展能力素质切实增强】 采取中心组学习、专题培训、远程教育等形式，有计划、分层次地组织广大党员干部深入学习党的十八届三中全会和习近平总书记系列重要讲话精神，引导党员干部增强中国特色社会主义的道路自信、理论自信、制度自信，各级领导干部上党课203次、举办专题辅导63场、召开研讨交流会402场。深入学习宣传贯彻落实《党政领导干部选拔任用工作条例》，组织安排区级机关、镇（街道）“一把手”带头学，准确把握精神实质和基本要求。先后举办舆情处置和新媒体运用、基层党组织书记等主体培训班11期。强化年轻干部培养，制定出台《关于加强和改进新形势下优秀年轻干部培养选拔工作的实施意见》，顺利完成第二批58名“三个一线”（发展一线、民生一线、稳定一线）年轻干部挂职锻炼工作。

【人才高地建设加快推进】 加快引进高端创新创业人才，建立“双招双引”联动工作机制，全年引进各类人才11503名，其中“双高”人才325名，海归人才106人，两名海外院士与区内企业合作创新。加快培育高层次领军人才及团队，新增中央“千人计划”5人，省“双创计划”5人，市建设“东方硅谷”领军人才15人、“东方硅谷”领军团队1个。深化产学研合作，组团赴湖北省武汉市、陕西省西安市等高校集中开展“百企百校优才”活动，新增企业博士后科研工作站1家，组建全区第三批科技镇长团，依托麻省理工学院等海外高校与锡山区建立的合作平台开展产学研活动，与浙江大学、西安交通大学等单位开展项目合作。“530”项目产业化发展持续增长，全区“530”企业开票收入5.3亿元，比上年增长23%，19家企业销售超1000万元。

相关链接

“530”项目：无锡市引进高层次人才计划项目。“十一五”期间，全市将引进30名领军型海外留学归国创业人才。

“百企百校优才”活动：即发动锡山区100家以上规模型企业分赴100家对口高校招贤纳才，吸引优秀大学生和高校科研人员到锡山创业就业。

【基层组织建设全面加强】 扎实推进基层服务型党组织建设，深入开展“基层组织建设深化年”活动，制定出台《关于加强基层服务型党组织建设的实施意见》和《关于完善党员干部直接联系群众制度的实施办法》，使服务成为基层党组织建设的鲜明主题。对新四军六师师部旧址纪念馆进行修缮，构建弘扬优良传统、接受革命教育的党建示范基地。深入开展向红豆集团党委学习活动，全面推行非公企业党建工作标准化建设，推进非公党建工作有形有效覆盖。全面建成区、镇（街道）、村（社区）三级网上政务大厅，研发并在全区推广非公企业党建之窗网络平台，实现党组织与党员、群众的即时、全天候联系互动。通过挂钩联系、分类施策，10个相对薄弱基层党组织的党建基础更加扎实、服务水平更加提升。分层次举办机关、村（社区）和非公企业党组织书记培训班3期，创建“基层党组织书记工作室”17个，大力提升基层党组织书记素质能力和工作水平。区、镇

（街道）、村（社区）三级加大投入，加强党群公共服务中心建设，全区118个村（社区）实现全覆盖。深入开展“一党委一特色”党建品牌创建，基层党建特色纷呈，形成非公党建红豆样本、安镇社情民意大收集机制、锡北红色党建高地建设等一批特色做法。

（李　铭）

【全区党组织和党员情况】至2014年年末，全区有基层党组织1730个，其中直属机关党委13个（镇党委4个、机关办局党委9个）、二级党委17个、党总支188个、党支部1503个（包括分支部）、党工委9个（开发区党工委、商务区党工委、区级机关党工委、区新经济社会组织党工委和5个街道党工委）。全区非公有制经济控制的企业法人单位建立党委11个、党总支35个、党支部689个（包括联合党支部）。2014年，全区发展党员485名，其中女性党员147名，占发展党员总数的30.3%；35岁以下的党员320名，占发展党员总数的66%；大学专科以上文化的党员418名，占发展党员总数的86.2%，其中大学本科以上文化的党员217名，占发展党员总数的44.7%。至2014年年末，全区有党员30364名，其中女性党员7262名，占党员总数的23.9%；35岁以下的党员6853名，占党员总数的22.6%；36～45岁的党员6746名，占党员总数的22.2%；46～60岁的党员7649名，占党员总数的25.2%；61岁及以上的党员9116名，占党员总数的30%；高中、中技文化的党员6097名，占党员总数的20.1%；中专文化的党员2378名，占党员总数的7.8%；大专文化的党员5317名，占党员总数的17.5%；本科文化的党员6075名，占党员总数的20%；研究生学历的党员394名，占党员总数的1.3%。分布在乡镇的党员19413名，占全区党员总数的63.9%；分布在街道的党员6347名，占全区党员总数的20.9%。分布在建制村的党员10629名，占全区党员总数的35%；分布在城市社区（居委会）的党员3460名，占全区党员总数的11.4%。分布在非公经济单位的党员7584名，占全区党员总数的25%。

（李红梅）

宣传思想工作

【概况】2014年，锡山区宣传思想工作深入贯彻落实省市宣传思想工作会议精神和区委一系列决策部署，坚持围绕中心、服务大局，坚持团结鼓劲、正面宣传，坚持以人为本、为民务实，抓好理念创新、手段创新、基层工作创新，凝聚人心、推动发展、引领社会，为努力开创锡山改革发展新局面营造良好氛围。

【理论教育深化】制订下发《2014年全区党委（党组）中心组专题学习计划》，对专题设置、参考篇目等明确具体安排。组织区委中心组各类学习18次，举办“锡山论坛”4期，广泛开展“四学四讲”宣讲活动，重点围绕党的十八届三中、四中全会和习近平总书记系列重要讲话精神以及党的群众路线教育实践活动等内容开展政策宣讲、理想信念教育。结合区委党的群众路线教育实践活动，制定出台《关于切实改进学风的实施意见》。探索教员区内流动授课，组织开展理论（形势）宣讲公开观摩课，提升理论党教实效性。指导推进理论党教工作“一镇（街道）一品牌（特色）”创建活动，宣传推广先进典型和特色经验，发挥示范带动作用。创新发挥互联网新兴理论学习载体作用，全国首创的“五微一体”移动云学堂获“全市宣传思想文化工作创新奖”，《“手机微型党课”首创学习新平台》案例入选《全省宣传思想文化工作创新案例选编》。探索构建全国首创“锡山慕课学习在线”理论学习云平台，形成具有锡山特色的理论学习新模式。充分发挥区、镇（街道）、村（社区）三级宣讲网络的作用，加强主动性、针对性、实效性，突出教学分众化、对象化、互动化，扩大宣讲覆盖面和影响力。积极争创省市马克思主义大众化学习实践基地，红豆集团入选全市首批10个马克思主义大众化学习实践基地。扩大党员冬训学习对基层党员干部群众的辐射带动效应，锡山区被评为“2013～2014年度全省基层党员冬训工作示范区”。红豆集团党校和东港镇党校被评为“全市十佳基层党校”。

相关链接

四学四讲：学理论、学宪法、学党章、学本领，讲政治、讲法治、讲责任、讲实践。

五微：微信“锡山微学习”、手机短信“微型党课”、电子屏“广场微课堂”、微博“锡山早读”、QQ“头脑风暴微群”。

【主流舆论壮大】围绕“富强美丽和谐幸福现代化新锡山”“一把

手谈发展”“践行党的群众路线进行时”“爱上荡口”等主题，策划系列专题专版，深化主题新闻宣传活动，全面反映锡山区学习贯彻落实党的十八大、十八届三中、四中全会和习近平总书记系列重要讲话精神的生动实践，深入报道基层、条线各党组织开展教育实践活动的特色做法、经验成效以及更好地服务群众的新动作、新举措，突出宣传锡山区经济社会和民生工作所取得的重大成就。积极围绕区委、区政府中心工作，浓墨重彩对荡口古镇开街、英特宜家“荟萃·云林”购物中心开业、东南大学附属中大医院无锡分院落户锡山区、农博园民俗文化节等主题强化宣传推介。加强与无锡广播电视集团的深度战略合作，有效推广开发区、商务区、农博园、荡口古镇等重点、亮点，彰显锡山区核心竞争力。整合古镇旅游、农业旅游、休闲旅游以及季节性特色农副产品等资源，开展全媒体宣传服务民生活动。广泛搜集整理锡山区具有新闻价值的相关报道，出版《2012~2013锡山新闻集锦》。密切与各网络媒体的交流合作，不断提高新闻原创率、首页率，实现国际在线、中国江苏网、凤凰网等首页报道“零突破”。结合锡山区推进现代化建设的生动实践，借助报纸杂志、网络、微博、微信、LED显示屏、公益文化墙等载体，制作、分发核心价值观围裙、纸杯、购物袋等生活用品，全方位开展公益宣传，提升锡山发展的内在动力。开设“文明，是最美风景”“身边好人‘善行义举榜’”“公益点亮生活”等《新锡山》简报专题专栏，用群众语言叙述老百姓身边的好人善举、文明新风、道德模范，弘扬核心价值观，传递社会正能量。利用“锡山发布”政务微博平台，创新开展“走荡口、拍古镇”“鸟巢图书馆”等主题“微”活动，吸引近100万名网民关注互动，引领积极健康的网络文化风尚。

【舆情导控把握】充分利用新的互联网舆情信息管理系统，精选关键词，定人、定时加强技术搜索；加强舆情监控专兼职队伍建设，构建区、镇（街道）、村（社区）三级舆情信息员网络体系，将舆情监控作为日常工作的重要组成部分，做到第一时间发现、第一时间报送，为科学研判和处置舆情赢得主动权。定期梳理媒体关注的重点、网络舆情信息和群众反映的问题，借他山之石积累舆情处置经验，根据不同舆情类别形成通稿库；强化数据分析和问题研判，形成舆情预警提示，构筑锡山“舆情防火墙”。针对全区经济社会发展中的重大问题和人民群众关心的民生热点、难点问题，主动设置议题，通过教育、科技、民政、司法等职能部门以及新兴媒体，加大政策解读力度。完善全区新闻发布机制，建立重要舆情沟通共享制度、热点敏感问题联席会议制度等。注重在源头上有效化解矛盾，优化与职能部门的联动机制，把化解和调处矛盾纠纷作为舆情预控、疏导的重中之重。注重从舆情搜集中服务大局、关注民生，对于社会普遍关注的热点、焦点问题，主动联系媒体采访，积极倾听百姓心声和社会反响，及时全面地了解、掌握、跟进事态发展。对于群众关心的敏感问题和突发事件，科学开展研判、处置、反馈、跟踪等工作，合理有效地运用电视、广播、报纸杂志等传统媒体以及政务微博、微信等新兴媒体及时回应群众期盼、满足百姓诉求，努力让积极、健康的声音引领新闻、网络舆论，减少不良影响，营造和谐氛围。

【文明建设扎实】按照市委、市政府的统一部署，对照文明城市测评标准，锡山区创建全国文明城市工作领导小组、锡山区创建全国文明城市工作7个专项创建组带领全区各板块、部门、行业等，发动广大干部群众，健全落实责任分解机制、教育引导机制等，以机制落实确保创建成效持久常态化，锡山区第一、第二、第四季度（第三季度没有测评）城区文明程度指数、未成年人思想道德建设在市级测评中均获第一名。深入开展“一镇（街道）一特色（品牌）”活动，突出为民利民育民宗旨，开展文明单位、文明村镇等群众性基础创建，聚焦全区公共环境、公共秩序、文明素质等群众关心关注的热点、难点问题，强攻重点工作，突破薄弱环节，狠抓整改提升。融合社会主义核心价值观主题教育活动，全面启动并大力推进实施“孝义崇善之区”精神文明建设工程，凝心聚力共筑锡山精神家园。加大全区“讲文明树新风”“中国梦”“图说我们的价值观”等主题公益广告宣传力度，营造锡山崇德尚礼浓厚氛围。强化实施全区未成年人思想道德建设年度工作目标项目化管理，突出抓好未成年人文明礼仪养成教育，营造未成年人健康成长的良好社会文化环境。推进全区各级“道德讲堂”建设，打造了一批特点突出、成效显著的示范讲堂。建立健全全区志愿服务制度，积极推动公务员、党团员、广大群众共同参与志愿服务活动。建立完善村（社区）、镇（街道）、区三级梯次推荐评选机制，注重从基层群众中发掘身边好人。密切关注主流舆论动向，及时推介符合时代要求的新典型。内外宣传相结合，发挥《新锡山》简报、微博、微信、LED显示屏等全媒体联动作用，利用好人微电影、好人公益广告等一系列载体全面展示好人风采。完善好人培育机制，对原有好人事迹进行分类梳理，动态管理“锡山好人”库，出版《锡山好人群》，方便干部群众阅读好人事迹、学习榜样精神；建立推荐、通报、奖励机制，有效规避“为了评而评”和评学“两张皮”现象，增强“锡山好人”公信力。

【文化繁荣促进】 深入实施文化惠民工程，积极稳步推进区、镇（街道）两级公共文化服务设施建设。围绕活跃群众精神文化生活的总目标，以“打造品牌、强化阵地、办好活动、提升内涵”为主线，充分发挥文体活动在社会事业发展中的精神引领作用，广泛普及积极健康向上的生活理念，切实围绕群众需求，最大限度地服务基层、服务企业、服务百姓。推进全区群众文艺创作质量和演出水平不断提升，促进社会主义核心价值观深入人心，组织开展锡山区第五届群众文艺会演（展），进一步发挥文化品牌育人惠民的积极作用。秉承“挖掘、传承、弘扬”宗旨，加大全区非物质文化遗产的保护开发力度，加强锡剧、吴歌等非物质文化遗产的传承与推广，积极组织申报市级非物质文化遗产项目和项目保护扶持资金，组织开展“金秋锡韵”锡山区锡剧团展演活动、“情系故土”锡剧演唱会等系列活动，进一步弘扬锡山区非遗文化。整合开发自然山水、历史文化、现代文明等资源要素，挖掘锡山人文特质，加强荡口古镇、严家桥、台创园等优质旅游资源的宣传推介，促进文化旅游一体化发展。

（吴　双）

统战工作

【概况】 2014年，锡山区统战工作按照市委统战部的工作部署和区委的工作要求，坚持以贯彻落实党的十八届三中全会精神为统领，深入开展党的群众路线教育实践活动，紧紧围绕政治共识深化年、社会服务品牌建设年、参政能力提升年、班子建设强化年、组织发展规范年“五个深化年”工作总体要求，坚持围绕中心、服务大局，积极协调政党关系、民族关系、宗教关系、阶层关系、海内外同胞关系“五大关系”，深入挖掘民主党派、民族、宗教、非公经济、海外“五大资源”，凝聚共识、汇集力量，发挥优势、主动作为，为全面提升统一战线工作科学化水平和谱写中国梦“锡山篇章”做出应有的贡献。

【多党合作制度不断完善】 大力开展“政治共识深化年”活动，组织各民主党派、工商联、无党派联委会学习座谈党的十八届三中、四中全会精神，进一步统一思想、汇聚力量。举办统战各界人士迎中秋座谈会，邀请统一战线各界人士30余人以座谈会的方式，庆佳节，叙友情，商国是，话发展。以“社会服务品牌建设年”为抓手，引导各民主党派、工商联、无党派联委会在认真总结推广经验的基础上，挂牌建立“同心”实践基地，形成一批具有党派特色的品牌项目。深入开展“参政能力提升年”活动。召开民主协商会，各民主党派、工商联、无党派联委会以“推进改革促发展、同心共谱梦篇章”为主题，向区委提出许多富有全局性、前瞻性、针对性和可操作性的意见和建议，为区委、区政府的科学决策献计出力。引导民主党派、工商联、无党派联委会人士聚焦深化改革的重大决策部署，积极建言献策，全年完成各类调研报告20余篇，提交社情民意25件，议案5件，提案64件（其中重要提案8件，重点督办提案4件）。聘用党外人士52人担任司法和政府工作部门民主监督员，聘用8人为区纪委（监察局）软环境监督员。大力开展“班子建设强化年”“组织发展规范年”活动，不断提升党外代表人士队伍建设水平。10月，农工党锡山区基层委员会完成届中调整。把好发展“入口关”，协助做好考察期工作，联合相关民主党派共同考察17人，其中14人成为民主党派正式成员。组织举办区党外干部专题培训班，区党外干部培训班连续四年纳入区干部教育培训主体班计划，为期3天，共有学员70人。

【民族宗教领域和谐稳定】 深入企业、学校、社区宣传中央民族工作会议精神，营造全社会尊重、支持民族工作的社会氛围。在全区宗教界开展少数民族困难家庭的扶贫帮困工作，为区内符合条件的少数民族困难家庭办理低保38户。全年走访慰问131户贫困家庭和两所敬老院，合计28.84万元。积极做好少数民族外来务工经商人员的服务管理工作，努力为少数民族外来务工人员解决生活困难。办理少数民族子女高考加分初审4人、更改民族成分11人。“五一”节前，为在江苏新日电动车股份有限公司务工的新疆维吾尔自治区阿合奇县柯尔克孜族员工送上跑步机、篮球等运动器材，并积极组织肉孜节活动，让他们充分感受到民族大家庭的温暖。开展“四项排查”活动，对排查出的矛盾纠纷做到及时化解，防止矛盾升级和事态扩大。开展消防安全排查活动、房屋安全排查活动，对排查出的隐患及时进行整改。开展宗教活动场所夏季安全检查，并对如何做好夏季安全防事故工作进行指导。南京青奥会期间，全区民族宗教领域和谐稳定。积极开展社会公益活动，服务社会弱势群众。开展“宗教慈善周”活动、敬老爱老和助学活动，全区宗教界开展各类社会公益活动捐助203万元。支持各宗教团体组织的自身建设，指导和协调有条件的宗教活动场所解决土地证、房产证“两证”问题，逐步引导全区宗教活动场所土地证、房产证办理齐全。注重寺观教堂的档案管理工作，开展星级宗教活动场所认定工作，指导东亭基督教堂、安镇胶山寺做好“十个一”文化工程建设。

相关链接

四项排查：民族宗教领域突出信访问题、有风险预警的项目、安全生产事故隐患、基层基础工作薄弱环节集中排查。

十个一：宗教活动场所制作一批反映场所历史内涵及现状前景等内容的宣传折页或宣传册；开展一系列有影响的讲经论道活动及制作一批讲经说法宣传读本；制作一部场所宣传短片；建成一个场所文化展示室；开发一系列有特色的文化纪念品；制定一套规范的场所参观线路和讲解词；建成一个规范档案室；建成一个数字化管理平台；建立一个宗教学院实习基地或宗教文化研究中心；培育一个慈善公益活动品牌。

【非公经济两个百千万工程持续推进】做好基层商会换届的调研摸底工作，加强与各板块的沟通联络，确保换届工作的顺利推进。扎实推进非公有制经济人士“四信”（非公有制经济人士对中国特色社会主义的信念、对党和政府的信任、对企业发展的信心和对社会的信誉）教育实践活动，不断深化非公企业文化建设“百千万工程”活动，15家非公企业获“市级示范单位”称号，33家获“市级示范创建先进单位”称号。积极组织非公企业参加无锡市非公企业文化建设“百千万工程”书画摄影展暨文艺汇演活动，红豆集团、无锡市锡山三建实业有限公司、无锡恒田纺织品有限公司等企业获市级表彰。鼓励和扩大全区光彩公益小组实施光彩公益项目，组织企业家赴河南省三门峡市开展慈善文化交流活动；全区统战系统完成各类慈善公益活动捐赠3443万元。与区工商联联合下发《锡山区非公有制经济人士“四信”教育实践活动实施方案》，在全区非公企业中开展“守信用、讲信誉、重信义”企业评比，无锡市锡山三建实业有限公司、无锡确成硅化学有限公司等15家企业获评2013年度市级“三信”企业。抓好新生代企业家的教育培训工作，促进企业健康成长。协助举办锡商大讲堂，邀请阿里巴巴两位高管作《锡商在电子商务时代的机遇和途径》的主题演讲，数百家企业相关负责人参加。加大行业协会建设力度，锡山区首个省级经济类行业协会——江苏省高空机械吊篮协会于11月成立。

相关链接

两个百千万工程：一是非公企业文化建设“百千万工程”，无锡市委统战部牵头开展的活动，自2012年起，用3年左右的时间，在全市实施非公有制企业文化建设，组织万家以上非公有制企业参与企业文化建设活动，评选千家以上非公有制企业文化建设示范创建先进单位，培育300家非公有制企业文化建设示范单位。锡山区计划用3年左右时间，组织千家以上非公有制企业参与企业文化建设活动，评选百家以上非公有制企业文化建设示范创建先进单位，培育45家以上的非公有制企业文化建设示范单位。二是光彩公益“百千万工程”，无锡市委统战部牵头开展的活动，在全市建立百个以上光彩公益小组，开展一千次以上光彩公益活动，直接帮扶上万名人员。锡山区开展光彩公益活动，即建立十个以上光彩公益小组，开展一百次以上光彩公益活动，直接帮扶上千名人员。

【海外联谊范围不断扩展】制定年度侨务重点工作考评目标，并下发各板块。认真贯彻落实市委《关于贯彻〈中共江苏省委关于进一步加强和改进新形势下侨联工作的意见〉的实施意见》精神，做好区侨联成立的筹备工作。通过亲情、乡情和商情“三情”并举，以电话、邮件、“走出去、请进来”等形式，不断深化与海外乡亲和侨团组织的联谊与合作。接待泰国江浙沪总商会主席钱湘麟一行考察团，陪同考察荡口古镇和华绎之洋房。组织5家“530”企业参加“创业中华——侨界人才聚无锡”活动，接待美国上海联谊会会长、美东华人社团联合会常务副主席承立平（女）一行7名著名侨领，陪同参观荡口古镇，并陪同承立平到荡口老家探亲访友。主动配合主流媒体，加大侨界先进典型宣传力度，在加拿大《环球时报》海外专版上宣传锡山人文历史和发展现状。与区司法局制作涉侨法律法规小报3万份，进行侨法宣传。以国务院侨务办公室“和谐侨社建设年”活动为契机，推进和谐侨社建设，着力做好“社区侨务工作示范点”和“侨之家”创建工作，东亭街道映月社区被省侨办评为“全省社区侨务工作示范单位”，羊尖镇严家桥村被市侨联评为“示范侨之家”。全区侨务系统利用各种形式开展扶贫帮困送温暖活动，走访慰问归侨5人次、侨眷58人次、探亲华侨华人10人、侨港资企业26家、“530”企业 51 家；向海外华侨华人发慰问信、邮件51封，打电话24个；慰问金额7.04万元。

【统战基层基础大力夯实】进一步健全统战宣传信息工作机制，拓宽宣传稿件来源，强化宣传工作效果，全年在各级报纸杂志、网站发表宣传信息稿件500余条（次），进一步提升了锡山区统一战线的美誉度和影响力，营造了良好的宣传舆论氛围。创新宣传信息工作渠道，利用中国·锡山政务E点通协同办公平台，开通手机短信信息宣传平台，及时向统战对象发布统战工作情况和国家最新的方针政策。加强对基层统战干部的培训工作，2010年后新任的基层民宗干部完成专题培训，并通过考试领取到执法证。进一步完善年度工作考核制度，有效增强了统战干部的创先争优意识，进一步提高了机关作风效能建设水平。（陈永光）

对台工作

【概况】2014年，全区对台工作进一步推进台资产业集聚、台企创新发展、台商投资环境和两岸交流交往“四个新高地”建设，深化对台经贸合作，推动台资企业升级发展，提升交流交往层次水平，各项涉台工作取得较好实效。至12月底，全区累计批准台资项目480个，总投资55.78亿美元，合同台资30.24亿美元，到位台资16.4亿美元。1～12月，全区新增台资项目7个，项目总投资1.09亿美元，合同台资6628.7万美元，到位台资1149.62万美元。

【推进项目合作】为开发区、台创园提供工业项目和现代农业项目有效信息3个，实地落户开发区科技创业园服务业项目1个。在原有信息资源上深入挖掘，做好梳理分析，实现资源共享。积极配合相关部门，做好新增台资企业、重点台资项目跟踪服务工作，对在谈、在批、在建台资项目做好推进服务工作。加强与中国台湾各商会、公会、农会的沟通联络，拓展信息渠道，利用各种交流平台和台商台企资源，为对台经贸合作提供项目支撑。利用对台资源，邀请原国民党中央党部高级专员、台商陈坤源考察锡山台创园，初步达成高科技农业项目投资合作意向。

【锡台交流交往】组织锡山青少年棒球队员赴台东县参加2014“阳光、空气、台东情”太平洋杯两岸青少年棒球交流赛，认真做好相关学校、相关人员赴台参赛、参访前筹备工作。借助该中央台办重点交流项目，形成了两地较为密切的定期交流机制，增进了两地青少年的友谊，推动了交流交往向更广领域发展。开展锡山与台东两地特色乡镇和旅游观光领域对接交流活动。台东县议会议长饶庆玲、县政府副县长张基义代表团一行53人走进锡山区荡口古镇和东港镇山联村，实地感受锡山文化底蕴和新农村建设最新成就。活动期间，两地在现代农业、旅游观光产业等领域进行合作座谈，达成合作意向。在“两岸携手、合作共赢”无锡台东乡镇长交流会期间，锡北镇与台东县绿岛乡、鹿野乡、延平乡进行乡镇对口交流，确立对口关系，建立长效交流机制。

【服务台资企业】树立习近平总书记提出的“两岸一家亲”对台工作新理念，组织开展“访台企、到基层、送服务”活动，深入台资企业，走近台商，共同商讨企业转型升级、台胞生活、子女教育等方面存在的矛盾和问题。通过组织开展政策解读说明会、先进管理经验交流座谈会等活动，依法维护台商合法权益，有效提高台资企业经营管理水平，及时解决台资企业、台胞台商在生产、生活中遇到的突出难题。推进台资企业“三自主”（自主创新、自主知识产权、自主品牌）工程，重点推动有条件的企业设立研发中心、运营中心和工程技术中心，提高竞争力，提升发展水平；鼓励台资企业增资扩股，扩大规模，提升产能，提高市场占有率；大力宣传企业节能改造政策，增强台资企业的发展动力。

【慈善捐赠活动】引导台商投身公益慈善活动，积极倡导台资企业扶贫帮困、奉献爱心。在“两岸情深、冬令送暖”锡山台商献爱心活动中，锡山台商联谊会向锡山区部分贫困家庭捐赠6万元；在“六一”儿童节前，锡山台商联谊会走进锡山特殊教育学校，向残疾儿童表达节日祝福并捐款2.5万元；8月21日，锡山台商联谊会向区教育局捐赠教育救助金8万元，台资企业联茂（无锡）电子科技有限公司向75名锡山区在读优秀贫困大学生现场发放“联茂立青”奖学金、助学金24万余元，同时分别向锡山区云林实验小学、云林幼儿园捐赠助学金6万元和4.8万元。全区有6家台资企业获得区委、区政府通报表彰。其中，健鼎（无锡）电子有限公司和联茂（无锡）电子科技有限公司获“锡山区热心参与慈善事业先进企业”称号。无锡百和织造股份有限公司、新麦机械（无锡）有限公司、统盟（无锡）电子有限公司和三能器具（无锡）有限公司获“锡山区热心参与助弱帮困企业”称号，健鼎（无锡）电子有限公司获“锡山区热心参与助弱帮困示范企业”称号。（翟景璐）

农村农经工作

【概况】2014年，区委农办围绕城乡一体发展主题，深化顶层设计和制度创新，有序推进全区新农村建设和城乡统筹发展。以规范管理促进农村集体经济发展，全区村级物业面积新增2万平方米，农村集体可支配收入增幅超过10%，5个经济薄弱村实现脱贫转化。新型农业经营主体培育初见成效，新认定家庭农场20个，创建成省级示范家庭农场2个，新建劳务合作社2家。农村改革进一步深化，东亭、安镇、东北塘、云林4个街道全部建成镇级集体经济股份合作联社；安镇街道完成村级福利规范处置试点，启动农村集体资产监管交易服务平台建设；16个行政村开展农村土地承包经营权确权登记试点。城乡融合发展进程加快，锡北镇被确定为市城乡一体化先导示范区后备镇，累计创建成7个市级“幸福镇”和57个市级“幸福村”。以政策创新推进难点突破，先后出台《锡山区农村集体资产交易管理暂行办法》等5项政策意见。认真践行党的群众路线，抓好5大类16项整改事项，制定出台《农办挂钩镇村联系农户制度》等4项制度，进村入户超过200人次，信访答复办结率85%。

【城乡融合发展持续加快】深化城乡发展一体化体制机制改革。引导先导示范镇在城乡规划、产业转型、民生改善、制度创新等重点领域先行先试，先导示范镇安镇街道、东港镇及后备镇锡北镇先后投入4.3亿元用于农业生态园、文化公园、实验小学等21个重点项目建设。进一步完善提升城乡一体化综合示范点的公共服务功能，新增各类公共服务场所超过2.4万平方米，涌现出锡北镇周家阁村庄里等一批生态环境优良、服务功能齐全、群众广泛参与的功能载体。引导市“幸福镇村”创建单位从民生改善、基础设施等方面入手开展创建，全年新建社区卫生服务站、村民休闲广场等22个项目。至年末，全区累计创建成7个市级“幸福镇”和57个市级“幸福村”。

【集体经济运营有效提升】优化提升以物业增收为重点的村级经济长效增收机制，引导村级因地制宜选择抱团联合、存量挖潜、一村一园、规范管理等发展模式，不断增强自我发展、持续发展的动力和活力，全区村级物业面积新增2万平方米，农村集体可支配收入增幅超过10%。深化以项目建设为核心的薄弱村扶持，加强扶持项目监管，增强薄弱村自我“造血”功能，东港镇港南村等5个村顺利实现脱贫转化。出台《锡山区关于加强农村集体“三资”管理工作的实施意见》，组建集“三资”信息采集、处理、监督和公开于一体的农村“三资”管理网络平台，资产、资源和财务数据及时录入更新，并与农村“三务”（党务、政务、村务）公开触摸屏应用系统全面对接。围绕农村产权交易信息服务平台建设要求，经过实地调研和反复论证，出台《锡山区农村集体资产交易管理暂行办法》等两项政策意见，编制规范性文本，开发符合锡山实际的监管交易操作软件，并在安镇街道开展镇级实体交易服务试点工作。

【新型农业经营主体优化培植】研究制定扶持家庭农场发展的政策意见，组织农场成员参加经营管理培训班，协调金融机构对家庭农场进行专项扶持。引导家庭农场提升规模档次，对20个家庭农场进行认定和授牌，羊尖镇先锋家庭农场、东港镇周小江稻麦家庭农场创建成省级示范家庭农场。以开展专业合作组织建设项目自查自纠为契机，通过对项目建设成效、建设档案、合作社管理台账进行实地检查，举办业务培训班等形式，深入推进合作社规范化建设。通过组建农村劳务型富民合作组织，搭建农民参与现代农业生产、保洁保绿等项目合作平台，有效增加农民特别是“5060”（女年满50周岁，男年满60周岁）人员的工资性收入，全年组建劳务合作社2家。

【农村综合改革引向深入】东北塘街道完成镇级合作联社组建，全区4个街道实现镇级股份合作联社全覆盖。集体经济抱团联合的发展成效日益显现，云林街道制定实施意见，明确社区居委会与合作社“账户分设、分账核算”的业务内容，理清双方管理体系，跨出“政经分离”的实质性步伐；东亭街道专门成立深化集体经济股份制改革领导小组，明确按照“成熟一个、推进一个”的思路，有序推进合作社独立账户的实体化运作。安镇街道出台福利规范处置指导意见，根据福利支出性质，将原有20余种福利支出，归并、压减为包括刚性福利、工作经费福利和村级自定福利的3大类13项明细科目，并制订统一的发放标准，有效减轻集体经济组织的负担，缓解了村民福利发放工作中存在的面上不平衡现象，为加快新型社区管理体制构建、促进安置居民融入社区管理夯实了基础。根据农村城市化、农民市民化的发展要求，10家社区股份合作社在清产核资、规范福利的基础上，实施集体资产的折股量化，通过发放股权证，将集体经营性净资产量化到集体经济组织成员，真正赋予农民集体资产股份占有、收益等权能。

【土地确权登记有力推进】16个试点村推进农村土地承包经营权确权登记工作。组织开展农村承包土地基本情况调查摸底，全面掌握全区承包土地基本情况，制定出台《关于农村土地承包经营权登记工作中若干问题的指导意见》，形成土地确权矛盾处置预案，引导试点村规范操作流程、妥善化解矛盾，并通过建立确权工作软件系统、聘请专业测绘制图公司等强化确权工作技术支撑。构建区、镇（街道）两级农村土地承包经营权确权登记颁证试点工作领导小组，明晰职能部门职责，先后召开全区土地确权登记工作推进会，举办业务骨干培训班，做到组织领导、规划部署、宣传发动、培训辅导“四个到位”。进行逐村实地调研，指导工作方案的制定，明确确权方式、工作要求和时序安排；开展进村入户“零距离”指导服务，帮助村级化解矛盾、解决问题；以工作进度周报制度、推进情况督查通报制度为抓手，督促试点单位高质高效完成试点任务。（王莉群）

机要保密工作

【概况】2014年，机要工作以密码管理安全可靠、密码通信优质高效为原则，切实做好密码通信和信息化服务保障，全年收发办理各级各类电报169份，监控流转各级各类公文71190件，为机关部门排除电脑及网络故障20余次，确保了密码通信和网络公文畅通，为全区政令上传下达提供了有力保障。保密工作以新形势下加强保密管理为抓手，积极开展保密法制宣传和保密普查活动，强化涉密重要文件保密管理专项检查，进一步加强保密队伍建设，全年下发保密工作指导性文件2个，组织保密宣传教育活动3次、保密培训2次，开展保密专项检查5次，切实防止了失泄密事件发生。（杨　真）

老干部工作

【概况】2014年，全区老干部工作坚持抓规范、创特色、求创新，以深入学习党的十八大、十八届三中、四中全会和习近平总书记系列重要讲话精神为主线，以经常性服务管理为关键，着力加强离退休干部思想政治建设和党支部建设“两项建设”，全面落实政治待遇和生活待遇“两项待遇”，各项工作在服务大局中不断发展，在创新创优中稳步提升。区委老干部局获“2013年度全省老干部工作部门信息工作先进集体”。全年报送信息56篇，其中省委老干部局录用12篇；完成工作调研5篇。全区有离休干部116人，享受地市级政治生活待遇3人，享受地市级医疗乘车待遇6人，享受县处级待遇37人，享受乡科级待遇70人；平均年龄86.06周岁，最高年龄96周岁。

【“两项建设”全面加强】认真开展党的群众路线教育实践活动，加强学习培训和宣讲工作。采取邀请党校老师进行讲学，利用支部书记例会培训骨干领学，主动到各支部服务送学，组织就近参观实地感知促学的“四学”方式，着力抓好党的十八届三中、四中全会精神的学习领会。厚桥街道、东亭街道等支部组成老干部和大学生“村官”宣讲团，走进企业、社区和学校进行宣讲。羊尖镇、厚桥街道、锡北镇等离退休支部制订年度学习计划，实现支部学习“菜单化”。积极推进“助老上网”工程，利用互联网网络平台加强和改进离退休干部思想政治建设。以党支部建设为重点，利用老干部政治和经验优势为党的事业增添正能量。通过季度例会、专题培训班、以会代训和选派支部书记参加市学习班等方式，加大对支部书记的指导和培训力度。开展争创“五好”（支部班子好、党员队伍好、组织设置好、活动开展好、群众反映好）支部和“五好”（学习活动好、教育后代好、保持本色好、科学养身好、发挥作用好）离退休干部典型评选宣传等系列活动，采取召开座谈会、交流会等多种形式，学习镇江市退休干部赵亚夫和区文体局离休干部朱海容、区教育局离休干部俞坚平等先进典型事迹，发挥典型示范引领作用。发挥“锡山老干部夕阳红爱心助学基金会”的作用，为离退休干部关心下一代成长提供平台，2014年向全区贫困小学生捐款2.1万元。

【老干部服务不断推进】以经常性服务管理为关键，区委、区政府领导多次走访慰问区老干部、老党员，用实际行动把党和政府的关怀送到离退休干部的心坎。区委老干部局核发116名离休干部特需费、参观费，并增发生活性补贴；按规定完成11名离休干部的医疗费补助款发放工作。开展爱心助老活动，帮助85名离休干部做好公交卡换证，为3名抗战离休干部做好有线电视费优惠办理工作，为老干部办理工资卡转移、电视机维修和报纸杂志邮寄地址变更等事宜39次。积极与社区沟通协调，扎实推进“四就近”（就近学习、就近活动、就近得到关心照顾、就近发挥作用）服务工作，完善离休干部家庭、原单位、医疗部门、社区、老干部工作部门“五位一体”服务机制，努力为离休干部提供多样化、个性化、亲情化服务。加强对离休干部“两项待遇”落实情况的督查。通过全面走访和电话了解离休干部“两项待遇”落实情况，及时解决存在的问题。认真做好离休干部自负医药费结报工作，执行好老干部病区巡查制度，对医院服务情况进行走访调研。规范“夕阳红”老干部24小时服务热线和短信服务平台运行。为老干部发送慰问、健康知识短信1240人次；接听服务热线67人次，协调解决各类问题，进一步扩展服务内容，提升老干部工作满意度。

【老干部阵地作用明显】开展同心共筑中国梦系列活动。引导老干部传递改革发展正能量，挖掘区文体局离休干部朱海容、羊尖镇业余锡剧团等10个健康向上的人物和团队，参加市老干部文化活动巡礼；市委、区委老干部局开展“送文化、送健康、送新风”老干部进社区活动，与社区群众进行“零距离”文化互动；在新中国成立65周年之际，开展学习座谈、中国梦征文、书画摄影图片展、门球乒乓球和象棋围棋比赛等活动；区老干部书画协会开展进社区、进学校、进敬老院的“三进”活动，编印协会会员作品纪念册。指导基层开展富有学习性和娱乐性的特色活动。到东亭街道、羊尖镇、安镇街道等地调研，支持羊尖镇和东港镇等离退休干部党支部开展戏曲交流汇演、锡北镇张泾离退休干部党支部合唱和厚桥街道离退休干部党支部象棋比赛等活动。开展“送学习、送信息、送温暖”助老强基工程，给东港镇、安镇街道等7个离退休干部党支部赠送电脑和书籍。着力搭建老干部发挥余热平台，鼓励老干部展风采、做贡献，发挥老干部引领作用。92岁的区教育局离休干部、“全国健康老人”俞坚平撰诗写作，畅谈健康和创作经验；区文体局离休干部朱海容交流吴文化遗产抢救、保护工作；市“十大书香家庭”、区供销社离休干部黄义初家庭举办剪报展。（薛玉宝）

机关党工委工作

【概况】2014年，区级机关党的建设工作围绕党的群众路线教育实践活动，牢牢把握服务中心、建设队伍两大核心任务，以贯彻落实《中国共产党党和国家机关基层组织工作条例》为重点，按照走在全区基层党组织建设前列的要求，努力提高机关党的建设科学化水平，有效促进了各项工作任务的完成。

【机关党建科学化水平不断提升】深入学习，筑牢思想认识根基。认真学习党的十八届三中全会精神，学习中央和省市区委精神，特别是习近平总书记系列重要讲话精神。通过多种形式组织党员加强理论学习，提高理论素养，增强做群众工作的本领、处理复杂问题的本领、履行岗位职责的本领。各党（总）支部结合工作实际，采取个人自学、集中学习、组织研讨交流等方式，学习《论群众路线——重要论述摘编》《各地联系服务群众经验做法选编》《损害群众利益典型案例剖析》等学习资料，全体党员进一步深化对党的群众路线教育实践活动的认识。高度重视，做好工作安排部署。区级机关党工委作为区委主管机关党建的派出机构，在党的群众路线教育实践活动中担负着双重职责，有4名同志抽调到区委督导组参加工作，区级机关党工委在学习取经的基础上，精心组织教育实践活动的开展。结合实际，创新教育载体。为确保党的群众路线教育实践活动取得实效，区级机关党工委结合实际，在机关党员干部中开展以“三省、三学、三比”为主题的自我提高教育活动，充分发挥典型的示范引领作用，形成相互学习、相互促进、共同提高的浓厚氛围。巩固基础，发挥党建平台作用。结合党的群众路线教育实践活动的要求，采用专家讲理论、干部讲政策、典型讲事迹、群众讲感受、老党员谈经验、新党员谈体会的形式，开展党的群众路线教育实践活动。坚持以重要节庆日、重要人物、重大事件纪念日为契机，从历史与时代相结合的角度，宣传党的光荣传统、光辉历史，弘扬中华民族优秀传统文化。在区级机关中倡导文明出行、文明餐桌、文明传播“三项行动”，以关爱他人、关爱社会、关爱自然为主题，广泛开展文明志愿服务活动，切实提升精神文明创建实效。

相关链接

三省：反省自己是否尽力替基层群众办事，是否紧密联系基层群众，是否深入学习党的政策理论？

三学：带着问题学、联系实际学、针对短板学。

三比：比党性、比作风、比业绩。

【机关党组织服务保障能力不断提高】下功夫解决“三多”问题。针对机关文件多、会议多、活动多的情况，区级机关党工委采取压缩发文数量、减少讲话行文、控制文件篇幅字数等办法，可发可不发的公文一律不发，能发电子版的不发纸质公文，提高文稿质量、发短文，公文传输速度、效率明显提高；严格控制会议次数、规模、参加人数，除按照上级要求和教育实践活动规定必开的会议之外，可开可不开的会议和活动一律不开。进一步压缩经费开支。针对公文重复印刷、发送，办公无纸化程度不高，纸张浪费时有发生的现象，区级机关党工委认真贯彻中央厉行节约反对浪费各项规定，严格贯彻执行各项财务、经费管理制度，严格控制经费支出，进一步提高资金使用效益。改进机关党建工作调研方式。采取“请进来”“走出去”等方法深入学习、强化调研，把开展调查研究作为提高工作质量、锻炼干部队伍的有效途径。要求机关干部深入实际开展调查研究，真正做到对实际情况了解掌握细致、具体、全面，调研提出的对策、建议更具有针对性、适用性和可操作性。提升机关干部工作能力。针对机关党务干部队伍中存在的知识、年龄结构不合理，工作面大、知识面窄等问题，区级机关党工委研究制订机关党务干部培训计划，提高工作人员素质，明确要求每半年组织一次党务干部培训班，每年组织一次新党员培训班、一次入党积极分子培训班，抓学习求实效，努力实现机关党务干部“站起来能讲，坐下来能写，蹲下去能抓，靠上去能帮”，切实提高机关党务干部的工作能力和水平。进一步加强离退休支部的服务管理工作。在上门走访、听取离退休老干部意见和建议的基础上，建立机关党组织向离退休老干部传达党内文件、通报工作情况、走访老干部等离退休支部服务管理制度。同时，加强离退休老干部党支部建设，从党费中抽取专项费用，用于老党员学习、教育和开展活动。

【机关党风廉政建设不断推进】以学习贯彻《中国共产党党员领导干部廉洁从政若干准则》为载体，扎实推进党风廉政责任制建设，党员领导干部带头上专题党课，加强对党员干部的经常性教育，切实把建立健全惩治和预防腐败体系的各项工作贯穿于机关党建工作的始终。积极拓展廉政文化内涵，把廉政文化建设与岗位廉政教育紧密结合起来，广泛开展廉政文化进机关活动。通过召开座谈会、参观交流等方式，充分运用廉政文化示范点资源，总结推广其创新举措和成功经验，扩大廉政文化示范点的典型引领作用。认真抓好机关党员干部违纪案件的查处工作，充分发挥教育、警示和惩戒作用。

【群团组织服务职能不断增强】区级机关党工委贯彻区委、区政府开展“心手相连、情暖万家”慈善捐助活动精神，区级机关党工委、区慈善会开展“慈善一日捐”活动；机关工会成功举办第七届登山比赛、第七届羽毛球比赛、第七届乒乓球比赛，机关干部群众300余人次踊跃参加。工青妇组织充分发挥在群众工作中的桥梁纽带作用，切实为职工服务，结合实际开展各具特色的学习教育及实践活动，进一步增强职工的归属感和向心力。多种形式的活动有效地激发了机关干部职工的工作热情，丰富了文化生活，培育了机关干部职工奋发有为的道德情操，促进了和谐机关建设。（郎　英）

党校工作

【概况】 2014年，区委党校内设办公室、教育科、总务科3个科室，下半年启动党校事业编制人员参照公务员管理事宜。区委党校有在编教职工26名，其中公务员4名、专业技术人员16名、机关工勤人员3名、事业编制工勤人员3名；专兼职教师9名，其中副教授1名、高级讲师6名、讲师2名，具有研究生（硕士、博士）学历7名。2014年年初，区委党校2800平方米教学辅助用房建成并启用；校园占地面积3公顷，建筑面积14394平方米。

【干部教育培训】 区委党校认真落实区委干部教育培训计划，发挥阵地作用，以党性修养、依法治国、群众路线、社会主义核心价值观、廉洁从政等内容为重点，创新教学方式方法，拓展教育资源，开发教学新专题，不断提升教育培训的针对性和实效性。紧贴锡山经济社会发展形势，挖掘锡山深厚教育资源，完成第二批5家现场教学基地挂牌。根据干部培训的新要求，从干部教育的实际出发，新开发一系列培训专题，全年完成教学专题86个，新增教学专题17个，得到广大党员干部的认可与接受。在干部教育培训方面，以主体班为重点，以联办班和公修课为补充，多层次、多方位地推进干部教育培训工作，全年举办各级各类培训班21期，其中主体班7期、679人次，联办班11期、465人次，专技人员公修课培训班3期、598人次。

【科研成果转化】 区委党校继续推动“科研兴校、科研兴教”，强化课题调研，促进课题成果有效转化。上半年，完成江苏省党校系统课题结项2项，无锡市党校系统课题结项4项，其中3项课题获“优秀结项课题”，占全市党校系统优秀结项课题的75%。全年新申报确立市党校系统课题8项，提交市级及以上交流论文7篇，其中《环太湖地区自主创新体系建设研究——以无锡市为例》《城镇化进程中安置社区治理的困境与对策》两篇调研报告获“环太湖发展研究中心2014年年会优秀论文”，《荡口古镇“孝义文化”价值探索》《农村社区矫正问题研究》《促进高校毕业生就业创业的现实困境与路径选择》《社区治理中公众参与的行动框架探讨》4篇调研报告获“无锡市党校系统2014年年会优秀论文”。受安镇街道、江苏新日电动车股份有限公司委托，主持完成《新日“阳光党建”——从理念到行动》课题研究成果。在成果转化方面，集体课题《城镇化背景下安置社区治理探索与创新》分别报送省委党校、市委党校和区委、区政府相关领导、相关部门，同时在各级各类期刊杂志公开发表论文17篇，上报、递交区委组织部教育实践活动征文8篇。

【理论政策宣讲】 充分发挥理论宣传主力军作用，组织教师学习研讨，整理形成涵盖马克思主义群众观、党的十八届三中、四中全会精神、习近平总书记系列重要讲话精神、社会主义核心价值观、中共党史、中共党章、环境保护等在内的宣讲专题，在全区开展形势政策教育宣讲活动73场，推动了全区学习贯彻党的十八届三中、四中全会和习近平总书记系列重要讲话精神的深入展开，并为开展党的群众路线教育实践活动营造了浓厚的舆论氛围。组织教师积极参加全市党校系统精品课评选活动，专题讲座《积极培育和践行社会主义核心价值观》获三等奖。

【会议接待保障】 作为全区会议中心，区委党校注重内部挖潜，创新服务方式方法，克服会多人少的困难，培育职工的责任意识、服务意识、爱校意识和奉献意识，不断改善会议服务软硬件条件，为区委区政府、区级机关相关部门和区外单位提供优质服务保障。2014年，区委党校接待各级各类会议269个、27875人次，接待各类培训班106期、13945人次。（沈　超）

编辑：吴　霞

3月24日，区委书记陆志坚（左一），区委常委、区委统战部部长、区总工会主席张映雪（左二）参加区党外代表人士党的群众路线教育实践活动征求意见座谈会　　　　（陈永光 供稿）

4月28日，区委常委、区委统战部部长、区总工会主席张映雪（右二）和区纪委副书记曹敏伟（右一）走访慰问在江苏新日电动车股份有限公司工作的新疆维吾尔自治区阿合奇县柯尔克孜族务工人员　　　　（陈永光 供稿）

2月12日，中央台办、国务院台办主任张志军（前排右二）调研锡山区对台工作　　　　（《新锡山》供稿）

2月13日，锡山区农村工作会议召开（王莉群 供稿）

4月9日，区委老干部局召开党的群众路线教育实践活动报告会（薛玉宝 摄）

9月17日，中国书法家协会会员王东海为老干部作书画讲座（卢建行 摄）

锡山区人大常委会

The Standing Committee of Xishan District National People 's Congress

4月17日，锡山区人大代表学习培训暨代表主题活动动员会召开

（区人大办 供稿）

综　述

2014年，区人大常委会在区委的正确领导下，深入学习贯彻党的十八大和十八届三中、四中全会精神，围绕中心，服务发展，转变作风，求真务实，切实履行宪法和法律赋予的各项职责，为推动全区经济社会稳定健康发展，进一步促进民主法制建设做出新的贡献。区人大常委会召开5次常委会会议、21次主任会议，听取和审议“一府两院”（政府、法院、检察院）26项工作报告，作出4项决议、决定，依法任免35名国家机关工作人员，组织开展10次执法检查和视察活动。（陆晓伟）

重要会议

【区三届人大三次会议】 2月24~26日，区三届人大三次会议召开。会议听取和审议区政府工作报告、区人大常委会工作报告、区法院工作报告和区检察院工作报告，审议无锡市锡山区2013年国民经济和社会发展计划执行情况与2014年国民经济和社会发展计划草案的报告、2013年财政预算执行情况和2014年财政预算草案的报告及区政府关于区三届人大二次会议代表建议办理情况的报告；通过关于《无锡市锡山区2013年国民经济和社会发展计划执行情况与2014年国民经济和社会发展计划》《无锡市锡山区2013年财政预算执行情况和2014年财政预算》等多项决议。

2014年锡山区三届人大常委会会议情况一览

表2

时间	会议名称	会议内容
1月26日	区三届人大常委会第十六次会议	会议决定任命顾中明为锡山区人民政府副区长、代理区长；会议通过关于召开无锡市锡山区第三届人民代表大会第三次会议的决定、关于接受丁伦元等辞去无锡市锡山区第三届人民代表大会常务委员会委员职务和关于接受丁伦元等辞去无锡市锡山区第三届人民代表大会代表职务的决定、关于补选无锡市锡山区第三届人民代表大会代表的决定；会议还通过有关人事任免事项
2月19日	区三届人大常委会第十七次会议	会议听取关于区三届人大三次会议准备工作情况的汇报；审议并通过代表变动情况和补选代表资格的审查报告（草案）、区三届人大三次会议列席人员名单（草案）、关于表彰2012～2013年度创先争优活动先进集体和先进个人的决定（草案）；讨论并原则通过区三届人大三次会议议程（草案）、日程安排（草案）、区三届人大三次会议组织机构建议名单（草案）、选举办法（草案）和区人大常委会工作报告
3月13日	区三届人大常委会第十八次会议	会议审议并通过区人大常委会2014年工作要点、区人大常委会关于2014年区人大代表活动的意见和街道人大工作的指导意见
5月30日	区三届人大常委会第十九次会议	会议听取和审议区人民政府关于职业和社区教育发展情况的报告、区人民检察院关于检务公开情况的报告，并通过有关人事任免事项

续表2

时间	会议名称	会议内容
7月29日	区三届人大常委会第二十次会议	会议听取和审议区政府关于区三届人大三次会议代表建议办理落实情况的汇报、2014年上半年国民经济和社会发展计划执行情况的报告、2013年度财政决算和2014年上半年财政预算执行情况的报告，并通过关于无锡市锡山区2013年度财政决算的决议；会议听取和审议关于2013年度区预算执行和其他财政收支的审计工作报告，通过关于《无锡市锡山区生态文明建设规划》的决议、关于同意区财政资金安排2亿元设立锡山区特困帮扶基金会原始基金的决议、《无锡市锡山区人大常委会关于加强与代表联系的意见》和《无锡市锡山区人大常委会关于加强区人大代表联系选民的意见》；会议还审议《中华人民共和国道路交通安全法》《中华人民共和国安全生产法》执法检查报告，通过有关人事免职事项
9月29日	区三届人大常委会第二十一次会议	会议听取和审议区政府关于重大产业项目招引推进情况的报告、生态文明建设情况的报告，通过《锡山区人民代表大会常务委员会询问办法（试行）》；会议还审议《中华人民共和国妇女权益保障法》执法检查报告，并通过有关人事任免事项；召开专题询问会，围绕社区卫生服务和安置房物业管理工作情况进行专题询问
12月2日	区三届人大常委会第二十二次会议	会议听取和审议区政府关于2014年为民办实事项目完成情况的报告、2014年度全面推进依法行政情况的报告、2014年度财政预算调整情况和2015年财政收支计划安排初步意见的报告，并通过关于批准区人民政府调整2014年度财政预算内收支计划的决定；会议还听取区人大常委会人事代表联络工委关于区三届人大三次会议代表建议办理工作复查及二次评价情况的报告，并通过有关人事任免事项

（陆晓伟）

重要工作

【助推转型发展】 区人大常委会坚持依法履行职责，充分发挥监督职能，听取审议重大产业项目招引推进情况报告，视察开发区工作情况，听取商务区工作和全区工业经济转型、商务经济发展、科技创新创业驱动产业转型发展情况汇报，为全区产业结构调整和转型升级建言献策。履行对计划执行和财政监督职能，审议半年度经济社会发展计划、区本级财政预算执行和财政收支审计报告，审查批准2013年度财政决算，对2014年度一般公共预算收支情况作相应调整，并对政府2015年度财政计划初步安排进行审议，推进公共财政稳健运行。关注税收、人才、土地管理等专项工作，推动营造良好发展环境。

【关注民生社会事业】 区人大常委会坚持以人为本、民生为重，审议通过关于同意区财政资金安排2亿元设立锡山区特困帮扶基金会原始基金的决议，并对基金的运作管理提出建议，支持政府加大对特困群体的帮扶力度。围绕事关人民群众切身利益的住房、就业、保障、教育等热点问题开展监督，常委会审议为民办实事项目推进、职业和社区教育发展、生态文明建设工作情况报告，主任会议听取保障房建设及老新村改造整治、养老事业发展情况汇报，加强督促落实，推动“幸福锡山”建设。

【推动城乡一体发展】 区人大常委会综合运用主任会议、视察等监督形式，加大对城乡一体化发展的监督力度。召开主任会议，听取推进城市管理区镇一体化工作情况汇报；视察农村道路标准化及政府重点工程建设、高标准农田建设和圩区建设工作，为助推城乡一体化发展积极建言献策。

【法律监督加强】 区人大常委会组织对《中华人民共和国安全生产法》《中华人民共和国道路交通安全法》《中华人民共和国妇女权益保障法》贯彻实施情况进行执法检查，审议政府依法行政工作报告、检察院检务公开工作报告，听取法律服务工作、公安基层基础建设工作情况汇报，推进“一府两院”依法行政、公正司法。

【社会矛盾化解】 区人大常委会继续组织区、镇两级人大代表参与化解社会矛盾，注重在化解积案上求突破，在提高调处针对性上求实效，在切实解决问题上求作为。全年有557名区、镇两级人大代表参与化解社会矛盾工作，调处各类社会矛盾440件，为维护社会公平正义、促进社会和谐稳定做出了积极的努力。切实做好人大信访工作，全年受理群众信访16件次，办理上级人大转办的信访件3件次。

【专题询问首次开展】区人大常委会围绕群众普遍关注的热点、难点问题，在广泛听取意见、深入调查研究、反复酝酿讨论的基础上，确定社区卫生服务和安置房物业管理两项工作作为首次开展专题询问的议题，紧扣民意，紧贴民生。召开主任会议，多次讨论研究，确定方案，明确责任，有序推进。相关工作机构加强协调，精心谋划，开展调研，摸清情况。在专题询问会上，常委会组成人员和人大代表结合前期走访、座谈、调研了解的情况，就群众反映强烈、比较集中的问题现场进行提问，政府及相关职能部门负责人认真回答，同时专题询问会还特别邀请部分市民代表旁听。会后，形成审议意见交政府研究处理，通过开展专题询问，一些群众关注度较高的问题得到政府的进一步重视。

【代表主题活动深化】4~12月，围绕“加强环境综合治理、创建生态文明示范区”主题，组织区、镇两级人大代表开展建言献策活动。改进代表参与方式，设若干分议题，以代表小组为单位选择议题、开展调研、提出建议。524名区、镇两级人大代表参与活动，代表们走访村（社区）93个，联系选民2706人次，9个代表小组提出节能减排、提升空气质量、水域环境治理等9个方面31条意见、建议。区各代表小组组织代表参与建议办理工作，对政府部门答复意见和落实情况进行测评，促进了建议落实，提升了活动实效。

【代表建议督办强化】全面实施修订的《锡山区人大常委会关于锡山区人民代表大会代表建议、批评和意见处理办法》，对区三届人大三次会议收到的40件代表建议，及时交办政府及相关职能部门，选取涉及经济、社会、教育等重点领域的5件建议，由区人大常委会领导领衔重点督办。常委会审议代表建议办理情况报告，主任会议听取重点督办建议办理情况汇报，加强建议跟踪督办。组织人大机关干部联系走访代表，复查建议办理落实情况，开展建议办理落实情况测评工作，集中对各主办部门办理工作进行测评，收集整理代表对建议办理工作的意见，及时反馈政府及相关部门，进一步提高问题的解决率和建议的办成率。闭会期间代表提出的5条建议，通过《代表之声》及时向区委、区政府反映，促进了一些问题的解决。

【联系工作制度完善】区人大常委会积极探索新形势下代表活动规范化、制度化的有效途径，支持和保障代表依法履职。制定出台《锡山区人民代表大会常务委员会询问办法（试行）》《无锡市锡山区人大常委会关于加强与代表联系的意见》《无锡市锡山区人大常委会关于加强区人大代表联系选民的意见》，完善常委会主任、副主任接待代表活动制度，建立代表网络工作平台，进一步畅通民意表达渠道。围绕增强代表履职意识，加强代表与选民的联系，开展代表向选民述职工作，50%以上的代表回选区述职，接受评议。拓宽代表知政督政渠道，有针对性地邀请代表列席常委会会议、参加执法检查和视察活动、列席政府常务会议，全年有20名代表列席常委会会议，14名代表列席政府常务会议，24名代表参加执法检查和视察活动。加强对镇（街道）人大的联系与指导，制定下发代表工作意见、街道人大工作指导意见，指导基层人大围绕中心工作，依法履行职权，关注社情民意，维护地方和谐稳定。

【人大宣传加强】全面改版锡山区人大常委会网站平台，增加“主任信箱”“市民建言”“代表履职”三个栏目，加强常委会依法履职以及基层人大、代表活动的实时报道。借助各级新闻媒体，积极宣传区、镇两级人大工作成效和代表优秀履职事迹，扩大人大工作的影响力。全年有60篇通讯及信息在省市宣传媒体上刊登，较好地宣传了锡山人大工作，展示了人大代表的风采。（钱智卿　陆晓伟）

人事任免

【概况】区人大常委会遵循党管干部和依法任免的原则，规范人事任免程序，强化对任命干部的监督。全年依法任免35名国家机关工作人员。其中，10名干部参加任前法律知识考试，9名任命干部作任前承诺。

2014年锡山区人大常委会任免人员主要情况一览

表3

时间	会议名称	任免人员及职务
1月26日	区三届人大常委会第十六次会议	任命顾中明为无锡市锡山区人民政府副区长、代理区长，杨帅为无锡市锡山区人民检察院检察员，吴静为无锡市锡山区人民检察院检察员，陈献奉为无锡市锡山区人民检察院检察员；免去丁伦元的无锡市锡山区人大常委会东北塘街道工作委员会主任职务，邹纬青的无锡市锡山区人大常委会财政经济工作委员会主任职务，黄继祖的无锡市锡山区人民检察院检察委员会委员、检察员职务
5月30日	区三届人大常委会第十九次会议	任命周嘉模为无锡市锡山区监察局局长；免去曹敏伟的无锡市锡山区监察局局长职务，闵仕君的无锡市锡山区人民法院刑事审判庭庭长职务，洪凌的无锡市锡山区人民法院审判委员会委员、审判员职务，周锡培的无锡市锡山区人民法院审判员职务，李兆忠的无锡市锡山区人民检察院检察员职务
7月29日	区三届人大常委会第二十次会议	免去蔡建义的无锡市锡山区人民检察院检察委员会委员、检察员职务
9月29日	区三届人大常委会第二十一次会议	任命李永明为无锡市锡山区人民政府副区长，胡建明为无锡市锡山区人大常委会财政经济工作委员会主任，朱华为无锡市锡山区人大常委会环境资源城乡建设工作委员会主任，齐永远为无锡市锡山区人民法院副院长；免去陆起涌的无锡市锡山区人民政府副区长职务，方云生的无锡市锡山区人大常委会环境资源城乡建设工作委员会主任职务
12月2日	区三届人大常委会第二十二次会议	任命李佩东为无锡市锡山区人民政府副区长，浦向民为无锡市锡山区财政局局长，徐志军为无锡市锡山区人大常委会东北塘街道工作委员会主任，王碧云为无锡市锡山区人民法院民事审判第一庭副庭长，蔡永芳为无锡市锡山区人民法院民事审判第二庭副庭长，华伟为无锡市锡山区人民法院东北塘人民法庭副庭长，严琳为无锡市锡山区人民法院安镇人民法庭副庭长，杨晓敏为无锡市锡山区人民法院审判员，吕纯阳为无锡市锡山区人民法院审判员，林琳为无锡市锡山区人民法院审判员，王万钰为无锡市锡山区人民法院审判员；免去章红新的无锡市锡山区人民政府副区长职务，顾忠卫的无锡市锡山区人民政府副区长职务，朱洪元的无锡市锡山区财政局局长职务，徐石平的无锡市锡山区人大常委会办公室副主任职务

（陆晓伟）

编辑：吴　霞

5月27日，区人大常委会领导在谢埭荡圩新建北堤防视察圩区建设工作

（区人大办 供稿）

5月28日，区人大常委会领导在东亭街道东璟家园经济适用房地块视察拆迁管理工作

（陆晓伟 摄）

6月25日，区人大常委会领导督办关于东湖塘中心小学异地新建的代表建议
（区人大办 供稿）

7月2日，区人大常委会领导实地检查无锡德林船舶设备有限公司《中华人民共和国安全生产法》贯彻执行情况 （陆晓伟 摄）

8月13日，区人大常委会领导视察政府重点工程锡山人民医院新建工程

（陆晓伟 摄）

10月21日，区人大常委会领导视察商务区映月湖中央公园

（顾 斌 摄）

11月7日，区人大常委会领导视察开发区建设发展情况（陆晓伟 摄）

锡山区人民政府

Xishan District People 's Government

锡山区人民政府　　（孙剑光 摄）

综　述

【概况】2014年，区政府认真贯彻落实党的十八大和十八届三中、四中全会精神，紧紧围绕建设富强美丽和谐幸福现代化新锡山的总目标，团结和依靠全区人民，克难而上，砥砺奋进，统筹推进稳增长、促改革、调结构、重生态、惠民生各项工作，全区经济社会保持平稳健康发展。全年地区生产总值比上年增长8.8%；实现公共财政预算收入60.55亿元，其中税收收入50.52亿元，分别比上年增长10.6%、9.8%；城乡居民人均可支配收入分别为39820元和22489元，分别比上年增长8.6%、10.1%。

【实体经济平稳发展】工业经济稳中有升。建立全覆盖的工业企业信息库，加强运行监测分析，通过优化“71580”服务企业区长热线运行管理机制、出台小规模成长型企业用地分类保障政策、搭建金融超市等措施，更具针对性地帮助企业解难，全力助推企业发展、促进经济增长。全年实现规模以上工业总产值1128亿元，进出口总额、出口额分别比上年增长3.6%和8.6%。服务业发展加快，全年社会消费品零售总额比上年增长11.6%，旅游营业收入比上年增长171%，实现楼宇经济营业额85亿元、电子商务交易额15.7亿元，服务业增加值占GDP的比重为44.2%。现代农业优化提升，新增高效设施农业200公顷，建成高标准农田示范片区4个，农业园区化比重列全市第一位，台创园引进并建成现代农业项目17个。

【项目招引力度加大】全面加强招商引资工作，出台招商激励政策，组建区、镇（街道）招商机构，强化招商队伍建设和招商业务培训，激发专职招商人员、企业、中介机构、自然人等各方参与招商的积极性，全年招引落户慧谷金融电商产业园等项目137个，新批重大外资及港澳台资项目8个，到位注册外资及港澳台资3.3亿美元。大力开展“项目建设深化年”活动，加强对重大产业项目建设的动态跟踪、督导服务、约谈考核和检查评估，在建重大项目117个，国泰四期等38个项目建成投产，全年固定资产投资比上年增长16.1%，其中工业投入比上年增长14.9%，固定资产设备增值税抵扣额增幅列全市第一位。

【创新驱动成效显现】高新技术产业快速发展，新增高新技术企业37家，新兴产业总产值比上年增长16.9%。世界农业领域最高奖“沃尔夫奖”获得者、教授罗纳德·菲利普，中央“千人计划”人才、教授陈志祥及其团队与台创园入驻企业开展全面合作，锡山区与麻省理工学院的合作平台被认定为国家级国际技术转移中心，开发区获评国家知识产权试点园区，红豆集团获评全国质量标杆企业。全年全社会研发经费支出占GDP的比重为3%，列全市第二位；引进各类人才1.15万名，引育中央“千人计划”人才5名、省“双创计划”人才5名。

【重点改革全面深化】上市工作取得新成效，完成股改企业7家，新增报江苏证监局辅导备案企业2家，5家企业实现新三板挂牌。积极推进“营改增”试点，整体减税规模1.77亿元。落实企业登记制度改革，新登记企业和注册资本分别比上年增长21.46%和48.72%。制定行政审批事项目录清单，向基层镇（街道）、村（社区）下放行政审批事项和前移便民服务事项，试行企业设立登记“一站式”服务和基本建设项目“并联审批”，启动行政审批中介服务超市建设。农村综合改革深入实施，建成农村集体资金、资产、资源信息管理平台，开展农村集体资产产权交易试点。锡山人民医院与东南大学附属中大医院合作共建医疗联合体。启动实施工商、质监、食品药品管理体制调整和相关政府部门职能整合工作，完成事业单位岗位设置方案核准报备。

【美丽城乡加快构建】城乡规划深化完善，形成电力专项规划、东港锡北城乡统筹规划等一批规划成果。城市功能不断提升，英特宜家“荟聚·云林”购物中心、锡东创融大厦建成运营；荡口古镇获“国家AAAA级旅游景区”称号，入选“2014中国最美村镇”并获“人文环境奖”。新开辟和优化调整公交线路13条，泉山大道、荡厚路、吼山北路等重点道路建成通车。全面推行网格化管理，完善村庄环境长效管理机制，启动公共自行车服务系统建设。高标准完成全国文明城市创建任务，文明程度测评指数列全市城区第一位。区域生态文明建设规划获批实施，新一轮农村环境综合整治试点工作全面启动，实施河道综合整治86条，整治燃煤锅炉43台，绿化造林面积166.67公顷，PM2.5平均浓度比上年同期下降8%。

【社会民生持续改善】促进就业成效明显，全年城镇新增就业18972人，城镇失业人员再就业2997人；发放各类创业补贴283.5万元，扶持自主创业1182人。社保扩面深入推进，全年城镇职工社会保险净增缴费9523人。提高居民养老保险待遇和居民医疗保险政府补贴标准，两项保险参保覆盖率分别为98.5%和99%。建立以政府出资为主、社会捐赠为辅、原始资金2.5亿元的特困帮扶基金，全年发放深度贫困帮扶资金1309.8万元，比2013年提高26.8%。竣工安置房117万平方米，交付安置9345套。社会事业加快发展，东北塘实验小学、荡口实验小学全面投用，社区卫生服务站规范化建成率90%，新增公共文体活动场地6.25万平方米，完成查桥敬老院改扩建，建成投用区残疾人综合服务中心。

【综合治理切实增强】深化社区扁平化管理服务，优化调整东亭、云林社区服务区域，新增社会组织31个，92%的农村社区和93%的城镇社区完成省级和谐社区达标建设。大力开展"社区减负"专项治理，精简村（社区）台账目录145项，取消村（社区）创建评比目录37项、组织机构和挂牌目录105个。严格落实安全生产责任制，集中开展"六打六治"等安全生产检查整改专项行动，生产安全事故死亡人数比上年下降7.7%。加强法治宣传教育，法律援助工作体系实现全覆盖，社区矫正安全监管责任全面落实。开展信访积案化解专项行动，社会矛盾调处成功率99.3%。强化社会治安立体防控，"八大类"案件、入室盗窃案件分别比上年下降12.2%和8.4%。（陈　晓）

重要会议

【区政府常务会议】区政府全年召开8次常务会议，审议并通过《锡山区国家知识产权强县工程试点实施意见》《锡山区科技型中小企业风险补偿贷款操作办法》《关于进一步加强全区网格化城市管理工作的实施意见》《锡山区2014年主要污染物总量减排计划》《关于进一步加强锡山区招商工作的意见》《关于加快推进大学生创业园建设的实施意见》《关于进一步深化行政审批制度改革的工作意见》《锡山区区级行政审批事项目录》《锡山区企业设立登记"一站式"服务试行办法》《锡山区基本建设项目"并联审批"试行方法》《关于加强全区社会组织培育发展的意见》《关于创建锡山金融生态区的实施意见》《关于成立锡山区中介服务超市提升中介服务效能的意见》《关于推进示范家庭农场建设的意见》等事项90件。（陈　晓）

【全区安全生产工作会议】2月14日，全区安全生产工作会议召开。会议深入贯彻国家和省市安全生产工作会议精神，回顾总结2013年工作，研究部署2014年重点工作。会议要求，要紧扣"以人为本、生命至上"理念，围绕坚持科学发展和安全发展的工作理念，齐心协力筑牢安全生产网。要强化"三责"（党政同责、部门监管责任、企业主体责任），完善安全生产责任体系；要着力"三治"（打非治违、治理隐患、专项整治），完善安全预防控制体系；要夯实"三基"（基层、基础、基本功建设），完善安全保障体系；要推进"三改"（组织管理体制改革、安全监管体制改革、考核评价体系改革），完善安全监管体系。（孙　纯）

【全区民生改善与社会事业发展工作会议】3月12日，全区民生改善与社会事业发展工作会议召开。会议强调，要以更高的标准、更大的力度、更实的举措推进民生改善与社会事业发展各项工作，不断提升人民群众的幸福感和满意度。会议要求，全区各级各部门要突出重点，不断提升民生工作的整体水平；要把保障和改善民生摆在突出位置，全力开创民生工作新局面；要以深入开展党的群众路线教育实践活动为契机，扎实做好民生改善和社会事业发展各项工作，持续提升人民群众的幸福感和满意度。

【全区经济工作会议】3月27日，全区经济工作会议召开。会议回顾总结2013年经济工作，研究分析当前形势，安排部署2014年经济工作。会议动员全区上下以更加饱满的精神、更加清晰的思路、更加务实的举措，确保完成全年各项经济发展目标任务。会议要求，要壮大产业实力、聚焦重点项目、突出创新驱动、抓牢企业主体；要在稳定增长、项目建设、对外开放、结构调整、创新驱动、财税增收六个方面狠下功夫。（华注丰）

【全区城乡建设暨生态文明工作会议】3月27日，全区城乡建设暨生态文明工作会议召开。会议动员全区上下统一思想、明确目标，理清思路、务实工作，加快推动锡山城市形象大提升、生态环境大改观。会议要求，要抢抓机遇，加快城乡建设和生态文明建设的步伐；要抓住国家推进城镇化的有利时机，从战略的高度超前谋划，以更加务实的举措推动城乡建设和生态文明建设再上新台阶。会议下达2014年度城乡建设和生态文明建设的目标任务。（周煦杰）

【全区“河长制”管理工作会议】 9月25日，全区“河长制”管理工作会议召开。会议动员全区上下要以更强的决心、更严的标准、更实的措施，持续推进全区水环境不断改善。会议要求，要常抓不懈长效管理，落实“河长”的管理责任；要统筹推进综合治理，协调好河道综合整治、生态修复、管网养护等生态环保各项工作；要动真碰硬查处整改，运用法律武器严厉查处各类水环境违法行为和案件。（陆　栋）

【全区弱势群体帮扶工作会议】 10月22日，全区弱势群体帮扶工作会议召开，同时特困帮扶基金会成立。会议动员全区上下以更高的标准、更大的力度扎实推进社会救助事业，合力推进最弱势群体帮扶工作示范区建设，切实把该项“民心工程”抓实抓好。会议要求，要切实提高帮扶工作的实效性，进一步增强全社会对弱势群体的关爱意识、帮扶意识、奉献意识，激发正能量，在全区形成扶贫济困、团结互助的良好氛围。会上还表彰一批热心参与助弱帮困和慈善事业的企业和个人。（华注丰）

重要活动

【中国（锡山）第四届国际象棋国际女子名人赛】 5月6～15日，由国家体育总局棋牌运动管理中心、中国国际象棋协会、锡山区人民政府、无锡市体育局、无锡市体育场馆和训练管理中心共同主办的中国（锡山）第四届国际象棋国际女子名人赛在锡山区绿羊温泉酒店举行。比赛汇集了居文君、谭中怡、黄茜等10位一线顶尖女棋手。17岁的重庆小将雷挺婕凭借小分优势夺得职业生涯首个冠军。（华敏展）

【第八届中国无锡国际电动车展览会】 5月15～17日，由无锡市人民政府、中国自行车协会助力车专业委员会、江苏省自行车电动车协会主办，锡山区人民政府和锡山电动车协会承办的“2014第八届中国无锡国际电动车展览会”在无锡太湖国际博览中心开幕。作为中国电动车业界一年一度的盛会，第八届中国无锡国际电动车展览会以“宜行、宜动、时尚、健康”为主题，以齐心协力做强产业，加快产品服务升级，共同创造低碳环保的美好未来为愿景。展览会设B4、B5、B6三个展厅，近1000个国际标准展位，展览面积2万余平方米。展会期间，无锡、天津等多地的30余家行业知名电动车品牌展示了造型时尚、科技智能的产品。（孙　纯）

【江苏东郁园林彩色苗木育种引繁中心签约】 5月28日，澳大利亚最领先的园艺企业布莱瑞克林业公司与上海东郁园林科技有限公司的彩色苗木育种研发合作项目签约仪式在锡山台创园举行，澳大利亚驻沪总领事柯未名出席仪式。双方共同在台创园投资设立江苏东郁园林彩色苗木育种引繁中心。通过澳方公司遴选澳大利亚及世界各国最优质的具有注册商标权或植物新品种权及植物专利的彩色植物种源，将其产品引入中国，并由澳方公司提供国际最先进的彩色苗木工厂化育种引繁技术，在无锡育种引繁中心开展彩色苗木的育种研发及大规模工厂化繁育生产。（陆　栋）

【锡山人民医院与东南大学附属中大医院开展合作共建】 6月15日，锡山人民医院与东南大学附属中大医院开展合作共建，挂牌成立东南大学附属中大医院无锡分院，初步构建以中大医院为龙头，锡山人民医院（中大医院无锡分院）为核心，区内其他二级医院、基层医疗卫生机构为基础的紧密型医疗联合体。中大医院无锡分院合作共建签约后，双方在医疗、教学、科研等方面展开全方位的合作，中大医院首批将派出20名专家骨干常驻锡山人民医院，开展医疗、科研、管理等方面的工作。锡山人民医院以东南大学附属中大医院卓越的管理经验和雄厚的技术力量为依托，迅速提升医疗服务水平，力争5年内达到三级综合性医院办院水平，3～4个专科创建为无锡市重点专科，1～2个专科达到省级临床重点专科水平的目标。（华敏展）

【浙大—普威蔬菜生物育种引繁中心合作项目签约仪式】 7月9日，浙大—普威蔬菜生物育种引繁中心合作项目签约仪式在锡山台创园举行。该项目是继2010年无锡—浙大生物农业研究中心成立后，台创园与浙江大学在生物农业领域开展政产学研合作的又一个重大合作成果。浙大—普威蔬菜生物育种引繁中心由台创园管委会携手园区企业无锡（台湾）普威农业科技有限公司与浙江大学合作设立，充分依托浙江大学国家重点实验室蔬菜研究所的研发资源，引进浙江大学中央“千人计划”人才、教授陈志强及其研发团队，并建有设备齐全的蔬菜种子育种实验室。该中心将在引进国外先进蔬菜品种的基础上，通过小孢子培养、纯度鉴定、繁种加代等生物育种研发技术，在蔬菜种子种苗领域，实施一批科技成果的转化和产业化，培育拥有自主知识产权的果蔬优质新品种，并孵化一个蔬菜种子种苗科技企业。（陆　栋）

【小微企业金融服务宣传暨政银企融资项目签约大会】 9月26日，小微企业金融服务宣传暨政银企融资项目签约大会举行。该签约会为锡山企业融资和银行拓展金融服务提供了有效平台，24家银行与24家企业代表现场“一对一”签订授信协议，累计签约2.23亿元；193家企业与银行达成合作意向，授信意向金额14.26亿元，其中制造业授信意向12.1亿元。（孙　纯）

【锡山金秋重大项目合作恳谈会】 10月22日，“2014锡山金秋重大项目合作恳谈会”举行。现场签约重大产业项目40个，总投资172.8亿元。签约项目包括总投资3亿美元的国泰iPhone配套项目、总投资20亿元的海尔日日顺电商产业园、总投资10亿元的中科微电子产业、总投资3亿美元的宇培电商物流园、总投资1.5亿美元的嘉民现代物流产业园、总投资5亿元的巧克力开心乐园以及总投资5亿元的雅迪整车制造等一批重大高质量产业项目。（华注丰）

机构编制管理

【概况】 2014年，全区机构编制管理工作严格控制机构编制，创新管理，强化监督，不断提高机构编制管理水平，为建设富强美丽和谐幸福现代化新锡山提供坚实的机构编制保障。

【政府机构改革积极开展】 根据省市相关文件精神，对区人口和计划生育局、卫生局、住房保障和房产管理局、建设局的部门职责、人员编制等情况进行全面梳理，为政府机构改革做好前期准备工作。立足锡山实际，强化机构和职责整合，拟制《无锡市锡山区人民政府职能转变和机构改革方案》，并报无锡市审批。

【工商、质监、食药监管理体制调整稳妥推进】 按照省市统一部署，工商、质监由省级以下垂直管理调整为市、区分级管理体制，食品药品监管体制由市以下垂直管理调整为市、区分级管理体制。12月，组建区市场监督管理局，组建市场监管执法队伍。年末，完成区市场监督管理局主要职责、内设机构和人员编制的“三定”（定岗、定员、定责）工作。

【事业单位分类扎实开展】 召开锡山区分类推进事业单位改革工作领导小组会议，审议通过《无锡市锡山区事业单位分类工作实施方案》。对照《无锡市市属事业单位分类参考目录》及无锡市正式进行分类的第一批和第二批事业单位名单，对锡山区该轮分类涉及的241家事业单位进行初步分类，出台《关于无锡市锡山区第一批事业单位分类的通知》《关于无锡市锡山区第二批事业单位分类的通知》，对全区116家事业单位进行分类。

【机构和人员编制认真核查】 开展机构和人员编制核查工作，对全区62家行政机构和244家事业单位的人员编制、部门领导职数、实有编内人员和编外人员等情况进行全面核查。核查中按照要求，会同有关部门对25家区级机关单位、164家事业单位，进行实地核实，实地核查比例分别为40.32%和67.2%。

【在编不在岗人员清理规范】 为进一步规范机关事业单位干部人事管理，根据相关文件精神，以停薪留职人员、企业兼（任）职人员、离职学习人员和休长病假人员作为清理重点，对锡山区机关事业单位在编不在岗人员进行清理规范，全面完成“四类”人员的清理规范工作。

【事业单位登记管理严格规范】 进一步健全事业单位登记管理的各项规章制度，严格规范年检程序，严把审验关。全年办理事业单位年检238家，年检率100%，年检合格率100%；办理事业单位设立登记1家，事业单位变更登记19家，注销登记2家。

【机构编制实名制管理切实加强】 锡山区实现机构编制实名制管理信息系统动态管理，全年办理机关、事业单位人员变更业务867条。机关事业单位凡需进人都必须履行编制使用申报手续，填写“无锡市锡山区机关、事业单位编制使用申报表”，明确编制使用对象，确保编制使用“实名制”。同时，强化机关部门中层和事业单位领导职数审核备案工作，对各部门的中层干部配备情况进行全面备案，全年完成98人次的审核备案工作，进一步完善了中层干部数据库，严防超职数配备。（李婷婷）

行政服务

【概况】2014年，区行政服务中心紧紧围绕区委、区政府确定的重点工作目标，以贯彻落实党的群众路线教育实践活动为核心，着力深化审批改革，推进简政放权，在清理行政审批事项、企业设立登记“一站式”服务、基本建设项目“并联审批”、中介服务超市建设、完善和提升镇（街道）行政服务中心建设、完善内部管理体制等重点工作的推进上取得新成效。区、镇（街道）两级行政服务中心全年受理行政服务事项101893件，办结101544件，按时办结率100%。其中，区行政服务中心受理31239件（即办件19805件，即办率63.4%），各类收费14778.82万元（建设项目前期报批阶段统一收费14731.03万元）；区房屋权属管理分中心受理34173件；镇（街道）行政服务中心累计办理各类服务事项36481件。

【行政审批事项清理】区行政服务中心认真学习国务院、省、市关于下放和取消行政审批事项相关文件精神，特别是结合《无锡市向县（市）区下放的56项行政审批事项目录》，区行政服务中心、区法制办与相关部门进行对接，督促部门接好并全部纳入锡山区行政权力网上公开透明系统。同时，提请区政府出台《关于进一步深化行政审批制度改革的工作意见》《关于印发区级行政审批事项目录、区向镇（街道）下放行政审批事项目录、区向村（社区）服务前移便民事项的通知》。在相关部门的支持下，区行政服务中心梳理并公布全区479项审批事项，清理出涉及21个部门的93个向镇（街道）下放事项和19个向村（社区）服务前移事项，并做好下放前移事项的培训指导工作。至年末，下放、前移事项均依托镇（街道）、村（社区）两级服务中心正常开展工作。

【“两集中三到位”继续推进】在做好审批事项梳理公布工作的基础上，区行政服务中心继续推进“两集中三到位”，结合基本建设项目联合审批工作，专题向区政府进行汇报，并得到区主要领导的高度重视和重要批示。4月，区委副书记、区长顾中明，区委常委、常务副区长章红新专题视察“两集中三到位”工作。8月，区发改局、区商务局、区建设局等部门均增派1名窗口工作人员，增加窗口事项和授权到位。通过开展新一轮的“两集中三到位”工作，年内有29个区级部门的167项审批事项进驻区行政服务中心，其中有81个事项在区行政服务中心发证，即办率近50%。

相关链接

两集中三到位：部门行政审批职能向一个科室集中，部门的审批服务科向区行政服务中心集中，整建制进驻区行政服务中心，并做到审批服务项目进驻到位，窗口人员到位，单位对窗口授权到位。

【企业设立登记“一站式”服务试行】区行政服务中心提请区政府下发《锡山区企业设立登记“一站式”服务试行办法》，区行政服务中心于8月1日起成立相应专窗，在“一照三证一章”的网络软件尚未实际到位的情况下，明确专人一次性发放相关资料表单，统一接收申请人材料，通过“一站式”服务联系单在工商、质监、国税、地税、公安等窗口进行内部传递；区行政服务中心与锡山工商局积极对接，对各镇（街道）代办员进行培训，并确定羊尖镇为试点镇。至年末，区行政服务中心完成42家新办企业的审批事项，平均办件时间从原来的30天压缩至5天，受到企业的一致好评。

【基本建设项目“并联审批”】区行政服务中心提请区政府下发《锡山区基本建设项目“并联审批”试行办法》，并邀请区发改、规划、建设等相关部门业务骨干对各镇（街道）代办员进行业务辅导，同时在业务科抽调人员专门负责相关部门窗口间的资料传递工作，年内为无锡英特派金属制品有限公司办理审批事项，在51个工作日内完成所有审批事项，提速率近80%。

【工业项目联合竣工验收继续推进】区行政服务中心进一步完善《锡山区工业建设工程联合竣工验收实施细则》，在10个工作日内组织区建设局、区环保局、区城管局、锡山规划分局、区公安消防大队、市气象局防雷中心等部门进行现场联合验收，完成全部验收手续。同时，做好建设工程项目竣工验收工作的档案整理工作，便于统一监管。1～12月，为宝顺不锈钢等21个项目进行联合验收。

【四小企业联合办理工作继续推进】区行政服务中心主动与建设、城管、交通、卫生、文体等11个部门进行会商，重新制定餐饮业、娱乐业、加工业、修理业“四小行业”设立的联合会审流程，明确相应的申报材料和审批要点，坚持规范操作，认真做好每一次受理，发好每一次会议通知，整理好每一次会议纪要，统一回复好审批结果。1~12月，累计为东亭来份奶茶店等37家“四小行业”企业提供联合办理服务，审批通过5家。

【镇（街道）行政服务中心建设完善】结合党的群众路线教育实践活动，区行政服务中心深入贯彻《关于创建无锡市群众满意镇（街道）行政服务中心活动的通知》，通过制定《关于加强镇（街道）行政服务中心考核的办法》，提升镇（街道）行政服务中心建设的制度化、规范化、标准化服务水平。充分发挥镇（街道）行政服务中心的积极性，注重突出个性化功能。东北塘街道重新改造行政服务中心，一楼窗口服务大厅面积200平方米，设置9个窗口，配备23名工作人员，提供涵盖社保、环保、安监、工商、个体税收代征站等部门的35个服务事项。羊尖镇行政服务中心改造原有的投资服务中心，与镇工商分局积极探索“一照三证”联合办理试点工作，有效增加了该镇个体户税源。充分突出考核实效性，注重建立长效管理机制。区行政服务中心在制订考核细则过程中，重点围绕“健全组织，设立专门机构；事项集中，服务高效通畅；建章立制，管理执行到位；程序规范，实行公开公示”等18条量化指标，主动征求各板块意见，引导各板块行政服务中心对照标准寻找差距，进一步完善和加强行政服务中心平台建设，切实发挥集中办公、代理上报功能，高效服务各镇（街道）项目建设。12月5日，东亭街道、安镇街道行政服务中心接受市行政审批制度改革领导小组办公室的现场评估。（曹志宏）

法治政府建设

【概况】2014年，区政府坚持推进法治政府建设，研究梳理政府权力清单制度，进一步厘清政府权责边界，严格按照法定权限和程序行使权力、履行职责，规范行政执法，完善行政监督，切实提高运用法治思维、法治方式思考和处理问题的能力。

【法治能力提升】区政府坚持领导干部学法制度，全年编印《政府常务会议学法资料》8期，内容涉及新修订的安全生产法、预算法、行政诉讼法等，进一步提升领导干部学法懂法用法意识。推行政府法律顾问制度，聘请16名法律专家组成新一届区政府法律事务咨询委员会，提高依法决策、依法行政的能力和水平。落实合法性审查机制，法制机构参与审查政府重大行政决策62件。强化示范创建的导向作用，细化考核内容和标准，东港镇政府、安镇街道办事处、区交通运输局3家单位被评为“市级依法行政示范点单位”。

【法制监督加强】加强对行政执法队伍的监管，强化对执法人员的执法资格审查，全年有71人通过考试申领到行政执法资格证。严格将具有普遍约束力的文件纳入法制审查范围，坚持有件必审、有件必备。切实规范对行政处罚、行政许可、行政收费、行政裁决的备案审查工作，结合执法责任制，组织各行政执法部门定期开展行政执法案件的抽查评查，提高行政执法人员的办案水平。

【矛盾化解推进】研究出台《锡山区行政调解工作实施意见》，加强行政调解与人民调解、司法调解对接，落实统计报送、情况分析、考核评估等制度。规范复议办理程序，疑难复杂案件实施听证成为常态。2014年，区政府收到行政复议申请14件，办结14件，其中不予受理4件，维持8件，终止2件。加强对行政应诉案件的指导，全年行政机关负责人出庭应诉率100%。

（张晓红）

政府信息公开

【概况】2014年，全区各板块、各部门严格贯彻落实《中华人民共和国政府信息公开条例》，围绕全市政府信息公开工作的统一部署，按照“公开为原则，不公开为例外”的工作要求，拓展公开内容、创新公开形式、完善公开制度，积极推进重点领域政府信息公开，稳步推进透明政府建设。

【重点领域政府信息公开推进】深入贯彻落实《国务院办公厅关于印发2014年政府信息公开要点的通知》，抓好行政权力运行、财政资金使用等重点领域的信息公开。全年公开行政审批信息67950条，公开行政处罚信息92条。按照省预算信息公开规定和市政务信息公开工作部署，在中国锡山政府门户网站设置政府预决算和部门预决算信息公开栏，区财政局、区水利局和区卫生局等9个重点部门在门户网站上完成财政预决算公开。

【政府信息公开渠道拓宽】 加快推进基层政府信息公开，建设完成覆盖全区各板块、村（社区）的“基层政务平台”，设立涵盖人事任免、乡镇建设、计划生育、农村工作、筹资筹劳、债权债务、土地利用、租赁转让工程建设合同、基层三资信息内容的9个一级栏目。发挥《锡山政报》在信息公开中的重要载体作用，强化信息内容的选编，增强公开信息的吸引力与亲和力。充分利用政务微博、微信等新媒体，及时发布各类权威政府信息，加强与公众的互动交流。区政务微博、微信全年公开政府信息111条，回应公众关注热点信息32条。

【基础保障建设完善】 在全区下发政府信息公开“重点信息”栏目保障要求，新增政府信息公开栏目责任分解表和政府信息公开发布规范说明，进一步规范公开内容，扩大公开范围，加强信息公开工作的合作联系。进一步畅通受理渠道，健全依申请公开办理机制，引导公众正确行使申请权。区政府全年收到信息公开申请8件，按要求全部处理完毕。强化对网上政府重点信息保障工作的督查。2014年，区政府本级主动公开信息总数5205条，其中政府门户网站信息公开专栏发布信息1108条，咨询中心发布信息1106条，公告公示信息333条，政府公报类信息192条，公共服务类信息2466条。政府门户网站公开专栏访问总量100675人次。 （何勤雯）

外事接待工作

【概况】 2014年，锡山区接待外宾4批、38人次，包括韩国光州广域市北区厅长宋光运、非洲布隆迪大使郁序忠夫妇、韩国蔚山乒乓球协会友好访问团、澳大利亚布莱瑞克林业公司客商等重要领导和宾客。

【对外友好交流开拓】 4月8日，非洲布隆迪大使郁序忠夫妇到锡山区进行经贸合作交流，重点参观考察江苏新日电动车股份有限公司。10月22日，韩国光州广域市北区厅长宋光运等一行12人到锡山区进行友好城市交流访问，重点参观考察商务区规划馆及地下车行系统、开发区管委会和无锡宜家家居。

【因公出国（境）管理规范】 按照中央“八项规定”以及最新出台的因公出国（境）管理各项规定，从严掌握因公出国（境）任务安排。全年办理因公出国（境）团组24批、35人次，其中党政领导干部出访12批、21人次，学校教师出访11批、12人次，企业人员出访1批、2人次，涉及美国、英国、法国、加拿大、日本、韩国、印度尼西亚、泰国、马来西亚等国家和中国香港等地区。 （任方圆）

信访工作

【概况】 2014年，区信访局受理信访事项总量893件，比上年上升9.4%。其中，来访382批、2191人次，批次比上年下降21.2%，人数比上年上升23.6%（集访75批、1714人次，批次和人数分别比上年上升17.2%、50.0%）；来信498件，比上年上升59.6%；来电13件，比上年下降31.6%。市“12345”政府公共服务热线电子工单及区网上咨询投诉受理总量5989件，比上年上升31.3%。主要是咨询拆迁安置计划及道路建设规划、失地农民保障政策等问题，反映小区物业管理及服务差、无证摊贩乱设摊、违章搭建、环境污染和工地夜间施工扰民等问题，以及建议优化公交线路等问题。

【信访积案化解推进顺利】 5月23日，区委专题召开“真情服务群众、做好信访工作”会议，各镇（街道）高度重视信访积案化解专项行动，按照上级要求做好化解稳控工作，并按“一案一策”的要求做好化解信访积案专项行动工作台账。同时，按照区委、区政府的要求，将化解信访积案工作融入第二批党的群众路线教育实践活动中，各镇（街道）党（工）委书记对属地信访稳定工作负总责，确保信访积案化解及稳控到位，推动了一批信访积案的有效化解。

【矛盾纠纷排查开展到位】 根据市信访工作领导小组办公室印发的《全市以解决信访突出问题为重点的矛盾纠纷排查化解专项行动实施方案》及专题会议部署，锡山区结合实际及时贯彻落实，区信访工作领导小组办公室制定下发《全区以解决信访突出问题为重点的矛盾纠纷排查化解专项行动实施方案》，并召开由各镇（街道）政法委员、各镇（街道）综治和信访负责人、区各职能部门相关负责人参加的专题会议，部署矛盾纠纷排查化解工作，要求各镇（街道）和区各职能部门按照省、市、区要求，坚持源头预防、分类化解、属地为主、各方协同，形成合力做好矛盾纠纷排查化解工作，以解决信访突出问题为重点化解一批矛盾纠纷。6月23日，召开专题会议，对打击暴力恐怖事件和化解突出信访问题进行再部署，制定专门工作方案，切实做到责任明确、措施到位，坚持区每月、镇（街道）每周社会矛盾排查化解工作机制，及时就地做好矛盾化解和稳控工作。

【引导依法逐级走访成效明显】区、镇（街道）两级大力宣传国务院《信访条例》，中共中央办公厅、国务院办公厅《关于创新群众工作方法解决信访突出问题的意见》和《关于依法处置涉法涉诉信访问题的意见》，以及国家信访局《关于进一步规范信访事项受理办理秩序引导来访人依法逐级走访的办法》等政策法规，引导群众依法逐级上访、依法理性维权。对反映涉法涉诉信访问题的信访人，在初访阶段注重宣传引导，讲明信访部门对涉法涉诉信访问题不予受理的政策法规依据，并告知信访人可向法律援助部门或司法机关进行咨询走法律程序依法维权。2014年，全区越级上访明显减少，批次比2013年下降26.4%。

【重大活动期间信访态势平稳】8~9月，南京青奥会及中央巡视组在江苏省巡视两个月定点接待来访群众期间，信访稳定工作时间长、难度大。自7月29日起，区委常委会先后两次专题研究部署信访稳定工作，区委、区政府先后4次召开专题会议具体抓各项工作的落实和推进情况。区委、区政府成立南京青奥会期间信访稳定工作领导小组及指挥部。全区公安、信访等稳定一线的工作人员放弃节假日，发扬连续作战的精神，全天候投入信访稳定工作，区、镇（街道）两级党政领导带队值班应急。通过全区上下不懈努力，实现了在重大活动期间信访平稳可控态势。

（蒋　妤）

侨务和港澳同胞工作

【概况】2014年，区侨办认真学习贯彻党的十八大、十八届三中、四中全会、习近平总书记系列重要讲话精神，围绕建设富强美丽和谐幸福现代化新锡山的目标，凝聚共识、汇聚力量，发挥优势、主动作为，积极开展党的群众路线教育实践活动，努力开创侨务工作新局面。

【“侨法宣传角”“侨之家”创建】区侨办高度重视厚桥街道“侨法宣传角”平台，加强“示范侨之家”和“江苏省侨务工作先进单位”创建工作。羊尖镇严家桥村凭借丰富的侨资源，建侨资企业为村级经济服务，被市侨联评为“示范侨之家”；东亭街道映月社区挖掘侨资源，建立“侨之家”，参与志愿者服务小组，举办丰富多彩的活动，被省侨办评为“全省社区侨务工作示范单位”；鹅湖镇利用华绎之洋房做好“华绎之纪念馆”规划布局，建设荡口古镇“侨法宣传角”。

【招才引智】6月，市侨联、区侨办接待泰国江浙沪总商会主席钱湘麟一行，陪同考察荡口古镇和华绎之洋房；10月，协调5家“530”企业参加无锡市举办的“创业中华——侨界人才聚无锡”活动，与金融机构进行企业项目、融资等工作对接；“530”企业无锡好芳德药业有限公司协助筹备“2014无锡国际生物医药研讨会”，公司董事长沈立新主持会议。

【友好往来】年内，区侨办接待美国上海联谊会会长、美东华人社团联合会常务副主席承立平（女），美国上海总商会副会长、美国上海联谊会理事长蒋位卿，美华民间交流促进会副主席、美国上海联谊会名誉会长、美国浙江总会名誉顾问、美东华人社团联合会总会常务副主席耿英浦，美国上海总商会副会长、美华民间交流促进会常务副主席龚耀金等一行7人，陪同参观荡口古镇；并陪同承立平到荡口老家探亲访友。区招商局负责人陪同美国侨领进行投资考察，为加强锡山区经贸合作与对外交流起到积极作用。6月，区侨办主任丁益民随市侨务代表团赴美国参加美国无锡商会成立一周年及无锡旅美侨界人士系列活动。

【送温暖活动】春节期间，全区侨务系统开展各种形式的扶贫帮困送温暖活动，走访慰问归侨5人次、侨眷58人次、探亲华侨华人10人、侨港资企业26家、“530”企业51家；向海外华侨华人发慰问信、邮件51封，打电话24个；发放慰问金7.04万元；参加走访慰问的党政领导71人次；召开座谈会、联谊会2次。积极鼓励侨界人士开展献爱心活动，全区有25家侨港澳资企业捐赠373.09万元，开展扶贫帮困、支援新农村建设和公益事业等活动。

【对外宣传】充分利用对外宣传各种平台，大力宣传侨界风采和锡山区良好的投资环境、地方经济社会和文化建设的最新成就，扩大锡山区在海外的知名度，提升侨务部门的影响力和吸引力。5月，在加拿大《环球时报》海外专版上整版报道锡山区荡口古镇、东港镇山联村、厚桥街道谢埭塘村等新农村建设情况；调研文章《新形势下做好社区统战工作的思考》分别被《中国道路·中国梦——新时期领导干部理论创新和实践发展成果精选》和《中国优秀领导干部论坛》录用；调研文章《发挥社区统战优势，助推非公经济健康发展》被《挚友》杂志录用；同时，各级各类报纸杂志和网站还录用涉侨报道22篇，其中中央级文书汇编录用1篇、省级杂志录用3篇、省级网站录用3篇、市级报纸杂志和网站录用11篇、区委统战部网站录用4篇。5月，区侨办、区司法局印制有关涉侨法律法规普法小报3万份；12月，区侨办参与区政府组织的“12·4”国家宪法日和全国法制宣传日广场法律咨询和宣传活动，全区形成知侨爱侨的良好局面，涌现出如无锡中天客运有限公司的哥张卫东拾到现金归还华侨的先进事迹。（周国明）

机关事务管理

【概况】2014年，区区级机关事务管理局按照“管理科学化、保障法制化、服务社会化”的总体思路，从加强内部管理、提升服务质量，推进和谐建设、构建后勤文化入手，积极履行管理、保障、服务职能，较好地确保了区级机关正常有序运转。

【机关事务管理能力提升】着力落实各项规章制度，做到一级对一级负责，确保《锡山区区级机关事务管理服务中心单位架构、职能及层级管理制度》《机关后勤质量管理稽核办法》《机关后勤管理服务标准》等制度的认真执行。着力提升服务外包的监管水平，严格按照合同约定管理，并结合《机关后勤服务外包项目绩效考评办法》推进内部管理制度的规范化、合法化。着力提升质量稽核检查机制，由区区级机关事务管理服务中心稽核检查组、部门兼职行风监督员对后勤项目质量进行稽核评估，动态跟踪后勤服务执行情况；更换机关用餐“一卡通”系统，从通行证到用餐卡实行“一卡通”服务。着力落实安全生产。对设备设施进行彻底排查，对有安全隐患的高耗能淘汰设备进行改造。年内完成10千伏变电所内电气设备及其附属设施的改造工程；完成消防设备水泵房电控柜、消防泵体、阀门、吸水管等整体的改造工程；完成大小餐厅线路、管道、内饰等改造工程；完成2号楼、3号楼电梯主机及易损易耗件更换工程；完成门卫访客系统、电动门、岗亭等更换改造工程；完成2号楼、3号楼草坪地毯更换地板工程；完成1号楼9楼顶通信塔座的改造等各项工程。与各部门负责人签订安全生产责任书，建立由“一把手”负责人为第一责任人的工作领导机制，明确各岗位责任及安全生产的重要性。与信誉好、资质高的大公司如麦德龙、农庄等供货商签订“食品原料定点采购协议书”，从源头上确保食品安全，让机关职工吃得放心。着力规范机关大院零星维修工作流程，通过竞争性谈判确定两家合作公司，严格执行工程申请、预算、报批、审计、结算的各项规定。

【机关事务管理职能加强】全面履行区区级机关事务管理局公共机构节能管理职责，继续统筹推进节约型机关建设。提升公共机构节能意识，在全区范围内部署开展节能活动，用实际行动践行绿色低碳节能理念。加大宣传力度，宣传节约节能法律法规知识。强化监督检查机制，督促各重点工作单位对每月资源消耗统计数据进行比对分析，发现异常及时进行原因分析，杜绝资源浪费；对区行政事业单位装修修缮工程，公务用车维修、保险等项目，采取公开招标形式，明确定点采购目录，加强管理。着力做好全区行政事业单位办公用房的管理，做好全区机关办公用房清理、面积测算、配置协调等相关工作。着力做好受托国有资产管理，完善国有资产管理制度及工作流程，严格按照合同约定做好房屋租赁工作。着力做好区公务用车申购等相关管理工作。严格执行中央“八项规定”和省、市、区委“十项规定”，执行用餐接待标准，控制会议活动经费，规范公务用车管理。

【机关事务服务质量提高】积极开展“平安机关”创建活动。切实做好日常安全保卫、用车安全、门卫上访等应急处置，加强大院安全值守、技防管理以及设备运行的维护保养工作；贯彻“预防为主、防消结合”的理念，举办消防知识培训和消防演练；落实安全生产各项制度，签订安全生产责任书。通过引进信誉好、资质高的公司，确保机关餐厅食材采购规范化；设立食品安全工作室，对所有蔬菜进行农药残留检测；加大质量监管力度，不断提高菜肴质量；根据实际，改造餐厅内部结构，厨房布局更为合理。切实抓好机关大院保洁服务、室内外绿化管理、有害生物防治等服务监管工作，确保机关大院安全卫生、环境优美。维修改造大院内的下水管道、地下管网、电线线路、空调机组、屋顶防水、办公用房等设备设施，确保日常设备安全正常运行。认真做好区级各类会务活动的保障工作，确保“零差错”。合理调配人员，做好报刊收发、车辆服务、人事、档案、电话维护等一系列日常工作。

（陆　丹）

编辑：吴　霞

【锡山区非物质文化遗产】

荡口龙舞表演　　（区文体局 供稿）

荡口龙舞

舞龙起源于汉代，最初是作为祭祀祖先、祈求甘雨、祈求五谷丰登的一种仪式，后来逐渐成为一种文娱活动。表演形式为单龙舞、双龙舞、多龙舞三种，表演服装因龙的颜色的不同而不同，表演道具主要是龙头、十余节龙身和一个龙尾，都覆有彩色鳞纹绸布，另有一“夜明珠”为导引锣鼓，以起节奏。锣鼓曲是主要伴奏音乐。荡口有五六条龙灯，男龙以鹅湖村的龙灯队为代表，女龙以青荡村的龙灯队为代表，每年都有演出，其中以华道生为首的舞龙队伍经三代传承，每年在春节、重大庆典活动演出数十场。荡口龙舞属传统舞蹈，于2010年被列入无锡市第一批非物质文化遗产保护项目名录。

4月10日，区委副书记、区长顾中明（左二），区委常委、常务副区长章红新（左一）视察区行政服务中心窗口 （曹志宏 摄）

12月18日，锡山区社区治理暨“政社互动”“社区减负”工作部署会召开
（区民政局 供稿）

政协锡山区委员会

National Committee of the Chinese People 's Political Consultative Conference of Xishan District

11月28日，区政协举办主题为《健全社会主义协商民主制度》的专题培训活动（区政协 供稿）

综　述

2014年，区政协在中共锡山区委的正确领导下，广泛团结政协委员和各界人士，认真学习贯彻党的十八大和十八届三中、四中全会精神，以及习近平总书记在庆祝中国人民政治协商会议成立65周年大会上的讲话精神，扎实开展党的群众路线教育实践活动，围绕全区改革发展大局，把握主题，发挥优势，凝聚智慧，汇聚力量，为助推"项目建设深化年""基层组织建设深化年""作风建设深化年"三个"深化年"活动、建设富强美丽和谐幸福现代化新锡山做出了积极的贡献。全年召开常委会议3次、主席会议7次，组织开展视察调研活动15次，形成调研报告27篇，近100篇稿件在《人民政协报》等各级各类媒体上发表。

（吴贻红　马良军）

重要会议

【区政协三届三次会议】 2月23～25日，区政协三届三次会议在锡州花园酒店举行。会议主要听取和讨论区委书记陆志坚所作的讲话，审议通过区三届政协常委会工作报告和提案工作情况报告，列席区三届人大三次会议，听取并讨论政府工作报告以及其他报告。6名委员代表作大会口头发言。会议期间收到提案113件。

【区政协民主监督工作委员问政活动】 6月27日，区政协开展民主监督工作委员问政活动。区政协委派区农林局民主监督小组成员与区农林局领导班子成员及问政涉及的区委农办、区编办、区财政局、区环保局、区水利局的负责人就锡山区农林工作进行问答交流。区政协主席蒋群，副主席章建新、毛晨、石国洪、金玮琳，协理员黄宪辉及秘书长宋吉雯参加活动。活动还邀请3名农林界的非政协委员代表参加。区政府副区长言国强参加活动并讲话。

【区政协党的群众路线教育实践活动总结大会】 10月23日，区政协在区会议中心召开党的群众路线教育实践活动总结大会。会议回顾总结2～10月区政协党的群众路线教育实践活动开展情况，并对巩固活动成果、落实整改措施、深化作风建设进行部署。区政协主席蒋群主持会议并发表重要讲话。

【区政协各专工委工作总结交流会】 12月4日，区政协召开各专门委员会、各镇（街道）工作委员会年度工作总结交流会议。会议主要听取区政协各专工委2014年度履职情况以及对区政协2015年工作的建议。区政协主席蒋群，副主席章建新、毛晨、石国洪、朱卓君、金玮琳，秘书长宋吉雯参加会议。

2014年区三届政协常委会议情况一览

表4

时间	会议名称	会议内容
3月26日	区政协三届十一次常委（扩大）会议	会议听取和讨论区委常委、区政府常务副区长章红新所作的区政府关于企业上市工作的情况通报；协商通过区政协2014年度工作要点（草案），关于开展2014年度"创先争优"评比活动的意见及考核评比细则（草案）；协商通过关于调整区政协主席联系常委、常委联系委员的通知（草案）
7月8日	区政协三届十二次常委（扩大）会议	会议听取和讨论区政府上半年主要工作和2014年实事工程进展情况的通报；听取和讨论区政府关于全区招商队伍和招商网络建设情况的通报
10月11日	区政协三届十三次常委（扩大）会议	会议听取并讨论区委副书记、常务副区长章红新所作的区政府关于区政协三届三次会议大会发言议题办理情况的通报，区政府对区政协三届三次会议委员提案办理情况的通报；会议协商通过区三届政协常务委员调整和有关人事任免的决定；协商通过有关制度性文件

（吴贻红　马良军）

重要工作

【服务党政中心工作】 区政协按照区委部署专题调研拆迁管理工作，组织实地视察，听取情况通报，为扎实、有效、平稳推进拆迁管理工作建言献策。结合“项目建设深化年”活动，召开主席会议，先后对开发区重大产业项目推进工作、商务区产城融合发展情况进行专题协商，从把握改革契机、重视存量项目、加大招引力度、优化功能环境等方面提出许多富有建设性和可操作性的建议。组织开展视察、调研活动，巩固完善“一看二听三议”（看现场、听汇报、议主题）的参政议政模式，引导委员知情明政、献计出力。围绕区政协常委会协商确定的总部经济发展、低产出企业转型发展、旅游产业发展等重点调研课题，形成调研报告27篇，为党政决策提供科学参考。组织对区商务局、区城管局开展民主评议，制定《锡山区政协2014年度民主评议工作方案》，形成《区政协关于民主评议区商务局、区城管局工作情况的报告》，报送区委、区政府并反馈给被评议部门，促进部门作风转变和效能提升。

【助推民生事业改善】 开展“主席联系常委、常委联系委员、委员联系群众”集中走访月活动，每位委员结合自身实际，按照务实和就近、就地、就岗的原则走访5名左右的界别群众，在“零距离”“面对面”的沟通交流中做好政策宣传、收集民意、释疑解惑、达成共识等工作。进一步畅通拓宽民意诉求表达渠道，全年收到群众反映的信息或线索986条，大部分具体问题经政协委员反映协调后得到妥善解决，一批涉及经济发展、环境改善、食品安全、社区管理等方面的问题得到及时反映和有效解决。继续做好区三届政协重点关注课题的年度推进工作，以“社区公共服务平台建设”为方向，开展专题协商，深入实地调研，加强相关提案督办，推进全区社区服务平台建设，形成的调研报告《关于进一步推进社区服务平台建设的建议》被转化为大会发言材料。继续向相关政府部门委派民主监督员，探索举办委员问政活动，先后组织相关民主监督员问政区农林局、区教育局和区质监局，促进部门更好地履职为民。

【展现政协良好形象】 结合党的群众路线教育实践活动，就区政协全年履职安排、“四风”方面存在的问题、如何改进政协工作等内容开展协商、听取意见。推动政协工作与党派工作互促共进，围绕全区中心工作，以政协例会、视察调研、委派民主监督员和民主评议等工作为载体，支持他们在履职活动中挑大梁、多作为，许多真知灼见得到充分吸纳和及时反馈。继续深入开展“立足本职促发展，当好委员献良策”主题活动，广大委员坚持“一岗双责”，先后走访调研村（社区）57个、企事业单位112家，提出合理化建议115条，帮助小微企业获得银行授信2000万元；慈善捐款捐物900余万元，帮扶困难群众352人。积极参与上级政协组织开展的理论研讨、工作交流、视察调研等活动，形成的《拓展民主监督途径，提升政协履职实效》等多篇交流文章和工作信息分别被省市政协录用刊发。加强与各级各类宣传媒体的联系，《人民政协报》记者就民主评议及委员问政活动到锡山区进行专题采访，市政协与无锡电视台联合录播一期《政协委员问政锡山教育》节目，得到社会各界的广泛关注和充分肯定。

（吴贻红　马良军）

编辑：吴　霞

4月16日，区政协主席蒋群（左四）一行实地察看安镇污水处理厂运转情况
（马良军 摄）

8月12日，区政协委派教育局民主监督小组开展委员问政活动 （马良军 摄）

中共锡山区 纪委

Xishan District Discipline Inspection Committee of the CPC

（含监察）

7月24日，锡山区纪委案件线索排查分析会召开

（戴雪泉 摄）

综 述

【概况】 2014年，区纪委（监察局）按照转职能、转方式、转作风“三转”要求，聚焦党风廉政建设和反腐败工作中心任务，履行监督责任，突出主责主业，狠抓作风建设，严肃惩治腐败，为全区经济社会发展创造良好的风清气正环境。

【重大决策部署落实情况监督检查强化】 紧扣区委、区政府重大决策部署，抓好锡山人民医院、荡口实验小学、泉山大道等16个重点工程建设项目合同签订前审核和项目变更审核，会签合同521份，提出整改意见31条。区纪委（监察局）与有关职能部门，对行政事业单位及其下属机构固定资产以及全区500万元以上国有（集体）投资建设工程项目签证变更进行专项检查，对2012～2013年全区政府采购过程中涉嫌违法违规行为的项目进行“回头看”。完成村庄生活污水微动力处理设备款项拨付等3件区委、区政府批示件调查，形成调查报告，提出合理建议交区委、区政府决策。

【“四风”问题纠正】 以落实中央“八项规定”和省、市、区委“十项规定”为重点，建立作风建设常态化督查机制，成立5个作风建设督查组，紧盯元旦、春节、端午、中秋、国庆等重要时间节点，持续开展作风建设明察暗访。全年派出检查组17个，检查大型商场、宾馆、酒店等场所95个，提出整改意见45条，批评教育3人。制定下发《关于开展“转作风、提效能、促发展”专项行动的实施意见》，集中治理上班迟到早退、服务态度冷漠、举止不规范等违规行为。抓好“会所中的歪风”专项整治，组织各板块、各相关职能部门主要负责人签订《深入整治“会所中的歪风”履职责任书》，对实行会员制的会所以及只对少数人开放、违规出租经营的场所进行“拉网式”排查。组织培训、疗养机构浪费及腐败专项整治行动，对纪检监察机关自建培训中心进行自查摸底。深化反奢侈反浪费专项整治，对区、镇（街道）两级机关年终分配及“三公”经费支出情况进行检查，督促纠正问题20个，确保全区“三公”经费只减不增。推进规范村（社区）机构、挂牌和盖章专项整治，取消机构和挂牌105项。修订《锡山区机关作风效能责任追究办法》，进一步明确责任追究范围、责任承担主体、责任追究方式，使问责追究更具操作性、严肃性。健全问责通报机制，对执行纪律规定不严、贯彻上级决策阳奉阴违等行为，及时点名道姓通报曝光，点名道姓通报7人。加大责任追究力度，对监督检查发现的责任人、责任单位从严问责，共问责党员干部35人，形成震慑效应。

相关链接

“三公”经费：政府部门人员因公出国（境）经费、公务车购置及运行费用、公务招待费产生的消费。

【权力运行监控机制健全】 推进权力运行监控机制建设，分类指导，分层推进，督促达到良好建设标准的单位做好制度“立改废”，指导尚未达到良好建设标准的单位梳理权力清单，查找廉政风险，固化运行流程，加强对权力运行的制约和监督。健全区管领导干部报告个人有关事项制度，对领导干部因私出国（境）、操办婚丧嫁娶喜庆事宜报告情况及时审核和抽查，64名因私出国（境）、16名办理喜庆事宜的领导干部报告了相关情况。协助区委制定《贯彻落实中共中央惩治和预防腐败体系2013～2017年工作规划的实施意见》，明确惩治和预防腐败的重点工作任务，为反腐倡廉建设指明方向。

【农村基层党风廉政建设狠抓】建立农村集体“三资”巡查制度，重点查纠集体收益欠缴、费用支出、资产资金处置等方面的违纪违规行为。落实村级“勤廉指数”测评制度，参加测评的涉农村（社区）98个，平均得分93.97分，接受测评的村级干部349人。开展制度廉洁性评估工作，促进相关部门建立的制度科学合理、监督有效、执行规范。深化村级纪律监督工作标准化建设，每个镇（街道）培育两个典型村（社区），进一步提高村级纪律监督工作的规范性、实效性。

【反腐倡廉教育加强】 以打造“尚义崇善”廉政文化品牌为抓手，以“5·10”思廉日活动为契机，于5月出版《尚义崇善》廉政文化读本，并向基层单位免费赠送。开展参观廉政文化专线活动，组织机关企事业单位干部职工、村（社区）群众、学生等，到荡口古镇、中国乡镇企业博物馆、红豆集团等6个廉政文化专线参观点接受廉政教育。开展预防职务犯罪数字化警示教育活动，区纪委（监察局）、区检察院做好教育视频下载、光盘拷贝发放工作，引导党员领导干部树立正确的权力观、地位观、利益观。开展廉政文化“六进”活动，完善廉政文化示范点建设，推动反腐倡廉教育常态化。

【执纪办案严肃】 拓宽案件线索来源，进一步畅通来信、来访、网络、电话“四位一体”举报渠道，健全与检察、审计等反腐败协调小组成员单位案件线索共享机制，每季度召开一次案件线索审查评估会议，努力提高案件线索成案率。指派专人做好线索管理，建立线索管理档案，及时更新案件线索库，防止案件线索遗漏现象发生。坚持有案必查、有腐必惩，以“零容忍”态度，坚决查处党员干部违纪违规行为，始终保持惩治腐败高压态势。实行“一案双查”，既追究当事人责任，又追究相关领导责任。加强中央巡视组反馈的信访件调查，做到快查快结，及时上报上级纪委。注重依法依纪办案，规范“两规”（规定时间、规定地点）、“两指”（指定时间、指定地点）程序，落实办案陪护制度，保证办案安全。2014年，区纪委（监察局）受理信访举报145件，比上年增长39.4%；立案查处各类违纪违规案件60件，比上年增长13.21%，给予党政纪处分62人次，累计挽回经济损失294.36万元。

【纪检监察队伍建设加强】 围绕《中国共产党党章》《中华人民共和国行政监察法》赋予的职责，开展议事协调机构清理工作，退出议事协调机构69个，保留11个，把不该管的工作交还给主责部门，使人力、精力向反腐倡廉主业聚焦。开设“纪检小讲堂”，每月组织两次讲堂，区纪委（监察局）班子成员带头备课授课，组织全体干部职工学习“三审一评”、案件查办等专题业务知识，全年开设小讲堂8次。采取“走出去”学习的方式，组织全区纪检干部参加上级纪检监察机关以及有关部门组织的学习培训活动，参训人数60余人次。注重实践锻炼，建立全纪委查信办案机制，通过以老带新，组织全体干部职工轮流参与查信办案实战，提升干部职工执纪办案能力。以开展党的群众路线教育实践活动为载体，主动接受基层群众监督，区纪委（监察局）班子成员分头组织召开纪检监察系统征求意见座谈会，听取各级各部门对区纪委（监察局）领导班子及成员作风建设方面的意见、建议，并针对提出的问题，制定整改措施，积极落实整改。

相关链接

三审一评：联合审理直属单位案件、交叉审理申诉案件、适用简易程序审理党纪案件、案件质量检查考评。

（戴雪泉）

重要会议

【全区作风建设深化年动员大会】 2月20日，全区作风建设深化年动员大会在区会议中心召开。区委常委、纪委书记方力通报2013年作风建设提升年活动开展暨区级机关民主评议情况。区委书记陆志坚讲话，要求各级各部门要以开展第二批党的群众路线教育实践活动为契机，以除“四风”之害、祛行为之垢为重点，大力开展作风建设深化年活动，持续深化作风效能建设，为开创锡山改革发展新局面提供坚强保障。区委书记陆志坚要求各级各部门要心系群众，从心底亲近群众，用脚步丈量民意，以行动化解民忧，努力以我们的“辛苦指数”换取群众的“幸福指数”；要锐意进取，大力弘扬改革创新精神，不为定势所缚，不为困难所屈，不为竞争所惧，努力使锡山在激烈的区域竞争中赢得发展新优势；要真抓实干，始终保持求真务实作风，做到目标切实、措施扎实、成果求实，努力创造群众认可、实实在在、不含水分的工作业绩；要清正廉洁，时刻坚守拒腐防变底线，公私分明、管住小节、廉洁自律，时刻保持共产党员的高尚情操。

（戴雪泉）

重要工作

【“两个责任”落实推进】 以落实党委主体责任、纪委监督责任“两个责任”为重点，参与起草区委党风廉政建设主体责任清单、区委领导班子成员党风廉政建设领导责任清单、区纪委党风廉政建设监督责任清单，明确纪委监督责任清单25项，使纪委监督责任更加具体化。组织各级各部门制定党风廉政建设责任清单，细化党委主体责任、班子成员领导责任、纪检监察组织监督责任。制定《2014年度党风廉政建设和反腐败工作任务书》，以区委、区政府名义与各级各部门签订任务书。开展落实党风廉政建设责任制检查考核暨区管领导干部述职述廉工作，重点抽查9个镇（街道）、8个区级机关部门的166名区管领导干部述职述廉和民主测评情况，全区领导班子、领导干部履行职责方面的优秀、称职率以及廉洁自律方面的好、较好率进一步提升。

【“民本监察”工作深化】 依托民主监督员、人大代表和政协委员、“71580”服务企业区长热线三大平台，开展“民本监察”工作，构建由区纪委牵头、多方联动的作风效能监督机制。修订《锡山区软环境监督员工作暂行办法》，重新选聘软环境监督员32名，建立“锡山软环境”微信学习交流平台，为开展软环境监督工作提供制度保障、人才保障和智力保障。制定《锡山区“71580”服务企业区长热线督查工作方案》，通过电话回访、现场调查，不定期对承办部门办理企业诉求事项进行督查。开展基层民主评议机关活动，采取网上实时评议与网下集中评议相结合，对61个区级机关部门进行评议，网上评议收到基层意见和建议250余条。开展“政风面对面”投诉办理情况“回头看”活动，回访企业代表和基层群众42人次，对基层不满意事项进行督促整改。

【“一信五评”工作实施】 积极开展信访举报件可查性、可结性、风险性、纠错力、满意度五项评估，制定“四表一书”，即“线索可查性评估表”“信访可结性评估表”“风险性评估表”“满意度评估表”“信访建议书”，进一步促进信访举报工作规范化建设。年内，对业务范围内113件信访件开展相关评估，直接初核问题线索85件次，提供案件线索9件，转立案6件。坚持抓早抓小，对信访发现的党员干部苗头性、倾向性问题，通过下发信访建议书、开展信访谈话，推进问题整改、制度完善，防止小问题演变成大问题。年内，发出信访建议书18份，督促整改纠正问题27个；开展信访谈话8人，挽回损失350余万元。健全信访工作制度，制定和实施《关于加强和改进纪检监察信访分析工作的意见》《锡山区纪检监察信访回访暂行办法》。

【生产安全事故履职调查开展】 接到事故报告后，与相关部门组成事故调查组，第一时间赶赴现场开展调查，并填写“生产安全事故调查初核意见表”，建立生产事故调查档案。强化对监督者的再监督，由参加业务部门的常规检查转变为监督相关职能部门的履职情况，本着“从实从严从快”的原则，按照“一事故一调查一报告”的要求，调查处理生产安全事故20起，问责党员干部17人，问责人数比上年增长142.86%，有效推动生产安全责任制落实。　　（戴雪泉）

编辑：吴　霞

【锡山区非物质文化遗产】

黄氏喉科传承人为患者看诊　　（区文体局 供稿）

黄氏喉科

黄氏喉科属传统医药，于2010年被列入无锡市第二批非物质文化遗产保护项目名录。

民主党派·工商联·无党派联委会

Democratic Party,Industry,Commerce Union,Nonpartisan Commission

9月11日，“同心共话新锡山”统战各界人士座谈会召开

（陈永光 供稿）

中国国民党革命委员会锡山区支部委员会

【概况】2014年，民革锡山区支部紧紧围绕“同心”思想建设主题，积极履行参政议政职能，扎实开展社会服务工作，不断强化自身队伍建设，圆满完成各项目标任务。民革锡山区支部获民革中央“伸出博爱之手——民革基层组织牵手困难群众”优秀基层组织表彰第一名；和区委统战部在羊尖镇严家桥小学建立“同心”实践基地；在江苏爱玛车业科技有限公司建立支部“党员之家”；修编《民革锡山区支部工作制度汇编》；参加市委统战部民主党派领导干部暑期学习班1人，参加区党外干部培训班4人，参加民革无锡市委新党员培训班2人，党员陶碧舸、保海燕、龚婷婷、朱杰被评为“民革无锡市委2014年度优秀博爱志愿者”。年末，民革锡山区支部有党员20名。其中，省人大代表1名，市人大代表1名，市政协常委1名，区人大代表1名，区政协常委2名，区政协委员6名；发展新党员2名。

【课题调研开展】围绕区经济发展重大问题和民生热点问题，就素质教育、社会公益、城乡一体等领域，撰写一批高质量的调研报告。副主委保海燕撰写的《构建多元化评价体系，推进素质型教育发展》在中共锡山区委与党外人士专题民主协商会上进行交流发言，并被民革无锡市委评为“优秀参政议政成果”；党员龚婷婷撰写的《锡山公益创投活动调研报告》在锡山区政协三届四次大会进行大会发言，并被民革无锡市委评为“优秀参政议政成果”；党员张如丹撰写的《锡山区城乡一体化之村庄发展策略研究》在区政府《工作研究》上发表，分别被无锡市政协、民革无锡市委评为“优秀调研成果”“优秀参政议政成果”。

【参政议政积极】主委姜科撰写的《关于启动农村规划建设管理政策措施的建议》被省人大立案；撰写的《关于江阴、宜兴退休后在锡常住老年人，在锡看病后在锡公费医疗报销的建议》《关于关注太湖新城大学城PM2.5浓度指标成因的建议》被市政协立案并分别被市人力资源和社会保障局采用和引起市环保局重视；撰写的市政协提案《关于适当提高设防标准，修正暴雨强度公式参数，提高城市防汛排涝水平的建议》被市政府采用，并出台《市政府关于公布无锡市暴雨强度公式的通知》。党员刘瑜撰写的《关于加强我区部分路段公共停车位管理的建议》被区政协采用。民革锡山区支部向民革无锡市委提交个人提案建议13件；参加政治协商会议7次。

【“博爱”社会公益活动持续开展】响应统一战线“百千万”工程和民革无锡市委“博爱”公益活动号召，继续发扬博爱精神，持续关注外来务工子女的健康成长，以效能化、品牌化、长期化为目标，精心策划，组织开展第三期“心心相连、手手相牵”缤纷假日夏令营活动。活动以外来务工子女为助学对象。活动计划历时5年，每年一期，每期帮助40~50名外来务工人员子女。活动不仅为外来务工人员子女提供一些力所能及的学习帮助，也为锡山区高中学生了解社会、参加实践提供了平台。2014年，活动在支部的“博爱”公益活动基地——羊尖镇严家桥小学举办，以课堂授课和外出参观考察相结合，向27名外来务工子女发放“博爱”奖学金4200元，向两名外来务工子女发放“博爱”助学金5000元，向学校捐赠教学设备，活动被《无锡日报》《江南晚报》《新锡山》、无锡电视台、“智慧无锡”跟踪全程报道，取得良好的社会反响。活动得到社会工商界的大力支持，无锡隆达金属材料有限公司捐赠10万元。开展“牵手黄埔老人和抗战老兵”活动。民革锡山区支部对区域内的1名黄埔老人、两名抗战老兵进行6次走访，收集革命素材，接受革命教育，为他们排忧解难。（姜　科）

中国民主同盟锡山区总支部委员会

【概况】2014年，民盟锡山总支围绕区委、区政府的率先发展、赶超发展的要求，认真履行党派职能，发挥群体优势，积极建言献策，做好岗位奉献，为共谱锡山新篇章做出贡献。盟员朱小红获“2014年度江苏省信息先进个人”。在民盟无锡市委进行的考核评比中，民盟锡山总支被评为“突出贡献集体”“宣传工作先进集体”“社会服务先进集体”“同心共建十佳（第一名）”；盟员朱小红获“社情民意”突出贡献奖，盟员黄会伟获“捐衣献真情”突出贡献奖，盟员段哲、黄会伟获“同心支教行”突出贡献奖，盟员朱小红、李吉东获“2014年编著奖”，盟员毛晓旦执笔的《我市农村“三务”公开工作存在的问题及对策》和盟员朱小红执笔的《初中教师结构性矛盾的调研》被评为“民盟无锡市委优秀调研成果”。年末，盟员总数41人。其中，市人大代表1名，市政协委员3名，区人大代表3名，区政协委员9名。2014年，民盟锡山总支主委为毛晨，副主委为黄静波、周瑛。6月，朱小红被选举为秘书长。

【理论学习开展】民盟锡山总支认真组织盟员进行政治学习，学习民盟历史，中共十八大及十八届三中、四中全会精神，中共中央关于《进一步加强中国共产党领导的多党合作和政治协商制度建设的意见》等方面的知识；组织骨干参加省社情民意积极分子、区党外干部、区政协委员等专题培训班，围绕“同心行”“深入实践科学发展观，促进政协工作新发展”等主题，认真研讨，进一步提高全体盟员的政治把握能力、组织协调能力、参政议政能力、合作共事能力。

【盟务活动规范】民盟锡山总支认真有序地开展各项活动。确保每次活动有目标、有内容、有记录，并要求全体盟员在会上汇报休会期间的工作情况，上交社情民意，并对所提交的社情民意进行研究，及时上报，进一步提升民盟工作的吸引力、凝聚力和战斗力。主动关心盟员的工作，切实关心盟员的成长，在盟员所在单位了解情况的基础上，向上级单位认真推介优秀人才。继续做好活动宣传工作。积极向上级相关报刊投稿，盟务活动、盟员先进事迹等近80篇宣传报道，分别被刊登在《团结报》《无锡盟讯》、民盟江苏省委网站上。民盟锡山总支正常、有序、高效地开展盟务工作，盟员民主意识、主人翁意识越来越强烈。

【参政议政积极】民盟锡山总支始终把调查研究、参政议政放在重要的位置，围绕区委、区政府的重点工作，认真分析研究，提出对策、建议。调研报告《加强机关作风建设，提升服务水平》，作为区参政议政会议的发言，引起区委、区政府的高度重视。认真组织相关人员参加政府、政协、统战等部门组织的协商活动，积极建言献策，提出许多建设性的建议，得到相关部门的重视。经过认真深入的调研，盟员毛晓旦执笔的《我市农村“三务”公开工作存在的问题及对策》和盟员朱小红执笔的《初中教师结构性矛盾的调研》被评为“民盟无锡市委优秀调研报告”。认真组织全体政协委员进行专题研究，在政协锡山区三届三次全会提交《加强企业研发机构建设，提升自主创新能力》1个集体提案和《关于建立水稻田种植补偿激励机制，保护天然生态湿地的建议》等10个个人提案，关注锡山社会、经济、文化等领域，为区委、区政府作出决策提供参考。继续做好社情民意的收集、上报工作，充分发挥盟员在社情民意方面的主体作用，认真做好“一盟员一建议”活动，盟员朱小红被民盟无锡市委聘为首席信息员，为民盟无锡市委提供社情民意78条，为区政协提供社情民意13条，其中《关于加强种子的培育和推广》《京沪高速公路急需扩容》《金城高架出现大量运泥卡车需查处》等相关信息分别由民盟中央、民盟江苏省委报省政协、省委统战部、市政协、市委统战部等录用，从多角度、全方位关注锡山乃至无锡社会、经济、文化的发展。盟员中有10人被市、区有关部门聘为民主监督员、行风监督员、信访听证评议员。各民主监督员能切实增强民主监督工作的责任感，提高监督能力和水平，履行民主监督员职责，自觉塑造行风监督员的良好形象。

【社会服务创新】民盟锡山总支经过认真研究和精心准备，创设旨在关心锡山区孤儿、失爱儿童的“圆梦行动”。“六一”前夕，“圆梦行动”启动仪式在安镇中学举行，10余名孤儿和失爱儿童与结对盟员见面；随后，盟员利用空余时间与孩子们一起去新华书店购买书籍；请他们吃饭、陪他们去观摩书画展；暑假期间，10余名盟员带着孩子们一起到荡口古镇、鸿山遗址公园、梁鸿湿地公园等地进行夏令营活动。《团结报》《江苏盟讯》《无锡日报》、锡山教育网等媒体对该活动进行全面介绍，该活动成为民盟锡山总支社会服务的亮点。第二支部和盟员黄会伟所在的无锡皮革城青年志愿者一起，开展“捐衣献真情”活动，受到共青团中央领导、民盟江苏省委、民盟无锡市委的充分肯定；盟员段哲为四川地区的学校和小朋友捐款、捐物，并连续两年为母校南京农业大学捐款10万元，社会反响良好。

【岗位贡献突出】围绕盟员履职素质和岗位素质“双提升”的目标，每一位盟员立足本职争创佳绩，盟员陈平发挥特级教师的作用，带领“陈平名师工作室”成员共同努力，多篇论文在核心杂志上发表；盟员刘戈平积极做好民盟社会服务工作，协调“圆梦行动”的所有活动，使“圆梦行动”过程规范、内涵丰富、进展持续。盟员朱小红主编的《以学定教，以教导学（初中历史）》一书出版，发行全国；盟员李吉东出版《走南闯北集》；盟员毛晓旦积极参与调研，超额完成招商局日韩招商年度任务；盟员项洪伟所带领的无锡洪汇新材料科技股份有限公司，作为氯乙烯—醋酸乙烯共聚树脂系列产品研发、制造和销售的行业龙头，取得多个高新技术产品和国家发明专利，被认定为江苏省高新技术企业；盟员段哲所在的江苏求精集团是一家集不锈钢批发与材料加工于一体的大型专业公司，跻身国内同行业前20强；盟员黄会伟所在的无锡皮革城，成为江苏省最大的皮革专业市场和游客在无锡购物的首选地之一；盟员全纵海认真组织支部盟员开展活动，做好困难群体的帮扶工作，积极推进创业带动就业的工作，加强对企业用工等指导；盟员陈怡热心盟务工作，积极参加民盟活动，并在活动中起积极带头作用；盟员黄静波、杨子、过玉涵等编创、辅导的参赛作品，获江苏省“五个一工程”奖铜奖1个，获无锡市金奖1个、铜奖3个；盟员顾静洁和她的演出团队，足迹遍及无锡各个镇（街道），唱响主旋律，弘扬正能量；盟员刘小武积极参与每一次盟务活动，并为盟务工作的顺利开展做出相应的奉献；从工作岗位上退休的盟员认真参加民盟锡山总支组织的各项活动，热心公益事业，成为民盟锡山总支宝贵的财富。　（朱小红）

中国民主建国会锡山区总支部委员会

【概况】2014年，民建锡山总支以开展坚持和发展中国特色社会主义学习实践活动为重点，带动各项工作稳步推进，3月被民建江苏省委评为“先进基层组织”。年末，会员总数52名；发展新会员2名。

【参政议政】民建锡山总支全年提交社情民意16条，录用9条，其中7条得到区委主要领导的批示、两条直接转相关部门办理，形成群策群力谋发展、和衷共济渡难关的强大合力。全年提交市、区“两会”提案、建议18件，其中《关于规范我区社会教育培训机构，促进培训机构健康发展的建议》被区政协列为重点督办提案，《加快对“两证”不齐全的存量非住宅房屋的规范管理》被区政协列为重要提案。针对全区经济和社会发展中存在的一些问题和现象，组织骨干会员重点调研，形成《积极盘活存量资产，促进经济转型发展》《锡山加快发展总部经济的对策建议》等调研报告。8名被区政协委派到区教育、人社、民政、建设、城管、工商等部门担任民主监督员的会员认真履职，积极了解和反映群众对派驻部门在履行职能和行风建设中存在问题的批评和建议，对其整改情况进行民主监督，督促相关部门办理落实好建议、提案和社情民意的批示。

【社会服务】民建锡山总支坚持把连续四年开展的“关爱儿童结对助学”活动作为开展坚持和发展中国特色社会主义学习实践活动的着力点。“六一”前夕，组织举办未成年人成长自信、勇气、沟通、感恩专题辅导讲座，组织结对儿童参观农博园高科技馆；年底扩大结对规模，结对会员从10名增加到15名，共捐赠助学金4.5万元。会员企业无锡市华通电力设备有限公司被区委、区政府授予“2008~2013年度热心参与慈善事业企业”称号，会员陆昕被授予第二届江苏省“百名诚信之星”称号。

【组织建设】民建锡山总支制定《关于开展坚持和发展中国特色社会主义学习实践活动的实施方案》，成效明显。会员思想认识不断提高。通过举办中共十八大精神专题学习会、报告宣讲、座谈研讨等多种形式，理论联系实际，进一步坚定全体会员中国特色社会主义理想信念，增强政治自觉性，改进工作作风，提升道德水平。民建锡山总支及各支部均认真选取一条民建中央下发的全国基层组织建设先进经验进行对照学习，效果良好。组织发展不断壮大。民建锡山总支班子时刻保持昂扬向上的精神状态，形成实干、勤勉、奋进的新作风，不断提高自身政治把握能力、参政议政能力、组织协调能力、合作共事能力。8月，班子成员和骨干会员参加区委统战部组织的党外干部培训班。活动质量不断提升。5月，组织全体会员赴扬州市、淮安市、连云港市考察；7月，在会员陈振兴的画廊鉴赏珍贵国画；9月，调研会员企业无锡市东舟船舶附件有限公司。全年开展总支集体活动4次，总支委员活动5次，支部活动6次。　（杨　华）

中国民主促进会锡山区基层委员会

【概况】2014年，民进锡山区基层委员会设教育、综合和退休3个支部，朱卓君任主委，戴锡军、章晓东、刘水长任副主委。民进锡山区基层委员会被民进无锡市委评为“先进集体”；综合支部被民进江苏省委评为“先进基层组织”；会员戴锡军获“民进全省组织建设先进个人”称号；会员蒋国兴、盛玉红、朱卓君被民进无锡市委授予“特别贡献奖”；会员顾勉伯、过春燕被民进无锡市委评为“先进会务工作者”；会员唐磊、吴虹霞、熊翠燕被民进无锡市委评为“参政议政先进个人”；会员华忠明、皮郁清、章晓东被民进无锡市委评为“社会服务工作先进个人”。年末，会员总数49名。其中，市人大代表1名，市政协委员1名，区人大代表2名，区政协委员11名；发展新会员3名。

【参政议政】民进锡山区基层委员会提出参政议政“五个一”（一支部一调研、一代表一建议、一委员一提案、一会员一信息、一地区一特色）要求，充分调动全体会员的积极性，为经济社会发展建言献策。《关于加强国有集体投资项目管理的建议》的协商发言得到区委领导的充分肯定和有效采纳，并被民进无锡市委授予“优秀调研成果奖”。在区委征求党派意见活动中，共反映51条意见。《关于修改我国公交车载客标准的建议》《农业政策的制度要面向所有农民》被民进江苏省委录用。《积极引导企业参与和服务社会管理的建议》被市政协评为“优秀调研成果奖”。《关于加快建设锡山区未成年人公共安全教育体系的建议》在区政协大会上采用。在区政协民主监督工作中，7名会员参与对两个部门的民主评议和对3个部门的委员问政活动，并参与策划《政协话题·委员问政促进区域教育现代化》栏目，为区政协民主监督有效开展做出贡献。会员刘水长担任区商务局委派民主监督小组组长，围绕招商引资、旅游发展、农贸市场建设管理三个方面，带领小组成员广泛收集意见和建议，提出许多真知灼见。

【社会服务】坚持以“立足锡山、辐射周边、影响全国”为社会服务目标，将“阳光进校园”作为2014年度重点工作。民进锡山区基层委员会社会服务工作的做法获得民进中央社会服务部副部长刘文胜的充分肯定。5月，承办江苏民进“阳光助学行动”第二期（无锡—酒泉）教师培训班。6月，承接“阳光助学行动”（无锡—酒泉）援建项目，会员蒋国兴出资10.85万元援建甘肃省酒泉市瓜洲县双塔中学教学用房屋面翻修项目，受到当地党政领导和学校师生的热烈欢迎。持续做好“阳光进校园”特色项目，为帮扶民工子弟学校东港蠡澜小学，开展送欢乐、送教、送文具“三送”活动。5月31日，会员周晔和她所任教的天一中学国际部学生精心编排节目，与蠡澜小学师生们欢度“六一”儿童节；会员华忠明出资1万元购买40只新书包和文具用品送给蠡澜小学；9月5日，会员过春燕上了一堂示范课，并作一场专题讲座，对蠡澜小学的课堂教学进行专业化的引领。

【组织建设】11月，组织全体会员赴江阴市学习民进江阴市委支部建设、组织建设的先进经验。安排骨干会员参加区委统战部民主党派成员骨干培训班、民进无锡市委骨干培训班、民进江苏省委骨干培训班学习。建立信息宣传制度。民进锡山区基层委员会召开专题会议，讨论确定将信息宣传工作列为年度重点工作，制定信息宣传工作制度、奖励制度，把信息宣传列为支部考核内容，建立信息员队伍网络和采集、撰写、发送、汇总等分工负责机制，并专门召开民进锡山区基层委员会信息工作会议，开展信息工作培训。全年被民进江苏省委、民进无锡市委的会刊、网站以及《新锡山》简报、区委统战部网站等媒体录用近40篇信息和文章。完善制度，如支部组织活动、走访会员和会员所在单位中共党组织等制度。2014年，民进锡山区基层委员会综合支部被民进江苏省委评为“先进基层组织”。

【岗位贡献】会员盛玉红领衔的中国女子坐式排球队在“亚锦赛”“世锦赛”、仁川亚残会上获得三项冠军。会员周晔所带班级被评为“无锡市优秀班集体”，出版的专著《路过青春花开正浓》被国家图书馆收藏。会员朱卓君领题的科研成果获得“首届国家级基础教学成果奖一等奖”。会员钱万丰在人社所岗位上热心为民服务，获区政府记功，并被评为“无锡市农村工作先进个人”。会员章晓东在“2014江海论坛·叶圣陶思想时代价值”作精彩演讲，获得民进江苏省委、江苏省叶圣陶研究会领导的充分肯定；与会员周晔一起选送的两篇论文获一等奖。会员何志奇、钱希洁、尤迎九等老师在各自的领域里不断探索、研究、总结，不仅撰写了一批论文、论著，还积极推广学术思想专业成果，多次为省内外教师上培训课、到省内外学校作讲座，展现了名师风采。

（钱希洁）

中国农工民主党锡山区基层委员会

【概况】2014年，农工党锡山区基层委员会坚持以中共十八大和十八届三中、四中全会精神为指引，深入贯彻落实科学发展观，团结带领全体党员，不断加强自身建设，切实履行参政党的职能，着力丰富社会服务内涵，各项工作顺利开展，取得了良好的成绩。农工党锡山区基层委员会获“农工党无锡市委专题调研工作一等奖”“农工党无锡市委宣传思想工作一等奖”“农工党无锡市委反映社情民意信息工作一等奖”。年末，党员总数81名。其中，市人大代表1名，市政协委员2名，区人大代表3名，区政协委员14名；发展新党员4名，新调入党员1名。

【思想建设】开展坚持和发展中国特色社会主义学习实践活动。制定《农工党锡山区基层委员会关于开展坚持和发展中国特色社会主义学习实践活动2014年度工作方案》，通过开展读好《习近平总书记系列讲话精神学习读本》等三本书活动，组织、引导党员正确认识国情，增进对建设中国特色社会主义的共识，增强道路自信、理论自信和制度自信。开展多党合作历史和优良传统教育。以农工党无锡市委庆祝成立60周年为契机，学习多党合作的历史及党章，引导党员继承和发扬老一代农工党人与中国共产党风雨同舟、团结合作的优良传统。开展形势、政策和任务教育。先后组织开展“十八届四中全会”“习近平总书记在江苏重要讲话”等主题学习活动，引导党员从大局出发，正确认识国内外形势，理顺情绪，增强信心，服务大局。

【参政议政】农工党锡山区基层委员会坚持立足全局，努力在“体现民情、反映民意、贴近民需”上下功夫，在“服务发展、服务民生、服务群众”上出实招。结合锡山实际，建立“一支部一调研、一党员一建议”“重大提案调研联合会审”等制度，完善参政议政工作运行机制，提高党员参政议政积极性和主动性，实现参政议政量质齐升。围绕食品安全、艾滋病防控、企业转型发展、康复医学、组织建设等课题，完成调研报告8篇、人大建议4件、政协提案10件，农工党无锡市委录用社情民意17篇，区政协录用社情民意15篇，许多建议得到政府有关部门的重视和采纳，其中党员王钺的《吸取昆山中荣事故教训，提升安监监管能力的建议》《关于特困帮扶基金使用管理的几点建议》以及党员祈萍的《关于规范管理东亭地区私房开设家庭旅馆的建议》，受到区委主要领导的批示。

【社会服务】农工党锡山区基层委员会以“群众所需、自身所能、基层所愿”为导向，切实提高服务的针对性和有效性。在基层委员会层面，继续深化提升“健康同行”服务项目，该项目下辖“基层帮扶”“济困送医”“瑶寨助学”“社区义诊”四大社会服务平台。“基层帮扶”项目通过开设专家门诊、专家查房、预约门诊、联系转诊等手段，羊尖镇社区卫生服务中心医疗卫生服务水平有效提升，一定程度上解决了羊尖镇百姓看病难、看病贵等问题。“济困送医”项目结对帮扶10户贫困高血压家庭，通过免费赠医送药和发放生活用品，受援对象高血压病情有效控制，显著提高了帮扶家庭的健康水平和生活质量。“瑶寨助学”项目在2013年18名党员参与的基础上，2014年新增15名党员参与到资助行列，全年募集资金5.5万余元，资助广西壮族自治区贫困山区学生39名、代课教师6名。“社区义诊”项目在羊尖镇开展1次大型义诊，组织20余名专家免费接诊1050人次，发放健康工具850份，免费测血糖180人次，免费量血压450人次。经过近四年的发展提升，“健康同行”活动成为农工党锡山区基层委员会的品牌项目，得到《前进论坛》《团结报》等主流媒体的关注和报道；3月，主委石国洪受邀就打造社会服务品牌工作在全市统战会议上作经验交流。在支部层面，各支部继续结合自身优势，因地制宜开展社会服务活动，其中卫生二支部组织党员到锡北镇八士社区看望慰问“失独老人”；卫生一支部组织职业卫生专家走进企业，开展职业病防治知识宣传。

【组织建设】创新支部管理新机制。制定支部活动季报制度，要求每个支部对每个季度开展的学习活动、社会服务活动、参政议政活动和宣传情况进行书面报告，对主要成绩和存在问题进行分析。通过季报管理，农工党锡山区基层委员会及时掌握支部活动开展情况和推进进度，管理更加前移。加强领导班子建设，农工民主党锡山区基层委员会于10月18日召开委员（扩大）会议，对基层委员会班子进行届中调整，增补高福安、华峰为委员，增补万颖岚、孙伟、徐科威为副主委。积极创建“十佳支部”。6月，综合支部、卫生二支部从无锡市88个支部中脱颖而出，分别以考核总分第一名、第四名的成绩荣获“无锡市农工十佳支部”称号。严格党员发展。全年发展新党员4名，调入1人；年末，农工党锡山区基层委员会下辖支部5个，党员81名。积极开展组织活动。在“三八”国际妇女节，组织女性党员畅游古运河；在重阳节，组织老党员参加农工党无锡市委举办的“宜兴大觉寺一日行”活动；同时卫生二支部组织党员到锡北镇八士社区参观学习，综合支部组织党员到鹰普航空零部件（无锡）有限公司参观学习。通过有益的丰富多彩的活动，拓宽党员的视野，提高组织的凝聚力。

【岗位贡献】农工党锡山区基层委员会继续对党员实施“一岗双职”管理，引导党员立足本职岗位，从点滴做起，争创一流业绩，广大党员在各自工作岗位上刻苦钻研，努力进取，取得丰硕成果。2人被聘为区卫生系统学科带头人，6人被聘为卫技能手。党员万颖岚始终坚持以贴心服务为企业排忧解难，积极探索在法律法规框架下简化审批手续新思路、新方法，开发区经济项目审批周期从2013年的法定时限的二分之一压缩至三分之一以内。党员华巍峰、孙伟带领东亭医院、锡山人民医院分院在保证医疗安全的前提下，业务创收再创最高水平。党员徐科威带领开发区市政公司克服经济大环境带来的压力，再攀发展新高峰，实现逆势赶超。党员徐依峰作为无锡市唯一代表入选江苏省“全国寄生虫病防治技能竞赛”4人代表队，并获“全国寄生虫病防治技能竞赛团体综合考核一等奖”。党员侯光明积极钻研业务，在《健康报》发表专业文章10篇。党员王春波积极关注弱势群体，累计捐款超过9万元。党员徐科威、周寿荣被评为“锡山区优秀政协委员”。

【宣传信息工作】全年《前进论坛》刊登信息1篇，《团结报》录用信息2篇，农工党中央网站录用信息1篇，《农工苏讯》录用信息4篇，省农工网站录用信息10篇，《无锡农工》录用信息15篇，无锡农工网站录用信息20篇，区委统战部网站录用信息12篇，《新锡山》简报录用信息7篇。大型社会服务活动“健康同行”等特色工作，先后被全国媒体报道；主委石国洪的《打造服务品牌、服务科学发展》一文在《前进论坛》2014年第6期全文刊发；党员万颖岚的两篇报道被《团结报》录用，《新锡山》简报也专版报道“健康同行”项目实施情况。 （高福安）

九三学社锡山区基层委员会

【概况】2014年，九三学社锡山区基层委员会不断提高政治把握能力、参政议政能力和服务社会能力，被九三学社江苏省委授予“2014年度社会服务先进集体”称号，主委殷晓伟被九三学社中央评为“组织工作优秀干部”，社员冯志凌被九三学社江苏省委评为“社会服务先进个人”，社员吴杰、黄小英、王俊、张央琴被九三学社无锡市委评为“2014年度无锡市先进个人”。年末，社员总数44名。其中，省政协委员1名，市人大代表2名，区政协委员13名（常委2名），区人大代表3名（常委1名）；发展新社员3名。

【政党意识提高】制定《九三学社锡山区基层委员会关于开展坚持和发展中国特色社会主义学习实践活动的实施方案》。组织社员学习社会主义核心价值观、中共十八届四中全会精神，增强依法行政意识，遵守法律规章制度，并充分发挥自身作用，在立法协商和依法治国决策实施上建诤言、献良策。为庆祝九三学社建社69周年，参加“九三梦·中国梦”主题演讲比赛，并向九三学社无锡市委报送优秀演讲征文5篇。加强完善各项制度。完善《九三学社锡山区基层委员会关于宣传信息工作考核办法》和《九三学社锡山区基层委员会组织活动管理办法》，进一步加大2014年组织工作的考核力度，确保九三学社锡山区基层委员会各项工作的顺利开展。

【建言献策积极】落实组织活动，并做好工作动态报道。全年组织15次活动，4月在谢埭荡村以谢埭荡村为研究案例，展开“新时代的新农村建设”主题讨论。5月，在荡口古镇了解荡口各个历史时期的经济、文化、民俗、风情，切身感受荡口古镇深厚的文化底蕴和人文情怀。6月，在台创园调研探讨锡山区现代农业发展的现状及前景。10月，参观和调研无锡市产品质量监督检验中心和无锡市计量测试中心等单位，就质量监督和强制计量检测等方面的情况与有关专家进行探讨。11月，与九三学社江南大学基层委员会在江苏申锡建筑机械有限公司开展科技对接交流活动，为企业与院校专家之间形成长期合作机制搭建平台，同时调动九三学社的智力资源，充分发挥科技力量密集优势，为解决地方企业发展中的科技难题、推动和促进地方经济社会发展提供科技支撑。加强民意信息上报。各支社将年度宣传信息工作进行目标任务分解，将信息报送工作任务落实到个人，确保高水平完成年度宣传信息工作考核任务。社员们积极投稿，全年上报社情民意和信息67篇、人物专访1篇、演讲征文5篇，其中省级录用3篇、市级录用16篇，质量与数量都比2013年有了较大幅度的提高。切实做好调研工作。全年上报调研课题3篇。积极参政议政。在2014年区“两会”期间，提交提案13件，其中集体提案3件，个人提案和联名提案10件。在大会上，主委殷晓伟代表九三学社作《关于加强我区污水处理设施建设运行管理的建议》的发言，副主委张健明代表区政协人口资源环境和城乡建设委员会作《关于对企业合理利用存量土地的几点建议》的发言。2013年提交的集体提案《关于调整规划布点村庄的建议》被评为十件优秀提案之一。

【岗位优势发挥】全体成员继续立足岗位，充分发挥专业优势，依靠集体智慧，在全区的规划、建设、现代化农业发展、环境保护等领域发挥重要作用。社员企业绩效稳中有升，并获得可喜的成绩。无锡汉神电气有限公司获国家级博士后工作站资质，拥有专利100余件，为科技创新谱写新的篇章。申锡机械有限公司申请专利11项，企业规模效益蒸蒸日上，向行业世界一流企业迈进。无锡市宇寿医疗器械股份有限公司以唯一一家企业的身份成为《一次性使用医疗用品卫生标准》修标单位，并被江苏省食品药品监督管理局评为“优秀诚信企业”。

【社会服务增效】情系教育，放飞梦想。社员们积极回馈社会，开展捐资助学活动。5月，无锡市海联船舰有限公司和无锡市宇寿医疗器械有限公司向东北塘实验小学捐赠80万元，用实际行动回报社会关爱，为国家做贡献。9月，社员到贵州省威宁自治县，向威宁自治县小海中学捐赠20台电脑，价值6万元。社员企业家们向社会捐助款项100余万元，扩大了九三学社的社会影响力。依托专家工作站，服务渔民“零距离”。特邀无锡市淡水中心的九三学社专家分别到鹅湖镇松芝村九三学社专家工作站、羊尖镇九三学社专家工作站开展渔业养殖方面的科技咨询服务及渔业养殖社会调查，发放《科学养鱼》杂志等水产养殖技术资料。九三学社锡山区基层委员会依托区内3个“九三专家工作站”，每年定期组织专家深入农村基层送科技，开展现场指导、发放技术资料、赠送农用物资等活动，为渔民排忧解难，促进渔业增效、渔民增收，受到广泛好评。（张央琴）

锡山区无党派代表人士联络委员会

【概况】2014年，锡山区无党派代表人士联络委员会始终围绕全区经济社会赶超发展的工作大局，认真履职，积极公益，加强自律。年末，成员总数19名，年内新增成员2名，退出1名，成员遍及区内知名企业、司法、统计、税务、教育等多个领域。

【思想建设】全体成员始终将坚持中国共产党的领导和发扬社会主义民主相结合，始终将社会主义核心价值观摆在思想政治学习的首要位置。学习中共十八大相关的政治文件，进一步增强事业心和使命感，明确政治奋斗方向，提高政治思想素质。积极反腐倡廉，加强廉政教育工作，要求成员依法办事、遵纪守法、公私分明，将廉洁自律内化于心、外化于行，做到“严格教育、严格要求、严格监督”，牢固树立大局意识、责任意识、廉洁意识，多为社会和经济发展出良策、做实事。

【参政议政】以社区矫正与社会培训为调研课题方向，形成《关于进一步加强和提升我区社区矫正工作的思考》《关于规范和发展锡山区培训机构的思考》两篇调研文章。成员还就关于加强旅游项目建设、村庄环境整治长效管理、慢行系统规划、推行垃圾资源化等社会管理方面提出提案、社情民意、调研文章8篇。

【回馈社会】全体成员热心公益，主要通过捐赠的方式对社会进行回馈，企业家更是连续多年扶贫帮困，成员刘熠为失地农民补助捐赠70万元；成员钱新华连续多年为象棋比赛、幼儿园和小学教育捐款52万余元；成员蒋加星近三年内向“百村联百企”捐助35万元，其他慈善捐款3万元；成员黄莉霞为贵州省希望小学捐款1万元，为江南大学贫困生捐款1.5万元，为锡山特困帮扶事业捐款5万元，为公司离职员工重大疾病捐款2.5万元；成员陈小玮为学校白血病师生捐款2300元。

【交流平台搭建】 区无党派代表人士联络委员会因成员从事的工作各有不同，在日常的工作中会遇到很多优秀党外人士，区无党派代表人士联络委员会充分认识到搭建一个信息交流平台对促使资源有效整合、提高成员间工作合力的重要性。2014年，区无党派代表人士联络委员会创建微信群、QQ群，为信息的有效传达和反馈提供了操作平台，将学习、交流、讨论有效结合，增强了成员间的交流，也为发掘优秀人才提供了空间。

（吴　琦）

锡山区工商业联合会

【概况】 2014年，区工商联紧紧围绕全区中心工作大局，始终紧扣促进非公有制经济健康发展和非公有制经济人士健康成长的工作主线，深入开展党的群众路线教育实践活动，在履行参政议政、促进“两个健康”、提升会员服务和加强组织建设等方面取得新的成效。红豆集团、江苏大明金属制品有限公司、无锡兴达泡塑新材料股份有限公司3家企业再次获得“2014中国民营企业500强”称号；区工商联组织15家企业圆满完成全国工商联组织的私营企业抽样调研工作；无锡兴达泡塑新材料股份有限公司、申锡机械有限公司分别有1名工程师被推荐入选“唐翔千卓越工程师奖”；无锡希恩电气有限公司、无锡德林船舶设备有限公司等4家企业的相关产品通过由全军装备采购管理专家组的专家评审，并入选《军民两用高新技术民营企业及产品推荐目录》。

【参政议政积极】 围绕全区中心工作和非公经济发展形势，深入调查研究，积极建言献策。认真抓好调查研究。围绕促进传统制造业创新转型方面研究确立调研方向，深入企业走访调研，广泛听取企业声音，向区委统战部提交《关于锡山印刷产业转型发展的思考与建议》的调研报告，并在区委《内部参考》上刊载。积极向区委、区政府建言献策，区工商联提交的《关于研究出台相关政策帮助外来投资创业者解决子女入学的建议》经区委主要领导批示，由区教育局和政府相关部门研究出台政策，进一步优化锡山区亲商、安商、兴商的良好氛围，增强锡山区吸引外来投资的竞争力。开展有奖征文活动。与区委宣传部、区经信局、区企业家协会联合举办“锡企杯”“壮企兴实业”有奖征文活动，活动围绕如何推动战略性新兴产业、先进制造业健康发展，加快传统产业转型升级等企业发展现状开展思考，得到社会各界的高度关注。参赛人员踊跃参与，参赛作品内容贴近锡山企业发展实际，活动取得良好效果。经评审，评出一等奖3人，二等奖5人，三等奖10人。积极发挥代表人士参政议政作用。在区“两会”期间，全区非公经济代表人士积极建言献策，提交政协提案17件、人大建议5件，内容涉及企业可持续发展、小微企业担保业发展、加大推进新三板力度、改进社会管理等方面，为促进锡山经济社会发展出谋划策。

【“四信”教育实践活动推进】 在全区推进以“四信”为主要内容的非公有制经济人士理想信念教育实践活动。成立活动指导小组及办公室，制定“四信”教育实践活动实施方案，召开专题推进会。发挥基层商会的主阵地作用，明确活动要求，突出板块特色，坚持引导教育与自我教育相结合。在全区非公企业中开展“守信用、讲信誉、重信义”企业评比，经工商、质监等7个部门审核，雅迪科技集团有限公司、无锡市中兴铁芯有限公司等14家企业获2014年度无锡市“三信”企业称号。

【非公企业文化建设“百千万工程”开展】 2014年是非公企业文化建设“百千万工程”活动三年行动的收官之年，江苏新广联科技股份有限公司、无锡吉兴汽车部件公司等15家企业被评为第三批无锡市非公企业文化建设“百千万工程”示范单位，江苏东珠景观股份有限公司、无锡鼎尚皇冠酒店等33家企业被评为第三批无锡市非公企业文化建设“百千万工程”示范创建先进单位。积极协办“非公企业文化建设百千万工程展示月”活动，认真完成市委统战部、市工商联《〈三年行动巡礼〉书稿工作方案》《成果展工作方案》《无锡市非公企业文化促进会组建方案》相关工作任务，充分展示锡山区非公企业文化建设“百千万工程”取得的成果。在全市非公企业文化建设“百千万工程”文艺汇演上，无锡锡山三建实业有限公司、红豆集团选送的女声小合唱《女大十八变》、歌曲串烧《最美的太阳》等节目分别获金奖和银奖。

【非公企业培训工程开展】有针对性地组织会员参加“2014诺亚财富投资策略峰会”“新环境下企业品牌核心竞争力的打造”“中国金融改革与发展”“2014年中国经济形势和各行业发展趋势”等多种形式的培训活动；组织骨干企业参加“2014年无锡工商界经济峰会”，听取国务院参事、非公36条小组组长陈全生从国家层面对2014年中国形势和各行业发展进行深入分析，传达和剖析中央经济工作思路，为企业应对之道作建议。做好市工商联组织的各项培训活动，组织企业参加“宝界工商论坛”等培训讲座，组织11名青年企业家参加北京大学汇丰商学院青年企业家第五期、第六期培训工程，推荐企业参加赴中国台湾访学活动，参训者通过对话北大、对话历史、对话民族，激发了创业使命感。加强与北京大学汇丰商学院等培训机构的合作，经常性地向会员单位传递相关培训信息。全区各级商会组织各类培训1600余人次。

【光彩公益活动宣传引导加强】加强光彩公益“百千万工程”的宣传引导，邀请电视台制作专题宣传片，进一步加强对锡北镇“百企联百村，共建新农村”活动的宣传报道，扩大活动影响面；深化光彩公益“百千万工程”进村（社区）活动，加大宣传力度，努力扩大影响，让更多的非公企业家了解、认可并积极参与光彩公益“百千万工程”。组织企业家赴河南省三门峡市开展慈善文化交流活动，通过86年前无锡企业界的先辈们赈灾的生动事例，教育、影响、带动随团企业家进一步提升对光彩公益活动的认识，增强企业家履行社会责任的自觉性。积极整合资源，打造亮点示范工程，扩大光彩公益“百千万工程”的影响力。各基层商会结合各自特色，大力倡导光彩公益精神，东北塘商会通过大力引导，先后建立“老船长基金”和“康乃馨基金”两个慈善公益基金，关爱社会弱势群体；安镇商会开展“情系教育，造福桑梓”慈善公益活动，由江苏隆达集团牵头成立“大成·隆达教育奖励基金”，支持教育事业。

【锡山投资推介会举办】积极探索适应市场经济需求的服务载体和机制，商会服务工作更加扎实有效。6月6日，成功筹办海内外商会无锡行——锡山投资推介会。欧洲、澳大利亚、中国香港等地的海外商会嘉宾、海外无锡商会代表、国内无锡商会代表以及德国勒沃库森市政府代表团一行100余人到锡山区参观考察、交流合作。在考察期间，与会嘉宾、代表参观无锡开普机械有限公司、商务区核心区、锡东新城规划展示馆等地。开发区和商务区在会上分别作招商推介。会后，双方保持密切的交流对接，在探索建立锡山区与海内外商会之间长期的战略合作机制、推进项目对接和信息交流方面达成意向。

【“三服务三联动”活动开展】深入基层，深入会员，在全区工商联系统中深入开展“三服务三联动”（服务会员企业、基层商会、行业协会，加强部门联动、横向联动、银企联动）活动。区工商联积极与市工商联、市工商局协调沟通，为企业法律维权提供协助。4月25日，国内高空建筑机械行业不正当竞争维权第一案在滨湖区法院宣判，申锡机械有限公司胜诉。7月2日，区工商联举行“异地商会牵手行”活动，区工商联、东亭街道分管领导等一行6人先后拜访无锡市莆田商会、无锡市潮汕商会等无锡主要异地商会，随后邀请会长、秘书长十余人到东亭街道，与东亭街道党政领导齐聚一堂，共话发展。与科技镇长团开展互动交流，10月29日，锡山区和兴化市两地科技镇长团参观考察红豆集团，两地工商联达成组织沟通和联系协作工作机制，助推锡山经济技术开发区兴化工业园发展建设。加强服务平台建设。巩固和完善区工商联与锡山公安分局联系协作制度，召开第三次联系协作会议，与会企业就做好防止犯罪的预警机制、加大对重大金融案件和恶性案件的打击力度、加强公安工作对外宣传等方面提出建议。围绕“资本加技术”的目标要求，搭建银企合作平台，与交通银行等开展业务联系，为会员企业牵线搭桥，协调解决融资矛盾。成立中小企业金融服务中心，强化工商联网站政策宣传平台作用，及时向会员单位提供政策指导、经济动态等各类信息服务，切实落实惠企政策。

【商会工作基础夯实】组建江苏省高空机械吊篮协会。11月8日，锡山区首个省级经济类行业协会——江苏省高空机械吊篮协会成立，吸纳会员67家。协会组建后，将把高空机械吊篮研发、设计、加工、制造、租赁、安装、维修和使用等单位以及检验、监理等机构组织起来，为企业与政府管理部门之间搭建联系沟通的桥梁与纽带，促进吊篮行业规范化、持续健康发展。加强对外交流交往。5月27日，由惠山区工商联党组书记王耀明带队，25名青年企业家到红豆集团、无锡兴达泡塑新材料股份有限公司学习考察。青年企业家听取无锡兴达泡塑新材料股份有限公司董事长华若中介绍艰苦创业的发展历程，参观红豆集团展示厅，听取红豆大学副校长邓川关于红豆集团抓企业党建、企业经营管理和企业履行社会责任等精彩演讲。区工商联年内还接待重庆市万州区工商联、浙江省衢州市工商联、河南省灵宝市工商联、无锡市南长区工商联等的访问，分别就锡山区基层商会建设、电动车产业发展情况、民营企业的发展现状等与客人们进行交流探讨，并与河南省灵宝市工商联缔结为友好商会。

（戈兴栋）

编辑：袁　渊

【锡山区非物质文化遗产】

甘露舞狮表演　　（区文体局 供稿）

甘露狮舞

甘露狮舞因古镇每年举办烈帝庙会而产生，宋代以后是甘露烈帝庙会上民间文艺的主要表演项目之一，传承至今有数百年的历史。甘露狮舞演技多样，表演难度较大，动作精细，尤其是登高跳跃难度较大，其中夹杂着一系列武术动作。每年在春节、元宵节、甘露烈帝庙会、“五一”“六一”、国庆节等节庆活动和市、县及兄弟镇（街道）重大文化艺术活动中表演，深受群众欢迎。甘露狮舞属传统舞蹈，于2010年被列入无锡市第一批非物质文化遗产保护项目名录。

8月，参加“圆梦行动”的民盟锡山总支盟员和孩子们合影　（朱小红 供稿）

5月23日，江苏民进“阳光助学行动”教师培训班结业式举行　（钱希洁 供稿）

5月30日，民进锡山区基层委员会在东港蠡溷小学举行“六一”儿童节联谊活动　　（钱希洁 供稿）

11月28日，民进锡山区基层委员会到江阴学习民进江阴市委组织建设先进经验　　（钱希洁 供稿）

5月28日，九三学社锡山区基层委员会企业家社员戴彪、冯志凌向东北塘实验小学捐款　（张央琴 供稿）

11月20日，九三学社锡山区基层委员会与九三学社江南大学委员会开展科技对接活动　（张央琴 供稿）

12月26日，区无党派联络委员会在省干部疗养院召开全体成员会议　（吴　琦 供稿）

人民团体

People 's Organization

3月7日，锡山区妇女工作会议召开　　（区妇联 供稿）

锡山区总工会

【概况】2014年，锡山区各级工会按照区总工会三届六次全委（扩大）会议确定的工作任务，积极履行工会职责，服务全局成效明显、服务职工亮点频现、整体工作全面推进，圆满完成各项年度目标任务。全区有基层工会6994个，会员18.5万名。区总工会被省总工会评为“全省工会新闻宣传工作先进单位”。

【职工和企业经营者素质提升】区总工会以职工培训中心为依托，采用菜单式、互动式、走出式等方法，组织1000余名小微企业经营者和管理人员参加以进一步提升素质和贯彻执行劳动法规意识为主要内容的“双提升”培训。开发区和各镇（街道）工会利用职教中心等场所为1200余名企业经营者和管理人员提供培训活动。通过培训，企业经营者法律法规意识进一步提高。区总工会职工培训中心被全国总工会评为“全国职工教育培训示范点”。

【职工立功竞赛开展】区总工会下发《关于开展高技能人才名师带徒活动的意见》，各基层工会指导企业职工建立师徒关系，确立帮带任务，共培育上报优秀师徒100对，促进了新职工技能的快速提升。全区职工提出合理化建议6700余条，通过行政采纳、跟踪实施，创效6000余万元。区总工会、区人社局举办加工中心操作工和计算机网络管理员技能大赛，在组织职工练兵、操作表演等活动中，企业和职工参与率均为90%。各基层开展劳动竞赛和技术比赛126场次。区总工会、区科技局下发《关于深化“职工科技创新”活动的意见》，各基层工会认真实施，鼓励职工开展小革新等活动，全区产生23项职工优秀科技创新成果，产生经济效益1.1亿元。

【工资集体协商“要约行动”深化】全区各级工会开展工资集体协商“要约行动”，深入宣传《无锡市企业工资集体协商条例》，加大企业、行业、区域性工资协议签订工作力度，提高协商质量。组织工资协商指导员、谈判员培训班。全区企业工资集体协商建制率98%，完成年度目标任务。东亭街道餐饮行业工资集体协商案例，被江苏省总工会收入《全省餐饮行业工资集体协商工作推进会汇编材料》。

【职工安全健康保护加强】区总工会、区安监局、区卫生局制定《关于开展职业卫生安全“牵手行动”实施方案》，组织280家骨干企业班组长培训，各镇级工会培训班组长900名，推动了企业劳动安全卫生措施的建立和完善。同时，各级工会认真组织“安康杯”竞赛活动，对2880家企业进行安全卫生情况的普查，发现隐患并提出整改意见1760个，还组织4200余名特殊岗位职工进行体检，并发放劳动保护用品。

【工会劳动法律服务强化】区总工会和各镇级工会对150家企业贯彻执行劳动法律法规情况进行抽查，对存在问题的企业发放“工会劳动法律监督意见书”。各基层工会建立职工法律援助中心，切实加强劳动争议调解员、兼职仲裁员等队伍建设，通过岗位提升、进修学习、实践锻炼等多种方式，不断提升他们开展法律援助工作的能力和水平。主动与区人社局、区司法局等部门沟通联系，建立援助服务联动制度，形成合力推进工会法律援助工作，全年办理法律援助案件275件，为当事人挽回或争取经济利益425万元。

【工会职工帮扶服务落实】区总工会下发《关于加强基层工会职工帮扶服务中心（站点）建设的意见》和《锡山区工会困难职工帮扶救助办法》。各镇级、村级和规模企业工会全面搭建工会帮扶服务工作平台，做到有窗口、有牌子、有资料、有制度、有台账。全区有110家基层工会建立职工爱心基金，并建立章程，规范运作。元旦、春节期间，各级工会筹措资金279万元，救助慰问困难职工2033人次。全区新增住院医疗互助保障项目参保职工23682人，在保24957人。女职工健康互助计划在保7264人，五年期大病互助保障新增1625人。区职工互助互济会向49人次发放互助金19.52万元。夏季高温期间，各级工会开展以“送清凉、送安全、送法律，问需于职工、问效于职工、问策于职工”为主要内容的“三送三问”活动，向4.8万名职工发放慰问款物155万元。开展金秋助学活动，全区各级工会向628名困难职工子女发放助学金79.9万元。

【工会工作基层夯实】以“基层组织建设深化年”为指导，全区各级工会加大宣传《中华人民共和国工会法》等法律法规的力度，主动与企业主沟通，工会组建工作取得新突破。全区新组建工会的企业333家，其中设立工会委员会的企业76家，吸收工会会员8532名。3月中旬，无锡宜家家居零售有限公司工会成立，标志着入驻锡山区的7家世界500强企业实现工会组织全覆盖。全年组织各类培训班28期，培训工会干部650人次。

【镇级工会重点工作项目化管理实施】 区总工会继续实施工会重点工作项目化管理。开发区、各镇（街道）、局（系统）工会高度重视该项工作，至年底，23个工会重点立项项目全部完成。开发区、区教育局等工会建立联系企业学校、定期走访、挂钩困难职工等制度，并以建设“职工之家”“教工之家”为载体，对职工进行心理疏导、法律咨询、就业指导等；东亭街道、云林街道、厚桥街道、区建设局等工会，深化行业工资集体协商、组织“双提双维”活动、加强劳动争议调解、妥善处理企业拖欠农民工工资问题，在稳定企业和职工队伍上狠下功夫；安镇街道、东北塘街道、区农林局等工会，充分利用职工培训基地、女职工教育示范点、现代农业实训中心，在催生职工文化团队、提高技能水平、更新业务知识中彰显作为；羊尖镇、锡北镇、东港镇、供销系统等工会，完善“职工创新增效”奖励制度、倡导班组创先争优、组织“六比六赛”活动、开展技能操作比赛，团结职工，为企业转型升级做出贡献；鹅湖镇、区卫生局、区交通运输局等工会，树立服务经济、服务企业的理念，加强“三好一满意”（服务好、质量好、医德好、群众满意）工程建设，与行政“手拉手”筑品牌，不断促进工会工作上新水平。

相关链接

双提双维：提升工会干部业务能力、提升工会工作实效，维护职工合法合理权益、维护企业和谐稳定。

六比六赛：比质量、赛优良，比速度、赛效率，比管理、赛成本，比科技、赛创新，比安全、赛规范，比贡献、赛业绩。

（李　胜）

共青团锡山区委员会

【概况】 2014年，锡山区各级团组织和广大青年按照“两个全体青年”的根本要求，切实履行组织青年、引导青年、服务青年、维护青少年权益的四项基本职能，全区共青团和青年工作稳步、有序发展，取得一定成效。全区有14～28周岁青年7.74万人，团员35602名，直属团组织20个，基层团支部（总支）892个；年内发展新团员3035名。

相关链接

两个全体青年：团的基层组织网络组织覆盖全体青年，团的各项工作和活动影响全体青年。

【基层组织建设深入探索】 巩固“两新”组织、专业市场、青年休闲集聚地、农村专业合作社等几大领域的团建工作，按照“基层组织建设深化年”的工作要求，进一步加强共青团在新经济组织建设、区域化团建等方面的工作，全年新建“两新”团组织85家，联合筹建锡山青年自组织孵化基地。加大基层青年社会组织建团力度，成立鹅湖“青春驿站”志愿服务队伍、羊尖“羊BOSS”大学生创业队伍、东亭“情暖社区”志愿者队伍等27家新青年社会组织。打造“服务型”团组织，在全区各级团组织中全面推行区域化团建、安置房小区团建、“组织格局创新”等服务青年工作。深化“跟团说个小心愿”走听办活动、“两新”组织“青春下午茶”、“青春驿站”志愿服务、“情暖社区”服务青年项目，多领域发现和凝聚基层工作力量，凝聚62名优秀青年骨干作为基层团组织的团干部和编制外团干部。

【区域化团建全面开展】 按照“地域毗邻、利益相关、资源互补”的原则，在青年休闲集聚地、工作集聚地、居住集聚地探索团建网格化管理工作。在镇（街道）范围内划分若干工作便捷、功能完备的团建网格，实行“1+2+X”的人员组织结构模式，每个团建网格由1名网格长（镇、街道或社区团干部、大学生“村官”），2名网格助理（团建基础较好的成员单位团干部或青年骨干），若干名商户、企业或社区青年组成，网格长负责指导网格团建、帮助协调经费、引导活动开展，网格助理联系普通青年、收集青年意愿需求、负责组织策划活动开展。团区委以“三进三助力”活动为契机，与无锡出入境检验检疫局、中国东方航空江苏有限公司无锡基地、中国工商银行锡山支行、无锡地铁集团有限公司运营分公司等单位结对共建。镇（街道）团组织广泛吸收区域内区属不同层级单位，学校、非公企业等不同领域的团组织或未建团单位，成立街道青年工作共建委员会，形成以街道团工委为核心的“一心多元”工作格局。

相关链接

三进三助力：创优品牌进基层，助力团建创新；资源下沉进基层，助力科学发展；团青骨干俯身进基层，助力配强基层团干部队伍。

【团干部履职能力提高】继续推进每年一次团干部培训班、每季度一次团干课堂、每月一次工作例会、不定期参观学习的工作制度。全年举办团干部培训班1期、团干课堂4次、工作例会10场，组织基层团干部和新任团干部参加现场交流会2场，团区委班子为基层团干部上团课2场。组织直属团组织书记到江阴市、北塘区学习区域化团建工作和社区团建工作。继续推进“三反馈一课堂”机制，实行以“工作量化考核”和“重点工作党政、青年满意度测评”为主体的考评体系，确保团干部切实履职。

相关链接

三反馈一课堂：“青春邀约”大访谈机制、团工作青年满意度测评机制、重点工作项目青年评价机制和团工作开放式研讨课堂。

【主题教育实效提升】以中华人民共和国成立65周年、“五四”运动95周年等重大纪念日为契机，开展“我的中国梦”“红领巾相约中国梦”“带上国旗去寻访”等主题教育活动，通过理论宣讲、主题团队日、带上团旗去寻访活动、知识竞赛等形式，加强理想信念教育，动员和激励广大青少年为实现中国梦做出贡献。增强典型示范作用。通过开展“我身边的好青年”“乡村好青年”“最美新型青年农民”等推荐评选活动，积极挖掘、宣传各领域优秀青少年，1人入选“江苏好青年”百人榜，1人入围“全国乡村好青年”候选人，3名创业青年入选无锡最美新型青年农民，1名创业青年入选省级最美新型青年农民。开展“青年好声音——我为核心价值观代言”活动，让优秀青年带头传播、践行社会主义核心价值观，释放青春正能量。

【价值传播途径拓展】利用新媒体技术，开创团员青年互动新空间，完善以“锡山青年汇”为品牌，涵盖微博、微信的新媒体平台建设。建立“一网三微”（锡山青年网、微博、微信公众号、微信群）新媒体工作矩阵，按照向下覆盖一级的原则，逐级建立覆盖区、镇（街道）、村（社区）三级专兼职团干部的微信群工作体系。借助“网上提议集聚——网下开展活动”“网上虚拟召集——网下实体执行”等模式，开展各类线上线下活动，不断推进网格化阵地建设，实现对基层青年全方位、立体式、无缝隙的联络、吸引和凝聚。开展农村青年信息服务平台建设，做好全区各村“农网中国”网站的常态化运营更新维护工作。建设一支200人的区级网络宣传员队伍，结合建党节、南京青奥会、国庆节、国家公祭日等重大节点，以编创、传播内涵丰富、形式时尚的网文、图片等形式，在网络上唱响青年思想引导的主旋律，形成强劲的青春正能量。

【鼓励青年创新创业】积极挖掘、联系、培养、推荐青年创业人才，做好青年创业项目和青年人才信息库建设工作。实施农村青年创业致富“领头雁”培养计划，成立全市首家新型青年农民联合会，为全区农业发展、农民致富贡献力量。探索青年创业园区建设工作，成立无锡万力控股创业园，为初创的青年创业者提供完善的技术创新和商务服务体系，并积极争取政府支持，推动区级创业孵化相关支持政策的出台。积极开展青年创新创业大赛，评选优秀创业项目，为创业青年提供场地、资金、技术支持，并推荐创业青年参与市级创业大赛。深入实施青年创业信贷扶持工作，继续做好农村青年信用示范户创建，协助创业青年获取优惠信贷资金。

【凝聚青年服务人才】加强锡山青商“星”基金的管理运作，借助“六一”儿童节、群众路线教育实践活动、“走听转办”活动，为全区部分贫困儿童达成心愿，帮助他们成长成才。积极组织企业家参加团市委组织的青商会活动和青商会企业就业创业见习基地对接工作。做好兄弟市区青商会的交流互访，组织“锡山青商惠山行”活动。积极做好人才强企、青商先行工作，借助万力商学院、红豆大学等基地，做好青商会企业的人才培养工作。做好市青联委员的考核推荐，协助团市委做好市青联换届工作。

【引导青年服务社会】深化青年志愿者队伍建设，积极凝聚一批志愿者组织和社会公益团体，创造性地开展各类志愿服务活动，发现、引导青年志愿者团队、青年自组织和有公益服务意向的青年参与认领公益项目，各级团组织全年实施10个公益项目，“青春万花筒”和“温情绿色康复路”两个助残项目入选市级青年志愿者助残“We爱阳光行动”首批助残小微项目。组建安全生产志愿者、环保志愿者等专业队伍，发挥青年志愿者在生态环保、爱心助困、文明倡导、社区服务等方面的作用，汇聚青少年力量服务社会。动员全区青年志愿者积极参与文明城市创建，开展公共场所文明劝导、文明交通执勤、文明社区建设等志愿服务，全力以赴配合做好党委和政府的各项工作。

【服务青年就业需求】积极开展“职场微体验，暑期莫宅家”就业见习行动，为300余名青年提供见习岗位。加强青年就业创业见习基地建设，与中国青年政治学院合作成立的共建基地，吸纳10余名大学生到社区、企业开展为期1个月的就业见习活动。深入开展锡山青年职业生涯规划论坛、“我的青春故事”成长交流会，引导青年树立务实的就业观念。开展共青团蓝领课堂、青年职业达人比武、“青年岗位能手”评选等活动，推动青年职工提升岗位技能。

【青少年关爱行动】加大希望工程“圆梦行动”助学力度，广泛发动社会各界力量，筹集爱心助学款项，全年发放助学金近5万元。继续加强关爱新市民子女行动，做好“希望来吧”的常态化运行管理工作，各级共青团开展关爱新市民子女志愿服务活动20次。不断提高青少年的自我保护意识和自我保护能力，开展暑期青少年禁毒宣传、青少年模拟法庭和青春自护情景剧等活动。拓宽青少年诉求表达渠道，开展以“青年社会组织的发展与建设”为主题的“共青团与人大代表、政协委员面对面”活动。

【重点青少年群体服务管理加强】全面深化“青春红丝带123”计划，按照重点青少年群众“成长护航工程”要求，在继续做好“五大保障体系”（政策保障、经费保障、组织保障、信息保障、阵地保障）、动态管理“四色”（红色、橙色、蓝色、绿色）分类法入库的基础上，围绕“暖心、助业、引航”开展帮扶活动。全区有不良行为青少年81人，闲散青少年276人，服刑强制人员未成年人子女26人，流动留守儿童37973人。通过健全网络、教育宣传、制度保障、部门联动等方式，统筹各方资源，做到不良行为青少年有监管，闲散青少年有服务，刑事解教人员未成年人子女有关爱，流动留守儿童有帮扶。（蒋华佳）

锡山区妇女联合会

【概况】2014年，全区各级妇联组织主动适应社会发展新要求，紧紧围绕区委、区政府中心工作，解放思想、开拓创新、务实奋进，开创了服务型妇联组织建设的新局面。年末，全区有镇（街道）妇联9个，系统党委妇委会11个；村（社区）妇代会（妇联）118个；“两新”组织妇代会233个；机关（事业）妇委会58个。全区有1户家庭被评为“江苏省五好文明家庭标兵”，两户家庭被评为“江苏省五好文明家庭”。在全区各行各业评选出区级“三八”红旗集体21个、“三八”红旗手（标兵）64人、“五好文明家庭标兵”12户、“五好文明家庭”100户。

【全区妇女工作会议召开】3月7日，全区妇女工作会议召开。区委主要领导到会作重要讲话，区委分管领导作题为《推进妇女发展，建设幸福锡山，动员全区妇女为全面深化改革做贡献》的工作报告，明确将锡山建设成苏南妇女儿童工作率先发展实践区的发展目标，为锡山区以后的妇女工作指明方向。同时，积极营造舆论氛围，在《新锡山》简报上开设《优化妇女发展环境 推进妇女事业发展》《巾帼建新功，共筑中国梦》专版和“巾帼芬芳”专栏。

【“云家教”服务品牌培育】开通“云家教”微信公众订阅号，2014年推送信息71期。发挥“云家教”服务中心作用，扎实做好线上线下家教咨询工作，全年接受各类咨询320人次。持续开展家庭教育“金手指”工程，举办“家庭教育进万家”公益讲座，邀请天一中学校长沈茂德作《如何帮助孩子们走向卓越》家教讲座。规范家长学校建设。锡山区朝阳网上家长学校、东湖塘中心小学家长学校等10所家长学校分别被评为“市级示范（优秀）家长学校”。加强家教理论研究。举办现代家庭教育优秀案例征集活动，征集家教征文600余篇并择优编印成《家庭教育选萃（八）》，向广大家长赠阅。“云家教”项目获“2014年无锡市未成年人思想道德建设工作目标管理项目金奖”。

【“花开四季”家庭创建活动深入推进】开展“与爱同行”家庭美德系列活动，汇编全区家庭美德典型宣讲稿，举行区家庭美德巡讲，全年组织开展家庭美德专题宣讲活动9场。寻找“最美家庭”，累计向上级妇联推荐“最美家庭”24户。开展传承好家训、培育好家风、弘扬“孝文化”、共筑“中国梦”——治家格言征集活动，征集到治家格言675条并择优制作成书签。基层妇联家庭创建活动各具特色。通过举办文明家风交流会、家训家规评议会、自编自演文艺节目、社区公益活动等家庭美德实践活动，引导广大妇女和家庭提升家庭文明水平。

【巾帼志愿文化建设蓬勃发展】“风信子”志愿团作用发挥良好。组织“风信子”志愿者参加无锡环太湖国际马拉松赛志愿活动，探索完善志愿者服务时间记录认证工作。“风信子”巾帼志愿团被评为“江苏省十佳巾帼志愿服务队”。“缘在E天地”联谊会成效初显。以服务单身男女青年交友为宗旨，联谊会组织线下活动8次，开展个案辅导近50次。“巾帼志愿百队千人走社区”活动深受欢迎。全区妇联系统组织巾帼志愿者广泛开展扶贫帮困、助老助残、绿色环保、文化教育等各类公益活动92场次，参与的巾帼志愿者近1600人次。

【女性就业创业援助行动深化】实施女性创业飞翔计划，培育市级巾帼创业示范园区（街区）1个、女性创业孵化园1个、巾帼科技创新示范基地1个、女性就业创业实践基地6个。继续实施千名困难妇女技能培训、农村妇女劳动力转移培训，全区举办家政服务、SYB创业培训等各类培训班26期，培训各类妇女1427人。与区人社局等部门开展常态化合作，举办“三八架金桥，春风送岗位”女性专场招聘会，落实好妇女创业小额贷款政策资源，发放妇女创业小额担保贷款和劳动密集型小企业贴息贷款699万元。完成区女企业家协会换届工作。选举产生区女企业家协会新一届领导机构，新一届女企业家协会有会员62名，会员规模日益扩大、结构更趋合理。

【妇女儿童事业全面推进】推进“十二五”妇女儿童发展规划的实施。认真迎接区人大对锡山区贯彻实施《中华人民共和国妇女权益保障法》情况的执法检查，对妇女财产权益保障、非公企业女职工劳动保护等热点、难点问题提出建议。认真做好区政协三届三次会议《关于进一步维护我区妇女权益的提案》的办理工作，对妇女平等就业权、劳动权利保障、人身权利保护等展开调研并提出相应的对策措施。

【妇女维权工作扎实有效】积极推进社会化维权工作格局。推出镇（街道）妇联与律师事务所“联所联动”新举措，区妇联、区司法局成立区妇女儿童维权女律师联谊会，开展女律师法律服务进镇（街道）结对签约活动，组织各镇（街道）妇联与各律师事务所签订法律服务结对协议。加强妇女法制宣传教育，编印普法宣传折页5万份。“三八”维权周期间，开展16场普法宣传咨询活动，活动覆盖人数5000余人。2014年，区妇联接待来信、来访、来电36起，全部得到协调处理。

【关爱弱势群体形成合力】开展“社会妈妈助春蕾”“关爱缺失儿童”结对“四送”（送健康、送知识、送关怀、送快乐）活动，连续第8年与区卫生局联合开展孤儿、优秀贫困生免费体检工作，为全区72名儿童进行免费体检。与101医院结对共建，为全区2300余名群众提供总价46万元的免费健康体检。开展蒲公英行动“爱心妈妈”与流动儿童结对活动，开设“自护课堂”，向广大家长普及关于儿童自我保护的知识。

【服务型基层妇联组织建设开展】深入开展党的群众路线教育实践活动，大力开展妇女儿童家庭社会项目化工作。其中，东亭“寸草心”公益书屋、东北塘“暖心驿站”社区单亲家庭幸福成长计划、东亭“绚丽双丝带”两癌妇女康复关爱项目分别入选市、区2014年公益创投项目。携手中国香港义工梁嫣红开展“锡山区妇女儿童家庭社会工作项目”培训沙龙，组织项目负责人参加无锡市女性社会组织负责人培训班，对全区145名基层妇女干部开展包括《公益创投项目的创意、设计与开发》《婚姻家庭心理调适》《信息工作业务辅导》在内的培训活动。强力推进妇联工作“一镇（街道）一特色”建设，各板块妇联特色工作基本形成，妇联干部的工作绩效意识、社会动员意识、资源整合意识不断提高，妇联工作的专业化、社会化转型初步形成。　（陈　薇）

锡山区科学技术协会

【概况】2014年，全区各级科协组织及所属团体，按照“三服务一加强”的工作定位，不断解放思想，创新工作能力，打造工作品牌，激发全区广大科技工作者的智慧和力量，全面提升创新发展能力，工作突出“四个强化”，力求提升“四个能力”，为建设富强美丽和谐幸福现代化新锡山做出新的贡献。全区有镇（街道）科协9个，村（社区）科普工作站116个；科协所属学会（协会、研究会）12个；科普志愿者队伍4支、科普工作队10支、科普讲师团12个，科普志愿者6100名。

相关链接

三服务一加强：为广大科技工作者服务，为经济社会全面协调可持续发展服务，为提高公众科学文化素质服务；加强自身建设，提高服务能力。

四个强化：强化科普基础设施建设，强化科普宣传，强化科技创新，强化自身建设。

四个能力：科普工作承载能力，服务公民科学素质提高能力，为经济社会发展服务能力，科协工作创新能力。

【学术交流水平不断提高】区公路学会与无锡市通达道路养护工程有限公司协作开展的“快速混凝土修复灵的研发及产业化”项目，被评为市“厂会协作”优秀项目，并获得1万元项目奖补资金。区医学会新申报科研项目2项，并获得市级科研立项；组织省市两级培训865人次；《急性缺血性卒中患者血浆脑钠肽水平与阵发性心房颤动的相关性研究》等10篇论文参加无锡市自然科学论文评选活动。区农村金融学会、区国税分会和区土地学会开展年度优秀论文评选活动，汇编成优秀论文集，向会员发放，展示学会学术研究成果。

【海智资源向企业一线聚集】面向企业推进“海智计划”，采用发布海智资源至企业和征集企业需求“双线”并行的手段，依托市科协海智资源，重点寻求装备制造领域海智工作新突破。7月，组织20家企业参加由省市科协和芬兰赫德米亚商业发展公司主办的国际科技频道第二次网上国际视频会议，与“等离子切割机”等8个项目进行视频接洽。全年征集企业需求40项，向企业发布海智资源100余条，确定无锡市锦和科技有限公司等3家企业为重点服务的科技型企业。在建有科协组织的企业中扎实开展以“节能、减排、低效”和“节能降耗”为主题，促进企业自主创新能力和企业效益提高的“讲理想、比贡献”活动。全年有13家企业的79名科技人员参赛，立项14项，完成立项14项，提出合理化建议22条。

【科普示范创建常抓不懈】对照省市科普示范镇（街道）、村（社区）创建标准，按照“创建一个、达标一个”的工作思路，东港镇创建成江苏省科普示范镇，厚桥街道中东村和东亭街道春星社区被评为“江苏省科普示范村（社区）”；锡北镇和云林街道被评为“无锡市科普示范镇（街道）”，安镇街道安西村等6个村（社区）获得“无锡市科普示范村（社区）”称号。至年末，全区有国家级科普示范基地2个、社区科普益民计划示范社区1个；省级科普示范镇（街道）2个、社区科普益民计划示范社区1个、科普示范村（社区）5个、科普教育基地2个、科学教育特色学校2所；市级科普示范镇（街道）6个、科普示范村（社区）24个、科普教育基地17个、科普示范家庭10户、科学教育特色学校3所，起到了很好的示范带动作用。

【科普基础设施日益完善】全年新建东港镇山联村综合科普馆和厚桥街道谢埭荡村渔文化科普馆两家村级科普馆，锡北镇周家阁村科普馆设计方案通过并开始建设，建成后将成为锡山区最大的村级科普馆。全区累计建成7家村（社区）科普馆，通过普及健康养生、节能环保、安全生活等和居民息息相关的科学知识，引导居民养成科学合理的生活习惯。针对部分市级以上科普示范村（社区）科普设施老化现象，筹资20余万元在东亭街道柏庄社区等9个村（社区）的室内外科普活动场所统一安装标准化科普画廊，为安镇街道安南村等10个村（社区）配置全新的科普图书架。

【品牌科普活动重点突出】在科普宣传周和全国科普日期间，区科协与区全民科学素质行动计划纲要小组成员单位，举办以食品安全、安全生产和节能环保等内容为主题的一系列科普活动。区科协，各镇（街道）、村（社区）和区级学会（协会、研究会）开展科普集市进社区、科普竞赛进校园和广场科普展等活动40余次，受众2万余人；编印科普画册1000册，制作科普展板20套；悬挂各类科普宣传横幅、标语100余条；举办各类科普培训班及科普讲座20余期（场）。

【青少年科普活动注重实效】区科协、区教育局举办锡山区第六届学校科技节、区第二届小学生科学素养大赛等重大比赛，取得显著成效。积极组织全区青少年参加各级各类青少年科技竞赛，比赛成绩优异。天一中学、荡口实验小学和锡山中等专业学校在全国中学生天文奥林匹克竞赛、第二十五届江苏省青少年科技创新大赛和江苏省第八届“校园之间”智力竞技活动总决赛上均获得一等奖以上荣誉；锡东高级中学、天一实验学校、鹅湖中学被评为“江苏省青少年科技教育特色学校”；荡口实验小学教师王伟忠被授予“江苏省优秀青少年科技辅导员”荣誉称号。

【科普惠农兴村成效增强】积极组织申报上级科协“科普惠农兴村”项目，无锡市宛山农业种植专业合作社被评为“江苏省科普惠农服务站”；厚桥街道中东村皇冠梨种植带头人吴雪村被评为“江苏省科普惠农兴村带头人”。全区累计有省级科普惠农兴村先进单位2家，科普惠农服务站5个；市级科普惠农服务站3个。鹅湖镇圩库水产合作社和安镇街道亲亲园艺有限公司获“无锡市百名科技专家兴农富民工程示范基地”称号，获奖励资金各1万元。通过抓好农业科技服务，促进农民增收致富，全年组织区农业科技“110”讲师团专家授课，积极发挥全区农业科技教育网点作用。（钱　玮）

编辑：袁　渊

【锡山区非物质文化遗产】

传承人周凤元在制作竹篮　（区文体局 供稿）

竹篾工艺

竹篾编织是一种富有地域特色的民间工艺，源于明末清初，在太湖、洞庭湖等地发源，距今400多年历史。竹篾编织曾是鹅湖镇新桥村做篮角自然村的传统营生，全村男女老少都会做篮，其中周银虎一家的竹篾编织工艺最好。该竹篾编织工艺清末由周银虎传与其子周大兴，民国时期再经周大兴传与其子周凤元。三代竹匠手艺高超，编织的各种竹篮及竹篾制品精巧，深受群众喜爱。随着塑料用具的广泛使用，竹篮需求越来越少，因拆迁安置，老传承人周凤元搬入安置小区，做篮空间受到限制，竹篾编织民间技艺随时有可能消亡。竹篾工艺属传统技艺，于2010年被列入无锡市第一批非物质文化遗产保护项目扩展名录。

7月25日，区总工会开展高温季节慰问活动

（金小洪 供稿）

5月23日，天一中学校长沈茂德作科学家教公益讲座

（区妇联 供稿）

1月，区科协与东港镇山联村共建的综合科普馆落成开放

（区科协 供稿）

5月，在科普宣传周期间，区全民科学素质成员单位到荡口古镇发放科普宣传材料
（区科协 供稿）

9月，区公路学会与无锡市通达道路养护工程有限公司“厂会协作”项目专家评审会召开
（区科协 供稿）

武装·法治

Armed Force, Rule of Law

3月12日，锡山区政法工作会议召开　　（区人武部 供稿）

人民武装

【概况】2014年，全区两级武装部门紧紧围绕党在新形势下的强军目标，按照年初区委常委议军会议部署要求，坚持强化党管武装，服务地方发展大局，突出重点，狠抓落实，较好地完成了年度军事工作各项任务。区人武部党委被无锡军分区表彰为先进团级党委。

【思想政治建设】组织每季度的理论学习和“牢记强军使命、献身强军实践”“讲党性、守党规、严党纪”、中共十八届四中全会和全军政治工作会议精神的学习贯彻。结合整组点验、民兵分队训练和夏季征兵，组织民兵预备役人员武装掌握意识形态斗争新动向、新特点，利用节日战备时机，有针对性地开展形势政策教育。从有限的经费中拿出十余万元，先后对区人武部部史馆进行改造，在营区内设立强军目标大型标牌，在办公楼内张贴军营文化标语牌30余幅，制作反映历史沿革的宣传录像片和宣传画册，进一步营造了学习宣传贯彻强军目标的浓厚氛围。

【军事斗争准备】进一步修订完善作战方（预）案，调整国家动员委员会指挥机构，加强日常战备综合整治。投入5万元，新增值班室视频系统、营院监控系统，配齐战备物资器材，战备分队常抓不懈，战备工作有效落实。高标准完成无锡军分区赋予的党委班子岗位练兵先行试点任务，突出军事政治理论学习、技能体能训练，开展“每天一小时体能、每周一百道军政理论题、每月一图”训练，干部“六会五能”素质不断提高。上半年，完成全区9个镇（街道）基干民兵编组任务；5月，区民兵应急分队接受上级整组点验；按照《民兵军事训练大纲》和军事训练计划，组织完成3大类7个专业273人的民兵军事训练，训练成绩均在良好以上。着眼提高民兵应急分队执行任务的能力，组织各镇（街道）应急分队进行集中联训。3月，组织全区基层111名民兵营长在无锡市国防教育基地进行为期5天的专业集训，主要对战备工作、民兵训练、民兵组织建设、征兵工作、民兵情报等内容进行辅导授课，取得较好的效果，基层民兵干部队伍整体素质得到提高，该做法被无锡军分区转发。4月，锡山区参加无锡军分区组织的基层武装部长集训，取得团体第三名、两个单项第一名的好成绩。

相关链接

六会五能：会读、记、算、写、画、传，分析判断能力、运筹谋划能力、组织协调能力、检查指导能力、研究创新能力。

【党委班子建设】认真开展好党的群众路线教育实践活动，按照“照镜子、正衣冠、洗洗澡、治治病”的总要求，紧扣强军目标，围绕反对“四风”，认真抓好教育实践活动的贯彻落实。在学习资料上，做到“六有”（有剪贴本、有笔记本、有资料汇编、有录像片、有学习园地、有活动专栏），并为每名党员干部购买《之江新语》和《干在实处，走在前列》等书籍。组织大家围绕“为民务实清廉”和“军队要像军队的样子”两个主题，分别开展马克思主义群众观以及战斗力标准大讨论。组织干部职工观看《周恩来的四个昼夜》等录像片，组织党员干部到无锡市烈士陵园、新四军六师师部旧址纪念馆等红色教育基地重温入党誓词，进一步增强全体干部职工参加教育的自觉性。针对“四风”方面查找问题，逐一进行分类梳理，进行整改落实，确保纠治问题不推、不拖、不懒、不赖。认真落实中央“八项规定”、军委“十条规定”和军区“十二条规定”，提高廉洁意识、服务意识。

【安全稳定工作】牢固树立安全发展理念，定期开展安全教育，讲评安全工作，做到学习教育常抓、思想工作常做、安全形势常议、检查整顿常搞，干部职工的安全意识不断增强。以“人、车、密和营院”为重点，认真抓好“三防四反”，扎实开展隐患排查，提高安全管理效益。认真贯彻落实条令条例和规章制度，重点抓好人员教育管理、车辆使用保养、保密办公、营院管理和值班制度的落实。严格实行安全工作责任制，形成群策群力、群防群管的良好局面。严格保密办公和外来人员的审查登记制度，加强文电传递、涉密载体全过程的安全管控，投入1万元对区人武部主控机房进行防盗门窗的安装。针对暴力、恐怖事件频发的情况，升级改造营区监视系统和门禁系统，给值班人员配备高压电警棍，安装“110”报警联动系统，确保紧急情况能够迅速处置。

相关链接

三防四反：防敌对势力渗透、防不法分子破坏、防腐朽思想文化侵蚀，反渗透、反策反、反心战、反窃密。

【基层全面建设】组织区委常委议军会议，通过述职、文件学习、座谈讨论的形式，进一步增强地方领导干部的国防意识。认真落实无锡市委、市政府、军分区出台的《加强人民武装基层建设三年规划（2012~2014）》文件精神，结合年度工作部署大会，及时部署年度工作和基层规范化建设任务，基层各项工作全面开展，形势良好。

【兵员征集完成】贯彻征集优质兵员的指导思想，切实把好体检、政审、审批定兵关口。针对2014年无锡军分区提出的“新兵大专以上文化程度必须达到55%”的要求，进一步加大宣传力度，做到网络有专栏、报刊有专版、街头有标语、社区有橱窗，营造浓厚的社会氛围。在兵员征集过程中，严把体检、政审、审批定兵等关口，保证征兵工作在公开、公平、公正的环境下运行，在全区广大人民群众中树立党和政府以及军队的良好形象。全区兵员征集任务圆满完成，大专以上文化程度56%，超出无锡军分区提出的要求。（霍　军）

人防工作

【概况】2014年，全区人防建设工作围绕年度目标任务，认真分解，有序推进，逐步落实，人防指挥通信、人防工程建设、人防宣传教育、人防依法行政、社区民防工作等各项任务圆满完成，人防建设工作迈上新的台阶。

【人防指挥通信建设】优化防空警报器布局，按照完善锡东新城布局、以安置房小区为重点的思路，在认真勘察、选点的基础上，12月在锡东新城水岸佳苑等4个大型安置房小区和东港镇政府安装5台一体式防空警报器，进一步优化全区警报器布局。11月初，对全区警报设施进行巡检，及时排除警报器故障，保证所有警报设施处于良好状态。11月20日，召开全区警报设施维护管理人员培训班暨警报试鸣任务布置会。11月25日，认真组织警报试鸣工作，对警报设施进行最后的调试，所有警报设施责任人认真到位值守，及时上报警报器工作情况，保证了警报试鸣顺利进行。

【人防专业队整组训练】按照人防专业队整组的要求，认真汇总区有关部门和各镇（街道）统计上报的人防专业队和民防志愿者队伍情况，及时建档。4月25日，完成区人防专业队和民防志愿者队伍年度整组。认真抓好人防队伍的业务培训活动，努力保证人防训练计划的落实。4月，组织相关人员到警报设施生产厂家参观培训；8月，区人防指挥通信人员参加全省人防指挥通信培训班；9月，邀请无锡市民防应急救援大队专家在锡山公安分局巡防大队驻地开展区人防应急分队队员民防专业技能集中培训活动；警报试鸣期间，组织区消防和医疗救护专业队伍参加在羊尖中学举办的区防空防灾综合演练。

【人防工程建设与维护管理】区人防工程建设继续保持持续快速发展的良好势头，全年人防工程建设新立项15个，新开工11个，新竣工9个，全面超过年度指标，工程实际建设量特别是人防工程竣工量远超指标。加大监管力度，保证人防工程建设质量，在监管过程中坚持质量第一原则，不符合质量标准的，坚决不允许转入下一个建设环节。与市人防质监站沟通协作，对区域内所有人防工程建设项目从审报、开工、主体验收、工程竣工验收到最后的工程备案等主要环节共同把关，确保工程建设质量。规范建设行为，开展人防工程建设管理专项治理，针对人防工程建设与管理方面存在的突出问题，根据市民防局（市人防办）的统一部署，从8月开始，在全区组织开展人防工程建设与管理专项治理，重点规范民用建筑配建防空地下室审批及相关费用、人防地下停车库（位）管理等行为，同时配合市民防局（市人防办）维护人防工程建设市场秩序，深入推进治理工作。提高服务水平，建设人防工程管理信息系统。根据市民防局（市人防办）的要求，坚持从区人防办实际出发，本着节约、高效的原则，利用局办公场所，建成区人防工程管理信息系统，提高人防工程管理的信息化水平，增强行政权力网上运行的透明度。

【人防依法行政】努力提升人防行政服务水平，认真执行从2014年1月1日起施行的《无锡市结合民用建筑修建防空地下室行政许可管理办法》，做到依法行政。同时，坚持服务发展的理念，充分考虑项目开发建设的需求，积极做好开发企业与市民防局（市人防办）之间的沟通协调，取得上级的关心和支持，保证新办法稳妥顺利施行，既支持了企业发展，又增加了非税收入。全年办件32件，收取易地建设费2533万余元。

【人防宣传教育】 抓好小学民防教师培训活动，深入推进小学民防教育普及，在区教育局的配合下，全区完成小学民防知识教育普及工作，并组织全区小学民防教师参加全市小学民防知识教育教师培训班。组织东亭实验小学开展防空防灾疏散演练和参观市民防科普教育体验馆夏令营活动。先后参加3月开展的全区志愿者活动月暨“三下乡”活动，5月开展的全区“防灾减灾日”宣传周和全国科普宣传周等活动；11月，区人防办、区地震办共同举办防空防震宣传月活动。在区建设局网站、市民防网站、《江苏民防》等载体上广泛宣传人防知识，增强全社会的人防意识。全年在省民防网站发布信息1条、图片2张，在《江苏民防》杂志上发表文章1篇，在市民防网站发布信息22条、图片8张，在区建设局网站发布信息5条、图片9张。

【民防工作进社区】 经过近几年民防进社区的建设工作，全区民防工作进社区实现全覆盖。2014年，在完成7个社区民防工作的基础上，坚持以示范带动普及的思路，重点在厚桥街道太芙社区开展民防工作，借助防灾减灾示范社区的创建，通过开展防空减灾知识宣传、组织应急疏散演练、举办防空防灾技能培训班等形式，开展形式多样的人防宣传教育活动。同时，在市民防局（市人防办）的支持下，主动融入太芙社区睦邻中心防灾减灾科普馆建设，为其配发民防器材，帮助其完善民防工作进社区的相关电子台账，取得明显成效，太芙社区睦邻中心防灾减灾工作在全市社区民防工作推进会上作经验交流。

（刘胜利）

综合治理

【概况】 2014年，全区政法系统认真贯彻落实中央和省市政法工作会议精神，紧紧围绕区委、区政府工作大局，坚持不断增强人民群众的安全感，坚持让人民群众切身感受到社会的公平正义，通过深化法治建设“六项工程”和推进平安建设“六项行动”，进一步提升“平安锡山”“法治锡山”和基层基础建设水平，全区政法各项工作取得新的发展和进步。

相关链接

六项工程：法治政府阳光工程、公平正义保障工程、法治惠民实事工程、法治宣传全覆盖工程、法律服务无缝隙工程、民主自治强基工程。

六项行动：严打整治涉及民生犯罪行动、治安防控体系强化行动、公共安全监管强化行动、社会治理创新促进行动、网络舆情管控优化行动、基层基础建设创新行动。

【社会和谐稳定】 加强国家安全人民防线建设。集中开展国家安全法教育宣传活动，有效提升人民群众国家安全法规意识。健全基层网络信息报送机制，落实重大社情报送工作制度，提升基层重大社情掌控平台建设水平。大力加强反恐怖工作，密切掌握和严密防范境内外敌对势力、敌对分子和邪教组织的渗透破坏活动，全面做好系列重大敏感日期的安全保卫工作。全面加强“社会稳定风险评估”（简称“稳评”）全覆盖工作。建立完善“程序嵌入”“应评尽评”稳评机制，突出依法行政，增强法制观念，坚决运用稳评成果，对手续不齐全、条件不成熟、群众不同意的项目一律暂缓或不予实施，从源头上消除不稳定隐患。全年报备稳评项目44个，其中实施稳评18个。扎实开展矛盾纠纷排查化解工作。扎实推进社会矛盾纠纷网格化预警排查工作，落实网格责任，及时把矛盾纠纷解决在萌芽状态。区综合治理办公室每月组织召开由法院、公安、司法、法制办等部门参与的矛盾纠纷协调会，并形成会议纪要。全区各级调解中心受理矛盾纠纷2035件，调处成功率99.3%，劝阻群体性上访86起、3367人。进一步健全应急处置机制，完善重大社会安全事件联合应急处置预案，按照预防在先、发现在早、处置在小的原则，对各类不稳定因素和隐患开展动态式、滚动式、地毯式排查，牢牢把握维稳工作主动权。建立健全维稳信息处理机制。建立维稳信息“日常交办督查”工作机制，全年跟踪督办各级领导批示交办件300余件，编报《锡山区突出涉稳信息预警专报》3期、《不稳定信息处置基本情况旬报》22期、《全区突出不稳定问题汇总情况》9期，召开各类稳定专题协调会议40场次。喜洋洋饭店职工工资纠纷、无锡通容电子有限公司职工经济补偿纠纷、无锡星网物流有限公司经营权纠纷、东北塘芙蓉山庄物业纠纷等重大群体性纠纷得到妥善处置。在党的十八届四中全会和南京青奥会期间，锡山区未发生有影响的群体性事件和重大事件，确保了全区经济社会的和谐稳定。

【公众安全感和满意度增强】 依法惩治违法犯罪活动。始终保持对刑事犯罪的严打高压态势，形成依法严厉打击、及时主动打击、准确有效打击的工作格局。全年破获各类刑事案件1029起，抓获犯罪嫌疑人1112名，其中刑事拘留748人、逮捕491人、起诉1079人，侦破经济案件47起，查处经济违法犯罪人员86人，挽回经济损失6958.25万元。强化治安防控体系建设。健全社会面巡防机制，建立120人的锡山巡防大队，各镇（街道）全部建立30人以上的巡防中队。切实抓好视频监控系统建设，努力实现主要路网、重点场所技防全覆盖。着力抓好拆迁安置小区技防设施建设，对新建安置小区实行技防设施同规划、同建设、同验收、同使用；对尚未安装技防或建设不完善的安置小区，按照“统一规划、分步实施”的原则，逐步进行改造完善。开展治安重点地区整治。为全面净化社会环境，消除治安死角，根据省市统一部署，全力抓好治安重点地区排查整治工作，对群众反映强烈的治安重点地区，分批分期进行联合整治，有效改善治安环境。全年治理重点地区1个，查处黄、赌、娼案件338起，摧毁涉赌、涉娼团伙30余个，查处涉赌、涉娼人员1021名，捣毁窝点80余处。

【“法治锡山”建设推进】进一步强化执政能力建设。加强领导干部的依法行政意识和执政能力建设，坚持党委中心组学法和政府常务会议学法常态化；坚持领导干部任前依法行政能力测试制度化，全年对24名拟任副科职以上领导干部进行任前依法行政知识测评。进一步强化执法能力建设。在依法行政方面，规范行政执法行为，切实加强行政指导工作，提升政府形象；大力推动行政处罚结果公开，以公开促公正。在公正司法方面，深入开展“忠诚、为民、公正、廉洁”主题教育实践活动，开展政法部门执法为民“六项承诺”；全面实施办案流程网上管理、法庭审理全程直播和裁判文书网上公开；开展失信被执行人相关信息集中公布公示活动，首批33名失信被执行人信息一经公开，引起社会强烈反响，收到积极效果。进一步强化公共法律服务建设。通过深化法律援助“三级三化”工程和覆盖城乡的法律援助服务体系，形成农村半小时、城区1刻钟的法律援助服务圈。加强“12348”法律援助专线建设，实现“应援当援、应援尽援、应援优援、应援共援”的工作目标。进一步加强法治文化建设。继续加大投入，不断加强基础阵地建设。全年新增锡北天富法治文化广场等基层法治文化阵地4个、法治文化宣传站台广告13面。积极倡导社区法治文化建设。围绕“四民主、两公开”，从规范制度建设着手，不断完善基层自治机制，推动“政社互动”，扩大自治范围，提升自治水平。进一步提升法治建设知晓率和满意度。组织开展“感知正义·走近政法”系列活动。针对社区广大干部群众，在全区范围内开展“感知正义·争创学法守法好家庭”活动。针对在校青少年学生，开展“感知正义·争做遵纪守法小公民”活动。针对全区所有生产企业，开展“感知正义·争创诚实守信依法经营好企业”活动。整个活动从4月中旬开始，到12月底结束，有2000余人次参加30余场庭审观摩活动。公民通过参与和观摩庭审，真切体验法治进程，为全民守法奠定了基础。

相关链接

六项承诺：忠于职守、严格执法，秉公办案、公正执法，言行规范、文明执法，公开透明、阳光执法，便民利民、高效执法，严肃纪律、廉洁执法。

三级三化：区法律援助中心示范化、镇（街道）法律援助工作站标准化、村（社区）法律援助联系点便民化。

四民主、两公开：民主选举、民主决策、民主管理、民主监督，村（居）务公开和财务公开。

【基层基础建设全力夯实】积极推进综治硬件规范化建设。完成区社会管理服务中心建设，实行社会管理涉稳主要职能部门联合办公、社会管理事务集中受理；各镇（街道）政法综治工作中心全部实行实体化运作标识标牌、上墙制度统一；各村（社区）综治办全部实现综治办、警务室、治安保卫委员会、调解委员会等一体化运作。积极开展新经济组织综治组织建设。以大中型企业、城市综合体、工业园区、大型商贸物流市场等为重点，全区规模以上企业（市场）按照要求建立综治办，规模以下企业（市场）建立综治工作联络员，进一步强化基层基础建设，不断提高全区新经济组织社会管理综合治理工作水平。继续深化系列平安创建工作。在深入推进平安镇（街道）、平安村（社区）等区域性创建的基础上，进一步完善基层系列平安创建的体制机制，积极推广“一镇多品”“一行多品”创建，形成特色品牌，实现行业的经营管理与系列平安创建活动的良性互动、共同发展。加快民主法治建设。紧紧围绕“四民主、两公开”

进一步完善各项自治制度，规范管理机制，扎实推进基层民主法治建设；以“基层组织建设提升年”为契机，进一步选强配好带头人，切实抓好“一办六组”和“一站五员”工作机制的推进，不断夯实基层组织建设。

相关链接

一办六组：一个法治工作办公室，下设依法行政工作小组、公正司法工作小组、法制宣传教育工作小组、依法经营管理工作小组、基层民主政治建设工作小组、法治创建督查指导工作小组六个工作小组。

一站五员：一个法治工作站，由法制宣传辅导员、村（居）务公开监督员、矛盾纠纷调解员、法律咨询服务员、治安防范巡查员“五大员”组成。

（蔡洪中）

公安工作

【概况】 2014年，面对复杂多变的国内外经济形势以及急难险重的维稳、反恐和安保任务，锡山公安分局着眼长远谋划工作，立足实际求实效，继续深化推进“诚信、人文、有序、创新”的特色警队建设，坚持诚信做人底线，以法治思维引领全区公安民警深入贯彻落实各项工作，始终维护辖区大局安定、社会安全、群众安宁的良好局面，推动全区公安工作和队伍建设取得新发展、新成效。

【打防主业稳步推进】 组织开展打防“两盗一扒一骗”“禁毒百城会战”等一系列专项斗争，先后成功侦破各类刑事案件1029起，抓获犯罪嫌疑人1112名，其中刑事拘留748人、提请逮捕491人、移送审查起诉1079人；摧毁各类犯罪团伙31伙、156人，抓获网上逃犯143名，云林“3·1”故意伤害致人死亡案、羊尖“10·19”特大绑架杀人焚尸案等6起命案全部告破；查处黄、赌、娼案件338起、1021人，摧毁涉赌、涉娼团伙30余个；破获各类经济案件47起、86人，挽回经济损失6958.25万元；破获毒品刑事案件76起，其中公安部督办案件2起，查处涉毒人员550人，比上年上升9.78%。在加大破案攻坚力度的同时，锡山公安分局进一步严密社会面防范，建立巡防工作常态化机制，实施以各商业、人口密集区为点，15条主次干道为线，14个巡逻区域为面的全天候24小时武装巡防模式，全区每天常态保持80余名民警和300余名保安辅警参与巡防工作，重点时期每日巡防警力超过170人。年内，全区“入室盗窃”“涉车案件”发案数比上年分别下降8.42%和29%，“八大类”案件比上年下降12.2%。

【青奥会安保大获全胜】 南京青奥会是江苏省历史上规格最高、历时最长、任务最重、强度最大的一次盛会。全区公安民警连续作战，忘我工作，充分发扬“无锡公安铁军”精神。其间，全区检查旅馆372家、中小学校72所、娱乐服务场所80家、危险化学品和放射源使用单位93家、烟花爆竹零售店52家，发现各类治安隐患95处，下发整改通知书20余份，查处违规、违法经营旅馆24家，督促整改火灾隐患1960余处，下发法律文书650余份，办理一般消防行政处罚案件122起，责令“三停”（停产、停业、停止施工或使用）单位19家。为有效应对反恐形势，策应南京青奥会安保工作，锡山公安分局每天投入70余名民警、300余名保安辅警力量在社会面开展巡防工作，组织巡警、特警、民警、武警官兵在重点地区开展武装联合执勤。其间，累计出动警力1万余人次，盘查人员4382人次，盘查各类车辆1800余辆，盘查手机等物品1245件，收缴非法枪支1支、子弹1000余发、仿真枪和管制刀具19件，通过巡防抓获各类违法嫌疑人152名。截至南京青奥会结束，全区公安警力累计加班5000余人次，60余名民警带病坚持工作，未发生1起违规违纪事件，构筑了“平安青奥”的坚实屏障，锡山公安分局被省公安厅授予“集体二等功”。

【“爱心之家”亮点纷呈】 深化推进社区“爱心之家”创建工作，试点社区增至36家，吸收各类爱心志愿者800余人，共同参与公安机关“交朋友”活动，携手为群众送服务、送平安、送温暖。通过经常性地开展“春蕾计划”“助学帮困”“守护平安”等公益性活动，先后帮扶困难群众家庭590户，服务群众600余人次，解决实际问题600余个，化解矛盾纠纷230余起。根据社区“爱心之家”创建工作中涌现的爱民故事拍摄的公安微电影《见面》，在区内外媒体刊播，取得良好的宣传效果。东亭派出所三任教导员“爱心接力”帮扶困难群众的故事在市公安局党的群众路线教育实践活动报告会上被真情演绎。“爱心阿sir”微信公众平台的听众有4000余人，宣传面进一步扩大；通过该平台发布的《不要上当》防范电信诈骗宣传片点击量1.8万人次。为进一步做大做强“爱心之家”，锡山公安分局成立锡山区“爱心之家”平安服务工作站，并成功申报“金色盾牌”老年人平安服务公益创投项目，各项活动有序开展，并取得良好的社会效果。

【“诚信警务”强本固基】继续打造“诚信警务”体系，把社区警务工作的出发点、落脚点定位在“为民”“爱民”上，以群众安全感和满意度作为衡量工作的根本标准，通过扎实的基础工作赢得群众的口碑、深化“四个服务”（服务大局、服务民生、服务发展、服务群众）百项承诺。10月，锡山公安分局部署开展“问安于民”集中走访百日专项行动，落实主动式见警，组织社会面宣传，着力实现民警见警率和知晓率、群众安全感和对公安机关的满意度、群众防范意识、作风效能评议、基层基础工作“五个显著提升”。发动社区民警走访辖区居民10万余户，促使全区第四季度社区民警见警率、群众对辖区治安满意度、群众对公安机关满意度环比分别比上年上升25.98%、0.64%和17.36%。在年末江苏省社会管理综合治理委员会委托的第三方测评中，辖区群众安全感98.5%，列全市第一位。

【公安队伍建设规范有序】坚持从严治警与从优待警并重，积极营造“快乐工作、幸福生活”的警营氛围，形成风清气正、政通人和、团结干事的警队环境。深化《无锡市公安局锡山分局领导干部经济问责办法》《无锡市公安局锡山分局经济问责十项规定》，实行铁腕治警。全年累计问责618人次，金额15.62万元，对轻微违反警务规定的民警、领导进行责任追究，其中黄牌警告2人，留察警示1人，免职1人，继续保持民警队伍没有一起纪律以上处分。同时，坚持以人为本“文化”育警。年内，举办第二届警体运动会，组织开展棋类、田径、趣味等12个类别的体育比赛，形成全警投身体育活动的热潮；在无锡市公安局第四届警体运动会上，锡山公安分局代表队获得8个团体项目名次、团体总分第二名的历史最好成绩，其中锡山公安分局足球队勇夺桂冠，充分体现了锡山民警团结奋进、敢打敢拼的精神；开展“七彩梦书画情”公安民警子女书画比赛、第二届十佳“五好和谐家庭”评选等活动，还举行比赛颁奖联欢会，舒缓了民警紧张的工作压力。通过严优并举，队伍面貌明显提升，127个集体、547人次因工作出色受到表彰奖励，羊尖派出所民警张腾被评为第三届无锡“十大杰出民警”。

（杜　明）

检察工作

【概况】2014年，区检察院成立刑事诉讼监督局和职务犯罪侦防局。刑事诉讼监督局下设侦查监督科、公诉科、未成年人刑事检察科和综合科，实现侦查监督、公诉一体管理，发挥熟悉案情优势，减少重复劳动，同时强化办案责任制，提高办案质量。职务犯罪侦防局下设反贪污贿赂科、反渎职侵权科、职务犯罪预防科和综合科，进一步充实人员力量，实现立案数大幅提升。区检察院紧紧围绕“平安锡山”“法治锡山”建设工作部署，坚持以执法办案为中心，认真履行各项法律监督职能，各项检察工作取得新进展。区检察院被最高人民检察院继续评为“全国检察机关文明接待示范窗口”，在无锡市公诉人与律师论辩赛中获团体一等奖，在全市检察机关民行办案能手知识竞赛中获团体三等奖；控告申诉检察科被省检察院荣记集体二等功；两名干警被评为“全市检察机关刑事申诉检察十佳办案能手”。

全年受理审查批捕案件434件、632人，经审查，批准逮捕318件、444人，不予批准逮捕176人；受理移送起诉案件868件、1149人，向法院提起公诉834件、1085人，不起诉案件6人。立案查处贪污贿赂案件10件、13人，渎职犯罪案件立案2件、4人，挽回经济损失1000万余元。全年监督侦查机关立案2件、2人，撤案1件、1人；纠正侦查活动违法行为3件；办理追诉案件1件、1人，追诉后判决2件、2人；提起二审抗诉案件1件；办理再审案件1件；纠正法院违法审判行为1件。加强刑罚执行和监管活动监督，开展减刑、假释、暂予监外执行专项检察活动，发出监外执行提醒函88份、纠正暂予监外执行不当2份、纠正违法通知书3份，对7名不符合继续监外执行的罪犯发出收监检察建议，其中5名被依法收监。民事行政检察受理申诉案件8件，其中办理提请抗诉案件1件、不支持监督申请案件2件、中止审查案件4件、终结审查案件1件；法院再审后改判案件2件；与上级检察院联办案件13件，其中建议提请抗诉案件5件、不支持监督申请案件5件；办理督促履行职责案件4件，全部执行到位，追回国有资产50余万元。控告申诉检察工作全年接收信访127件，依法受理53件，办结42件；息诉息访113件；发放特困刑事被害人司法救助金2.5万元。检察技术工作办理职务案件同步录音录像12件、17人，提供视听资料154份，物证照相录像24次；为控申接访工作进行录像3次，提供视听资料3份。

【出庭支持公诉环节规范】要求承办人规范制作出庭预案，围绕案件事实和证据，制作讯问提纲，宣读出示证据提纲、公诉意见书和答辩提纲。对出庭支持公诉时的仪表着装、行为举止、语言表达等方面作出明确要求，规范公诉人出庭行为。经常性组织年轻干警观摩庭审，学习优秀公诉人出庭技巧。加强公诉出庭考核，邀请区人大代表、政协委员、人民监督员和市检察院公诉条线领导进行点评，着重就庭前预案、庭审质证、庭间辩论和庭审效果等方面进行综合考评。

【庭审活动事中监督加强】落实庭前会议制度，强化庭前证据开示。全面落实简易程序案件出庭支持公诉。全年对500余件简易程序案件履行庭审监督，对法庭审理活动中发现的可能影响公正审判的程序性问题，及时提出纠正意见。全年发现因案情变化不适用简易程序审理，建议变更为普通程序审理，或发现送达被告人起诉书期限不符合法定要求，建议延期开庭等20余件次，保障了被告人合法权益。依法对庭审过程进行评判。制定刑事审判监督表，对刑事审判过程中常见的重要程序性、实体性违法违规行为分别进行罗列，对每一个刑事案件的庭审进行细致、系统、全面的评判，强化庭审监督细节。全年对680余起庭审过程进行监督。

【两起公安部挂牌督办案件办结】犯罪嫌疑人范德何、黄文边、叶惠君、马友祥、熊金义、刘美英、候义珍等人采取拐骗、买卖等手段将越南籍妇女阮氏垂、身氏水、熊某兰、麻某某、黄氏丙等人贩卖至国内，后被公安机关查获。案件移送至锡山区检察院后，区检察院高度重视，指定业务骨干承办，经认真审阅案卷材料、提审犯罪嫌疑人、审核全案证据，对犯罪嫌疑人涉嫌拐卖妇女罪依法作出批准逮捕决定，并向法院提起公诉，使两起公安部挂牌督办案件的犯罪嫌疑人受到法律的严惩。

【网络追逃工作开展】年初，区检察院对涉嫌重大贪污、贿赂犯罪的外逃犯罪嫌疑人万小峰果断立案并上网追逃。区检察院将追捕方案提请市检察院领导同意，决定对万小峰采取技术侦察措施并多次与市公安局沟通，交流相关信息，携手三赴上海，最终在上海警方协助下将万小峰抓获，万小峰成为2014年无锡市检察机关成功追逃第一人。

【虚假诉讼打击力度加大】区检察院出台《关于虚假诉讼案件一体化办案机制的实施意见》，由民事行政检察部门和公诉部门联合成立虚假诉讼一体化办案小组，各相关部门通过日常联络、定期交流，不断改进和完善自身工作措施，按照分工负责、互相配合、互相制约的原则，运用各自的职能和手段加大对虚假诉讼的查办力度，对涉及虚假诉讼的案件实行“审查逮捕、审查起诉、民行监督”三检合一，增强检察机关查处虚假诉讼的整体合力。区检察院全年办理虚假诉讼案件5件，其中终结审查1件，中止审查4件。

【涉法涉诉信访改革推进】区检察院按照诉访分离原则，对不属于检察机关管辖的信访事项，及时移送主管部门依法处理；对属于检察机关管辖的信访事项注重分流办理、跟踪管理，确保件件有结果。注重信访答复说理社会效果，对于在案件事实、适用法律方面存在较大争议或在当地有较大社会影响的拟作不起诉、不服检察机关处理决定、不服公安（法院）决定（裁决）进行申诉的案件，邀请人民监督员、特约检察员、人大代表、政协委员等全程参与，通过公开答复、检察长答复、部门共同答复等形式，与申诉人“面对面”进行释法说理，消除误解和偏见，增强办案透明度和公信度，努力实现案结事了。

【执法办案风险评估预警化解体系构筑】坚持领导包案与案件首办相结合。按照“谁主管、谁负责”的原则，对评估有风险的案件实行定人员、定责任、定时限、包结案、包息诉、包罢访的“三定三包”制度。坚持访外延伸和案外延伸相结合。按照“接访一起、化解一批、防范一片”的要求，积极做好访外延伸工作，探索预约下访、定期巡访和跟踪回访“三访”工作模式，主动深入基层一线，进村入户开展释法说理、法制宣传等工作，与群众形成良性互动，切实防止初访转重访、正常访转越级访、个体访转群体访。坚持心理疏导和司法救助相结合。组织3名干警参加心理咨询师培训和考试，通过运用心理咨询中的倾听、共情、支持、劝导、解释等技术，实现与信访人的有效交流、深入沟通，化“堵”为“疏”，变“结”为“解”。对符合条件的刑事特困被害人和信访人，启动司法救助、法律援助等工作机制，提供必要的法律服务和帮助，引导依法维权，根除信访隐患。

【检察业务大统一软件应用推进】2014年起，区检察院办理的案件全部纳入检察机关统一业务应用系统，从受理到办结全程网上流转。为了保证大统一软件的顺利运行，案件管理监督部门对案件的受理、办理、送案环节实行全程监管；案件承办部门实行谁受理、谁录入、谁负责的原则，明确权责；流程监管员发挥熟练掌握填录规则的优势，对本部门其他办案人员的填录工作实时指导，严把数据录入关。通过严格的管理和规范的应用，全年承办案件无一差错，达到实时办理、实时监督的效果。

【案件信息公开推进】2014年起，区检察院着力推进案件信息公开制度。通过学习贯彻上级检察机关制定的一系列有关案件信息公开的规定和办法，制定《锡山区人民检察院进一步深化检务公开的意见》，坚持公开为原则，不公开为例外，依法及时公开办案依据、程序、流程和终结性法律文书等案件信息，让当事人和社会公众及时知晓案件办理情况，有力保障当事人和社会公众的知情权和监督权。自11月6日公开至年末，区检察院统一在人民检察院案件信息公开网发布起诉书68份、程序性信息356条、重要案件信息4条，为律师提供申请查询5件。

【计算机网络分级保护实施】区检察院涉密信息网络分级保护工程全面启动。在对原有网络进行系统脆弱性分析和风险评估的基础上，从物理安全、运行安全、信息安全、保密管理等方面入手，对计算机网络进行分级保护改造。在计算机网络的身份识别、访问控制、边界防护、入侵检测、病毒防护、安全审计、电磁泄漏防护等方面采取保密措施，保障计算机网络安全高效运行。9月，区检察院涉密信息网络分级保护工程通过省保密局预测评；11月，通过省保密局正式测评。

【参与喜洋洋饭店群体性纠纷调处】无锡知名餐饮连锁企业喜洋洋饭店发生欠款欠薪纠纷，引发多名预付订金的消费者投诉、饭店员工讨薪冲突及上访事件，其中涉及锡山区两家门店的员工150余人，被拖欠工资100余万元，被拖欠工资人员多次到街道办、区政府上访。区检察院关注到该起纠纷后，立即指示涉及门店区域的东亭检察室和安镇检察室，全面了解情况，发挥检察职能，加强与公安、司法、信访等部门的对接，积极采取措施，全力协助党委、政府做好纠纷调处化解工作。要求饭店加强对外沟通联络，依法妥善处理好预付订金的退还、拖欠工资的支付等事宜。加强与公安、司法、社保等部门的沟通协调，维护门店秩序，做好解说工作，防止哄抢、乱砸、伤人等恶性事件的发生；为饭店员工提供法律援助等服务，妥善处理社保欠缴问题。做好饭店员工的调解工作，对调解不成的，引导其依法进行诉讼维权，并提供法律咨询服务。进一步收集相关信息资料，全面摸清情况，为下一步工作提供有力参考。

【“一案三卡”监督制度实行】区检察院纪检监察部门对办理的职务犯罪案件，实行“一案三卡”监督制度。即办理案件中，办案人员和有关部门要分别填写“权益保障调查卡”“办案廉洁自律卡”“案件回访监督卡”。分别记录办案人员是否将被讯（询）问人的权利和义务告知案件当事人，当事人对办案人员遵守办案纪律情况的意见；办案人员在办案中公正执法、依法办案、文明办案、廉洁办案，执行各项办案纪律和规定自律的情况；以及纪检监察部门征求社会各界、发案单位、案件当事人及其亲属对办案人员公正执法、文明办案，执行办案纪律和规定情况的意见。通过上述监督措施，全体干警的工作作风明显提升。 （许娟萍）

法院工作

【概况】2014年，区法院坚持“司法为民、公正司法”的工作主线，把握求真务实的工作总基调，忠实履行宪法和法律赋予的职责，为全区经济发展、民生改善、社会稳定做出应有的努力。全年受理各类案件10686件，比上年上升5.05%；审执结8792件，比上年上升1.78%。受理各类刑事案件790件，比上年下降7.93%；审结725件，比上年下降11.91%。其中，审结盗窃、抢劫、诈骗等多发性侵财型案件229件、307人，黄、赌、毒案件99件、137人，破坏社会主义市场经济秩序类案件34件、73人，生产、销售伪劣产品、非法经营案件7件、12人，贪污贿赂、渎职犯罪案件12件、14人。受理各类民商事案件6870件，比上年下降1.73%；审结5613件，比上年下降6.85%。其中，审结婚姻、抚养赡养、继承案件553件，审结劳动争议案件406件，审结物业、商品房买卖、房屋租赁等案件350件，审结申请实现担保物权纠纷、追收抽逃出资纠纷、变更公司登记等新类型案件28件，审结涉金融改革、民间借贷、小微企业等案件742件，审结无锡市南长区城市建设有限公司首例清算纠纷案件。受理行政诉讼案件37件，审结31件，其中司法强制搬迁行政诉讼案件审结13件；审查非诉行政执行案件179件。环保合议庭受理环境民事案件5件、审结3件；受理环境刑事案件2件，全部审结。受理各类执行案件2945件，比上年上升29.05%；执结2282件，比上年上升36.1%，执结标的额4.04亿元。对14名被执行人实施限制出境，依法司法拘留48人，罚款53.2万元；对6名拒不执行法院判决并涉嫌犯罪的被执行人依法移送公安机关；对567名不履行义务的失信被执行人进行网络曝光。全年接待群众来信、来访906人次，化解涉诉信访案件33件。

【执行指挥平台建设推进】 配备18台单兵执法记录仪，5台4G执法记录仪，5台3G记录仪，2组视频传输终端服务器，2台84寸液晶显示器。发挥远程指挥功能，执法记录仪由外出法官随身携带使用，与执行指挥中心后端指挥终端相连，完成对重大复杂、矛盾易激化、外省市执行案件的即时、应急指挥，确保现场决定采取强制措施或需要处置突发情况案件执行工作的顺利推进。提供网上执行服务，当事人可在法院外网下载“执行谈话系统”软件，随时与法官进行“面对面”的交流与谈话；当事人可随时调看谈话记录、法官外出张贴公告、法院处置财产以及采取强制措施等执行过程的音视频资料；外地当事人可通过协同视频会议系统进行远程三方会谈，在线提交证据材料，参与法院调解工作。发挥司法信息公开功能，通过“企信通”短信平台向当事人告知立案、案件承办人、案件执行进程等信息；通过网络司法拍卖，当事人可以关注标的物拍卖、变卖等财产处置情况；通过“微博、微信”平台，可以关注执行动态，了解失信被执行人情况、悬赏被执行人情况等；通过“局长信箱”可以反馈或举报执行违法行为。截至2014年年末，通过执行指挥平台完成远程实时指挥148次，下达拘留、罚款等执行指令109项，直接执结案件192件，执结标的额2310余万元。中央、省、市媒体、法院同仁和社会各界人士多次到法院观摩，反响热烈。中央电视台《新闻联播》《焦点访谈》《对话》等栏目及《无锡新闻》头条刊播相关做法，在全国范围内树立了执行工作品牌。

【司法网络拍卖工作启动】 在立案、审执工作公开的基础上，推进司法拍卖工作的公开。3月，区法院以卖家身份进驻淘宝网，4月拍品上线。全年上线拍品179件，其中房产164件、车辆7件、机器设备3件、其他5件，成交72件，成交总价7714.8万元，总溢价率8.48%。网络司法拍卖平台的建立，拓宽了司法拍卖受众面，有效获得网民与传统竞买人的关注，且竞买人不受地域限制，拍卖的关注度和参与率高；增加了流程的透明度，网拍小组与竞买人除资质审核等特殊程序外无需见面，完全可通过电话联系，保证金网上缴纳、网络竞拍号随机生成，实际竞买人身份保密，避免暗箱操作；保持延时功能，在拍卖结束前，每最后两分钟如果有竞买人出价，自动延迟5分钟，防止恶意出价形成秒杀，确保拍卖的公平性。

【刑事审判权运行机制改革试行】 以落实独立审判为核心，以突出独任法官、合议庭责任为导向，试行“1+4”刑事审判权运行机制改革。“1”即一项权利，点明“独立审判”改革核心。在案件审理中，院长、庭长不再审签裁判文书，案件的事实查明、法律适用及定罪量刑均由审判员或合议庭独立完成。“4”即四项机制，应对“放乱收死”改革难题。深化以法官自主学习、庭室集中学习为主要方式的业务学习机制，加强对最新及常用法律法规、司法解释的研读；依托法官联席会议等途径，加强法官之间的交流，提高法官发现问题、分析问题、解决问题的能力；严格落实庭审、裁判文书和审判信息公开，倒逼法官增强工作责任心，依法行使审判权；取消院长、庭长对裁判文书的审签制度，除提交审判委员会讨论的案件外，案件裁判由独任法官或合议庭完成，不受行政权力干扰。

【院庭长带头办案】 3月起，全体院领导和具有审判职称的综合部门负责人全部挂钩合议庭参加案件审理，发挥领导率先垂范作用。同时，院庭长主动攻坚克难，建设工程施工合同、民间借贷等疑难案件由院长、副院长办理；案情复杂、矛盾易激化及新型案件由庭长挑重担。院庭长在亲自办案的同时，还深入一线指导工作。“一把手”院长挂钩4个法庭，每周下法庭1~2次，指导具体案件办理；分管院长每周参加分管业务庭学习，定期研讨会诊疑难复杂案件，指导审案思路，加速法官办案进程。2014年，院庭长指导审理涉企业破产、民间借贷、建设工程施工合同等疑难案件以及公司法、票据法方面的新类型案件100余次，院领导现场指挥处置突发事件7次。

【法官尊荣感提升】调研、信息、宣传工作变考核为奖励，减轻法官压力，让法官腾出更多精力办案，与审执工作无关的会议活动少开、少搞，非必要的会议、活动不开、不搞，各类会议、活动尽量由综合部门负责；充分尊重法官在审判执行工作上的平等地位，在指导具体案件时，充分听取法官的想法，尊重其作为主审者对案件的判断，杜绝行政干预；创设法官会议等学习平台，建立定期业务学习制度，以案例会商与研判、新法学习与探讨为主要内容，着力提高法官的业务素养；建立由院长直接负责的信访预约接待制度，将长期困扰一线法官的信访接待工作转由院领导直接负责，分管院领导直接接待来访群众，解答相关问题，减少信访给法官带来的干扰。

【诉讼服务中心完善】畅通立案渠道，将立案工作从单纯服务审判向服务群众及审判转变。临街设立诉讼服务中心，采用窗口式开放办公模式，设立案件受理、材料收转、查询约见、费用办理4个窗口，当事人无需安检即可在窗口办理立案、缴费等相关手续和咨询事宜。在立案窗口设置公告栏，公开立案条件、立案流程、法律文书样式、诉讼费用标准、当事人诉讼义务、诉讼及执行风险提示等信息，引导当事人参加诉讼。同时，配备写字桌、文具等用品以及饮水机、休息椅等便民设施。依托信息化手段，通过“企信通”软件将立案信息以短信形式告知当事人，方便原告及时掌握跟进案件情况。严格立案审查程序，明确立案标准，确保案件受理于法有据。对不符合立案条件且沟通无果的，依法出具不予受理通知书。开通“12368”司法服务热线，通过短信等形式，为案件当事人提供案件办理进度的信息查询。

【“锡山执行”微信公众号开通】9月，开通执行工作微信公众号——“锡山执行”，进一步拓展法院执行公开平台，方便当事人和群众及时了解案件进展、监督执行工作。该公众号包括“执行资讯”“司法公开”“微官网”三大版块，主要用于向公众展示法院执行工作总体情况和最新动态，公布执行相关法律法规，方便当事人查询执行案件相关进程，曝光失信被执行人，公布“悬赏执行”信息等。

【法官宣誓暨法院开放日活动举办】12月4日是国家第一个宪法日，为在全社会营造尊崇宪法、信仰法治的良好舆论氛围，区法院举行法官宣誓暨法院开放日活动。神圣的升国旗仪式之后，院长蒋飞带领30名法官代表进行庄严的法官宣誓活动，18名受邀参加活动的人大代表、政协委员和社区代表见证该活动。宣誓完毕后，区法院向参加活动的人大代表、政协委员、社区代表赠送普法书籍，并邀请他们参观司法公开窗口和审判大厅。

（宣锦虹）

司法行政

【概况】2014年，全区司法行政系统认真贯彻落实区委、区政府的决策部署，积极主动服务全区改革发展稳定大局，全力提升司法行政履职能力和服务水平，为全面推进“六个更加”和率先基本实现现代化做出积极贡献。锡北司法所被省综治委特殊人群服务管理工作领导小组评为“全省刑满释放人员安置帮教工作先进集体”；区司法局法律援助工作科科长张杨、东北塘司法所所长王亚珠被省法制宣传教育工作领导小组表彰为全省“六五”普法中期先进个人；云林司法所所长方云平被省司法厅表彰为全省“维护农民工权益，促进社会和谐”先进个人。

【法治宣传教育】深入推进“六五”普法规划实施，围绕重点、难点、热点，积极创新工作机制，丰富普法活动，深化法治建设，法治宣传教育全覆盖工作质效不断提升，锡山区被市法制宣传教育领导小组表彰为全市“六五”普法中期先进县（市、区）。全年编印各类法律宣传资料13期、13.62万份，更新微博、微信4000余条，举办各类法制培训班42期、3000余人次。建立单位、村（社区）、家庭“三位一体”法治宣传教育工作机制，组织开展“法润锡山”、“普法惠民村村行”、网上法律知识答题竞赛等活动，进一步增强法治宣传教育的针对性、实效性。区司法局、区民政局出台《关于深入开展民主法治示范村（社区）创建活动的实施意见》，新增省级民主法治示范村（社区）7个，全区累计32个。大力实施法治宣传教育品牌工程，建成省级法治文化示范点1个、市级法治文化示范点28个。新建微信、微博和手机短信等普法平台，办好《新锡山》简报“法制园地”每月专版，利用东亭城区公交站台刊登法治宣传大型公益广告，全区法治文化氛围浓厚。

【人民调解和“大调解”工作】深化矛盾纠纷排查化解工作，围绕“快速、规范、有效”，积极开展拖欠农民工工资、“护航青奥”等专项活动，矛盾纠纷排查调处全覆盖工作质效不断提升，较好地维护了全区社会和谐稳定。全年组织矛盾纠纷排查851次，编发《稳定信息快报》42期，调处矛盾纠纷2035件，调处成功率99.3%，劝阻群体性上访86批次、3367人次。大力推行网格化排查预警工作模式，积极完善分级预警、跟进化解、实时反馈的链式工作机制，提升矛盾纠纷预防和化解能力，实现了矛盾纠纷早发现、早预警、早化解。制定出台《关于进一步加强锡山区行业性专业性人民调解组织规范化建设的实施意见》，全区22家行业性专业性调解委员会、17个调解工作室建设得到进一步完善和规范。制定下发《锡山区村（社区）、镇（街道）人民调解委员会规范化建设评定细则》，镇（街道）和村（社区）调解委员会建设全部达到规范化标准。组织开展优秀案例评比选编活动，及时向党委和政府提出矛盾纠纷预防和化解意见和建议，推动关口前移，提升工作层次。

【公共法律服务体系建设】大力推进公共法律服务体系建设，围绕便民利民惠民，积极构建平台网络、完善运行机制、强化工作保障，切实推动法律服务向基层延伸、向群众贴近、向民生倾斜，公共法律服务全覆盖工作质效不断提升。10月22日，《无锡日报》头版头条报道锡山区法律惠民工作的做法和成效。全年办理法律援助案件437件，接待来访群众1329人次，接听“12348”法律援助专线来电561个，为当事人挽回或争取经济利益700余万元。研究制定《关于司法行政全覆盖工作服务体系建设的实施意见》《关于进一步推进村（社区）司法行政服务站建设的意见》，全面推进区、镇（街道）、村（社区）三级公共法律服务平台建设，建立村（社区）法律顾问定期值班制度，司法行政系统服务群众“最后一公里”更为畅通便捷，法律惠民水平持续提升。

【社区矫正和帮教安置】全年接收社区服刑人员199人，解除社区矫正190人，在册社区服刑人员301人；开展调查评估143起，采信率99.1%；在帮刑释解教人员347人，执行刑满释放人员“必接必送”15人次。区政府制定出台《关于进一步加强社区矫正安全监管的意见》，明确社区矫正工作的目标任务、工作机制、部门职责和人员经费保障等内容，推动了社区矫正工作责任措施的落实。积极组织社区矫正执法人员业务和技能培训，定期开展执法工作检查，深入查找存在问题和薄弱环节，及时消除安全监管隐患。完善区矫正管理教育服务中心功能配置，与社区矫正工作科实现合署办公。坚持分级分类管理，严格落实手机定位监控，全年开展集中法制教育和公益劳动4200余人次，依法对9名社区服刑人员给予警告处分、提出撤销缓刑或予以收监处理，警示震慑作用明显。

【法律服务行业管理】全区有11家律师事务所、138名执业律师，10家基层法律服务所、57名基层法律服务工作者。成立党员律师为民法律服务团，完善律师参与社会矛盾纠纷调处工作机制，建立律师公益法律服务基地3个，引导全区律师和基层法律服务工作者积极参与“法润锡山”系列活动，开展律师事务所、司法所、基层法律服务所三方结对和律师参与“71580”服务热线月等活动，充分发挥行业优势，服务全区经济社会发展作用彰显。出台《锡山区基层法律服务工作者违规违纪处分办法》，进一步规范全区法律服务人员诚信执业。

【法治宣传教育“三位一体”工作机制建立】围绕推进法治宣传教育全覆盖工作，区司法局出台《关于构建单位、村（社区）、家庭“三位一体”法制宣传教育工作机制的实施意见》，着力增强普法工作成效。强化单位普法主阵地作用，完善“锡山论坛”、普法网站、微信、手机短信等普法平台，健全党委中心组集体学法、政府常务会议学法、领导干部述法考评、公务员学法考试等制度，积极提高领导干部和公职人员法治思维能力；发挥村（居）委会普法主渠道作用，依托法治文化公园（广场）、法律咨询服务站（点）、法制学校等场所，突出基层普法骨干、普法志愿者、“法律明白人”等普法队伍的作用，将法律宣传“搬”到群众家门口，引导群众遇事找法、解决问题靠法；加强家庭普法主站点作用，开展“学法大家议”“法律在身边”等形式多样的普法活动，促进家庭与社会的沟通与交流，引导家庭成员在平等和谐的家庭环境中互相监督，形成“以点带面、一人学法、全家参与”的全民普法模式。

【“普法惠民村村行”活动组织开展】 围绕深化法律“六进”（法律进机关、进乡村、进社区、进学校、进企业、进单位），推动全区普法工作向基层村（社区）拓展延伸，区司法局组织开展“普法惠民村村行”主题活动。活动以解决群众最关心、最直接、最现实的法律问题为出发点，以促进群众百姓真学法、真遵法、真守法、真用法为目标，通过开展“六个一”活动，着力提高全区法治宣传教育知晓率和满意度，受到基层组织和群众的普遍欢迎。

相关链接：

六个一：向村（社区）免费发放一本书《常用法律知识100问》，订制一份《江苏省法制宣传教育挂图》，开展一场次“百案说法”漫画巡展、法制电影巡映、法制锡剧、法制书场等法治文化活动，依托法制副村长、村法律顾问、大学生“村官”开设一场法制讲座，组织律师、基层法律服务工作者进行一场法律咨询服务，举办一次农民网上法律知识竞赛。

【网上法律知识答题竞赛（家庭专场）组织开展】 围绕深入推进“六五”普法实施工作，积极扩大法治宣传教育覆盖面，切实推动法治宣传教育进村入户到人，有效增强法治宣传教育的影响力、渗透力和感染力，区司法局组织开展“网上法律知识有奖答题竞赛（家庭专场）”活动。活动历时半个月，全区有3074个家庭参赛，最终6个家庭取得满分成绩，在区内引起积极反响，有力地提升了全区公民学法热情和法律素养。

【社区矫正安全监管政府责任制建立】 年初，区政府向各镇（街道）下发社区矫正安全稳定工作责任书，改变以往由区司法局与各司法所签订责任书的做法，标志着社区矫正工作真正纳入党政绩效考核内容。通过建立社区矫正安全监管政府责任制，进一步明确各镇（街道）在社区矫正和安置帮教工作安全稳定中的工作职责，有效推动了各镇（街道）把社区矫正和安置帮教工作作为平安建设的重要内容，纳入到当地经济和社会发展总体规划，切实加强组织领导、强化保障措施、形成整体合力、提高工作实效，确保社区服刑人员在管在控。2014年，全区社区服刑人员重新犯罪人数比上年显著下降。

【公共法律服务平台网络建设推进】 按照《关于司法行政全覆盖工作服务体系建设的实施意见》要求，区政府先后召开全区公共法律服务建设现场推进会和村（社区）司法行政服务站建设部署协调会，并在资金方面给予保障。至2014年年末，区公共法律服务中心完成升级改造并投入使用，实现“一个大门进来，集中受理、分头办理，一揽子解决问题”的“一站式”服务模式。9个镇（街道）公共法律服务中心、118个村（社区）司法行政服务站基本建成，区“12348”公共法律服务网上平台进入试运行，基本形成实体网络对接互通、覆盖城乡的公共法律服务体系。

【人民调解优秀案例评比活动开展】 区司法局组织对各司法所上报的17件人民调解典型案例进行评比，对评选出的安镇司法所《多方责任引纠纷，法情兼顾终化解》等10件人民调解优秀案例，予以通报表彰，并汇编成册。同时，针对案例评选中发现的调解技巧不突出、调解方法不够灵活，适用法律原则、法律条文引用不够明确、清晰，处理结果和回访情况模糊等情况，研究制定针对性措施。通过开展人民调解优秀案例评比活动，及时总结梳理人民调解工作经验，积极引导司法所和人民调解员学习借鉴优秀案例的经验做法，不断提升调解员队伍的业务素质和工作技能，促进全区社会和谐稳定。

（雷　凯）

编辑：张　彤

3月，锡山区进行民兵营长集训动员　　　　　　（区人武部 供稿）

9月，锡山区2014年度新兵欢送大会召开　　　　（区人武部 供稿）

5月15日，区建设局、区教育局、东亭实验小学联合举办防空防震减灾主题教育活动　　　　　　（刘胜利 摄）

6月28日，区建设局组织东亭实验小学科技社团师生一行45人到市民防科普教育体验馆进行实践教育活动　　（周艳军　摄）

1月9日，云林派出所召开“110”宣传日暨反扒会战发赃大会，市多家媒体参加会议　　（锡山公安分局 供稿）

5月8日，公安民警在荡口古镇值勤　　（锡山公安分局 供稿）

南京青奥会期间，警车巡防　　（锡山公安分局 供稿）

5月23日，区检察院党组书记、检察长黄懿斌（右一）带领相关人员到鹅湖镇三新村调研党的群众路线教育实践活动（张　堃 摄）

5月24日，区检察院召开公开答复会，对一起要求检察机关立案监督的案件进行公开答复　　（张　堃 摄）

春节前夕，执行法官将执行款送至案件申请人家中

（区法院 供稿）

9月25日下午，13名全国人大代表和5名各地人大常委会领导视察锡山区法院司法公开工作 （区法院 供稿）

5月19日，区法院院长蒋飞（右一）带领东亭中学50名学生开展“感知正义·争做遵纪守法小公民”庭审观摩活动

（区法院 供稿）

4月14日，锡山区普法骨干调解主任培训班举办

（区司法局 供稿）

11月28日，安镇街道司法所为安镇街道恒大城工地民工发放被拖欠工资 （区司法局 供稿）

12月25日，律师在羊尖镇羊尖村司法行政服务站接待群众法律咨询 （区司法局 供稿）

农　业

Agriculture

无锡虹越（荷兰）绣球花育苗引繁中心　（台创园 供稿）

综　述

【概况】2014年，锡山区农林工作牢牢把握“四化同步”的总要求，坚持用城乡发展一体化统领现代农业，用工业化思维谋划现代农业，用市场化手段发展现代农业，全区农业发展层次和水平明显提升。农业生产平稳有序，综合生产能力稳步提升。粮食生产连续第11年获得丰收，全区种植小麦4740公顷，亩产332.4公斤；种植水稻4460公顷，亩产634.3公斤，创建部级稻麦高产增效万亩片2个，太湖水稻研究所试验种植“亘浙优201”“锡稻1号”“锡稻2号”等新品种成效显著。蔬菜生产发展态势良好，全社会蔬菜面积1800公顷，上市蔬菜产量13万吨，产值3.0亿元。花卉苗木、茶叶、果品生产有序，茶叶产量153吨。畜禽生产加快向规模化、标准化、生态化方向发展，全年生猪出栏4万头，年末存栏2.5万头，养殖效益总体稳定。水产生产加快品种更新，水产养殖面积1093.3公顷，其中特种水产633.3公顷，占57.9%，全年水产品总产量8679吨，首次开展长江刀鱼池塘人工养殖。

相关链接

四化同步：坚持走中国特色新型工业化、信息化、城镇化、农业现代化道路，推动信息化和工业化深度融合、工业化和城镇化良性互动、城镇化和农业现代化相互协调，促进工业化、信息化、城镇化、农业现代化同步发展。

【农业园区建设加快推进】围绕无锡国家现代农业示范区核心区建设，加快推进台创园和20个市级重点农业园区建设，初步打造鹅湖玫瑰园、“享受人生”有机果蔬示范园、金色池塘无公害水产养殖园等一批特色园区，安镇凤凰山生态园玫瑰基地启动建设，无锡甘露青鱼现代产业园规划通过论证并加快建设。全区新增农业园区面积1333.3公顷，农业园区化面积的比重为55.92%。

【农业产业结构不断优化】生物农业、智慧农业、休闲农业保持较快发展态势，有力助推农业转型升级。加快培育生物农业、设施园艺业和休闲观光农业等主导产业，全区新增高效设施农业200公顷；新增生物农业企业3家，全年生物农业总产值6.5亿元以上；新申报无锡市美丽乡村休闲旅游示范村2个。积极推进智慧农业发展，无锡甘露青鱼现代产业园和金色池塘水产专业合作社建成集水生动物疫病远程会诊、水产养殖水质在线监测、水产养殖智能控制、水产品质量安全追溯及身份证识别等系统于一体的水产养殖“四位一体”智能管理平台。

【农业基础建设全面改善】深入推进高标准农田整治工程建设，建成羊尖镇严家桥村、鹅湖镇鹅湖村、锡北镇光明村、东港镇华东村4个高标准农田建设项目，新增高标准农田面积373.3公顷，累计11293.3公顷。加快发展农业机械化，推进标准化农机场库建设，建成羊尖镇严家桥村、鹅湖镇三新村、锡北镇寨门村、东港镇黄土塘村4个标准化农机场库，启动实施安镇街道山河村等4个标准化农机场库建设。

【农业新型经营主体加快培育】积极创新农业生产经营体制，加快培育农业龙头企业、农民专业合作社、家庭农场、专业大户等新型农业生产经营主体，成立全区首家农民专业合作联社（无锡市锡山区新悦农副产品专业合作联社）；新增农民专业合作社24家；新增市级以上农业龙头企业4家，市级以上农业龙头企业实现销售收入22.76亿元，江苏红豆杉生物科技股份有限公司实现新三板挂牌。

【农业生态安全全面加强】强化质量安全，新增“三品”（有机食品、绿色食品、无公害农产品）基地10个、面积135.7公顷，区、镇（街道）、村（基地）三级抽检蔬菜12.05万批次，合格率99.67%，抽检地产水产品合格率100%，每个镇（街道）均建立蔬菜质量检测室，鹅湖水产协会、金色池塘水产专业合作社、厚桥谢埭荡水产专业合作社、无锡市保兴农业发展有限公司4家水产企业完成二维码身份证识别水产品质量追溯点建设。造林绿化水平不断提升，完成造林绿化面积166.7公顷，创建成省级村庄绿化示范村6个。湿地保护有序推进，宛山荡湿地公园申报创建省级湿地公园。积极实施化肥、农药控制工程，化肥、农药分别比上年削减5.04%和11.84%。切实抓好农业面源污染治理项目建设，锡北镇周家阁村和羊尖镇南村村两处生态循环农业示范工程建设基本完成。

【农业服务体系进一步完善】按照产前、产中、产后全过程服务的要求，健全完善农业服务体系，提升为农服务水平。深入开展“农业科技入户”“农业三新（新品种、新技术、新模式）工程”“农业科技110”等活动，加快新品种新技术推广，全年引进新品种25个、新技术17项。加大新型职业农民培训力度，培训农业从业人员4500余人次。加快推进农业信息化，农业信息化覆盖率88%。加强农林队伍作风建设，组织实施“农业重点企业运行质量提升年”“站园挂钩”等服务主题活动，创新开展“现场问政”活动，构建“专家定期服务制、干部结对挂钩制、服务平台全天制”的“三位一体”服务模式，打造“春夏秋冬四季培训班”“农林讲坛”等干部学习培训品牌，农林队伍服务发展、服务基层、服务农民的水平进一步提升。

【畜禽养殖综合整治全面完成】按照《区政府关于全区畜禽养殖综合整治的实施意见》精神，坚持“因地制宜、分类管控，源头削减、安全环保，多方联动、合力推进”的原则，全面完成以控制全区畜禽养殖总量、养殖区域、养殖污染为重点的专项整治行动。全区关闭畜禽养殖场（户）397户，清除生猪2.63万头、禽16.04万只、羊0.09万头，拆除棚舍面积5.12万平方米。对保留的生猪养殖场（户）集中组织开展治污改造，落实雨污分流、干湿分离、饮污分开、沼气工程等环保措施，累计整改户数195户。

【省内最大铁皮石斛种植基地落户】5月，无锡双喜金阳生物有限公司与浙江农林大学开展技术合作，在锡山区羊尖镇南村村建设省内最大的铁皮石斛种植销售基地。该基地总规划近33.3公顷，具有种苗组培、炼苗培植、大面积种植、后期深加工的“一条龙”生产设备和技术，年产各类铁皮石斛产品近60吨。（邹晴中）

农业机械化

【概况】2014年，全区农机工作紧紧围绕农机化工作目标，狠抓重点，扎实做好农机推广、农机补贴、农机管理等工作，全区农机化工作保持又好又快的发展态势。全年累计完成农机化投入1580万元，农业生产综合机械化水平在93%以上（主要农作物生产机械化水平97%、高效设施农业生产主要环节机械化水平80%），水稻机插水平87%，秸秆综合利用率99.9%，机械植保水平100%，机械收获水平99.8%；稻、麦秸秆机械化还田率分别为60%、96%。区农林局被省农机系统评选表彰工作领导小组授予“江苏省农机系统先进集体”称号。

【农机管理新提升】以加强“平安农机”长效管理和提高农机“三率”（上牌率、持证率、年检率）水平为重点，进一步落实农机安全生产责任制。充分利用信息网络平台，强化农机安全宣传，积极推进农机免费安全检验和政策性保险工作，落实农机用油“双优”（优先、优惠）保障措施，深入开展农机事故隐患排查治理和以消除重大隐患为重点的安全生产检查整改专项行动，确保农机生产安全有序。2014年，全区年检大中型拖拉机298台，自走式收割机101台，上道路拖拉机143台；新办行驶证13本，审验驾驶证59本，换证91本；推广“平安农机通”178人、农机“加油卡”2张，核发跨区作业证26张；组织安全隐患检查102次，参加人数299人次，检查单位181家；纠正违章行为12起，发现隐患49条，整改49条，整改率100%；农机“三率”水平95%，比2013年有很大提高，全年无农机重、特大事故。

【农机化发展新突破】围绕“2014年率先基本实现农业机械化和高效农机装备发展目标任务”的要求，因地制宜，突出重点，攻坚克难，加快农机化事业转型发展，以园区发展为切入点，大力实施项目带动战略，积极探索高效农业各业态主要生产环节机械化技术路线和应用模式，通过试验、探索和应用，为区域内高效农业园区生产主要环节机械化的实施起到引领和技术支撑作用。2014年，向市级编制、申报项目6个，实施启动项目4个，高效设施农业主要环节机械化水平80%，完成年度目标任务。认真开展省级示范工程机械化秸秆还田工作，全区全量还田7210公顷，超额完成省农业机械管理局下达的目标任务，积极探索“机插、机收、机秸秆还田”技术集成应用。

【农机推广上台阶】继续调整和优化农机装备结构，高效新型适用农机得到长足发展。2014年，新增各类农机具372台（套），其中新增高速乘坐式插秧机1台、联合收割机6台、中拖9台，秸秆还田机16台、田园管理机26台、粮食烘干机2台（套）。同时，结合农机科技入户工程，加强农机技术培训，累计举办3期、120人次新机具、新技术培训班，提高了农机管理人员、农机大户、新型职业农民的综合素质。深入基层，积极开展农机优质服务活动，全年为农户调试、维修、技术指导服务162人次，抢修机具588台，有效保障了夏、秋大忙的顺利进行。

【农机服务组织新发展】按照区政府《关于加快发展农机专业合作社的实施意见》精神，大力推进农机专业服务组织建设，年内完成羊尖镇严家桥村、鹅湖镇三新村、锡北镇寨门村和东港镇黄土塘村规范化农机专业合作社的农机场库建设，并于2014年秋季投入农机化生产。

【农业机械化作业现场会举办】通过周密计划、精心组织、密切配合，6月3日，在羊尖镇严家桥村召开锡山区夏收夏种暨秸秆综合利用工作现场会，主要内容包括小麦收割现场、秸秆机械化还田现场和犁旋一体作业现场；11月3日，成功承办无锡市秋收农机化作业现场会。（尤晓星）

锡山台湾农民创业园

【概况】2014年，江苏无锡锡山台湾农民创业园管委会调入行政在编人员1名（正科职），下属事业单位江苏无锡锡山台湾农民创业园发展服务中心调入事业在编人员7名（其中副科职3人，副股职2人），管理体制进一步理顺，实现独立化、实体化运行。台创园积极贯彻落实区委、区政府的决策部署，紧紧围绕无锡国家现代农业示范区核心区、示范区和先导区的目标定位，以市场为导向、现代科技为引领、现代装备为基础、现代经营为特征，坚持“五高联动”（秉持高标准、追求高品质、注重高科技、务求高产出、实现高效益），大力开展农业综合创新实践，积极探索以“生物农业、生态农业、智慧农业”为主体的新型农业园区化发展模式，园区科技含量、项目质量和管理水平全面提升，台创园下辖的无锡现代农业博览园、无锡高科技农业示范园、无锡锡山生物农业产业园、无锡锡山精品蔬菜产业园、中国农科院太湖水稻示范园“五园一体”融合式发展的格局逐步成型。2014年，园区实现总投入5960万元，其中园区基础设施投入1800万元，入园企业投入4160万元；实现经营性销售收入1342万元；新引进企业（项目）17个，总投资超过8000万元；全年旅游人数40余万人次，接待旅游团队2000余批次。台创园无锡市黄土塘农业发展有限公司、无锡天华花卉园艺有限公司两家企业被评为“2014年度农业产业化市级龙头企业”。

【综合环境优化】台创园按照“示范区、样板区、先导区”的定位要求，高标准规划，高水平建设，进一步加大建设资金的密集投入，加快推进园区基础建设、环境整治、科技创新等工程项目建设，实现总投入5960万元，其中园区基础设施投入1800万元，入园企业投入4160万元，园区项目承载能力和配套设施水平显著提升，综合环境进一步优化。强化基础建设。园区继续深入开展绿化、道路、水利、旅游等环境综合治理和基础设施的改造提升工作，重点实施蚌子河和胶峰河生态修复工程、太湖水稻示范园智能化灌溉提升工程，农博园、太湖水稻示范园、高科技农业示范园旅游设施配套工程和农业科技创新中心改造工程。园区环境面貌及配套设施进一步提升，道路、水电、燃气、网络、路灯等公建配套基本到位，园区实现“八通一平”（通道路、电力、电讯、有线电视、供水、雨水、污水、供热和场地平整）全覆盖，绿化、美化、净化、亮化、统一化和道路黑色化“六化同步”。强化重点项目建设。围绕园区项目“精、特、优”特色，新完成无锡哈勃水稻工程育种中心、农业物联网成果展示中心、“蒋建康自营农场”采摘体验中心、浙大—普威蔬菜生物育种引繁中心、江苏东郁园林彩色苗木育种引繁中心、铁线莲育苗引繁中心、太空草莓育种中心、“台湾农产品精品馆”、绿色生态茶馆改造工程、室外游泳馆、农博园大酒店等一批重点项目。

【科技带动深化】秉承科技引领带动战略，围绕“生物、生态、智能”等现代农业发展方向，不断强化科技要素支撑，园区农业科技的高端化、项目化合作得到加强。深化农业政产学研合作。以农业科技创新中心、农产品质量检测中心、海峡两岸农业培训中心、农作物育种研究中心、农业科技孵化中心“五大中心”建设为抓手，按照“产学研资联动、农科教企结合”的要求，在原有合作院校的基础上，继续与上海交通大学农业与生物学院、浙江大学蔬菜研究所、上海交通大学无锡研究院、南京蔬菜所等院所在生物育种、农业物联网、农业面源污染等方面进行深度合作。新建浙大—普威蔬菜生物育种引繁中心、无锡哈勃生物工程育种中心、无锡虹越（荷兰）绣球花育苗引繁中心、无锡水稻研究所、江苏东郁园林彩色苗木育种引繁中心5家重点载体，引进美国科学院院士、“沃尔夫奖”得主罗纳德·菲利普和浙江大学国家重点实验室蔬菜研究所的中央“千人计划”人才、教授陈志祥等高端人才。园区有副教授（副研究员）以上职称人才14名、博士生7名、硕士生11名，博士后工作站1个。同时，依托园区无锡国家科技特派员创业基地平台，引入10名科技特派员进驻基地创业交流及开展科技服务，实施科技项目20项，开发、引进新品种12个、新技术8项。实施农业科技交流培训。依托中以农业培训（南方）中心、浙江大学、南京农业大学和中国台湾人脉资源，加强与中国台湾省农会、台湾农训协会及高等院校合作，构建现代农业展示、交流、合作平台。年内邀请美国科学院院士以及中国台湾农业文化创意协会等机构举办培训班15期，接待国内外农业考察团168批、1859人次，其中中国台湾客人9批、65人次，美国、以色列、荷兰、非洲等国外客人6批、56人次。

【项目引育加强】 按照区委、区政府关于进一步加强招商工作的要求，围绕“台湾特征、无锡特色、国内一流、国际先进”的工作目标，进一步强化招商队伍建设，理顺招商机制，做好协调服务，园区招商工作成效显著。招商队伍不断优化。2014年，园区重新组建招商部，抽调1名人员进入招商部，各园区指定专门人员负责招商服务工作，通过召开小型招商会、以商引商、小分队招商等方式，不断加大园区项目招引力度。同时，园区强化招商服务环境建设，专门建立企业沙龙活动中心，定期召开入园企业座谈会，安排专职人员为入驻企业从产前、产中和产后提供全程高效优质服务。招商机制更趋完善。建立园区招商项目准入、退出机制和项目会商制度，对新引入项目从项目的市场前景、投资强度、科技含量以及是否符合园区的发展规划等方面进行综合评估，逐步提升入园企业的档次及品质。同时，园区专门聘请中国台湾农业文化创意协会理事长苏于容（女）为专职对台招商顾问，出台台商“拎包入住”的招商新政策，进一步加大对台招商力度。招商成果逐步显现。2014年，园区新引进企业（项目）17个，总投资超过8000万元，其中注册资本1000万元以上企业4家，日资企业2家、澳资企业1家、台资项目5个。年末，台创园入驻企业50余家（其中台资企业7家），产业规模6亿元，初步形成名优花卉、高档果蔬、种子种苗、功能稻米、生物农业、智能农业等主导产业和休闲观光、展示交易等服务功能。

【产业集聚凸显】 园区充分发挥集聚效应，不断加大对现代生物农业、设施园艺产业、休闲观光农业、优质稻米产业等主导优势产业的培育力度，推动向产业链、价值链高端攀升。2014年，园区通过招商引资和政产学研合作，培育出生物育种企业2家、生物农业科技型企业6家、市级农业龙头企业2家。至年末，有日本、中国台湾、澳大利亚等海内外的19家生物科技企业入驻园区，产值2亿余元，其中省级农业科技型企业5家，企业集聚度在90%以上，主要涉及种子种苗生物育种和引繁驯化、高档花卉组培、无土栽培植物工厂、中草药产业化种植等。

【产品内涵丰富】 园区依托花卉、果蔬、中草药、特色功能米，积极打造台创园特色优势农产品。6月17日，由中国台湾农业文化创意协会会长苏于容（女）率领团队经营的“台湾农产品精品馆”开馆营业，引入中国台湾十大精品伴手礼，进一步丰富了园区的台湾特色要素。同时，园区积极打造特色品牌。6月，“无锡现代农业博览园”品牌完成ISO 9001质量体系认证，成功认定为江苏省名牌产品；10月，太湖水稻示范园“吴越水晶”大米品牌成功注册并上市。园区还借鉴中国台湾休闲农业成功模式，建立“蒋建康自营农场”采摘体验中心，整合园区所有农产品资源进行统一销售，探索农产品销售的直营体验模式。

【“农博游”特色旅游品牌打造】 2014年，园区整合旗下五大园区资源，将现代农业与旅游观光有机融合，深入挖掘现代农业、生态文化、休闲文化等旅游元素，全方位多角度策划设计和建设，倾力打造园区“农博游”特色农业旅游名片。成功举办农博园清明踏青赏油菜花展、农博烧烤文化节、春秋季世纪恐龙展、国庆亲子民俗文化节、万圣节主题活动、虹越绣球花展、草莓宝贝亲子活动等一系列主题特色活动；由无锡市旅游局和无锡电视台共同打造的首档大型亲子乡村旅游真人秀《周末去哪儿》选址农博园，打响农博游休闲农家品牌。同时，园区还开发出全年应季果蔬采摘、现代化农业展示、科普教育、湖边野餐烧烤等特色农业体验项目，增加开心菜园种菜、草莓酱制作、包馄饨、农耕体验等亲子游农业体验以及亲水平台田园垂钓和游船娱乐等参与性项目，扩大休闲旅游外延，增强吸引力。另外，园区积极搭建旅游销售网络，拓展农业休闲等旅游市场，与20余家旅行社、12家早教机构、5家培训机构建立合作关系；与包括同程、携程、去哪儿、途牛、驴妈妈等大型专业旅游网站建立合作平台；与美团、糯米、同程、拉手、大众等主要网络销售平台开展长期合作。2014年，园区全年旅游人数40余万人次，接待旅游团队2000余批次。11月，园区下属高科技农业示范园被评为“省级四星乡村旅游景点”。

【“智慧农业园区”建设启动】园区紧密结合无锡智慧城市发展战略，依托江苏物联网研究发展中心农业分中心品牌，全面启动智慧农业园区建设，先后通过与中国科学院、上海复旦大学、上海交通大学、扬州大学、日本千叶大学等国内外知名科研院校以及无锡市富华科技有限责任公司、无锡中科智能农业发展有限责任公司、江苏商达水务有限公司等多家物联网企业的合作，完成农业物联网信息集成中心、农业物联网展示中心、农产品质量追溯体系、大田作物（水稻）生产环境监测与土壤重金属监测、花卉果蔬生产环境监测与控制、设施园艺智能决策系统等示范工程建设，覆盖园区设施花卉、果蔬、大田作物等多种业态，大幅提高了农产品的附加值，成为全市乃至全省农业物联网应用技术最先进、产业运用最集中的智慧农业园区。9月，台创园农业物联网集成应用成果入选“无锡国家传感网创新示范区第二届物联网十大应用案例”。12月，台创园物联网应用案例《无锡台创园农业物联网：编织现代农业智慧之网》选录新华社《江苏领导参考》。

【上海东郁园林科技有限公司签约落户】5月28日，上海东郁园林科技有限公司在台创园签约落户。该公司与澳大利亚最领先的园艺公司（Blerick Tree Farm）建立长期战略合作关系，共同在台创园投资设立江苏东郁园林彩色苗木育种引繁中心。中心总投资2000万元，注册资本1000万元，拥有组培室3072平方米，智能化设施大棚9408平方米，计划引进澳大利亚育种引繁技术，开展彩色苗木的育种研发及大规模工厂化繁育生产，着力打造华东地区乃至全国最大的彩色苗木育苗引繁中心，预计三年后中心的销售产值能达到上亿元。

【“蒋建康自营农场”采摘体验中心开业】6月30日，“蒋建康自营农场”采摘体验中心对外营业。该项目由蒋建康果蔬专业合作社投资建设运营，引进中国台湾休闲农业的成功模式，设有游客服务中心、科普教育区、培训活动区、锡山优质农产品展销区、采摘体验区，是一个集农业观光采摘、农耕体验、农场直供、科普教育、休闲娱乐等功能于一体的农业体验园。农场在台创园拥有33.33公顷种植基地，主要种植草莓、西瓜、日本贝贝小南瓜、香瓜、哈密瓜等果蔬，年产值2000万元，利润400万元。蒋建康果蔬专业合作社作为锡山运营较为成功的合作社之一，年产值3000余万元，同时有效带动110余户农民开展果蔬种植，农户人均年收入3.5万元。“蒋建康”牌西瓜在无锡的高档西瓜销售市场占有率在70%以上。

【浙大—普威蔬菜生物育种引繁中心合作项目落户签约】7月9日，台创园举行浙大—普威蔬菜生物育种引繁中心合作项目落户签约仪式，中央“千人计划”人才、教授陈志祥及其团队加盟该项目。该项目由台创园携手园区入园企业无锡（台湾）普威农业科技有限公司与浙江大学合作设立，充分依托浙江大学国家重点实验室蔬菜研究所的研发资源，引进中央“千人计划”人才、教授陈志祥及其研发团队，并建有设备齐全的蔬菜种子育种实验室，力争2~3年内，在蔬菜种子种苗领域，实施一批科技成果的转化和产业化，拥有自主知识产权的高品质、易栽培和抵抗性强的优质叶菜类品种5个以上，并孵化一个蔬菜种子种苗科技企业。浙江大学常务副校长、教授吴朝晖，浙江大学新农村发展研究院常务副院长、教授张国平，浙江大学蔬菜研究所中央“千人计划”人才、教授陈志祥以及市、区领导刘霞、顾中明、言国强等出席仪式。

【农业部领导调研台创园】12月28日，农业部部长韩长赋率队到台创园调研，先后视察太湖水稻示范园、锡山现代农业科技创新中心、“蒋建康自营农场”采摘体验中心、锡北镇周家阁村庄里自然村、三阳植物梦工厂等，详细了解相关情况，勉励园区要继续加快建设现代农业，不断提高农业综合效益和竞争力，为实现中国梦的农业篇章做出应有的贡献。省、市、区领导黄莉新、徐鸣、刘霞、陆志坚、顾中明、言国强等陪同调研。

（毛　丹）

编辑：张　彤

锡北镇高标准农田　　（区农林局 供稿）

东港镇誉江南家庭农场生猪养殖粪污处理区　　（赵爱琴 摄）

锡北镇寨门村标准化农机场库　　（区农林局 供稿）

台创园“蒋建康自营农场”采摘体验中心　　（台创园 供稿）

台创园物联网展示中心　　（台创园 供稿）

江苏东郁园林彩色苗木育种引繁中心　　（台创园 供稿）

工 业

Industry

5月15日，“2014第八届中国无锡国际电动车展览会”开幕

（区经信局 供稿）

综　述

【概况】2014年，面对国际和国内复杂的宏观经济形势，区经信局深入贯彻落实党的十八大和十八届三中、四中全会精神，紧紧围绕建设富强美丽和谐幸福现代化新锡山的奋斗目标，着力稳增长、调结构、促改革，扎实抓好各项工作落实，质量效益逐步提升，转型升级步伐加快，工业经济发展呈现稳中向好的良好态势。全年完成规模以上工业总产值1128亿元，比上年增长0.3%，增速排名全市第四位；完成工业开票销售收入1290亿元，比上年增长7%；产值超1亿元企业167家，完成产值926.3亿元；全区完成工业投资266.1亿元，比上年增长14.9%。

【经济运行稳中有升】全年完成规模以上工业总产值1128亿元，比上年增长0.3%，增速排名全市第四位。强化运行监测。每月对规模以上工业总产值、工业投入等主要经济指标和运行特点开展预警预测分析，实行月中监测、月底分析制度，对出现的苗头性、趋势性问题及时研究，主动积极应对。强化对全区重点产业、重点行业、重点企业、重点产品、重大项目的跟踪监测服务，提高调控、管理经济的能力和效率。建立全区工业企业数据库管理平台，详细掌握全区工业企业的基本情况、用地情况和主要经济指标完成情况，直观反映各板块和各企业的亩均产出和亩均贡献情况。全区产值超1亿元企业167家，比上年净增6家；完成产值926.3亿元，比上年增长4%，占全区经济总量的比重为72.6%。强化增量培育。对确定的重点增量企业逐个落实目标、落实进度、落实措施，确保增量到位。推动各类生产要素向优势企业集聚，加大高成长性企业的培育力度，对高成长科技型企业建立跟踪服务机制，及时协调解决困难，促进企业加快成长。每月对152家“双低”企业和20个新增用地竣工未达标项目的开票、税金、整治措施和工作成效进行跟踪监测，形成长效工作机制。全年152家“双低”企业完成产值3亿元，比上年增长25.1%。强化要素保供。鼓励重点企业加快生产，建立工业用电月报分析机制，对用电下降较多的企业，及时摸清情况、查找原因。着力抓好煤电油运气等生产要素的协调，确保企业生产正常。2014年，全区工业用电43.89亿千瓦时，比上年增长2.6%。

【项目建设有序推进】全区以加快项目开工为导向，以加强项目建设服务为抓手，咬定目标、倒排进度，密切跟踪、强化服务，确保工业投入规模进一步扩张，全年完成工业投入266.1亿元，比上年增长14.9%。狠抓重大项目建设。深入开展“项目建设深化年”活动，全力推动项目建设，对重大项目建设实施专人负责，每月深入板块跟进项目建设进度，及时做好项目现场的记录和存档，准确掌握项目建设节点，做好针对性服务。全年超1000万元工业项目172项，总投资224.1亿元，2014年计划投资96.8亿元。其中，超1亿元项目77项，总投资197.5亿元，2014年计划投资80.7亿元。投资8亿元的盖世理，投资5亿元的国威、台铃，投资3亿元的优佳无纺、洪汇新材料等一批重大产业项目相继开工建设。狠抓骨干企业技改。全力支持骨干企业改造提升，精心组织实施“千企技改”，全年组织技术改造项目181项，其中超1亿元项目56项；完成技改投资171.1亿元，比上年增长25%，占全部工业投资的比重为64.3%，比上年提高5.2个百分点。狠抓项目结构优化。新兴产业项目量质齐升，新材料、生物医药、智能传感、新能源和新能源汽车等新兴产业项目有较大进展，完成投资88.7亿元，比上年增长28.7%，占全部工业投资的比重为38.3%。

【集约集聚成效突出】加快推进园区改造提升，推动专业园区由工业集聚区向科技创新先导区、新兴产业承载区转型。完善园区基础设施建设。按照“规划引领、业态升级、空间集中”的思路，在拉开框架、整体开发的基础上，进一步完善基础设施功能，加大基础设施改造投入，基本完成专业园区道路、电力、热力等配套设施建设，“九通一平”（通市政道路、雨水、污水、自来水、天然气、电力、电信、热力、有线电视管线和土地自然地貌平整）总体到位。提高入园项目准入门槛。坚持以全区产业发展重点领域为导向，严格执行环境、能源影响评价制度和项目发展水平评估实施标准；重点关注亩产效益和单位能耗、排污强度等主要指标，建立提高存量土地产出效益、合理开发环境容量的约束激励机制，重点强化引进项目的准入管理，不断完善新增用地工业项目核报制度，把项目选择与结构调整有机结合，增量发展与节能减排有机结合，着力提升高科技含量、高附加值、低污染、低能耗的“两高两低”项目投资比重，坚决淘汰一批高污染、高能耗、低投资强度、低产业密度、低赋税比率的工业项目。依托专业园区引进高端产业项目。将专业园区打造成为承载新兴产业的优质载体，精心包装、广泛宣传推介，利用原有招商平台，创新招商机制和手段，围绕新材料、新能源汽车、智能传感（含智能电网）、生物医药、高端装备制造等战略性新兴产业领域开展项目招商攻坚活动，全年新开工超1亿元项目20项。在全市率先完成工业性工地调查工作，品牌园区创建取得成效。东港园区获批江苏省信息化与工业化融合试验区，开发区电子信息产业园获批江苏省中小企业产业集聚示范区，开发区电驱动交通产业园争创江苏省新型工业化产业示范基地，495家工业园区规模以上企业完成产值920.5亿元，占全区规模以上工业经济总量的81.6%，比上年提高1.6个百分点。

【创新驱动成效显著】 推动企业从投资驱动向创新驱动、从加工制造向研发创造、从资源依赖向科技依托转变，全面增强企业核心竞争力和持续拓展能力。推动企业技术创新。全年认定省级企业技术中心6家、市级企业技术中心12家；累计实施技术创新项目91项，其中省级22项、市级69项。自主品牌增加值占GDP的比重为15%。江苏大为科技股份有限公司“基于多维传感信息融合技术的新一代智能交通信号控制系统”、江苏聚慧科技有限公司“无锡市洪水雨涝与水环境监控调度预警决策支持系统——惠山区试点项目”、无锡新天地农业发展有限公司“农业物联网技术集成与综合应用示范”、无锡市第一棉纺织厂（纺织在线监控系统）4家单位实施的物联网项目入选无锡国家传感网创新示范区第二届物联网十大应用案例。推动企业经营模式创新。大力推广电子商务营运模式，区经信局、北京大学汇丰商学院举办多期“商业模式与电子商务”培训班，120余名企业负责人参加。组织2000余家次企业参加由市经济和信息化委员会与“百度”“网库”“无锡CIO联盟”等共同开展的电子商务培训班。支持红豆商城、雅迪购、不锈钢交易中心、纺织材料交易中心等B2B、B2C交易平台建设，帮助企业创新经营模式。推动企业金融资本创新。通过组织部分企业参加“企业兼并重组座谈会”，推广兼并重组的资本运作模式，宣传省市相关扶持政策，让更多的企业了解、参与。江苏新日电动车股份有限公司、江苏爱玛车业科技有限公司等企业通过实施兼并，有效延伸了产业链，促使产能进一步提升。

相关链接

B2B：Business to Business，企业对企业的电子商务模式。

B2C：Business to Customer，企业对消费者的电子商务模式。

【转型升级亮点频现】 在机械、纺织、化工等传统产业领域，通过信息化改造、淘汰落后产能、节能降耗等手段，促进产业整体升级，切实提高传统产业的核心竞争力和经济效益。推动企业信息化改造。组织企业实施信息化项目，全年实施信息化项目41个，总投资超过1亿元。全区省级两化融合示范企业累计6家，无锡普天铁心股份有限公司实施的“基于APS/MES的智能化工程建设”项目成为省级企业信息化提升示范项目。全年新认定软件企业6家，新引进软件企业15家，登记软件产品36个；完成软件业务收入75亿元，比上年增长24.6%；完成云计算产业收入5亿元，比上年增长100%；新增物联网企业数十家，完成物联网核心产业产值16亿元，比上年增长33.3%。淘汰落后产能。加大政策法规执行力度，深入实施以化工、燃煤锅炉、化纤和“三高两低”企业为重点的整治工作，配合全市开展第三轮化工生产企业专项整治，全面完成化工企业整治任务，全年整治“三高两低”企业30家。推动企业节能降耗。严格执行固定资产投资项目节能评估审查制度，限制高耗能产业发展，切实提高高耗能产业市场准入条件。督促企业淘汰落后用能设备，着力提升装备制造水平。加强重点用能监督管理，重点对9家列入省“万家企业节能低碳行动”的企业实施节能定量考核，推进9家企业能源管理体系建设。大力发展循环经济，全面推广清洁生产审核，全年实施循环经济试点企业2家，组织29家企业开展清洁生产审核工作。全年规模以上工业总产值能耗0.073吨标准煤/万元，比上年下降6.9%。

【服务企业不断深入】 以优化服务为主线，扎实做好企业服务工作。加强要素服务。组织银行与企业进行深入对接，召开小微企业金融服务宣传暨政银企融资项目签约大会，累计签约授信2.23亿元。大力推动无锡市中小企业转贷应急资金办理，分别在锡北镇新坝村、东港镇召开两次宣讲会，邀请市中小企业发展服务中心和江苏银行无锡分行相关负责人到会讲解。全区申请使用该转贷应急资金209笔，使用的笔数及额度均位居全市第二位。政策支持力度加大，全年累计获得扶持资金项目231项，其中国家级项目1项、省级项目30项。加强对接服务。组织红豆集团、无锡市第一棉纺织厂、江苏新日电动车股份有限公司、雅迪科技集团有限公司等数十家企业参加第五届中国国际物联网（传感网）博览会。组织江苏大明金属制品有限公司和江苏大东港物流中心有限公司申报省重点物流企业，东方钢材城和通江物流园区顺利通过省重点物流企业（基地）复评。推动企业信用管理贯标，全年有45家企业提交信用管理贯标材料，无锡兴达泡塑新材料股份有限公司等7家企业优先获得推荐市级示范信用企业的资格。加强协调服务。研究制定《锡山区规范租赁生产经营场所（场地）相关手续的实施意见》，出台《锡山区71580服务企业区长热线工作管理办法》。2014年，“71580”服务企业区长热线受理企业诉求95件，办结95件，累计办结率100%。成功举办“2014第八届中国无锡国际电动车展览会”，展位1000余个，参展企业近300家，开幕日人数超5万人次，全面展示了锡山电动车产业作为全国重点板块的综合实力。

（吴京阳）

“两车”产业

【总量规模持续扩大】2014年，在宏观经济形势比较复杂的情况下，全区“两车”行业实现产值398亿元，比上年增长8.1%，高于全区规模以上工业增幅7.8个百分点，成为推动全区工业经济发展的重要力量，继续呈现较好的发展态势，“两车”行业整车产量700万辆，比上年新增68万辆，在全国继续保持领先。龙头骨干企业继续支撑“两车”产业，江苏爱玛车业科技有限公司、雅迪科技集团有限公司、江苏新日电动车股份有限公司分别实现产值27亿元、14.4亿元、13.1亿元。

【重大项目推进有力】通过加大对天津市、浙江省等重要板块的招商力度，“两车”产业招商有力。全区实施中和计划实施的“两车”项目有14个，总投资34.3亿元，其中1亿元以上项目11个、5亿元以上项目3个；开工项目3个，总投资7.5亿元；有5个项目计划开工，总投资为9.5亿元。锡山区力推国威、台铃、新日二期等“两车”产业在建项目早日竣工，快速形成产能；力促小刀、小鸟、爱玛二期等电动车竣工项目迅速达产达效。

【科技创新不断提升】锡山区被科技部认定为国家火炬计划无锡轻型多功能电动车产业基地；锡山区摩托车电动车及其零配件产业出口基地成为全省唯一连续五次获评优秀的外贸出口基地、国家摩托车及零部件外贸转型升级基地；锡山区被评为“国家级出口摩托车、电动车质量安全示范区”。全区拥有江苏新日电动车股份有限公司、雅迪科技集团有限公司、江苏中联铝业有限公司、江苏晶石科技集团有限公司4家省级以上高新技术企业和6家省级以上工程技术研究中心，新世纪、新日、雅迪等中国驰名商标，新陵摩托、众星集团、万旋金属等省著名商标，专利上千件。

【品牌建设不断深化】成功举办“2014第八届中国无锡国际电动车展览会”，展位1000余个，参展企业近300家，汇集国内一、二线电动车和电动三轮车企业参展，开幕日人数超5万人次，全面展示了锡山电动车产业作为全国重点板块的综合实力。不断提高区域品牌质量，在原有企业标准的基础上，由质监部门、国检中心和电动车协会三方共同推动，成立锡山电动车产业联盟，年内产业联盟标准制定进展顺利。

【“走出去”成果不断显现】加大产业申报工作。在发挥好“国家摩托车及零部件外贸转型升级基地”和“江苏省摩托车及电动自行车出口基地”等有利条件的基础上，“国家级出口摩托车、电动车质量安全示范区”通过现场考核。组织参与大型会展。在国内，组织15家“两车”企业参加第115届和第116届广交会和中国摩托车、电动车展览会；在国外，组织江苏爱玛车业科技有限公司、雅迪科技集团有限公司、江苏新日电动车股份有限公司等5家“两车”企业参加4月在土耳其举办的两轮车展，实行国际国内“两手抓”。“两车”行业国际化水平不断提高，全区“两车”行业出口总额不断攀升，雅迪科技集团有限公司全年出口电动摩托车2699万美元，增幅56.34%，成为“两车”行业出口“领头羊”；无锡艾格尼科技有限公司生产的电动自行车远销荷兰、德国，出口总量为1441万美元，增幅44.68%，市场前景看好。

（吴京阳）

项目建设

【概况】2014年，区经信局认真贯彻无锡市“项目建设深化年”活动的部署，积极化解不利因素，引导企业加大有效投入，推动项目顺利实施，促进工业投资稳健增长。全年累计完成工业投资266.1亿元，比上年增长14.9%，比市平均水平高2.4个百分点，总量和增幅均位居全市六个主要板块第四位。

【主要板块稳健增长】2014年，开发区投资总量占全区近一半，累计完成工业投资128.6亿元，比上年增长17.7%，占全区工业投资的比重为48.3%。羊尖镇、鹅湖镇、锡北镇、东港镇四镇走势平稳，支撑效应明显，累计完成工业投资125.3亿元，占全区工业投资的比重为47%，比上年增长20.3%。商务区累计完成工业投资10亿元，比上年增长11.1%。东北塘街道累计完成工业投资2.2亿元，比上年增长10.2%。

【重大项目拉动明显】重大项目投资强劲，3000万元以上工业项目完成投资259.9亿元，比上年增长16.2%，占全部工业投资的比重为97.7%，比2013年提高1.2个百分点；其中超1亿元项目完成投资175.2亿元，占重大工业项目的比重为67.4%。投资8亿元的盖世理，投资5亿元的国威、台铃和投资3亿元的优佳无纺、洪汇新材料等一批重大产业项目相继开工建设。

【“千企技改”推进顺利】全区技术改造项目完成投资171.1亿元，比上年增长25%，占全部工业投资的比重为64.3%，比2013年提高5.2个百分点。超1亿元技改项目亮点突出，洪汇新材料二期项目、锦和科技等重大超1亿元技改项目于第四季度陆续开工，进展较快；爱玛科技、宇寿医疗一期、通用科技等超1亿元项目年底竣工，2015年将投入生产。

【产业结构持续优化】全区电子信息、机械装备、高档纺织和金属制品四大传统产业完成投资153亿元，比上年增长14.2%，占全部工业投资的比重为57.5%；同时，新材料、生物医药、智能传感、新能源和新能源汽车等新兴产业项目投资增长较快，完成投资81.9亿元，比上年增长16%，占所有投资的比重为30.8%，比2013年提高0.3个百分点。 （吴京阳）

服务企业

【要素保供加强】全力协调煤电油运气和资金等各类生产要素，努力做到能供则供、应保尽保。认真开展小微融资调查，发动各板块对企业积极宣传，并借助“71580”服务企业区长热线对全区企业进行短信通知，收集到202家企业的融资需求，需求额度近7亿元。针对融资需求，组织银行与企业进行深入对接，召开小微企业金融服务宣传暨政银企融资项目签约大会，24家银行与24家企业代表现场“一对一”签订授信协议，累计签约2.23亿元。据统计，整个活动中有193家企业与银行达成合作意向，授信意向金额14.26亿元，其中制造业授信意向金额12.1亿元。大力推动无锡市中小企业转贷应急资金办理，分别在锡北镇新坝村、东港镇召开两次宣讲会，邀请市中小企业发展服务中心及江苏银行无锡分行相关负责人到会讲解。全区申请使用该转贷应急资金209笔，累计使用资金额度10.9亿元，使用的笔数及额度均位居全市第二位。首次提出金融超市概念，并举办相关活动。通过不断创新，积极务实推动银企对接合作，加强桥梁纽带作用，努力构建金融和企业良性互动格局，组织区内350家有融资需求的企业和20余家驻区金融机构参与活动。

【项目推进加强】以开展“项目建设深化年”活动为动力，加快培育一批新的工业经济增长点。抓好项目落地服务。聚焦重大工业投资项目，加大工作力度，确保签约项目如期开工建设。加强项目融资对接，与区有关部门召开2014年工业投资计划项目洽谈会，全力协调落实项目建设资金。开展重点工业项目用地调研，优先保障重大工业项目用地需求。优化审批流程，提高项目备案效率，工业项目备案时间进一步缩短，促进项目早办结、早开工。抓好项目开工服务。紧抓项目推进的关键环节，注重项目准入、前期手续办理、建设进度跟踪，建立项目推进例会制度，每月至少召开一次协调会，一事一议及时解决项目推进过程中存在的问题。建立项目推进月度通报制度，及时分析通报项目建设情况。全年新开工超1000万元以上项目172项，总投资224.1亿元，2014年计划投入96.8亿元。抓好项目竣工投产服务。建立考评制度，对各地内资3000万元以上新开工竣工项目进行跟踪督查和考评，加强分类指导和责任落实，推进项目竣工达产，力争投产投用出效益。全年竣工项目128项，竣工项目实际完成投资111.1亿元。抓好项目储备服务。按照新兴产业和优势产业发展部署，积极开展物联网、“两车”、环保等产业境内外招商活动，开展重大投资项目摸底调查，做好意向项目、在手项目和实施项目的服务工作。

【市场开拓加强】构建即时对接渠道，有效提升企业间配套对接效率，积极帮助企业开拓市场，释放企业产能。建立各类企业协作配套对接平台，鼓励企业参加境内外综合性展会和各类知名品牌展览会，帮助企业推介产品，开辟和扩大市场份额。每月组织一场配套交流活动，提升企业产品配套能力。实现供需服务网络化，建立网上信息对接机制，加强信息服务，提升企业对接、配套信息的及时性和有效性。加大国际国内市场开拓力度。结合锡山产业特色，加大名特优产品的综合性、专业性对接，鼓励企业参加国际国内知名展会，提升锡山产品知名度。举办名特优产品展示、产品协作配套、重点客户采购对接、中小企业市场开拓、专业领域的展示展销、产业合作等各类主题活动。组织红豆集团、无锡市第一棉纺织厂、江苏新日电动车股份有限公司、雅迪科技集团有限公司等数十家企业参加第五届中国国际物联网（传感网）博览会，充分展示锡山区信息化产业的特色和优势。举办“2014第八届中国无锡国际电动车展览会”，展位1000余个，参展企业近300家，汇集国内一、二线电动车和电动三轮车企业参展，开幕日人数超5万人次，全面展示了锡山电动车产业作为全国重点板块的综合实力。组织企业到上海市、浙江省杭州市、广东省深圳市、中国香港参加江苏产品万里行展销会等展会活动，参会企业近500家次。

【企业对接加强】千方百计帮助企业解决实际问题，全年走访企业100余家，深入了解企业节后开工、生产订单、劳动力、资金和原材料等情况，开展形势宣讲、政策落实、问题收集解答等工作，帮助协调解决涉及厂房搬迁、企业用电、企业融资、项目推进等多项问题，增强企业应对困难和挑战的信心。研究出台《锡山区71580服务企业区长热线工作管理办法》，进一步推进热线规范、高效、有序运行，发挥热线联系企业、服务企业、服务发展的功能。积极拓宽诉求受理手段，成功升级“71580”服务企业区长热线，通过建立综合性服务热线网络平台，全方位受理企业的诉求、建议和投诉，实时提供诉求提交、政策法规等咨询服务，全面实现从被动接听向主动服务延伸，不断满足企业日益多样的服务需求。全年热线受理企业诉求95件，办结95件，累计办结率100%。受理中心每月对区内155家超1亿元企业、50家重点服务业企业、14家农业龙头企业进行一次电话专访，每季度对500余家1亿元以下规模企业进行一次电话专访。受理中心24小时关注电话诉求和网上诉求，根据受理时间及时提醒承办单位处理企业诉求，并在承办单位办结反馈后跟踪访问企业满意度。

【专题培训加强】针对企业多方位的需求，多次组织企业参加相关培训活动。组织无锡兴达泡塑新材料股份有限公司、江苏申锡建筑机械有限公司、无锡吉兴汽车部件有限公司、无锡统力电工有限公司等多家企业的十余位人事主管、人事专员参加“心理学在人力资源中的应用”公益培训活动，帮助企业人事主管提升工作能力，学习如何发掘和选拔领导人才和优秀员工，化解部门冲突和矛盾。成功举办一次APEC商务旅行卡知识讲座，邀请无锡市外事办公室副主任许睿煜一行到区经信局对办卡相关知识进行深入讲解，有28名企业代表参加讲座。组织14名企业代表参加由无锡市经济和信息化委员会与西门子工业软件（上海）有限公司联合主办的“产学研升级与技术创新研讨会”，帮助企业加强人才培养，搭建企业和职业院校沟通、合作的桥梁。举办“商业模式与电子商务”培训班，邀请北京大学经济学院研究员、知名教授张斌以“商业模式创新”为主题进行一天的授课，邀请国内著名电子商务专家、教授周宁以“外贸电子商务趋势和策略分析、电子商务的营销与策划”为主题进行一天的授课，有60余人参加学习。组织江苏新日电动车股份有限公司、同方计算机有限公司、无锡市大元广盛电气股份有限公司三家企业负责人参加第八期“清华大学——无锡市企业可持续发展高级研修班”。该研修班以专题讲座、现场教学和交流互动相结合进行授课，培训结束时由清华大学授予培训结业证书。组织企业参加全省中小企业人才培训工作研修班，培训主题为论述江苏中小企业转型升级、上海自贸区建设与政策解读以及浅谈服务型政府与职责运营等内容。组织企业参加工业和信息化部中小企业“质量与品牌提升”培训班。该培训班主要面对中小企业中高层领导和骨干员工，集中开展质量和品牌相关理念和方法的普及教育活动，为中小企业提供免费培训和管理诊断等服务。中国质量协会的资深专家秦刚和郭美萍两位老师分别以《质量改进》和《质量管理小组》为题作精彩演讲，受到企业热烈欢迎，实际报名人数接近80人。

相关链接

APEC商务旅行卡：指持卡人凭有效护照和旅行卡在三年内无须办理入境签证，可自由往来于已批准入境的各APEC经济体之间，从而便利APEC范围内各经济体的商务人员往来。

【政策落地加强】组织开展千户问卷调查，了解企业需求，为增强政策服务针对性提供有效依据。继续加大对上争取力度，狠抓各级政府密集出台政策的有利时机，加强政策宣传，广泛组织申报，全年组织企业申报国家、省、市级扶持项目261项，通过评审、核准项目99项，其中国家级项目1项、省级项目18项，累计到位资金4254万元。积极为企业减负，落实好固定资产投资增值税抵扣、引进技术设备进口关税减免、重大技术装备进口关键零部件和原材料免税、企业研发投入加计抵扣、资源综合利用认定和合同能源管理税收优惠等税费减免政策。加强对上争取，重点围绕战略性新兴产业发展、传统产业升级改造、科技创新、中小企业民营经济发展等领域，全方位争取上级政策扶持，促使更多资金和荣誉称号落户锡山区企业。 （吴京阳）

节能降耗

【概况】2014年，锡山区强势推动节能降耗工作，切实转变经济增长方式，提高能源利用效率，明确目标、理清思路、加快推进，节能降耗工作初显成效，全年规模以上工业总产值能耗0.073吨标准煤/万元，比上年下降6.9%。实施清洁生产审核企业29家；申报市级以上节能及循环经济项目21个，新增市级循环经济试点企业2家；实施国家“万家企业节能低碳行动”，全年节约能源1.52万吨标准煤。

【重点用能监督加强】抓好重点企业节能管理，对25家重点用能单位开展节能培训工作，完成52名能源管理人员培训工作，同时指导企业完成网上能源利用情况申报工作。组织开展万家企业能源管理平台建设工作，着力推进无锡市第一棉纺织厂等9家企业能源管理体系建设工作，签约8家（其中认证2家、评价6家），无锡能达热电有限公司、无锡豪普钛业有限公司两家企业通过能源管理体系认证验收工作，无锡恒田纺织品有限公司、健鼎（无锡）电子有限公司两家企业完成能源管理体系评价验收工作，红豆集团、无锡市第一棉纺织厂两家企业申请评价验收。强化对年耗能5000吨标准煤以上企业节能工作的指导、服务和监督检查，完善企业能源管理制度，完善能源专管员制度；进一步完善企业用能计量管理制度，督促企业配备合理、准确的能源计量器具和仪表，建立计量检测体系，强化计量管理，依靠科学的能源计量手段促进节能降耗；加强能源统计，明确专人负责，建立健全原始记录和统计台账，积极参加统计业务和网上报送技术培训活动，及时、准确上报企业能源消耗统计资料。

【清洁生产推进】积极组织清洁生产审核工作，组织30家企业参加市经济和信息化委员会举办的清洁生产审核培训班，全部完成清洁生产审核的培训和签约工作。实施无低费方案276项，中、高费方案47项，合计323项；投入资金3586万元；可节电615.6万千瓦时/年，节煤1204吨/年，减少能耗3426吨标准煤/年；减排二氧化硫15.2吨/年，年经济效益4290万元。切实做好资源综合利用工作，指导2014年重新认定的企业准备基础材料，帮助企业解决认定工作中存在的疑难问题，完成5家企业资源综合利用认定申报工作。

【节能和循环经济项目实施】进一步降低企业能耗，大力推进节能技术改造，积极实施节能和循环经济项目，积极开展下基层活动，大力宣传节能扶持政策，鼓励企业通过改进工艺、更新设备等手段推进节能降耗工作。积极为企业和节能服务机构牵线搭桥，帮助企业寻找节能空间，进一步提升企业的节能效益。全区组织实施并上报省级及以上节能和循环经济项目21项，其中重点节能项目13项、循环经济项目4项、节能产品产业化项目1个、合同能源管理项目1个、淘汰落后设备项目2个，总投资2.23亿元，年节能2.9万吨标准煤，综合利用粉煤灰15万吨。

【落后生产设备加快淘汰】认真贯彻落实工业和信息化部发布的

《高耗能落后机电设备（产品）淘汰目录（第二批）》，全面加快淘汰落后生产工艺装备和产品步伐，着力提升全区用能设备装备水平，配合省市节能监察中心对Y系列电机开展专项调查工作，涉及年耗能2000吨以上企业46家。同时，积极以合同能源管理方式推进落后变压器淘汰，由节能服务公司以效益分享型合同能源管理方式把用能单位的落后变压器替换为高效节能变压器，用户无需支付节能变压器设备款，将每月节省的铜损、铁损支付给节能服务公司，合同期满后，节能型变压器产权转让给用户。全区S7系列变压器53台（套），两家企业销户，其余企业全部以区政府名义告知整改。（吴京阳）

重点企业

【江苏新日电动车股份有限公司】 公司成立于2004年，位于安镇街道，是主要从事电动车及关键零部件的研发、生产与销售的大型民营股份制拟上市公司。拥有江苏省无锡市、天津市、湖北省襄阳市三大生产基地，员工总数5000余人，销售规模连续全国领先，产品远销欧美和东南亚市场，是中国电动车行业龙头企业。2014年，公司研发出全国第一辆基于物联网技术的全数字化车联网电动车。通过全车数字化，所有故障一目了然，降低维修技术难度，降低售后维修成本，提高电动车行业智能化水平。下半年，公司重点推出的新品“征服者”系列，打破多项行业纪录，一次充电最高行驶600公里，最高挑战坡度18度，最大载重300公斤，在行业引起重大轰动。公司坚持“走进新日，感受阳光”的服务理念，主动接受各地消费者关于产品质量、服务方面的监督，让消费者真正感受到新日电动车的优秀品质和阳光服务。作为中国电动车行业的第一品牌，新日电动车在全国各地建立销售与服务网点5000余家，为顾客提供中国电动车行业第一流的阳光售后服务体系。新日电动车率先在行业内公布“6S阳光服务标准”（24小时服务，360度满意），向消费者践行“6S阳光服务承诺”（全过程的质量跟踪，全系统的信息反馈，全方位的现场服务，24小时服务热线，预约上门服务，路上救援服务）。2014年，公司实现销售收入13.1亿元，比上年增长0.08%。

【伽力森主食企业（无锡）股份有限公司】 公司成立于2003年，位于鹅湖镇，是一家生产优质黄油与冷鲜冷冻面食系列的企业，依托国际化精英研发团队，有机整合全球优质食品资源，拥有精良的生产技术装备，倾力“质”造彰显全球各地区膳食特征的绿色食品企业。公司旗下全资子公司为伽力森主食产业（江苏）有限公司，占地面积19.34公顷。公司主导产品是食用黄油制品、鸡精调味料及创新开发的鸡汁汤品和速冻方便熟面等系列产品。其中，黄油制品年生产能力2万吨，产品90%出口，出口量占中国奶油出口总量的95%以上；鸡汁汤品和冷冻方便熟面等系列新产品，年产能力合计1万吨。公司多款产品荣获“江苏省名牌产品”“江苏省餐饮业优秀供应商”“中国著名培育品牌”，公司多年荣获无锡市、锡山区“纳税百强企业”等荣誉。2014年8月13日，公司实现新三板挂牌上市，成为鹅湖镇首家成功挂牌的上市企业。该公司的挂牌上市对企业实现融资和扩大生产规模，建立现代企业制度和做大做强将起到积极的推动作用。2014年，公司实现销售收入1.2亿元；上缴税收1400万元，比上年增长73%。

【高德（无锡）电子有限公司】 公司成立于2003年10月，注册资金3000万美元，投资总额8700万美元，是由新加坡高德电子集团在中国建立的第二家印刷电路板制造厂。公司位于开发区春晖东路32号，占地面积9.47公顷，厂房建筑面积4.06万平方米，宿舍建筑面积1.39万平方米，员工约1600人。公司提供设计、制造高密度、高质量、多层次电路板“一条龙”服务，满足客户的需要。产品有双面板、多层线路板、各类BGA矩阵式球垫表面贴装原件、MCM多晶片模组及IC集成电路封装基板等高阶元件。公司为网络、资讯科技、通信、汽车、医疗等高科技领域提供尖端科技解决方案，应用于手机、数码相机、掌上电脑、笔记本电脑、TFT-LED、汽车（GPS Air-Bag）、全球定位系统、侍服器、基地台等。公司为江苏省高新技术企业，有两个高新技术产品被列入国家火炬计划。2014年，公司完成产值9.3亿元，比上年增长5.7%。

【国泰精密机械（无锡）有限公司】 公司成立于2002年12月，位于开发区芙蓉三路，是中国香港CTM控股集团的全资子公司。CTM控股集团于1970年在中国香港成立，一直从事精密机械制造，在广东省深圳市、江苏省无锡市、辽宁省大连市设有3处生产基地，拥有8家子公司。公司以通信业务起步，经过十多年的高速发展，企业业务拓展至通信、电子、汽车配件、工业控制和液压等多个领域，与苹果、康普、博世、斯伦贝谢、实用动力等众多世界一流知名公司建立长期稳定的合作关系，具备年产1亿件苹果电子元器件配件的能力。公司累计注册资本7250万美元，投资总额19998万美元，员工1100名。2014年，公司完成产值4.4亿元，比上年增长26%；上缴税收1600余万元。

【无锡晶海氨基酸有限公司】公司创建于1993年，位于东港镇，是一家民营企业，注册资本1080万元。公司占地面积3.84公顷，建筑面积16762平方米。主要产品为支链氨基酸（L-亮氨酸、L-异亮氨酸、L-缬氨酸），广泛运用于生物医药、食品工业、饲料工业和化妆品等领域。公司为中国化学制药工业协会理事单位、氨基酸专业委员会副主任单位，产品在国内市场占主导地位并出口到30余个国家和地区。公司有职工232名，其中技术人员55名。公司拥有雄厚的技术力量，积极走产学研相结合的道路，先后与江南大学、中国科学院、南京工业大学等科研院校建立长期的友好合作关系，先后建立江苏省工程技术中心、院士工作站等科研机构。公司是国内氨基酸原料药生产企业中第一家通过GMP（药品生产质量管理规范）验收的企业，拥有发明专利6项。公司获得“国家级火炬计划重点高新技术企业”“江苏省民营科技企业”“江苏省高新技术企业”荣誉。多个产品相继被认定为国家重点新产品、江苏省高新技术产品，承担国家火炬计划项目2项、国家创新基金项目1项、江苏省重大科技成果转化项目1项。至2014年年底，公司资产总额13135万元，资产负债率37.53%。2014年，公司实现产值1.7亿元，比上年增长3.2%。

【江苏新广联科技股份有限公司】公司于1997年11月注册成立，注册资金2.1亿元，总资产5.8亿元，是由江苏凤凰出版传媒集团和中信投资控股有限公司共同投资组建的国家级重点高新技术企业。公司位于开发区，占地总面积近4公顷，建筑总面积23375平方米。公司主要经营只读类光盘的复制与销售、LED外延片及芯片等产品的开发应用与销售、只读类半导体存储芯片的复制及产品研发。公司是国家“863计划”锡山新材料产业基地、国家火炬计划锡山新材料产业基地的骨干企业。公司为江苏省高新技术企业、国家文化出口重点企业，银行资信等级AAA级，通过ISO 9001、ISO 14001质量及环境管理体系认证，参与多项音像制品与光盘国家行业标准的审定与制定，是国内光盘复制行业的龙头及代表性企业。公司拥有从业人员520名，其中博士2人、硕士8人、本科78人、大专135人，大专以上学历人员占员工总数的42%。公司年生产能力为CD类光盘3亿张，DVD5光盘5000万张，DVD9光盘2000万张，只读类光盘的产量及经济效益连续三年位居国内只读光盘行业之首，光盘复制总量进入亚洲前三水平。公司进入国家大力推广的节能环保产业中的LED行业，是国内为数不多的拥有自主知识产权的GaN LED外延片及芯片生产企业，其研发的大功率照明用LED发光效率达到国内一流水平。公司形成年产35万片外延片、70亿颗LED芯片的生产规模。2014年，公司销售收入3.1亿元。

【新麦机械（无锡）有限公司】公司于1983年在中国台湾创立，1990年设立马来西亚分公司，江苏无锡生产基地于1995年创立，有厂房7万平方米。公司在无锡还拥有三能器具（无锡）有限公司 、芝兰雅烘焙原料（无锡）有限公司等多家合资企业，是亚洲最大的烘焙器械设备生产厂。资金技术力量雄厚，生产质量严格要求，产品远销全球40多个国家和地区。国内总公司有员工1200余名，全国各地设有41个办事处。公司除了制造销售各种烘焙器械外，还为烘焙制造业提供所需设备、器具与原料，成为全世界烘焙系列产品最完备的烘焙设备制造公司，名列世界烘焙设备制造业六强之一。公司客户主要面向面包房、大型超市、批发厂商等。同时，公司还为客户提供全方位的生产销售指导，帮助客户成功经营。公司的目标是能够代表中国人在世界烘焙领域的大舞台上与先进发达国家同台竞技，成为世界上最大的烘焙设备制造商。2014年，国外销售占总销售的55%，国内销售占45%，成为一个出口外向型企业。其中，最主要的外销市场是北美、欧洲、非洲和亚洲等50多个国家，其外销数量与金额在亚洲名列第一位。2014年，公司实现销售收入7.7亿元，比上年增长10%；完成纳税1.5亿元。

【无锡兴达泡塑新材料股份有限公司】公司创建于1992年1月，位于东港镇，是专业从事研究、开发、生产可发性聚苯乙烯树脂（EPS）的大型民营塑化企业，是国家火炬计划重点高新技术企业、江苏省优秀民营企业、江苏省特级诚信企业。旗下产品“锡发”牌商标为中国驰名商标、江苏省著名商标、江苏省名牌产品，并拥有多项国家发明专利，先后荣获“'95中国高新技术新产品博览会金奖”“江苏省新产品金牛奖”等称号。产品畅销全国30多个省、市、自治区，远销欧洲、美洲、大洋洲等20多个国家和地区。公司有4家全资子公司、4家控股子公司及1家参股子公司。除无锡外，公司在江苏省常州市、广东省惠州市、新疆维吾尔自治区石河子市、黑龙江省大庆市等建有基地，总产能达到年产EPS125万吨的规模，生产规模雄居“世界第二、中国第一”。自1996年起，公司在产量、品质、销售、产值、市场占有率和贡献等方面连续名列全国第一位。公司生产的“锡发”牌可发性聚苯乙烯树脂（EPS）系列产品，广泛应用于包装建材、装饰、交通工程等领域。最新研制成功的阻燃型可发性聚苯乙烯树脂制成的发泡塑料是在中国北方建筑上应用最多的一种高效节能保温材料。经过22年的长足发展，公司积极谋划多元化经营，在新材料、房地产等领域进行多元化经营的尝试；在资本市场，积极谋求在三年内完成国内上市。

【无锡市第一棉纺织厂】 无锡市第一棉纺织厂创建于1919年，位于开发区，曾经是中国民族工业的典范，现在是中国棉纺织行业的排头兵，拥有5家下属公司，共50万纱锭、700台布机。公司注册资本57494万元，总资产188182万元，固定资产总值166305万元，资产负债率44%，是无锡市国联发展（集团）有限公司控股的大型纺织企业。公司多年蝉联中国棉纺、色织行业竞争力20强企业，是世界上最大的优质紧密纺纱生产基地，自主品牌TALAK®获“中国名牌”称号，在欧美等55个国家注册，色织纱和针织纱获中国棉纺织协会最高奖项“精品奖”“用户信得过优等产品”“最佳针织纱供应商”，产品进入国际高端市场，精梳纱线出口欧盟多年并位居全国第一位，专供世界一线服装品牌，劳动生产率25人/万锭，达到国际先进水平。公司曾研制出中国第一台国产紧密纺纱机，也曾开发出纺织业第一代ERP二次开发平台，是国内第一个采用在线监测、监控网络系统的纺织企业。公司从2000年起开始信息化进程，总投入8000余万元，通过十多年的建设和不断完善，拥有由传感网、ERP和电子商务组成的完整的信息化体系，创建了一套具有行业特色的管控模式，实现了信息化与各项业务之间的深度融合。2014年，公司实现产值12.5亿元，被评为“国家级信息化与工业化深度融合示范企业”。

【无锡英特派金属制品有限公司】公司成立于2001年11月，位于开发区锡北园区，公司占地面积1.67公顷，是一家研发、生产能力处于国内领先水平的规模型民营企业。公司是国家火炬计划锡山新材料产业基地成员企业、中国仪器仪表行业协会仪表材料分会常务理事单位、国家二级计量单位、江苏省高新技术企业、无锡市企业信用管理协会成员企业。公司拥有员工105名，大部分具有中等专业以上（包括博士、硕士、本科）学历，其中直接从事技术研发人员有30人；同时，吸纳国内外不同行业的资深专家从事研发工作。公司以“国防科工委大型构件焊接技术应用研究中心”和“江苏省纳米材料研究工程中心”为依托，与南京理工大学共建“贵金属纳米增强和精密成形技术应用研究中心”。公司主要产品有TFT用贵金属设备、有专利的强化偶丝、铂铑包覆钼搅拌器、弥散强化铂铑玻纤漏板、热电偶丝、测温偶丝材料、贵金属分离提纯、金盐、各类贵金属制品（包括管材、板材、坩埚）等，拥有全国贵金属行业一流的生产设备和检测手段。公司与瑞士诺华公司、美国百时美施贵宝公司、英国庄信万丰公司、陕西彩虹电子集团有限公司、深圳赛格三星股份有限公司、石家庄宝石电子集团公司、重庆国际复合材料有限公司、山东泰山玻纤股份有限公司等国内外300余家著名企业建立起广泛的合作关系。

（吴京阳）

编辑：张　彤

开发区科技创业园 (区经信局 供稿)

5月15日，“2014第八届中国无锡国际电动车展览会”现场

(区经信局 供稿)

9月25日，锡山区4个物流网项目入选无锡市第二届物联网十大应用案例（区经信局 供稿）

无锡普天铁心股份有限公司普天铁芯智能化工程项目（区经信局 供稿）

“71580”服务企业区长热线现场（区经信局 供稿）

开放型经济

Open Economy

形象初具的商务区核心区　　　　（商务区 供稿）

综　述

2014年，全区上下围绕稳中求进的主基调，积极应对国内外错综复杂的经济形势变化影响，致力于创新突破、务实进取，着力推动全区开放型经济稳定提升发展，取得了新的成效。外资及港澳台资项目体量提升。全年完成到位注册外资及港澳台资3.3亿美元。新批重大外资及港澳台资项目8个，全部是总投资超1亿美元项目，其中总投资超3亿美元项目3个，列全市第一位。外贸运行小幅增长。全年完成外贸进出口总额46.2亿美元，比上年增长3.62%，其中出口额35.6亿美元，比上年增长8.63%。全区新批自营进出口企业155家，新增省级“国际知名品牌”出口企业5家。境外投资快速增长。全年完成境外中方投资额10043万美元，新批境外投资项目15个，项目个数和总量均创历年最高水平。西港特区建设稳步推进，累计入驻企业68家，其中生产经营企业58家。服务外包稳步发展。全年完成服务外包接包合同协议金额9.8亿美元，比上年增长26.2%；执行金额8.53亿美元，比上年增长36%。离岸外包合同协议金额5.89亿美元，比上年增长25.4%；执行金额5.67亿美元，比上年增长36.6%。新增市服务外包“123”计划企业1家。

相关链接

市服务外包“123”计划：根据该计划，到2010年，全市集聚国际服务外包和软件出口企业达到100家，每家企业从业人员超过2000人，年出口超过3000万美元，初步形成服务外包的产业集聚效应。

（薛　飞）

对外及对港澳台贸易

【概况】2014年，受世界经济复苏缓慢的新常态影响，对外贸易困难增多，但全区外贸进出口仍实现平稳增长。全区完成外贸进出口总额46.22亿美元，比上年增长3.62%。其中，出口额35.63亿美元，比上年增长8.63%；进口额10.58亿美元，比上年下降10.3%。

【出口结构布局持续向好】2014年，锡山区对美国、欧盟、日本三大传统贸易市场分别完成外贸出口额5.94亿美元、5.56亿美元、3.11亿美元。其中，对美国、欧盟出口稳步增长，分别比上年增长16.77%、14.43%；对日本出口前跌后增逐步回暖，比上年增长2.51%。新兴市场开拓情况良好，增长态势明显。对非洲、大洋洲等新兴市场出口增幅均超20%。区内主要行业电器电子、机械装备、纺织服装、塑料橡胶、化工、食品分别完成出口额9.07亿美元、3.83亿美元、3.71亿美元、2.28亿美元、0.95亿美元、1.81亿美元，其中电器电子、机械装备、纺织服装、食品比上年分别增长5.61%、6.94%、3%、13.7%。摩托车、电动车“两车”产业“31810”计划稳步推进，“两车”行业累计完成出口额2.02亿美元，比上年增长11.92%。其中，电动车出口增长进一步加快，比上年增长30.7%。

2014年锡山区出口前10位内资企业情况一览

表5

序号	企业名称	累计出口（万美元）	同比（±%）	所在地区
1	江苏红豆进出口有限责任公司	8297	15.36	东港镇
2	无锡华东可可食品有限公司	6356	18.02	东北塘街道
3	无锡兴达泡塑新材料股份有限公司	5737	－15.46	东港镇
4	无锡同方创新科技园有限公司	3864	—	开发区
5	江苏通用科技股份有限公司	3708	0.75	东港镇
6	无锡锡州机械有限公司	3588	10.26	锡北镇
7	红豆集团无锡南国企业有限公司	3287	5.89	东港镇

续表5

序号	企业名称	累计出口（万美元）	同比（±%）	所在地区
8	无锡恒晖经贸有限公司	2826	－5.52	东亭街道
9	无锡新亚安全用品有限公司	2748	7.99	东亭街道
10	无锡上可食品有限公司	2730	－5.8	东北塘街道

2014年锡山区出口前10位外资及港澳台资企业情况一览

表6

序号	企业名称	累计出口（万美元）	同比（±%）	所在地区
1	健鼎（无锡）电子有限公司	51673	1.17	开发区
2	泰连电子（无锡）有限公司	7821	82.94	开发区
3	大津编物（无锡）有限公司	7480	20.6	开发区
4	无锡宝昌金属制品有限公司	6929	34.54	东北塘街道
5	无锡超科食品有限公司	6865	4.55	开发区
6	无锡宝来光学科技有限公司	6856	－0.62	锡北镇
7	鹰普（中国）有限公司	5650	20.2	开发区
8	恩欧凯（无锡）防振橡胶有限公司	5570	5.29	开发区
9	无锡国丰电子科技有限公司	5504	16.9	开发区
10	无锡长江精密纺织有限公司	3870	－15.64	开发区

【品牌建设取得突破】2014年是江苏省“省级国际知名品牌”评选年度，在2013年开展的“2013~2014年度市级国际知名品牌”企业评选的基础上，锡山区通过积极辅导与培育，引导企业早做准备，重点做好商标注册、专利申请、参与国家标准制定等方面工作，鼓励企业积极争创2014年省级“国际知名品牌”出口企业，年内新获批5家，累计13家，全区出口品牌培育工作获得较大突破，梯队培育得到进一步巩固，以品牌为核心的国际竞争新优势初步形成。

【服务企业扎实到位】帮助外贸企业对上争取各类扶持资金，成效显著。2014年，争取各类资金15批、项目444项，惠及外贸企业250余家，金额3961.19万元。争取资金数额及占比在无锡城区范围中继续保持领先，尤其是中小企业国际市场开拓资金、省级战略新兴产业发展资金、外贸公共服务平台资金、省级进口贴息资金、市商务发展资金等均占全市资金的30%以上。大力推动外贸企业开拓国际市场。积极组织企业参加第115届、第116届广交会，为157家企业争取摊位342个，企业数和摊位数均占全市1/3左右。重点组织企业参加第24届华东进出口商品交易会、2014年德国法兰克福家用纺织品博览会、2014年江苏出口商品展览会、2014年德国法兰克福汽配展等国内外知名展会20余个，重点展会企业展位数位列全市前茅。加强沟通，协调解决各类问题。协调解决无锡英特派金属制品有限公司贵金属出口事宜，无锡惠源包装有限公司的润滑油加工贸易出口许可证事宜，无锡市二泉针织厂、东工纺织品（无锡）有限公司境外投资生产设备出口及动植物检验事宜。加强宣传贯彻各类外贸政策。市、区商务局与海关、商检、外管等职能部门合作，先后召开“稳定外贸增长政策宣讲会”“贸易便利化政策暨外贸综合服务平台宣讲会”“汇率波动对外贸影响及财税金融政策座谈会”“跨国公司总部外汇资金集中运营管理工作座谈会”“上海自贸区金融创新政策宣讲会”，区商务局、区企业家协会组织区内重点外贸企业赴上海市浦东区，实地了解上海自贸区的实际运作情况，为红豆集团在自贸区先行先试设立公司做充分准备。

【国家级出口摩托车、电动车质量安全示范区成功创建】 2014年，区商务局与无锡出入境检验检疫局协作开展争创国家级出口摩托车、电动车质量安全示范区工作。11月，锡山区摩托车及电动车出口基地成功通过国家质检总局专家组对无锡锡山出口摩托车、电动车质量安全示范区的考核验收。该示范区的创建为“两车”企业发展搭建了良好的贸易便利平台，将进一步推动区内“两车”出口产品品质与数量的同步提升，稳步提升“两车”产业国际化发展水平。同时，为了加快推进基地内企业市场开拓，打响出口基地品牌，积极组织以雅迪、新日、爱玛三大电动车品牌为首的基地内8家骨干企业参加第六届中国国际摩托车及零部件交易会， 统一以国家级基地名义布展，进一步扩大锡山区摩托车、电动车基地的集聚影响力。在第116届秋季广交会上推出锡山“两车”国家级出口基地的视频宣传广告，提升了区内“两车”产业的国际知名度和品牌影响力。

【外贸环境优化】 区商务局积极利用区内重点外贸企业月度动态监测、走访调研、举行座谈会的契机，调研区内各主要行业，对可能存在国际贸易摩擦、产业安全、反垄断等风险的行业进行排查。依托无锡出入境检验检疫局安全信息发布平台，定期发布国内外“两车”质量信息和风险预警信息。同时，选择区内电动车龙头出口企业雅迪科技集团有限公司和吊篮国内领军企业申锡机械有限公司两家企业设立行业内贸易预警点。积极收集第一手预警信息，努力做到贸易摩擦提前预警，使摩擦应对关口前移，为区内外贸企业搭建良好的公平贸易环境。 （孙科军）

利用外资及港澳台资

【概况】 2014年，虽然受到国际投资趋势变化和区域竞争加剧等因素的影响，但全区外资及港澳台资利用质量进一步提升。全区完成到位注册外资及港澳台资3.3亿美元。其中，制造业到位外资及港澳台资占全区到位外资及港澳台资的比重为40%。

【重大项目引进成效明显】 2014年，全区批准外资及港澳台资项目62个，协议外资及港澳台资87224万美元。其中，新批项目37个，协议外资及港澳台资60113万美元，比上年增长18.46%；增资项目25个，协议外资及港澳台资27111万美元。全区批准重大外资及港澳台资项目8个，分别为鼎固房地产、嘉昊仓储、景瑞置业、中际物资贸易、宇培仓储、慧谷供应链、国泰精密增资、国宏硬质增资，协议外资及港澳台资共计65975万美元，共到位17567万美元，占全区到位外资及港澳台资总额的53.18%。其中，国泰精密增资、宇培仓储、中际物资贸易均为总投资超3亿美元项目，超3亿美元项目数列全市之首。全年新批外商投资融资租赁企业1个，为江苏红豆融资租赁有限公司（中港合资）；新批功能性机构2个，分别为美特富精密拉伸技术（港资）、中核新能源科技（港资）。

【红豆融资租赁获批】 12月，江苏红豆融资租赁有限公司获省商务厅批复，标志着2014年锡山区外商投资融资租赁企业取得零的突破，也是首个落户锡山区乡镇的中港融资租赁企业。江苏红豆融资租赁有限公司是由红豆投资有限公司与中国香港维曦詹氏公司合资设立于锡山区东港镇的项目，注册资本3000万美元，其中协议港资750万美元。项目以新能源、机械装备产业为主，主要从事融资租赁业务、租赁业务，向国内外购买租赁财产、租赁财产残值处理及维修、租赁交易咨询和担保等业务。该公司成立后，将服务于锡山区乃至整个华东地区的制造业中小企业，为中小企业在技术改造、扩能增量等方面提供融资渠道，缓解资金压力。

【招商渠道加快拓展】 区招商局主要围绕专业中介机构、各类行业协会、知名企业、政府条线部门等方面梳理招商渠道资源信息，充分挖掘和运用各种资源和平台。至年末，先后与戴德梁行等33家中介机构签订专业招商代理合同，与中国企业500强和300余家会计事务所、律师事务所、行业协会等建立工作联系，梳理了113家央企及中国企业500强信息。积极开展以商引商，利用一批无锡落户企业进行排查和公关，获取了20余个有效投资信息。积极探索驻点招商，依托锡山区外贸企业在国外设立的经济代表处和商务办事处，探索建立合作机制。2014年，通过项目招引，区招商局接触项目信息150余个，其中重点项目有效信息74个，签约落户项目11个。（巫银科）

对外及对港澳台经济合作

【概况】2014年，全区完成境外中方投资额10043万美元，比上年增长74.5%。新批境外投资项目15个，其中超1000万美元重大项目2个。

【境外投资首次突破1亿美元】2014年，区商务局通过广泛宣传、深入挖潜，境外投资取得突破性进展。全区新批境外投资项目15个，完成境外中方投资额10043万美元，项目个数和总量均创历年最高水平，投资总量首次突破1亿美元（除西港特区项目外）。项目投资国别和地区涵盖美国、日本、荷兰、马来西亚、泰国、柬埔寨等国家和中国香港地区。其中，无锡震洲新能源有限公司投资的兄弟鹰公司的太阳能光伏项目，投资超5000万美元，是锡山区除西港特区项目外最大的境外投资项目。

【西港特区建设步伐加快】2014年，柬埔寨西港特区二期工程启动，园区建设步伐加快。首期开发的5.28平方公里区域内有4平方公里实现“五通一平”（通路、通电、通水、通信、排污和地面平整），特区内有工业房85栋，西港特区与柬埔寨国家电力公司签订协议，增加供电量，特区电网、污水处理厂和各项基础设施及配套服务进一步完善优化。截至2014年年末，西港特区引入包括工业、制造业、服务行业在内的68家企业入驻，分别来自中国、欧美、日本等国家和地区，58家企业生产经营，区内从业人数超1万人。在由锡山区企业无锡市金五星针纺有限公司在西港特区投资的“园中园”项目中，首个拖鞋厂项目于2013年投产，第二批项目东星毯业、二泉针织于2014年相继投产，“园中园”项目加快推进实施。

2014年锡山区新批境外企业（机构）情况一览

表7　　单位：万美元

序号	境外企业名称	投资国别或地区	总投资额	中方投资额	投资类型	设立或增资时间	投资中方主体
1	美孚思国际有限公司	美国	100	100	贸易公司	2014年1月	无锡美富流体控制设备有限公司
2	茂硕控股（香港）有限公司	中国香港	8900	8900	贸易公司	2014年1月	美能有限公司
3	芯奥微（美国）股份有限公司	美国	500	500	贸易公司	2014年2月	无锡芯奥微传感技术有限公司
4	金宸源（柬埔寨）有限公司	柬埔寨	300	300	生产企业	2014年2月	无锡浛华进出口贸易有限公司
5	芯奥微（美国）有限责任公司	美国	10	10	贸易公司	2014年3月	无锡芯奥微传感技术有限公司
6	日本吉兴合同会社	日本	5.1	5	贸易公司	2014年3月	无锡吉兴汽车部件有限公司
7	三为橡胶（泰国）有限公司	泰国	690	690	生产企业	2014年3月	无锡三为橡胶有限公司
8	柬埔寨全星家居用品有限公司	柬埔寨	800	800	生产企业	2014年4月	无锡市金五星针纺有限公司
9	美泓家居用品有限公司	柬埔寨	600	600	生产企业	2014年5月	无锡市南飞星家居用品有限公司
10	无锡锡山安达防爆电气设备有限公司	荷兰	100	100	贸易公司	2014年6月	无锡锡山安达国际有限公司

续表7　单位：万美元

序号	境外企业名称	投资国别或地区	总投资额	中方投资额	投资类型	设立或增资时间	投资中方主体
11	兄弟鹰公司	中国香港	5000	5000	贸易公司	2014年7月	无锡震洲新能源有限公司
12	维胜绿色国际包装家（私人）有限公司	斯里兰卡	100	55	生产企业	2014年7月	无锡市南江包装机械有限公司
13	水中膜技术有限公司马来西亚分公司	马来西亚	60	60	生产企业	2014年9月	无锡市百净净化科技有限公司
14	亚洲金冠有限公司	中国香港	64.45	3.22	贸易公司	2014年10月	无锡翠竹物业有限公司
15	中科半导体股份有限公司	美国	990	990	生产企业	2014年11月	江苏成宏半导体技术有限公司

（孙科军）

锡山经济技术开发区

【概况】2014年，开发区切实把握“稳中求进、改革创新”的核心要求，坚定信心、砥砺奋进、勇争一流，较好地完成了各项年度目标任务。全年完成规模以上工业总产值463.6亿元；公共财政预算收入17.99亿元，比上年增长10.8%；全社会固定资产投资190.2亿元，比上年增长17%，其中工业投入128.6亿元，比上年增长18%；到位注册外资及港澳台资2.37亿美元，进出口总额23.6亿美元，比上年增长6%，其中出口额18.1亿美元，比上年增长7%。7月22日，开发区被国家知识产权局确认为国家知识产权试点园区；6月18日，开发区顺利通过省知识产权试点园区首批验收，成为无锡市首批通过试点考核验收的国家级经济技术开发区；5月21日，V-park信息服务和创意产业园所实施的“江苏省无锡市锡山产业园服务业标准化试点”顺利通过由江浙沪三地组成的专家组的验收。

【项目建设】2014年，开发区新开工项目21个（工业项目19个），总投资49.5亿元，2014年完成投资26.7亿元，其中超1亿元项目14个，盖世理无锡现代物流产业园项目被列入市重点项目，同方计算机、甜丰食品等11个项目被列入区重点项目。总投资3.27亿美元的英特宜家“荟聚·云林”购物中心开业；全年有北联科技、平谦国际、百发动力等主体工程封顶项目21个，其中有国泰四期、江苏高德、甜丰食品、金利达等投产项目12个。全面深化企业服务，全年开票销售收入超1亿元工业企业66家，其中超5亿元企业13家，超10亿元企业5家，超50亿元企业1家。加快推进企业上市，全年新增上市后备企业3家，累计10家；新增新三板挂牌后备企业7家，累计15家。

【招商选资】克服宏观环境、经济下行趋势等不利因素影响，通过整合招商部门资源、加强街道招商职能，强化重大项目招引，加快高端产业集聚，全年完成到位外资及港澳台资2.37亿美元。精心组织专题招商活动，先后组织小团队出访300余次，接待到访客商和考察团160余批次，新批外资及港澳台资项目17个（不含增资项目），其中超3000万美元项目4个，分别是注册资本4000万美元的鼎固房地产项目（台资）、注册资本5000万美元的嘉昊仓储项目（澳资）、新增注册资本1亿美元的国泰精密项目（港资）、新增注册资本1亿美元的国宏硬质刀具项目（港资）；新批美特富、中核新能源两个地区总部和功能性机构。成立项目准入评审领导小组，对项目的投资强度、产出贡献、科技人才、环境影响等制订量化的标准菜单，严格项目准入，筛选近20个重点意向项目，进一步明确招商主攻方向。服务业项目进中求精，新增注册项目36个（含挂靠企业25个），其中注册资本超1亿元的项目有成宏半导体、华青资产2个，超5000万元的项目有高空机械工程研究院、韬略资产、无锡金融资产交易中心、富华管理4个。V-park信息服务和创意产业园被评为“国家级服务业标准化示范单位”。

【科技创新】全年完成高新技术产业产值215亿元，占规模以上工业总产值的比重为46%，开发区跻身国家知识产权试点园区。鹰普航空铸件（无锡）有限公司、西达（无锡）生物科技有限公司等11家企业被认定为省高新技术企业，累计58家，占锡山区总量的近一半；无锡市圣宝车辆有限公司等15家企业列入省民营科技企业；智能装备、生物医药等多个领域50余项产品获批江苏省高新技术产品，个别产品填补国内空白。全年专利申请1910件，其中发明专利1110件，万人发明专利拥有量突破50件，是市平均水平的3倍、省现代化指标的4倍；培育申报国家、省、市各类科技项目152项，其中国家级科技项目15项、省级科技项目41项，占锡山区一半以上；溥汇机械获国家创新基金立项，芯奥微获省科技支撑计划立项，宏源机电获省科学技术奖。无锡日月合金材料有限公司的"超细晶孪晶纳米析出高强高导铜合金及其钎料研发与产业化"、江苏赛福天钢索股份有限公司的"超高速电梯用钢丝绳的研发及产业化"、江苏商达水务有限公司的"智能农村污水长效运行管理系统及其应用"等5个项目获"2013年度无锡市科学技术进步奖"，位列全市省级以上经济技术开发区首位，占锡山区获奖项目的2/3。大中型工业企业研发机构覆盖率100%，规模以上工业企业研发机构覆盖率80%；无锡宏源机电科技有限公司被认定为江苏省智能化高效纺机装备工程技术研究中心，无锡超科食品有限公司被认定为无锡市粉末油脂食品原料工程技术研究中心，无锡利特尔彩印包装有限公司被认定为无锡市绿色包装工程技术研究中心，无锡大东机械制造有限公司被认定为无锡市包装码垛工程技术研究中心，同方计算机有限公司、无锡动力工程股份有限公司等13家企业被认定为市级工业企业设计中心；无锡麟力科技有限公司等3家企业入围省"双创计划"，协助江苏铁鑫能源科技有限公司引进中央"千人计划"人才2名。全年"530"企业实现开票销售收入4.55亿元，比上年增长30%；上缴税收1500万元，比上年增长25%。无锡市大元广盛电气有限公司在新三板成功挂牌，成为开发区首个新三板企业。引导企业与高校院所开展产学研合作200余项，其中江苏新广联科技股份有限公司通过与20余家院校合作，引进新技术25项，实施技改项目31项，取得显著成效。

【园区建设】按照"强功能、精管理、优生态"的思路，开发区Logo设计、地块整理、节点改造提升工程加快推进，园区形象不断提升，产城一体加快融合。完成云林春雷小学地块、云林芙蓉二路疏导点、厚桥EV产业园地块清点工作；完成春雷、竹园、厚桥3个安置小区建设，面积32.9万平方米，基本实现"零过渡"。完成许巷东路、联吉路、春江东路3条道路建设，完成污水厂过河管线改造、东方国际轻纺城污水管网建设工程，完成61个主要道路公交站台建设，完成西区备用地整理134.6公顷，云林春雷小学、厚桥实验小学启动建设。推行网格化管理，开展园区环境综合整治和全国文明城市创建工作，重点做好违章建筑查处、园容园貌整治、长效管理三个方面工作，拆除各类违建42处，园区面貌大有改观。完成能达热电脱硫脱硝改造，加快燃煤锅炉淘汰整治，顺利完成污水厂中水回用扩容工程建设，国家级生态工业示范园区创建通过环保部、商务部、科技部专家组论证。

【体制机制】紧扣"三个深化年"活动要求，按照"两个街道调体制、四个公司调机制、全员考核促提升"的工作思路，进一步深化体制机制创新，发展活力不断增强。按照"基数保底，差额补助"的原则，调整云林、厚桥街道管理体制，下放街道财权，托管有关资产，强化街道职能，加强街道招商引资、土地经营、企业服务等经济管理工作，进一步提升街道自我平衡、自我管理能力。调整无锡市锡山区污水处理厂、无锡能达热电有限公司、无锡市锡山经济开发区市政工程公司和江苏德康物业管理公司4家直属企业机制，坚持市场化主体地位，明确直属企业所有权与经营权分开，制订公平合理的考核机制，进一步加强各直属企业财务审计、人事管理、采购管理，全面激发直属企业发展活力。推进全员考核机制，将全年经济发展、招商引资、科技工作、拆迁建设、安全环保、社会稳定等目标任务分解到各部门，落实到各处室和个人，充分发挥考核激励、监督和导向作用，做到"硬任务、硬考核、硬兑现"。扎实开展以"为民务实清廉"为主题的党的群众路线教育实践活动，全面排查整改"四风"突出问题，大力推进专项治理，政风行风明显改变。严格落实中央"八项规定"和省、市、区委"十项规定"，全面落实党风廉政建设责任制，完成建设工程项目审计及征地拆迁审核审减6.05亿元，实现投资审计监督全覆盖。

【德国洗衣柔顺剂及芳香剂项目落户开发区】2月，日化巨头美国宝洁公司的战略合作伙伴德国Cremer公司总投资2000万美元的洗衣柔顺剂及芳香剂项目落户开发区。德国Cremer集团总部位于德国汉堡，业务涉及日化、农产品、钢材等。

【意大利液压气缸项目落户开发区】2月，意大利Binotto公司投资的液压气缸项目落户开发区。项目注册400万欧元，主要业务为研发、设计、生产液压缸以及机械和液压元件，并从事上述产品及其零配件的批发和进出口业务，提供公司产品的技术咨询、安装及售后维修服务。意大利Binotto公司成立于1950年，是世界上最主要的自卸载重汽车液压系统生产集团之一，也是欧洲名列第一位的伸缩式多级缸制造商。

【西班牙儿童安全座椅及童车项目落户开发区】7月，西班牙简奈（JANE）公司投资的儿童安全座椅及童车项目落户开发区，主要生产儿童安全座椅及儿童手推车。项目分两期实施，一期投资420万美元，产出2000万美元，二期产出可达4000万美元。简奈公司成立于1932年，是世界三大儿童安全座椅品牌之一，西班牙皇室指定专用安全座椅。2004年，简奈公司收购了儿童安全座椅行业排名第一位的德国Concord（康科德）公司。

【国内首家英特宜家购物中心开业】6月27日，由瑞典英特宜家集团打造的全国首家购物中心——“荟聚·云林”购物中心开门迎客。“荟聚·云林”购物中心总投资3.27亿美元，全部运营后将为无锡及周边地区消费者提供350个国际国内知名品牌商户的产品和服务，设有4800个泊车位，是60分钟车程范围内唯一一家超区域型购物中心。

【小牛自动化设备有限公司落户开发区】8月28日上午，小牛自动化设备有限公司落户开发区，9月启动工商注册。项目预计2017年可实现销售4.5亿元，纳税4100万元。项目计划打造公司总部，整合上海市、宁夏回族自治区银川市等地的工厂，建设自动化设备制造及六轴机器人生产基地。

【盖世理无锡现代物流产业园开工建设】9月3日上午，国际领先的物流仓储及配送园区的投资人及开发商盖世理在开发区开发的盖世理无锡现代物流产业园举行开工典礼。10月，盖世理投资设立盖世理（无锡）仓储发展有限公司，注册资本1亿美元，总投资2.98亿美元。盖世理无锡现代物流产业园占地约12.63公顷，将完全按照盖世理国际一流标准设计开发，为客户的高效物流运营提供扎实的基础。

（陈术峰）

锡东新城商务区

【概况】无锡锡东新城商务区管理委员会为锡山区人民政府派出机构，正处级建制，主要负责商务区44.06平方公里的开发建设和城市经营。2014年，商务区下设党政办公室、经济发展局、招商局、财政局、建设局、城市管理局、监察局（审计局）7个部门。安镇街道委托商务区管理，挂“社会事务局”牌子。商务区以科学发展观为指导，贯彻落实党的群众路线教育实践活动，围绕“三中心、一枢纽”（无锡城市副中心、锡山行政文化商务中心、生产性服务业集聚中心、苏南区域客运枢纽）战略定位和“出形象、聚人气”的工作目标，积极实施“项目建设深化年”活动，经济社会呈现良好发展态势。

【经济发展进入快速轨道】全年实现公共财政预算收入8.47亿元，比上年增长15.03%，对锡山区的贡献份额达到14%，增幅列全区第一位。其中，税收收入完成7.8亿元，比上年增长9.99%，增幅列全区第一位。完成国税开票169.9亿元，其中服务业开票37.2亿元，比上年增长69%。全年完成社会固定资产投资112亿元，比上年增长14.8%，其中服务业投资完成102亿元，比上年增长15%；服务业增加值占GDP的比重为55%，比上年提高2个百分点。至2014年年末，商务区累计完成全社会固定资产投资约475亿元。全年完成社会资本投资61.6亿元，占固定资产投资的比重为55%，社会资本超越政府投资，成为经济发展的主动力，经济发展活力充沛。

【招商引资呈现良好态势】全年出让土地10.83公顷，引入上海景瑞、上汽大通两个项目，引入东风本田、克莱斯勒两个汽车4S品牌。巧克力开心乐园、宇培电商物流园和五星级酒店综合体3个项目签署合作协议并完成公司注册；全年新批外资及港澳台资项目3个，协议注册外资及港澳台资3.24亿美元；全年到位注册外资及港澳台资10087万美元，比上年增长20.4%，完成锡山区区定目标的112%；储备绿地总部商务园、颐高电子商务园等一批总投资超150亿元的项目。截至2014年，商务区落地产业项目总投资超280亿元，其中完成投资约125亿元。

【产业培育雏形初显】 楼宇经济初见成效。全年在建商务楼宇10幢、57万平方米，创融大厦两幢商务楼宇建成投用，华夏商务大厦、长庆油田大厦、天宇能源大厦、宁泰华辰大厦4幢大楼封顶。现代商贸率先突破。总投资5.2亿元、建筑面积8.6万平方米的润发购物中心建成开业；总投资3亿元、建筑面积约4.6万平方米的映月天地商业广场主体封顶。工业经济持续提升。全年完成工业开票收入132.7亿元；电动车、摩托车“两车”行业实现开票80.6亿元，品牌集聚度逐步提升。观光农业稳步实施。总面积253.3公顷的凤凰山生态园顺利推进，吼山北路、吼山北联河基本完成，引入大马士革玫瑰园、亲亲果园、金丝黄桃、美国薄皮核桃、四季果园体验实践基地5个项目。

【城市功能日臻完善】 公共服务逐步完善。坚持“公建先行”理念，锡山实验小学基本建成，全覆盖优质教育体系基本构建；投资10.8亿元、规模1200个床位、按照三甲标准设计的锡山人民医院新建工程顺利推进；文化中心、体育中心均进入方案深化阶段。住房体系基本构建。全年在建商品房项目13个、200万平方米，涵盖别墅、洋房、高层、精装修、刚需、改善型等多个层次，产品线进一步丰富；全年完成商品房销售44.75万平方米，比上年增长68.2%，销售金额32.2亿元，比上年增长54%，两项占全区比重均超40%。生态环境更趋优化。建成24.6公顷的映月湖中央公园、约7.48公里九里河风光带和约5.84公里胶阳路景观带，人均公共绿地面积36平方米。

【社会管理成效明显】 加强社会管理创新，积极推进“人的城镇化”，促进群众共享城市发展成果。加快推进安居工程。水岸佳苑D区36.3万平方米安置房竣工，全年完成安置结算734户、923套，安置分房700户、838套，进一步巩固了拆迁“零过渡”成果。社保就业稳步提升。全年提供就业岗位2500余个，实现新增就业1509人，新增公益性岗位191个。逐步提高居民养老保险待遇和居民医疗保险政府补贴标准，两项保险参保覆盖率分别为98.5%和99%。深入推进社保扩面工程，实现被征地农民断保续保1019人。社区服务重点优化。全面启动社区规模调整、区域划分等前期调查工作，进一步完善留村建居过程中社区管理功能。探索村级集体股份合作制改革，为村集体经济发展奠定基础。依托山韵佳苑、水岸佳苑两大睦邻中心，优化社区服务内容，加快基础设施和公共服务向社区延伸。社会事业统筹推进。查桥敬老院改扩建工程全面完工并投入使用，长青园建成，以就业帮扶、慈善救助、公共卫生、残疾人保障等为主要内容的12项为民办实事工程完成，群众满意度逐步提升。

【商务区首个商务楼宇建成投用】 10月28日，创融大厦建成投用，成为商务区首个投入使用的商务楼宇项目。创融大厦位于新华路西、兴吴路南，由无锡恒廷实业有限公司投资建设。项目占地面积1.5公顷，规划建筑面积9.2万平方米，总投资5亿元。建成后将导入信息技术、工业设计、技术研发中心，同时为金融服务、管理咨询等生产性服务业企业提供公共服务，预计年产出15亿元。年末，华夏银行、和信能源、凯顺能源等单位签约入驻。

【商务区“一园两带”全面建成】 “一园两带”是商务区2014年度重点打造的环境景观项目，包括映月湖中央公园、九里河风光带、胶阳路景观带3个项目。映月湖中央公园位于核心区，占地面积24.6公顷（其中水域面积9.57公顷），总投资2.1亿元，打造商务区滨水景观、休闲功能承载区；九里河风光带贯穿核心区，全长约7.48公里，平均宽度105米，以碧波柳岸为主题，打造四季景色皆宜的慢生活景观河道；胶阳路景观带西起春风北路、东至锡东大道，全长约5.84公里，平均宽度80米，全线景观与自然山势水体等地貌紧密结合，打造与自然山林融合互动的绿色景观廊道。

（张智慧）

编辑：张　彤

12月，西港特区培训中心柬埔寨员工在接受培训　　（区商务局 供稿）

2月21日，省委常委、市委书记黄莉新（左三）视察开发区
（开发区 供稿）

2月8日，市委副书记、市长汪泉（右一）视察开发区　　（开发区 供稿）

商务区首条沿山风景带——胶阳路景观带　　（商务区 供稿）

10月28日，创融大厦建成投用，成为商务区首个投用的商务楼宇　　（商务区 供稿）

9月12日，市委副书记、市长汪泉（中）视察水岸佳苑睦邻中心　　（商务区 供稿）

服务业·商贸·旅游

Service Industry,
Commercial Trade,Tourism

10月，荡口古镇获批国家AAAA级旅游景区

（区商务局 供稿）

服务业

【概况】 2014年，锡山区紧紧围绕经济发展方式转变主线，以城市化推进为依托，加强招商引智，加大项目建设，加速业态升级，加快环境完善，服务业经济实现平稳健康发展。全年完成服务业增加值271亿元，比上年增长11.3%，占GDP的比重为44.2%；社会消费品零售总额135.87亿元，比上年增长11.6%；服务业固定资产投资330.74亿元，比上年增长17.2%。

【重大项目推进有力】 2014年，全区80个超1000万元服务业重点产业项目完成投资额156.2亿元，比上年下降11.2%。超10亿元服务业重点项目30个，总投资579.4亿元，全年完成投资77.5亿元，占年度全部投入的比重为49.6%。英特宜家购物中心、天富广场建成开业，普洛斯无锡鹅湖产业园一期、宁泰华辰大厦、长庆油田大厦建成竣工，无锡数字动漫创业服务中心二期、映月天地商业广场、汇坚国际五金机电城三期主体封顶，网新·无锡国际科技创新园、世奥广场启动建设。

【集聚园区建设力度加大】 全区不断加大服务业集聚区建设力度，商业配套设施逐步完善，产业集聚水平不断提升。英特宜家购物中心、荡口古镇建成开业，世奥广场、中隆广场、不锈钢博览中心项目加快建设。全区大力发展楼宇经济、电子商务经济，积极谋划建设业态先进、配套完善的电子商务集聚区。全年成功引进海尔日日顺电商产业园、无锡宇培电商物流园、无锡慧谷金融电商产业园、嘉民现代物流产业园等多个电子商务重大项目。

【重点业态发展全面推进】 全区27个竣工或运营楼宇全年实现营业额85亿元，上缴税额1.5亿元，入驻企业（个体户）802个，其中新增楼宇入驻企业（个体户）243个。全区有江苏东方不锈钢电子交易中心、中国纺织材料交易中心等B2B电子商务网站2个，红豆商城、医尔网等B2C电子商务交易网站2个，通过阿里巴巴等第三方平台开展网络销售的企业200余家。全年实现电子商务交易额约15.7亿元，其中B2B交易额14.9亿元，占全部电子商务交易额的94.9%；实现大宗商品交易平台交易额超1500亿元。

【对上争取成效显著】 区商务局先后开展2014年省级现代服务业发展专项引导资金、2014年市级服务业综合资金、2014年市级电子商务发展专项资金等8项资金申报，指导一批重点企业做好项目申报，全年争取扶持资金1119万元。争取省级荣誉2个、市级荣誉29个，其中江苏大明金属制品有限公司获评省服务业创新示范企业；荡口古镇、羊尖幸福湾滨水商业特色街区被认定为市级商业特色街区；东北塘街道成为第一批市级服务业综合改革试点单位；无锡美捷物流科技有限公司的航空托盘循环使用服务标准化项目被评为“无锡市服务业标准化试点项目”。锡山区14个农产品入选“真正无锡味”——无锡名优土特产，10道菜被评为“2014年无锡市当家菜”。

【江苏大明金属制品有限公司入选省服务业创新示范企业】 7月，省发改委下发《2014年度省服务业创新示范企业认定的通知》，江苏大明金属制品有限公司被认定为江苏省服务业“十百千”工程创新示范企业，成为锡山区首家省级服务业创新示范企业。公司坚持实施理念创新、商业模式创新、管理创新、战备合作创新和技术创新五大战略，走出一条专业化的发展之路。公司运用先进的创新型钢铁加工中心运营管理模式，围绕供应链、技术链和装备链，打造以不锈钢深加工为主的钢铁服务型企业，成为不锈钢产业集成化发展的领跑者。公司坚定不移地做强不锈钢主业，加快推进产品结构调整和技术升级项目，推动由普通产品主导的规模效益型向高端精品主导的集约效益型、由以生产为导向的不锈钢加工贸易商向以用户为导向的综合服务商、由粗放经营型向精细管理型的三个转变，由单要素创新突破转向技术、管理、设备、产品、服务、环境、人才、文化等全要素提档升级，增强综合竞争实力，提高整体盈利能力和可持续发展能力。

相关链接

“十百千”工程：“十二五”期间，江苏省围绕金融服务、现代物流、科技服务、软件和信息服务、创意设计、商贸会展、文化教育、节能和环境服务、旅游健康以及传统服务业转型升级十大重点产业领域，强化百个服务业重大项目示范带动作用，每年新增千亿元社会投资；推动百个省级现代服务业集聚区提档升级，每年新增千亿元营业收入；培育百家创新型服务业领军企业，户企年均利税达到千万元。

【江苏红豆实业股份有限公司获批国家级电子商务示范企业】 10月，江苏红豆实业股份有限公司成为无锡首批国家级电子商务示范企业，也是江苏省入选的两家企业之一。江苏红豆实业股份有限公司一直注重电子商务的投入与发展。2008年年初，公司顺应市场发展趋势，以淘宝等第三方平台为切入点，开始进军电子商务。2011年，公司将电子商务提升至战略高度，大力发展自主电子商务，投资成立无锡红豆网络科技有限公司，全力打造全品类、一站式B2C服装销售平台——红豆商城。江苏红豆实业股份有限公司电子商务发展迅速，至2013年年底，红豆整体网络销售总额3.8亿元。2014年仅“11月11日”网络销售额为1.35亿元，比上年增长35%。2014年，公司组建500余人的网络销售团队，建立现代化的电子商务网络运营系统，为电商业务下一步的快速发展提供了强有力的人才支持。

【英特宜家购物中心开业】 6月27日，由瑞典英特宜家集团打造的中国首家购物中心——“荟聚·云林”购物中心开业。该购物中心作为超区域性的大型购物中心，总投资3.27亿美元，集超市、时尚、家电、运动、餐饮、娱乐影院及家居等功能于一体，全部运营后将拥有包括宜家家居、欧尚超市、苏宁电器及金逸影院四大主力商户在内的350个国际国内知名品牌商户，可以为无锡及周边地区消费者提供便捷的购物体验和休闲娱乐服务。该购物中心的开业，为锡山商贸业的提升发展注入了新的动力，对锡山完善城市功能、提升城市品位，起到了极大的促进作用。

【荡口古镇获批国家AAAA级景区】 4月3日，荡口古镇开街。10月，荡口古镇获批国家AAAA级旅游景区，成为锡山区首个国家AAAA级景区。荡口古镇是无锡市重点建设的5个历史文化街区（古镇）之一。荡口古镇保护性修复工程始于2008年10月，一期工程于2009年3月启动，总面积28公顷，规划建筑面积11.5万平方米。一期工程于2013年年底全面竣工，以重点保护修缮文物保护单位、历史建筑，恢复繁华的江南水乡古镇风貌为建设重点，按照国家AAAA级旅游景区的建设标准，围绕“义”“水”“名人”三大文化特色，累计保护修缮建筑7万平方米，修缮古桥28座，重点修复华氏义庄、华蘅芳故居、新当里古民居、北仓河驳岸等省市级文物保护单位。2014年，荡口古镇累计接待游客337.46万人次，比上年增长386%；实现旅游营业收入1.86亿元，比上年增长753%。荡口古镇在大力发展明清特色的江南水乡休闲游的同时，一直致力于挖掘本土的“孝义文化”“亲水文化”“名人文化”，着力打造长三角地区集休闲、文化体验、旅居、影视拍摄于一体的复合型旅游度假胜地，成为无锡市旅游文化产业的又一张名片。　　（姚锦春）

粮　食

【概况】 2014年，区粮食局紧扣全区粮食事业转型升级、赶超发展主题，全面开展粮食流通现代化达标工作，积极推进省级示范库建设及百企升级工作，扎实推进数字粮库技改升级工作，全面完成系统危仓老库维修改造工程；通过产业链一体化市场运行新机制，深入贯彻“三品一精”（品质、品种、品牌和精细化管理）质量管理方针，初步实现全区“一中心、五分库、五统一”的粮食收储模式，进一步推动了区域内粮食企业的健康发展。区地方粮食储备库通过江苏省AA级信用体系建设评定。全年收购粮食51776吨，轮出地储粮23650吨（其中小麦7100吨、稻谷16550吨），轮进地储粮31250吨（其中小麦9300吨、稻谷21950吨），实现了粮食市场供应平稳和质量安全。

相关链接

一中心、五分库、五统一：区地方粮食储备库，羊尖分库、东湖塘分库、张泾分库、鹅湖分库和安镇分库，统一主营业务运作、统一财务收支控制、统一企业资产监管、统一人力资源管理、统一制度规范标准。

【粮油稳供加强】 密切关注市场变化，加强粮食宏观调控。坚持制定并落实应急保供预案，完善应急保供网点建设。进一步加强对粮食企业执行政策的执法监督，加快全区粮食收储“一中心、五分库、五统一”“一盘棋”的发展步伐，并与苏北等优质粮源基地建立战略合作关系，为强化宏观调控、维护市场稳定奠定基础。抓好夏秋两季收购，本地粮食应收尽收。立足本地，严格落实收购政策，做到不压级压价、不抬级抬价，明码标价，以质论价，切实保障农民利益。指导并监督企业理性收购，在确保质量的前提下收好粮、储好粮。同时，设立举报监督电话，严厉打击非法收购、违反政策收购等不法行为，并妥善处理好投诉事件。抓好仓储管理，保证存粮安全。指导企业提高科学保粮新技术水平，推行仓储“五化”（程序化、标准化、信息化、精细化、高效化）管理新模式，督促企业抓好冬季通风降温及春季密封工作，定期深入廒间对水分、杂质、虫害、粮温等粮情进行动态监测、实时监管，定期召开粮情分析会，对有苗头性问题的粮食及时采取措施，确保储粮安全。落实清仓查库长效管理机制，确保粮食数量真实、质量良好、账实相符、账账相符。

【粮油市场监管加强】以《粮食流通管理条例》颁布实施10周年为契机，深入镇（街道）、企业和社区，利用“3·15”国际消费者权益日和全国粮食科技活动周、两季收购以及其他主题宣传等活动，广泛开展粮油政策、法律法规和粮油科学消费知识宣传，现场发放《无锡市粮油流通监督检查办法》和自编印制的《粮食食品科学消费》手册5000余份，接受市民咨询450余人次，并实物展示真假优劣粮食，帮助消费者提高识别能力。召开全区两季粮食收购会议和粮食经纪人业务及粮食收购政策培训班，与粮食收购企业签订“夏、秋粮收购承诺书”和“防范投诉承诺书”，明确相关收购纪律，并通过各镇（街道）农服中心做好政策宣传工作，大力营造依法收购粮食的浓厚氛围，确保全区两季粮食收购期间无投诉事件发生。在《新锡山》简报上刊登《给全区粮农的一封公开信》，宣传国家粮食收购政策，引导广大粮农积极踊跃售粮。同时，区粮食局与有关部门对全区20家第五批“放心粮油”经营单位进行复评，对1家不符合条件的单位进行摘牌。全区“粮宝宝”专营连锁店增至2家，为打造全区放心粮油销售龙头企业和粮食应急保供体系夯实基础。完善市场监督联络员制度，形成部门与社会共同参与管理的工作格局。全年开展市场粮油执法检查68次，抽检样品175件，产品合格率在98%以上，确保了区级粮食市场流通有序。

【粮食系统安全加强】强化国有资产管理，对全系统资产进行核对梳理，对97家承租企业全部登记造册，建立详细的基础台账，并实施网格化管理；组织实施并高质量完成羊尖、荡口等6个单位的危仓老库维修改造工程，筑牢安全生产防线。制定下发《2014年安全生产工作意见》，建立重大安全事故应急预案，明确职责范围，健全安全生产应急体系。通过组织全系统观看安全警示教育片、举办消防知识培训讲座以及开展熏蒸药剂和特种设备备案专项行动、打非治违专项行动、安全生产事故隐患排查专项治理等活动，进一步强化了全系统安全责任意识。全年对系统内各单位、承租户进行安全清查16批次，发现隐患14处，全部及时整改到位，制作安全警示牌33块，系统安全生产管理进一步走向规范。

（王品元）

供　销

【概况】2014年，区供销合作总社围绕“稳定、服务、发展”的工作思路，积极为“三农”服务，创建为农服务社示范社5家、农民专业合作社示范社4家，提升三星级为农服务社8家，100%完成区政府和市供销合作总社年初下达的目标任务。至2014年年末，为农服务社建设在全区实现村村全覆盖，累计创建农民专业合作社38家。帮助系统内企业争取到位为农服务扶持资金90万元。全年租金收入380万元，资产总额3.1亿元。区供销社荣获“无锡市供销合作总社2014年度综合业绩考评优胜单位二等奖”。

【社有资产管理】区供销社本级经济在危机中寻求发展，立足本级资产保值增值，最大限度地利用好社有资产。近两年受地铁连续施工、国家多项公务消费政策出台等多种因素影响，区供销社强化资产监管，积极做好房屋物业管理、后勤服务保障工作，保证租赁畅通，除东林大酒店外的10家承租单位均克服困难按时按约上缴租金。配合无锡市户外广告管理部门对原东林商场楼顶广告位进行竞拍招租，两年取得127万元收益。注重安全管理，把安全生产、安全经营和社会治安综合治理工作放在工作首位，逢会必讲、逢特定节日必检、逢隐患必改。签订安全责任书，实行分层分级安全生产责任制，不定期开展安全检查，发现隐患，及时整改。7月，无锡市崇安区消防部门在安全检查中发现锡山区供销社黄泥头仓库存在消防安全隐患，要求区供销社进行整治，区供销社立即向区政府报告并争取资金10余万元，积极进行整改，10月初通过消防部门验收。及时处置地铁施工对锡山区供销社东林大厦房屋的损害。无锡市地铁2号线开工后，对锡山区供销社东林大厦房屋影响较大，出现了墙体裂缝、玻璃破损等情况，不仅对资产造成损害，还对行人构成严重的威胁，险情发生后，区供销社在向区政府报告并与建设部门和施工单位联系协商的同时，立即封闭涉险路段，防止破损玻璃砸伤行人。由于监管到位，措施得当，全年未发生一起安全生产责任事故。

【供销系统农业龙头企业培育】打造锡山区供销系统初具现代农业特色和规模的为农服务龙头企业，引领全区现代农业的发展。对注册资金进行增资，同时确保区供销社入股资金在30%以上，对无锡苏芽食品有限公司、无锡市蒋建康果蔬专业合作社、锡山区厚桥中东桃梨专业合作社三家企业完成扩股增资。进行标准化生产基地建设，无锡市蒋建康果蔬专业合作社和锡山区厚桥中东桃梨专业合作社2014年分别完成33.33公顷、30公顷标准化生产基地建设任务；无锡苏芽食品有限公司完成600平方米冷藏库建设。注册优质农产品，三家企业根据各自生产的优质农产品向工商部门申请省级或国家级注册商标。

【为农服务活动开展】开展“零距离贴近基层、全身心服务‘三农’”实践活动，围绕农民所需所想，积极做好农资供应、产品推广、农产品电子商务、客户维护等服务，组织开展“双夏农资供应优质服务月”活动，组织知名品牌尿素向全区种养殖户优惠供应，邀请农技专家为种养殖户举办农作物栽培、测土配方施肥、地力提升、真假农资商品鉴别等各类农技讲座和培训活动。积极助推农产品销售，先后组织一些涉农企业、专业合作社及种养大户赴山东省、江苏省南京市等地实地参观种养殖业发展情况，交流农产品销售流通新模式；参加江苏省绿色食品博览会；签约东方cj商务有限公司，在东方电视台购物频道推销农产品，发展农产品电子商务业务。同时，大力推进各种模式的农超对接、农企对接、展销推介和配送直销等经营服务，促进农产品流通。10月17～19日，组织锡山品牌农产品参加“2014海峡两岸（江苏）名优农产品展销会”，无锡喜洋洋果蔬专业合作社的蔬菜，无锡市蒋建康果蔬专业合作社的西瓜、日本小南瓜、香瓜，鹅湖农村联合会的金水梨，无锡苏芽食品有限公司生产的无公害豆芽等锡山名优农产品在展销会现场被抢购一空，得到市场的充分认可，提升了锡山区农产品在无锡市、江苏省的影响力和知名度。

【农产品经纪人培训】5月，组织区供销社系统有关基层社主任、农民专业合作社和为农服务社相关人员30人参加由全国供销合作总社职业技能鉴定中心无锡分站举办的农产品经纪人培训班。通过培训考试，13人获得人力资源和社会保障部与全国供销合作总社职业技能鉴定中心颁发的各类证书，其中2人获得农产品经纪人高级证书，8人获得农产品经纪人中级证书，3人获得合作经济管理师职业资格认证。

【无锡苏芽食品有限公司成立】4月，无锡市供销合作总社和区供销社、锡山区新厚桥村果蔬苗木合作社和舒馨物业服务公司共同投资550万元，成立无锡苏芽食品有限公司，并经农业部认证为江苏省第一家规模型无公害豆芽生产企业。公司拥有先进的全套工厂化豆芽生产设备，全程由电脑控制，确保豆芽在生长过程中不被污染。依据规划，日产绿豆芽、黄豆芽、“小金豆”豆芽、小米豆芽等50余吨，年赢利250余万元。5月，该企业被评定为市级农业产业化龙头企业，并被推荐参评市政府“菜篮子重点工程”。该企业生产的绿豆芽、黄豆芽相继进入市内朝阳、曹安两大批发市场和60余家大中型快餐公司，并被锡城众多机关、学校、部队食堂指定为直供农产品。（刘晓群）

烟草专卖

【概况】2014年，锡山区烟草专卖局（分公司），秉承“国家利益至上、消费者利益至上”的行业共同价值观，坚持“与客户共创成功”的服务理念，为地方经济科学发展做出积极贡献。区烟草专卖局（分公司）被省烟草专卖局评为“全省卷烟打假先进集体”，被市依法治市领导小组评为“2014年度法治文化建设示范点”，所属东亭客户服务部被区妇联评为“2012~2013年度三八红旗集体”。

【卷烟营销】秉持“与客户共创成功”的理念，致力于服务与管理，对零售户关心的行业政策、货源投放、品牌内涵等热点问题进行系统讲解，就如何做好门店的布置和卷烟的陈列、掌握消费者的消费心理、增强品牌推荐和促销等方面开展多种方式的培训活动，零售客户的经营能力和盈利水平不断提升。全年销售卷烟4.15万箱，比上年增长1.35%；销售总额14.11亿元，比上年增长6.89%。

【专卖执法】大力推进依法行政，坚持公正廉洁文明执法，把“国家利益至上”“消费者利益至上”作为工作的出发点和落脚点，积极履行专卖监督管理职责，严厉打击假、私、非等违法经营卷烟行为，扎实推进法治烟草建设。全年查处各类违法案件412起，侦办非法经营网络案件1起，查获违法违规卷烟1090.68万支（假烟67.22万支），上缴罚没款130.77万元。

【行政许可】坚持依法许可，建立健全许可证管理制度，实行许可受理、审核、决定三项分离，同时优化许可证办理环节，缩短许可证审批办理时限，减少办证群众等待时间，让群众更加满意。全年受理行政许可1072宗，其中新办368宗、延续679宗、变更25宗，办结率100%。（周　晶）

旅　游

【概况】2014年，锡山区大力优化产业结构，不断完善旅游要素，大力开展宣传促销，持续推进区域合作，旅游业取得令人瞩目的成绩，呈现健康稳步发展的势头。旅游产品体系进一步丰富，旅游接待基础设施进一步加强，旅游市场空间进一步拓展，旅游市场运行健康有序，旅游接待服务水平整体提升，旅游业发展后劲进一步增强。全年接待旅游人数525.7万人，比上年增长188%；实现营业收入8.14亿元，比上年增长171%。荡口古镇获批国家AAAA级景区，实现锡山区AAAA级景区“零突破”。

【旅游项目建设】以重点项目为抓手，旅游资源的挖掘、培育和建设方面取得明显成效。全年在建城市综合体项目8个，新增投资约35亿元。2014年，全区旅游项目32个，项目估算总投资额380亿元，全年完成项目建设投入70亿元。八佰伴城市生活广场、鹅湖、东北塘、通江大道等多个城市综合体项目和商务区主题公园项目作为拟建和储备项目，将于2015年开发建设。

【旅游对上争取】全区获批国家级AAAA级景区1个（荡口古镇），申报国家级重点项目3个（山联村、荡口古镇、农博园）。对上争取2014省旅游业发展专项引导资金220万元，名列全市前茅；争取无锡市美丽乡村休闲旅游示范村奖金100万元。全区获得省四星级乡村旅游点1个（无锡高科技农业示范园），省三星级乡村旅游点2个（谢埭荡村和晏家湾精品果园），市四星级“农家乐”1家、三星级“农家乐”5家，市美丽乡村休闲旅游示范村1个（山联村）。

【旅游宣传载体】积极构建主流媒体、行业媒体和地方媒体“三位一体”的旅游形象宣传模式。利用电视媒体，加大宣传广度。利用市旅游局与无锡电视台合作的大型旅游真人秀节目《周末去哪儿》，推广宣传锡山旅游景点。利用平面媒体，加大营销整体度。全新推出自办杂志《锡山旅游》，以季刊的形式全面宣传锡山旅游形象，派送范围覆盖到长三角旅游联盟、无锡市各大消费场所，苏南硕放国际机场、京沪高铁无锡东站，以及全区所有党政机关和旅游景点。同时，包含全区各大景点和吃住行游购娱资讯的《旅游指南手册》也顺利出版，广受好评。利用新媒体，加大宣传时效性。借助中国锡山门户网站改版契机，对旅游局网站和政府网站旅游板块进行整合，版面更简洁，内容更充实，更新更及时。借助市级平台，参加各类评选。通过组织参加无锡市“真正无锡味”“无锡当家菜”“无锡当家点心”等活动，锡山旅游产品和土特产走出家门，得到广泛的关注。

【旅游平台建设】铸实节庆品牌，制造消费热点，参与组织筹办荡口古镇开街、农博园民俗亲子文化节、中东“梨文化节”等活动，将资源优势转化为经济优势，集聚人气，促进消费，拉动锡山旅游市场增长。同时，通过“走出去”“请进来”等形式，带领全区旅游企业赴苏州市旺山、无锡市宜兴西渚学习“农家乐”发展经验，加强彼此互动交流，寻找双方合作机会；邀请上海旅行社考察团到锡山旅游景点实地考察，探讨串线方案，帮助锡山区景点打包营销，打开上海市场。通过参加“太湖旅游嘉年华暨长三角旅游休闲博览会”“民宿发展高峰论坛”“2014中国国际旅游交易会”等各种旅游会议、行业论坛、座谈活动等，提升锡山旅游知名度。

【旅游服务管理】以创建全国文明城市为契机，加强旅游市场管理，提升文明程度。对旅行社、星级饭店、旅游景点分别按照上级创建要求详细部署创建措施，对不足之处进行仔细排查，提出整改方案，并对整改措施落实情况进行督查，把创建工作做细、做实、做到位，在中央文明办的检查测评中确保旅游条线不失分。2014年，区旅游协会筹建并正常开展活动，对于提高行业自治能力，提升全行业服务、自律、自治水平，在政府和会员之间发挥桥梁和纽带作用，维护锡山区旅游良好形象，维护旅游市场公平竞争秩序，维护会员和游客的合法权益，促进锡山区旅游业的持续、快速、健康发展，实现旅游强区方面发挥了较大的作用。通过抓好安全组织机构建设、企业主体责任落实、隐患排查治理、专项行动落实、气候安全预警等各个环节的工作落实，全区旅游市场秩序良好、安全工作平稳有序，无安全生产责任事故发生。组织从业人员参加市旅游局组织的各种旅游管理人员岗位职务培训班、星级宾馆管理人员培训班、导游培训班等，有效提高了锡山区旅游接待的水平和能力。（马芝敏　谈秋明）

编辑：张　彤

【锡山区非物质文化遗产】

羊尖道教音乐活动现场　（区文体局 供稿）

羊尖道教音乐

道教音乐是道教在祈求上天赐福、降妖驱魔以及超度亡灵等诸法事活动中使用的音乐。羊尖道教音乐充分吸收当地地方戏曲的特色并广泛融合，形成了鲜明的道乐风格。演奏形式有演奏乐和打击乐两种，演奏乐器有弦乐、管乐簧乐和打击乐等。演奏时一般身穿道服，头戴道帽。主要演奏曲目有《满庭芳》《浪淘沙》等。羊尖道教音乐传承至第三代，传人有陶德荣、潘祖良、李忠朱、朱黎明等十余人，常年活跃在苏州市、无锡市、常州市一带，从事道教音乐演奏、念唱活动。羊尖道教音乐属传统音乐，于2009年被列入无锡市第二批非物质文化遗产保护项目名录。

5月23日，区粮食局深入荡口古镇开展科普宣传活动　　（黄　瑛 摄）

春节前，区烟草专卖局给辖区海联烟酒店店主送上新年祝福
（周　晶 摄）

经济管理

Economic Management

6月16日，区安监局在馨和园广场举行锡山区安全生产咨询日暨安全生产青年志愿者队伍成立启动仪式，并为青年志愿者队伍授旗　　　　（袁　颖　摄）

发展改革管理

【概况】2014年，区发改局围绕建设富强美丽和谐幸福现代化新锡山的总目标，坚持以提升经济发展的质量和效益为中心，以推进重点项目的强度和速度为突破，高标准、严要求、实打实地开展各项工作。

【经济运行监测分析完成】根据锡山区经济社会发展实际，拟订《锡山区2013年国民经济和社会发展计划执行情况与2014年国民经济和社会发展计划草案的报告》，并提交区三届人大三次会议审议通过。结合2014年全区工作目标，分解下达2014年度各板块主要经济指标目标任务。同时，针对复杂的经济局面，加强统计分析和数据挖掘，结合周边沿海（县）区主要指标的比较分析以及宏观经济环境的变动，及时对全区经济运行进行预警、预测分析，把握经济发展趋势，提出合理建议和应对措施。2014年，锡山区地区生产总值比上年增长8.8%；完成公共财政预算收入60.55亿元，比上年增长10.61%，继续领跑全市；社会消费品零售总额比上年增长11.6%；固定资产投资比上年增长16.1%，进出口总额、出口额、规模以上产值均实现正增长。

【考核评价指标拟定】根据区委对考核工作的新要求，拟订《关于2014年度开发区、商务区、各镇（街道）工作绩效考核的意见》和《关于2014年度区级机关部门工作绩效考核的意见》，引导各级各部门转变发展理念，服务经济发展，实现经济平稳增长。做好无锡市科学发展评价考核的统筹、协调与推进工作，确保锡山区在市2014年科学发展考核中取得好成绩。

【重大项目有效推进】2014年，按照“项目建设深化年”部署要求，进一步健全完善重大项目推进机制，通过月度例会、部门督导、常委会推进、纪委通报约谈等形式，切实加强重大项目建设的协调服务、要素保障和督查考核，全力以赴上项目、增投入、强后劲。全年在建超1亿元重大产业项目115个，完成投资209.2亿元，联东U谷一期、平谦精密机械装备产业园、爱玛电动车等33个重大产业项目建成竣工。成功举办“2014锡山金秋重大项目合作恳谈会”，集中签约重大项目40个，签约总投资172.8亿元。不断提升项目审批效能。积极落实首问负责制、限期办结制、一次性告知、容缺预审等办事制度，着力推进项目审批提速增效。截至12月末，审批、核准、备案项目158个（不包括开发区、商务区），批准总投资55.5亿元。

【改革创新推进】结合全区实际情况，起草《全面深化改革领导小组2014年工作要点》，并按照区委、区政府的统一部署，做好改革创新的统筹协调工作，加强与上级部门的沟通、交流，以及各相关部门的协调、合作，全力解决工作进程中遇到的问题与矛盾。同时，作为区委深化改革领导小组下经济体制和生态文明体制改革小组的成员，起草锡山区《关于加快推进金融改革创新的意见》《关于进一步加快发展现代市场体系的指导意见》《关于深入推进民生幸福工程的实施意见》等文件。

【金融环境优化】坚持把深化政银企合作作为促进经济社会又好又快发展的重要途径，不断寻求新的发展空间和机遇。2014年，积极组织各类银企对接活动，组织举办小微企业金融服务宣传暨政银企融资项目签约大会，24家银行与193家企业成功对接，授信意向额度14.26亿元；成功举办锡山区金融超市启动仪式，350家企业在金融超市里积极咨询信贷情况。有效防范金融风险，建立健全金融风险防范机制和金融风险预警机制，出台《关于创建锡山金融生态区的实施意见》，有效营造了区内良好的金融服务环境。12月末，全区各项存款余额797.6亿元，比年初增加103亿元；各项贷款余额704.4亿元，比年初增加90.7亿元。

【资本市场运作推进】多次召开企业上市工作推进会、新三板挂牌后备企业座谈会，先后走访境内外上市后备企业、新三板挂牌后备企业90家次，研究出台鼓励企业境内外上市和新三板挂牌的扶持政策，全区初步形成境内上市扎实推进、新三板挂牌积极参与、境外上市认真准备的良好氛围。截至2014年年底，无锡洪汇新材料科技股份有限公司、江苏赛福天钢索股份有限公司、江苏通用科技股份有限公司已向国家证监会提交IPO申请；江苏新日电动车股份有限公司、无锡兴达泡塑新材料股份有限公司、无锡华东可可食品股份有限公司、无锡普天铁心股份有限公司已报江苏证监局辅导备案；无锡阿科力科技股份有限公司、无锡市大元广盛电气股份有限公司等5家企业成功实现新三板挂牌。同时，积极推进直接融资和创投基金发展，全区资本市场直接融资37.52亿元。新设立红豆基金管理公司，全区创业投资（管理）企业10家，注册资本10亿元，对外投资总额4.98亿元。

相关链接

IPO：全称initial public offerings（首次公开募股），指企业通过证券交易所首次公开向投资者发行股票，募集用于企业发展资金的过程。IPO须经国家证监会核准。

【价格监管加强】 加大价费管理力度。对187个在册收费单位开展收费许可证年审，通过取消和降低收费项目，切实减轻企业和群众负担。加强平价商店的日常监管工作，锡山区平价超市8家，切实减轻老百姓菜篮子负担。强化市场价格监管。按照“市场价格行为规范年”要求，扎实开展价格专项检查。充分发挥“12358”价格举报热线作用，在全市首开网上价格举报平台，全面受理人民群众对价格问题诉求，做到举报件件有着落、事事有回复。全年受理来电、来访157件，办结率100%。认真开展涉案物价格鉴定、行政执法案件价格认定、道路车物损价格认定等工作，全年完成各类价格认证案件325件，鉴定金额313万元。

（刘　莹）

统计管理

【概况】 2014年，区统计局以提高统计数据质量为中心，以“企业一套表”改革为抓手，着力推进统计基层基础建设，以第三次全国经济普查为重点，以深入开展党的群众路线教育实践活动为载体，进一步发挥统计整体功能，不断提高统计服务水平，较好地完成了各项统计工作任务。

【统计监测】 围绕锡山区经济社会发展大局，及时收集上报各项反映锡山区经济社会发展动态和趋势的统计数据资料，密切关注经济形势发展变化，及时作出反应和研判。继续加强率先基本实现现代化监测统计工作，科学、公正地评价锡山区基本实现现代化进程的实施成效，及时发布相关监测报告。加强对锡山区和各板块主要经济指标的监测，掌握实际情况，把握发展趋势，及时、全面地向区委、区政府提供经济决策的相关咨询建议。及时搜集、整理月度主要统计数据，按季度预测有关经济指标数据，每月按时编辑《统计月讯》，及时反映周边沿海（县）区主要指标的对比资料，为领导决策提供参考。

【统计分析】 年初，出台《锡山区统计局关于加强信息和分析工作的意见》，区统计局积极围绕区委、区政府中心工作，结合各项统计活动和各类统计业务，认真分析社会发展和经济运行情况，积极调查研究工作中出现的新情况、新问题，及时撰写统计分析、统计信息，为各级领导和社会各界了解和掌握政策导向、工作动态、数据信息搭建了平台。区统计局有12篇统计分析、信息被区委、区政府录用。根据区领导要求，完成《2013年我区转型发展考核情况分析》以及《我区上半年主要经济指标双过半完成情况》的汇报材料，为领导决策提供依据，服务社会各界。

【第三次全国经济普查工作完成】 2014年，锡山区各级各部门和普查机构主动谋划，精心组织，稳步推进，圆满完成第三次全国经济普查各项工作任务，并荣获省级先进集体。精心组织，有序推进。全面完成机构组建、宣传动员、人员培训、现场登记、质量抽查、汇总评估和数据发布等12个阶段的各项任务。组织“四上单位”（规模以上工业企业、限额以上批发零售住宿餐饮企业、有资质的建筑业企业和房地产开发企业、重点服务业企业）分地区进行培训，培训企业1079家；组织开展PDA（手持电子终端设备）培训活动，举办分地区培训班8期，培训人员711名。编印《经济普查简编资料》供各级领导参考。11月，经济普查主体工作全面完成。全区查清查实法人单位12182家，产业活动单位973家，个体经营户31060户。严控质量，数出有据。各级普查机构和广大普查人员严格依法组织实施普查工作，紧扣重点指标落实审核要点，紧抓重点行业加强审核把关，紧系重点企业开展业务指导；加强普查数据与部门数据的比较、与历史数据的比较；开展行业代码专项联审、“数图一致”核查；通过强化监督检查，切实提高数据质量。从普查结果看，锡山区第三次全国经济普查数据客观、准确地反映了锡山经济发展情况和变化趋势。多方联动，务实创新。在统筹协调上，突出政府的行政推动、横向部门的协调互动、八大板块的上下联动，在全区国税、地税部门设立普查登记资料接受点，及时通知未登记单位主动参加普查登记，确保普查单位不遗漏；在普查手段上，全面采用PDA进行普查，对所有普查单位定位拍照，并实现普查登记资料即时采集、即时审核、即时传递；在普查宣传上，通过报刊、门户网站和横幅等方式宣传经济普查工作，做到普查宣传进社区、进单位、进入千家万户。

【第三次全国经济普查数据利用】根据区委全面深化改革的文件精神，充分利用经济普查数据，选择若干重点课题，组织力量，对经济规模、发展水平、产业结构、经济类型、区域经济和经济效益等开展专题研究和深度分析，为改革工作发挥参谋和助手作用。针对“坚持和完善基本经济制度，充分激发各类市场主体活力”方面，完成普查专题分析《从登记注册类型看锡山企业分布及变动情况》《锡山区房地产投资规模、结构和效益分析》《锡山区商贸流通业发展现状分析》。针对“推进现代市场体系建设，提高资源配置效率”方面，完成普查专题分析《锡山区工业科技活动现状研究》《锡山区文化产业发展现状》《锡山区基本单位分布状况、问题与对策》。针对“推进行政管理体制改革，加快建设服务型政府”方面，完成普查专题分析《锡山区劳动力分布情况》《锡山区GDP含金量简析》。针对“推进生态文明制度建设，创建全国生态文明建设示范区”方面，完成普查专题分析《锡山区能源消费结构与行业结构关系研究》。另外，通过市统计局统一招标确定两个经济普查立项课题《从经济普查数据看锡山区产业转型升级》和《从经济普查数据看锡山区非公经济发展》。上述分析课题编印成书供各级领导参考。

【统计常规工作】高质量完成各项年定报工作。严格执行国家统计方法制度，坚持质量为本的原则，认真组织调查及搜集基层统计资料，在规定的时效内，如实上报统计数据，同时认真做好统计数据的质量综合评估工作，建立健全逐级审核制度，确保重要统计数据在总体上符合客观实际。进一步加强地区生产总值的数据修正与核算，继续巩固工业、能源、劳动工资、贸易、服务业抽样调查以及成品油统计等各项业务工作。

【基本单位名录库维护】做好“四上单位”审批和基本单位名录库的更新维护工作。基本单位名录库更新维护是一项非常重要的经常性、基础性工作，区统计局结合实际，认真做好更新维护工作，确保锡山区名录库基本单位全面、信息内容真实、数据质量可靠。同时，认真做好“企业一套表”调查单位增减变动审核确认工作，结合市联网直报核查系统，对库内企业逐一核查，做到每家企业有说明，“四上单位”应统尽统。

【固定资产投资统计改革试点继续实施】继续实施固定资产投资统计改革试点工作，“四上单位”全部纳入统计一套表平台进行申报，包括规模以上工业、房地产、资质内建筑业、限额以上批发零售业、限额以上住宿和餐饮业、重点服务业、抽样小微企业和部分政府部门。区统计局对开发区、镇（街道）投资专业人员进行细致培训，为统计工作提供保障。

【文化及相关产业调查单位完成认定】年初，区统计局以第三次全国经济普查工作为契机，部署2013年文化产业单位认定工作，对确认为文化产业的单位进行认定标识，生成文化及相关产业调查单位库。区统计局完成整个文化及相关产业调查单位库1662个单位的认定工作，为进一步明确文化产业统计调查对象、开展文化及相关产业增加值核算等工作奠定基础。

【健康服务业单位完成认定】为满足国家制定健康服务业相关政策、加强对健康服务业宏观管理的需要，了解和掌握健康服务业单位基本情况，区统计局利用第三次全国经济普查全面开展并顺利完成健康服务业调查单位库认定生成工作。

【各项统计调查任务完成】完善锡山区富民监测调查网络。网点运行良好，调查数据基本符合锡山区各板块的实际情况。积极参与农林牧渔服务业产值核算试点工作。认真贯彻落实省统计局的工作要求，区统计局精心组织实施，加强对各调查单位相关数据的审核把关，确保数据的真实可靠。积极做好农产量、设施农业、劳动力调查。区统计局在时间紧、工作量大的情况下，利用季报会审，和基层辅助调查员共同学习探讨解决调查过程中出现的各种情况，使基层辅助调查员尽快熟悉掌握调查任务。

【统计教育培训加强】制订、出台《2014年统计从业资格考试和从业人员继续教育培训计划》。积极组织和参加统计执法检查培训活动，不断给统计工作人员“充电”。根据从业资格考试安排和统计继续教育计划，做好统计人员从业资格认定和统计继续教育的相关工作。2014年，锡山区报名参加全国统计从业资格考试人数201人，通过169人，通过率84%。

【统计执法检查加强】 区统计局大力推进依法行政、依法统计，充分发挥法制工作在改善统计工作环境、维护统计工作秩序等方面的作用；继续加强统计执法队伍建设，进一步提高统计执法水平。年初下发《2014年统计执法检查工作计划的通知》，根据计划，区统计局对4家企业进行“回头看”，对开发区、东北塘街道和东港镇进行统计执法检查。根据检查情况，区统计局对两家企业进行警告行政处罚。

【普法宣传教育力度加大】 以学习《江苏省统计条例》为契机，加大统计普法力度，开展形式多样的统计法制宣传教育。下发《江苏省统计条例》1074本，做到锡山区“四上单位”统计人员人手一册。根据锡山区统一安排，在“12·4”国家宪法日和全国法制宣传日活动中，区统计局组织人员在东亭街道春合苑小区进行统计法制宣传，发放323份宣传手册。

【统计基层基础建设巩固】 为切实加强统计基层基础建设，区统计局围绕经济发展需求，以党的群众路线教育实践活动为契机，按照省市要求，把统计基层基础规范化建设作为工作重点，着力推进统计基层机构规范化建设。为提升统计基层基础建设水平，在2013年规范化建设基础上，从省市争取到资金14万元，分别划拨到各板块。为加强统计业务和提升统计人员素质，区统计局专门下拨17.39万元经费，划拨到各板块，用于统计工作业务费用和基层企业统计业务培训经费。 （高　健）

物价管理

【概况】 2014年，区物价局深入学习贯彻党的十八大、十八届三中、四中全会精神以及省、市、区委有关会议精神，按照省市价格工作会议部署，以党的群众路线教育实践活动开展为契机，完善工作机制，推进价格管理服务，协调企业、群众关心的热点、难点问题，为建设富强美丽和谐幸福现代化新锡山做出积极贡献。

【价格监测和平价商店管理加强】 落实《市政府办公室关于无锡市2014年价格调控目标责任制的实施意见》，充分发挥各价格监测点的作用，加强粮、油等主副产品的定时跟踪监测，强化监测预警和调控监管。落实平价商店考核机制，除了日常的网上数据上报，每月安排工作人员进行巡查，聘请社会热心和义务人士不定时对平价商店进行检查打分，促进平价商店的规范化建设和平价惠民政策的落实。年内平价蔬菜、粮食等销售量140万公斤，销售额500万元，低于市场均价30%，惠民金额200万元。两家平价商店考核优秀，6家平价商店考核良好，落实省市奖励资金30万元。

【行业收费专项整治活动开展】 开展教育收费专项整治。落实教育收费备案制度、公示制度，加强对各类学校收费的跟踪督查，配合市物价局完成3所公办幼儿园成本调研，为保育教育费调整掌握基础资料。9月，区物价局、区教育局下发《关于开展规范教育收费专项治理的通知》，开展教育收费专项治理。全区49所学校、幼儿园开展自查，联合抽查学校、幼儿园8所，对抽查中发现的公示不规范、教辅材料使用不规范等问题，督促各校整改落实。开展涉企收费专项整治。完成全区187个单位收费许可证年审工作，注销收费许可证正本34本、副本37本。根据国家和省收费动态监管系统，重新梳理行政事业性收费单位和项目，完善信息数据，加强收费动态监管系统的运用。牵头制定《锡山区规范涉企收费专项治理行动工作方案》，在全区开展涉企收费专项治理工作，各部门完成行政事业性收费项目清理。开展卫生行业收费专项整治。区物价局、区卫生局、区人口计生局下发《关于开展规范卫生行业收费专项治理的通知》，对全区卫生院、社区卫生服务中心和计生服务站开展检查，对抽查中发现的问题集中开展培训，督促各单位整改落实。

【价格培训】 完善政策公示，将上级价格政策和文件在网上公示并通过QQ群、政务E点通等平台发给相关部门和人员，便于及时落实。梳理价格法规政策，并汇编成《法律法规政策文件汇编（价格管理类）》，发放给各镇（街道）、相关部门和30家骨干企业。开展“规范明码标价，禁止价格欺诈”专题培训活动，全区

30家大中型超市分管价格工作的负责人参加培训活动。举办物业收费管理实施办法培训会，全区物业服务企业负责人、各镇（街道）物业管理办公室人员100人参加培训会。通过培训活动解读政策，解答问题，引导规范。

【价格宣传】 充分利用《新锡山》《每日情况》《消费简报》等渠道加强价格宣传，加强“锡山物价”微博、区物价局政务公开网的维护管理，宣传政策，发布工作动态，回应热点，“锡山物价”微博发布信息累计336条，政务公开更新信息109条。利用价格法实施周年日、“3·15”国际消费者权益日、“12·4”国家宪法日和全国法制宣传日广泛开展广场宣传咨询服务活动。积极参与区委组织的“法治锡山”宣传月系列活动，参加鹅湖镇组织的现场宣传活动。全年开展各类现场宣传活动5次，发放价格宣传资料800份，现场接受群众价格咨询32件。

【价格举报】 开通“12358”网上举报，规范“12358”价格举报和“12345”政府公共服务热线平台投诉处理。认真落实新修订的《价格违法行为举报处理规定》，规范价格举报投诉办理。全年受理价格举报、咨询157件，其中投诉20件、咨询137件，办结率100%，做到件件有着落、事事有回复。

【价格认证服务】 加强法律法规学习，开展每月一次法律法规学习，开展两月一次案例分析会，进一步规范执法工作，提升价格服务能力和效率。全年完成各类价格认证325件次，标的额313万元。其中，刑事案件233件，标的额168万元；行政执法案件92件，标的额145万元。　（叶亚芬）

土地资源管理

【概况】 2014年，锡山区国土系统着眼于国土资源工作新定位，切实做好耕地资源保护，大力开展土地整理；强化用地保障，为建设项目提供优质服务；建设锡山国土资源数据中心，加大土地利用监管力度，提升节约集约用地水平。

【坚守耕地红线】 落实最严格的耕地保护制度。科学划定永久基本农田，层层落实保护责任，通过逐级签订责任书、发放责任卡等方式，明确保护责任。以基本农田数据库为基础，健全保护图、表、册，实时更新保护台账，实现信息化管理，确保全区1.214万公顷基本农田数量不减少，质量有提高。做好农村土地整治工作。2014年，全区土地整治目标任务33.33公顷，入库面积63.62公顷，截至12月末，完成土地整治51.57公顷。严格土地执法监管。加强动态巡查，维护全区良好用地环境。建立“即巡即报”“一宗一档”“以图监管”等工作机制，逐级落实巡查责任，不留死角。至12月末，全区累计组织纵深动态巡查842次、督查46次，涉及新建、在建项目188宗，面积729.31公顷。

【重点项目用地需求保障】 对重点项目明确责任，进行跟踪服务，确保各个环节无缝衔接，最大限度缩短办理时间，切实保障重点项目用地需求。截至12月31日，完成供地62宗，面积171.58公顷，其中工业用地出让18宗，面积63.39公顷，出让金额3.50亿元；经营性用地出让5宗，面积27.07公顷，出让金额11.68亿元；基础设施及民生工程项目供地19宗，面积72.48公顷；临时用地供应20宗，面积8.64公顷。

【锡山国土资源数据中心建设】 为适应土地节约集约利用，强化土地资源精细化管理和科学服务政府决策需要，锡山国土分局建设锡山国土资源数据中心管理系统和中心数据库。中心数据库主要包括锡山区农村建设用地细化调查成果数据库、锡山区城镇建设用地细化调查成果数据库、锡山区建设用地细化调查成果汇总数据库、锡山区1999～2013年转征用专题数据库、锡山区存量用地成果数据库、锡山区基本农田专题数据库、锡山区土地开发整理数据库、锡山区城乡建设用地增减挂钩数据库等。

【节约集约用地】 控制增量，实行“新增建设用地两挂钩”管理。通过出台《关于加强建设用地预留区指标管理的意见》，推行“新增建设用地与盘活存量建设用地挂钩，年度新增建设用地使用率与政府综合考核挂钩”。将全区原有的预留区指标全部收回，由区政府集中管理，统一安排。区政府根据各板块提出的年度用地需求，结合原有的存量建设用地、上一年度土地利用等情况，核定板块年度用地计划并安排相应的预留区可用指标，其中安排存量建设用地比例不低于60%，对预留区可用指标外的给予冻结，并将核定的用地计划（包括存量建设用地的盘活、预留区可用指标）的执行情况列入对板块的年终综合考核。全区预留区指标实行统一管理、按需分配、年度考核，进一步强化土地利用总体规划的统筹和管控作用，切实提高土地利用总体规划的宏观管控作用、建设用地预留区使用效率和集约用地水平。加强建设用地批后监管，对批而未用土地的单位，全年发送警示提醒通知22次，涉及企业19家。全力盘活存量土地。全年盘活存量土地计划任务133.33公顷。全区入库项目43宗，面积135.65公顷。截至12月末，盘活开工32宗，面积99.27公顷；供地未开工5宗，面积17.22公顷；未供地4宗，面积19.16公顷。实施绿地工程。全年复绿任务120公顷。至12月末，完成53个地块，面积122.8公顷。

【维护群众合法权益】依法依规征收土地。根据省政府93号令和市政府出台的《无锡市市区征地补偿和被征地农民社会保障办法》，做好新、老征地衔接。国土、公安、社保和农办等部门建立完善人地数据库，切实维护被征地农民的合法权益。做好涉土信访维权。将领导接访、下访、回访、包案与“三解三促”活动相结合，主动倾听群众心声，及时处理群众反映的热点、难点问题，积极引导群众以理性合法方式逐级表达诉求。2014年，受理各类信访175件。做好地质灾害防治。进入汛期后，对地质灾害易发地区、灾害点进行踏勘，特别是对地裂缝较重的锡北镇光明村和安镇街道山河村进行重点清查，建立地质灾害应急预案，发放地质灾害防灾避险明白卡，做好汛期值班工作。

相关连接

三解三促：了解民情民意、破解发展难题、化解社会矛盾，促进干群关系融洽、促进基层发展稳定、促进机关作风转变。

【国土资源“四全”服务全面实行】全面实行“四全”（全流程优化审批、全区域便民服务、全业务网上办理、全节点效能监管）服务，增强人员责任和服务意识，优化办事流程，压缩办件时间，全年办理大接件13081个，异地件750个，颁发各类证书11183本，行政服务当场办结率94.1%。强化依法行政，进一步完善重大决策程序制度，积极推进政务公开，把依法行政纳入重要考核内容。为全面提高干部职工依法行政意识和水平，开展“每周学壹法”学习活动，切实提高干部职工的法治素质和依法行政能力。 （钱春杰）

审计管理

【概况】2014年，区审计局深入贯彻落实科学发展观，以党的十八大精神及省市经济工作会议精神为指导，牢固树立科学审计理念，始终坚持围绕中心、服务大局的审计工作方针，全年完成审计项目681个，其中预算执行审计（包括部门预算执行审计）5个、经济责任审计9个、专项资金审计（含专项审计调查）10个、企业审计3个、固定资产投资审计651个、行政事业单位财务收支审计3个。审计查出违规金额471万元，管理不规范金额102.46亿元，固定资产核减工程款1.91亿元，审计发现非金额计量问题70个，损益收支不实5.24亿元；应上缴财政482万元，应减少财政拨款或补贴2670万元，应调账处理金额12686万元。移送纪检监察机关处理事项1件，涉及金额260万元；审计移送有关部门处理事项3件，涉及金额189万元。审计促进整改落实有关问题资金1.58亿元，被审计单位建立健全规章制度69项。

【预算执行审计】按照总理李克强“要实现审计全覆盖，凡使用财政资金的单位和项目，都要接受审计监督”的要求，区审计局的财政同级审切实整合审计资源，把握财政审计范围，扩大财政审计覆盖面，努力增强财政审计的宏观性、整体性、建设性和时效性。围绕财政预算执行、税费征管质量、部门预算执行、专项资金绩效、政府重点重大项目建设资金五大主题，重点审计区本级预算执行和地方税收征管情况，同时对开发区、商务区政府负债、国有土地出让金、五项专项资金等进行专项审计和专项审计调查。通过审计发现锡山区2013年度财政收支平衡，略有结余，同时也揭示了存在的一些突出问题：支出预算执行不够严格，土地出让金收取不及时，非税收入及行政性收费不按规定收取和歉收，超标准、超范围实施政府采购等。在锡山区第三届人大常委会第二十次会议上，区人大常委会听取并审议2013年度区预算执行及其他财政收支的审计工作报告，对2014年的财政同级审工作给予好评。针对报告反映的问题，建议区政府及各相关职能部门认真查实，逐条加以整改。

【固定资产投资审计】区审计局针对工程建设管理的动态特点，

选择投资金额大、社会影响大、预期效益大的政府投资建设项目为重点，把握“三个环节”，加大投资审计监督力度。在程序审核环节，检查工程建设项目立项审批手续、招投标程序、施工单位资质以及工程竣工后验收情况。在结算审计环节，审核报审工程量、定额套用、材料价格和施工签证的真实性、合规性。在审计服务环节，把审计服务贯穿于项目建设的全过程，对审计发现的问题及时提出整改意见和合理化建议，帮助建设单位提高工程质量和资金使用效益。在审计项目的安排上，以大项目、热点项目、民生项目审计带动其他政府投资项目审计，切实做到最大限度节约财政资金，提高投资效益。重大项目基本实现审计过程全覆盖，实施预算审查，强化在建项目跟踪审计，抓好竣工结算审计，把好政府投资项目最后一道防线。全年审核标底控制价93个项目，送审金额7.79亿元，核减工程造价0.37亿元，审减率4.75%；实施跟踪审计46个，涉及预算金额3.06亿元；完成竣工结算审计512个，送审金额7.76亿元，审计完成19.96亿元（含上年未完成），核减金额1.54亿元，审减率7.72%。

【经济责任审计】完成9名领导干部的任期经济责任审计，其中任中经济责任审计4个，任中审计比例为44.44%。查出违规金额271万元，管理不规范金额48.96亿元，对外发送审计结果报告9份，提出审计建议22条，被采纳14条。区审计局稳步推进对法定审计对象的全覆盖，紧紧围绕“守法、守规、守纪、尽责”的要求，进一步强化对权力运行的审计监督，进一步加强对行政审批、工程招投标、政府采购、土地转让、国有资产转让和拍卖等重点领域和关键环节的监督，确保经济责任审计发挥权力运行的“紧箍咒”和反腐败的“利剑”作用。在对某局局长任期经济责任审计中，发现租金未上缴区财政、契税户存款利息未上缴区财政、未报区国有资产管理办公室审批分红留在企业等问题，上述问题均整改到位。

【专项资金审计】区审计局以党的群众路线教育实践活动指引审计项目开展，坚持立项选项贴近群众，审计方案联系群众，项目实施走访群众，效果评价围绕群众，客观反映各专项资金的绩效情况。全年完成专项资金审计9个，审计资金总额4.38亿元，审计查出管理不规范金额7322万元。在对锡山区低保、残保、慈善、体彩公益金、排污费等多个关乎民生的专项资金审计过程中，审计组坚持深入基层，到群众中去了解情况，通过对低保户、敬老院、残疾人康复机构、农村体育设施等的实地走访，认真听取群众对各方面工作的意见和建议，努力为服务群众“最后一公里”保驾护航。在对2013年度残疾人就业保障专项资金的审计中，发现2013年残保金征缴到位率较低、对以前年度歉收的残保金追缴工作不到位、镇级财政残保支出未全部纳入专户管理等问题。区残联高度重视，认真研究，制定具体可行的整改措施。

【专项审计调查】区审计局以推动完善住房保障制度为目标，对全区2013年度各类城镇保障性安居工程进行跟踪审计，促进了锡山区城镇保障性安居工程的顺利进行；开展对锡山区2010～2013年河道综合整治“以奖代补”专项审计调查、锡山区2010～2013年工业用地项目投入产出情况专项审计调查，审计小组大量收集审计调查证据，掌握深层次问题，揭示经济运行中的风险、矛盾、障碍，提出切实可行的建议。两份调查报告得到区委书记陆志坚的批示，为领导决策和政策法规的完善提供依据。8月中旬开始，区审计局克服人手紧、任务重的困难，从业务科室抽调12名骨干参加审计署组织的全国土地出让金收支和耕地保护情况审计。被抽调人员克服身体、家庭、生活等各种困难，服从大局，勇挑重担，体现了高度的大局观和责任感。

【审计质量年活动开展】审计质量是审计工作的生命线，是审计机关的立身之本。区审计局始终把审计质量放在各项工作的首位，以争创优秀项目为核心，不断推动审计业务水平的提升。严把项目质量复核关。严格按照《国家审计准则》的要求对项目进行审核把关，对每一个审计项目从审前准备到审计结论的落实进行全过程监督，形成审计项目质量全过程控制。开展争创“优秀审计项目”活动。年初，要求各业务科室从日常基础工作入手，结合综合量化考核，积极打造项目精品，争创全市优秀审计项目。明确要求各业务科室有1个项目上报市审计局进行优秀项目评选。加强对审计成果的综合利用。加强审计宣传，拓宽宣传渠道，凝聚宣传合力，全年被各级各部门录用稿件10篇。同时，加强审计情况的综合分析，形成高质量的审计报告，3篇次审计报告得到区主要领导的批示，扩大了审计成果，发挥了审计建设性作用。

【审计人才队伍建设】 始终坚持以人为本，本着“内强素质、外塑形象、争创一流”的目标宗旨，把干部队伍素质建设作为提高审计工作水平的基础工程抓好抓实，不断加大审计干部教育培训力度，提高审计人员的综合素质。利用集中培训、优秀项目交流等载体，不断提高审计人员的业务技能和专业素质。积极推进现代审计技术的运用，加大计算机审计力度，促进审计工作转型。为培养高层次计算机审计人才，选派1名审计人员参加省审计厅组织的计算机硕士考前培训班，力争一次性通过入学考试。同时，要求全体审计人员加强理想信念和社会主义核心价值观教育，切实促进审计人员树立正确的世界观、人生观、价值观，增强审计干部“免疫力”；进一步加强审计职业道德修养，自觉遵守廉洁自律的各项规定和审计职业道德，塑造严格依法、正直坦诚、客观公正、勤勉尽责、保守秘密的良好职业道德形象。 （徐 瑛）

安全生产监管

【概况】 2014年，区安监局坚持“安全第一、预防为主、综合治理”的指导方针，一手抓重点领域的专项整治，一手抓安全生产隐患的排查治理，强力、务实推进各项工作举措，确保安全生产状况的持续稳定，安全生产工作取得明显成效，全区安全生产形势保持稳定态势。

【分级分类监管流程图出台】 根据新修订的《中华人民共和国安全生产法》中关于分类分级监督管理的要求，出台《区、镇、村分级分类监管监察流程图》和《全区安全生产隐患排查治理及打非治违流程图（试行）》，进一步明确区、镇（街道）、村（社区）三级监管任务。区、镇（街道）两级全年执法检查企业3280家次。在各类专项检查中，区完成抽查20%，镇（街道）、村（社区）完成80%。建立责任明晰、机制健全、运行高效的管理组织和工作机制，各级安全监管力求不重复、全覆盖、闭环化。

【化工企业互查机制建立】 选择东港镇10家化工企业进行试点，一组为危险化学品使用企业，另一组为油漆类企业。区安监局制订实施方案，设计检查表，明晰互查内容和开展互查的方式、方法，同时对参加互查的人员对象、频次、内容、工作要求等均作了明确规定，以后将在试点基础上逐步扩大互查范围。

【安全生产执法检查开展】 按照“零容忍、严执法、重实效”的总要求，详细制订工作方案，狠抓落实排查。检查企业480家，开具整改文书194份，查改隐患1586条。对辖区内88家存在有限空间作业企业、5家涉氨制冷企业、38家液氨使用单位、3家铝镁制品机加工企业、45家粉尘爆炸危险作业企业进行全面排查整治。

【专家、专项检查开展】 落实专家检查经费，政府购买服务，组织各类专家深入企业进行“专家门诊”，组织专家检查62人次，检查74家企业，指导企业整改隐患424条。安监、公安、工商、消防、交通部门组成联合检查小组，对全区烟花爆竹进行安全检查，检查零售单位60家，消除安全隐患30条。

【危险化学品整治推进】 推进安全设计诊断工作，辖区内58家企业全部完成整改方案备案工作。受理危险化学品经营单位53家（新领证19家），严格把关，100%进行现场核查。严格规范危险化学品建设项目安全许可，办理危险化学品建设项目安全条件审查、安全设施审查、试生产备案，竣工验收10个。加强化学品罐区安全管理工作，排查企业91家，涉及化学品储罐845个，排查出危险化学品重大危险源11个，全部落实日常监管措施。

【职业危害整治开展】 聘请职业卫生服务机构人员组成调查组，印制、发放大量宣传材料，普查企业4019家，录入感知安全系统，基本实现应查尽查，完成量在全市名列前茅。1476家单位进行职业病危害申报，完成全年任务的101.3%。开展水泥制造、石材加工、电动车喷涂烤漆行业专项整治，重点整治36家。区安监局、锡山工商局、区环保局对喷涂烤漆企业进行专项整治，一方面帮助指导企业开展职业病危害识别、申报、检测等工作，另一方面重点督促水淋、吸风等防护设施落实到位；处罚7家、关停1家、移交工商处理1家，达标34家。对39家新增职业病人单位进行专项检查，查清职业病发病的原因，依法责令企业进行职业病危害现状评价，控制和消除职业病危害，遏制新发职业病势头。开展建设项目职业卫生“三同时”（建设项目职业病防护设施必须与主体工程同时设计、同时施工、同时投入使用）专项检查。摸清新改扩建建设项目底数，对154家单位发出职业卫生“三同时”告知书。完成16家新改扩建项目评审，登记现状评价35家。

【安全培训效果提升】全年举办培训班71期，培训企业负责人、安全员和危险化学品单位采购员、保管员总计6938人。开展“村官”安全培训活动，全年培训234人，提升最基层安全监管人员的业务水平。开展锡山区规模以上企业从业人员全员安全培训工作。通过集中课堂讲课、成立安全生产巡讲团、视频播放和企业自主授课等各类形式开展安全培训工作。全区553家规模以上企业7万余名从业人员安全生产知识培训基本实现全覆盖。

（李丹丹）

工商行政管理

【概况】2014年，按照区委、区政府和无锡工商局的统一部署，锡山工商局紧紧围绕锡山经济社会发展大局，坚持开展党的群众路线教育实践活动不动摇，突出加强效能建设，努力打造锡山“品牌工商”，服务经济、监管执法、保障民生、队伍建设等各方面工作取得新的进展和成效。

【登记服务优化】在无锡工商系统范围内率先实施“就近受理、通核通办”登记，打破企业登记的管区限制，实现全区工商登记由企业所在镇（街道）分局1个窗口受理扩大到全区7个分局窗口受理，极大地方便了企业注册登记。积极参与锡山区“三证一照一章”并联审批工作，主动将“一站式”服务向下延伸，在镇（街道）设立“一站式”服务专窗，通过健全窗口工作制度、配强综合窗口工作人员，有效提高注册登记效率。注重窗口文化建设，加强窗口“满意度”测评，严格执行“微笑服务”“首问负责”“一次告知”“谁经手谁负责”“内部沟通”“AB岗”等窗口考核制度，切实提高窗口服务质量。

相关链接

AB岗：在工作各职位中，设置两个岗位，A岗承担人为该职位的责任人，B岗承担人为该职位的备岗责任人，当A岗承担人因出差、开会、休假等情况离岗期间，由明确的B岗承担人代替其履行职责。

【帮扶举措深化】部署开展“到群众之中、解群众之忧”走访活动，主动对接企业需求，走访各类市场主体3227户，发出行政指导文书320份，帮助解决经营难题1025个。主动搭建银企对接平台，全年办理股权出质登记23件、动产抵押登记79件，帮助企业融资12.28亿元。加强市场主体信息监测和分析，形成4篇数据分析文章，得到区委、区政府主要领导批示，获得充分肯定。持续开展以上门指导、重点帮扶、全程跟踪为主要内容的商标扶持行动，为全区10家驰名、著名商标企业量身制定商标扶持计划书，深入开展“真正无锡味”土特产品牌保护行动，新申报中国驰名商标2件、省著名商标7件，再认定省著名商标22件。

【惠农力度加大】大力支持农民专业合作社的成立，全年新办农民专业合作社22户，全区农民专业合作社累计222家，注册资金总额2.03亿元，带动农户9.58万户。组织开展农民专业合作社发展现状调研，得到地方政府的高度重视。持续关注家庭农场的健康发展，全年新办家庭农场30户，全区家庭农场累计43户，出资总额3501万元。引导农民专业合作社抱团发展，指导成立锡山区首家农民专业合作联社，出资总额1521万元，规模效益更加明显。引导、支持发展订单农业，积极推广涉农合同示范文本，规范和指导订立涉农合同497份。开展以“保春耕、保夏播夏种”为主题的农资市场专项执法行动，检查各类农资经营户118户，组织法定抽检25批次，纠正轻微违法行为1起。

【专项执法行动成效增强】深入推进以相对集中办案机制、复杂案件集体讨论机制、部门联动机制、监管数据共享机制为主要内容的现代化监管模式的运作，有效提高办案质量和效率。先后组织开展房地产市场整治、直销市场专项检查、打击假冒伪劣专项行动、虚假广告专项治理等专项执法行动15次，全年查办各类违法案件333起，涉案经营额11079.45万元，罚没入库550.24万元。

【食品安全监管力度加大】加强农贸市场农副产品安全监管，全区15家农贸市场均建立食品检测室，全年检测农副产品46319批次，合格率98.94%。推进“四检联动”（消费者送检、经营者自检、工商部门快速检测和法定部门定向检测）食品安全监控系统建设，围绕重、热、季节性食品开展法定检测369批次，合格率50.41%。严厉打击食品违法行为，组织开展散装食品标签专项检查、超过保质期食品专项监管、假羊肉糕清查、婴幼儿配方乳粉销售专项检查等专项行动，检查食品经营户5833户次，查办食品违法案件137起，没收不合格食品19批次，其中上海超级格尔致有限公司涉嫌篡改食品标签案，涉案食品78吨，案值140万元，移送公安机关处理。

【市场信用建设水平提升】推进平安市场创建，通过与区委政法委、区综合治理办公室的多次沟通，将平安市场创建工作纳入区14个平安创建工作中，列入区政府年度考核，为市场升级改造提供有力支持。指导市场加强信用建设，对36家市场实施信用监管等级认定。深入开展重合同守信用企业认定公示，新发展重合同守信用企业37家，全区AAA级重合同守信用企业489家，同时定期向银行推荐重合同守信用企业信息，为重合同守信用企业开展信用融资提供便利。

【消费教育引导加强】结合新修订的《中华人民共和国消费者权益保护法》的实施，围绕消费年主题，依托消费教育基地、消费教育讲师团、局长接待日等载体，深入开展消费教育进社区、进学校、进企业等活动，累计举办消费教育讲座5场，受教育群众329人次。牵头举办“3·15”国际消费者权益日活动，全区设立咨询服务点8个，发放宣传资料1.2万份，受理各类咨询476件。深入开展“三下乡”宣传活动，现场宣传新法，解答消费咨询，发放消费维权宣传资料518份。

【消费调解优化】注重加强“12315”投诉举报平台建设，根据新修订的《中华人民共和国消费者权益保护法》的相关规定，结合操作需求，制定出台简明易懂的投诉举报平台操作流程手册，并通过组织培训、现场指导等方式，有效规范基层投诉举报平台窗口工作人员录入工作。科学提升群体性消费投诉处置能力，建立群体性消费投诉快速反应处置机制，妥善处理喜洋洋饭店预付卡、宠物狗、房地产公司车位等多起群体性消费纠纷。加强关键领域消费维权工作，以装饰装修材料、交通工具和汽车配件、服装鞋帽、家用电子电器及有关服务等消费领域为重点，严厉查处侵害消费者合法权益的行为，全年“12315”系统受理各种申（投）诉、举报812件，为消费者挽回经济损失81.49万元。

【放心消费创建推进】放心消费创建组织领导和统筹力度得到充分加强，创建工作纳入地方政府经济和社会发展目标的管理考核体系、为民办实事重点工作、财政保障和经费编制预算项目，锡山工商局年内召开专题研究会，及时调整补充创建办公室工作人员。创建社会环境得到全面改善，通过媒体宣传、公益广告、广场咨询等多种形式为创建工作造势，同时引导骨干企业主动参与创建宣传，有效提升创建工作的社会知晓率和参与率。部门协作共建得到有效加强，锡山区工商、食品安全委员会、公安、城管、农林等部门开展放心食品消费创建、放心农贸市场创建、放心农资市场创建等活动，形成创建工作合力。

【教育培训常抓不懈】积极部署开展“正风肃纪”主题教育活动，重点整改干部队伍中存在的“庸懒散”现象，全面增强履职、守职、尽职意识。结合新法宣传、岗位需求和登记改革等，先后组织新修订的《中华人民共和国消费者权益保护法》全员培训、注册登记专题业务培训、PPT基本技能培训、青年干部集中培训等活动，科学实施轮岗交流，有效提升队伍履职尽责能力。通过建立工作交流群、召开座谈会等形式，主动搭建事业人员、合同聘用人员、基层干部和青年干部互动交流平台，及时掌握干部职工思想动态，提升教育指导工作的针对性和科学性。

【廉政风险防控稳步推进】以坚决执行中央“八项规定”、省委“十项规定”和《党政机关厉行节约反对浪费条例》为根本，全面倡导勤俭节约办公意识，健全公务运行内控机制，推进节约型机关建设。加大效能监察力度，切实做好“中梗阻”专项治理工作，结合上级部署、关键节点，组织开展6次专题行政监察行动，有效解决一批在基层窗口、关键岗位中存在的作风问题。充分利用基层窗口、基层信息网、门户网站、行政权力网上公开透明运行系统、新闻媒体等平台，动态公开登记注册、市场管理、行政执法等运行全过程，同时主动邀请人大代表、政协委员、社会公众上门监督，切实做到对内规范管理、对外公开透明。

（宗　岚）

质量监督管理

【概况】2014年，锡山质监局认真贯彻落实党的十八大和十八届三中、四中全会精神，深入开展第二批党的群众路线教育实践活动，以习近平总书记“三个转变”（推动中国制造向中国创造转变、中国速度向中国质量转变、中国产品向中国品牌转变）重要论述为指导，着力提升履职监管能力，严格把守质量安全底线，持续深化利企惠民工程，全面打造质监工作“升级版”。锡山质监局被无锡质监局评为“2014年度无锡质量技术监督系统先进单位”，被锡山区预防职务犯罪工作领导小组办公室评为“2014年锡山区职务犯罪危险源点查控工作先进单位”。

【质量强区推进】充分发挥区质量振兴领导小组办公室职能，深化质量强区建设，提升锡山经济社会发展的质量和效益。区政府出台《锡山区贯彻实施〈质量发展纲要〉2014年行动计划》，进一步明确大质量工作的重点和努力方向。完善大质量工作机制。成员单位定期会商质量强区建设的关键环节和突出问题。有效发挥政策导向，积极推动部门协同，注重示范带动、创新驱动和企业主动，努力使质量工作由宏观变微观，由隐性变显性。完善大监管工作机制。进一步强化政府领导、部门联合、企业主体、行业自律、社会监督的“五位一体”质量责任体系。重点加强生产许可、监督抽查、风险管理、行政执法和后处理五个环节，构建环环相扣的闭环监管体系。完善绩效评价机制。充分发挥考核的“指挥棒”作用。由区政府向开发区、7个镇（街道）和17个职能部门下达“2014年度质量工作目标任务书”，并两次组织考评，不断提升质量发展水平。2014年，全区有1家单位申报江苏省质量奖，2家单位申报无锡市市长质量奖，3家单位申报AA质量诚信企业。

【名牌工作】及时调整江苏省名牌产品申报思路，确立以服务业、摩托车和电动车“两车”配件制造商、摩托车生产企业为主攻方向，有针对性地走访企业，开展培训，指导申报。2014年，全区获评江苏省名牌产品6个、无锡市名牌产品39个。分别召开许可证企业、板块区域质量、3C（中国强制性产品认证）企业工作会议，全面落实中小型许可证生产企业、电动车生产企业、3C相关产品生产企业质量安全主体责任；针对“两车”规模企业、新兴产业企业开展卓越绩效培训活动；组织17家规模企业参加首席质量官脱产培训班。汇总2011～2013年抽检不合格数据，分析产品质量波动情况，发放行政指导提示书73份，加强对相关企业的指导，帮助涉证类中小企业避免因企业管理薄弱而带来的违法风险；加大对涉及人体健康和人身财产安全等日用消费品生产企业的检查力度，突出责任追溯和后处理；全区制造业产品质量省级监督抽查合格率95.37%。

【标准化工作】主动适应全区产业调整新变化，拓展标准化领域，切实加快标准创新步伐。全年新增标准工作组5个；完成采标28项；新增参与国家标准、行业标准制（修）订16项；完成企业标准备案245项；开办标准化从业人员培训班1期，累计培训223人。积极申报项目。2014年，有7家单位申报的标准化项目获批；新申报2015年标准化试点6家、省地方标准4项。分类指导项目建设。开发区服务外包产业园通过省、国家服务外包服务标准化试点项目验收；无锡晶海氨基酸有限公司以最高得分通过省级循环经济标准化试点项目验收。引导申报项目资助。全年有10家单位申报11项市2014年度技术标准项目资助，资助金额278万元；8家企业申报省标准化补助108万元；1家单位申报市服务业标准化项目资助5万元。以锡山电动车产业联盟促进会为平台，制定并实施电动车零部件联盟标准7项，逐步构建电动车联盟标准体系。开发区服务外包产业园管理局和无锡佳腾磁性粉有限公司入选江苏省标准化成果展示平台，实现良好榜样示范效应。

【计量工作】围绕“5·20”世界计量日主题“计量与绿色中国”，举办“计量与环境保护大家谈”活动2期，开展计量培训讲座3次，发放各类计量宣传资料230份。帮助11家重点用能企业完善能源计量数据网上填报工作，组织列入国家“万家企业节能低碳行动”的企业参加“能源计量审查宣贯培训班”。继续推进“计量惠民”工程，全区计量“两免费”工作完成18家集贸市场在用2245台电子秤的免费检定工作，首检合格率99.25%；完成开发区、7个镇（街道）及下属行政村（社区）卫生服务中心在用150台医疗器具的免费检定工作。完成8家单位许可证网上申报及现场评审；完成1家单位计量体系申报，2家单位计量保证确认；完成39家单位合格确认申请及现场考评；完成4家企业的10项建标工作，并颁发企事业单位最高计量标准器具证。相继开展计量器具生产企业专项检查、瓶装液化气计量专项检查、电机生产企业能效标识专项核查、“民用四表”（水表、电表、燃气表、热能表）专项检查，对发现的问题责令整改，移送稽查后处理。

【食品生产安全】完善企业法人（负责人）约谈制度，增加预警性、指导性约谈。全年开展约谈56次，约谈企业134家次。与全区92家食品生产企业签订质量安全承诺书、66家食品生产企业签署行政指导谈话记录。全区95家食品生产企业的110名安全管理员参加食品安全管理员培训考核，到场率100%。制订《2014年度锡山质监局食品生产监管科监督检查（巡查）计划》，按照产品分类、企业分级、监管分等的原则，实施相应频次的检查。相继开展食品添加剂、烤鱼片、明胶、炒货、大桶水、乳制品等专项检查。全年检查企业240家次，开出责令整改通知书68份；受理投诉举报59起；完成年审52家；完成区级监督抽查265批次，合格率98.11%。上报许可证初审材料36份，参与许可证现场审查观察49次。开展食品安全突发事件“桌面”应急实战演练，强化快速反应能力。开展“质监邀您看企业，食品安全大家行”活动，促进社会多元共治。

【特种设备安全】全年对所有的特种设备使用单位共计2000家企业进行安全责任告知，对2000家特种设备使用单位的10640台特种设备实行分类分级监管，推动1800家特种设备使用单位开展隐患自查自纠，特种设备使用单位标准化达标1800家；全区196家锅炉使用单位的197台锅炉完成安全节能双达标。举办特种设备安全管理员培训班3期，培训人员200名。维护基层特种设备监管网络，对全区135名村级特种设备网络管理员开展知识更新培训。相继开展电梯专项整治“回头看”、气瓶充装单位安全生产、淘汰锅炉非法使用、液氨制冷企业安全等专项整治，出动776人次，对194家特种设备使用单位共计1215台特种设备进行现场安全监察。发现一般隐患25家、29条，严重隐患86家、161条，全部签发指令书责令限期整改。对于拒不整改或整改不到位的单位，严格按照工作程序移送稽查处理。启动开展简易升降机排查整治。主动协调检验及培训机构，督促并帮助挂牌督办单位及时消除隐患，确保安全。

【行政执法】以特种设备安全、食品生产安全和区域产品质量安全为工作重心，组织开展酒类等消费热点产品、滑触线等3C认证产品、儿童服装、农用物资、电动车及配件等专项整治。开展“质检利剑”行动，重拳打击假冒伪劣行为，查处无证生产、未经3C认证、生产不合格产品等一批行政案件，对责任企业依法追究法律责任。取缔燃油助力车企业无证无照生产窝点21个，有效地维护了市场经济秩序。全年处理各类投诉举报196起、质量申诉48起，办理各类案件108起，其中许可证类案件10起，3C类案件22起，食品类案件10起，特设类案件23起，质量类案件21起，建材类案件1起，其他类案件21起。全区未出现区域性产品质量问题。

【依法行政】落实法律“三书”（法律风险提示书、法律意见书、法律建议书）制度，规范执法行为，防范履职风险。发放法制建议书2期，分别规范“执法证据的填写”“违法所得的计算”。推行案例指导制度，制作文书范本，进一步提高案卷质量。开展“开门审案”，实行案后回访制度，严格法制监督。应对行政复议2起、行政诉讼2起，均处置妥当，无一败诉。全面推行建议、辅导、提醒、劝导、示范等各种形式的行政指导工作。全年累计发出各类行政指导文书220份。根据“六五”普法中期宣传教育计划，积极开展“法制服务进企业”等活动。坚持日常自学与短期培训、讲座、案例研讨相结合，不断提高机关公务人员和执法人员依法办案、依法管理的能力和水平。

【质监宣传】扩大宣传面，围绕“3·15”国际消费者权益日、“三下乡”、安全月、“5·20”世界计量日、质量月等，开展多种主题宣传活动。全年刊登报纸专版4期，在各类媒体发表新闻信息276篇。政务信息量质齐升。全局各部门每季度撰写一篇热点调研文章，全年印发调研汇编4期；区委《内部参考》录用调研文章1篇；区委《每日情况》录用政务信息21篇。认真开展舆情监测，对系统性、苗头性问题及时发现，及早介入，将隐患消灭在萌芽状态。（魏太山）

食品药品监督管理

【概况】2014年是食品药品监管体制改革之年，锡山食药监局全体干部职工紧紧围绕保障人民群众食品药品安全中心工作，大力加强“三品一械”（保健食品、化妆品、药品、医疗器械）日常监管，大力开展各类专项整治行动，努力维护好锡山群众的“三品一械”安全权益，确保锡山“三品一械”安全形势的持续稳定，全区未发生药械安全事故和舆情事件，为和谐平安新锡山建设做出应有的贡献。在保健食品、化妆品监管方面，在上年的基础上重点对美容美发业进行调查摸底，建立200平方米以上美容美发企业档案26家，内容包括企业的基本情况及产品登记、营业执照复印件、店门头照片、与企业签订的化妆品守法经营承诺书、日常监管记录、行政指导书等内容。在药品医疗器械监管方面，加强药械生产监管、药械经营监管、药械电子监管，各项监管覆盖率100%；强化药械安全预警和监测，锡山食药监局、区卫生局于年初、年中、年末三次发布2014年度全区药品不良反应监测情况通报，提高工作成效。在依法行政方面，深刻领会依法治国、社会共治的精神实质，转变监管理念，践行依法行政，推进行政指导，出具行政建议类指导文书75份，服务百姓群众。

【保健食品、化妆品日常监管加强】在日常监管工作中，按照经营企业日常监督现场检查细则，紧紧围绕产品的标签、说明书与批准证明文件的相关内容是否一致，建立健全保健食品、化妆品经营管理制度，执行保健食品、化妆品经营企业索证索票和台账管理规定，落实保健食品经营场所产品分类管理等情况检查制度。根据保健食品、化妆品重点企业营业场所、人员、经营品种的不同情况，做到日常监督检查有重点、有层次、有痕迹。

【药品安全日常监管加强】在药品生产环节，全区4家药品生产企业具有批准文号药品76个，持有药品GMP证书7张，药品生产质量管理趋于稳定。对4家药包材生产企业进行全面监督检查，未发现严重违法违规行为，发现需要提高改进情况10项。在药品经营环节，辖区内有药品经营批发企业3家，药品零售企业215家（含连锁企业）。通过以会代训的方式对新版GSP重点内容和关键环节进行解读和培训，全区有24家药品零售企业申请新版GSP认证，其中3家企业因阴凉区改造、含麻黄碱复方制剂管理等不符合要求，不予通过，责令限期整改。

相关链接

GMP：英文Good Manufacturing Practice的缩写，意思是良好作业规范或优良制造标准，是一种特别注重制造过程中产品质量与卫生安全的自主性管理制度。

GSP：英文Good Supply Practice的缩写，意思是良好供应规范，是控制医药商品流通环节所有可能发生质量事故的因素，防止质量事故发生的一整套管理程序。

【医疗器械生产监管推进】按照工作安排和检查要求，依据产品风险等级，采取突出重点、以点带面、稳步推进模式，加强医疗器械生产监管。辖区内32家医疗器械生产企业全部进行覆盖性检查，部分高风险企业覆盖4次以上。全区有医疗器械经营（含兼营）单位150家，开展义齿生产经营使用专项检查，全面梳理锡山区义齿生产企业及医疗机构执业许可证诊疗科目中包含“口腔科”的医疗机构信息，对照检查标准，按片区划分，逐一进行分析检查，检查覆盖率100%。

【医疗器械“五整治”开展】围绕社会关注度高、群众反映强烈的医疗器械热点、难点问题，严厉打击违法违规行为。着力整治虚假注册申报、违规生产、非法经营、夸大宣传、使用无证产品五种行为（简称“五整治”）。专门召开医疗器械 “五整治”工作部署会议，全面开展整治工作。“五整治”期间，出动检查人员105人次，检查医疗器械生产企业16家次、经营企业72家次和使用单位32家次，查办医疗器械生产企业生产不符合标准的医疗器械案件1起，查处擅自降低生产条件生产三类医疗器械案件2起；检查经营隐形眼镜类产品单位43家，发出行政提示书20份，立案查处无证经营隐形眼镜案件2起。通过“五整治”，公众对医疗器械知识得到普及，医疗器械生产、经营和使用环境得到进一步净化。

【零售药店文明创建加强】对零售药店的文明创建检查工作，进行全局动员，分片分区域包干，逐一细化创建的内容、责任人、时限、进度。统一制作零售药店内部的禁止吸烟标记、学雷锋志愿服务岗牌、创建文明城市建设幸福无锡宣传板、公共文明志愿引导员红袖套、顾客投诉意见簿、投诉意见箱等，第一时间发放到药品零售企业。发挥片长联络员示范引领作用，采取分片包干制，由局执法人员与片长结对，共同负责和监督片区药店文明创建工作。开展4轮次的全区药店覆盖性检查。根据锡山食药监局零售药店经营行为规范倡议，全区药品零售企业负责人签署药品零售企业创建文明城市规范经营承诺书，自觉规范经营行为，展示零售药店的窗口形象。

【依法行政】 创造性推进案件集体审议模式，以案件审理委员会为重要抓手，围绕案件定性、自由裁量幅度、处罚理由等，案件审理委员会人员畅所欲言，充分表达意见和建议。本着处罚与教育并重原则，依据《中华人民共和国行政处罚法》第四条、第二十七条等，形成经营假冒保健食品、化妆品违法行为行政处罚的一般性原则，以指导保健食品、化妆品违法案件的处理。全面梳理执法文书，规范文本格式。深入推进行政指导工作，坚持管理与服务并重、处置与疏导结合，深入推进行政指导工作，制定下发《无锡市食品药品监督管理局锡山分局行政指导工作文书及制度》，并举办行政指导工作培训讲座。

【食品药品安全宣传】 专门在《新锡山》简报上进行一问一答式科普宣传，积极组织参与全国医疗器械安全知识竞赛。加强食品药品安全科普宣传站建设，分别在社区、学校、集贸市场三个层面开设食品药品安全科普宣传站点，注重站点的代表性，做到合理分布、层次分明，各宣传站点基本保证固定的活动场所，设置科普宣传栏，张贴科普宣传资料，定期开展食品药品安全科普宣传活动，面对农村、面对公众普及食品药品安全知识，不断推进科普宣传工作的社会化、群众化和经常化。

【服务医药产业发展】 通过加强对接、上门服务、提供技术支持等形式，服务全区医药产业项目建设。利用自身优势，切实改进扶贫结对村的帮困工作，服务好安镇街道山河村药材基地产业工作，为药材基地的品种选择、技术人员、产品出路等提供全方位的服务，做好牵线搭桥工作，山河村的药材基地进展情况良好。 （何晓清）

海　关

【概况】 2014年，无锡海关驻锡山办事处认真贯彻落实党的十八大和十八届三中、四中全会精神以及两级海关关长会议和反腐倡廉工作会议精神，以“创新、深化、增效”为主基调，按照“四好”（把好国门、做好服务、防好风险、带好队伍）总体要求，紧紧围绕全年工作目标及“管精、管少、管好”的要求，切实履行把关服务的职能，凝心聚力，真抓实干，圆满完成各项任务，有力地促进了地方开放型经济平稳发展。无锡海关驻锡山办事处党支部被评为“无锡海关先进党支部”，综合科被评为“南京关区‘四好’达标先进基层科室”。

全年设立加工贸易合同715份，审批金额11.96亿美元；合同变更917份；核销电子化手册806份；内销征税1201笔，征税金额1.80亿元人民币；办理78种零星辅料927笔；外发加工28笔。全年办理内外资减免税项目备案53个，审批减免税货物征免税证明2508份，审批货值3.39亿美元，减免关税、增值税2.40亿元人民币；办理减免税设备贷款抵押6笔，货值1.03亿美元，贷款金额3.93亿元人民币；办理免税货物退运8笔；实现后续补税49笔，货值949万美元，补交关税和增值税合计15.4万元人民币；办理新企业注册948家，过期再注册企业163家，企业延期271家；电子口岸入网资格审查1428家；企业信息变更763家；报关人员备案162人，报关员实习备案11人，报关员注销56人，报关员延期44人；开通网上付税1家。完成专项稽查15起，检查发现问题13家，专项稽查有效率86%；常规稽查企业35家，验证稽查5家企业；加工贸易后续核查企业126家，减免税批量核查企业12家，发现违法违规线索29起，均移交缉私部门，涉案金额2.05亿元人民币。

【海关服务举措改进】 继续推广加工贸易转型升级措施，加大宣传力度、扩大受惠范围、优化作业流程、提高审批时效。深化加工贸易无纸化报核作业改革。以“简化手续，方便企业，夯实基础，统一标准”和风险防控为原则，顺应通关无纸化改革的发展，推进保税业务无纸化改革。落实和推广客户联络员制度。开展“破难题、促诚信、助发展”深入企业重点服务活动，加大政策法规宣传力度，组织各类政策宣讲、培训活动17起，对地铁、动物园免税项目及IT、船舶、太阳能产业开展“一对一”关务服务，帮助企业充分享受减免税等各类优惠政策。加强与地方党政有关部门的联系沟通，建立完善长效合作机制，及时掌握服务需求，提高服务针对性。

【企业自律管理试点开展】根据南京海关的部署，召开服务企业、诚信发展企业自律宣讲会，邀请辖区内42家高资信、大型生产企业的代表参加，会议集中宣传海关开展服务企业和企业自律试点工作的政策，提升企业强化内控的内在动力；结合专项稽查工作，对辖区内注塑行业30家单位召开企业自律宣讲会，全年收到企业自律自查报告10份，补缴税款18.6万元人民币。

【企业基本信息管理加强】对辖区内1656家“休眠企业”（2013年度无进出口实绩且报关有效期未超期的有效海关注册企业）开展巡查。通过邮寄挂号信的方式告知到每一家“休眠企业”，并对企业反馈的情况进行分析和整理，掌握企业“休眠”的原因和背景，有效发挥企业基本信息管理的基础性作用，进一步落实“由企及物”“由企及人”的风险管理理念，取得较好的效果。

【监管措施严密】强化月度监控机制，确保监管质量指标。加强税源分析，全面落实综合治税措施。强化企业自律，引导企业利用第三方中介力量加强对加工贸易货物及边角废料的管理。提高风险分析有效性，增强“选、查”联动性，深入推进“三查合一”（海关稽查、减免税核查和保税中后期核查统一归口管理）工作。全年提出保税中后期核查指令28个，经核查移交案件线索3起，案值157.62万美元。

（顾明琰）

编辑：钱惠芳

【锡山区非物质文化遗产】

传承人蒋建康（右一）向学徒讲解黄土塘西瓜种植技巧　（区文体局 供稿）

黄土塘西瓜种植技艺

黄土塘西瓜在宋代被普遍种植并名闻无锡县内外，有数百年历史。东港镇黄土塘村河渠纵横，水源充足，土质优良，其土壤速效含钾量比周边地区土壤含钾量高20%～30%，为种植黄土塘西瓜提供了得天独厚的有利条件。黄土塘西瓜“皮薄、瓤爽、鲜激、甜蜜、多汁”，口感爽、脆、甜、鲜。黄土塘村有50余个种植西瓜专业户，种植西瓜120公顷，一年种植春夏两季总产量7500吨。其中，蒋建康是家传第四代传人，也是该项目的市级传承人，每年种植西瓜2公顷。黄土塘西瓜种植技艺属传统技艺，于2010年被列入无锡市第二批非物质文化遗产保护项目名录。

1月7日，区统计局在锡兴路友谊桥悬挂第三次全国经济普查宣传横幅 （佘文烈 摄）

6月25日，区统计局帮助比彼西（无锡）绝缘子有限公司统计人员提高业务水平 （高 健摄）

4月25日，区物价局举行超市明码标价培训会 （叶亚芬 供稿）

5月1日，区物价局在锡山商贸城宣传价格法　（叶亚芬 供稿）

2月27日，省国土资源厅厅长李侃桢（左三）一行视察锡山国土分局"四全"服务大厅　（钱春杰 摄）

2月21日，区审计局征求事务所意见，共同提高固定资产投资审计质量　（徐　瑛摄）

3月27日，审计人员在东港镇黄土塘村查看群众体育设施建设维护情况 （徐 瑛摄）

6月16日，区安监局在馨和园广场开展安全生产现场宣传咨询活动 （袁 颖摄）

2月，锡山工商局通过媒体向社会公众宣传消费维权知识 （宗 岚摄）

3月26日，锡山工商局颁发企业登记制度改革后的首张外资企业营业执照

（宗　岚摄）

10月，锡山工商局、锡山公安分局、区文体局联合开展“黑网吧”专项整治

（宗　岚摄）

10月24日，副区长陈奕（左）检查零售药店文明创建情况　　（胡　巍 摄）

11月，东亭实验小学学生在阅读食品药品科普教育读本　　（顾婷婷 摄）

6月18日，区政协主席蒋群（左一）、无锡海关关长谢国柱（左二）出席无锡海关驻锡山办事处开关16周年纪念活动　　（顾明琰 摄）

11月27日，无锡海关驻锡山办事处党支部与红豆集团下属江苏通用科技股份有限公司开展“党员服务进社区、进企业”党团共建活动　　（顾明琰 摄）

财政·税务·金融

Finance,Taxation,Banking

4月29日，锡山地税局走进东亭实验小学开展税法宣传活动

（王黎佳 摄）

财 政

【概况】2014年是全面深化改革的元年，区财政局积极应对形势变化，聚焦财政改革发展，拓宽思维视野，深化财税改革，创新理财举措，重点围绕财源建设、收支平衡、管理改革、作风效能等方面扎实工作，为全区经济社会发展做出应有的贡献。2014年，全区完成公共财政预算收入60.55亿元，比上年增长10.61%，列全市第一位。其中，税收收入完成50.52亿元，比上年增长9.76%，列全市第二位；税收占比为83.44%，列全市第三位。

【支出结构优化】积极履行公共财政职能，优化财政支出结构，优先保障重点支出，促进社会民生事业发展。持续加大教育投入，全面落实教育经费保障政策，切实保障教育事业发展。继续加大医疗卫生投入，进一步深化医疗卫生体制改革，有效保障基层医疗机构运行等经费。进一步加大养老、扶贫、计生、就业创业扶持等投入力度。积极支持生态文明建设，做好农村环境综合整治、太湖水治理、村庄环境整治等资金的审核拨付工作。加大“三农”投入，在加强城乡发展一体化、农业现代化和农村水利重点项目资金保障的同时，进一步支持现代农业和经济薄弱村的发展。

【预算管理强化】认真落实中央“八项规定”和党政机关厉行节约反对浪费各项规定，着力构建厉行节约长效机制，贯彻落实因公临时出国经费、公务接待费、会议费、培训费、差旅费等管理办法，做到有章可循、有规可依、规范管理。进一步整合、完善、细化部门预算，调整压缩政府公务接待费、车辆购置及运行经费、会议费预算。严格按预算执行，强化预算执行刚性，做到有保有压。

【监督检查深化】制定《区财政资金安全管理内控制度》，进一步完善资金管理流程。加强和规范财政专户管理，开展对流转资金和银行存款余额的跟踪核对工作，查漏补缺。开展各类专项治理工作，做好执行中央“八项规定”、严肃财经纪律和“小金库”专项治理工作。开展对区居民最低生活保障金、被征地农民基本生活保障资金等民生资金的专项治理工作。严格执行各项政府采购管理规定，完善出台《锡山区政府采购管理暂行办法》等政策文件，加强政府采购管理，节约财政资金。严格按照国有资产管理规定，加强资产基础台账管理，实施国有资产信息化动态管理，组织区级行政事业单位国有资产专项检查，规范车辆、房产管理，部署事业单位及事业单位所办企业国有资产产权登记工作。加强国库集中支付管理，将52家国资企业纳入中心核算。

【债务管理加强】成立区政府性债务管理领导小组，强化领导小组职能，加强部门协调和沟通，出台《关于加强政府性债务管理的意见》，加强对地方政府性债务的审批、监督、管理和风险防控。创新政府投融资体制，加强平台公司管理，变更平台公司法人，推进平转实工作，初步构建区级未来融资基本架构。（王海青）

国 税

【概况】2014年，区国税局以贯彻落实党的十八届三中、四中全会精神为统领，紧密围绕区委、区政府关于建设富强美丽和谐幸福现代化新锡山的总要求，坚持以“服务科学发展、共建和谐税收”为主题，攻坚克难抓好收入，主动适应推进改革，严管善待强健队伍，为推动锡山经济社会实现转型升级发展做出积极贡献。2014年，全区国税系统组织各类国税收入55.2亿元，比上年增长8.62%，创历史最高水平。其中，入库国税直接收入43.8亿元，比上年增长11.21%。入库公共财政预算收入16.49亿元，比上年增长10.66%。三项税收核心指标增长率继续稳居全市前列。

【税收管理改革推进】制定落实税收管理改革实施方案，通过调整机构职能、岗位职责和人员配备，上线运行新业务流程系统，初步构建纳税服务“一体化”和风险管理“一条龙”的工作格局。设置专门纳税服务机构，实现对全区纳税服务人、财、物的集中统一管理；压缩办税服务延伸点职能，主要负责发票发售、发票代开、自助认证报税等便民服务；运行可视化管理系统，有效拓展和提升纳税服务管理半径和效率；前移、下放基础事项管理和审批职责至办税服务厅，切实提升办税服务效率。转变机关科室职能，以实体化形式开展情报管理和风险管理，转变基层分局职能，主要负责实施风险应对，全年采集358户纳税人生产要素信息，完成风险应对任务1090户次，取得应对成效1.66亿元，其中直接入库

1.34亿元，占国税直接收入的比重为3.06%；开展跟踪质疑62户次，占风险应对总户数的5.69%。

【非居民税收首度突破1亿元】针对非居民税收隐蔽性、流动性和时效性强的特点，借鉴运用信息管税、情报驱动、风险导向和专业化管理等工作理念，构筑基础数据、征管协作、分析预测、风险控制、管理服务“五位一体”的跨境税源防控体系，实现非居民税收管理从事后、静态管理向全程、动态管理的转变。同时，相继推出一系列方便快捷的非居民税收个性化服务，对享受协定待遇的非居民企业提供专人专业化政策支持，对涉及特殊重组等疑难问题的非居民企业提供专家团队现场辅导服务，对各项非居民税收业务事项加快审核审批进度。2014年，区国税局接收并整合企业服务贸易付汇信息2262条，入库非居民税收1.14亿元，比上年增长50.75%，首度突破1亿元大关。

【便民办税“春风行动”开展】推出延时服务、预约服务、“绿色通道”服务等便民举措，简并优化办税服务工作流程，将业务平均办理时间缩短至1.23天，比规定时限提速近90%。对符合条件的企业推出增值税专用发票“两简一提”服务，有效减少纳税人往返办税服务厅的次数，减幅在40%以上，近3000户纳税人受益。区国税局与邮政部门合作开通涉税文书邮政专递，将税务事项通知书、税收风险提醒函、税收证明证件等涉税文书，统一邮递送达，彻底改变一有涉税事项，税务干部下户跑或叫纳税人往返跑的状况。稳步推行代开发票、一般纳税人认定、行政许可、验旧发票等网上申请办理，代开发票网上申请率在95%以上，单票代开用时缩短5分钟左右。拓展24小时自助办税服务厅功能，月均报税300余户，认证发票4000余份，发售发票500余份，开具红字通知单300余份。

相关链接

两简一提：简化领用增值税发票手续实行一体化验旧，简并增值税一般纳税人增值税专用发票领用资料，提高增值税专用发票领用数量。

【“一本式”税务登记服务推出】针对纳税人办理税务登记时填写资料内容过多、重复以及花费时间较长等问题，推出新办单位纳税人“一本式”登记服务，对纳税人在税务登记过程中所需填写的资料表单进行合并和简化，从原来的“七张表”压缩成“一张表”，填写项目从原来的“填空式”变成“勾选式”。启用“一本式”登记后，纳税人填写资料花费时间从原来的40分钟左右，缩短至5分钟，办税效率明显提升。同时，对税务登记前后的一些高频涉税流程进行优化和提速，区行政服务中心的国税窗口直接集中受理一般纳税人认定、最大开票限额行政许可及票种认定等日常涉税事项，3个流程全部办好仅需4个工作日，与原来的30个工作日相比，时间大幅度缩短。

【税收优惠政策落实】针对出口企业办理退税15.98亿元，推动全区出口额在逆势下增长6.09%。对福利企业、资源综合利用、软件产品等企业办理增值税减免2274万元，比上年增长15.91%。对月销售额高于2万元、低于3万元的小微企业落实增值税免征，将小微企业所得税优惠政策扩大至核定征收企业，小微企业税收优惠受惠面提高至97.73%，3008户小微企业实现税收减免1345万元。对2408户小微、高新技术、过渡期税收优惠、研发费用加计扣除等企业兑现所得税优惠，占全区查账征收企业户数的36%，其中所得税税基减免5.59亿元，比上年增长49.72%，所得税直接减免1.6亿元，比上年增长39.78%；48户高新技术企业所得税直接减免1.48亿元，比上年增长13.38%；56户企业研发费用加计扣除1.25亿元，比上年增长13.64%。

【税收咨询服务立体平台搭建】开通“96888719”纳税服务咨询“特服号”呼叫平台，设置3个固定座席，集中负责全区纳税人的涉税咨询服务，全年接听电话7413户次，拨出589户次。开通便民办税微信公众平台，定期推送最新税收资讯、办税提示和政策解读等涉税服务信息，吸引695户纳税人添加关注，全年推送涉税信息31期、101条。加强税企短信平台应用，全年发送未申报提醒、未报税提醒、欠税提醒等涉税提醒短信63730条。成立税收咨询专家委员会，为“特服号”、微信公众平台以及纳税人的日常咨询、书面咨询提供支持，快速解决疑难复杂事项。

【涉税违法行为严厉打击】对房地产及建筑安装企业、电动车及配件行业、纺织服装行业、金属制品行业、钢材经销企业等进行“解剖式”专项检查，取得查补成效3664万元。对“12·3”“5·15”专案涉案企业开展行政指导，464户企业自查补税345.30万元。启动打击虚开发票“亮剑行动”，查结涉票违法案件36起，查处违法发票375份，涉及金额1450万元，查补收入570万元，移送公安机关31户。加大案件曝光力度，区国税局、锡山公安分局向辖区内纳税人发送税收风险警示提醒，走进红星美凯龙家居装饰城开展税法宣传，扩大案件查处的社会影响和教育作用。

【国税精神文明创建加强】 成立爱心志愿者团队，结对市儿童福利院，按月开展“萤火虫行动”，签约“脑瘫儿童教育康复陪护”义工项目。成立“心翼”爱心基金，结对安徽省金寨县全军乡小学，设立“心翼”爱心助学基地，首期捐赠阅览室桌椅价值1.28万元。组织发动“慈善一日捐”“人道万人捐”，筹集捐款4.82万元。组织参加锡山区机关第七届羽毛球比赛等活动，开展“冬至杯”趣味乒乓球交流赛等工会活动，开展“古镇美·迎五四”主题摄影活动，丰富了税务干部的业余生活。设立“善行义举榜”，参与“文明交通我先行”志愿服务活动，开展服务窗口文明迎检专项检查活动，为创建全国文明城市做贡献、添能量。

（王新锋）

地　税

【概况】 2014年，锡山地税局以组织收入为中心，以服务发展为宗旨，以争先创优为动力，围绕年初确定的工作主题和目标，群策群力，积极作为，各项工作取得新成效，为全年目标任务的完成奠定了坚实的基础。全年组织各项收入71.92亿元，比上年增长9.93%。其中，税收收入41.77亿元，比上年增长8.77%；非税收入30.15亿元，比上年增长11.57%。实现公共财政预算收入35.98亿元，比上年增长10.05%，公共财政预算收入增幅位列全市前列。社保费征缴入库25.31亿元，比上年增长12.20%。

【服务经济】 锡山地税局充分借助新闻媒体、互联网络、“12366”咨询热线、涉税信息月报等多种类、多层次载体，帮助纳税人了解、掌握税收优惠相关政策。进一步提升办税服务行政审批效率，积极兑现各项税收减免优惠。全年办理各类报批类、备案类营业税税收优惠56户次，减免税额927.65万元；落实营业额2万元以下的小微企业暂免征收营业税的政策，为651户次小微企业减免营业税45万元；减免各类个人所得税8户次，减免税额59.03万元；减免企业所得税税收优惠222户次，减免税额20651.60万元；减免房产税9户次，减免税款229.55万元；减免城镇土地使用税49户，减免税款471.71万元。积极与社保、残联、总工会等相关部门进行沟通协调，全面加强社保费、防洪保安资金、工会经费等非税收入管理工作，对存在的欠费实施分类管理，及时做好欠费清缴工作，年内清欠社保费2404.86万元。按照省地税局部署，推进税务、社保、财政三方实时联网工作，维护企业职工合法权益。全年征收社保费、防洪保安资金、工会经费21.86亿元。

【地税风险应对质量监控平台建成】 锡山地税局运用现代化技术手段切实完善“风险管理程控体系”建设，开发完成“锡山地税风险应对质量监控平台”，探索构建大数据税收情报系统，加强风险监控部门对风险应对过程的监督管理，全年对46户企业实施风险复审，整改文书48份，补缴税款143万元。该平台的开发得到无锡地税局领导的充分肯定，并在全市地税系统内推广应用。

【税务地理信息平台建设落实】 锡山地税局以“税务管理”模块为突破口，对接税政征管科的重大产业项目管理业务需求，积极落实税务地理信息平台建设，加强管户和税源的地理信息采集工作，完成“智慧地税”税务管理一期的开发，并率先在9个办税服务厅（点）全面上线运行“信息防泄漏平台”项目的子项目“虚拟桌面—云终端系统”，进一步提升特殊岗位信息防泄露的能力。

【纳税服务】 锡山地税局广泛开展便民办税“春风行动”，不断丰富服务内容，扩展服务内涵，使纳税服务效能得到充分提升。进一步推广应用24小时自助办税服务机，实现网上办税、实体办税、自助办税“三位一体”的办税服务新格局；编写《地税之窗》专刊，及时为人大代表、政协委员及辖区内的257户重点企业法人代表传递税收新政；成立锡山区首家“青少年税收实践基地”，为辖区内中小学师生提供社会实践场地，将税收宣传阵地延伸到校园；制定《无锡市锡山地方税务局办税服务窗口定期轮岗值班工作制度》，打响“二线服务一线”品牌，不断提升税务人员服务水平；规范纳税人维权组织建设，落实纳税服务回访制度，特聘10名“神秘客户”以第三方的客观视角，现场评估、跟踪检查地税部门服务质量，内外合力提升纳税服务水平。不断提高“纳税人学校”的开班频率，主动服务困难企业、新三板及拟上市等企业。成功举办小微企业优惠政策解释和辅导班、云林·荟聚新办企业专场培训班等12期；制作“新手网上办税操作指南”视频，加强新办企业办税辅导，切实解决“新手”的疑难问题。全面提高办税服务厅应对突发事件的处理能力，制定符合实际的办税服务厅应急预案，构建相关处置工作流程和分工协作体系，确保紧急情况下各类涉税事项的有序处理。

【依法行政】锡山地税局深入推进行政审批制度改革，进一步清理规范行政审批事项，建立行政审批权力清单制度，清理行政审批事项；开展基层法规督查业务巡讲，编制《税务行政处罚操作手册》，严格规范行政处罚工作，确保政策新规在辖区内落实到位；邀请纳税人代表、行业协会领导、辖区内政府代表，开展税务行政指导，通过发放宣传资料、拍摄法治微电影、送达制式文书等手段帮助纳税人熟悉税收法律法规，提高办税能力，有效预防税收违法行为的发生；加强内部协作和外部沟通，对欠税单位尝试施行税务行政强制手段，不断提升税法震慑力；落实与区法院的执行工作联动机制，防范房地产拍卖、变卖案件中税款流失的风险。建立执法督察事前、事中、事后全程监控闭环管理机制，选取区纳税服务局作为试点单位尝试兼职内审员机制，全年内审发票资料725份、行政处罚文书41份，发现并整改问题45份次。推进法治税务示范基地建设，选拔、推荐优秀税务干部参加全市地税系统首批执法标兵、年度执法能手等先进评选，营造良好的税收法治氛围；组织协调由无锡地税局、无锡市总工会联合举办的“精彩税月·与法同行”税收法制技能竞赛，锡山地税局分别获得个人第一名和团队第二名的好成绩。锡山地税局、锡山区国税局、锡山公安分局联合对辖区内房产开发、建筑安装、交通运输、货运代理等企业的发票违法犯罪开展宣传、调查，积极配合区外部门开展发票违法犯罪协查取证，以集中辅导、到户单独辅导及稽查约谈等形式组织开展类型多样、形式多样的稽查自查，实施举报案件分类管理，提高举报案件查办效率和风险化解能力。2014年，区稽查局受理市稽查局转办涉税检举案件5件，完成25户高等风险应对工作，查补入库税款757万元；对33户企业组织自查，入库税款3450万元。

【地税队伍建设】锡山地税局坚持把以人为本作为全局工作的着眼点，最大限度地激发每一名干部职工的积极性和创造性，促进干部安全履职。积极开展与税收改革发展相结合、与基层干部需求相适应的教育培训工作。完善绩效指标和考评办法，并出台《锡山地税局管理之星、服务之星、应对之星“三星”管理奖励办法》，按季度、年度对优秀干部进行奖励，鼓励干部干事创业的热情，有84人次被评为季度之星。1名地税干部被市妇联评为“无锡市巾帼建功标兵”，1名地税干部获“无锡市五一劳动奖章”。举办“走群众路线·扬身边典型”专场道德讲堂，广泛开展“三访、三听、三思”（访地方政府，听助力经济发展良策，思履职能力；访基层干部，听关怀干部发展良愿，思机关作风；访纳税企业，听优化企业发展良方，思服务水平）系列走访活动，将党的群众路线教育实践活动与日常工作安排统筹谋划，围绕“转作风、提能力、优形象”强化队伍管理，使党的群众路线教育实践活动在锡山地税局落地生根。党的群众路线教育实践活动期间，班子成员下基层调研9次，召开3场干部专题座谈会，征求意见25条，制作并发放“微语·心愿”意见征集卡307份，党员干部上报心得135篇，有效促进了队伍作风转变。锡山地税局“蓝翼”志愿服务队被市文明办评为“2013年度无锡市志愿服务活动十大杰出先进集体”，并荣获“江苏省优秀志愿服务组织”称号。

（王黎佳）

金 融

【概况】2014年，锡山区围绕年度工作目标以及市政府下达的各项金融工作任务，不断加强各项金融服务，不断提升经济社会良好发展的金融环境，锡山区金融市场保持稳健发展态势，驻区各银行信贷业务保持平稳增长，新型农村金融组织发展稳健。12月末，全区各项存款余额797.6亿元，比年初增加103亿元，增长14.7%；各项贷款余额704.4亿元，比年初增加90.7亿元，增长14.8%。7家农村小额贷款公司自开业后累计为2533个客户投放贷款5960笔、180亿元，其中小微企业客户667户；在贷客户670

户，贷款余额17.3亿元，其中小微企业196户。全区农村小额贷款公司向银行及股东融资8000万元，占注册资本金的5.7%；平均年利率13.79%。2014年，农村小额贷款公司实现营业收入1.37亿元，上缴税收1462万元。

【政银企合作对接推进】9月，全区组织举办小微企业金融服务宣传暨政银企融资项目签约大会，24家银行与193家企业成功对接，授信意向额度14.26亿元，现场24个融资项目集中签约金额2.23亿元。为了给银行、企业提供更好的服务，为搭建银企合作信息合作平台，11月，锡山区金融超市启动仪式在锡州花园酒店举办，现场350家企业在金融超市里积极咨询信贷情况。

【农村小额贷款公司监管加强】加强农村小额贷款公司的规范经营，对农村小额贷款公司3个“70%”（500万元以下的小额贷款占比、3个月以上的中长期贷款占比、涉农贷款占比均在70%以上）的监管跟踪，以及对股东借款、股东变更、超300万元大额贷款等做好上报申请和备案。做好税务部门3个“70%”的备案、三年营业期满后延期申请、财政补贴落实协调等各项协调工作。

【金融机构服务水平提升】做好锡山建信村镇银行的各项工作。针对村镇银行内部股东、股权调整，做好与无锡银监局、发起行、股东及董事会的协调工作，并根据村镇银行领导自身经营特点提出工作思路，积极做好与区委农办、区农林局的协调服务。做好商业银行在锡山新设支行的各项对接服务。加强与民生银行锡山支行、南京银行锡山支行、恒丰银行无锡锡山支行、宁波银行无锡锡山支行的沟通，及时纳入区金融统计范畴。积极向区金融机构提供区重大项目投资、上市后备等信息。

【金融风险预警处置加强】为继续优化锡山区良好的金融发展环境、经济发展环境、社会发展环境，完善锡山区金融风险监测预警、企业信贷突发事件处置、民间金融风险防范和处置工作，10月21日，出台《关于创建锡山金融生态区的实施意见》。加强与市金融办公室、人民银行、银监等部门的沟通，对辖区内的东方钢材城、无锡龙升幕墙有限公司的信贷危机加强协调，使各银行做到同进同退，维持信贷规模。加强网络舆情的关注，跟踪了解网上反映的银行与担保企业联合骗取商户贷的情况，加强与相关银行的衔接，督促银行后续处理结果。

【新金融组织党建推进】根据无锡市新金融组织党建工作的要求，新金融组织锡山支部参加无锡市新金融组织委员会第一次全体党员大会。会上，中共无锡市新金融组织委员会成立及第一届党委领导班子选举产生，对新金融组织党建工作的开展进行积极的讨论并提出新的建议。

【企业债券业务培训加强】为加强企业债券知识的宣传推广，锡山区抓住市发展和改革委员会举办企业债券业务培训的契机，积极排查企业发债意向，成功召集红豆集团、江苏晶石科技集团有限公司等9家企业负责人以及3家城投公司负责人参加全市企业债券发行的培训活动，为下一阶段全区企业债券发行的推进奠定了良好的基础。

（邹宁倩）

编辑：钱惠芳

7月11日，区财政局工作人员解读“三公”等经费管理办法
（王海青 摄）

9月12日，区政府召开“小金库”专项治理工作会议
（王海青 摄）

3月14日，区国税局志愿者首次以福利院签约义工身份走进市儿童福利院开展志愿活动　（尤波健 摄）

5月14日，区国税局开通市国税系统首个便民办税微信订阅号
（尤波健 摄）

9月26日，区国税局“梦之队”青年走进八士敬老院看望孤寡老人
（尤波健 摄）

6月5日，锡山地税局税务干部走进宜家家居进行税法宣传
（尤维新 摄）

10月31日，锡山地税局税务干部走进小微企业了解生产经营情况 （尤维新 摄）

9月26日，各金融机构产品展示 （邹宁倩 供稿）

9月26日，锡山区小微企业金融服务宣传暨政银企融资项目签约大会召开

（邹宁倩 供稿）

11月11日，锡山区金融超市启动仪式举行 （邹宁倩 供稿）

城镇建设和管理

Urban Construction and
Management,Environmental Protection

无锡市荡口实验小学　　（张　露供稿）

城乡规划

【概况】2014年，锡山规划工作紧紧围绕加快建设富强美丽和谐幸福现代化新锡山的奋斗目标，紧扣主题主线，突出提质增效，全面抓好各项工作落实，推动全区经济社会又好又快发展。

【规划编制】全面推进城乡统筹和新型城镇化，全力加快专项规划深层覆盖。在编制完成东港镇和锡北镇城乡统筹规划的基础上，编制完成《〈东港—锡北（张泾）新市镇控制性详细规划〉实施评估报告》（市政府批准）和《东港—锡北（张泾）新市镇控制性详细规划（修编）》方案，对全区镇村布局规划和锡山主城区八士地区布局进行优化。围绕镇村布局规划修编，广泛组织和开展从规划部门到相关部门、从职能部门到基层板块、从区主要领导参与的自上而下到广大农村居民参与的自下而上的农村农业规划建设的战略和政策专题研究，为2015年优质高效地完成区、镇（街道）、村（社区）布局规划优化工作和绘就未来锡山最美乡村蓝图奠定扎实的基础。积极开展全区资源开发专题研究，对经营性用地和生产性用地进行调查、梳理；从选址研究和现状周边调查着手，为下一步锡东能源环保电厂的正常运行提供技术准备和理论支撑。围绕鹅湖滨水地区8个地块的收储和荡口古镇的统筹发展，全面做好6个管理单元的控规动态维护工作，同时积极做好控制性详细规划2014年度汇编工作。加速推进荡口古镇保护性修复工程，积极推进《荡口古镇历史文化街区保护规划》的修编以及荡口古镇一期工程协议出让地块的编制。全面推进燃气、热力专项规划。结合全区2014年度278个10吨以下小型燃煤锅炉的整治及能源消费结构的优化，专题编制《锡山区燃气专项规划》《锡山区热力专项规划》。

【规划实施】全力破解瓶颈制约，全面推行容缺预审、超前直通车、联合竣工验收等制度，确保项目建设推进，全年办结各类项目350件。围绕深化行政审批制度改革，全面梳理业务指南，制定规划核实服务前移工作的实施方案、规划服务及行政许可事项说明、行政审批服务改革工作情况汇报等一系列文件，积极推进锡山区在全市率先实行的“并联审批”制度。不断优化服务举措，全面推行建设用地规划许可证“零周期”审批、换证制度，重大项目设计方案审查前置容缺、先行公示等制度，通过分类管理、全程跟踪、菜单服务，全力确保绿地等重大城市综合体，以及红豆城市广场等重大经营性项目提速推进。在全区重大产业项目建设联席会议上，没有一项因为规划而影响推进。与区相关部门进行定期对接，针对超1亿元产业项目建设计划库、上市后备企业库等确定的重点产业项目，按照不同建设阶段分类做好规划指导和服务，确保联东U谷、湖光广电等项目加速推进。大力推进东璟家园等民生工程；配合区政府对全区安置房小区配套商业用房进行全面梳理。

【规划监督】进一步加强与相关部门、各镇（街道）的沟通对接，妥善处理高效服务和监督管理之间的关系，最大程度确保两者有机统一，为经济发展保驾护航。深入基层，开展5次规划宣传活动。主动向区人大、区政协汇报锡山在积极推进规划编制、加强规划服务等方面所做的工作，并认真听取服务对象对规划工作的意见和建议，得到社会各界的肯定。全年办理行政复议1件、行政诉讼2件，无一件规划行政许可被撤销，确保了全区社会稳定、拆迁安置、地块开发等方面工作有序推进，得到各界的充分认同和较好评价。继续强化在建房地产项目的规范建设，对全区所有在建房地产项目的沙盘、宣传资料进行清查，对商品房项目在布局、建筑、配套、停车、景观等方面进行监管，从源头避免各类违章的发生，杜绝产生历史遗留问题，确保建设项目的顺利推进。积极应对土地专项审计，检查组抽检的春星地块、晶石国际、龙湖易买得西地块三个项目，规划所有程序合法、依据充分，未接到审计组反馈的任何问题。全力推进维稳工作，针对嘉陵荡物流、龙湖易买得西地块等可能引起社会矛盾和社会不稳定因素的项目，积极应对，出谋划策，制定解决问题的具体路径，确保项目稳步、顺利推进。完成省住房和城乡建设厅44个遥感影像图斑检查和清理自查工作。（陶　玲）

城市建设

【概况】2014年，区重点办不断解放思想，开拓创新，以科学发展观统领全局，紧紧团结依靠全区人民，发扬自力更生的拼搏精神、实事求是的科学态度、脚踏实地的工作作风，高起点规划、高标准建设、高效能管理，紧紧围绕建设

“精品、景观、样板”工程目标，全力推进市政道路及公共建设设施等重点工程的建设，各项重点工程建设按照既定目标稳步推进。道路工程建设成果斐然，完成泉山大道新建工程、会通路新建工程；公共建设设施建设推陈出新，完成荡口实验小学新建工程、锡山中等专业学校扩建加固工程、天一中学运动场地及中央广场铺装改造工程。

【泉山大道新建工程】 泉山大道（锡港公路—锡虞路）新建工程位于锡山区东北侧、规划的东港锡北组团南侧，道路呈南北走向，沟通锡北片区和安镇—羊尖片区，是片区沟通的一条交通要道，也是沟通锡北运河两岸的重要通道。该路起点位于锡港公路，向南延伸与规划泾达南路、规划锡太高速公路、新光路相交后，终于锡虞路。路线全长3.365公里，路面宽30～40米，设计时速每小时50公里。全线设置桥梁2座，分别为锡北运河大桥和南新河桥，其中锡北运河大桥为17孔特大桥。

【会通路新建工程】 会通路（延祥路—规划二路）是锡山总规划路网中的重要组成部分，位于鹅湖镇中部，是鹅湖镇内部一条东西向的城市主干道。会通路新建工程起点位于延祥路，向东延伸，终于规划二路。路线全长3.17公里，道路等级为城市主干路，设计车速每小时50公里，路面宽30米。该道路的建成对完善区域路网、改善周边居民交通条件及出行环境具有重要意义。

【荡口实验小学新建工程】 荡口实验小学位于鹅湖镇，会通路北，尚书路西。该项目建筑安装工程费约7000万元，于2013年3月开工建设，于2014年8月底全面竣工并交付学校投入使用。按国家中小学建设标准，定为10轨60个班级，总用地面积5.18公顷。建设完成3幢四层教学楼、1幢四层实验综合楼、1幢三层行政楼、1幢三层体育馆兼食堂等，总建筑面积24119.44平方米，建筑密度17.05%，容积率0.47，绿地率37%。项目包括实施建设300米跑道田径场、室外两片篮球场、室内一片篮球场（体育馆内）和四片排球场，配套建设道路交通、给排水、室内装饰及安装工程，供电、弱电、燃气、消防、信息等综合管线工程，校区外环境工程及广场、停车场、体育场看台等设施。

【锡山中等专业学校扩建加固工程】 锡山中等专业学校扩建加固工程位于东北塘街道东政路，由机电教学楼、生活用房新建，连廊拆除改造和振华楼加固等组成。其中，机电教学楼3层，高度13米；生活用房2层，高度10.2米；连廊4层，高度15米；总建筑面积6371平方米。工程设计年限50年，建筑工程等级二级，建筑及耐火等级二级，屋面防水等级二级。该工程的实施促使学校布局更加合理，条件更加优良，功能更加完善。

【天一中学运动场地及中央广场铺装改造工程】 天一中学运动场地改造内容为清除原田径运动塑胶场地8534.72平方米并重新铺设，铲除原有人造草坪7140平方米并重新铺设。中央广场铺装改造主要内容为破碎清除原中央广场砖地面14479平方米，重新铺装花岗岩地面。该改造工程的完成进一步完善了学校体育设施，起到了促进体育教育和美化校园环境的作用。（张　露）

村镇建设

【概况】 2014年，锡北镇周家阁村和东港镇东升村两个村庄规划建设省级示范村创建工作顺利开展。全年完成135台微动力设备养护招标；强化对微动力设备的养护监管，养护单位进行技术改造，完成300台微动力的远程监控设备加装工作；建立区、镇（街道）两级百分制量化考核制度，同时将环保部门水质监测情况作为重要考核指标，考核结果与养护经费结算直接挂钩；根据环保部门的抽样检测，移交养护的微动力设备运行情况良好。

【拆迁安置】 在拆迁工作宏观形势受阻的前提下，把着力点放在清点扫尾、国土征收和司法强拆三项节点工作上，全年完成拆迁项目26个、面积32.54万平方米，其中住宅11.75万平方米，非住宅20.79万平方米。区政府将全区2014年拆迁任务中的39个结转项目（881户、面积37.07万平方米）作为拆迁清点工作目标任务，全年完成签约414户，完成拆除336户，清点地块15个。2014年，全区安置房施工面积174.63万平方米，竣工面积116.98万平方米，交付安置9345套。全面完成4个清理规范续建项目、24个新竣工项目的初始登记工作，完成2013年年底新竣工的5个项目中2个项目的初始登记。2014

年，累计安置过渡户2697户，其中全过渡1716户，半过渡981户；全区除东亭街道和安镇街道2个板块因定向安置的441户外，其余7个板块均完成拆迁安置“零过渡”目标。形成《关于锡山区安置房试点小区办证工作》的调研报告，通过安置资格审核2194户、3494套，审核面积41.3万平方米。

2014年锡山区自然村撤并整治情况一览

表8

所在地	撤并自然村（个）	占地面积（公顷）	搬迁户数（户）
东亭街道	—	—	—
安镇街道	8	12.30	263
羊尖镇	—	—	—
鹅湖镇	—	—	—
东北塘街道	—	—	—
锡北镇	—	—	—
东港镇	4	33.88	114
云林街道	1	0.68	75
厚桥街道	—	—	—
合计	13	46.86	452

2014年锡山区房屋拆迁情况一览

表9

所在地	拆除住宅（万平方米）	拆除非住宅（万平方米）	总面积（万平方米）
开发区	0.13	0.48	0.61
东亭街道	2.55	—	2.55
安镇街道（商务区）	3.54	10.97	14.51
羊尖镇	—	0.30	0.30
鹅湖镇	0.35	0.66	1.01
东北塘街道	2.16	5.28	7.44
锡北镇	—	—	—
东港镇	3.02	3.10	6.12
合计	11.75	20.79	32.54

2014年锡山区安置房建设情况一览

表10

所在地	施工面积（万平方米）	竣工面积（万平方米）
开发区	32.90	32.90
东亭街道	25.85	—
商务区（安镇街道）	52.46	40.36
羊尖镇	11.13	11.13
鹅湖镇	19.70	—
东北塘街道	17.46	17.46
锡北镇	—	—
东港镇	15.13	15.13
合计	174.63	116.98

2014年锡山区房产开发项目综合验收备案一览

表11

名称	竣工面积（万平方米）
融科·金瑚湾世家B区	11.00
华夏·世纪锦园南区	25.12
长泰国际社区B地块二期3号、4号、5号、S4号及二期地下室	8.02
绿地·东望景苑A3一期（1号至49号）及地下室	7.79
泾和苑一期1号、2号、4号、5号、7号、8号、商业3号、商业4号	2.41
世纪嘉城四期14号、29号、30号、31号	1.86
江苏机电五金城1G号至1J号、2A号至2K号、3A号至3D号	7.92
泾和苑二期3号、6号、9号至12号、商业1号、商业2号	7.19
九里香醍一组团43号至70号	4.60
明瑞花园二期4号至8号及地下室	3.20
红豆财富广场1号	0.29

续表11

名称	竣工面积（万平方米）
金东商业街	3.75
金锡商业办公房	1.30
华夏凯旋大厦	5.24
赛维拉假日花园19号	0.40
天富商业楼	1.37
锦沪花园8号、9号	1.89
英特宜家购物中心	22.63
轻纺城皮革馆	5.56
红豆财富广场2号	2.67
绿景雅苑C区1号至4号房、地下室	8.24
泓郡华府一期Y1号至Y13号、B1号至B6号、S2号、S3号、P1号、P5号、P7号、M1号、M2号、DXS（大地库）	11.32
东方天郡二期A1区G21号、G22号、G23号、S1号、S2号及A1号地下室	6.88
悦诚源筑A地块一期地下车库、B地块一期地下车库	3.02

【污水处理设施建设】 强化排水达标区管理，对完成创建的达标区进行“回头看”。配合区政府采购中心对16个泵站进行升级改造及安装监控系统。组织对安镇、鹅湖污水处理厂二期扩容工程进行前期工作论证并办理相关前期手续，编制完成项目建议书。有序开展排水管理工作。贯彻落实《无锡市排水管理条例》，建立排水许可服务前移机制，加大排水宣传力度，发放各类宣传资料2万份，办理排水方案审查10件。9月初，对全区重点排污企业进行专项执法检查。

（徐　凤）

建筑业

【概况】 全区有建筑施工企业104家。其中，一级企业8家、二级企业21家、三级企业69家，劳务企业6家。房产开发企业55家，其中一级企业2家、二级（暂二级）企业43家、三级（暂三级）企业10家。全年新开工建筑面积514.72万平方米，办理施工许可证113份，按期办结率和群众满意率均为100%。

【工程质量稳步提高】 狠抓住宅工程质量监管，开展住宅工程质量通病防治，严格执行住宅工程分户验收制度和商品住宅工程交楼标准样板房制度，认真做好对建筑节能“六个专项制度”（专项设计、专项审查、专项施工、专项监理、专项质量监督和专项验收制度）落实情况的监督。全年发出局部停工通知书11份、工程质量整改通知书116份，处理质量投诉23起。检测中心完成检测97255项，检出不合格2810项，全年质监覆盖率98%。调动建设单位、施工单位创优积极性，全区创建成市级优质结构工程14个，市“太湖杯”优质工程10个，从而带动了全区工程质量的提高。

【建筑安全管理到位】全年有在建项目142项，建筑面积899万平方米。通过开展建设工程节后复工安全生产大检查、建筑工地扬尘集中整治“双百日”行动、建筑安全和文明施工专项整治、“六打六治”打非治违专项行动等，全年检查工地639个次，发出整改通知单407张，排查隐患1298条，整改1253条，整改率96.53%，对69项违法违规行为进行立案处罚。开展形式多样的安全生产宣传教育活动，6月16日，在馨和园广场开展以“强化红线意识、促进安全发展”为主题的安全生产知识宣传活动。对安全监督备案审批手续进行梳理和简化，提升了服务效能。

【招投标管理严格规范】扎实做好招投标的日常监督管理工作，规范招投标行为，深化政务公开，认真落实市招投标办公室规定，对中小型项目均实行资格后审，保证招投标的公正公平。严格代理机构及评委的管理。2014年，完成招标项目152个，金额51.29亿元，全区招标项目进场交易率和公开招标率均为100%。招标代理机构比选项目72个，造价咨询机构比选项目111个。

【城建档案管理不断发展】全年签订“档案报送责任书”97份，审核、接收建设单位工程档案120个，建筑面积576.73万平方米，接待查档185人次。全面展开工程档案数字化管理工作，完成107个工程、5075卷档案的编审、整理、组卷工作，摸清2014年前原有库存档案资料的底数，形成初步的数字化方案。锡山区城建档案累计4.65万卷。 （徐　凤）

房地产业

【概况】2014年，锡山区核准商品房面积201.77万平方米，实现商品房销售98.64万平方米，比上年增长14.85%，成交金额71.58亿元，比上年增长16.72%。锡山区二手房累计成交16.74万平方米（不含集体土地上各类房产及厂房），成交金额9.13亿元。锡山区在建商品房项目63个，建筑规模1401.19万平方米；2014年商品房施工面积199.34万平方米（新开工面积109.48万平方米）。其中，56个商品房项目在建在售，建筑规模1347.12万平方米，核准预售面积602.85万平方米，已售商品房面积292.84万平方米，销售率48.58%。2014年，锡山区竣工在售项目39个，建设规模416.67万平方米，核准销售面积348.84万平方米，已售商品房面积310.19万平方米，销售率88.92%。其中，累计竣工在售住宅小区31个，建设规模334.57万平方米，已售商品住宅266.24万平方米。 （曹　瑛　周征骁）

【房地产市场管理】全年核发商品房预（销）售许可证46张，核准预售面积157.67万平方米，行政许可项目全部实现网上运行审批。加强对违规群租的宣传和管理，查处违规群租事件18起。对全区房地产项目的进展情况进行实时跟踪，形成全区房地产市场月度简报及季度分析报告。 （曹　瑛）

【房产管理】2014年，开展雨季前的专项检查和维修工作85起，加强房屋安全的预测、预警，汛期落实防汛防台安全管理措施，发现隐患及时维修，做到“零容忍”，保障了公房使用安全。

【住房保障】指导各板块采用配建、租赁、收购原有存量住房三种方式，开展保障性住房房源筹集工作，全年落实公租房（廉租房）252套。新受理租赁补贴2户、实物配租1户、经济适用住房15户，新增租赁补贴发放对象2户，累计租赁补贴保障对象43户、75人，发放补贴14.32万元。 （冯志钢）

【物业管理】调处信访投诉224起，答复率100%。全年归集住宅维修资金4882.17万元，提取维修资金233.88万元。组织34人参加项目经理培训班，组织114人参加从业人员岗位培训活动，均培训合格。对东璟家园一期、怡东雅苑等14个新建商品房项目进行前期物业备案及公示，对长泰国际社区、东望景苑等14个项目进行物业验收备案。 （张振兴）

【房管社会服务】房管“122”救助服务指挥平台坚持24小时轮流值班制度，全年完成抢修服务143次，抢修及时率、回访率、满意率均为100%。通过开展“学雷锋、送服务”“助残帮困”等活动，组织抢修人员进小区开展义务便民服务，累计服务18次，受到社会的一致好评。全年完成白蚁防治施工面积302万平方米，为384户居民提供白蚁灭治服务，完成测绘面积800万平方米。对桑达园二期等13个老新村进行整治改造，总计建筑面积14.26万平方米。 （周征骁）

城市管理

【概况】2014年，锡山城管部门紧紧围绕全区中心工作和全年目标任务，推进区、镇（街道）两级统筹发展，强化行业管理指导，狠抓行政执法工作，圆满完成年度各项目标任务，营造整洁有序的城市环境，推进全区城市管理跨上新台阶，为全区经济社会发展提供良好的环境保障。

【推进城乡管理一体化】推进全区网格化城市管理工作。研究制定《关于进一步加强全区网格化城市管理工作的实施意见》和《锡山区村庄环境长效管理实施意见》，各镇（街道）以行政村为单位，合理确定划分网格单元，建立镇（街道）、村（社区）城市管理监督指挥平台，加强绿化养护、河道保洁、市政维护和违建巡管员队伍建设，完善网格化城市管理和村庄环境长效管理工作机制，城市管理网络全面有效覆盖，村庄环境管理长效水平得到有效提升。加强行业指导。围绕“标准一体、对象一体、全区一体”的管理目标，制定《关于加强锡山区公共厕所建设与管理工作的实施意见》《锡山区公园广场管理工作考核意见》《关于进一步加强全区绿化管理工作的实施意见》等文件，进一步强化全区城管行业工作指导，全面促进全区“公共厕所、公园广场、公共绿地”三大公共项目管理水平。进一步加强日常监管考核。对照《2014年无锡市城市管理工作绩效考评意见》要求，指导督促各镇（街道）做好暗查考评和问题整改工作。全面抓好市级市容信息监管平台和区数字城管平台运行管理，加大整改力度，2014年，两大平台接收案件29667件，处置办结28964件，办结率97.6%。

【环境综合整治】按照省市“九整治、三规范、一提升”城市环境综合整治和2014年度城市管理目标任务，全面完成2014年度1处城郊结合部、4条背街小巷、3处停车设施新建和户外广告整治任务。组织开展省级示范项目创建工作，全面推进新明中路江苏省城市管理示范路、东亭街道映月社区和庄桥社区江苏省城市管理示范社区创建。完成市级下达的春风路、鑫安路、锡东大道3条道路和东亭府北路、安镇农贸西街、东北塘老街、云林仓下中学南路4条背街小巷长效管理任务。在全区开展8条区级示范道路创建工作，打造一批示范典型，为全面提升城管工作水平提供样板和经验。

相关链接

九整治、三规范、一提升：集中整治城郊结合部、城中村、棚户区、老旧小区、背街小巷、城市河道、低洼易淹易涝片区、建设工地、农贸市场九类环境薄弱区域脏乱差和设施不配套等问题，规范管理占道经营、车辆停放、户外广告三类城市秩序问题，大力提升城市长效管理水平。

【市容秩序管理】以镇（街道）集镇区、主干道、主要场所为重点，大力开展21个市容热点、难点攻坚整治行动，市容秩序“三清”（清除白色垃圾、建筑垃圾、卫生死角）、“三复”（复明、复健、复靓）等整治行动，突出加强显见性违章治理，全年查处无证摊贩、占道经营2393起，查处道板违停21909起，实施“三乱”（乱张贴、乱刻画、乱涂改）小广告停机处理560起。按照全市建筑工地扬尘集中整治“双百日”行动的要求，加大对建筑工地路面硬化、保洁人员和冲洗设备配备情况的执法检查力度，加强对建筑垃圾运输车辆运输线路、出土点和消纳点“两点一线”的全程监控，全年查处渣土运输车辆违章行为349起。

【户外广告管理】抓好全区户外广告设施规划的编制，区城管局、市规划设计研究院进一步完善全区户外广告规划方案修订及详规编制。为全面规范各镇（街道）店招标牌的管理工作，制定出台《关于加强全区店招标牌管理工作的指导意见》，对全区店招标牌的管理标准、流程及要求进行全面规范。组织开展国省干道等道路沿线广告设施整治、全区店招标牌“三复”行动，全年拆除大型高炮广告9处，排查、修复各类问题店招标牌649处，清理规范店外经营（堆放）、灯笼、横幅1740个。

【违法建设整治】研究制定《关于进一步加强违法建设整治工作的补充意见》，进一步明晰属地政府和基层组织的职责，建立健全区、镇（街道）、村（社区）三级组织领导和巡查防控网络。定期召开违法建设研讨会，对重点、难点违法建设案件进行会商研究，及时查处各类违法建设行为，指导各镇（街道）统一规范镇（街道）、村（社区）两级违法建设巡查和处置工作台账，推进违法建设防治工作规范化、制度化、长效化。2014年，全区拆除违法建设497处，面积6.7万平方米。

【依法行政】进一步规范行政执法自由裁量标准和处罚流程，实行镇（街道）城市管理工作绩效考核管理，创新店外经营非现场非对抗执法模式，偷倒建筑垃圾GPS定位+治安监控取证模式，提高办案水平和质量。2014年，完成一般程序案件4090起，罚款金额398.7万元，行政复议4起、诉讼3起，无复议变更或败诉。对照《无锡市向市（县）区下放行政审批事项目录》，先后完成市级委托和下放的14个审批项目的静态信息录入、审核工作，全年办理行政许可事项283件。（华伟新）

公用事业

【环境卫生管理】结合全国文明城市创建工作，组织开展全区环境卫生“三清”等整治行动，加强“白色垃圾、建筑垃圾、卫生死角”清理整治，加强环卫设施更新改造，全年清理白色垃圾1350处、建筑垃圾6650吨、卫生死角790处，更新、维修、擦洗垃圾收集容器2.5万个，有效改善了全区城乡环境卫生面貌。加强对全区生活垃圾“四集中”（村、社区集中收集，镇、街道集中清运，区集中转运，市集中处理）收运管理的指导、督查，组织开展全区9个镇（街道）生活垃圾中转站专项督查，加强全区中转站进站垃圾监管，提高中转站管理运行质量，巩固和提高全区生活垃圾“四集中”收运管理体系。2014年，全区清运生活垃圾24.45万吨，比上年增加1.5万吨，增长6.5%，生活垃圾收集率、清运率和处理率保持100%。

【公用设施管理】按照文明城市创建要求和行业管理特性，组织开展市政设施“三清四整”（清通雨水管网、清理非法广告、清除废弃设施，整修市政道路、道路照明、交通设施、停车泊位）和城市桥梁“护桥保安”整治行动。2014年，修补沥青路面1.85万平方米，完成沥青路面道路灌缝2800米，修补人行道板3000平方米、路侧石500米；疏通雨水管网6.6万米，清掏雨水收集井4500座，修复抬高雨水检查井盖56套；漆划交通标线2万平方米，安装物理隔离桩200根；校正路灯杆365套、更换电缆线2155米。加强新建夜景亮化的监管和审核，区城管局、区重点办做好城区“三纵三横”（华夏路、东亭路、友谊路，新明路、二泉路、学前东路）楼宇亮化的维护工作。划定53座城市桥梁安全保护区，设置桥梁限载标牌26套；完成新接管锡宁路跨线桥、友谊路长征桥结构性安全检测，及时进行维修加固，消除安全隐患；清理东亭路跨线桥、兴塘大桥等桥洞非法占用1000平方米。完善便民设施配套，新增、调整非机动车停放架255米，优化、调整、新增公共停车泊位458个。

【园林绿化管理】建立养护单位养护计划月报制度，实行城管部门日常巡查和养护单位相互检查的养护巡查管理模式，提高督办整改效率。定期组织召开养护例会、养护经理座谈会、养护工作现场指导观摩会等，举办绿化工人安全教育和安全培训班，交流经验、查找不足，全面提高行业养护管理水平。完成全国文明城市创建绿化保障、绿地整治工作，完成东廊路绿化整治工程和春秋两季绿化补植工程，全年种植乔木、灌木4792株，种植草花、色块等132万平方米。做好附属绿化工程方案会审和竣工验收工作，全年审核绿化设计方案25个，完成竣工验收项目12个。

（华伟新）

编辑：钱惠芳

12月3日，锡山规划分局在万达广场宣传规划知识 （陶 玲 摄）

锡山中等专业学校 （张 露 供稿）

无锡市荡口实验小学 （张 露 供稿）

锡北镇斗山村陆家水渠（蔡家塘）生活污水处理站

（徐　凤供稿）

水岸佳苑C区　（徐　凤供稿）

宛山湖花苑一期　（徐　凤供稿）

3月5日，房管“122”服务小队在东亭街道开展送服务上门活动　　（区住保房管局 供稿）

10月，区城管局发布锡山区公共自行车网点规划图
（李　琳 供稿）

环境保护·水利

Environmental Protection,
Water Conservancy

风景如画的宛山荡湿地公园　　（区水利局 供稿）

环境保护

【概况】2014年，全区环境质量综合指数94.4；空气质量优良天数220天，优良天数比例为60.8%；3个小康断面、10个主要水功能区断面考核指标均值全部达标，10个率先实现现代化之Ⅲ类以上地表水考核断面达标率50%；全年自测主要污染物排放量在2010年基础上累计削减20%。全面完成《无锡市锡山区生态文明建设规划》的编制工作，并通过区人大常委会批准实施。

【污染物减排】2014年，自测化学需氧量、氨氮、二氧化硫、氮氧化物四项主要污染物排放量在2010年基础上累计削减20%，完成年度减排目标任务。落实重点减排工程。制订《锡山区2014年主要污染物总量减排计划》，安排一系列减排工程并落实推进。督促火电企业提标改造，无锡新洋热电有限公司全面停产，无锡能达热电有限公司、红豆集团无锡南国企业有限公司完成改造。无锡夏利达漂染有限公司的中水回用工程和无锡东沃化能有限公司的脱硫工程投入使用。开展燃煤锅炉淘汰工作。重点排查确定开发区、建成区、生态红线区三块区域燃煤小锅炉整治名单，研究制定燃煤小锅炉淘汰实施方案，推进无锡豪普钛业有限公司、无锡金杨丸三精密有限公司等公司的“煤改气”工程，全年完成43台燃煤锅炉的整治淘汰工作。推进重金属污染防治。制定《2014年锡山区重金属污染防治方案》，从优化产业结构、强化污染源监管、强制清洁生产审核等方面，落实铅、汞、镉、铬、砷五类重金属污染减排工作。至12月末，锡山区与2007年相比，铅净削减率100%，铬净削减率20%。做好清洁生产审核工作，全年完成18家企业的强制清洁生产审核工作。

【环境综合整治】强化水环境综合整治。开展太湖枯水期执法检查和太湖安全度夏专项检查，在重点河道周边发放“告居民通知书”5900份，对27家企业水环境违法行为作出行政处罚，对重点流域的违法排污行为保持高压态势。规范污水处理厂运营管理，确保稳定达标排放，检查污水处理厂216家次。积极推进太湖治理重点工程建设，锡山区列入省市考核的30个重点工程全部完成年度任务。强化对水环境质量的监测、监控。对3条主要河流及其支流、16个主要断面实施环境质量例行监测，全年完成地表水监测6次，枯水期底质监测1次，太湖枯水期预警监测22次，太湖水污染及蓝藻预警监测30次。从“河长制”考核断面监测结果看，全区水质呈逐年改善趋势，综合污染指数从2009年的1.92下降至2014年的0.87。锡山区出境断面水质略优于入境断面水质。强化大气污染防治。严控环境准入机制，对于新增的排放挥发性有机物、烟粉尘的审批项目，实行现役源2倍削减替代。组织57家企业开展工业废气排放达标专项整治工作，并对2012～2014年的“蓝天工程”完成情况进行“回头看”。开展大气污染源企业排放现状调查，排查重点企业220家。推进重点区域环境监控体系建设，新材料产业园环境监控中心建成投用，安镇空气质量自动监控站完成建设。认真做好秸秆禁烧工作，区级层面成立7个巡查组对涉农镇（街道）开展全覆盖、全天候的禁烧巡查。全力做好南京青奥会、国家公祭日期间临时管控工作，区内33家企业停产或限产，所有在建工地全部停工。南京青奥会期间，锡山区空气质量优良天数比例为77.4%，比2014年上半年平均指数上升19.1%。

【行政审批管理】严把项目环保审批关，加强对项目的全过程监管，大力促进经济转型和产业升级。全年劝退不符合环保要求的重大项目1个，完成建设项目环评审批112件，项目总投资107.72亿元。完成“三同时”项目验收104个，其中重点项目45个。做好窗口服务工作，增加现场服务次数。项目受理后实行现场踏勘制度，对重点项目进行现场论证，确保项目的可操作性，全年现场踏勘项目130家次。针对锡太高速公路项目，与沿线每个镇（街道）进行座谈交流并提供现场服务。推进项目信息公开。保持环评审批公众参与的规程，保障群众的知情权和参与权。积极推进环评审批和项目验收信息公开，环评审批从受理、审批到发文全程在网上进行公示。推行建设项目环保验收网上公示制度，重点项目上网公示率100%，一般项目从2014年7月开始逐步在网上进行公开。

相关链接

三同时：新建、改建、扩建的基本建设项目、技术改造项目、区域或自然资源开发项目，其防治环境污染和生态破坏的设施，必须与主体工程同时设计、同时施工、同时投产使用。

【生态文明创建】将编制、实施《无锡市锡山区生态文明建设规划》作为推进生态文明建设的重要抓手，将加强环境宣传教育作为推进生态文明建设的重要内容，大力推进生态文明建设。《无锡市锡山区生态文明建设规划》获批实施，在法律层面上明确锡山区生态文明建设的总体规划和实施步骤。落实生态红线保护制度，将斗山农业生态园、翠屏山森林公园、红豆杉生态园等重要生态功能区共计占全区20%以上的国土面积划入生态红线保护区。完成开发区《国家生态工业示范园区建设规划》的编制工作，并通过环保部、商务部、科技部联合组织的专家论证。开展新一轮全省覆盖拉网式农村环境综合整治试点工作，调研确定21个行政村参与试点。组织开展以"环保服务促转型，凝心聚力助发展"为主题的环保服务月活动，落实"走进企业送法规、专家帮扶送技术、绿色通道送服务、规范管理促自律、蓝天工程促民生、维权解忧促和谐"六项工作。全年新创建5个省级"生态村"、1所省级"绿色学校"、1个市级"两型社会"示范镇、4个市级"两型社会"示范村。

【环境监察】坚持依法行政与铁腕治污并举，严格执法与热情服务并重，强化环境监管，确保环境安全。全年检查企业5442家次，出动执法人员16326人次，作出行政处罚203件，责令停产停业146家，征收排污费1925.3万元。加强对重点排污企业的监管。持续对望虞河、九里河、锡北运河等主要河道、断面开展太湖枯水期间专项执法检查，检查重点企业496家次。对51家排污企业开展环境安全大检查，对29家重点企业进行集中突击检查，严肃查处各类环境违法行为。区环保、发改、经信、农业等9个部门开展"整治违法排污企业，保障群众健康"环保专项行动，推进大气污染防治专项检查、水污染专项整治、危险废物规范化管理三大类专项行动。专项行动期间，检查企业1311家次，开展危险废物专项检查70家次。认真抓好环境信访调处。开展环境违法行为有奖举报活动，畅通投诉举报热线，实行24小时"110"值班制度，及时、高效、规范地办理环境信访调处工作，全年受理调处各类环境信访1220件。加强环境执法司法联动，区环保、公安机关对区内一起违法倾倒危险废物犯罪案件进行立案查处。

【环境监测】全区环境质量综合指数94.4；空气质量优良天数220天，优良天数比例为60.8%；3个小康断面、10个主要水功能区断面考核指标均值全部达标，10个率先实现现代化之Ⅲ类以上地表水考核断面达标率50%。以现代化体系指标为重点，全面完成水、气、声环境质量例行监测任务，重点开展区域补偿、"河长制"全覆盖、河道综合整治工程验收和太湖流域预警等各项监测工作，持续强化农村环境质量监测。对全区3条主要河流及其支流、16个主要断面实施环境质量例行监测，落实"河长制"全覆盖监测，对列为省"双河长制"的重点考核断面实施环境监测，预警监测锡常大桥断面52次。对列入减排计划的企业，及时出具监测报告，为总量减排提供数据支持。持续加强对辖区内的监督性监测，按时完成全区30家重点污染企业、183家非重点污染企业、6家污水处理厂、22家医院的运转监测工作，全面完成"三同时"验收、"蓝天工程"、农村生活污水微动力处理等专项监测工作，全年获得有效监测数据117893个。

【环保法制宣传】依法规范行政执法行为，制定《锡山区环境执法规范年活动工作方案》。按照环保部《环境行政处罚证据指南》，制作新版"环境现场检查勘验笔录"和"调查询问笔录"并推广使用。组织环保执法业务培训活动，对行政处罚文书材料进一步进行优化和调整。全年作出行政处罚203件，申请区法院强制执行67件，无一起行政复议或行政诉讼、败诉案件发生。认真做好"六五"普法工作及法制宣传活动，积极参加"12·4"国家宪法日和全国法制宣传日宣传服务等活动。以"6·5"世界环境日、"环境月"为契机，组织开展"环保进社区""厉行节约筷行动""十佳绿色家庭评选"等宣传教育活动，不断提高公众的环保意识，取得良好的宣传效果。积极推进企业环境行为信息公开，全区完成480家企业的等级评定和信息公开，评选"绿色企业"66家、"蓝色企业"380家、"黄色企业"19家、"红色企业"13家、"黑色企业"2家。有序推进环境风险评估和环境污染责任险参保工作，制定下发2014年锡山区新参保企业名单和续保企业名单，对全区重点行业企业实现环境污染责任险全覆盖。 （姚圣波）

水利建设

【概况】2014年，全区完成水利建设总投资1.2亿元，完成总土石方140万立方米。全年完成农村河道（河塘）疏浚52条（个）、46万立方米；新翻建防渗渠道49公里，新改建标准化泵站40座；改善节水灌溉面积667公顷，加高加固圩堤2公里，新翻建各类护岸7.2公里，超额完成市下达的计划任务。

【农村河道疏浚】全面开展农村河道综合整治工程，完成农村河道（河塘）清淤52条（个）、46万立方米，投资690万元，全面完成省市下达任务。安镇街道成功创建成江苏省“水美乡镇”，鹅湖镇燕水庄村角里自然村、鹅湖镇圆通村天更上自然村、鹅湖镇青荡村北荡角自然村、羊尖镇严家桥村东杨木桥自然村、羊尖镇丽安村水墩上自然村、锡北镇斗山村陆家水渠自然村、锡北镇周家阁村庄里自然村、东港镇山联村、厚桥街道谢埭荡村9个村成功创建成江苏省“水美乡村”。（顾春新）

【“河长制”管理】紧紧围绕市、区“河长制”管理目标任务，以水环境“持续改善”为目标，以水管理“深化扩展”为主线，继续强势推进“河长制”管理。全年完成接管沿河企业排污口7个，生活污水排污口319个；整治养殖场12家，废品收购站9家；清理违章搭建14处，杂物垃圾8851.1吨，渔网渔簖461处，住家船、沉弃船69条；打捞水面漂浮物、水草2.26万吨；建设硬质及生态护岸12304米；新增沿河绿化面积14.67公顷，超额完成区委、区政府下达的80条河道综合整治目标任务。

（蔡　军）

【汛期气象资料】汛期从5月1日开始至9月30日结束，153天。总降雨量781.4毫米（区防汛防旱指挥部办公室监测点），比2013同期降雨566.5毫米多37.9%，比历年同期708.7毫米多10.3%。2014年，锡山区入梅、出梅较常年略偏迟，6月20日入梅，7月17日出梅，梅雨期27天，比常年平均梅雨期长2天；梅雨期间，全区平均雨量213.1毫米，全区雨量安镇街道最大、鹅湖镇最小，分别为240.1毫米和178.9毫米，均接近常年值，其中6月26日、7月2日、7月12日出现区域性暴雨。汛期最强降雨过程出现在8月8日，其中最大雨量为安镇监测点，雨量100.4毫米，达到大暴雨级别。汛期，望虞河甘露站最高水位4.04米（8月8日），最低水位3.03米（1月12日）；锡北运河东北塘监测点最高水位4.3米（7月27日），最低水位3.04米（1月17日）；大塘河东港陈墅站最高水位4.26米（8月8日），最低水位3.14米（1月18日）。（庄宝庆）

【防汛工作】根据《中华人民共和国防洪法》的要求，在汛前调整、充实区、镇（街道）两级防汛防旱指挥部组织机构，落实行政首长负责制，强化各级各部门防汛岗位责任。5月23日，区政府召开2014年度防汛防旱工作会议，向各镇（街道）及有关成员单位下发防汛防旱责任状。全区在汛前修订完善2014年度防汛防旱预案，全区组建镇（街道）防汛抢险队伍88个、总人数1222人，另外，由区人武部负责组建总人数1220人的9个区级防汛抢险队伍。区、镇（街道）两级储备各类水泵40台（套）、编织袋24.7万个、钢管木桩2203根、土工布6100平方米、应急移动式发电机16台。按照防汛实战要求，5月8～15日，组织各镇（街道）开展防汛应急备用电源供电演练，人武、城管、电力、水利等部门协同作战，从下达演练命令到泵站出水排涝，最快用时38分钟，最迟一个半小时，通过演练，锡山区基本具备汛期泵站断电应急处理能力，极大地提高了全区防汛抢险应急能力，有效地抵御住了2014年汛期短时强降雨造成的内涝现象，确保了灾害程度降到最低，为全区经济社会健康发展提供了防汛安全保障。

（庄宝庆）

【重点水利工程建设】完成锡山区2013年中央财政小型农田水利重点县工程，改善耕地总面积667.94公顷，完成投资4010.37万元；商务区2014年完成芙蓉塘闸站及吼山北联河部分投资2100万元。

（陈国兴）

【水资源管理】加强计划用水工作。全年地下水开采量16.72万立方米，自取地表水总量1374.04万立方米。进一步加强已封深井的长效管理工作，无违法启用已封深井的情况。进一步加强地下水的动态监测工作，2014年度，第Ⅰ承压水水位经校准，年平均埋深16.61米；第Ⅱ承压水位年平均埋深26.71米，比2013年回升0.55米，与2000年同期（封井禁采工作实施前）相比，水位埋深普遍回升。继续开展水功能区水质监测。2014年，锡山区水功能区水质达标率21.1%，比2013年同期上升5.3个百分点，影响区内水功能区水质达标的主要评价因子为氨氮；锡山区河道北兴塘、柏木桥河、张周桥港河水质监测指标继续好转，七号桥港、东亭港、新兴塘、八士港、小东亭港也呈逐步改善态势。

【节水型社会创建】组织实施各项创建工作，年内完成市级节水型企业1家，节水型八大行业（火电、化工、造纸、冶金、纺织、建材、食品、机械行业）节水行动项目2个，市级节水减排示范项目2个，市级节水型学校2所、市级节水教育基地1个，所有项目全部通过市级验收。 （袁立忠）

【依法行政力度加大】采取正常巡查与突击检查相结合、一般巡查与重点检查相结合、河道清障专项行动与百湖执法大检查相结合、主动出击与举报查处相结合的方式开展水行政执法监察工作。全年巡查988人次，出动执法船20次，拆除违章设置渔网渔簖25处，发现和制止水事违法行为35起，其中立案1起，结案1起，罚款1万元，结案率100%，维护了水利工程设施的正常运行和良好的水事秩序。

（龙　雄）

编辑：钱惠芳

【锡山区非物质文化遗产】

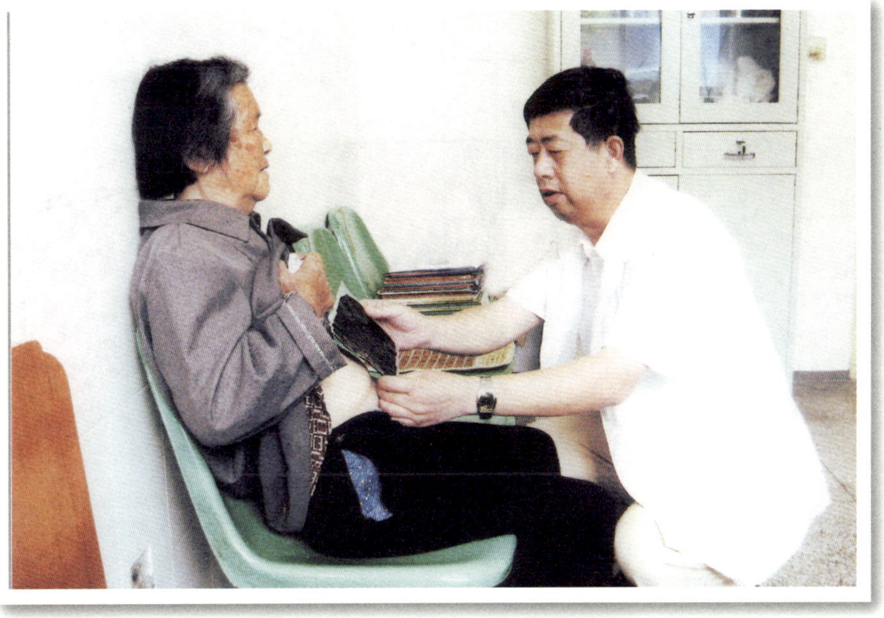

“李氏薄贴”传承人为患者看诊　（区文体局 供稿）

李氏薄贴

“李氏薄贴”项目位于安镇街道，是经四代医者100多年的共同努力，在家传秘方“消肿止痛膏”的基础上，通过长期临床实践创新发展而成的，在针对性治疗恶性肿瘤方面有独特的功效，它能弥补手术、放疗、化疗、中药内服等疗法的不足，属非创伤性治疗，副作用小，简便易行，安全可靠，在周边具有一定的影响力。主要传承人李慧刚坐诊安镇街道社区服务中心“中医专家门诊”，2013年成立“李氏薄贴工作室”，带教无锡市第四人民医院中西医结合肿瘤科中医博士肖寒，2014年与无锡市第四人民医院合作，启动“李氏薄贴”动物实验项目。李氏薄贴属传统医药，于2010年被列入无锡市第二批非物质文化遗产保护项目名录。

锡北镇周家阁村获“无锡市两型社会示范村”称号

（区环保局 供稿）

安镇街道新横塘河综合整治工程　　　　（区水利局 供稿）

云林街道杨家桥浜河道综合整治工程　　　　（区水利局 供稿）

交通·电力·邮政

Transportation,Power Supply,
Post Service

1月18日，702路公交车线路优化　　　　（王晓飞 摄）

交通基础设施建设

【概况】 交通在建工程推进有力。全力抓好荡厚路新建工程建设任务，荡厚路于9月底建成通车；加快推进吼山北路新建工程，路基、路面、桥梁施工完毕，交通安全设施施工进展顺利，计划于2015年春节前竣工通车，完成投资额5473万元；提前完成农村公路建设，于9月全面完成羊王路、荡厚路等共计10.392公里的农村公路建设任务，完成投资额3.33亿元；完成汤家桥、顾家湾桥、黄塘桥等5座农村公路桥梁建设，完成投资额962万元。航道养护工程进展顺利。完成澄虞线湖塘桥段航道疏浚工程2万立方米，完成投资额36万元；完成锡北线泾西村段1.9万立方米锚地疏浚养护工程、锡北线南庄村东左岸45米驳岸修复工程，完成投资额60万元；完成锡北线八士南庄村段驳岸加固修复工程，完成投资额145万元。公交基础设施建设日臻完善，东湖塘公交停车场建成并将于2015年上半年投入使用。

【航道养护疏浚工程完工并通过验收】 根据2014年度航道运行维护实施计划，区航道管理处积极推进航道养护疏浚工程，完成澄虞线湖塘桥段航道疏浚工程2万立方米，于7月上旬开工，8月中旬完工，8月底通过无锡市航道处验收，质量评定为优，完成投资额36万元，较好地改善了东港镇境内的航道条件，确保了过往船舶的航行安全；按照五级航道标准，完成锡北线泾西村段1.9万立方米锚地疏浚养护工程、锡北线南庄村东左岸45米驳岸修复工程，完成投资额60万元，11月中旬通过无锡市航道处验收，质量评定为优。

【锡北线南庄村段驳岸加固工程完工】 根据7月《政风面对面》群众反映的锡北线航道八士南庄村段存在部分驳岸及上部砖砌挡墙开裂、外倾、墙后场地沉降等现象，区航道管理处经过充分调研，经区政府批准同意后，于11月中旬对该段驳岸进行加固修复，项目总投资145万元，施工内容包括混凝土加固老驳岸235米和浇筑民居水泥场地700平方米等。至12月25日，完成235米驳岸的加固修复工程，居民房屋与驳岸之间的水泥场地浇筑完成。

【农村公路桥梁改造任务提前完成】 2014年，锡山区农村公路桥梁改造完成市交通运输局下达的目标任务，新建、改建6条农村公路10.392公里，完成投资额3.33亿元；完成农村公路桥梁5座，完成投资额962万元。其中，位于鹅湖镇的荡厚路（建设完成之后改名会通路）改建工程3.17公里，投资9500万元，为荡口古镇新增一条主要连接道路。泉山大道投资额1.2亿元，通车后沟通了锡北片区和安镇片区，是片区沟通的一条交通要道，也是沟通锡北运河两岸的重要通道。截至2014年年末，锡山区农村公路通车里程1013.294公里，其中县道169.727公里、乡道425.396公里、村道418.171公里。

【S228省道中修工程完成】 2014年，S228省道锡山段（锡张高速公路出入口至东北塘街道东风桥，途径东港镇、锡北镇、东北塘街道）被上级公路部门列入国省干线公路养护中修计划，区公路管理处通过招投标组织施工队伍于9月26日开工，对确定路段范围内的纵横向裂缝、沉陷、松散、坑槽等路面病害进行处置，并同步对锡东大道、团结路、文八线等9个交叉口进行车辙处理，完成工程量103585平方米，完成投资额1964万元，于12月7日完工。

【市公路养护应急处置中心锡山基地建设完工】 2014年，无锡市公路养护应急处置中心锡山基地建设完工。该基地于2012年开工建设，建设用地面积1.29公顷，建筑面积5956平方米，基地的投入使用将大幅度提升辖区内公路的公共服务能力，完善公路养护应急处置体系，保障区内干线公路网的安全畅通。

（顾丽萍）

交通行业管理

【概况】 运输行业持续稳定发展，行业监管手段丰富多样，市场环境进一步优化。按照《道路旅客运输及客运站管理规定》，严格执行客运车辆凌晨2点至5点落地休息制度，严禁超员超速，确保客运车辆行驶400公里以上配备两名以上驾驶员。全面开展驾校诚信乐驾和质量信誉考核活动，提升驾校服务品牌；整合中小物流资源，引导货运行业向规模化、信息化、标准化发展，培育现代化物流运输体系。加大非法物流停车场的整治力度，规范经营秩序，全年检查经营业户150家，查处非法物流停车场6家，取缔违法经营业户3家，有效地遏制了非法经营、场外经营等行为。在整治各类违法违章行为中，注重与横向部门的密切配合，各类联合稽查活动效果显著，违章行为查处率比上年增长7%，运输市场秩序明显改善。加强辖区内管养公路长效化管理，针对公路病害及路面情况，实施路面灌缝、坑槽修补、护栏整修等预防性养护和长态化处置，全年修补沥青路面6300平方米，路面灌缝28450米，修理桥梁伸缩缝176米，加固桥梁栏杆3座、564米，修复道板砖7450平方米，辖区内干线公路路况综合指数94.9，县道公路路况综合指数88。加强维修市场监管，严格落实“两客一危”车辆维修质量管理信息平台运行事宜，实现车辆维修维护动态监督、过程全透明，从源头上防范营运车辆虚假维护等弊端，辖区内维修企业服务信誉和质量稳步提高。进一步加大交通运输综合管理所执法力度，相继在全区各镇（街道）开展多次“黑车”整治、农路超限治理等活动，有效维护了镇（街道）交通运输市场的正常营运环境和秩序，也使交通基层站所的形象得到明显提升。交通工程建设管理积极推行监督交底、过程监督、交工检测的科学监督体系，对辖区范围内云林路改建工程、东园路、天奇路、锦旺路、益林路、鑫安路等22个建设工程（其中续建工程12个，新受监项目10个）进行监督，有效确保了交通建设工程质量优良、安全无事故。全年完成监督总里程20.294公里，完成投资额47875万元。

相关链接

“两客一危”车辆：从事旅游的包车、三类以上班线客车和运输危险化学品、烟花爆竹、民用爆炸物品的道路专用车辆，运输里程超过800公里。

【公交覆盖率大幅提升】坚持“大力服务民生，优先发展公交”的原则，不断优化公交线路，加快运力更新，公交线网覆盖率大幅提升。全区累计公交线路75条，其中新开辟公交线路3条，分别为717路（张泾至安镇）、806路（开发区园区专线）、807路周家阁专线；优化调整公交线路10条，分别为80路、111路、702路、708路、720路、726路、732路、737路、758路、802路。

【无锡汽车客运东站核定为二级客运站】12月19日，无锡汽车客运东站经审核验收，被无锡市交通运输局核定为二级客运站。无锡汽车客运东站位于京沪高铁无锡东站交通综合体内，是与高铁火车站相衔接的中转站。该站候车大厅建筑面积1900平方米，停车位占地面积4046平方米，内设售票区、候车区、发车区、停车区、安检区等服务区域。无锡汽车客运东站年内开通张家港、常熟等班线。

【锡东检测站验车服务入选市优质服务品牌引导项目】锡东检测站自2001年成立后，一贯坚持“始于客户要求，终于客户满意”的服务理念，主动提升服务新途径、新方式，经过多年的探索与实践，形成一套特色服务——“4Y-3D”验车服务（“四个优”和“三个多”）。“四个优”即以领先的设备、便捷的检测、严谨的管理、细致的服务提供优质检测服务；“三个多”，即通过多交流、多学习、多监督，深入探索优质服务。2014年，锡东检测站“4Y-3D”验车服务当选为无锡市第五批优质服务品牌引导项目。

【“绿色维修”“诚信维修”活动深化】区维修行业管理处在机动车维修行业中深化“绿色维修”“诚信维修”活动，加强政策引导，严格考核验收，至2014年年末，区内有省级信誉企业13家，其中AAA级信誉企业3家、AA级信誉企业5家、A级信誉企业5家；有6家企业通过“江苏快修”品牌认定。锡山区和德英菲尼迪汽车销售服务有限公司荣膺江苏省第三批“绿色维修”创建试点示范企业。区内先进示范企业发挥模范作用，掀起创先争优的高潮，营造了创建“绿色维修”“规范维修”“诚信维修”的良好氛围，有利于合力打造锡山维修诚信体系。

【交通养护综合平台初见成效】2014年，交通养护综合平台进入实施阶段。区交通运输局通过对交通养护平台资源的整合，组织人员对各镇（街道）交通运输综合管理所养护力量无法完成的高等级镇村道路，制订有针对性的养护方案、预算和施工计划，确保高等级农村道路养护修复水平明显提升，同时也为以后辖区内管养道路的提档升级打下坚实的基础。在2014年省交通运输厅公路局组织的农村公路养护检查中，锡山区位列无锡市第一名。

【国省干线桥梁隐蔽部位整治行动开展】对辖区内干线公路38座桥梁的隐蔽部位进行全面调查摸底，并对G312国道严埭河大桥、S342省道鸭城桥的安全隐患问题和S228省道芙蓉桥、锡北运河大桥下的违建与易燃物堆积等进行整治，拆除建筑物4015平方米，清除堆积物1115立方米、机械12台；采取安装防护网和设置宣传牌等方式，加强对桥梁隐蔽部位的长效管理，安装防护网2370米、宣传牌10块，警示举报电话喷涂38平方米。

【交通运输服务“双进”活动全面开展】 2014年，“交通运输行业服务进社区、进企业”活动不断在广度和深度上下功夫，完善服务内容，延伸服务内涵，扩大服务覆盖面，召开服务对象座谈会，征求意见和建议，真正帮助群众解决热点、难点问题，努力做到“走访到位、办理高效、群众满意”。全年出动人员1515人次，走访服务270个村（社区）、630家企业，梳理出需要解决的问题、建议219条，为企业、社区解决实际困难186件，帮助老百姓解决村道修补、农桥改建、停车位改建、桥护栏维修、道路积水、安全设施增设、公交出行等问题，切实做到让群众满意、让企业满意、让社会满意。

【东廊路创建成省级县道文明样板路】 12月11日，东廊路通过省交通运输厅公路局“县道文明样板路”的验收，成为锡山区继锡虞路、团结路后，第三条获得“省级县道文明样板路”称号的农村公路。东廊路北起S228省道港下段，途径东港镇、羊尖镇，南至大成路，全长10.704公里，该路为双向四车道沥青混凝土路面，路面宽23米，路基宽28米，属一级农村公路。东廊路省级县道文明样板路的创建成功，对辖区内农村公路管理的提档升级起到示范引领的作用，对提高公路服务水平，拉动地方经济建设，改善路域投资环境，促进锡山经济又好又快发展具有十分重要的现实意义。

【安镇街道通过“省级乡村公路管养及安保工程示范乡镇”验收】 12月中旬，安镇街道顺利通过省交通运输厅公路局组织的“乡村公路管养及安保工程示范乡镇”考评验收。安镇街道“省级乡村公路管养及安保工程示范乡镇”创建工作历时8个月，安镇交通运输综合管理所按照5大块面、23个科目，先后对辖区内的5条道路和路段进行新建、改建，为辖区农村公路增设百米桩282根、路名牌18块、警示桩321根、里程牌33块、养护公示牌16块、交通标线5800平方米、防撞护栏148米、警示标志牌28块；整治路肩边坡11公里，桥梁栏杆漆白7座、590平方米；清除各类堆积物、种植物、污染物102处，调运土方809立方米。通过“省级乡村公路管养及安保工程示范乡镇”的创建，安镇街道农村公路基础设施有了明显改观，促进了乡村公路管养水平的提高，改善了乡村公路的安全通行环境，提高了乡村公路的道路质量。（顾丽萍）

电　力

【概况】 2014年，全区全社会用电量51.17亿千瓦时，比上年增长1.4%。其中，工业用电量43.88亿千瓦时，比上年增长2.6%；商贸用电量1.28亿千瓦时，比上年增长1.3%；居民生活用电量4.5亿千瓦时，比上年下降9.1%；农业用电量1377万千瓦时，比上年增长2.5%；社会事业用电量2841万千瓦时，比上年增长37.7%。全年月平均工业用电量3.66亿千瓦时，比2013年月均工业用电量增加0.09亿千瓦时；工业用电高峰出现在7月、8月和9月，分别为3.93亿千瓦时、4.07亿千瓦时、4.0亿千瓦时；有6个月工业用电量超过全年平均工业用电量。从全年工业用电量增长情况看，总体呈平稳增长态势。

（张　诚）

邮　政

【概况】 2014年，区邮政分局围绕年度工作目标以及市邮政分公司下达的各项工作任务，不断加强业务创新和服务创新，积极为地方经济发展创造良好的邮政环境。区邮政分局下辖邮政服务网点12个，80条邮路，员工238名；全年完成各类业务收入7399.39万元，比上年同期增长9.8%。邮政储蓄全年净增余额4.09亿元，全区累计余额40.03亿元，创历史最高水平。

【邮政业务拓展】 创新发展函件业务。市集邮公司在锡山区各网点开展集邮巡展活动，活动现场为市民配备专业的邮品鉴赏解析员，同时还免费为市民测量血压，深受广大市民喜爱。依托锡山区城市发展，在无锡地铁2号线开通之际，锡山区邮政分局积极配合无锡地铁集团有限公司沿无锡地铁2号线站点周边发放《地铁便民使用手册》，手册中详细描绘无锡地铁2号线各站点的地理位置及特色，为锡山老百姓的出行提供了便利。大力发展小包业务。为应对“双十一”淘宝、天猫的大批量邮件出口量，区邮政分局适时增加车辆4台，为39家商家提供小包揽收业务，仅“双十一”活动5天内共计走件2.43万件。积极开拓代理类业务。持续做好代扣水电费、话费，代缴交通罚没款等业务；全年开发代发工资项目873家，代理发放工资1361.8万元。随着老百姓理财观念的不断提升，区邮政分局适时推出高收益、有保障的银保理财产品，全年代理销售银保产品4.8亿元，比上年增长33.33%。

【邮政服务水平提升】 进一步深化邮政服务提升工作。继续做好“助老希望邮路”的帮扶工作，为18名孤寡老人常年提供生活便利、节日慰问等关爱活动。积极开展“金融知识进万家”活动，挨家挨户宣传金融安全知识，提高老百姓的安全防范意识。强化员工技能培训，全年组织148名员工参加5个批次的职业技能鉴定考试，员工持证率在99%以上。着力提高窗口服务和投递服务质量，积极参与市邮政分公司组织的“创岗位先锋、创满意窗口、创服务品牌”评选活动，区邮政分局港下邮政支局营业班和羊尖邮政支局投递班分别被评为“邮政营业优质服务示范窗口”和“邮政投递服务示范窗口”，张泾邮政支局和厚桥邮政支局被评为“服务明星支行”，东亭邮政支局投递员文继堂、东北塘邮政支局营业员徐英等5人分别获“优秀邮政投递员”“优秀邮政营业员”“服务明星”等称号。荡口邮政支局获“无锡市工人先锋号”，东亭邮政支局被市总工会评为“无锡市五一巾帼标兵岗”，张泾邮政支局被市妇联评为“无锡市巾帼文明岗”。

（周　芸）

编辑：钱惠芳

【锡山区非物质文化遗产】

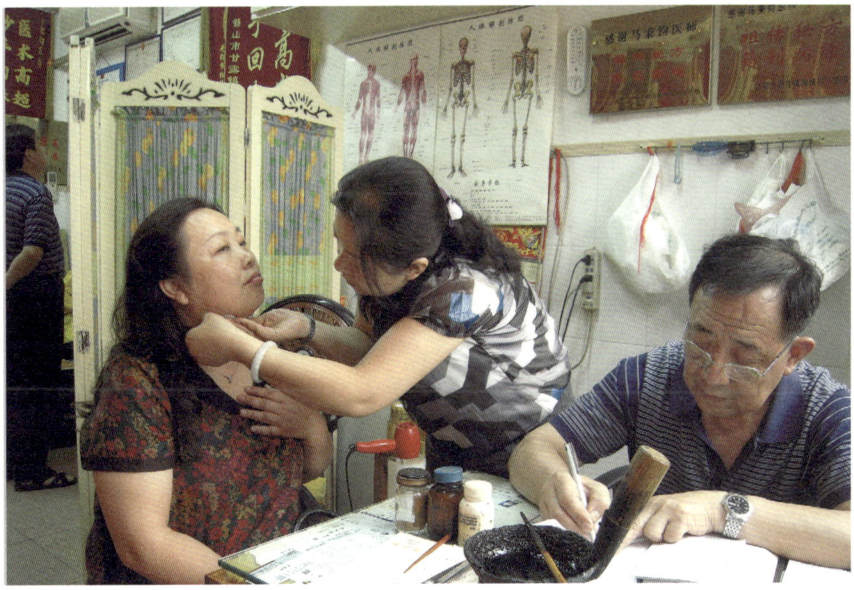

“马氏膏药”传承人为患者看诊　　　　（区文体局 供稿）

马氏膏药

“马氏膏药”起源于先辈祖传马氏疯科经典组方治疗“瘰疬”，经过五代人一脉相承的家族传承与发展，擅长治愈久病破而不愈“收功（宫）”的结核“流脓”伤口，治疗腰椎间盘突出症，能较快达到缓解甚至消除腰腿痛症状，方法简便易行。2010年，“马靖毅中医诊所”获批开业，位于安镇街道东街40号。马氏膏药属传统医药，于2010年被列入无锡市第二批非物质文化遗产保护项目名录。

3月5日，区交通运输局东北塘交通运输综合管理所组织开展“爱锡山、我志愿”学雷锋日志愿者活动 （王晓飞 摄）

12月28日，市民向区邮政分局工作人员咨询无锡地铁2号线各站点情况 （周　芸 摄）

12月28日，无锡地铁2号线开通，区邮政分局在“云林站”设立地铁邮局 （诸涵菁 摄）

信息化·电信

Informationization ,Telecommunication

3月9日，中国电信无锡分公司锡山区局工作人员在东亭街道映月苑进行现场营销　　（平　怡供稿）

政务信息化

【概况】2014年，围绕提升政府信息化建设水平，切实加快政务信息资源整合，稳步推进政府网站整体建设，在提高行政效率、改善公共服务等方面取得显著成效。

【公共服务水平提高】以提升政府网站群的综合性、服务性、权威性、时效性为途径，不断提高政府网站群的社会影响力。中国锡山网站定位为以公共服务为主的锡山区门户网站，同时对该网站进行升级改版，强化网站群信息公开和民生服务功能。2014年，通过中国锡山网站，办结办事咨询36件，发起民意征集20次。

【网络服务功能拓展】扩大“71580”服务企业区长热线的品牌影响和提升服务功能，以锡山区政府网站群为依托，建设热线升级版平台，即锡山区“71580”服务企业区长热线网。该平台集信息发布、政策法规、信息查询、诉求申请、网上申报等功能于一体，为企业提供各类专业服务，畅通政府和企业沟通互动渠道的“一站式”服务。

【信息网络安全防护强化】切实维护区政务网络运行稳定，组织开展全区信息网络安全检查，保障信息系统安全运行。深入排查重点部门在网络和信息系统中存在的安全隐患和薄弱环节，分析评估面临的安全威胁和风险，有针对性地提升软件系统漏洞防护能力，提高服务器防篡改、防攻击、防病毒能力。加强网络与信息系统安全管理、技术防护和业务培训，切实保障全区网络与信息安全。（夏潇柯）

软件和信息服务产业

【概况】2014年，锡山区全面推进信息技术在社会发展和国民经济各个领域的广泛应用，信息化逐步成为锡山区经济社会赶超发展的重要推动力。全区有新一代信息技术企业155家，按省级统计制度要求纳入软件统计企业55家，认定软件企业30家。全年新认定软件企业6家，新引进软件企业15家，登记软件产品36个；完成软件业务收入75亿元，比上年增长24.6%；完成云计算产业营业收入5亿元，比上年增长100%；完成微电子产业收入40亿元，与往年持平；新增物联网企业10家，完成物联网核心产业产值16亿元，比上年增长33.3%；实施重大产业化项目3项，新增市级以上物联网各类研发机构3家，申请物联网专利10项，引进物联网高层次人才3名。全面完成市政府下达的各项目标任务。

【服务企业主动】主动走访区内企业50家次，切实了解企业信息技术应用、信息化系统建设应用的现状，帮助企业解决在推进两化融合进程中遇到的困难。积极参与上级部门组织的各项活动，认真挖掘招商资源，主动对接重要客商，在与深圳证券交易所上市公司博彦科技股份有限公司的对接中，针对锡山区实施智慧社区示范点的可行性方案进行初步的洽谈与研究。组织企业布展第五届中国国际物联网（传感网）博览会，并组织300人次参加。区经信局、锡山区企业家协会等举办电子商务培训班数期。组织参加市经济和信息化委员会组织的物联网、电子商务，市信息化和无线电管理局组织的信息服务业招商培训等活动。对上争取扶持资金1922万元。在两化融合方面，申报通过省级企业信息化提升项目1项、省级电商平台普及项目9项、省级重点电商发展项目1项，奖励金额530万元；东港园区被省经济和信息化委员会评为“江苏省信息化与工业化融合试验区”；11家企业获无锡市“首次入选两化融合示范企业”奖励，1家企业获“无锡市生产性服务业（电子商务与信息化服务）重点企业”称号，奖励金额288万元。在物联网方面，获2014年度市物联网发展资金（第一期）应用示范资助项目5项、技术研发资助项目6项、公共平台运行业绩资助项目1项，扶持金额896万元；获2013年度市物联网发展资金（第二期）应用示范资助项目1项、技术研发资助项目8项、产业化项目1项、新引进重点企业项目1项，扶持金额228万元。在软件方面，获省级优秀软件产品奖励1项、新入选市级优秀软件产品奖励1项、软件企业认定奖励8家、软件产品认定奖励44件，总金额80万元。

【示范引领企业】至12月末，全区拥有国家级两化深度融合示范企业2家，省级两化融合示范区1个，省级两化融合示范企业6家、试点企业29家，数量位居全市前列。其中，年内新增省级两化融合试点企业6家，征集在建和拟建投入100万元以上的两化融合（电子商务）项目41项，总投资3.43亿元，占全市项目总数的26.5%，占全市投资总额的32.5%，位列全市首位。江苏大为科技股份有限公司（基于多维传感信息融合技术的新一代智能交通信号控制系统）、江苏聚慧科技有限公司（无锡市洪水雨涝与水环境监控调度预警决策支持系统——惠山区试点项目）、无锡新天地农业发展有限公司（农业物联网技术集成与综合应用示范）、无锡市第一棉纺织厂（纺织在线监控系统）4家单位实施的物联网项目入选无锡国家传感网创新示范区第二届物联网十大应用案例。无锡普天铁心股份有限公司实施的“基于APS/MES的智能化工程建设”项目将传统意义上的车间工厂全面升级成自动化、信息化、数字化的智慧工厂，对生产制造资源和管理要素进行全面智能化感知；在提高产量的同时，缩编直接操作岗位和间接管理岗位人员50%，降低人工成本20%，2014年产值4.8亿元，人均产值200万元，亩均产值4600万元。（李　佳）

电　信

【概况】2014年，中国电信无锡分公司锡山区局全面对接锡山区各部门、各企事业单位信息化需求，适应新常态，强化新思维，坚持内涵式发展，全年主要业绩在上级主管部门考核中名列前茅，被评为“中国电信无锡分公司2014年先进集体”。锡山区局着重加快农村地区光网改造建设，实现锡山区光网全覆盖；实施4G建设工程，锡山区全年建成4G基站251个，其中高铁覆盖区域完成12个，实现高铁上网不掉线。光网和4G建设在满足企事业单位高速上网的同时，开启家庭上网“双百兆”接入的新生活。对接市政府为民办实事之一的无线（智慧）城市建设要求，在健鼎（无锡）电子有限公司万人员工宿舍区建设首个“免费WIFI进企业”项目，为无锡打工者创造良好的信息获取环境。在党政机关、企事业单位、社区开展电信“走进千家万户、服务万千群众”党的群众路线服务主题活动，通过光纤免费入户服务、宽带提速、4G体验、智慧云盒体验、平安家庭监控展示等服务，满足了广大客户信息化与通信需求。（平　怡）

编辑：钱惠芳

【锡山区非物质文化遗产】

泰和堂“十全大补膏”传承人虞希健进行滋补膏制作展示

（区文体局 供稿）

泰和堂“十全大补膏”制作方法

泰和堂药店位于千年古镇黄土塘街中段，清光绪十三年（1895年），虞希健的祖父虞颂章在黄土塘古镇街上开设泰和堂药店，经多年研究，制就“十全大补膏”等十多种系列秘方，遂传承给虞希健之父虞大昕。20岁时，虞希健继承父业，进一步完善“十全大补膏”成分，成为有名的祖传秘方。泰和堂“十全大补膏”制作方法属传统医药，于2010年被列入无锡市第二批非物质文化遗产保护项目名录。

江苏大为科技股份有限公司　（孙剑光 摄）

江苏聚慧科技有限公司　（孙剑光 摄）

教　育

Education

5月13日，无锡市第三十四届小学生“百灵鸟”艺术展演（锡山区会场）节目表演　（区教育局供稿）

综　述

【概况】 2014年，全区教育系统以党的群众路线教育实践活动为动力，紧扣全年教育改革发展目标，积极优化资源配置，狠抓教育教学管理，加强教师队伍建设，提升教育质量，促进教育公平，较好地完成了各项重点工作任务。在全省教育现代化建设水平监测中，锡山区位列全市第二名，全区教育改革发展稳定工作取得新成绩、新进步。

【优质资源持续扩容】 东北塘实验小学、荡口实验小学、廊下幼儿园、东亭诺卡小镇幼儿园等一批新建工程建成启用；锡山实验小学，恒大地块小学、幼儿园完成主体工程。2014年，全区竣工校舍面积3.3万平方米、在建校舍面积5.72万平方米，完成投资总额1.96亿元。锡北镇现代计算机技术实训中心和安镇街道现代服务业实训中心建成投用。

【教育质量持续提升】 全面实施社会主义核心价值教育、基础道德养成教育、生命教育三大工程，成立全市首个“心育工作室”，出台生命教育指导意见。27项省级、96项市级课题完成中期评估。“三品课堂”（品味课堂、品质课堂、品牌课堂）建设经验被《光明日报》报道，天一中学的《天一科学院学生自主学习模式探索》项目获“2014年基础教育国家级教学成果一等奖”。高考本二以上进线率为建区后最好成绩，单招本科录取率创历史最好水平。两个镇（街道）通过市学前教育现代化镇（街道）评估验收，学前教育现代化镇（街道）实现全覆盖。启动区学校信息化特色项目建设，锡山区被评为“江苏学习在线应用推广先行区”。

【教育亮点持续彰显】 举办全区第二届“领航杯”课堂教学大赛、第十三届教师技能大赛、第三届班主任基本功大赛和“最美教师”评选等活动。加强教育骨干队伍建设，评选出市第六批中小学教学新秀，区第五批教学新秀、教学能手、学科带头人和区首批教育科研带头人173名；在全市率先成立中小学德育讲师团，建立区心理健康教育骨干教师培训基地，完善骨干教师年度考核办法。创新教育督导，实施责任区“挂牌督导”。大力推进特色内涵建设，在青少年国际象棋、棒垒球、青少年科技、学校艺术等方面涌现出一批优秀团队和个人，锡山艺术教育成果与经验被《江苏教育报》专题介绍。

（刘俊浩）

【第十届“聚焦课堂”研讨活动举办】 11月初，天一中学举办第十届全国“聚焦课堂·生长课堂课型研讨活动”，吸引全国各地近4000名中学教师，参加人数是全国历次高中课型研讨活动最多的一次。甘肃省陇西县第一中学和宁夏回族自治区六盘山高级中学教师不远千里参加该活动；江苏省南京市第十三中学组织77名教师到锡山观摩。活动开设的公开课包括语文、数学、英语、物理、化学、生物、政治、历史、地理9门学科，涵盖了高中的所有课程。执教者除天一中学教师外，还有南京师范大学附属中学、天津市耀华中学等省内外20所著名中学的“名师”。

【骨干教师“智力援疆”】 7月12～27日，应新疆维吾尔自治区阿合奇县教育局邀请，区教育局组织区教研室主任蒋洪兴、锡东高级中学副校长陈平、八士实验小学教科室主任朱明海专程赴新疆维吾尔自治区，为阿合奇县的新任教师开展教育理论的集中培训活动。三位教师分别就课程标准、教育科研、教学理论等领域进行授课，并组织安排笔试考试，检查学员的学习情况。

【获评江苏省家庭教育先进区】 2014年，省教育系统关心下一代工作委员会继续组织开展省“示范家长学校”“优秀家长学校”评选活动，评出一批在家庭教育和家长学校工作方面成绩突出的先进市、县（市、区）。12月18日，锡山区被省教育系统关心下一代工作委员会评为“2014年度江苏省家庭教育先进区”，东湖塘中心小学、港下中学被评为“江苏省优秀家长学校”。

（余　磊）

基础教育

【概况】 全区有幼儿园35所，其中开发区、商务区、镇（街道）中心幼儿园15所，锡山教师进修学校附属幼儿园1所，中心幼儿园分园15所，民办幼儿园4所。在园幼儿总数16018人，其中外来人口子女7323人，占在园幼儿总数的45.72%。3～6岁幼儿毛入园率（在园户籍幼儿数除以户籍幼儿数）102.32%。公办小学21所（含6所村小），在校学生总数31592人，其中外来人口子女14260人，占公办小学学生总数的45.2%；公办初中13所、九年一贯制学校1所，在校学生总数14463人，其中外来人口子女4653人，占初中学生总数的32.2%。普通高中4所，在校学生总数6656人，其中外来人口子女990人，占高中学生总数的14.9%。另有民工子弟学校2所，在校学生3699人；十二年一贯制民办学校1所，在校学生247人。小学、初中入学率、普及率、巩固率均为100%，小学毕业率100%，初中毕业率99.5%。 （陆佳玲）

【核心价值观教育深入推进】开展“锡山少年梦·三爱见行动”主题教育活动，组织中小学生上好“开学第一课”，强化未成年人“八礼四仪”养成教育，中学、小学、幼儿园纵向衔接的文明礼仪养成教育体系基本建成；在全区学校设置“讲文明树新风”及“图说我们的价值观”公益广告、“善行义举榜”“遵德守礼”提示牌，开展“十佳小公民”“文明风尚好少年”“尚善好少年”评选推荐活动，举办“童心聚力中国梦，携手同行向未来”主题展览暨“爱心书屋”进校园活动，组织全区未成年人参加“网上祭英烈”“向国旗敬礼”等网上签名寄语活动。

【全员德育纵深推进】巩固提高全员德育“四项制度”（德育导师制、首遇负责制、课堂责任制、家校联系制）、中小学生基本素质达标计划、家长委员会“六项制度”（学校家长委员会例会制度、家长委员会成员与学校相关部门对口联系制度、家长委员会成员驻校办公制度、家长义工制度、家长评价学校制度、家长委员会参与学校决策制度）实施水平；开展第三批班主任学术荣誉评选活动，122名班主任被评为市、区级班主任工作新秀和班主任工作能手；成立全市首个中小学德育讲师团，举办区德育骨干教师暑期培训班、第三届班主任（辅导员）基本功大赛；区教育局、区委政法委、区司法局、团区委开展“汇聚青春力量·共筑法制梦想”“感知正义——争做遵纪守法小公民”主题教育活动，区教育局、区司法局开展“青少年学法守法宣誓承诺”活动；区教育局、区关工委印发《关于全面建立“村（社区）校共建”机制，进一步提高校外教育辅导站工作水平的实施意见》，全面建立“村（社区）校共建”长效机制。

【“心育”特色建设快速推进】出台《关于加强中小学生命教育的指导意见》，建成启用区心理健康教育骨干教师培训基地，成立全市首个“心育工作室”——尤迎九心育工作室；举办锡山区首期心理健康教育骨干教师培训班，为全区中小学配发“心理沙盘”23套；深入开展中学“心育”微视频、小学“心育绘本”教学研究，“心育”骨干教师网络在线研讨机制基本形成，推动形成锡山“心育”地方特色；举办区第六届中小学心理健康教育优质课评比；两名教师在市心理健康教育优质课评比中获一等奖。

【团队“两项工程”有序推进】承办省少先队文化建设专业委员会第十一次年会，《无锡商报》专题介绍锡山少先队课程“一队一品”特色；扎实推进团建规范化建设，出台《关于规范团员证管理工作的意见》，天一中学、港下中学被评为“无锡市中学规范化团建示范单位”；举办“核心价值观记心中”锡山区纪念少先队建队65周年暨入队仪式示范教育活动；成立“锡山区红领巾乡村小导游联盟”，“红领巾乡村小导游”项目获评省优秀少先队工作项目；羊尖实验小学“红领巾锡剧研究院”、港下实验小学“小红豆研究院”、查桥实验小学“红领巾吴歌社”、八士实验小学“茶文化研究所”、荡口实验小学“养正工作室”、张泾实验小学“手拉手地球村”被评为“无锡市少先队品牌特色项目”；隆亭实验小学、查桥实验小学获评省少先队优质课评比一等奖，教师徐霞、夏苏红分别获省市少先队辅导员说课比赛特等奖。 （孙庭标）

【生态文明建设工程推进】锡山中等专业学校、勤新实验小学创建成市“两型社会”（资源节约型、环境友好型）建设示范学校；锡山中等专业学校创建成市“低碳消费”示范学校；天一实验学校创建成省“绿色学校”；锡东高级中学、安镇实验小学创建成市节水型学校。由中华环保联合会、无锡市环保局主办，锡山区环保局、区教育局等单位承办的“为了明天——环保知识进校园”环保宣传教育公益活动（无锡）启动仪式在天一实验学校举行。

【教育救助工程深入推进】落实《锡山区教育救助暂行办法》，切实加强教育救助工作，全年给予1392名符合教育救助条件的中小学及幼儿园学生发放教育救助金108.91万元；继续对家庭经济困难儿童实施免费教育，全年免除166名困难儿童保育教育费35.07万元；给予123名本一、本二困难大学生发放救助金38.85万元。继续对辖区内中等职业学校学生全额免除学费，对其中家庭经济困难的学生进行资助，全年免除学费372.30万元，对241名经济困难学生发放中等职业国家助学金18.08万元。

（过锡虎）

【学校体育】开展以“阳光体育绿色公益跑”为主题的冬季长跑活动，精心组织锡山区第四届校园体育节。举办锡山区第十届中小学生田径运动会、锡山区第四届小学生跳绳踢毽比赛；承办“统力杯”第六届江苏省国际跳棋特色学校比赛、江苏省首届“三建杯”象棋特色学校暨苏锡常象棋特色学校交流协会象棋比赛、无锡市第七届“柏庄杯”围棋邀请赛；协办中国（锡山）第四届国际象棋国际女子名人赛、全国六城市青少年棒球联赛“钻石杯”总决赛。天一中学国际象棋国际特级大师韦奕与队友合作，获得第四十一届世界国际象棋奥林匹克团体锦标赛男子团体冠军。在江苏省第五届少年儿童象棋公开赛中，张泾实验小学获两项团体第二名；在江苏省“小太阳杯”儿童棋类比赛中，东湖塘中心小学、张泾实验小学分别获得国际跳棋A组和象棋B组团体冠军，东湖塘中心小学学生周毅寒、周柯婷分别获得男、女冠军；在江苏省国际跳棋锦标赛中，东湖塘中心小学获3金1银2铜；在第十八届江苏省运动会上，东北塘中学棒垒球项目获27金、2银、12铜，创历史最好水平；在MLB PLAY BALL全国青少年棒球联赛（无锡赛区）中，厚桥实验小学夺得小学A组冠军；在2014年全国青少年国际象棋团体锦标赛中，16岁的韦青平和20岁的吴梦娴成功晋级国际象棋国家大师；在第四届“太湖杯”国标舞城市公开赛中，甘露学校获一等奖；在“蓝宇杯”第六届全国“水中健身操”比赛中，天一中学一举夺得“集体徒手动作操”“双人徒手动作操”两个第一名，并同时获得“最佳编排奖”和“最佳领操员奖”；在2014年全国“啦啦操”冠军赛中，荡口实验小学取得“花球”第一名、爵士舞第二名的优异成绩。安镇实验小学被评为“全国体育传统项目学校”。

【学校卫生】组织参加区红十字会第三次会员代表大会。组织天一中学、仓下中学、云林实验小学参加两年一次的无锡市学生体质监测。区教育局、区卫生局在东亭中心幼儿园、东亭实验小学举行“锡山区2014年传染病突发公共卫生事件应急演练和培训”。协助区关心下一代工作委员会组织开展“卫宝健康举手行动”。华夏爱尔幼儿园接受A级食堂验收，东亭实验小学被命名为锡山区食品药品宣传点。在江苏省第十三届中小学健康教育知识竞赛活动中，区教育局及安镇实验小学、安镇中学、东亭中学获优秀组织奖。

（陈　辉）

【学校艺术教育】承办市第三十四届小学生“百灵鸟”艺术展演（锡山分会场），设舞蹈和综合（合唱、器乐、语言类）两大专场，选送的4个舞蹈获2金2银；区教育局获市第三十四届“百灵鸟”艺术展演优秀组织奖。举办“阳光路上——锡山区庆祝第30个教师节文艺汇演”。港下实验小学承办“无锡市校园艺术文化建设现场展示研讨活动”，向全市的400余名教师进行课堂教学展示和打击乐成果汇报，并举行“刘达江艺术学校”揭牌仪式。东湖塘中心小学400名学生表演的“排球操”，应邀参加市第九届中小学生运动会开幕式。查桥实验小学的“吴歌”表演唱《我里佬小闹元宵》参加中央电视台中文国际频道的《中华情·烟雨荡口》现场音乐晚会录制。羊尖实验小学被命名为无锡市首批非物质文化遗产传承示范基地。

（张湘君）

【学校科技教育】举办区第六届“学校科技节”、区第二届小学生科学素养大赛。天一中学学生郑怡的《改进型多生理参数疲劳驾驶报警装置》获“全国科技创新大赛银奖”“江苏省青少年科技创新成果竞赛一等奖（工程学类第一名）”；锡东高级中学学生惠志坚的《自行车双发电多功能系统》获澳门国际发明展览会银牌第一名；天一中学学生黄启凡在全国中学生天文奥林匹克竞赛上获低年组铜牌；锡东高级中学学生倪冰清、惠志坚在第十三届江苏省青少年电子技师认证活动中获总分全省并列第一名；东亭实验小学、天一实验学校、锡东高级中学4名学生在无锡市物联网传感创意设计大赛上获一等奖；东亭实验小学、柏庄实验小学均有1名学生在无锡市机器人竞赛上获一等奖；在第二十六届全国中小学生（江苏地区）“金钥匙”科技竞赛初三学生CESL（关注化学、环境、社会、生活）活动团体赛中，天一实验学校获特等奖；在江苏省第八届“校园之间”智力竞技活动总决赛中，荡口实验小学获团体一等奖；在江苏省第十四届青少年机器人竞赛中，锡山中等专业学校获团体二等奖。极地科学家位梦华到荡口实验小学与学生交流。东亭实验小学成为锡山区首个“江苏省食品药品安全科普宣传站”；锡东高级中学、天一实验学校、荡口中学被省科学技术协会、省教育厅评为“江苏省‘十二五’第三批科学教育特色学校”。（陆 逊）

【学前教育】 厚桥大诚幼儿园创建成市优质幼儿园；全区省优质幼儿园比例为77.14%；全区公办幼儿园100%创建成市优质幼儿园，其中省优质幼儿园比例为83.87%，全区学前教育优质化水平进一步提升。东北塘街道、锡北镇创建成无锡市学前教育现代化镇（街道），区内所有镇（街道）全部通过无锡市学前教育现代化镇（街道）评估验收。

【特殊教育】 2014年，全区有特殊教育学校1所，有9个培智教学班，学生102人，教职工43人，其中专任教师21人。全区义务教育阶段有22所学校开设随班就读班级71个，随班就读学生80人。其中，小学阶段有14所学校，随班就读班级45个，随班就读学生48人；初中阶段有8所学校，随班就读班级26个，随班就读学生32人。各类残疾儿童入学率100%。锡山特殊教育学校被评为“无锡市特殊奥林匹克运动工作先进单位”“2013年度锡山区平安校园”；档案工作通过市档案局组织的三星级验收；承办市随班就读特殊教育研讨会；承担2014年市特殊教育师资（聋教育）的培训。组织参加“爱满天下杯”第十四届全国青少年书画篆刻大赛，1件作品获特等奖，8件作品获金奖，12件作品获银奖，8件作品获铜奖，4件作品获优秀奖。锡山特殊教育学校学生蔡嘉成在锡山区“千名追梦好少年”展评活动中，被评为“追梦好少年”；锡山特殊教育学校学生沈博、罗延非在江苏省中小学生“三爱”书签制作大赛中获优秀奖。参加无锡市第四届特殊奥林匹克运动会，3名学生获一等奖，4名学生获二等奖。

（蒋丽芬）

职社教育

【概况】 2014年，全区有职业学校1所（锡山中等专业学校），在籍学生2811名；有省级社区教育学院1所、镇（街道）社区教育中心9所（其中省级社区教育中心6所）、成人教育中心校9所，省级农科教结合示范基地2个。全年新创建成优秀社区学校2所、合格职工学校1所，全区118个村（社区）普遍建立社区学校，其中省级标准化居民学校22所；区优秀社区学校109所，比例为92.37%。

【职业教育注重内涵】 锡山中等专业学校出台《江苏省锡山中等专业学校管理制度手册》。拓宽办学路径，与江苏开放大学合作开办“3+开放本科”；成为江苏影视传媒职业教育集团无锡工作站。顺利创建成市职教信息化示范院校；数控技术应用实训基地被认定为省级实训基地。完成2014年省中等职业品牌专业网上申报和市级推荐；创建成市级重点专业群1个，市级“精品课程”资源2个。成立“张忆雯特级教师工作室”和“蒋潄清教授工作室”；在锡山区第五批教学新秀、教学能手、学科带头人和区首批教育科研带头人评选中，3人被评为区学科带头人，5人被评为区教学能手，5人被评为区教学新秀，1人被评为区首批教育科研带头人；在无锡市第六批中小学教学新秀评选中，2人被评为市教学新秀；教师刘凯在全市“创新杯”教师教学设计说课大赛上获一等奖。省“十二五”规划课题《中职校精品课程与专业团队协同发展研究》等4项课题开题立项；市“十二五”规划课题《现代农民培训与中等职业教育发展研究》完成中期评估。单招本科录取率突破30%，创历史最好水平；在2012级江苏省中等职业专业知识学业水平测试5门参考课程中，4门课程均分超过市平均水平；在江苏省职业学校技能大赛上，获二等奖1个，三等奖1个。另外，6件作品获国家实用新型专利，学校累计专利项目42项。

【社区教育成效显著】 编印《锡山社区教育工作简报》4期。锡北镇、安镇街道两个镇级职业技能公共实训中心建成投用；启动锡山中等专业学校（二期）、社区学院、羊尖镇3个区（镇）级职业技能公共实训中心建设；东港镇、羊尖镇、鹅湖镇3所成人教育中心校完成搬迁改造，办学条件明显改善。安镇街道先锋社区等3个村（社区）被评为“锡山区社区教育特色村（社区）”；东港镇山联村“大学生村官爱心团队”等2个团队被评为“锡山区社区教育特色团队”；安镇街道“天天艺术教育”被评为“锡山区特色活动项目”；编写9门乡土特色课程（文本教材），制作1门数字媒体课程。锡北、鹅湖、安镇等镇（街道）的8项省级社区教育课题完成结题申报；东北塘街道、厚桥街道、羊尖镇的3个市级课题立项开题，继续引领社区教育特色发展。选派人员积极参与省市主管部门开展的各类活动，在全省第三批“优秀乡土课程（读本）”评选活动中，获优秀组织奖，并获二等奖1个、三等奖4个、优秀奖14个，位列全市前茅；在市组织的社区特色团队展示活动及“电大杯”社区居民汉字听写大赛中双双折桂。2014年，锡山区被省社会教育指导中心评为“江苏学习在线应用推广先行区”，社区教育成效进一步彰显。

（陈　弢）

教师队伍

【概况】2014年，全区学校教职工总数6384人（含中小学、特殊教育学校、中等专业学校、幼儿园），专任教师5015人。中等专业学校、中小学有教授级中学高级教师3人，中学高级教师、中等专业学校高级讲师798人，中学一级教师、中等专业学校讲师、小学高级教师2366人。区教育系统在职人员中，1431人获区教学新秀（含区班主任新秀）及以上学术荣誉，其中江苏省特级教师18人，无锡市名教师7人。东北塘垓坝小学校长过琴芬被人力资源和社会保障部、教育部评为“全国教育系统模范教师”；安镇实验小学教师倪凯颜被评为“江苏省第十三批特级教师”；隆亭实验小学教师施萍一、荡口实验小学教师华钢被评为“江苏省优秀教育工作者”。天一中学教师张春华成功申报第三批“江苏人民教育家培养工程”培养对象。全区有173名教师被评为“无锡市第六批中小学教学新秀”“锡山区第五批教学新秀、教学能手、学科带头人”“锡山区首批教育科研带头人”；完成38名无锡市第七批中小学教学能手推荐工作、40名锡山区第六批教学能手的评选工作；组织2014年度546名骨干教师的区级考核工作。

（张　铭）

2014年锡山区中小学、中等专业学校专任教师数量及学历结构情况一览

表12

类别	人数（人）	学历结构					合格率（%）
		研究生（人）	本科（人）	专科（人）	高中阶段（人）	专业合格证（人）	
合计	4115	228	3209	584	94	0	99.59
小学	1976	66	1345	472	93	0	100
初中	1183	40	1046	96	1	0	99.92
高中	713	115	588	10	0	0	98.60
中专	243	7	230	6	0	0	97.53

说明：专任教师数和学历数据取自《2014年无锡市锡山区教育事业概况》

2014年锡山区中小学、中等专业学校专任教师年龄结构情况一览

表13

类别	专任教师总数（人）	34岁以下		35～44岁		45～54岁		55～59岁	
		人数（人）	比例（%）	人数（人）	比例（%）	人数（人）	比例（%）	人数（人）	比例（%）
合计	4115	1608	39.08	1580	38.40	844	20.51	83	2.01
小学	1976	916	46.36	681	34.46	339	17.16	40	2.02

续表13

类别	专任教师总数（人）	34岁以下		35～44岁		45～54岁		55～59岁	
		人数（人）	比例（%）	人数（人）	比例（%）	人数（人）	比例（%）	人数（人）	比例（%）
初中	1183	307	25.95	534	45.14	318	26.88	24	2.03
高中	713	277	38.85	270	37.87	152	21.32	14	1.96
中专	243	108	44.44	95	39.09	35	14.40	5	2.07

【干部培训】采用自行组织培训和外派培训相结合的方式，为校（园）长和中层干部提供各种培训机会，促进领导干部素质提升。开展中层干部带教活动，组织8名中小学中层干部到天一中学、天一实验学校、东亭实验小学等区内名校"跟岗带教"学习。举办由区内190名校（园）长参加的校（园）长领导力培训班；组织181名中小学校长、幼儿园园长参加市教育局组织的校长远程培训活动；组织义务教育学校30名正职校长听取由市教育局举办的《义务教育学校管理标准解读》专题讲座；组织13名新任中小学副校长参加2013～2014年度全市中小学校长任职资格培训活动；选送12名幼儿园园长参加省第3期优质幼儿园园长任职资格培训活动；选送16名义务教育学校校长参加省教育厅举办的校长研修和培训活动；选送4名高中校长、书记参加省教育厅组织的"校长提高"专题培训活动；选送两名校（园）长参加省教育厅组织的管理者出国培训活动。

【教师培训】组织1840名中小学、幼儿园教师参加区级培训活动，组织1145名中小学骨干教师参加市教育局组织的各类培训活动，组织725名骨干教师参加省级培训活动，组织24名骨干教师参加国家级培训活动，组织9名骨干教师参加出国培训活动。承办省教育厅2014年"名师送培"——无锡市校本研修管理者培训班，并组织区内94名负责"校本培训"的校长、主任参加培训班。（黄永伟）

【学校"满意度"测评开展】为进一步推进现代学校建设，构建中小学（幼儿园）多元评价体系，营造全社会各界关心支持和推动学校实施素质教育的氛围与机制，12月，在全区开展学校"满意度"测评工作。全区50所中小学、幼儿园参与其中，参加测评的学生、家长、教职工、理事会及社会各界人士总数16984人，总满意率97.11%，有47所学校满意率总评在90%以上，24所学校满意率总评均为100%。

【区"最美教师"评选】为充分展示全区广大教职工教书育人、为人师表、尚德奋进的精神风貌，大力营造崇德向善、见贤思齐的浓厚氛围，传递教育正能量，2014年教师节前夕，组织开展锡山区"最美教师"评选活动。经各中小学及幼儿园民主推荐，区教育局、教育工会认真评审，天一中学师素芳等10名教师被评为锡山区"最美教师"，并在区教育系统的第30个教师节庆祝大会上进行表彰。

（巫春华）

2014年锡山区教育事业概况一览

表14

类别	学校数（所）	班级数（个）	毕业生数（人）	招生数（人）	在校学生数（人）	毕业班学生数（人）	教职工数（人）	
							合计	其中：专任
中等专业学校	1	81	1137	841	2811	762	189	177
普通中学	18	497	6649	7223	21245	6969	2115	1896

续表14

类别	学校数（所）	班级数（个）	毕业生数（人）	招生数（人）	在校学生数（人）	毕业班学生数（人）	教职工数（人）	
							合计	其中：专任
高中	5	157	2569	2186	6706	2360	—	713
初中	13	340	4080	5037	14539	4609	—	1183
职业中学	—	—	—	—	—	—	—	—
小学	17	785	4841	6364	35412	5051	2100	1909
特殊教育学校	1	9	—	—	102	12	36	23
盲聋哑培智学校	—	—	—	—	—	—	—	—
幼儿园	33	476	5327	4890	16102	5681	1874	981
教师进修学校	1	—	—	—	—	—	95	66
成人技术培训学校	190	—	162470	162734	162734	—	338	178

2014年锡山区教育经费情况一览

表15

项目	金额（万元）	占全区教育经费的比例（%）
财政拨款	89648	67.2
教育费附加	21912	16.43
城市附加	—	—
上级补助收入	—	—
附属单位缴款	—	—
事业收入	13391	10.04
其中：学杂费	11442	8.58
其他收入	8452	6.33
其中：择校费	—	—

（金晓东）

教育督导

【概况】2014年，锡山区教育督导工作紧紧围绕全区教育改革发展的中心和重点，以实现锡山教育优质均衡发展和保障素质教育全面实施为主要任务，认真履行教育督导职能，切实增强服务教育发展的功能，为全区教育事业的改革和发展做出积极贡献。

【区政府教育督导委员会成立】为贯彻落实《国家中长期教育改革和发展规划纲要（2010～2020年）》精神，进一步健全教育督导体制，强化教育督导检查、监督、评估和指导作用，区政府下发《关于成立区政府教育督导委员会的通知》，区政府教育督导委员会成立。区政府教育督导委员会负责统筹规划全区的教育督导工作，协调区政府有关职能部门落实教育职责，研究决定全区教育督导工作的重要事项。区政府教育督导委员会办公室设在区政府教育督导室。

【薄弱环节整改情况专项督导】11月5日，接受市政府教育督导室“全国义务教育发展基本均衡县（市、区）”评估认定薄弱环节整改情况专项督导。督导组听取区教育局党委书记、局长孟静卫的专题汇报，实地考察东北塘实验小学和东璟家园小区配套小学建设工地，充分肯定锡山区的整改工作成效。

【中小学（幼儿园）综合督导】4～6月，依据《无锡市普通小学、初中督导评估方案》《锡山区幼儿园督导评估方案（修订稿）》和学校三年发展性规划，对区内9所中小学和5所幼儿园开展综合督导，有效促进各中小学（幼儿园）办学水平的提升和发展。9月下旬，召开专题会议部署制定新一轮学校三年发展性规划。要求学校以《无锡市锡山区中小学校素质教育综合督导评估方案》为主要依据，结合全区教育“十二五”规划目标和学校实际，完善推进义务教育优质均衡发展的保障机制，制定全面实施素质教育的具体措施。

【天一中学素质教育综合督导】12月2～3日，以省教育科学研究院院长杨九俊为组长的专家组一行7人，对天一中学进行素质教育综合督导。在两天的督导评估中，专家们听取校长的工作汇报，查阅自评报告和自评材料，察看校园环境、教学设施、师生活动；并通过听课、评课，召集教师访谈，组织学生问卷调查，电话访谈学生家长等，了解学校教学、办学声誉等情况。专家组在深度调研分析的基础上，用“教育理念新提升、培养模式新探索、队伍建设新高地、学校治理新水平、特色建设新境界”，对学校5年的工作给予充分的肯定。同时，希望天一中学能够系统地梳理、总结、凝练办学的理念和经验，继续在全市乃至全省发挥引领带头作用。

【“挂牌督导”责任区全面落实】4月4日，按照省市教育督导工作要求，在东亭实验小学召开专题工作会议，部署落实全区“挂牌督导”责任区工作。首批16名“挂牌督导”责任督学由区政府发文聘任。依据《锡山区中小学素质教育督导评价方案（试行）》，责任督学每月必须对36所普通高中和义务教育学校开展随机督导，敦促学校整改存在的问题与不足，及时回复家长和学生的咨询、投诉。6月18日，锡山区作为无锡市唯一抽查县（区）接受全省中小学校责任督学“挂牌督导”工作专项检查。省检查组对锡山区“强化保障措施、严格督学选聘、加强制度建设”等创新实践表示赞赏。9月5日，市专项督查组对锡山区“挂牌督导”工作开展情况进行督查，对锡山区及时制定督查标准、规范制式记载等创新举措给予充分的肯定。 （郭 昭）

【“平安校园”创建】认真贯彻落实《2014年锡山区学校安全工作要点》，深入推进“平安校园”建设，进一步强化校园安全管理，全面营造安全稳定的校园及周边环境，确保全区中小学（幼儿园）安全稳定，为教育的改革与发展奠定良好基础。全区中小学、幼儿园安全工作牢固树立“安全第一、预防为主、综合治理”的理念，紧紧围绕“平安校园”建设的目标要求，认真贯彻落实国家和省、市、区对学校安全工作的规定，始终把安全工作放在重中之重的位置，狠抓各项安全管理制度的建设、安全隐患的排查和整改、安全措施和安全责任的落实，市“平安校园”创建目标任务全部完成，24所中小学、幼儿园创建成省“平安校园”，创建率44%。区教育局同时被评为2014年度“无锡市安全生产先进单位”和“无锡市内部治安保卫先进集体。

【“文明交通学校”创建】区教育局、锡山交警大队对全区38所中小学“文明交通学校”创建工作进行综合验收，创建工作全面完成。

全区各中小学均成立“文明交通学校”工作领导小组，采取“三大举措”全力推进创建工作。架构网络，建立有效的立体管理格局。学校组建教师“护学岗”队伍，聘请交警为指导员，吸纳家长委员会成员和社会人士为交通安全信息员，形成全员参与、人人担责的管理局面。加强宣传，提升交通安全文明素养。学校把交通安全教育作为规范养成教育的重要内容，丰富教育形式和内容，重在学生参与，营造良好的宣传氛围。完善设施，落实完善的过程管理措施。大部分学校建设学生停车场和车库，完善交通标线、指示牌，安装安全道栅。上下学时段实施“人车分流”通道，着力排除交通隐患，有效改善安全状况，整体提升“文明交通学校”的创建水平。（钱振洪）

教育研究

【概况】推广新型课堂构建的实践研究和“以学定教，以教导学”教学课型研究的成果，促进课堂转型，提升课堂品位和品质。《光明日报》以《无锡锡山：“转改走”让课堂更有品位》为题，对锡山区“三品课堂”进行专题报道。推广“基于测试分析提升区域义务教育质量”项目研究成果，组织2014年省义务教育阶段学生学业质量测试。小学毕业考试三科合格率在98%以上；中考、高考（普通类）成绩创历史最好水平。推进仓下中学省“英语课程建设项目”、羊尖中学省“心理课程建设项目”建设，启动荡口中学省“科学课程建设项目”建设；深化天一中学“STS综合创新课程基地”、锡东高级中学“思维可视化课程基地”建设。聘任219人为锡山区第三届学科中心组成员，举办锡山区第二届“领航杯”课堂教学大赛、锡山区第十三届教师技能大赛、锡山区首批名师工作室“课堂品质”高层论坛等活动，开展市第七批、区第六批中小学教学能手评选，承办2014丹麦拜瑟克伦（无锡）教育展示会、江苏省教育厅“名师送培”校本研修管理者培训班、无锡市“江苏人民教育家培养工程首批培养对象”教育思想报告会等活动。9名教师获省评优课、基本功等大赛一等奖，32名教师获市评优课、基本功等大赛一等奖。区教育局获评“江苏省中小学、幼儿园优秀教育管理论文”评选优秀组织奖、江苏省第十三届“五四杯”中学青年教师教育教学论文竞赛优秀组织奖、无锡市第十三届教师技能大赛优秀组织奖、江苏省“教海探航”征文活动先进集体奖。《“以学定教，以教导学”教学模式与课型构建》丛书（18册），由东北师范大学出版社出版发行。《学科有效教学与教师专业能力提升》丛书（13册），由中国出版集团、世界图书出版公司出版发行。

【加入全国区域课程改革协作理事会】9月21日，全国区域课程改革协作理事会在北京师范大学成立，区教育局作为成员单位代表在成立大会上发言。全国区域课程改革协作理事会是中国新课程研究院、教育部北京师范大学基础教育课程研究中心发起成立的一个以推进课程改革为共同宗旨的改革协作体。成员单位将通过基于项目研究的共同学习和实践，分享课程改革的经验，破解课程改革中的瓶颈问题，整体提升区域教育质量，提升区域内校长、教师的教育教学水平。

【课题研究】做好各级各类课题研究的中期评估工作，完成27项省级、96项市级“十二五”规划立项课题的中期评估。推动省市级精品后备课题研究工作，在东亭实验小学举行市“精品课题”评估现场会，全区7项课题参与评估，5项课题获优秀等级。分学段开展“课程·课堂·课题”课题研究阶段成果交流研讨活动，创新机制，树立典型，强化科研成果的提炼与推广。加强区域、学段联动，倡导主题共研，深化课题研究的品质提升与内涵展现，构建部分学术专著出版整体框架体系。天一中学的《天一科学院学生自主学习模式探索》项目获“2014年基础教育国家级教学成果一等奖”。（蒋洪兴）

招生考试

【概况】2014年，区招生考试办公室按上级统一部署，组织并圆满完成学业水平测试、高考、中考、高等教育自学考试、全国计算机等级考试等一系列国家、省、市级考试，涉及各级各类考生27295人，所有考试做到安全、平稳，没有发生一起重大责任事故，没有发生一起违纪舞弊事件，无上访、“零投诉”。其中，参加高考的有2452人，参加学业水平测试的有2330人，参加中考的有3754人，参加高等教育自学考试的有10392人，参加各类证书考试的有8367人。

【高考高招】2014年，锡山区高考设天一中学一个考点，88个考场。全区参加高考人数2452人，其中普通类考生2449人，艺术类考生3人。普通类考生中本二以上进线人数1316人，进线率53.74%。全区高考录取总数2357人，录取率96.2%。其中，录取本科1878人，录取专科479人。

2014年锡山区高考各报名点录取人数情况一览

表16

类别	参考人数（人）	提前本科（人）	本一（人）	本二（人）	本三（人）	本科合计（人）	专科（人）	录取总数（人）	录取率（%）
锡东高级中学	960	12	65	302	328	707	216	923	96.1
怀仁中学	786	14	16	143	322	495	255	750	95.4
天一中学	688	21	457	172	23	673	3	676	98.3
东北塘中学	12	1	1	0	0	2	4	6	50.0
区招生考试办公室	3	0	0	0	1	1	1	2	66.7
总计	2449	48	539	617	674	1878	479	2357	96.2

【中考中招】2014年，锡山区参加6月文化中考人数3754人，参加初职分流考生187人。参加中招现场录取考生总数3869人（6月文化中考人数加天一中学少年部直升115人），录取3541人，录取率91.52%。其中，录取普通高中1890人，录取职教类学校1651人，普通高中录取人数占录取总数的53.4%。其余328人未通过无锡市高等学校招生委员会办公室集中录取，通过其他渠道升入职业类学校或回原籍读高中，实际全区考生总升学率超过98%。

【自学考试和证书考试】2014年，锡山区自学考试工作在年度工作目标考核中位居无锡市前列。高等教育自学考试（学历教育）规模10392人次，开设72个本科、43个专科计115个专业。报考总数比2013年减少834人，超过市下达年度目标任务的36.7%。自学考试本、专科毕业人数610人，比2013年增加101人，其中本科毕业282人，专科毕业328人。高等教育自学考试万人报考率220。各类证书考试规模8367人，比2013年减少232人，超过市下达年度目标任务的67.3%。其中，全国计算机等级考试1123人，书法等级考试7244人。（区招生考试办公室）

教育法治

【概况】锡山区教育法制工作认真贯彻落实国务院《全面推进依法行政实施纲要》《关于加强法治政府建设的意见》和区依法行政工作会议精神，牢固树立人民教育为人民的宗旨意识，紧紧围绕教育改革发展稳定大局，加强组织领导，坚持突出工作重点，积极开拓创新，大力推进行政决策制度化、行政执法规范化和行政监督全程化建设，深入开展“六五”普法规划中期检查，有效提升依法行政、依法治教工作水平。

【依法行政推进】坚持便民利民，全面清理行政许可事项，优化行政审批流程，依法批准2所培训机构设立、1所培训机构增设教学点、1所培训机构变更办学地址、4所民办幼儿园变更负责人，138人通过初中及以下教师资格认定；出台《锡山区教育局机关工作人员行为规范》，完善首遇负责制、岗位责任制、服务承诺制、限时办结制等基本制度。高度重视咨询投诉、来信来访、舆情引导等工作，进一步完善信访通报、信息上报等工作机制。继续推进党务、政务和教务信息公开，加强校长任期审计和职务犯罪预防工作。

【依法治教推进】通过素质教育督查、群众投诉查处、学校三年发展性规划综合督导评估等，推动学校依法治教，进一步开齐开足各类课程，规范招生、分班等管理行为。进一步抓好安全稳定工作，全年组织开展10次专项检查，整改校车隐患线路19条，排查整改校园安全隐患54个，修订完善各类应急预案63个。

【社会监督强化】自觉接受区人大监督与区政协民主监督，积极配合区政协做好委员问政活动，充分发挥人大代表、政协委员、行风监督员、家长委员会、理事会成员等教育监督作用。全年高质量提前办结"两会"建议、提案12件，确保所有建议、提案的落实，人大代表、政协委员答复率、见面率、满意率均为100%。积极回应群众诉求，及时做好357起锡山教育网和"12345"政府公共服务热线网上咨询、来信来访等的反馈答复工作。（冯　健）

教育信息化

【概况】全区中小学均创建成独立校园网并通过光纤宽带接入因特网，小学阶段生机比8∶1，中学阶段生机比6∶1，各类学校师机比1∶1，各类学校"班班通"比例为100%。在第二十届全国青少年信息学奥林匹克联赛中，天一中学学生祝方韦、钱程阳、邓凯丰、顾炜伦4人获全国一等奖；锡东高级中学等5所学校的学生获第十二届全国中小学信息技术创新与实践"物联网创新设计"大赛一等奖6个。东亭实验小学教师吕晨和八士中学教师顾怡娜获"无锡市信息技术评优课一等奖"。云林实验小学教师吴云霞和东湖塘中心小学教师王小可获"无锡市第十三届教师技能大赛一等奖"，吴云霞被市总工会评为"五一巾帼标兵"。天一实验学校教师张波获"江苏省化学实验教学技能大赛一等奖"。东亭实验小学网站获"江苏省优秀校园网站评比二等奖"。12月17日，全市"数字化学习"暨"云课堂"研讨活动在安镇实验小学举行，无锡市117名中小学学科教师参加。2014年，评选出18个"2013～2014年度锡山区现代教育技术工作先进集体"和30名"2013～2014年度锡山区现代教育技术工作先进个人"，有效地促进了现代教育技术设施设备的规范管理与科学应用，促进了优质数字教育资源共建共享，进一步推动了各校教育技术工作向标准化、科学化、均衡化和现代化发展。

【省教育技术装备督导迎检准备工作】做好省教育技术装备督导迎检准备工作，成立工作小组，下发制度汇编和操作范例，召开现场会，组织各条线开展培训工作，分四个阶段组织自查、互查和普查工作。2月17～21日，学校自查。2月24～28日，校际互查。3月3～7日，全区普查。3月10～12日，重点抽查。第一轮工作结束后，在3月12日下发《关于进一步做好教育技术装备整改工作的通知》。根据各校实际情况组织第三次装备管理系统培训工作。11月17～18日，组织开展区现代教育仪器设备使用与管理考核区级检查，汇总各组检查发现的问题，下发检查情况通报。

【组织参加省首届"微课"竞赛】组织区内教师参加省首届"微课"竞赛活动，转发无锡市中小学教师"微课"竞赛活动学校账号，各校根据要求在省平台上传"微课"作品并上交光盘，各校上传作品114件。5月22日，在柏庄实验小学组织12名骨干教师对114件作品进行区级初评，选出55件作品参与市级和省级评比。最终，获省级一等奖1个、二等奖2个、三等奖3个。

【组织参加全国物联网创新设计大赛】组织参加第十二届全国中小学信息技术创新与实践"物联网创新设计"大赛，柏庄实验小学学生蒋贤文和张雨辰、羊尖实验小学学生曹可乐、鹅湖中学学生华天越、锡东高级中学贾庆彤获全国大赛一等奖，荡口实验小学获全国大赛团体一等奖，获奖名单刊登在2014年10月14日《中国教育报》第4版上。（陈月清）

教育国际化

【概况】认真贯彻落实省市教育部门有关进一步加强对中小学生境外修学旅行活动管理的通知精神，组织39名师生赴美国、英国、加拿大修学旅行，29名师生赴新加坡修学旅行，41名师生赴新加坡开展友好学校互访活动。组织9名校长（教师）参加省教育厅关于学校管理者（教师）赴德国、加拿大、澳大利亚等地的出国培训和进修活动。组织天一中学、东亭实验小学两名外籍学生参加第五届无锡市外国学生中文比赛。派出天一中学优秀学生赴法国参加"中法建交50周年——中法中学生数学交流活动"。接待参加"2014 Young Power魅力无锡夏令营"活动的120名中国台湾营员。承办由市教育局主办的大型教育研究类涉外活动——2014丹麦拜瑟克伦（无锡）教育展示会，全市近300名教师参加活动，听取丹麦方专题讲座，并与丹麦8名官员、55名校长（教师）开展涉及14个话题的讨论交流，取得预期效果。全区中小学校接纳奥地利、韩国等国家和中国台湾、香港地区学生32名。

（黄小红）

【承办2014年亚太地区中英“双语节”】4月17～19日，协和双语国际学校举办第二届亚太地区中英“双语节”。美国Kudo青少年领导力培养学校辩论专家Eric Strauss，亚太中文教师协会主席、博士王小平担任评委。江苏省、浙江省、上海市以及台北欧洲学校、中国香港弘立书院等14所学校的125名学生参赛。比赛按年龄分为11～12岁、13～14岁、15岁以上三个组别，设立双语诗歌、双语故事、双语演讲以及双语辩论4个项目。协和双语国际学校获“辩论特别奖”。（唐 敏）

【美国高校招生官访问天一中学】5月12～15日，美国斯坦福大学、芝加哥大学、范德堡大学、加州大学伯克利分校、华盛顿西雅图大学、斯沃斯莫尔学院、汉米尔顿学院、科尔比学院以及科罗拉多学院9所大学的招生官齐聚天一中学国际部，与其AP班学生进行“零距离”交流；5月24日，麻省理工大学建筑规划学院的大卫（David Costanza）和博士鲁塞尔（Luisel Zayas），与国际部学生进行一系列学术研究探讨与成长交流；10月中下旬，伊利诺伊卫斯理大学的招生官Adam Guo、迈阿密大学牛津招生官张丽娜（Lina Zhang）、明尼苏达大学的招生官屈婉玲（Wanling Qu）、罗切斯特理工学院的招生官Joanne R（Judy Lehr）、加州大学洛杉矶分校的招生官Kevin Hostettler等，先后在天一中学为国际部学生及家长作专题讲座。（陶 波）

编辑：钱惠芳

【锡山区非物质文化遗产】

养蜂现场 （区文体局 供稿）

养蜂技艺

无锡地区原无箱式养蜂事业，清末民国初华氏后裔实业家华绎之经考察国内外养蜂技术，创办了无锡移动箱式蜂业，组班到全国各地放养。民国初期，荡口华氏蜜蜂业开始兴旺发达，一直延续至今。华绎之农场的养蜂员钱阿二从华绎之的养蜂场学得养蜂技术，俞春林为第四代传人。养蜂技艺属传统技艺，于2010年被列入无锡市第二批非物质文化遗产保护项目名录。

3月28日，天一中学高中学生环保自行车赛举办　（天一中学 供稿）

9月24日，锡山区开展小学“心育绘本”教学研究活动
（区教育局 供稿）

11月，云林幼儿园举行幼儿采摘柚子活动　（徐佳乐 摄）

科学技术

Scientific Technology

11月15日，在第八届中国产学研合作创新大会上，区科技局获“中国产学研合作促进奖” （区科技局 供稿）

综　述

【概况】2014年，全区科技工作紧紧围绕区委、区政府的中心工作和决策部署，大力实施创新驱动战略，深入推进科技创新创业，企业自主创新能力日益提高，全区科技工作取得明显成效。锡山区与麻省理工学院的合作平台被科技部评为“国家级国际技术转移中心”。无锡高科技农业示范园区被认定为全市首个国家级科技特派员创业基地，并被科技部命名为国家级农业科技园区。开发区被列入国家知识产权试点园区。区科技局获“中国产学研合作促进奖”“江苏省科技政务信息工作先进单位”“无锡市科技工作先进单位”，连续第六年被评为“江苏省知识产权工作先进集体”。在区委、区政府对区级机关（部门）科学发展年度评价考核中，区科技局综合得分名列第一位。

【高新技术产业培育】2014年，全区高新技术产业持续增长，高新技术产业产值超480亿元，占规模以上工业总产值的比重比上年提高6个百分点。全区新增省高新技术企业37家，累计139家，2014年实现工业总产值414亿元。新增国家火炬计划重点高新技术企业2家，省后备高新技术企业6家，全区R&D占GDP的比重为3%，企业技术开发费备案数超过16亿元。依托国家火炬计划锡山新材料产业基地和多功能电动车产业基地，锡山区新材料产业和电动车产业两大特色产业发展势头良好，其中新材料企业167家，高新技术企业39家，收入超10亿元企业5家。

【科技载体建设】至2014年年末，全区拥有区级以上院士工作站、工程技术研究中心等企业研发机构405家，其中博士后工作站16家、市级以上院士工作站14家、省级研究生工作站5家；拥有区级以上企业工程技术研究中心285家，其中省级61家；累计建成10家科技创新公共服务平台，其中省级5家。大中型企业研发机构覆盖率100%，规模以上企业研发机构覆盖率超过85%，其中规模以上高新技术企业研发机构覆盖率100%。锡山科技创业园、V-park信息服务和创意产业园、无锡索立得国际科技合作园顺利通过省级孵化器年度验收考评。全区“三创”科技载体入驻科技型企业313家，集聚以博士、硕士为主的创新创业人才306名，入驻率在81%以上，载体面积使用率超过87%。

【政产学研合作】2014年，组织企业赴北京市、上海市、江苏省南通市、湖北省武汉市、陕西省西安市等地举办产学研合作洽谈会，邀请中国科学院院士、科技部领导、高校领导和知名专家出席对接洽谈会，签订项目合作协议10项。继续扶持锡山区企业开展产学研项目合作，全区55个产学研合作项目支出合作经费1213.17万元，获区财政补助359.76万元（2012～2014年累计补助1262.59万元）。分别召开锡山区企业创新国际化工作推进会和无锡锡山—麻省理工学院科技和人才合作会议，国家级国际技术转移中心揭牌，有15家企业与麻省理工学院开展技术咨询、联合研发等合作。诺贝尔奖得主以及美国、英国工程院院士等一批国际顶尖专家走进锡山，与锡山企业联合开发项目。2014年，锡山区国家国际科技合作专项立项1项，入围1项；省国际合作项目4项（其中麻省理工学院专项3项，占省国际合作项目的四分之三）；市国际合作项目全部落户锡山区。全区累计获得国家、省、市国际合作项目立项28项，获扶持资金超3000万元。

【科技创新创业】2014年，锡山区引进市级科技创新创业领军人才11项，科技创业领军团队1项，省创新创业人才计划立项5项。全区正常运行“530”企业114家，全年实现销售5.3亿元，比上年增长23%，上缴税收2084万元，比上年增长71%，其中超1000万元“530”企业19家。区政府出资1000万元加入市科技型中小企业贷款风险补偿资金池。通过知识产权质押贷款、科技风险补偿贷款、科技成果产业化贷款贴息等形式，科技型企业融资渠道不断拓宽。全区获科技支行贷款余额1.9亿元，38个省重大成果转化及市成果产业化项目获银行贷款4.8亿元，到位科技贷款贴息扶持2909万元。18家企业入库省科技企业上市培育计划，40家企业被认定为省科技型中小企业，5家企业特聘专家获聘“省科技副总”，3家高新技术企业在国内外上市，5家企业在新三板挂牌。

（王旻明）

科技计划和项目实施完成情况

【概况】以实施各类科技计划为纽带，整合锡山区科技资源，加强科技项目申报和管理。2014年，锡山区申报各类项目325项，获得国家国际科技合作专项1项，国家火炬计划项目5项，国家星火计划项目1项，国家重点新产品1项，省高新技术产品137项，省科技支撑计划项目4项，省创新基金2项，省重大科技成果转化1项，省国际合作项目4项（其中麻省理工学院专项3项）；获批省外资研发机构1家，省研究生工作站2家；获得市工业支撑计划项目3项，市科技型中小企业技术创新基金—创新项目8项，科技保险资助项目15项，市贷款贴息项目6项，市国际合作项目3项，省工程技术研究中心4家，市工程技术研究中心8家，市农业项目3项，市社会发展2项，新认定省民营科技企业68家。全年市级以上科技指令性项目立项数73项，新增合同经费支持6362万元，实际到位科技扶持资金超1亿元。

2014年锡山区新增国家国际科技合作专项一览

表17

序号	项目名称	承担单位	所在地
1	高功率微波窗口材料的技术引进	无锡隆傲电子有限责任公司	鹅湖镇

2014年锡山区新增国家创新基金一览

表18

序号	项目名称	承担单位	所在地
1	微米纳米制造中高性能恒温测控装置的研发及产业化	无锡溥汇机械科技有限公司	开发区
2	国家科技型中小企业技术创新基金风险补助	江苏火炬创业投资有限公司	开发区
3	基于物联网能量优化控制的太阳能—热泵供水系统	江苏富源节能电器有限公司	东港镇

2014年锡山区新增国家火炬计划项目一览

表19

序号	项目名称	承担单位	所在地
1	超高速电梯钢丝绳的研发及产业化	江苏赛福天钢索股份有限公司	开发区
2	轻量化软硬层汽车声学部件隔音垫	无锡吉兴汽车声学部件科技有限公司	开发区
3	HY-7高效节能型智能化高速弹力丝机	无锡宏源机电科技有限公司	开发区
4	基于多台阶导磁轭的薄型扬声器	无锡杰夫电声有限公司	锡北镇
5	高效溶气气浮	无锡海拓环保装备科技有限公司	锡北镇

2014年锡山区新增国家星火计划项目一览

表20

序号	项目名称	实施单位	所在地
1	农村污水物联网智能集成管理系统的研究及应用	江苏商达水务有限公司	开发区

2014年锡山区新增国家重点新产品一览

表21

序号	项目名称	承担单位	所在地
1	高效冷凝式燃气余热回收装置	无锡锡州机械有限公司	锡北镇

2014年锡山区新增国家火炬计划重点高新技术企业一览

表22

序号	企业名称	所在地
1	无锡锡州机械有限公司	锡北镇
2	无锡普天铁心股份有限公司	锡北镇

2014年锡山区新增江苏省高新技术企业一览

表23

序号	企业名称	所在地
1	无锡市迈日机器制造有限公司	开发区
2	无锡莱林检测机械有限公司	开发区
3	鹰普（中国）有限公司	开发区
4	西达（无锡）生物科技有限公司	开发区
5	江苏远翔物联科技有限公司	开发区
6	江苏申锡建筑机械有限公司	开发区
7	无锡吉兴汽车部件有限公司	开发区
8	无锡康伟工程陶瓷有限公司	开发区
9	江苏新广联科技股份有限公司	开发区
10	无锡开普机械有限公司	开发区
11	无锡汉神电气有限公司	开发区
12	无锡华诺威动物保健品有限公司	东亭街道

续表23

序号	企业名称	所在地
13	江苏大为科技股份有限公司	东亭街道
14	江苏聚慧科技有限公司	东亭街道
15	无锡鼎邦换热设备有限公司	商务区（安镇街道）
16	无锡赛盈电机科技有限公司	商务区（安镇街道）
17	无锡市羊尖华强塑料彩印有限公司	羊尖镇
18	无锡大塘复合材料有限公司	东北塘街道
19	无锡市东舟船舶附件有限公司	东北塘街道
20	无锡市海联舰船附件有限公司	东北塘街道
21	无锡海拓环保装备科技有限公司	锡北镇
22	无锡鸿海龙船机有限公司	锡北镇
23	无锡工源机械有限公司	锡北镇
24	无锡佳腾磁性粉有限公司	锡北镇
25	无锡杰夫电声有限公司	锡北镇
26	无锡锡州机械有限公司	锡北镇
27	无锡七点建材有限公司	东港镇
28	无锡绿缘汽车零部件有限公司	东港镇
29	灏昕汽车零部件制造无锡有限公司	东港镇
30	无锡湖光工业炉有限公司	东港镇
31	江苏通用科技有限公司	东港镇
32	无锡斯贝尔磁性材料有限公司	东港镇
33	无锡洲翔成套焊接设备有限公司	东港镇
34	无锡安士达五金有限公司	东港镇
35	无锡市南方电器制造有限公司	东港镇
36	无锡市明江保温材料有限公司	东港镇
37	无锡阿科力化工有限公司	东港镇

2014年锡山区新增江苏省高新技术（后备）企业一览

表24

序号	企业名称	所在地
1	江苏东珠景观股份有限公司	东亭街道
2	无锡中地钻探装备有限公司	羊尖镇
3	无锡盾建重工制造有限公司	羊尖镇
4	无锡鼎茂机械制造有限公司	羊尖镇
5	无锡市剑鹰机械有限公司	鹅湖镇
6	无锡朗特电子科技有限公司	鹅湖镇

2014年锡山区新增江苏省科技企业上市培育计划入库企业一览

表25

序号	企业名称	所在地
1	江苏利特尔绿色包装股份有限公司	开发区
2	江苏龙升节能科技股份有限公司	商务区（安镇街道）
3	无锡通用钢绳有限公司	东港镇
4	无锡统力电工有限公司	东港镇

2014年锡山区新增江苏省科技型中小企业一览

表26

序号	企业名称	类型	所在地
1	无锡动力工程股份有限公司	中型	开发区
2	无锡指网生物识别科技有限公司	微型	开发区
3	无锡联企云网信息科技有限公司	微型	开发区
4	无锡亮源激光技术有限公司	小型	开发区
5	无锡高联信息技术有限公司	微型	开发区
6	无锡中科光远生物材料有限公司	微型	开发区

续表26

序号	企业名称	类型	所在地
7	无锡纳讯微电子有限公司	微型	开发区
8	江苏新广联光电股份有限公司	小型	开发区
9	江苏新光数控技术有限公司	小型	开发区
10	无锡瑞迪声科技有限公司	微型	开发区
11	无锡舒玛天科新能源技术有限公司	微型	开发区
12	无锡海古德新技术有限公司	微型	开发区
13	江苏铁鑫能源科技有限公司	小型	开发区
14	无锡云捷科技有限公司	微型	开发区
15	无锡佑尔医疗技术有限公司	微型	开发区
16	无锡市西施美日化有限公司	小型	开发区
17	无锡诚石轴承有限公司	中型	开发区
18	无锡市新达轻工机械有限公司	小型	开发区
19	无锡日月合金材料有限公司	小型	开发区
20	禾邦电子（中国）有限公司	小型	开发区
21	无锡联营电力设备有限公司	小型	商务区（安镇街道）
22	无锡市万旋金属制品有限公司	小型	商务区（安镇街道）
23	江苏永尚能源科技有限公司	微型	羊尖镇
24	无锡市寿德木业有限公司	小型	鹅湖镇
25	无锡市鸿太阳印刷有限公司	小型	鹅湖镇
26	无锡新泰彩印包装有限公司	微型	鹅湖镇
27	无锡市明杨电池有限公司	小型	鹅湖镇
28	无锡市东杨电子有限公司	小型	鹅湖镇
29	无锡宝顺不锈钢有限公司	小型	鹅湖镇

续表26

序号	企业名称	类型	所在地
30	无锡朗特电子科技有限公司	微型	鹅湖镇
31	无锡市剑鹰机械有限公司	小型	鹅湖镇
32	无锡甘露焦化设备有限公司	小型	鹅湖镇
33	无锡金桥环球印务有限公司	小型	鹅湖镇
34	无锡正大轴承机械制造有限公司	小型	东北塘街道
35	江苏邦威服饰有限公司	小型	东港镇
36	无锡旭峰门业制造有限公司	小型	东港镇
37	无锡双锚新材料有限公司	微型	东港镇
38	无锡市中兴铁芯有限公司	小型	东港镇
39	江苏成龙服饰科技有限公司	小型	东港镇
40	无锡七点建材有限公司	小型	东港镇

2014年锡山区新增江苏省高新技术产品一览

表27

序号	产品名称	企业名称	所在地
1	多层软板的软硬结合印刷线路板	高德（无锡）电子有限公司	开发区
2	高密度互联高热传导汽车板	高德（无锡）电子有限公司	开发区
3	纳米颗粒增强铝合金基复合材料摩托车车轮	江苏中联铝业有限公司	开发区
4	基于前置加密技术的防复制光盘	江苏新广联科技股份有限公司	开发区
5	高耐酸高粘结性环氧树脂5型	日邦树脂（无锡）有限公司	开发区
6	破碎站自动控制系统（升级版）	无锡中科电气设备有限公司	开发区
7	履带起重机用双压实钢丝绳	江苏赛福天钢索股份有限公司	开发区
8	全自动轴承保持架装配机	无锡双益精密机械有限公司	开发区
9	一次性多功能医用冲吸导管	江苏海泽医疗科技发展有限公司	开发区
10	A3行星齿轮减速机	无锡麻德克斯精机有限公司	开发区
11	波轮式洗衣机传动中枢	无锡麻德克斯精机有限公司	开发区

续表27

序号	产品名称	企业名称	所在地
12	高阶SSD线路板（3.2TB）	健鼎（无锡）电子有限公司	开发区
13	超薄smart phone线路板	健鼎（无锡）电子有限公司	开发区
14	高端HLC线路板	健鼎（无锡）电子有限公司	开发区
15	无苯热熔胶3型	日邦树脂（无锡）有限公司	开发区
16	吗替麦考酚酯原料药及其制剂	无锡福祈制药有限公司	开发区
17	高速电梯用金属芯钢丝绳	江苏赛福天钢索股份有限公司	开发区
18	新型静音水冷式消音热利用柴油发电机组	瑞昌哥尔德发电设备（无锡）制造有限公司	开发区
19	具新型自洁净式尾气净化装置的柴油发电机组	瑞昌哥尔德发电设备（无锡）制造有限公司	开发区
20	易分散造粒白炭黑855GR	无锡恒诚硅业有限公司	开发区
21	蛋糕模清洗机	三能器具（无锡）有限公司	开发区
22	涡流探伤设备	无锡莱林检测机械有限公司	开发区
23	重定量大牵伸不处理胶辊	无锡二橡胶股份有限公司	开发区
24	吊重用填充式双压实钢丝绳	江苏赛福天钢索股份有限公司	开发区
25	无卤素耐洗涤阻燃锦纶粘扣带	无锡百和织造股份有限公司	开发区
26	耐水粘扣带	无锡百和织造股份有限公司	开发区
27	超高电容量铝质芯片型固态电容器	钰邦电子（无锡）有限公司	开发区
28	插件式固态高压电解电容器	钰邦电子（无锡）有限公司	开发区
29	汽车ETC马达轴承	无锡诚石轴承有限公司	开发区
30	EGR阀废气再利用系统轴承	无锡诚石轴承有限公司	开发区
31	特高支精梳纯棉紧密纱	无锡长江精密纺织有限公司	开发区
32	紧密赛络纺粘胶针织纱	无锡长江精密纺织有限公司	开发区
33	表面定位热封涂蜡纸	江苏利特尔绿色包装股份有限公司	开发区
34	双面定位热熔胶铝纸	江苏利特尔绿色包装股份有限公司	开发区
35	移动心电工作站及其诊断监护云平台	无锡中盛医疗设备有限公司	开发区
36	磁控管用高性能银基铜、镍合金板	无锡日月合金材料有限公司	开发区
37	ZLP3000大载荷高处作业吊篮	江苏申锡建筑机械有限公司	开发区

续表27

序号	产品名称	企业名称	所在地
38	春风国宾摩托车铝合金车轮	江苏中联铝业有限公司	开发区
39	差别化纤维纺纱用牵伸胶辊	无锡二橡胶股份有限公司	开发区
40	高密闭烟气换向挡板门	无锡市华通电力设备有限公司	开发区
41	高速电梯用混合钢芯钢丝绳	江苏赛福天钢索股份有限公司	开发区
42	热风式节能旋转炉	新麦机械（无锡）有限公司	开发区
43	微风循环隧道炉	新麦机械（无锡）有限公司	开发区
44	SMART系列高速小机房客梯	希姆斯电梯（中国）有限公司	开发区
45	线型激光系统	无锡亮源激光技术有限公司	开发区
46	生物法抗菌精梳毛织物	无锡协新毛纺织有限公司	开发区
47	生物法可机洗精梳毛织物	无锡协新毛纺织有限公司	开发区
48	涡轮壳	鹰普（中国）有限公司	开发区
49	DR300高效节能低压矢量变频器	无锡市大元广盛电气股份有限公司	开发区
50	涡流超声联合探伤设备	无锡莱林检测机械有限公司	开发区
51	微型化层积式功率电感	禾邦电子（中国）有限公司	开发区
52	多埠列共模滤波器	禾邦电子（中国）有限公司	开发区
53	座板型固态高容量电解电容器	钰邦电子（无锡）有限公司	开发区
54	低阻抗高容量铝质积层式固态电容器	钰邦电子（无锡）有限公司	开发区
55	汽车启动机轴承	无锡诚石轴承有限公司	开发区
56	汽流纺纱机配套轴承	无锡诚石轴承有限公司	开发区
57	50/50微米超细线路印制电路板	高德（江苏）电子科技有限公司	开发区
58	高阻隔压纹防粘铝纸	江苏利特尔绿色包装股份有限公司	开发区
59	电梯用低噪音长寿命调心滚子轴承	江苏帝达贝轴承有限公司	开发区
60	高转速、强冲击振动筛专用轴承	江苏帝达贝轴承有限公司	开发区
61	ECT单袋可导静电过滤器	飞潮（无锡）过滤技术有限公司	东亭街道
62	新型快开过滤器（带SPEEDO密封和启闭装置）	飞潮（无锡）过滤技术有限公司	东亭街道
63	鱼用复合预混料	无锡华诺威动物保健品有限公司	东亭街道

续表27

序号	产品名称	企业名称	所在地
64	高弹性低收缩聚乙烯发泡珠粒	无锡会通新材料有限公司	东亭街道
65	高拉重比型中强度铝合金绞线	无锡华能电缆有限公司	商务区（安镇街道）
66	纤维增强树脂基复合芯软铝型线绞线	无锡华能电缆有限公司	商务区（安镇街道）
67	臭氧伤口治疗仪	无锡快帮医疗科技有限公司	商务区（安镇街道）
68	风速20代电动自行车	江苏新日电动车股份有限公司	商务区（安镇街道）
69	天使宝贝电动自行车	江苏新日电动车股份有限公司	商务区（安镇街道）
70	蓄电池观光车	江苏新日电动车股份有限公司	商务区（安镇街道）
71	高速大扭矩高效驱动系统型电动车	雅迪科技集团有限公司	商务区（安镇街道）
72	AMT机械智能自适应自变速型电动车	雅迪科技集团有限公司	商务区（安镇街道）
73	哈雷王子电动自行车	江苏新日电动车股份有限公司	商务区（安镇街道）
74	风雅优乐电动自行车	江苏新日电动车股份有限公司	商务区（安镇街道）
75	天弧电动自行车	江苏新日电动车股份有限公司	商务区（安镇街道）
76	间隔式磁路电动车永磁同步变频电机（间隔变频电机）	无锡赛盈电机科技有限公司	商务区（安镇街道）
77	全液压式隧道管棚钻机	无锡市安迈工程机械有限公司	羊尖镇
78	高效LED路灯	无锡市晶联照明科技有限公司	羊尖镇
79	力鹰电动自行车	江苏爱玛车业科技有限公司	羊尖镇
80	履带式深基坑多功能钻机	无锡市安迈工程机械有限公司	羊尖镇
81	KMM600TSZ型三边封自立拉链制袋机	无锡鼎茂机械制造有限公司	羊尖镇
82	SJW-60高压旋喷钻机	无锡市安迈工程机械有限公司	羊尖镇
83	MXL-150D多功能钻机	无锡市安迈工程机械有限公司	羊尖镇
84	多用途高性能钻头	无锡中地钻探装备有限公司	羊尖镇
85	LDS工艺材料的涂料	无锡卡秀堡辉涂料有限公司	鹅湖镇
86	空气舵	无锡德林船舶设备有限公司	东北塘街道
87	船用液压滑动式水密门	无锡市东舟船舶附件有限公司	东北塘街道
88	节能高升力舵	无锡市东舟船舶附件有限公司	东北塘街道

续表27

序号	产品名称	企业名称	所在地
89	高效节能环保型鱼尾舵	无锡市东舟船舶附件有限公司	东北塘街道
90	船用高强度风雨密电动卷帘门	无锡市东舟船舶附件有限公司	东北塘街道
91	高效冷凝式燃气余热回收装置	无锡锡州机械有限公司	锡北镇
92	低失真度的薄型扬声器	无锡杰夫电声有限公司	锡北镇
93	号角式多点激励扬声器箱	无锡杰夫电声有限公司	锡北镇
94	四孔润滑油路挺柱体部件	无锡锡州机械有限公司	锡北镇
95	高指向性曲面扬声器	无锡杰夫电声有限公司	锡北镇
96	部件一体化扬声器	无锡杰夫电声有限公司	锡北镇
97	被动式音盆扬声器	无锡杰夫电声有限公司	锡北镇
98	在线自控燃气明火钢丝热处理炉	无锡市鑫润工业炉有限公司	锡北镇
99	凸轮从动器	无锡锡州机械有限公司	锡北镇
100	HT-DAF高效溶气气浮	无锡海拓环保装备科技有限公司	锡北镇
101	轻便型闭式冷却塔	无锡禹兵冷却设备有限公司	锡北镇
102	防篡改智能控制器	无锡台翔电子技术发展有限公司	锡北镇
103	诺梅斯纸包线	无锡统力电工有限公司	东港镇
104	高压脉冲变压器	无锡希恩电气有限公司	东港镇
105	高压油浸式变压器	无锡希恩电气有限公司	东港镇
106	新型管道抛丸清理机	无锡洲翔重工科技有限公司	东港镇
107	轻型载重全钢子午线轮胎	江苏通用科技股份有限公司	东港镇
108	强载棘轮式单向器	无锡市神力齿轮冷挤有限公司	东港镇
109	齿圈减速式单向离合器	无锡市神力齿轮冷挤有限公司	东港镇
110	棘轮式单向皮带轮	无锡市神力齿轮冷挤有限公司	东港镇
111	大型工业节能变频器用三相交流电抗器	无锡晶磊电子有限公司	东港镇
112	防滑铆螺母	无锡安士达五金有限公司	东港镇
113	双沉头拉空铆钉	无锡安士达五金有限公司	东港镇

续表27

序号	产品名称	企业名称	所在地
114	高压电源变压器	无锡希恩电气有限公司	东港镇
115	含羟基的乙烯基三元共聚树脂	无锡洪汇新材料科技股份有限公司	东港镇
116	现场可调节弹簧托架	江苏明江机械制造有限公司	东港镇
117	纳米气凝胶隔热支架	江苏明江机械制造有限公司	东港镇
118	超耐高温集肤效应伴热电缆	无锡市环球电器装备有限公司	东港镇
119	焊接H型钢卧式生产线	无锡洲翔成套焊接设备有限公司	东港镇
120	三相高压变压器	无锡希恩电气有限公司	东港镇
121	具有吸湿速干性的高强高耐磨面料	江苏红豆实业股份有限公司	东港镇
122	具有远红外发热功能的超柔软抗静电腈纶纱	江苏红豆实业股份有限公司	东港镇
123	中空银纤维抗菌保健/防辐射功能面料	江苏红豆实业股份有限公司	东港镇
124	高功率数控激光切割机	无锡洲翔成套焊接设备有限公司	东港镇
125	汽车发动机连杆缓冲减震保护装置	无锡市中捷减震器有限公司	东港镇
126	紫杉醇	江苏红豆杉药业有限公司	东港镇
127	含气凝胶高压混合发泡的新型聚氨酯复合板	无锡捷阳节能科技股份有限公司	东港镇
128	高密度玻璃纤维板	无锡市明江保温材料有限公司	东港镇
129	高吸油值白炭黑	无锡确成硅化学股份有限公司	东港镇
130	雪地轮胎用高分散白炭黑	无锡确成硅化学股份有限公司	东港镇
131	具有阻燃凉感功能的人体亲和型面料	江苏红豆实业股份有限公司	东港镇
132	基于阻燃玄武岩纤维的舒适性复合面料	江苏红豆实业股份有限公司	东港镇
133	环保型分体式单向离合器	无锡市神力齿轮冷挤有限公司	东港镇
134	大口径直埋管用隔热导向支架	江苏明江机械制造有限公司	东港镇
135	有斜度的滑动隔热管托	江苏明江机械制造有限公司	东港镇
136	智能自动反冲过滤装置	无锡宝丰石化装备有限公司	东港镇
137	新型高粘度高分子（微）动态合成反应器	无锡宝丰石化装备有限公司	东港镇

2014年锡山区新增江苏省民营科技企业一览

表28

序号	企业名称	所在地
1	江苏尚诚精密模具科技有限公司	开发区
2	无锡海森诺科技有限公司	开发区
3	江苏铁鑫能源科技有限公司	开发区
4	无锡合志科技有限公司	开发区
5	无锡黑盒科技有限公司	开发区
6	无锡莱林检测机械有限公司	开发区
7	无锡市圣宝车辆制造有限公司	开发区
8	无锡佑尔医疗技术有限公司	开发区
9	无锡德众超声技术有限公司	开发区
10	无锡兰森照明科技有限公司	开发区
11	无锡香象生物科技有限公司	开发区
12	无锡高联信息技术有限公司	开发区
13	无锡优赛科技有限公司	开发区
14	无锡优为照明科技有限公司	开发区
15	无锡慧源科技有限公司	开发区
16	无锡德瑞克机械科技有限公司	开发区
17	无锡正大轴承机械制造有限公司	开发区
18	江苏东珠景观股份有限公司	东亭街道
19	无锡华诺威动物保健品有限公司	东亭街道
20	无锡驰源新材料科技有限公司	商务区（安镇街道）
21	无锡鼎邦换热设备有限公司	商务区（安镇街道）
22	雅迪科技集团有限公司	商务区（安镇街道）

续表28

序号	企业名称	所在地
23	无锡市亚达针织有限公司	羊尖镇
24	无锡澳美机械有限公司	羊尖镇
25	无锡新腾东方电缆附件有限公司	羊尖镇
26	无锡新势力电机科技有限公司	羊尖镇
27	无锡吉羊电子有限公司	羊尖镇
28	无锡市正隆祥机械制造有限公司	羊尖镇
29	无锡市东特机械科技有限公司	羊尖镇
30	无锡鼎茂机械制造有限公司	羊尖镇
31	无锡中地钻探装备有限公司	羊尖镇
32	无锡特邦商业设备制造有限公司	羊尖镇
33	无锡市军豪复合材料有限公司	羊尖镇
34	无锡市胜钢超硬材料有限公司	羊尖镇
35	无锡市繁杰电器有限公司	羊尖镇
36	江苏永尚能源科技有限公司	羊尖镇
37	无锡天龙钢管有限公司	鹅湖镇
38	无锡宝顺不锈钢有限公司	鹅湖镇
39	无锡市金杨新型电源有限公司	鹅湖镇
40	无锡金桥环球印务有限公司	鹅湖镇
41	无锡朗特电子科技有限公司	鹅湖镇
42	无锡市万旋金属制品有限公司	鹅湖镇
43	无锡新泰彩印包装有限公司	鹅湖镇
44	无锡市鸿太阳印刷有限公司	鹅湖镇
45	无锡市恒达矿山机械有限公司	东北塘街道
46	无锡市海联舰船内装有限公司	东北塘街道

续表28

序号	企业名称	所在地
47	无锡大塘复合材料有限公司	东北塘街道
48	无锡锡山安达防爆电气设备有限公司	东北塘街道
49	无锡市锡安防爆电机有限公司	东北塘街道
50	无锡市诚信洗选设备有限公司	东北塘街道
51	无锡佳腾磁性粉有限公司	锡北镇
52	无锡正杰机械科技有限公司	锡北镇
53	无锡宝灵砂浆科技有限公司	锡北镇
54	无锡友鹏汽车服务有限公司	锡北镇
55	无锡台翔电子技术发展有限公司	锡北镇
56	江苏成龙服饰科技有限公司	东港镇
57	无锡申湖织造有限公司	东港镇
58	无锡金维氨生物科技有限公司	东港镇
59	无锡精工焊接设备有限公司	东港镇
60	无锡市金力电力成套设备有限公司	东港镇
61	无锡兴达泡塑新材料股份有限公司	东港镇
62	无锡希恩电气有限公司	东港镇
63	无锡立马五金制品厂	东港镇
64	无锡新畅电子有限公司	东港镇
65	无锡市神力齿轮冷挤有限公司	东港镇
66	无锡市中兴铁芯有限公司	东港镇
67	无锡市环球电器装备有限公司	东港镇
68	无锡圣丰减震器有限公司	东港镇

2014年锡山区新增江苏省高层次创新创业人才引进计划一览

表29

序号	姓名	企业名称	类别
1	舒庆尧	无锡哈勃生物种业技术研究院有限公司	创业类
2	周翊峰	无锡德瑞克机械科技有限公司	创业类
3	刘桂芝	无锡麟力科技有限公司	创业类
4	陈云霁	无锡港湾网络科技有限公司	创新类
5	张志敏	高德（无锡）电子有限公司	高技能类

2014年锡山区新增无锡市“创新创业”计划项目一览

表30

序号	姓名	项目名称	项目类别
1	刘名剑	高新能结构陶瓷的研究及生产	创业类
2	徐　明	计算机视觉在线检测系统	创业类
3	李传南	应用于LED电源管理的VDMOS	创业类
4	张　雯	超声波包裹滚焊机	创业类
5	唐余武	GaN高电子迁移率晶体管（HEMT）产业化	创业类
6	顾　敏	矿用隔爆型高压配电装置（气体绝缘）	创业类
7	陈　洁	汽车行业卫星定位在线跟踪服务系统	创业类
8	周翊峰	腔镜外科直线切割缝合器Endo Line St	创业类
9	舒庆尧	生物种业技术创新与服务	创业类
10	杜可越	基站应用不间断节能电源系统成套设备	创业类
11	何晖光	公民指纹库云计算中间平台系统	创新类
12	钱建民	一次性使用新型全塑外科软组织扩张器的研发及产业化	创新创业团队

2014年锡山区新增国家级知识产权试点园区一览

表31

序号	单位名称	所在地
1	锡山经济技术开发区	开发区

2014年锡山区新增江苏省企业知识产权管理标准化示范创建单位一览

表32

序号	企业名称	所在地
1	江苏尚诚精密模具科技有限公司	开发区
2	无锡津天阳激光电子有限公司	开发区
3	天龙科技炉业（无锡）有限公司	开发区
4	无锡汉神电气有限公司	开发区
5	无锡新人居科贸有限公司	开发区
6	无锡市宇寿医疗器械股份有限公司	东北塘街道
7	无锡市海联舰船附件有限公司	东北塘街道
8	无锡佳腾磁性粉有限公司	锡北镇
9	无锡晶磊电子有限公司	东港镇

2014年锡山区新增市级知识产权示范乡镇（园区）一览

表33

序号	单位名称	所在地
1	无锡市锡山区锡北镇	锡北镇

2014年锡山区新增市级知识产权优势（示范）企业一览

表34

序号	企业名称	所在地
1	无锡汉神电气有限公司	开发区
2	无锡吉兴汽车声学部件科技有限公司	开发区
3	博宇（无锡）科技有限公司	商务区 （安镇街道）
4	无锡晶磊电子有限公司	东港镇

2014年锡山区新增市级以上科技指令性计划立项项目一览

表35

序号	项目类别	项目名称	承担单位	所在地
1	省国际合作计划	高光效超薄型LED平面照明系统的研发	江苏新广联光电股份有限公司	开发区
2	省国际合作计划	具有气体压力测量功能的注射器	无锡沃骐医疗科技有限公司	开发区
3	省国际合作计划	车辆特征视频识别算法的合作研究	江苏大为科技股份有限公司	东亭街道
4	省国际合作计划	建筑节能新材料的研发与产业化	无锡捷阳节能科技股份有限公司	东港镇
5	省科技型企业技术创新资金	冷喷涂制备铜铟镓旋转靶材	无锡舒玛天科新能源技术有限公司	开发区
6	省科技型企业技术创新资金	非紫外光下回收DNA的新型凝胶成像仪	无锡优创生物科技有限公司	开发区
7	省科技支撑计划（工业）项目	面向消费类电子的MEMS陀螺仪产品研发	无锡芯奥微传感技术有限公司	开发区
8	省科技支撑计划（工业）项目	微型纯电动汽车整车集成设计与制造技术的研发	江苏新日电动车股份有限公司	商务区（安镇街道）
9	省科技支撑计划（工业）项目	高亲水性聚醚胺基聚酰胺（锦纶）及其关键原材料的研制与产业化	无锡阿科力科技股份有限公司	东港镇
10	省科技支撑计划（工业）项目	屋顶分布式光伏电站用关键设备安全及性能技术标准研究	无锡市产品质量监督检验中心	东亭街道
11	省重大科技成果转化	高产稻麦联合收割机的研发及产业化	无锡联合收割机有限公司	开发区
12	省级企业研究生工作站	江苏省企业研究生工作站（教育厅）	江苏光合创意文化传媒发展有限责任公司	开发区
13	省级企业研究生工作站	江苏省企业研究生工作站（教育厅）	江苏新广联科技股份有限公司	开发区
14	省级企业研究生工作站	江苏省企业研究生工作站	江苏爱玛车业科技有限公司	羊尖镇
15	省级企业研究生工作站	江苏省企业研究生工作站	无锡晶海氨基酸有限公司	东港镇
16	省级公共服务平台	江苏无锡光伏产品公共服务平台	无锡市产品质量监督检验所	东亭街道
17	市科技支撑计划（工业）项目	真空开关管用大尺寸高一致性金属化陶瓷管壳的研发	无锡康伟工程陶瓷有限公司	开发区
18	市科技支撑计划（工业）项目	新一代环境友好型发泡聚丙烯材料的研发与产业化	无锡会通新材料有限公司	东亭街道
19	市科技支撑计划（工业）项目	高精度智能CO_2激光三维加工成套技术与装备	无锡洲翔成套焊接设备有限公司	东港镇
20	市科技型中小企业创新基金	基于双沟道MOS-HEMT结构的氮化镓芯片的研发与设计	无锡研奥电子科技有限公司	开发区
21	市科技型中小企业创新基金	基于物联网智能传感技术激光焊接与切割机器人装备的研制	无锡市大德科技有限公司	开发区

续表35

序号	项目类别	项目名称	承担单位	所在地
22	市科技型中小企业创新基金	变（配）电站室内环境安全的智能控制系统	江苏高远电力科技有限公司	开发区
23	市科技型中小企业创新基金	基于PACS的多模态影像辅助诊断系统	无锡优赛科技有限公司	开发区
24	市科技型中小企业创新基金	高光效低热阻智能化LED路灯的研发	江苏新广联光电股份有限公司	开发区
25	市科技型中小企业创新基金	智能型屋面轨道式擦窗机	江苏博宇建筑工程设备科技有限公司	东港镇
26	市科技型中小企业创新基金	基于理想黄金配比的非卵磷脂速溶支链氨基酸BCAA的研发	无锡金维氨生物科技有限公司	东港镇
27	市科技型中小企业创新基金	高导磁低损耗七步进铁芯	无锡中浦电气有限公司	东港镇
28	市科技保险资助	无锡福祈制药有限公司的科技保险	无锡福祈制药有限公司	开发区
29	市科技保险资助	无锡吉兴汽车部件有限公司的科技保险	无锡吉兴汽车部件有限公司	开发区
30	市科技保险资助	江苏新大陆太阳能电力有限公司的科技保险	江苏新大陆太阳能电力有限公司	羊尖镇
31	市科技保险资助	无锡卡秀堡辉涂料有限公司的科技保险	无锡卡秀堡辉涂料有限公司	鹅湖镇
32	市科技保险资助	无锡天龙钢管有限公司的科技保险	无锡天龙钢管有限公司	鹅湖镇
33	市科技保险资助	无锡嘉联不锈钢有限公司的科技保险	无锡嘉联不锈钢有限公司	鹅湖镇
34	市科技保险资助	无锡市金杨新型电源有限公司的科技保险	无锡市金杨新型电源有限公司	鹅湖镇
35	市科技保险资助	无锡市海联舰船附件有限公司的科技保险	无锡市海联舰船附件有限公司	东北塘街道
36	市科技保险资助	昊辰（无锡）塑业有限公司的科技保险	昊辰（无锡）塑业有限公司	东港镇
37	市科技保险资助	江苏红豆杉药业有限公司的科技保险	江苏红豆杉药业有限公司	东港镇
38	市科技保险资助	江苏通用科技股份有限公司的科技保险	江苏通用科技股份有限公司	东港镇
39	市科技保险资助	无锡市南方电器制造有限公司的科技保险	无锡市南方电器制造有限公司	东港镇
40	市科技保险资助	无锡市中捷减震器有限公司的科技保险	无锡市中捷减震器有限公司	东港镇
41	市科技保险资助	无锡通用钢绳有限公司的科技保险	无锡通用钢绳有限公司	东港镇
42	市科技保险资助	无锡欣盛纸制品有限公司的科技保险	无锡欣盛纸制品有限公司	东港镇
43	市科技支撑计划（农业）	新技术、新品种梨研发应用的科技型合作社建设	无锡市厚桥中东桃梨专业合作社	开发区
44	市科技支撑计划（农业）	豆芽菜高效生产和装置开发的关键技术研究	无锡苏芽食品有限公司	开发区

续表35

序号	项目类别	项目名称	承担单位	所在地
45	市科技支撑计划（农业）	杂交粳稻钵苗机械栽插技术研究与示范	无锡哈勃生物种业技术研究院有限公司	商务区（安镇街道）
46	市科技支撑计划（社会发展）	1.5类新药复方他扎克林乳膏的研制开发	江苏知原药业有限公司	锡北镇
47	市科技支撑计划（社会发展）	山联村城乡宜居环境建设关键技术应用与示范	无锡市锡山区东港镇山联村	东港镇
48	市国际科技合作项目	一类新药抑制增生性玻璃体视网膜病变的研发	无锡好芳德药业有限公司	开发区
49	市国际科技合作项目	高强度、高导电率节能铝合金导线的研发	无锡市华能电缆有限公司	商务区（安镇街道）
50	市国际科技合作项目	高温合金材料成分和微观组织的研究	无锡隆达金属材料有限公司	商务区（安镇街道）
51	市知识产权区域示范推进计划	锡山区锡北镇知识产权示范镇创建	无锡市锡山区锡北镇人民政府	锡北镇
52	市知识产权优势企业推进计划	无锡市知识产权优势企业推进计划	无锡吉兴汽车声学部件科技有限公司	开发区
53	市知识产权优势企业推进计划	无锡市知识产权优势企业推进计划	无锡汉神电气有限公司	开发区
54	市知识产权优势企业推进计划	无锡市知识产权优势企业推进计划	博宇（无锡）科技有限公司	商务区（安镇街道）
55	市知识产权优势企业推进计划	无锡市知识产权优势企业推进计划	无锡晶磊电子有限公司	东港镇
56	“530”项目产业化	分散式污水处理设施长效运行管理感知云平台技术及其应用	江苏商达水务有限公司	开发区
57	“530”项目产业化	大功率半导体激光器及国产化应用	江苏亮源激光技术有限公司	开发区
58	“530”项目产业化	抗癫痫新药左乙拉西坦的研究与产业化	无锡好芳德药业有限公司	开发区
59	市科技研发（设计）机构	无锡市纺织工业绿色制造与生态安全监测技术服务平台（运行补助）	江苏省出入境检验检测局纺织工业产品检测中心	东亭街道
60	市科技成果产业化贷款贴息项目	高强度阻旋转压实股钢丝绳的研发及产业化	江苏赛福天钢索股份有限公司	开发区
61	市科技成果产业化贷款贴息项目	太阳能硅片切割液循环利用的研发与产业化	无锡和荣科技有限公司	开发区
62	市科技成果产业化贷款贴息项目	两机工程用高温合金管材、棒材的研发与产业化	无锡隆达金属材料有限公司	商务区（安镇街道）
63	市科技成果产业化贷款贴息项目	微波挤压硫化成型生产线的研发与产业化	无锡锦和科技有限公司	东北塘街道
64	市科技成果产业化贷款贴息项目	新型高粘度高分子（微）动态合成反应器的研发与产业化	无锡宝丰石化装备有限公司	东港镇
65	市科技成果产业化贷款贴息项目	页岩气开采关键原材料——环保型页岩抑制剂聚醚胺的研发与产业化	无锡阿科力科技股份有限公司	东港镇

2014年锡山区新增市级以上科技基础设施建设项目一览

表36

序号	项目类别	项目名称	承担单位	所在地
1	省外资研发机构	无锡好芳德药业有限公司药物技术研究院	无锡好芳德药业有限公司	开发区
2	省工程技术研究中心	江苏省智能化高效纺机装备工程技术研究中心	无锡宏源机电科技有限公司	开发区
3	省工程技术研究中心	江苏省新型节能架空导线工程技术研究中心	无锡华能电缆有限公司	商务区（安镇街道）
4	省工程技术研究中心	江苏省（德林）海洋工程关键配套工程技术研究中心	无锡德林船舶设备有限公司	东北塘街道
5	省工程技术研究中心	江苏省多功能新型速捷模架工程技术研究中心	无锡速捷脚手架工程有限公司	锡北镇
6	市工程技术研究中心	无锡市节能纺机装备工程技术研究中心	无锡利博科技有限公司	开发区
7	市工程技术研究中心	无锡利特尔绿色包装工程技术研究中心	无锡利特尔彩印包装有限公司	开发区
8	市工程技术研究中心	无锡市包装码垛工程技术研究中心	无锡大东机械制造有限公司	开发区
9	市工程技术研究中心	无锡市粉末油脂食品原料工程技术研究中心	无锡超科食品有限公司	开发区
10	市工程技术研究中心	无锡市节能环保摩托车工程技术研究中心	江苏国威摩托车有限公司	商务区（安镇街道）
11	市工程技术研究中心	无锡市散料装卸机械工程技术研究中心	江苏工力重机有限公司	羊尖镇
12	市工程技术研究中心	无锡市药物包装复合膜工程技术研究中心	无锡市羊尖华强塑料彩印有限公司	羊尖镇
13	市工程技术研究中心	无锡市功能性面料工程技术研究中心	无锡恒诺纺织科技有限公司	东北塘街道
14	市院士工作站	无锡盾建重工制造有限公司院士工作站	无锡盾建重工制造有限公司	羊尖镇

2014年锡山区新增市级以上科学技术奖一览

表37

序号	项目类别	项目名称	承担单位	所在地	奖项等级
1	省科学技术奖	新型节能导线的研发产业化	无锡华能电缆有限公司	商务区（安镇街道）	二等奖
2	省科学技术奖	自动化涤纶超细纤维高速弹力丝机的关键技术创新和整机制造	无锡宏源机电科技有限公司	开发区	三等奖
3	市科技进步奖	高速列车牵引变压器用聚芳酰胺纸包铝扁线的研发	无锡统力电工有限公司	东港镇	二等奖
4	市科技进步奖	电动车（博雅3代）	江苏新日电动车股份有限公司	商务区（安镇街道）	三等奖
5	市科技进步奖	新型显示超薄基板生产用高性能贵金属成套装备的研发与产业化	无锡英特派金属制品有限公司	锡北镇	三等奖
6	市科技进步奖	特种用途抽芯铆钉及模具组合研发及产业化	无锡安士达五金有限公司	东港镇	三等奖

2014年锡山区新增专利奖一览

表38

序号	专利名称	申报单位	奖项类别
1	舰船气调保鲜用自动控制系统	无锡德林船舶设备有限公司	无锡市专利优秀奖
2	提高出光效率的LED芯片	江苏新广联科技股份有限公司	无锡市专利优秀奖
3	一种高纯度奈替米星的分离纯化方法	无锡福祈制药有限公司	无锡市专利优秀奖

（王旻明）

知识产权工作

【概况】2014年，全区专利申请数9716件，其中发明专利申请数3613件，专利授权数3678件。发明专利申请量占全部申请量的37.2%，比上年提高10个百分点。每万人发明专利拥有量17件，比上年提高23个百分点。全区百亿元GDP专利授权量、专利申请总量等主要专利考核指标均名列全市前茅。积极推进实施企业知识产权战略推进计划，全年获国家专利奖1项，市专利优秀奖3项，16家企业进入省知识产权管理标准化示范创建，开发区获批国家知识产权试点园区，各镇（街道）普遍被认定为市级示范乡镇或拥有示范园区。

2014年锡山区专利申请情况一览

表39

所在地	单位	当年累计	发明	实用新型	外观设计
开发区	件	2066	1101	790	175
商务区（安镇街道）	件	627	219	148	260
东亭街道	件	337	208	55	74
羊尖镇	件	1265	411	252	602
鹅湖镇	件	1356	261	51	1044
东北塘街道	件	1063	387	148	528
锡北镇	件	1987	523	444	1020
东港镇	件	1015	503	374	138
合计	件	9716	3613	2262	3841

2014年锡山区专利授权情况一览

表40

所在地	单位	当年累计	发明	实用新型	外观设计
开发区	件	1013	156	763	94

续表40

所在地	单位	当年累计	发明	实用新型	外观设计
商务区（安镇街道）	件	191	10	85	96
东亭街道	件	136	19	38	79
羊尖镇	件	690	20	206	464
鹅湖镇	件	301	12	61	228
东北塘街道	件	295	13	131	151
锡北镇	件	357	31	184	142
东港镇	件	695	68	335	292
合计	件	3678	329	1803	1546

2014年锡山区每万人拥有有效发明专利情况一览

表41

所在地	单位	有效发明专利量	每万人拥有发明专利量
开发区	件	510	53.7
商务区（安镇街道）	件	73	7.7
东亭街道	件	71	6.0
羊尖镇	件	37	6.9
鹅湖镇	件	50	7.9
东北塘街道	件	68	10.8
锡北镇	件	128	14.2
东港镇	件	243	20.8
合计	件	1180	17.0

（王旻明）

编辑：钱惠芳

文 化

Culture

6月14日晚，无锡市“激情周末”暨锡山区“走进新锡山”广场文艺演出在馨和园广场举行　　（朱丽娟 供稿）

综　述

2014年，锡山文化工作以党的十八大和十八届三中、四中全会及习近平总书记系列重要讲话精神为改革发展方向，以服务于锡山经济社会发展为中心，以人民群众的文化需求为根本，紧紧抓住创建国家公共文化服务体系示范区的契机，着力推进公共文化基础设施和服务水平的发展和提升，激活改革动力，释放创造活力，提升服务能力，全区文化事业呈现出大发展、大繁荣的喜人态势。公共文化设施建设继续完善，建成启用东港镇、羊尖镇两个文体服务中心，完成区文化馆新馆搬迁。群众文化活动异彩纷呈，成功举办第五届群众文艺会演（展），“走进新锡山”广场文艺深入推进，全年举办60场。精品创作成果喜人，在第十一届江苏省“五星工程奖”评选中，锡山区参选的作品获得2金2银3铜的好成绩；在第二届无锡市“群芳奖”会演（展）上，锡山区群众文化作品获得10金14银18铜的好成绩。在“中国梦·社区美”第三届全国社区网络春晚节目评选中，由区文明办和鹅湖镇文体服务站联合推荐的歌伴舞《太湖，我幸福的歌》获“十大表演人物奖”。（朱丽娟）

群众文化

【群众文化活动如火如荼】 以“增活力、树品牌、促提升”为工作主线，认真开展各类惠民文化活动。举办锡山区第五届群众文艺会演（展），举行新故事会讲、器乐、戏剧、声乐、舞蹈、少儿演讲等专场演出以及书法、美术、书画影展览，创作演出舞台节目53个，展出书法、美术、摄影作品145件。深入推进“走进新锡山”广场文艺、无锡市“激情周末”锡山专场等大型广场文艺，全年开展大型广场文艺演出近100场次。广泛开展各类群众性文化活动，充分依托镇（街道）、村（社区）和广大群众文化社团，全年开展“隆达杯”青年歌手大奖赛、鹅湖民俗文化节、“金秋锡韵”锡山区锡剧团队展演等群众性文化活动近500场次。依托中国艺术研究院中国画院无锡研创基地，举办“荡口古韵”锡山区书法、美术、摄影展，“丰汇通杯”无锡市书法、美术作品展，“太湖好风光”——刘达江25米山水长卷展等20余场较高水平的书画影展；组织开展“中国艺术研究院研究生院江南写生活动”、许俊先生“山水画与山水精神”专题讲座等系列文化交流活动，推动了锡山区书画艺术的高水平发展。

【艺术创作成绩斐然】 锡山区群众文化激发创造活力，奏响时代旋律，一批格调高雅、健康向上、艺术精湛的优秀文艺作品脱颖而出。在第十一届江苏省“五星工程奖”评选中，锡山区参选的7件作品获得2金2银3铜的好成绩，彰显了锡山区的文化软实力。在7件作品中，由锡北镇选送的群舞《母亲》获舞蹈类金奖，区文体局调研员曹俊伦的版画《古运晨曲》获美术类金奖，由区文化馆和锡北镇选送的女声表演唱《女大十八变》和区书法家协会副主席陶涧生的书法作品《杜甫诗一首》分别获得音乐类和美术类银奖，云林街道的男声独唱《脊梁》、安镇街道的女声小组唱《我与中国美丽同行》、区书法家协会会员唐兴春的书法作品获得铜奖。在第二届无锡市“群芳奖”会演（展）上，锡山区群众文化作品获得10金14银18铜的好成绩。“走进新锡山”广场文艺演出荣获无锡市文化广电新闻出版局颁发的“公共文化服务奖”，锡北镇文体服务中心主任王国铮被评为“群文之星”。另外，锡北镇的舞蹈《母亲》在“中国梦·我心中的梦”江苏省舞蹈新人新作比赛中获青年组表演金奖，安镇街道文体服务中心主任张明的《访友图》在第三届全省乡镇（街道）文化站站长技能（书画类）赛展中获金奖。

【文化社团活力倍增】 区文体局建立文体团队挂钩联系制度，并和61个重点群众文化团队挂钩，助推锡山区群众文化发展。区美术、书法、摄影、音乐舞蹈、文学五大协会发展迅速，区书法家协会副主席陶涧生在无锡文渊坊举行“太湖风·涧声潺潺”书法作品展；区书法家协会会员唐兴春的书法作品入展中国（长沙）首届“欧阳询杯”全国书法展；区书法、美术、摄影家协会联合举行“荡口古韵”锡山区书法、美术、摄影展；区美术家协会主席张剑芳等5人的10件作品在常熟市举行的江浙六县市“启·承‘元四家’”美术精品展上展出；区书法家协会会员巫文学等10人的作品入选江苏省第九届新人书法篆刻作品展，并晋级为省书法家协会会员。区作家协会服务社会发展，开展走进锡北镇斗山生态园、厚桥街道中东村晏家湾生态村梨园采风活动，创作了一批反映锡山发展之美的文学作品；在“阳山杯”全国散文大赛中，区作家协会会员梅锦明、朱丽娟、许谷秀的作品获得优秀奖；会员周信、陈正生分别出版散文集《我的家乡是水乡》和诗歌集《牛草吟》。群众文化团队呈现出蓬勃生机和活力，涌现了凤凰音乐沙龙、开心戏友会、天天歌友会等一批优秀团队，常年活跃在群众文化舞台上，并在各级文化活动中摘金夺银，其中凤凰音乐沙龙赴安徽省贫困县宿松县举办“爱心飞扬·情暖宿松”公益晚会，传播爱的正能量。（朱丽娟）

文物保护

【文化遗产保护有效推进】秉承“保护为主、抢救第一、有效保护、合理利用”的十六字方针，加强文化遗产的保护性修复工作，华氏始迁祖祠、新当里民居、华蘅芳故居三处文化遗存完成修缮并对外开放，新四军六师师部旧址纪念馆完成环境整治和重新布展工作。加大对文化遗产的保护力度，与各镇（街道）签订“锡山区不可移动文物保护责任书”，构建区、镇（街道）、村（社区）三级文物保护体系。积极开展第一次全国可移动文物普查。进一步推进非物质文化遗产的保护和传承工作，申报的锡剧项目入选无锡市第一批非物质文化遗产保护项目扩展名录，羊尖实验小学被评为“无锡市非物质文化遗产传承示范基地”。举办“情系故土”锡剧演唱会和“金秋锡韵”锡山区锡剧团队展演、红领巾锡剧艺术节等活动，推动锡剧传承。羊尖实验小学学生余辰斌荣获“第十八届中国少儿戏曲小梅花荟萃地方戏曲业余组金奖”。吴歌传承学校查桥实验小学常年开展吴歌传承活动，合唱节目《望江南》《众里寻你》在无锡市第三十四届小学生“百灵鸟”合唱比赛中获得银奖。

（朱丽娟）

公共图书馆

【图书管理日臻完善】以创建国家公共文化服务体系示范区为契机，加强图书馆数字化建设，建成图书馆门户网站管理平台、公共数字文化综合服务平台和多媒体资源管理及服务平台。推进总分馆建设，完成9个镇（街道）图书馆、48个村（社区）书屋分馆通借通还。丰富图书馆馆藏资源，全区图书总藏量55.9万册。继续坚持全年无休免费开放制度，全年接待读者7万余人次，图书外借10万余册次。充分发挥公共图书馆文化阵地的宣传教育功能，全年举办40次读者活动，3万余人次参加活动。开展“中华礼仪小童生”“国学经典·感恩教育”等讲座；承办锡山区书法美术小品展，“荡口古韵”锡山区书法、美术、摄影展，锡山区智障儿童手绘作品展，中国电影老海报图片展，“美在古运河”等展览。举办锡山区第五届群众文艺会演（展）少年儿童演讲比赛，共收到主题征文162篇。开展阅读推广活动，区文体局、区文明办联合推出“我捐你读，共享书香”活动，倡导全民捐赠，全民阅读。

（朱丽娟）

文化市场管理

【文化市场监管有力】围绕创建文明城市和创建全省“青少年维权岗”活动的要求，锡山区切实加强文体市场监管，着力维护市场经营秩序。全年出动检查人员10366人次，检查文化、体育、新闻出版生产经营单位3419家次，区文体局与相关部门开展联合执法行动32次，全年查办各类行政处罚案件40起，罚款40.97万元。查处取缔无证“黑网吧”13家、收缴电脑211台；取缔无证出版物游商、地摊55个，收缴非法音像制品9707张，收缴非法书刊1962册、非法印刷品11.4万份。区文体局获得全国“扫黄打非”先进集体的荣誉。区文体市场管理办公室重点加强安全生产、“扫黄打非”、文化市场管理、整治印刷复制行业四个方面的工作。组织开展印刷包装行业事故隐患排查整治、汛期安全生产大检查等专项安全检查，实现文体、新闻出版市场全年安全无事故。组织开展“扫黄打非”统一检查行动、“两会”及春节前后出版物市场专项检查、“清源”“净网”“秋风”等专项整治行动，严厉打击各类侵权盗版活动，扫除淫秽色情文化垃圾，封堵查处利用互联网传播有害信息的违法行为。进一步规范全区印刷复制企业的经营行为，严厉打击无证印刷等违规生产经营活动。

【文化产业稳步推进】区文体局创新工作思路，优化服务，助推文化产业健康发展。指导12家文化企业申报文化发展扶持资金，江苏新广联科技股份有限公司的1个项目成功申报省级文化产业发展专项引导资金，江苏利特尔绿色包装股份有限公司等4家企业的7个项目获得无锡市文化产业发展专项资金的扶持项目资金。加大文化产业项目推进力度，促进门德尔松钢琴（江苏）有限公司、德国蓝宝汽车多媒体等文化项目的落地，成功签约无锡市新通联包装制品制造有限公司和无锡六星国际汽车生态文化产业园两大文化产业项目。完善优化对文化产业的服务，全年受理行政许可712件。制订“区文体局行政权力事项审批流转表”，完成全区153个文化市场经营主体和626个非文化市场经营主体的数据采集和录入工作，全面完成“全国文化市场技术监管与服务平台审批与执法系统”的建库工作。　（朱丽娟）

档案史志

【概况】 2014年，区档案局（馆）深入开展党的群众路线教育实践活动，以档案史志工作“六化”建设（基层建设规范化、档案管理现代化、窗口建设标准化、征集编研多元化、史志编纂精品化、业务技能全面化）为目标，充分发挥档案史志工作在服务锡山率先基本实现现代化建设中的职能作用，不断开创档案史志工作的新局面。坚持提供优质服务，为人民群众免费查档。全年接待到馆查档群众近1700人次，调阅案卷2000余卷次，另有1000余人次的电话查档。年末，区档案馆有馆藏全宗116个，馆藏档案总量28614卷、145856件，其中文书档案14591卷、107651件，科技档案14023卷、38205件。另外，图书资料16440册。

【馆藏资源建设】 有序开展档案移交进馆工作。全年接收进馆档案1116卷、6330件，图书资料178册，并全部整理编目。清理党内规范性文件。根据区委办清理党内规范性文件的要求，查找并整理2001～2009年区委发文1174件。做好政府信息纸质文件的移送工作。按照《关于进一步做好主动公开政府信息移送工作的通知》要求，2014年接收政府信息公开文件200余件。坚持对全区重大活动、重要会议进行现场拍摄，全年拍摄和征集原始图片3010张，整理归档520张，图片数据库累计4.9万余张。征集成果丰富。全年征集档案资料132件。其中，征集到锡山籍中国香港知名人士、著名美术出版家倪南山的美术出版作品26件及精绘地图1册，著名锡山民间艺人顾福生剪纸作品44件，《无锡八士凌氏宗谱》6卷，《东亭华氏宗谱支谱》6卷，地方史料《厚桥风云录》《话说黄土塘》《荡口古韵》（2册）共计4册，《援越抗美——无锡军人战场实录》1册，有关锡山名人姚桐斌的书籍《毛泽东与两弹一星事业》1册，锡山作家张胜良的作品《村夫野谭》《灯下拾豆》2册，日本侵华史料2册。

【档案规范化建设】 深入开展档案测评、复查和年度评估工作。2014年，完成对东亭中心国土资源所、东北塘国土资源所省四星级和锡北镇省三星级的档案测评工作，完成对锡山公安分局、锡北中心国土资源所、羊尖国土所、开发区、区环保局、中国农业银行锡山支行以及5家幼儿园共11个单位的档案复查工作。完成对全区77个档案进馆单位的档案年度评估工作。至2014年年末，全区累计有省五星级标准档案室6家、四星级8家、三星级76家、二星级31家。切实做好民生档案建设。与区人社局、区民政局、区人口计生局继续协作，对低保档案、劳动保障档案、企业退休人员档案及计生档案进行业务指导。做好区重点工程项目档案的指导检查工作。积极与区发改局、区重点办、区城建档案室联系沟通，走访各重点工程施工现场并指导工程档案的规范整理，为进馆打好基础。配合做好农村土地承包经营权确权登记试点工作。按照农业部、国家档案局颁发的《关于加强农村土地承包档案管理工作的意见》文件要求，通过充分准备和研究摸底，确定该项工作的档案整理标准和要求，召集各镇（街道）、村（社区）相关工作人员进行集中培训，并逐步推进。协助做好区党的群众路线教育实践活动的资料归档整理工作。按照区委要求，主动配合区委群众路线教育实践活动领导小组办公室，对全区开展的党的群众路线教育实践活动产生的文件资料进行业务指导和归档整理。另外，区档案局、区宗教局对区内11家寺庙进行走访及指导。

【档案信息化建设】 加强档案数字化建设。继续做好馆藏档案的数字扫描工作，并对进馆单位扫描的全文数据进行校对、挂接，以便更好地利用现代化手段为锡山经济建设和社会各界人士提供准确、快捷的查档服务。加强数字档案室软件的全面运用。对进馆单位新档案员进行全面系统的数字档案室软件应用培训，并对各单位进行上门指导，数字档案室网络版运行正常，实现档案在线归档、在线指导、在线管理。加强档案信息网站建设。不断更新锡山档案局网站各栏目内容，网站点击量47万人次。与区政府办信息中心沟通，及时提供材料，配合做好中国锡山网站《走近锡山》栏目的更新维护工作。做好政府信息公开工作。做好锡山区档案局政府信息公开文件的及时更新上传和政府各部门信息公开文件的收集、整理，并及时向社会各界开放。

【档案宣传】认真编印《2014年档案利用效果实例选编》等档案宣传材料，开展多种形式的档案主题宣传活动，结合区“三下乡”服务等活动，深入镇（街道）、村（社区）进行档案宣传，向老百姓发放档案宣传材料1.8万份，在宣传档案法律法规和普及档案知识方面取得较大成效。组织全局人员深入工作一线进行调查研究，开展档案学术研究和信息宣传报道竞赛。2014年，区档案局向各级各类媒体报送信息31篇，其中区委《每日情况》录用12篇，《新锡山》简报录用12篇；中国档案信息网录用7篇，江苏档案信息网录用5篇，无锡档案信息网录用23篇；《中国档案报》录用1篇。调研文章《锡山区档案信息化建设浅析》在区委《内部参考》上发表，3篇论文在江苏省档案学术交流会议上交流。

【档案业务培训】依托锡山档案局网站公布规范标准，上传业务课程，开展网上远程培训；依托现代通信工具，开通业务培训QQ群，创建培训平台“锡山档案”，在线实时培训和解答；依托新型数字档案室软件开发远程监控功能，督促、指导档案员进行规范操作。2014年，开展进馆单位进馆档案和数字化档案室软件运用、村社档案、企业档案等业务培训班5期，参加培训人数210人次，其中企业参加培训人数60人次。

【国家二级档案馆复查测评顺利通过】2014年是锡山区档案馆国家二级档案馆复查测评年。年初，区档案馆按照国家档案局关于国家二级档案馆的测评要求进行部署，各科室分工合作，责任到人。4月，区档案馆召开复查工作推进会，了解各科室分工任务的落实情况，并讨论解决工作中存在的问题，确保国家二级档案馆复查测评工作顺利完成。8月7日，由江苏省档案局副巡视员欧阳旭明带队的检查组对锡山区档案馆进行复查测评。检查组在听取汇报、查看佐证材料的基础上，实地查看爱国主义教育基地、档案库房、数字化扫描室、档案查阅室及其他功能用房，按照国家档案局新颁《市、县级国家综合档案馆测评办法》标准，对锡山区档案馆工作进行全面复查。通过综合评议，省检查组一致同意锡山区档案馆通过国家二级档案馆复查测评。

【历史档案向民众开放】为满足社会和人民群众利用档案进行工作查考、科学研究及维护个人合法权益等方面的需求，锡山区档案局根据《中华人民共和国档案法》、国家档案局《各级国家档案馆开放档案办法》的有关规定，按照省档案局《关于在档案开放利用中审慎进行划控、鉴定工作的通知》精神，对馆藏1984年到期档案开展划控、鉴定工作。划控小组采取集中学习、实际操作、共同讨论等方式，进行业务培训；划控小组制订周密的工作方案，集中时间、集中人力，以卷为单位，逐卷逐页审定；局领导进行多次抽查，反复验核，排除疏漏；划控小组对鉴定好的档案进行汇总、审核，制定开放档案目录，装订成册方便民众查阅。2014年，完成1984年到期档案的划控、鉴定工作，划控、鉴定档案385卷，开放档案293卷，控制利用档案92卷。至2014年年末，区档案局累计划控、鉴定档案15个全宗、6837卷，开放档案5830卷。

【档案主题宣传活动举办】以6月9日国际档案日为契机，举办档案主题宣传活动。开展“走进档案——档案连着你我他”档案巡展，制作展板20块，用图65张，从档案知识、档案法治、档案保管、档案利用、档案文化、档案数字化等多方面图文并茂地普及档案基本知识，展示档案工作服务民生的实例，传播档案文化。展览为期一个月，主要在全区9个镇（街道）的20余个服务点进行巡展，观展人数约2万人。在巡展的同时，全局党员干部利用上班前和下班后的休息时间，深入基层服务点进行宣传服务。先后发放《中华人民共和国档案法》《无锡市档案管理条例》《家庭建档指导手册》《档案利用效果实例选编》等档案宣传资料5000余份及宣传环保袋5000余个，引导群众增强档案法治意识，了解档案基本知识，利用档案维护自身权益。局班子成员、业务骨干和群众“面对面”，解答涉及社保、福利、待遇、房产、婚姻等民生档案的热点、难点问题，并回收调查问卷580份，及时了解群众的档案服务利用需求。该活动架设起档案部门与人民群众交流的桥梁，档案服务进一步贴近群众，档案工作的关注度和影响力进一步提升。

【《锡山年鉴（2014）》出版】《锡山年鉴（2014）》于8月出版发行，全面翔实地辑录了2013年锡山区经济社会发展的基本资料。全书设33个类目、173个分目，共计79.9万字；选用图片241张。篇目设置更趋合理。有些类目单独设置，如“农业”“城镇建设和管理”“教育”“科学技术”“文化”“卫生”“体育”“人力资源和社会保障”；有些类目重组，如“环境保护·水利”；有些类目名称加以完善，如“中共锡山区纪委（含监察）”；同时，采纳撰稿单位意见，在类目“农业”下增设分目“锡山台湾农民创业园”；类目“工业”下的分目调整为“综述”“两车”产业、“项目建设”“服务企业”“节能降耗”“重点企业”6个分目；类目“人力资源和社会保障”下设“综述”“就业创业”“社会保障”“人才人事”“劳动关系”5个分目；分目“高铁站商务区”调整为“锡东新城商务区”。设计风格更重传承。年鉴注重设计风格的沿袭和传承，封面采用元代著名画家倪瓒的作品，力求典雅、庄重而不失活泼；类目补白采用锡山新农村图片，既美化了年鉴版面，又体现了锡山的生态建设成果；随文图片保持和谐统一的整体风格，凸现了鲜明的锡山特色。编校质量更为提高。各单位撰稿人员尽心撰写稿件，补充内容，核对数据；各撰稿单位领导用心审核稿件，注重内容的完整性和数据的准确性；各编辑人员精心修改稿件，年鉴编纂水平进一步提高。

【《〈锡山年鉴〉编纂手册》编写完成】《锡山年鉴》编辑部总结年鉴编纂13年的经验，结合年鉴编纂新理论、新规范，整理汇编成《〈锡山年鉴〉编纂手册》，共计2.09万字。从全着手，从认识年鉴、栏目设置、条目选题、条目标题等14个方面进行全面的总结，为撰稿人员初步认识年鉴、编写年鉴提供了比较成熟的理论参考。从实着笔，对历年《锡山年鉴》编纂过程中出现的典型问题进行整理，分析其错误之处，并提供正确的修改方案，为撰稿人员和年鉴编辑进一步了解年鉴、修改年鉴提供了比较鲜活的错误实例。从细着眼，对照年鉴编纂的新理论和锡山实际，根据方志出版社历年对《锡山年鉴》的评审意见，整理《锡山年鉴》在专业术语、荣誉名称、标准说法等方面的准确表述，为撰稿人员和年鉴编辑深度把握年鉴、完善年鉴提供了比较可靠的指导实践。通过中国·锡山政务E点通协同办公平台，年鉴编辑部将该手册普发给所有年鉴编辑和撰稿人员，为新版年鉴的编纂提供了切实有效的指导。

（吴　霞）

编辑：吴　霞

【锡山区非物质文化遗产】

锡北镇文体中心表演渔篮花鼓　　（区文体局 供稿）

渔篮花鼓

渔篮花鼓发源于锡北镇张泾华李巷村，流传至今已有300多年的历史。它在民间调“采茶灯”的基础上，吸收了安徽省凤阳花鼓和地方戏曲的演唱风格，逐年演变发展而成，是灯会中的民间传统歌舞之一，深受广大群众的欢迎。该项目由锡北镇文体中心传承。渔篮花鼓属传统舞蹈，于2010年被列入无锡市第二批非物质文化遗产保护项目名录。

卫　生

Health

9月15日，锡山区医疗卫生单位开展“健康锡山服务百姓”大型义诊活动　（区卫生局 供稿）

综　述

2014年，全区设医疗卫生机构188个，其中区、镇（街道）两级医疗卫生机构18家；开放床位2010张；执业（助理）医师1086名；平均每千人口拥有床位4.71张，医生2.55名，卫技人员6.40名。区、镇（街道）两级医疗卫生机构完成门急诊342.87万人次（含社区卫生服务站71.22万人次），比上年增长8.77%；收住住院病人5.59万人次，比上年增长4.51%；病床使用率85.7%，比上年提高2.02个百分点；完成业务量8.74亿元，比上年增长16.23%。（钱　艳）

医药卫生体制改革

【概况】巩固完善基本药物制度，社区卫生服务中心100%配备使用基本药物，100%“零差价”销售。全区社区卫生服务中心采购基本药物6988.87万元，配送到位率97.7%。二级医疗机构网上采购基本药物金额占采购药品总金额的36.13%，二级医疗机构网上采购率95.38%。探索建立绩效分配新机制。完善《2014年度锡山区医疗卫生单位负责人绩效考核实施意见》，考核具体到人，按照工作分工进行打分，将考核结果与个人奖励性绩效工资挂钩，适当拉开分配差距，并向做出突出贡献的院长（主任、所长）倾斜。

【锡山人民医院和东南大学附属中大医院合作项目实施】6月15日，锡山人民医院和东南大学附属中大医院合作共建签约，锡山人民医院挂牌成立“东南大学附属中大医院无锡分院”。7月1日起，两院启动合作共建工作，首批启动9个合作科室（其中心内科、泌尿外科、妇科为领建科室，普外科、骨科、神经内科、肾内科、内分泌科及皮肤科为共建科室），中大医院先期派出3人管理团队参与医院的管理，6名专家骨干担任合作科室主任助理，长期驻点科室指导开展医学、教学、科研工作，13个科室的专家每周到医院出诊。12月27日，东南大学附属中大医院无锡分院第一届理事会第二次会议召开，对两院合作共建进行阶段性小结，进一步明确专科建设发展规划、2014～2019年人力资源发展规划等；同时“东南大学微创外科研究所胆道疾病诊疗中心”揭牌成立，年内诊治各类疑难病例2000余人次。（钱　艳）

公共卫生

【概况】2014年，全区传染病总发病率511.03/10万。加强霍乱外环境监测，选定东北塘街道、厚桥街道、云林街道、东港镇作为外环境水样重点监测地，4～10月采集外环境标本190份，未检测出阳性菌株。加强埃博拉疫区入境人员健康告知和监测，对5人开展相关防控工作。开展H7N9禽流感职业暴露人群监测，共采集220份暴露及对照人群血清标本，采集禽类、猪相关标本560份。开展艾滋病咨询检测服务，艾滋病筛查69596人次，筛查阳性41例，确诊31例；全区3个艾滋病咨询门诊服务点咨询服务1112人次，查出HIV（人类免疫缺陷病毒）阳性4例，确诊4例。全区建立并纳入电子化管理的居民健康档案515125份，电子建档率73.64%，其中完整档案493753份，完整率95.85%。适龄儿童免疫规划疫苗接种率均在95%以上。未发现实验室确诊麻疹病例上报，首次达到1/100万的防控目标。全区管理高血压、糖尿病病人分别为49712例、13363例，患者健康管理的真实性高血压和糖尿病分别为94.4%、88.9%。全区发现重性精神疾病患者2132人，筛查率3.11‰，管理率88.99%。探索新时期血地寄防工作，完成数字化血防建设，建成无锡市首个消除疟疾达标县（区）。为全区52331名65岁以上老人免费体检，体检率77.09%。全区人均期望寿命81.54岁（男79.29岁，女83.82岁）。落实基本公共卫生服务经费2544.01万元，人均36.36元（按常住人口69.95万人计算），全部用于承担基本公共卫生职能的基层医疗卫生机构。安排并拨付重大公共卫生项目专项经费744.54万元。锡山区创建成国家级慢性非传染性疾病综合防控示范区。

【妇幼健康服务年活动】继续规范落实孕产妇住院分娩补助、妇女增补叶酸预防神经管缺陷、妇女宫颈癌和乳腺癌检查以及预防艾滋病、梅毒和乙肝母婴传播四项重大妇幼卫生项目。制定《锡山区降低孕产妇死亡干预方案》，重新修订《锡山区危重孕产妇救治方案》。有效控制剖宫产率，全区剖宫产率40.35%，连续两年实现逐年下降目标。2014年，全区完成孕产妇住院分娩补助2388人，补助金额104.49万元；完成30084名妇女“宫颈癌、乳腺癌”检查初筛，确诊乳腺癌15例、宫颈癌10例，宫颈癌前病变92例。向4740名妇女免费发放叶酸制剂；孕产妇艾滋病、梅毒和乙肝检测率在95%以上，确诊梅毒孕妇、产妇29人，对302例乙肝表面抗原阳性产妇所生新生儿给予免费注射免疫球蛋白。孕产妇死亡率16.37/10万，婴儿死亡率2.62‰，新生儿出生缺陷发生率3.43‰。免费婚前医学检查率95.28%。

【社区卫生服务机构规范化建设】按照《无锡市社区卫生服务站规范化建设标准》，通过新建、移建、原地改扩建等方式，积极开展社区卫生服务站规范化建设。厚桥街道谢埭荡村、锡北镇新坝村、东港镇东湖塘社区等9个社区卫生服务站通过市级规范化服务站验收，东港镇东南村和锡北镇周家阁村卫生室创建成江苏省示范村卫生室。全区社区卫生服务中心规范化建成率100%。（钱　艳）

食品安全

【概况】进一步健全基层食品安全协管网络，覆盖率100%。全年完成区“两会”、高中学业水平测试、2014年高考及南京青奥会等重大活动的食品保障14次，组织开展2014年元旦和春节餐饮服务食品安全专项监督检查、学校周边餐饮服务食品安全专项检查、餐饮具集中消毒单位专项检查、荡口古镇食品安全专项整治、餐饮服务环节食品添加剂专项检查、肉与肉制品安全专项检查等30余次专项检查。全区完成食品安全实验室抽样检测1666批次，检测合格率96.68%；完成快速检测143844批次，快速检测合格率99.70%。全区未发生等级以上食品安全事件。

【小餐饮业食品安全专项整治行动】4月起，开展小餐饮业食品安全专项整治行动，对辖区内所有小餐饮店进行逐一摸底调查和登记造册。针对各企业的不同情况进行分类指导，督促业主自我整改，提升小餐饮店的软硬件水平。经摸底，全区有小餐饮店1494家，无证小餐饮店524家，其中因房屋性质不能办证的291家。经整治，办证117家，取缔106家，立案查处无证小餐饮单位14家。对1886名餐饮服务从业人员进行卫生知识培训。

【机关、企事业单位食堂食品安全专项整治行动】自8月下旬起开展机关、企事业单位食堂食品安全专项整治，严厉打击机关、企事业单位食堂无证违法行为，预防和控制机关、企事业单位群体性食物中毒事件的发生，提高机关、企事业单位负责人和食堂从业人员的食品安全意识。全年发放机关、企事业单位食堂餐饮服务许可证221家，排查无证经营单位86家。

【农村食品专项整治行动】开展农村食品“四打击四规范”专项整治行动。出动执法人员1371人次，检查食品安全生产单位238家次，其中食品生产小作坊179家次；检查食品生产经营户2406户次，其中校园及周边食品经营户480户次；检查批发市场、集贸市场等各类市场89家次；抽检食品样品238批次；查处食品违法案件87起。

相关链接

四打击四规范：严厉打击无证无照行为，规范食品生产经营者的主体资格；严厉打击销售、使用无合法来源食品和原料违法行为，规范食品生产经营者的采购活动；严厉打击生产经营侵权仿冒和“五无”（无生产厂家、无生产日期、无保质期、无食品生产许可、无食品标签）食品违法行为，规范食品包装标签标识管理；严厉打击生产经营“两超一非”（超范围、超限量使用食品添加剂和在食品中违法添加非食用物质）等伪劣食品行为，规范食品生产经营过程。

（钱　艳）

爱国卫生

【概况】锡北镇、鹅湖镇通过江苏省卫生镇复查验收。96个村通过江苏省卫生村复查验收。锡山区顺利通过江苏省病媒生物防制工作效果评估。新增农村生态改厕1280座。东亭、安镇、羊尖、锡北4个镇（街道）继续推进全民健康生活方式示范镇（街道）创建工作，创建成示范社区9个、示范单位9个；建成健康步道9条，“锡北——健康休闲长廊主题公园”1个。围绕“建设健康城市，服务群众健康”主题，开展健康宣传咨询30次，接受健康咨询8640人次；举办健康知识讲座442场次，受教育人数1.43万人；制作健康橱窗740期、健康黑板报248期，发放健康资料1.3万份。在全国文明城市创建工作中，积极推进全区机关事业单位和公共场所禁控烟工作，制作禁烟标识1万余份并下发至各单位，建成无烟机关（单位）7个，完成医疗卫生机构禁控烟工作督导和学校禁控烟工作督查各2次。

（钱　艳）

卫生监督

【概况】加大公共场所和生活饮用水监管力度，集中开展空调通风系统、旅店卫生等专项检查，监督检查公共场所单位3550户，抽检公共场所样品120件，合格率92.5%。开展春秋季学校卫生和幼儿园手足口病防控专项检查，幼儿园和学校监督率100%，其中幼儿园覆盖率200%。对20起手足口病聚集性病例应急处置监督率100%。根据市卫生局卫生监督所学校档案格式，完成学校卫生工作的管理与建档工作，建档率100%。

【无证非法行医集中专项整治】区卫生、公安、城管、房管、人口计生、工商、食品药品监管部门及各镇（街道）开展打击无证非法行医集中专项整治行动，排查出涉嫌无证非法行医场所77处。组织联合执法16次，出动行政执法人员476人次，取缔无证非法行医“黑诊所”97家次，没收药品器械152箱（袋）；没收牙椅10台、口腔器械247件；立案调查51户，因非法行医被两次行政处罚后再次非法行医的两家“黑诊所”负责人被移送公安部门处理。

【卫生行政许可便民高效】进一步规范卫生行政许可工作，完善首问负责制，全面落实一次告知制度、统一行政解释制度。现场审核阶段灵活运用许可现场审查表和许可审批表等内部文书，对符合要求的申请资料受理后承诺10个工作日作出行政许可决定。2014年，全区新发卫生许可证1015家，其中餐饮服务单位605家、公共场所410家，审核发证率100%。受理医疗机构等级注册66件，受理护士执业注册330件，办结医师、助理医师执业注册及变更工作61件，乡村医师再注册243件。（钱　艳）

医政管理

【概况】加强医疗质量管理与控制，成立锡山区医疗质量控制领导小组及5个医疗质量控制专业组，制定临床科室医疗质量评价体系和考核标准，进一步完善各医疗机构临床科室医疗质量评价和考核内容。推进医疗风险（病情）评估制度，对病人全程开展医疗风险评估，全面提升门诊和住院医疗质量。辖区医疗机构病历甲级率91.3%，“三符合”达标率90.5%。病案首页规范管理率100%。所有二级医院均按规定病种数量实施卫生部印发的单病种临床路径管理。东港医院、鹅湖人民医院完成等级医院复核评价。所有二级医院全部开展预约诊疗服务，全部加入省卫生和计划生育委员会集约式预约诊疗服务平台。全年全区未发生三级以上医疗事故。

相关链接

三符合：医嘱与病情相符合，病历记录与病情相符合，医嘱与收费相符合。

【基层卫生机构特色科室建设】经市级专家初审和论证，东港镇社区卫生服务中心慢病科、羊尖镇社区卫生服务中心普外科、锡北镇社区卫生服务中心眼科和鹅湖镇社区卫生服务中心口腔科被列为全市首批重点建设的特色科室，其中锡北镇社区卫生服务中心眼科被市卫生局推荐参加江苏省基层卫生机构特色科室建设项目。

【医疗卫生队伍建设加强】加强继续医学教育，全年举办7期培训班，培训卫技人员823人。全面落实江苏省基层卫生人员培训工作，完成“手拉手”全科医师培训、全科医师规范化培训、住院医师规范化培训、务实进修以及康复医师、乡村医师、管理人员等各类人员培训126人。全年申报5项科研项目，其中锡山人民医院申报省级科研项目1项、市级科研项目3项，区疾病预防控制中心申报市级科研项目1项。锡山人民医院两项科研课题被市卫生局立项。加快实施人才储备战略，2014年度公开招聘卫技人员114名。利用锡山人民医院与东南大学附属中大医院合作契机，在从中大医院引进常驻锡山人民医院的6名专家中，选取3人参加无锡市社会事业领军型人才评审，其中1人通过评审。加强领导班子配备，对6个医疗卫生单位的领导班子进行调整，调整局管干部12人，其中提拔10人，交流1人，退二线1人。加强年轻干部培养，分别在市委党校、区委党校举办全区卫生系统领导干部培训班和全区卫生系统青年干部培训班，参训人数157名。

（钱　艳）

卫生基础设施建设

【概况】锡山人民医院新建工程于2013年11月30日奠基开工，2014年完成住院部主楼六层楼面，东、西裙房屋面，门急诊医技综合楼三层楼面，机电、消防工程等安装单位进场随土建施工。新东亭医院室内装修扫尾工作进展顺利。新东亭街道社区卫生服务中心土建基本结束，准备开始室内装修。羊尖镇社区卫生服务中心医疗大楼主体工程基本完成，内部装潢和设备配置工作进展顺利。东北塘街道社区卫生服务中心搬迁至过渡房，老建筑进行拆除建设。（钱　艳）

行风建设

【概况】深入开展“医疗服务深化年”活动，推进“医疗惠民服务行动”，二级医院推出10项便民措施，社区卫生服务中心和公共卫生机构推出8项惠民措施。制定并出台《锡山区卫生局关于进一步加强政风行风建设的实施方案》，重点针对医务人员收“红包”、拿“回扣”、开大处方、滥检查、乱收费等现象开展为期两个月的专项治理。围绕“全国文明城市创建”“社会主义核心价值观”“讲文明树新风”等主题，不断深化文明行业、文明单位、文明机关创建活动。以文明城市创建为抓手，重点抓好经营性公共场所卫生、餐饮服务单位集中整治、公共场所禁控烟，着力推进医疗卫生单位内部文明创建工作，加强卫生公益与卫生志愿服务及窗口行业规范化服务等各项工作。把文明创建与贯彻执行《无锡市二级以上医疗机构公共服务规范》相结合，细化工作措施，完善服务监督、评价机制，进一步促进医疗机构的文明创建工作。云林街道社区卫生服务中心乡村医生冯秋生入选第四季度“无锡好人”。锡山人民医院神经内科主任周其达被评为无锡市第二届“医德之星”。

（钱　艳）

红十字会工作

【概况】2014年，锡山区积极开展“红十字人道万人捐”活动，募集善款212.76万元；角膜（遗体）志愿捐献者18名；应急无偿献血志愿者2846名。受理医疗救助296例，实际救助款123.2万元。做好日常救助工作，全年对全区遭受突发事件和重、特大疾病患者家庭107户实施救助，发放救助金37.6万元。完成无偿献血全血2745人，两名志愿者成功配型并捐献造血干细胞。开展普及性救护培训讲座13场次，举办初级救护培训讲座9场次，完成普及性救助培训4418人，培训初级救护员412名。召开区红十字会第三次代表大会，并选举产生新一届区红十字会理事会。（钱　艳）

编辑：吴　霞

【锡山区非物质文化遗产】

圆作（木器）制作技艺现场　（区文体局供稿）

圆作（木器）制作技艺

该项目位于东港镇陈市村，传承人包丁忠的师父箍桶匠沈根于1926年收包丁忠为徒，传授其木器制作技艺。改革开放后，其子包红涛在陈市村老街开店营业。圆作（木器）制作属传统技艺，于2010年被列入无锡市第二批非物质文化遗产保护项目名录。

5月28日，高考前卫生监督员在天一中学食堂对餐具进行采样
（区卫生局 供稿）

5月3日，区卫生局卫生监督所在非法行医“黑诊所”现场收缴药品、医疗器械等物品
（区卫生局 供稿）

12月27日，东南大学微创外科研究所胆道疾病诊疗中心揭牌
（区卫生局 供稿）

体　育

Sports

12月，江苏绿羊温泉队首次获“映美杯”2014年中国国际象棋甲级联赛冠军　（朱丽娟 供稿）

综　述

2014年，锡山区体育工作坚持“办好体育为人民”的发展理念，以江苏省创建国家公共体育服务示范区为契机，积极探索公共体育服务新方式，努力提升公共体育服务水平，着力推动全民健身蓬勃开展，进一步夯实竞技体育发展基础，全区体育工作呈现出又好又快发展的新局面。锡山竞技体育捷报频传，棒垒球健儿在江苏省第十八届运动会上勇夺金牌27枚，由江苏绿羊温泉农场有限公司、江苏国际象棋队、中国国际象棋高水平后备人才（无锡）培训基地共同组建的江苏绿羊温泉队首次夺得中国国际象棋甲级联赛冠军。锡山区国际象棋棋手韦青平和吴梦娴成功晋级为国际象棋国家大师，区体校被评为“2014年度江苏省群众体育工作先进单位”。特色品牌群众体育赛事圆满举行，成功举办中国（锡山）第四届国际象棋国际女子名人赛，成功承办“2014年全国百城千村健身气功系列活动锡山大会”。全民健身活动蓬勃开展，群众体育赛事此起彼伏，呈现出“周周有活动，月月有比赛，年度有大赛”的局面。体彩销售继续上扬，全年实现销售3.235亿元，实现两位数增长，继续在全省领先。（朱丽娟）

群众体育

【全民健身蓬勃发展】锡山群众体育以增强群众的科学健身意识和提高身体素质为目标，广泛开展多层次群众性体育健身活动。举办“乒协杯”乒乓球比赛、区级机关羽毛球比赛、“锡山体彩杯”篮球比赛、“普天铁心杯”羽毛球比赛、区第十届中小学生田径运动会和“2014年华东协作区少儿国际象棋冠军赛”等赛事。充分发挥体育团队和协会的带动作用，积极争取社会力量支持体育事业，锡山乒协“福田包装杯”男子团体邀请赛、“2014年锡惠超级足球联赛”等群众赛事火热开展。以区老年体育总会为依托，老年健身气功深入人心，水平不断提高。9月28日，由国家体育总局健身气功管理中心、江苏省体育局、江苏省人民政府防范和处理邪教问题办公室共同主办，锡山区文体局、锡山区防范和处理邪教问题办公室、锡山区老年体协共同承办的“2014年全国百城千村健身气功系列活动锡山大会”在锡山区老体康乐场举行，全区9个镇（街道）的200余名选手进行新老功法展示，获得国家体育总局和省市体育局领导的高度评价。镇、街道和社区举行的全民健身活动红红火火，安镇街道职工篮球赛、东港镇篮球联赛、东亭街道柏庄社区“小小运动会”等吸引了众多体育爱好者的参与。

【公共体育服务体系日益完善】着力构建全民共享的公共体育服务体系，积极打造“10分钟体育健身圈”，推进新一轮公共体育设施建设，2014年投入建设资金200余万元，在全区新增健身路径90条、篮球架20副、室内外乒乓球台37副、健身活动室5个，基本满足群众出门步行10分钟就能找到健身场地锻炼身体的需求。推进社会体育指导员队伍建设，举办无锡市二级社会体育指导员全健排舞培训班，全区9个镇（街道）共计82名体育骨干参加培训班。加强基层公益体育志愿者队伍建设，通过发动和宣传，全区发展公益体育志愿者1300余名。（朱丽娟）

竞技体育

【竞技体育再创佳绩】锡山区继续发挥国际象棋和棒垒球两大品牌优势，精心备战江苏省第十八届运动会、2014年中国国际象棋甲级联赛，取得优异成绩，竞技体育继续书写崭新篇章。在2014年7月初和9月初分别在无锡市和南京市举行的江苏省第十八届运动会棒球赛和垒球赛上，锡山棒垒球健儿英勇奋战，获棒垒球甲组冠军2个、乙组亚军2个；在江苏省第十八届运动会期间，区棒垒球队获金牌27枚、银牌4枚、铜牌12枚，为无锡体育军团做出极大的贡献。在“映美杯”2014年中国国际象棋甲级联赛上，由江苏绿羊温泉农场有限公司、江苏国际象棋队、中国国际象棋高水平后备人才（无锡）培训基地共同组建的江苏绿羊温泉队首次夺得冠军，一举跻身最强队伍之列。成功举办中国（锡山）第四届国际象棋国际女子名人赛，一批国际顶尖选手再聚锡山，有效推动了锡山国际象棋项目的发展。锡山国际象棋和棒垒球水平不断提高，催生一批优秀人才，锡山区国际象棋棋手韦青平和吴梦娴因在2014年全国青少年国际象棋团体锦标赛上的出色表现，成功晋级为国际象棋国家大师。至2014年年底，锡山区累计培养国际象棋国家大师10余位。同时，锡山区棒垒球队2014年有25名队员被调入江苏省队集训，有7人代表中国

国家队参加2014年韩国仁川亚运会。（朱丽娟）

体彩销售

【体彩销售高位攀升】锡山区体育彩票工作扣住重点环节，利用超级大乐透亿元大派送的契机，将大乐透玩法调整后的规则特点、优势进一步向彩民宣传，巩固大乐透的基础地位，带动整体销量提升。把握有利时机，紧抓五大联赛、世界杯预选赛、欧洲冠军联赛、NBA职业篮球联赛等各大体育赛事以及“竞彩普及日”的有利契机，特别是2014年巴西世界杯重大赛事的影响力，趁势开展营销工作。优化体育彩票网点结构，推进网点专业化、标准化建设，从销量和规范两方面着手，评出省、区优秀网点62个，完成全区21家竞彩网点向体彩旗舰店的升级改造，打造良好的体彩品牌形象。锡山区体彩销售工作取得新的进展和突破，全年体彩实现销售3.235亿元，比2013年同比增长12.93%，贡献率为18.1‰，销量位居全省县区排名第9位。其中，传统电脑型彩票销售6614万元，高频彩票销售8264万元，竞猜型彩票销售1.538亿元，即开彩票销售2091万元。（朱丽娟）

编辑：吴　霞

【锡山区非物质文化遗产】

“太湖翠竹”鲜叶采摘　（区文体局 供稿）

“太湖翠竹”制作技艺

“太湖翠竹”产于原无锡县八士乡（今锡山区锡北镇）斗山山麓。“太湖翠竹”茶，外形扁似竹叶，色泽翠绿油润，内质滋味鲜醇，香气清新持久，汤色清澈明亮，叶底嫩绿匀整。冲泡在杯中，嫩绿的茶芽徐徐伸展，形如竹叶，亭亭玉立，似群山竹林，翠竹之名由此而来。斗山地区茶树种植面积有200余公顷，18家制茶企业组成锡北镇茶业协会，制茶设备齐全，并形成种植、制茶、销售“一条龙”服务。2010年3月，国家工商行政管理总局商标局批准锡山区锡北镇茶业协会使用“斗山太湖翠竹”商标。“太湖翠竹”是江苏省首批无公害农副产品和江苏省名牌农产品，并获得江苏省有机食品认证和江苏省绿色食品认证，具有较高的保健医疗价值，深受人们欢迎。“太湖翠竹”制作技艺属传统技艺，于2013年被列入无锡市第二批非物质文化遗产保护项目名录。

9月5～8日，江苏省第十八届运动会青少年部垒球比赛在南京市江宁高级中学举行。图为锡山垒球队在比赛现场　　（朱丽娟 供稿）

5月5～15日，“金铭祥杯”中国（锡山）第四届国际象棋国际女子名人赛暨“莆田商会杯”国际象棋明星混双对抗赛在锡山区举行。图为女子名人赛比赛现场　　（朱丽娟 供稿）

人力资源和社会保障

Human Resources and Social Security

3月，区人社局举办妇女专场招聘会 （刘宗汉 供稿）

综　述

2014年，全区实现城镇失业人员再就业2997人，本地农村劳动力就业3713人，城乡劳动力充分就业率在95%以上；开展城乡劳动者职业技能培训5132人，城乡新成长劳动力技能培训1111人，企业职工技能提升培训21278人；重点扶持自主创业1182人，创业带动就业7562人；净增社保缴费人数953名，企业退休人员医疗互助和帮困互助参保率在85%以上；居民养老和居民医疗保险参保覆盖率分别在98.5%和99%以上；引进各类人才11503名，其中高层次人才325名，新增留学回国人员106名，新增优秀大学毕业生1486名；企业劳动合同签订率在98.5%以上，劳动争议调处结案率100%。区人社局被评为“全省人力资源社会保障系统先进集体”“无锡市巾帼建功先进集体”。　（刘宗汉）

就业创业

【就业创业工作平台夯实】万力大学生创业园建成开园，一期投入面积5000平方米，成功入驻33家大学生创业企业。充分发挥区公共人力资源市场促进就业的平台作用，举办外来务工人员专场、妇女专场、残疾人专场等各类招聘会30场，提供就业岗位14000余个，服务求职者20000余人次，达成就业意向4000余人。强化地区间劳务交流与合作，为保障企业用工开辟用工渠道、搭建招工平台，组织区内企业赴江西省等地开展劳务合作和专场招聘活动，提供就业岗位5000余个，达成就业意向1500余人。认真贯彻区政府《关于加强职业技能公共实训基地建设的实施意见》精神，锡山中等专业学校现代电子电工实训中心和现代机械加工实训中心、锡山区锡东机械加工技术实训基地、锡山社区教育学院信息化服务实训基地、羊尖现代农业技术培训中心等建设项目扎实推进。

【就业创业扶持政策落实】大力落实开业补贴、租金补贴等创业扶持政策，实施补贴资金按季度审核制度，审核发放各类创业补贴245万余元。充分发挥社保、岗位“两项补贴”政策在促进困难群体就业方面的重要作用，加强审核把关，及时兑现到位。审核发放“两项补贴”4246万元，惠及就业困难人员30601人次。全区开发345个公益性岗位用于安置就业困难人员。组织315名未就业高校毕业生参加见习实训，发放见习实训补贴90万余元。在全区开展以“榜样引领，服务支撑，实现更多创业梦”为主题的创业政策宣传月活动，发放各类就业创业宣传资料5500余份，朱虹、杨舒春两名大学生的创业事迹在中央电视台第七套《致富经》栏目播出。大力宣传大学生租房补贴、小微企业录用高校毕业生社保补贴等优惠政策，提升企业招录高校毕业生的积极性，全力促进高校毕业生就业。

【就业创业服务指导加强】切实加强就业困难人员的动态管理，及时更新就业困难人员数据库，针对性提供送岗上门、“一对一”帮扶等就业援助服务，实现就业困难人员就业参保2660人；被征地劳动力实现就业2851人。全面落实免费创业培训制度，面向下岗失业人员、被征地农民、登记失业高校毕业生、军转安置人员等重点对象，组织创业培训1202人，重点扶持自主创业1182人，其中扶持农村劳动力自主创业421人，创业带动就业7562人。依托覆盖全区的就业培训网络体系，加大职业技能培训力度，着力提升技能水平促进充分就业，完成城乡劳动力职业技能培训5132人；完成城乡新成长劳动力技能培训1111人；培训农村劳动力8998人；开展企业职工岗位技能提升培训21278人。切实加强大学生实名制管理数据库管理维护工作，组织入库大学生开展岗位推介、技能培训、就业见习等服务。实施“百企百校优才”工作计划，组织江苏大明金属制品有限公司、江苏新日电动车股份有限公司等30余家企业赴安徽工业大学、江苏科技大学等高校举办校园招聘，达成就业意向600余人。　（刘宗汉）

社会保障

【城保参保覆盖面扩大】深入贯彻实施《中华人民共和国社会保险法》等劳动保障法律法规，依法规范企业参保行为，对不办理社保登记等行为的企业开展专项查处。利用劳动执法日常巡查、社保年检、专项检查等有利时机，切实加大企业参保行为的监督检查力度，对不为职工办理参保手续的企业，及时下达参保指令，督促办理参保手续，同时将检查重心不断向餐饮服务业、零售业企业拓展，不断扩大社保参保工作行业覆盖面，实现社保净增缴费9532人。深入推进断保被征地农民续保工作，通过举办参保补贴发放仪式等形式，切实加强被征地农民参保优惠政策宣传，实现被征地农民净增缴费3418人。审核发放2013年度被征地农民参保补贴3000余万元，惠及14300余人。

【社会保障待遇提高】将全区18.4万条居民养老保险、居民医疗保险“两项保险”参保人员信息整理下发至镇（街道），要求对参保人员的身份证号码、家庭住址、联系电话等数据进行全面更新。2014年度居民养老保险和2015年度居民医疗保险参保工作全面完成，参保覆盖率分别在98.5%和99%以上。根据无锡市部署，统一调整居民养老保险基础养老金，从310元/月调整至340元/月，增幅10%。被征地农民退休前保养人员享受待遇从510元/月调整至560元/月，退休后保养人员享受待遇从610元/月调整至670元/月。按照省市有关文件精神，对2013年12月31日前办理退休、退职或领取定期生活费手续的人员，从2014年1月1日起调整基本养老金。

【退休人员管理服务提升】坚持以推进企业退休人员住院医疗互助参保为主抓手，统筹抓好退休活动场所建设、走访慰问、文体生活等重点工作。完成2014年度住院医疗互助参保工作，参保人数1.68万人，参保率在85%以上。完成10家企业退休人员活动场所的考核验收，全区累计建成企业退休人员活动场所72家；认真开展企业退休人员帮困工作，发放企业退休人员慰问金55万元；组织退休人员开展“南京、宜兴一日游”、退休人员健身骨干培训班等文体娱乐活动；做好1500余人次异地退休人员的资格认证工作；完成企业退休人员健康体检2.9万人次；新接收企业退休人员档案3100余份。（刘宗汉）

人才人事

【人才引育加快】注重从教育系统、卫生系统以及创投行业、会计服务、律师服务等现代服务业行业培育高层次人才，指导无锡好芳德药业有限公司布鲁斯·博伊特勒等11名高层次人才申报2014年度无锡市国际国内顶尖人才、社会事业及中介服务领军人才项目。充分发挥红豆集团、江苏新日电动车股份有限公司等15家企业高技能人才培养评价试点单位作用，全面加强高技能人才队伍建设。注重在现代农业领域培养高技能人才，在鹅湖镇、厚桥街道举办果树工、蔬菜种植工培训班12期，培训450余人次。成功推荐红豆集团郭军伟等高技能人才参加无锡市突出贡献专家、无锡市首席技能大师、无锡市技能大师工作室等评选工作，新增高技能人才3966名，职业技能取证7322人。

【人才服务提升】依托区人社局高层次人才“一站式”服务窗口，在高层次人才安家费补贴申请、人才资助项目申报等方面，提供“一站式”受理、“一次性”告知、“一条龙”服务。坚持把提升职称服务工作的针对性和实效性，作为加强人才服务的有力抓手，新增初级职称800余人、中级职称190余人。强化企业职工职业资格考试的管理和服务，不断提升企业职工职业综合素养和专业化技能水平，提升企业专业技术人员持证上岗率，审核二级建造师、注册税务师等1470余人，新增初级职称770余人、中级职称190余人。坚持把落实高层次人才资助项目作为扶持企业转型发展的核心抓手，不断加强人才资助项目的申报指导工作，组织李明杰等6名高层次人才完成留学人员科技活动项目择优资助经费申报工作，组织4名高层次人才申报中国留学人员回国创业启动支持计划，组织15人申报江苏省“双创计划”自主创业类、2人申报江苏省企业博士集聚计划企业博士后类，推荐两名企业高级管理人才参加无锡市第十五期高层次人才经济研究班。

【人才发展载体夯实】加强对各板块开展博士后工作站申报工作的调查摸底，指导无锡市南方电器制造有限公司成功申报省博士后创新实践基地。积极组织企业对接人才交流会，引导和督促企业加快博士进站步伐，红豆集团、无锡高精科技农业有限公司等博士后工作站新引进博士8名。协助设站单位做好资金资助项目申请工作，组织无锡吉兴汽车部件有限公司、无锡阿科力科技股份有限公司两家单位申报博士集聚计划。大力开展引智政策宣传，无锡吉兴汽车部件有限公司、江苏红豆实业股份有限公司等8家企业申报引智项目9个，其中国家级项目1个，省级项目2个；申报柔性引智项目4个。搭建校企合作平台，江苏大明金属制品有限公司在中国矿业大学建立“大明人才俱乐部”。

【事业单位改革深化】全面完成全区事业单位岗位设置方案的核准备案和岗位聘用工作，岗位设置信息入库率在98%以上，人员入库率在95%以上。事业单位聘用合同管理率和职工聘用合同签订率均为100%，实现应签尽签。完成综合工程中级评审工作，通过率79.8%。中小学教师职称评聘管理制度全面落实。按照市、区统一部署，对社区（村）创建达标检查评比项目开展全面梳理，建议取消11个社区（村）创建达标检查评比项目，建议保留15个社区（村）创建达标检查评比项目，并提交相关目录报区政府审批。按照市委组织部、市人力资源和社会保障局《关于开展全市党政机关借调人员情况调查摸底的通知》要求，对机关借调人员情况进行全面梳理排查，完成37名借调人员清理工作。

【考核结果兑现落实】根据无锡市有关文件精神，按照区委、区政府年初下发的《关于2014年度区级机关部门工作绩效考核的意见》《关于2014年度开发区、商务区、各镇（街道）工作绩效考核的意见》的要求，做好2013年度考核中区级机关"部门嘉奖"的审核、汇总工作，完成区级机关工作人员和镇（街道）党政领导班子绩效考核考核奖的审批，以及全区事业单位年终奖励性绩效工资总量的审核审批工作。对机关事业单位工作人员2013年度考核结果称职（合格）及以上的，按照省市文件精神做好正常晋升工资工作，涉及3400余人。对各部门推荐的2013年度锡山区区、镇（街道）机关嘉奖、记三等功人员和区、镇（街道）事业单位嘉奖、记功、记大功人员进行认真梳理、考察，并通过区纪委（监察局）、区检察院、区人口计生局等部门对奖励候选人员进行审查。2013年，机关以及区直属事业单位嘉奖113人，机关记三等功18人，事业单位"记功"人员60名，事业单位嘉奖人员备案965名。

（刘宗汉）

劳动关系

【劳资工作基础夯实】深化工资集体协商指导服务工作，引导劳动关系双方本着开诚布公、平等协商的原则，开展工资集体协商，建立健全公平合理的收入分配制度、工资共决机制和正常增长机制，审查企业集体合同4100份，审查企业工资集体合同1760份。同时，将书面审查工作与社保年检工作相结合，对用人单位遵守劳动法律法规情况进行全面监督检查，有4633家单位参加书面审查，涉及劳动者16万人。坚持"鼓励引导，规范严谨"的原则，严格把关，做好特殊工时制的管理服务，在劳动法律范围内，根据企业生产经营情况，指导企业实行与企业自身实际相适应的工时工作制，预防和减少劳资纠纷的发生。

【合法权益依法保障】切实加大网络、电话、来信、来访等投诉举报的查处力度，接待来电、来访咨询服务7510余人次，其中受理立案查处的投诉举报703件。切实加大企业参保、工资支付等情况监督检查力度，重点检查租赁厂房、"厂中厂"等承包性质的企业，主动检查单位710家，涉及职工人数4.25万人；追发劳动者工资985万元，涉及2786人；将8起拒不支付劳动者报酬案件及时移交公安部门。锡山区人社局、锡山公安分局、锡山区城管局、锡山工商局等部门开展人力资源市场清理整顿，检查人力资源职介机构56家。区劳动人事争议仲裁院切实加强案件调处效能建设，立案受理劳动人事争议案件1214件，结案1203件，结案率99%；调撤案件1044件，调撤率86%。

【维权服务效能提升】全面加强接访服务，在区人社局一楼专门设立监察仲裁联合接访室，并实行监察和仲裁工作人员联合值班制度，提高接访效率，方便群众投诉举报。在东港镇、安镇街道、云林街道设立劳动人事争议调解仲裁庭，进一步前移劳动人事争议调解仲裁工作重心，为群众维权提供便利。坚持把提升企业规范用工管理能力作为劳资关系建设的重要抓手，开展送培训下基层活动，在镇（街道）巡回举办企业规范用工管理培训班，并推动培训服务不断向小微企业延伸，举办专题培训班20场，参与企业2100余家。按照省市统一部署，扎实推进基层调解组织规范化建设，统一规范镇（街道）、村（社区）基层劳动人事调解组织名称，统一更换铜牌和印章，对镇（街道）、村（社区）基层劳动人事调解组织场所建设、队伍建设、工作职责、工作流程等提出规范建设要求。

（刘宗汉）

编辑：吴　霞

社会生活

Social Life

10月28日，锡山区首家中福在线厅开业 （区民政局 供稿）

人民生活

【概况】2014年，全区居民收入继续保持增长态势。据城乡一体化住户调查资料，锡山区居民人均可支配收入34442.7元，比上年增加2815.0元，增长8.9%。其中，城镇常住居民人均可支配收入39819.8元，比上年增加3153.3元，增长8.6%；农村常住居民人均可支配收入22488.9元，比上年增加2063.0元，增长10.1%。

（缪　鹏）

民政工作

【概况】2014年，锡山区民政工作秉持“民生为本、创新为先、转型为主”的发展宗旨，以建设人民满意的服务型民政为目标，以深化民政改革为统领，务实推进，勇于创新，民政事业发展水平全面提升。社区（村）“减负增效”工作全面开展，全年取消社区（村）台账145项，创建评比37项，组织机构、挂牌105个；和谐社区创建成效卓著，全区有93%的社区和92%的村创建成省级和谐社区建设达标社区（村），鹅湖镇甘露社区创建成国家级示范和谐社区。全年新命名道路32条，桥梁2座，住宅区3个，大型建筑物3个；新登记成立社会组织31家，社会组织总数347家，每万人拥有社会组织数8.2个；新增社会工作师和助理社会工作师26名，全区累计166人获得相关资质证书。全区有福利企业20家，在册职工1718名，其中安置残疾职工514名，占职工总数的30%。全年办理结婚登记3404对、离婚登记996对，补领婚姻证500件，出具无婚姻登记记录证明1903件，办理收养登记11件。10月28日，区首家中福在线厅运营。2014年，全区销售电脑福利彩票13246万元，即开型彩票1921万元，“中福在线”新型彩票366万元，福彩销售总额超过1.55亿元。

【社会救助】推进镇（街道）社会救助“一门受理”平台建设，建立健全收入核对机制和部门联席会议制度，完善落实各项救助制度和补贴机制，从4月1日起，低保标准提高至月人均660元，全年向低保家庭2318户、5204人发放低保金1935.03万元；向15名孤儿发放福利保障金20.93万元；向困难群众发放临时救助金400万元，发放物价补贴34.49万元，发放水费补贴58.61万元；向1971名无固定收入重度残疾人员发放救助金681.09万元；向178名“一户多残”“依老养残”对象发放救助金37.89万元。全面开展防灾减灾工作，厚桥街道太芙社区创建成国家级综合减灾示范社区。顺利实施城乡户籍居民住房财产保险，由市、区两级政府资金和慈善资金共同出资76.2万元，为全区12.7万户居民办理政策性农村住房保险。扎实推进最弱势群体帮扶工作，成立特困帮扶基金会，建立以政府出资为主、社会捐赠为辅、原始资金2.5亿元的特困帮扶基金，实现弱势群体帮扶工作的制度化、长效化。持续加大弱势群体救助力度，提升救助标准、扩大救助覆盖面，全年发放深度贫困帮扶资金1309.86万元，比上年提高26.8%。

【社会治理】启动社区布局规划编制工作，出台《关于做好城乡社区布局规划编制工作的指导意见》，鹅湖镇鹅湖村、人民路社区异地新建工作和锡北镇新坝村服务大厅改扩建工程顺利完成，羊尖镇廊下花苑、锡北镇丰田苑、厚桥街道大诚苑安置社区建居工作有序推进，东亭街道、云林街道等地行政、服务区域完成适度调整。积极开展“政社互动”，加强社区、社会组织、社会工作人才“三社联动”，出台《关于全面推动“政社互动”、促进“社区减负增效”的实施意见》和《关于加强社区治理和服务创新的意见》，建立职责事项清单制度和社区工作准入制度，着力推进社区治理创新。推进社会组织改革，对四类（行业协会商会类、科技类、公益慈善类、城乡社区服务类）社会组织实行直接登记制度。扶持社会组织发展，全面推进市、区两级公益创投工作，12个项目获得市级公益创投资金89万余元；23个区级公益创投项目签约落地，投入福彩公益金140余万元。

【老龄事业】围绕多元发展的目标，养老服务体系进一步健全完善。安镇街道查桥敬老院原地改扩建工程顺利完工，全区养老床位总数3309张，每千名老人拥有床位34张。养老机构“三有、三能、六达标”建设全面完成，全区养老机构通过消防验收，锡北、厚桥敬老院通过三星级评定，东湖塘、东北塘敬老院通过二星级评定。积极开展“安康关爱行动”，落实养老机构综合责任险和老人意外伤害保险，养老机构安全管理和抵御风险的能力有效提高。切实提升老年优待水平，全年向80周岁以上老人发放尊老金901万元；为60周岁以上老年人免费办理“老年人优待证”3798张；“五保”（保吃、保穿、保住、保医、保葬）供养标准提高至年人均9170元，保障“五保”对象基本生活。加大对居家养老服务站建设补贴和运营补贴力度，深化居家养老“六助”（助餐、助浴、助洁、助急、助行、助医）服务功能，与“96158”便民服务中心合作，探索为特定老年人家庭提供上门、定制式服务，并通过政府购买服务的形式，为八类特定老年人家庭提供居家养老信息服务，有效解决老年人日常生活服务和安全保障问题。

相关链接

三有、三能、六达标：敬老院的每个房间或套房内有卫生间、有保暖降温设备、有电视机；老人不出院能洗澡、能看病、能康复娱乐；消防、卫生、环境、“五保”老人供养标准、管理服务人员配比、管理服务人员工资待遇达到民政部和省政府提出的基本要求。

【优抚安置】锡山区双拥工作扎实推进，春节和“八一”前夕，开展走访慰问驻锡山共建部队活动，向共建部队赠予慰问金、慰问品合计65万元；成功争创双拥模范城，被评为“江苏省第十届双拥模范区”。优抚工作全面落实，根据《关于调整部分优抚对象抚恤补助优待标准的通知》精神，及时落实优抚对象待遇，向全区重点优抚对象、四级以上伤残军人、军队退休干部等人员发放生活慰问金132万元，向141名60周岁以上参战退伍老兵发放慰问金45万元；顺利完成全区伤残军人和烈士的换证工作；社区“优抚之家”建成8家。安置工作圆满完成，接收冬季退役士兵及复员士官183名，发放安置补偿金、自谋职业安置金和待安置金合计842万元；区民政局、区人社局组织退役士兵参加职业技能培训班，退役士兵安置率100%。

【社会事务】地名文化遗产保护工作有效推进，“锡苏线”界线联检行动全面完成，平安边界创建成果夯实；落实福利企业退税政策，做好福利企业年审工作，全区福利企业健康有序发展；完善惠民殡葬政策，研究出台《关于进一步加强殡葬管理工作的意见》《锡山区公益性安息堂建设以奖代补实施办法》《锡山区公益性骨灰堂布局规划方案》，殡葬改革深化；民政公共服务设施进一步健全，通过公益性岗位购买服务等方式着力强化人员配备，工作经费纳入同级财政预算，各镇（街道）民政机构职能优化。（严　勇　高怀民）

人口和计划生育

【概况】2014年，区人口计生局注重强基础、抓队伍，立足各项基层基础工作和民生工作，不断提高人口和计划生育依法行政、社会管理、公共服务水平和群众满意率，各项工作指标完成良好，出生政策符合率99.5%，出生人口性别比110.9，孕前优生健康检查目标完成率100%，城乡人口和家庭公共服务机构覆盖率100%，人口和计划生育依法行政工作达标率100%，人口文化建设达标率100%，家庭健康服务达标率96%，流动人口管理服务率97.7%，人口信息化建设达标率98%，人口和计划生育机构队伍建设达标率95%。

【单独两孩政策实施】3月28日，江苏省第十二届人大常委会第九次会议审议通过《江苏省人民代表大会常务委员会关于修改〈江苏省人口与计划生育条例〉的决定》。锡山区迅速行动，通过在《新锡山》简报开辟专栏、制作发放宣传折页海报3万余份等形式广泛宣传政策内容，并及时组织学习培训活动，确保系统内工作人员全面准确掌握政策，全面推进“一方是独生子女的夫妇可生育两个孩子的政策”（简称“单独两孩政策”）的实施。全年完成再生育审批1253人，其中937人审批通过。

【社会抚养费征收管理加强】加强指导，对基层社会抚养费征收工作加强督导，规范做好社会抚养费征收的立案、调查取证、文书送达等工作。全年办理征收案件80件，结案61件，结案率76.25%，征收社会抚养费229.5万元。密切协作，与区法院加强沟通协调，随时掌握征收进展情况，加大征收执行力，提高征收兑现率。全年申请区法院强制执行案件20件，区法院执行当年及往年案件金额共计22.08万元。强化监督，开展计划生育案卷评查活动，对评查中发现的问题提出整改意见，进一步加强行政执法监督，提高人口计生行政执法业务水平。

【计划生育依法行政推进】积极推行社区减负工作，凡属于本级职责范围内的事项，一律不转嫁给社区；凡依法应当由社区协助的事项，为其提供必要的经费和工作条件；凡委托社区办理的有关服务事项，实行“权随责走、费随事转”。通过压缩社区计生台账、规范创建检查评比和挂牌等事项，提升了工作效能。推进信访规范管理，利用政府网络和人口计生工作平台等大力推进电子政务，全面落实行政权力运行网上公开；畅通“12356”阳光计生服务热线，健全领导接访日制度、信访终结制度。全区受理来信、来访382件，办理人大代表建议和政协社情民意各1例，信访件回复办结率100%。加强计生行政指导，重点围绕“符合单独两孩政策生育的夫妻再生育申请、申请后奖励优惠待遇变化、政策实施前后违法生育行为的处理”等环节加强行政指导工作。全年发放指导文书1900余份。

【计生奖励政策全面落实】 计划生育奖励优惠政策全面落实到位。1～12月，全区发放农村计划生育部分家庭奖励扶助金11388人，合计951.52万元；发放独生子女伤残死亡家庭特别扶助金555人，合计284.94万元；继续为286个计划生育特殊困难家庭对象免费送油送米，折合粮油款27万元；登记、审核2013批次持证退休企业人员一次性奖励未支付对象1777人；登记、审核2014年计生公益金对象351人，发放金额129万元。

【孕前优生检查项目规范实施】 继续把落实国家免费孕前优生健康检查项目作为民生重点工作扎实推进，狠抓“提升咨询指导质量、健全高危人群转诊干预体系和检查结果”的有效应用工作。每月召开业务交流会议，指导各镇（街道）业务人员全面提高风险评估和咨询指导能力，按时保质完成任务。早孕和妊娠结局随访规定时效内上报率100%；档案管理实行专人负责制，做到规范有序，并严格落实保密制度。高质量完成市级临床检验室间质量评价（简称“室间质评”）4次，省级室间质评2次，国家级室间质评2次。全年为3179对待孕夫妇提供免费服务，有效提升了出生人口素质。

【幼儿早教深入推进】 推进早教阵地建设，协调有条件的公办幼儿园继续举办苗苗班，努力满足群众需求；指导60%以上的镇（街道）、40%以上的村（社区）建立早教公共服务阵地。全面开展早教服务，督促镇（街道）制订落实普惠性体验式教养服务计划，充分利用幼儿园、公共服务阵地和早教机构等载体为群众提供一年6次的免费服务；指导村（社区）认真开展一年两次以上的上门入户科学育儿指导服务。全区举办专家育儿讲座72场，参加听讲人数4510人次；入户指导服务9165次；开展亲子活动195次，参加幼儿38666人次。强化规范管理，组织从业人员认真参加育婴员（师）培训班，提高服务能力；对早教机构和服务活动开展安全督查，防范安全事故的发生；认真开展早教教研活动，选送3篇教案参与市级评比，并在“华夏冠亚早教阵地”开展专题教研活动，提升早教服务质量。

【计划生育优质服务推进】 全力推进新一轮生殖健康促进工程，积极配合卫生部门做好“两癌”（宫颈癌、乳腺癌）筛查。2014年，全区为48759名常住育龄妇女提供免费检查，发现目标疾病5891人次，第一次防治率100%；宫颈癌筛查45174人，宫颈癌筛查率92.6%，发现阳性1885例，确诊宫颈癌16例、乳房癌11例，并进行手术治疗。加大投入，逐步建立由避孕药具机构发放、上门发放、社区领取、社会化网点发放和自助服务五种发放模式构成的“15分钟药具零距离服务圈”，大大提高群众对避孕药具的易得性。

【幸福家庭建设工程深化】 切实加强人口文化宣传，按照“有人口学校、宣传栏、图书角、公益广告、宣传服务箱”的五有要求，继续完善基层人口文化宣传基础设施，锡北镇斗山花园社区被评为“2014年市级人口文化示范基地”；在世界人口日等重要节点，开展全区性社会宣传服务活动38场。深入推进“新农村新家庭新三年计划”，加快建设家庭人口文化，通过开展“电影送下乡，宣传到门口”活动为村（社区）、企业送电影58场，并在放映前播放区人口计生局制作的人口文化宣传片。依托锡山区乐助社工事务所，以购买服务的形式，探索开展青春期健康教育。在社区、学校、流动人口集中企业和大型市场等地，针对青春期学生、学生父母和参加工作的20岁左右的青年，开展青春期健康教育集中授课，帮助青少年提高自我保护能力，努力减少少女意外怀孕。

相关链接

新农村新家庭新三年计划：2012～2014年，锡山区以科学发展观为指导，以促进农村人口均衡发展为目标，以幸福家庭建设为重点，以创建新一轮新农村新家庭示范区和“示范镇村户”活动为抓手，积极推进“667工程”，即全面落实“协调发展六大提升”（人口长期均衡发展水平、人口文化宣传普及水平、人口家庭公共服务水平、公共服务均等化水平、计生家庭保障水平、队伍建设发展水平提升），大力推进“幸福家庭六大行动”（优生优育行动、健康成长行动、家庭保健行动、生育关怀行动、夕阳关爱行动、邻里和谐行动），全面实施“示范家庭七新创建活动”（家庭婚育有新观念、家庭致富有新发展、家庭保健有新认识、家庭环境有新变化、家庭保障有新提高、家庭参政有新作为），全面加强农村人口和计划生育基层基础和群众自治工作；进一步建设和完善统筹解决农村人口问题的长效机制，实现农村人口计生工作思路和方法的根本转变；进一步倡导新型人口文化，促进生育文明、性别平等、尊老爱幼的新风尚；进一步促进农村家庭发展能力，全面推进计划生育家庭利益导向、生育关怀和优质服务。

【计生协会发挥作用】深化基层组织建设，统一制作计生协会工作培训PPT课件，全面开展业务培训活动，完善巩固基层协会组织建设成果。依托各级计生协会组织，广泛开展生育关怀行动，区级计生协会走访19名市级困难家庭慰问对象和其他计生困难家庭，送上慰问金和慰问品，共投入资金近10万元，受益家庭356户；厚桥街道爱心妈妈开展“点亮心愿，温暖马年”活动；东港镇爱心妈妈陪伴失独（失去独生子女）家庭父母游览荡口古镇；东北塘街道“康乃馨基金”为优秀学生颁发奖学金；厚桥街道中东村皇冠梨种植帮扶项目入选市级计生协会生育关怀帮扶项目。

【人口信息建设推进】围绕“十二五”省人口协调发展先进区的指标要求，切实加大人口信息采集更新力度，提高人口基础信息数据质量。全区登记全员人口个案信息753645人，上报常住人口数761312人，其中户籍人口数431565人，户籍出生数4347人。为配合单独两孩政策的实施，2月组织开展人口基础信息梳理工作，核查、反馈、清理育龄妇女信息105614条，未婚男性信息16368条，其中已生育一孩的城镇一方独生子2648条；8月开展单独夫妇（有一方是独生子女的夫妇）数据清理活动，核查育年龄龄妇女信息109047条，其中已婚育龄妇女信息85203条，对应反馈修改个案字段10650个，有效提高了信息准确性。

【人口基础信息管理加强】切实加强人口信息共享。主动与横向部门对接，利用人口计生网络优势，与公安、卫生、民政等横向部门进行人口信息实时交互。通过锡山区计划生育信息采集和交换平台反馈出生信息948条、新婚信息3124条、四项（上环、取环、人流、引产）手术信息525条，各镇（街道）信息反馈及时率均在99%以上。健全特殊人群管理服务机制。以未婚同居、离婚再婚等特殊人群为重点，落实管理责任人，强化每月跟踪制度、月访视汇报制度、人户分离对象生育管理交接单制度、现居住地考核机制等各项制度，实行动态跟踪管理服务。认真开展一年两次的免费孕环情监测服务，共计服务191467人次，其中特殊人群对象3467人。

【流动人口信息管理加强】各地结合孕环情监测、“两癌”筛查、入园入学查验等服务工作，认真开展流动人口信息的清理核对和确认工作。在清理的基础上，抓好每月流动人口信息的新增、注销等变更工作，确保信息的动态化和准确性。流动人口信息确认率由年初的30%提升至92.4%。通过核查，确定全区流动人口接产3501人，围绕流动人口违法怀孕行为开展集中执法，解决计划外怀孕351例。东亭、云林、鹅湖、锡北、东港5个镇（街道）的12个村（社区）完成国家流动人口动态监测项目240名对象的调查任务。

【流动人口计划生育“五清楚五服务”活动开展】区级制定实施意见，制作流动人口服务工作微电影，召开动员会议和业务培训班，区人口计生、公安、卫生、教育等部门，明确分工，加强协作，层层落实责任，积极开展流动人口计划生育“五清楚五服务”活动。通过活动，全区清查流动人口已婚育龄妇女82544人，补登记信息7534人；提供免费孕环情监测54408人；补签订合同5806张，发送宣传资料10356人，提供生育服务登记52人；清查出二胎以上无计划怀孕42人，发放行政指导书122份。

相关链接

五清楚：摸清楚流动育龄妇女的底数、流动育龄妇女“婚育证明”的持证和验证情况、流动育龄妇女避孕节育措施落实和孕环情检测情况、流动人口孕情、流动人口有无违法生育情况。

五服务：集中开展一次政策宣传服务、一次免费技术服务、一次需求调查服务、一次依法维权服务、一次向流动人口计划生育困难家庭送温暖活动。

【流动人口基本公共服务均等化试点工作启动】 区人口计生局于4月25日召开动员会，部署开展国家流动人口卫生和计划生育基本公共服务均等化试点工作。6月，在无锡皮革城开展以“亲情服务新市民，共建和谐新锡山”为主题的服务周活动，为2万余名流动人口集中提供免费技术服务、宣传服务和药具发放服务。继续以“服务百村千企，你我同行共享”为主题，推进流动人口“七免一普及”服务，全年服务各镇（街道）、村（社区）两级企业769家，为22801名外来女工提供免费妇女病复查；落实“四项”手术免费经费15.4万元，发放流动人口生育服务证434张，出具并向户籍地通报避孕节育报告单14148条。

相关链接

七免一普及：免费发放宣传资料，免费发送避孕药具，免费开展孕环情监测，免费提供国家规定的计划生育技术服务项目，免费进行婚前检查，免费开展孕前风险评估，免费进行孕前优生检测，普及科学适用的计划生育知识。

【流动人口区域协作加强】 做好国家人口宏观管理与决策信息系统、江苏省人口和计划生育综合信息平台两个平台的日常数据变更、信息反馈、通报协作等工作，全年发送协查信息21168条，协查反馈及时率100%。指导基层建好流出人口管理台账，加强对流出人口的管理，全区流出人口628人，流出育龄妇女“婚育证明”发证率、合同签订率100%，已婚育龄妇女综合避孕率在98%以上。狠抓流动出生二孩的协作协查，设计锡山区流动人口生育情况通报三联单，将全区出生二孩及以上流动出生个案，邮寄发送到户籍地区级以上人口计生部门核查，发出“三联单”265份，收到有效回复61份，其中计划内二孩27人，计划外二孩23人，无法核实10例。同时，配合协作单位开展流入育龄妇女免费孕检工作，为98名安徽省庐江籍育龄妇女提供孕环情监测、宣传服务和信息核对工作。（陈珊珊）

民族宗教

【概况】 锡山区是少数民族散杂居区，少数民族分布在全区9个镇（街道），有民族成分23个，户籍人口1077人，大部分来自四川、云南、贵州等省的少数民族欠发达地区。主要有佛教、道教、伊斯兰教、天主教、基督教五大宗教，信教群众近5万名。其中，信仰佛教、道教的信徒近4万名，道教从业人员198名；信仰伊斯兰教的信徒300余名；信仰天主教的信徒3500余名，信仰基督教的信徒5000余名。全区有6个民族宗教团体组织，宗教教职人员300余名，经政府批准的合法宗教活动场所30处，其中佛教21处、道教1处、天主教2处、基督教6处。2014年，锡山区有3个宗教活动场所被评为“江苏省二星级档案室”，3个宗教活动场所被市宗教局评为“三星级宗教活动场所”。全年走访慰问贫困家庭131户和敬老院2所，慰问总金额28.84万元，其中慰问金26.84万元，慰问品100份（折价20000元）。

认真贯彻全市民宗工作会议精神，区委、区政府于3月27日召开全区统战（民宗、侨务）工作会议。区民族宗教工作领导小组组长、区委常委、区委统战部部长、区总工会主席张映雪出席会议并讲话。副区长陈奕主持会议并下达2014年民族宗教工作目标任务书。进一步完善辖区民族宗教工作领导小组的工作机构，要求各镇（街道）与辖区内村（社区）层层签订民族宗教工作目标任务书，确保长效管理机制的落实。进一步完善区民族宗教工作领导小组，以区委办名义发文《关于调整区民族宗教工作领导小组成员的通知》，对小组成员进行调整。

【宗教领域安全稳定】 为确保锡山宗教领域的安全与稳定，区宗教局通过早部署、早落实等多项措施，全力确保宗教领域的安全稳定。要求各镇（街道）的宗教活动场所负责人全部签订2014年安全责任书，明确场所负责人为第一安全责任人，落实各项安全措施。开展“四项排查”活动。对排查出的矛盾纠纷做到及时化解，防止矛盾升级和事态扩大。开展消防安全排查活动。4月中旬，区宗教局、区公安消防大队对全区30处宗教活动场所进行消防安全隐患的排查工作，发现100余条消防安全隐患。为抓好整改工作，区民族宗教工作领导小组下发《关于立即做好宗教活动场所消防整改的通知》，要求各镇（街道）民族宗教领导小组督促宗教活动场所限期整改落实。认真做好天主教朝圣工作。5月，针对天主教圣母朝圣月活动，加强领导，细化服务，确保锡山区天主教信教群众朝圣活动的安全有序。开展房屋安全排查活动。5月底，对辖区内宗教活动场所的危房和老旧房进行调查统计，排查隐患20余条，要求各镇（街道）民宗办督促宗教活动场所整改到位。开展宗教活动场所夏季安全检查。8月，深入辖区内重点宗教活动场所进行安全检查，并对如何做好夏季安全防事故工作进行指导。南京青奥会期间，为确保全区民族宗教领域的稳定，落实值班执勤责任制。

【寺观教堂档案管理加强】根据市宗教局工作安排及《中华人民共和国档案法》的要求，区宗教局注重并加强对辖区10处寺观教堂的档案管理工作，使之逐步纳入依法管理的轨道。区宗教局、区档案局研究并制订《锡山区寺观教堂类宗教活动场所档案工作计划》，邀请区档案局业务骨干对寺观教堂档案负责人进行档案管理知识专业培训，制定和健全档案的收集、整理、立卷、保管、借阅、销毁等各项规章制度，建立综合档案室，配齐相关的档案用品。2014年，锡山区有3个宗教活动场所被评为“江苏省二星级档案室”。

【“宗教政策法规学习月”活动举办】区宗教局积极响应市宗教局要求，并结合锡山实际，制定《锡山区关于开展“宗教政策法规学习月”活动的实施方案》，下发到各宗教团体和宗教活动场所。6月中旬，召开宣传月活动动员大会，要求各镇（街道）、各宗教团体和宗教活动场所结合实际，采取不同的形式进行动员部署。各重点宗教活动场所充分利用宣传栏宣传与民族宗教事务相关的法律法规，制作一期板报，开展板报评比活动。组织全区宗教工作干部、宗教团体负责人、宗教活动场所负责人进行《宗教事务条例》知识测试。在宣传月期间，各重点宗教活动场所悬挂有关“宗教政策法规学习月”活动的宣传标语，营造浓厚的学习宣传氛围。

【星级宗教活动场所认定推进】认真贯彻落实省市宗教局《关于开展星级宗教活动场所认定的通知》精神，加强宗教活动场所日常管理。7月，区宗教局分批组织各宗教团体召开星级宗教活动场所认定宣传贯彻会议，全区各宗教团体负责人和场所负责人参加会议。8月8日，区宗教局组织各镇（街道）民宗干事、各宗教团体负责人、重点宗教场所负责人等25人召开专题会议进行工作部署。会上下发《无锡市星级宗教活动场所认定实施意见》和《无锡市星级宗教活动场所认定考核评分细则》。各宗教活动场所结合实际情况，积极开展认定工作，进一步规范管理、健康发展。2014年，锡山区有3个宗教活动场所被市宗教局评为“三星级宗教活动场所”。

【宗教教职人员认定备案试点工作启动】区宗教局紧紧围绕认定备案工作的目标、任务，全力推进宗教教职人员的认定备案试点工作。建立组织机构，落实工作责任。区宗教局成立由局长任组长，分管副局长任副组长，各镇（街道）民宗干事和各宗教团体负责人为成员的全区宗教活动场所主要教职任职备案专项工作领导小组，具体负责宗教教职人员认定备案工作。召开专题会议，进行宣传动员。区宗教局结合锡山实际，分教别召开有宗教团体负责人、宗教活动场所负责人参加的宣传动员会议，以《宗教事务条例》、国家宗教事务局4号令、《关于开展宗教活动场所主要教职任职备案试点工作的通知》等为主要内容，采取以会代训的方式进行广泛的宣传动员工作，强化措施保障。为完整、准确摸清主要教职人员和场所实际负责人的情况，区宗教局明确专人负责，在准确理解填表项目的基础上，统一规范填表口径，对每个主要教职人员、场所实际负责人填报的基础信息、原始材料进行认真审核，确保信息的真实性和规范性。经统计，宗教主要教职人员认定备案2人（其中佛教1人、天主教1人），宗教活动场所实际负责人任职登记25人（其中佛教19人、基督教6人）。

【民宗调研】2014年，锡山区民族宗教工作相继得到省、市、区相关领导的关心和支持。3月21日，区人大常委会主任华炳泉等视察锡山区民族宗教工作。6月20日，市人大常委会副主任曹锡荣视察锡山区东港镇慈云禅寺。7月1日，市政协副主席蔡捷敏一行视察锡山区民族宗教工作。9月11日，市委常委、市委统战部部长、市总工会主席陈德荣在区委常委、区委统战部部长、区总工会主席张映雪等相关领导的陪同下视察调研锡山区东北塘街道芙蓉山双刹贤寺。10月

21～22日，省宗教局人事教育处处长王晓利、副调研员陈意好一行到锡山区调研宗教活动场所主要教职任职备案试点工作。区宗教局认真贯彻市宗教局信息工作会议精神，创新民族宗教新思路，注重信息采集质量，加强信息员队伍培养，信息调研水平进一步提高。2014年，区宗教局上报信息、文章63条（篇），被国家、省、市、区有关部门、杂志社录用30余条（篇），名列市宗教局信息工作评比第二名。

【民族工作】 主动服务，规范管理。为促进锡山区清真餐饮业健康发展，认真执行《江苏省清真标志牌管理办法》有关要求，切实加强对已申领标志牌和发给持有证的清真个体工商户的监督管理，3月，区宗教局对全区悬挂清真标志牌的网点开展执法检查。同时，对清真经营业主进行法律法规的宣传。真心帮困，落实政策。对少数民族弱势群众继续开展扶贫结对帮困，为他们排忧解难。春节期间，区宗教局继续动员各镇（街道）党委政府、党员干部、私营业主、社会各界人士关爱少数民族贫困户，组织走访慰问活动。2014年，各镇（街道）为辖区内符合条件的少数民族困难家庭办理低保38户。同时，认真落实少数民族子女涉及中、高考优惠加分的政策，办理少数民族子女高考加分初审4人、更改民族成分11人，让每一位少数民族子女享受到优惠政策。为新疆维吾尔自治区阿合奇县柯尔克孜族员工做好服务工作。按照市委、市政府对口支援新疆维吾尔自治区阿合奇县的工作要求，2月16日，江苏新日电动车股份有限公司接收112名柯尔克孜族的农牧民，区宗教局及时加强民族政策和无锡文化的宣传。5月4日，区委常委、区委统战部部长、区总工会主席张映雪率区有关部门负责人看望、慰问他们，并送去笔记本电脑、跑步机等文体、生活用品。7月29日，区宗教局、安镇街道、江苏新日电动车股份有限公司为他们做好举办肉孜节（开斋节）的服务保障工作，努力为他们创造良好的生活条件。

（蒋月兴 李 隽）

残疾人工作

【概况】 2014年，锡山区残疾人工作围绕残疾人群体最为关心的基本生活、教育就业、养老、医疗、权益维护等问题，以实施“残疾人幸福生活推进计划”为核心，以改善残疾人生活状况为目标，以鼓励和引导残疾人参与社会生活为宗旨，着力建设惠及所有残疾人的保障体系和服务体系，全面提升残疾人的生活品质，进一步激励广大残疾人“自尊、自信、自强、自立”。

【残疾人康复服务训练】 进一步完善以康复中心为龙头，专业康复机构、综合医院康复科为技术支撑，民办康复服务机构为补充，镇（街道）康复室、村（居）康复站为基础，并与残疾人社区康复工作相衔接的服务机构网络。充分利用信息化手段，提升康复服务能力，不断扩大康复服务覆盖面，建立康复服务档案11080份。全年完成0～6岁残疾儿童免费抢救性康复训练64例，7～14岁残疾儿童康复训练19例，肢体残疾人免费假肢（矫形器）适配23例，白内障患者免费复明手术897例，精神病患者服药救助589例，精神病患者医疗救助14例，助听器适配83例，植入人工耳蜗2人，盲人定向行走训练364例，残疾人免费体检1625例。开展辅助器具适配示范点工作，适配辅助器具836人。出台《关于锡山区推进残疾工作实施方案的通知》，举办专家预防知识咨询服务活动3场，发放康复读物2450册。

【残疾人基本生活保障】 落实各项生活保障政策，206名无业重度残疾人享受每人每月100元的生活救助金；308名“一户多残”等残疾人享受每人每月80元或100元的经济补助金，2043名低保外无固定收入重残人员、180名低保外“一户多残”“依老养残”人员享受生活救助金。开展“梦筑锡山”残疾人家庭宜居工程，根据残疾人及其家庭的不同需求，按户均1万元标准，对100户残疾人进行辅助器具适配，对其家庭进行无障碍设施改造、居住环境整修、配置必要的家具或家用电器，完成护理床等辅助器具适配23件，空调、沙发等家电家具配发72件，无障碍设施改造和居住环境整修66户。落实各项保险制度，继续为7730名持证残疾人购买团体人身意外保险，89人受益，受益金28.3万元；有2612名重度残疾人免交居民医疗个人参合费。

【残疾人托安养服务】 坚持以残疾人的利益为出发点和落脚点，探索构建一体化、多元化、专业化的残疾人社会服务体系，规范全区8个残疾人综合服务中心、7个工疗站、3个重度安养院、3个残疾人日间照料所的运行，全面检查机构制度建设、管理服务、劳动项目、活动开展等方面情况，为287名有需求的残疾人提供日托、送餐、生活照料、家政服务、医疗康复等方面的服务。全年发放托安养补助资金90余万元。

【残疾人就业创业】 开展残疾人就业失业调查情况，通过逐一入户走访，对全区3986名就业年龄段持证残疾人个人及家庭状况、就业情况、未就业原因、就业意向等进一步调查与分析。区、镇（街道）、村（社区）三级联动开展残疾人“就业援助月”活动，组织5场残疾人专场招聘会，33名残疾人实现就业，11名残疾人享受专项扶持政策。在“全国助残日”期间，举办“千企万岗”助残日残疾人专场招聘会，35家企业进场招聘，提供100余个工作岗位，有49人与招聘单位达成就业意向。全年通过多种渠道帮助残疾人实现就业再就业175人，9名残疾人走上自主创业之路。

【残疾人共建共享】 举办锡山区首届残疾人小品比赛，9个参赛作品都以残疾人身边的真人真事为题材创作编排，内容质朴真实，舞台上残疾人演员用心演绎，最终锡北镇选送的《珠联璧合》、云林街道选送的《遛狗风波》获一等奖，并代表锡山区参加无锡市首届残疾人小品比赛，分别获得一等奖和优秀奖。5名优秀运动员参加江苏省第九届残疾人运动会，取得4金2银1铜的好成绩；锡山籍运动员姚娟和盛玉红参加2014韩国仁川残疾人亚运会，获得2金1银的好成绩，为锡山区赢得荣誉。建成13个残疾人数字图书馆阅览点，组织1530名残疾人开展“让梦飞翔·我梦最美”读书活动，引领残疾人走向知识殿堂。广大残疾人以一技之长回馈社会，区盲人协会先后组织3次义务推拿活动，区肢体残疾人协会开展无障碍知识宣讲3次，安镇街道残疾人综合服务中心组织“手工作品爱心义卖”活动2次。

【残疾人事业发展环境优化】 建成区残疾人综合服务中心，设立顾问律师接待点，构建残障人士法律援助“绿色通道”。开展“邻里守望——关爱残疾人”志愿者活动，通过文化志愿助残、科技志愿助残、法律志愿助残、家庭结对助残等多种形式，为2103名贫困残疾人解决实际困难，提供个性化服务。充分利用新闻媒体，营造事业发展氛围，全年各类媒体录用信息72篇，微信、微博宣传政策及优秀残疾人事迹30篇；区残联举办3场广场（社区）政策宣传活动，并在《新锡山》简报开设专栏，详细解读最新惠残政策。　（胡鹏殿）

编辑：吴　霞

【锡山区非物质文化遗产】

祇陀寺庙会剪影　（区文体局 供稿）

祇陀寺庙会

祇陀寺始建于南北朝梁大同二年（公元536年），距今1400多年，当时由邑人王建舍宅为寺，坐落于梅里乡祇陀村（今云林街道云林社区）。祇陀寺庙会属民俗活动，于2013年被列入无锡市第三批非物质文化遗产保护项目名录。

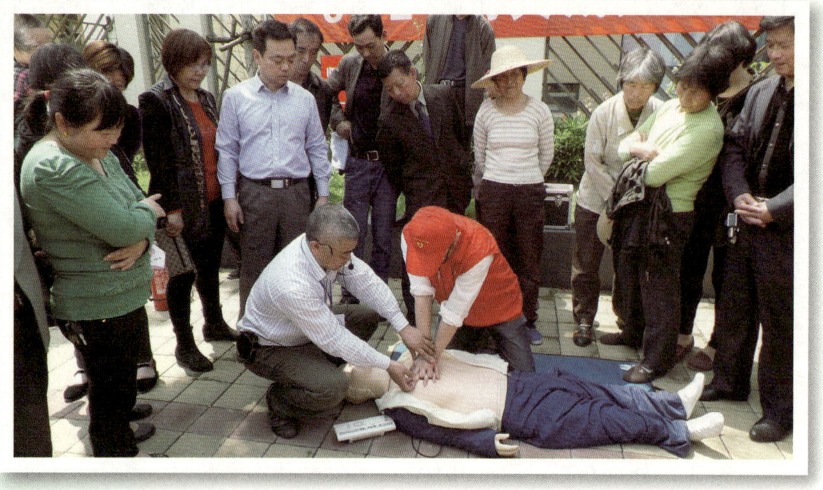

5月12日，区民政局组织防灾减灾科普宣传活动　（区民政局 供稿）

7月15日，锡山区被评为“江苏省第十届双拥模范区”
（区民政局 供稿）

12月26日，锡山区2014年公益创投项目签约仪式举行
（区民政局 供稿）

4月2日，锡山区实施单独两孩政策培训班举办　　（王少敏 供稿）

6月4日，区计划生育指导站医生在无锡皮革城为群众提供免费生殖健康检查服务　　（王少敏 供稿）

9月10日，江苏省卫生和计划生育委员会副主任徐东红（前排右一）视察锡山区流动人口卫生和计划生育基本公共服务均等化试点工作　　（王少敏 供稿）

5月，安镇街道“幸福家园”爱心助残驿站揭牌　　（区残联 供稿）

10月，锡山区举办首届残疾人小品比赛　　（区残联 供稿）

各镇（街道）

Townships & Sub-districts

凤凰山生态园五彩花田效果图　　　　（安镇街道 供稿）

东亭街道

【概况】东亭街道是区委、区政府驻地，是开发区所在地。辖区总面积13.31平方公里，下辖14个社区。总人口20.72万人，其中常住人口14.32万人，流动人口6.4万人。街道位于无锡市主城区东门户，区位优势明显，区域交通便捷。周边设有京沪高铁无锡东站、沪宁城铁新区站、苏南硕放国际机场等交通枢纽。G42国道、G312国道、S342省道贯穿全境，京沪高速公路在辖区内设有互通式立交道口。无锡地铁2号线在辖区内设有柏庄、东亭、庄桥3个站点，成为贯通无锡东西的城市动脉。2014年，东亭街道完成国地税开票销售收入224亿元；完成全社会固定资产投资49.8亿元；完成批零贸易业销售额76.5亿元。2014年12月，东亭街道被省机关事务管理局、省经济和信息化委员会授予“江苏省公共机构节能示范单位”称号。

【城市经济量质齐升】通过狠抓项目招引，加快结构转型，优化发展环境，城市经济发展保持总量趋增和质态趋优的良好态势。产业结构调整优化，新增服务业企业442家，其中贸易、装饰装修、信息咨询类企业比重为76%。新增注册资本13.7亿元，比上年增长69.2%，其中注册资本超100万元企业32家，注册资本超5000万元企业7家。外向型经济稳步提升，完成到位注册外资及港澳台资1500万美元，完成自营进出口总额2.01亿美元，比上年增长17.6%。扎实推进重大项目建设，8个产业项目共完成投资40.8亿元。房地产市场健康发展，总成交面积24.75万平方米，比上年增长36.24%；总销售金额21.27亿元，比上年增长40.55%。

【全员招商顺利铺开】瞄准项目储备和载体招商，优化招商工作机制，创新创优招商方法，招商引资成效不断提升。成立街道招商服务中心，配备9名专职专业招商人员，招商力量得到增强。全面实施全员招商，街道于3月26日下发《2014年东亭街道招商工作目标任务》，于5月20日下发《东亭街道招商工作目标考核意见》，明确各单位部门任务目标，出台考核奖惩细则，有效激发基层人员招商积极性。各社区、机关各支部共引进企业232家，新增注册资本8.6亿元。

【楼宇经济发展提速】东亭科创中心、华夏文华国际、华夏凯旋门、金锡财富广场、隆亭商务大楼等新型商业载体全面投产，楼宇经济发展基础夯实。建成载体面积46.15万平方米，在建载体面积58.5万平方米。14栋商业载体入驻企业459家，实现开票销售收入27.2亿元，完成税收1.04亿元，其中晶石国际中心完成开票销售收入7.5亿元，完成税收2450万元，比上年增长20%。东亭科创中心新入驻企业178家（累计223家），新增注册资本4.91亿元（累计7.16亿元）。隆亭商务大楼入驻翠竹苑酒店和海尔商贸，楼面入驻率80%。

【城市功能逐步提升】针对城市人口加快导入现状，街道加快完善城市基础设施，劳动就业服务中心进入验收交付阶段，社区卫生服务中心启动内部装修，公共资源供给能力不断增强。全面深化老新村改造，立足优化小区环境，提升居民生活质量，投资3000万元对8个社区的9个老旧住宅小区进行改造，总建筑面积14.26万平方米，1500户天然气入户工作基本完成，1400户自来水出户改造项目全面实施。

【安居工程有力实施】高标准推进安置房建设，景苑一期、竹苑南区两个安置房项目在建面积18.2万平方米。配房工作稳妥推进，通过制定合理配房方案、严格规范操作流程、主动公示接受监督等举措，确保分房工作公开、透明、公正。隆亭新苑、金锡南苑小高层、柏木南苑3个小区配房工作顺利完成，全年配房1109套，其中东街、门楼、长流、柏庄、新屯等社区分别配房354套（3.63万平方米）、228套（2.25万平方米）、200套（2.11万平方米）、126套（1.29万平方米）和97套（1.27万平方米）。加快完善安置小区物业管理，制定《东亭街道安置房小区考核标准及评分细则》，对安置房小区物业管理实施百分制考核，通过每季度量化评分、不定期检查考核和居民满意度调查等举措，对物业服务进行综合评估，并将评估结果与物业费标准挂钩，有效提升了安置房物业企业的服务水平。

【生态环境持续好转】持续加大水环境治理力度，完成柏木桥港、螺丝泾浜护岸工程及天福庵浜东段、庄桥湾浜东段清淤工程，新修护岸500米，清淤500米，疏浚土方7000立方米。强化调水引流工作，优化调水方案，调换水量1380万立方米。完善污水管网，新建污水提升泵站1座，新建污水管700余米。强化“河长制”管理断面及太湖流域重点断面的水质达标工作，认真做好河道巡查和保洁工作，辖区内河道水质总体保持稳定。城市绿化面积持续提升，落实各类绿化工程和小区绿化配套工程，新增绿地27.7万平方米。扎实开展环保专项行动，无锡市嘉隆纺染厂、无锡市立新植绒材料厂两家印染企业完成废水治理设施改造验收，5家企事业单位全面淘汰燃煤锅炉，上海金丝猴集团无锡可可制品有限公司、无锡市立新植绒材料厂完成强制清洁生产审核，4家企业参保环境污染责任险。严格执行建设项目环评制度，建设项目“三同时”执行率保持100%，建筑工地扬尘现象得到有效遏制。紧盯全国文明城市创建标准，狠抓市容环境综合整治。重点对主要道路、农贸市场、学校周边、“三乱”（乱张贴、乱涂写、乱牵挂）行为等进行整治，共查处无证经营138起、店外经营20起、道板违停567起、“三乱”报停小广告手机号码126起。违法建设得到有效遏制，查处拆除各类违法建设29起，拆除违建面积3800平方米。

【社会事业全面推进】持续加大教育投入，投入1300余万元加强教育基础设施建设。完成诺卡小镇幼儿园、街道教育信息化、街道校园技防设施、街道校园绿化养护等项目，加快东亭实验小学恒大分部建设。东亭中学、东亭实验小学等5所学校获“锡山区平安校园”称号。教师队伍建设得到加强，教学水平和业务素质不断提升，新招录中小学教师19名。教育水平稳步提升，东亭中学中考成绩居全区同类学校前列，41名学生被天一中学录取，重点高中录取率36%。计生工作平稳发展，计划生育率99.8%，单独两孩政策有序实施，57对夫妻领取单独两孩生育证。群众文化活动广泛开展，举办文化活动70余场，其中广场文艺演出5场次，放映电影110余场次。全力参与第二批国家公共文化服务体系示范区创建工作。结合隆亭公园改造，启动东亭文史馆文化项目建设。

【富民保障工程扎实开展】针对高校毕业生、失地农民和下岗职工等就业困难群体，免费提供职业技能培训，累计培训3675人，其中技能培训325人，创业培训125人，高技能人才培养200人。大力实施就业帮扶，提供就业岗位2200个，成功推荐1890人实现就业，其中就业困难人员再就业234人。完善创业促进就业工作体系，举办SIYB（创办和改善你的企业）创业培训班，重点扶持自主创业125人，创业带动就业人数845人，落实就业促进工作专项资金50万元。持续推进社保扩面工作，净增缴费829人，住房公积金扩面1283人，均超额完成目标任务。居民养老保险和居民医疗保险覆盖率分别为98%和99%，完成失地农民断保续保171人，退休人员纳入社会化管理5342名。劳资关系保持稳定，切实维护职工合法利益，受理纠纷案件27起，调处率98%，帮助29名职工追讨应得工资和各类补偿金125万元。社会救助体系不断健全，救助力度加大，累计发放低保金、慰问金、救助金等300余万元。

【社区布局应势优化】根据城市化发展要求，结合总体布局和区域功能，按照“科学划分、人口适度、无缝管理、布局优化”的原则，经区政府同意，对下辖14个社区的管理区域进行合理界定和划分。2014年11月19日，成立东城社区（暂名）筹备工作组，东城社区筹建工作启动。东城社区管理区域为太湖大道南、友谊路西街道管辖区域，主要涵盖恒大绿景雅苑和绿地东望景苑两个新建商品房小区。积极落实社区管理服务配套设施，与已建、在建和规划住宅小区协调社区配套用房，从规划、建设和验收等环节把好关口，确保社区管理用房和居民公益性服务设施依照法定程序配套到位。

【无锡地铁2号线东亭街道三大站点启用】12月28日，随着无锡地铁2号线的开通，东亭街道辖区范围内柏庄、东亭、庄桥沿线三大站点投入使用。三个站点将直接辐射柏庄、东亭、春合、北街、东街、庄桥等10余个社区，覆盖人口超过10万人。大力发展轨道沿线经济带，做优柏庄、东亭、庄桥三大站点周边商业配套，加速建设龙湖天街、锡山八佰伴、四川蓝光等沿线商业载体，加快形成三点连线的锡沪路沿线商业布局，充分发挥轨道交通对于城市商业的集聚、辐射和带动作用。

2014年东亭街道各社区基本情况一览

表42

社区	户数（户）	人口（人）	书记	主任
门　楼	1291	4039	王　伟	吴惠明
柏　庄	2898	8562	李培忠	曹士良
春　星	1328	4034	过伟琪	倪志良
春　合	834	2637	徐　健	陈峰波
庄　桥	1985	6453	周伟峰	虞红伟
新　屯	651	2218	曹末生	潘志东
北　街	1743	5506	林　敏	周世兴
东　亭	1891	6021	薛志荣	曹　军
东　街	1906	5066	沈伟庆	沈伟庆
桑达园	2025	6052	周维明	周维明
柏庄一村	1087	3174	王新峰	王新峰
春江花园	2602	7364	杨　晨	华智平
映　月	1014	2825	项晓斌	项晓斌
华　亭	2037	5792	高京安	高京安

（马新峰　钟　波）

安镇街道

【概况】安镇街道位于无锡市东部，锡东新城商务区的核心区域，南与无锡市新区交界，区内与东亭街道、锡北镇、鹅湖镇、羊尖镇及开发区接壤。全街道总面积49.5平方公里，户籍人口4.8万人，外来人口6万人，下辖13个行政村、3个社区。境内有吼山、翠屏山、胶山、白丹山、鞋山五大山体与九里河、走马塘河、春丰河三条主要水系，青山绿水交相辉映，生态环境得天独厚。

【经济发展增质转型】坚持把稳增长、促转型摆在更加突出的位置，加快园区转型提升，壮大产业规模，实现经济发展质量、水平和效益的稳步提升。全年实现公共财政预算收入8.47亿元，比上年增长14.5%；完成工业开票销售收入132.7亿元，比上年增长7.8%；摩托车、电动车“两车”产业完成开票销售收入80.6亿元，比上年增长14.8%；完成小税种征收2803万元，比上年增长14.3%。公共财政预算收入、国税开票、限上销售额三项指标增幅均列全区第一位，主要经济指标均在全区排名靠前。骨干企业支撑强化，销售开票超1亿元工业企业16家，全年新增规模以上工业企业5家。无锡隆达金属材料有限公司、无锡华能电缆有限公司等重点骨干企业加快转型升级步伐，隆达超合金材料项目启动实施。雅迪科技集团有限公司浙江基地和无锡基地合并工作顺利推进，全年完成总部开票25.4亿元。雅迪科技集团有限公司、江苏新日电动车股份有限公司上市工作扎实推进，新日汽车生产资质报工业和信息化部审批，新能源汽车项目进入深入洽谈阶段，加速向产业链高端延伸。工业投入10亿元，赛盈科技、新伟动力等11个在建项目全面推进，国威电动科技、科依德光电两个项目建成投产。储备了庆欧科技、中佳新材料等9个在谈招商项目，为工业经济持续发展注入强劲动力。按照大成园区提升和新世纪园区转型的总体工作思路，稳步推进园区环境整治和基础设施建设，大成工业园晋升为江苏省新型工业化产业示范基地。进一步提高园区发展质量和经济效益，严把项目准入关，严格执行区政府新出台的供地标准要求，深入开展“双低”企业治理，新供地项目产出水平远高于全区平均水平，园区发展效益不断提升。

【保障新城建设推进】 全年完成签约20.3万平方米，其中住宅189户、面积5.2万平方米，非住宅106家、面积15.1万平方米；拆除22.8万平方米，其中住宅5.6万平方米、非住宅17.2万平方米。全力以赴将节点清除工作作为拆迁工作成效体现的关键，通过着力攻坚，全年完成新华路北、芙蓉塘闸站、吼山北路等节点13个。全力做好建设地块的征地清障、杆线迁移工作，完成吼山北联河等4个建设项目的清障交地以及11个水电气项目的迁移改造工作。专门成立依法征收工作领导小组，确定国土征收司法程序基本操作办法，新锡路国土征收地块未签约的住宅全部进入司法程序，15户住宅进入集体土地责令交地程序，成功签约7户。全年累计安置结算734户、923套，安置分房700户、838套，基本做到应安置尽安置。抓好过渡户压降工作，全年累计压降全过渡户65户、半过渡户309户，符合安置条件的过渡户全部安置到位。全面启动老安置小区转移登记工作，完成安置房安置资格审核1010户、1700套，完成48户土地证、房产证“两证”办理。

【城镇管理体现高水准】 立足完善功能、提升品质，狠抓建设管理、环境优化，城乡一体加速融合，城镇面貌快速提升。全力推进社区建设，研究制定《安镇街道社区建设社区划分工作方案》，全面启动社区规模调整、区域划分前期调查摸底工作。继续推进安置小区环境提升工程，完成维修项目26个、零星项目40个，小区环境持续改善。建成安镇“职工之家”，水岸佳苑、山韵佳苑睦邻中心全年举办群众性活动334场次，日均人流量均为250人次，建成11个特色文化团队。不断加强城市管理，深入实施市容环境综合整治，完成背街小巷整治3条。建立健全村（社区）违法建设巡、报、防、整工作机制，通过违建专管员、违建信息员、网格化队员、第三方监督员进行日常巡查、监管，发现并拆除各类违法建设1.1万平方米，遏制了各类新增违法建设行为。扎实推进文明城市创建，城市文明程度和环境面貌明显改善。持续改善生态环境，深化大气污染防治，扎实推进工业废气排放达标、秸秆禁烧等工作，环境空气质量持续改善。纵深推进水生态综合整治，完成河道综合整治5条，创建成江苏省“水美乡镇”。完善村庄环境长效管理机制，制定《安镇街道环境长效管理实施意见》，山河村龙宕头、南山头通过无锡市村庄环境长效管理示范村验收。启动翠屏山殡葬环境整治提升工程，全年造林绿化面积66.67公顷，中央景观大道、南新河景观带全面建成。加快发展现代农业，完成凤凰山生态园城市概念性规划设计，5个规模特色种植项目顺利入驻，“一路、一河、一园区、一广场”全面推进。山河村药材基地、安南村苗木基地完成建设，胶山村李家桥园区、安南村朱家坝园区顺利推进，安镇街道现代农业发展框架初步形成。

【民生事业更好改善】 始终坚持民生优先理念，不断加大民生投入和社会事业建设力度，办成一批群众直接得益受惠的好事、实事。稳步提升就业保障，全面推进就业促进工程，启动“48小时推荐就业直通车”项目，全年提供就业岗位2500余个，实现新增就业1509人，新增公益性岗位191个。深入推进社保扩面工程，实现被征地农民断保续保1019人。建立深度贫困家庭爱心档案31份，开展扶贫帮困结对81户，全年发放各类救助金532万元。扎实推进社会事业建设，完成锡山实验小学主体工程建设；天一实验学校、安镇中学、查桥中学三校共享共提升工程进一步拓展，每年至少安排管理团队交流互动两次，每月天一实验学校为安镇中学、查桥中学开展公开课展示，在三所学校之间组织学术交流，研究课题、学生试题、教学课件、学术论文等教学成果进行共享共研。锡山人民医院新建工程进展顺利，锡山人民医院分院和安镇街道社区卫生服务中心合作交流进一步密切。查桥敬老院改扩建工程、长青园管理服务中心进入收尾阶段，计划于2015年2月全面投入使用。新建益林路、鑫安路等4条道路；5条道路年内建成通车，合计17.2公里。全面优化公共服务管理，对辖区内本地孕产妇住院分娩实施补助532

人，补助金额22.4万元，完成宫颈癌、乳腺癌“两癌”检查4388人，完成65岁以上老年人免费健康体检5866人。广泛开展文艺会演、全民健身等群众性文体活动，全年举办主题性大型广场文艺11场，举办文化进社区、进学校、进企业、进军营“四进”活动58场。成功举办街道第七届全民运动会，《安文璀璨》系列丛书出版刊发。社会大局和谐有序，建立维稳预警信息日报制度，完善领导信访接待工作机制，全面化解影响地区安全稳定的突出问题、重大隐患和主要矛盾。安全生产形势平稳趋好，全年未发生重、特大安全生产事故。

【党的建设取得成效】 围绕“为民务实清廉”的主题，按照“照镜子、正衣冠、洗洗澡、治治病”的总要求，将党的群众路线教育实践活动作为重大政治任务抓紧抓好，做到善始善终、善作善成。广泛听取群众意见，切实找准找实“四风”问题。认真组织召开专题民主生活会和组织生活会，以整风精神开展批评与自我批评，会议开出较高质量，达到预期效果。注重整改落实、建章立制，落实“两方案一计划”中制定的25项全面整改、12项专项整改、11项制度建设计划，一批群众反映强烈的突出问题得到有效解决，党风政风和党群干部关系不断好转。高度重视年轻干部锻炼培养，安排村（社区）年轻干部与街道机关年轻干部开展“双向挂职轮岗”活动，进一步提升年轻干部的适岗性。加强年轻干部梯队培养，完善干部数据资料，建立年轻后备干部人才库。严格规范干部提拔任用程序，5名年轻干部通过“公推竞岗”走上街道中层副职或定员岗位，公开招聘5名村（社区）工作人员，为村（社区）发展注入新的动力和活力。以党的群众路线教育实践活动为契机，开展“万名党员进万家”活动，机关160余名党员全部到村（社区）报到，推动机关干部“下基层、接地气”。提升非公党建水平，成立无锡捷通车业有限公司、无锡科依德光电科技有限公司两家企业党支部。进一步打造新日“阳光党建”项目，初步形成项目工作方案。作风效能持续提升，组织开展“5·10”思廉日、廉政教育专题会议等活动，引导广大党员干部坚持为民宗旨，树立勤廉形象。健全完善惩防体系，深入推进廉政文化“六进”活动，持续加大违法违纪案件查处力度，党风廉政建设和反腐败工作取得新成效。另外，街道人大、政协、人武、统战等工作取得良好进展，工会、共青团、妇联、科协、商会等群团组织建设全面加强，老年体协、老促会、关工委和残疾人事业健康发展。

相关链接

两方案一计划：《中共国家发展改革委党组党的群众路线教育实践活动整改落实方案》《中共国家发展改革委党组党的群众路线教育实践活动专项整治方案》和《中共国家发展改革委党组党的群众路线教育实践活动制度建设计划》。

【“两车”产业基地打造】 安镇街道摩托车、电动车“两车”产业基地规划面积约2.5平方公里，是无锡唯一以电动车为主导产业的特色园区，是国内规模最大、配套最全、辐射最强的电动车产业园区之一。园区规划布局为“一体两区”，即以江苏新日电动车股份有限公司、雅迪科技集团有限公司为核心的重点开发区，以产业链整合、配套服务为支撑的整合提升区。园区有摩托车、电动车各类生产企业350余家，电动车整车产量占全国1/4，是全国主要的摩托车、电动车制造业发祥地之一，产业集聚程度高，企业整体实力强，安镇街道“两车”行业全年销售收入81亿元。

【社情民意大收集机制实现全覆盖】 在2013年的基础上，开展其余8个村（社区）的社情民意大收集工作。以开门纳谏听民意的方式，畅通与民沟通的渠道，通过民情登记、入户走访、分级办理、全程服务、办理公示五项制度，把服务社区群众关口前移至第一线、最基层，有效实现了从被动服务向主动服务的转变。2014年，安镇街道组织第二批130名机关工作人员进村入户采集户情档案和社情民意，全年走访居民12379户，收集社情民意725条，办结631条。

【百姓大舞台文化品牌打造】 “文企联营”打造“东城好声音、锦安新风尚”百姓大舞台文化品牌，全年围绕“唱响锡东、提升市民工程”承办主题性大型广场文艺11场，开展文化进社区、进学校、进企业、进军营“四进”活动58场，做到每月两场好演出、每周两场好声音、每天两场好电影，让精彩的文体活动真正走到百姓身边。

【市首个农村集体资产产权交易平台成立】 11月28日，安镇街道农村集体资产产权交易服务中心挂牌成立并投入运行。镇村两级集体资产资源的发包、出租、转让等产权交易行为，将统一纳入该平台进行公开竞价交易。建立该平台的目的，主要是改革创新原有农村产权制度，合理规范镇村两级集体资产产权交易行为，进一步促进安镇农业资源优化配置，并为全市探索推进农村资源整合和投融资平台建设积累成功经验。该平台将对安镇所有集体资产运作、合同到期和租金收缴等均实现动态监督和电子审批，并建立和完善农村产权交易信息集聚与发布、价格发现、资本进退、资源配置、规范交易和农业产业政策引导等功能。

2014年安镇街道各村（社区）基本情况一览

表43

村（社区）	户数（户）	人口（人）	书记	主任	开票销售收入（万元）
先锋村	991	3538	华旭东	王立新	10200
春光村	1399	5059	丁伟东	陈晓峰	22050
山河村	921	3518	周学明	虞鸣雷	28150
查桥村	1127	3822	华伟峰	钱　群	7525
大厍头村	572	2145	黄锡良	倪伟强	8870
白丹山村	699	2569	陆利清	钱惠明	800
安南村	1514	6029	蒋红良	吕恩宇	91841
安镇村	1233	4311	张红英	黄　锋	28666
安西村	604	2262	朱民权	郁建平	3798
胶西村	332	1391	万加农	倪　赟	32510
胶南村	518	2040	何　军	安益民	10000
团结村	583	2254	沈　源	黄晓红	15000
胶山村	1073	4241	殷继福	朱　峰	98354
谈村社区	255	874	朱成平	万颖波	3648
吼山社区	922	2284	朱小平	朱小平	—
鑫安社区	1639	4408	孙　怡	孙　怡	—

（陈建东　蔡永康　乔　奇）

羊尖镇

【概况】羊尖镇是无锡市的东大门，总面积50.8平方公里，常住人口6万人，下辖8个行政村和1个社区。2014年，羊尖镇紧紧围绕建设富强美丽和谐幸福现代化新羊尖的目标，完成财政总收入6.01亿元，比上年增长11.58%，其中公共财政预算收入2.56亿元，比上年增长6.54%；全部国税开票销售收入119.64亿元，比上年增长14.4%，其中工业开票销售收入113.01亿元，比上年增长36.3%；规模以上工业总产值58.91亿元，比上年增长4%；全社会固定资产投资46.28亿元，比上年增长17%，其中工业投资31.5亿元，比上年增长17.5%；外贸进出口总额7547万美元，比上年增长21%；到位外资及港澳台资1399万美元；农村居民人均可支配收入2.29万元，比上年增长11.4%。

【项目建设扎实推进】深入开展"项目建设深化年"活动，广益信气体、嘉鼎精机、禾崧新能源等在建项目有序推进，爱玛二期、雪桃重工、华中冷弯、南丰电力、金裕华机械5个超1亿元项目全面竣工。招商引资持续加强，成立镇招商服务中心，配齐配强招商人员，全年新签约东特机械、建凌电机、新蕾车业、佳顺机械4个超1亿元工业项目，总投资5.5亿元。积极发挥"以企引企"作用，有力盘活企业存量，引进新大洲电动车项目。全年在谈意向项目9个，总投资18.3亿元。

【创新活力不断激发】制定出台《羊尖镇关于科技和人才工作的奖励意见》，有效提高企业科技研发的积极性。科技项目、专利申报稳步提升，全年新增各类科技项目43项，申请专利1265件（其中发明专利411件），授权各类专利690件。创新能力不断提高，新认定省级高新技术企业1家、省级高新技术产品8个、省级民营科技企业14家、市级工程技术研究中心2家。平台建设持续完善，机械（高铁）装备产业园与南通大学合作共建"科技创新服务中心"，开展产学研合作18项。科技、经济融合不断加深，19家企业共开展技术改造22项，总投资22.13亿元。江苏工力重机有限公司创建成省级两化融合示范（试点）企业，全年完成高新技术产业产值16亿元，占规模以上工业总产值的27.2%。

【发展助力持续增强】积极培育壮大规模企业，全年新增规模企业7家。积极推进新三板企业上市，无锡市聚丰数控金属制品有限公司新三板挂牌前期工作准备完毕。组织开展银企合作，无锡新迪纸塑制品有限公司等企业获得贷款支持。高效提供便捷服务，为企业跟踪办理各类手续174项，协助江苏新世纪机车科技有限公司完成太阳能业务整合。协调办结3家企业的土地证和房产证"两证"手续，有效化解企业发展制约。全力拓展发展空间，积极稳妥推进拆迁清点工作，完成拆迁2.3万平方米，完成占补平衡4.54公顷、复垦5820平方米。

【基础设施建设加快】完善交通路网建设，东陈路、通园路东延、通园路西段、安泰二路、安泰三路、羊王路、世纪路先导段、汤家桥、景观河六号桥建成通车。逐步推进市政配套建设，羊尖花苑、廊下花苑安置房天然气改造全面完成，广电、电信、电力、自来水等市政设施覆盖面进一步拓展。继续推进污水管网建设，19个自然村完成污水接管。完善水利设施建设，启动宛山截洪沟工程和沈先浜北延工程，修建防渗渠道25公里，新增高效节水灌溉面积33.33公顷。加强基础设施管养，全年实施交通安全设施、消防设施、绿化亮化设施、停车场地以及道路维修、管道疏浚等零星项目60个，投入资金1000万元。

【城镇管理全面加强】大力开展镇容环境综合治理，完成廊下农贸市场改造以及人民路、羊浦西路两条背街小巷整治，有效改善周边居民生活环境。强化安置小区物业管理，以羊尖花苑为试点的安置小区环境综合整治初见成效。加快推进环境治理，镇域街区、主干道路及锡张高速沿线环境得到有效改善。加强主镇区卫生保洁，全镇垃圾收集率、清运率、处理率均为100%。加大镇容管理力度，查处主次干道、农贸市场周边无证设摊380起、店外经营210起。坚决打击违法用地、违章建设行为，落实情况日报制度，制止违法建设1.2万平方米，拆除违法建设6700平方米。

【农村发展纵深推进】市级"幸福村"建设加速推进，全镇6个争创村顺利通过市级验收，南村村、龙凤巷村通过测评。农业质态不断优化，新增高效农业66.67公顷、设施农业55.53公顷、高标准农田50公顷，成功引进无锡双喜金阳铁皮石斛产业科技园项目，农业园区化比重为46%。农业机械化水平进一步提高，严家桥农机场库建成并投入使用。乡村旅游彰显特色，绿羊温泉人气提升，全年接待游客超过15万人次。南村村土地承包经营权确权登记试点稳步推进，全面完成调查登记与公示。土地管理规范运行，宛山村“双置换”土地公开拍租，全镇245.4公顷“双置换”土地收归集体，有效提高集体经济效益。农村集体“三资”管理切实加强，制定出台《关于进一步加强村集体“三资”管理的实施意见》，全面梳理掌握村级资金、资产和资源情况。经济薄弱村扶贫扎实推进，龙凤巷村实现达标转化。

相关链接

双置换：农村住宅置换城镇安居房，土地承包经营权置换城镇社会保障。

【生态环境明显改善】严格落实村庄环境长效管理机制，扎实开展村庄整治，村容村貌显著提升。着力开展畜禽整治，关闭整改畜禽养殖场43家，全面完成整治任务。有序稳妥完成羊尖食品站人员分流和关闭工作。认真落实“河长制”管理，扎实开展河道整治，完成河道清淤9条，河道断面水质总体保持良好，12条整治河道顺利通过验收。深入开展“蓝天工程”，积极推行清洁生产，审核企业5家。积极开展秸秆禁烧，环境空气质量持续改善。大力开展烤漆、电镀等涉污企业整治，关闭、搬迁各类企业、家庭小作坊10家。巩固“绿色羊尖”建设成果，绿化造林20公顷，新增公共绿地2.44万平方米。有力推进资源利用和节能降耗，关闭“三高两低”企业4家，淘汰燃煤锅炉5台，全镇规模以上工业企业万元产值能耗比上年下降6%。

【民生事业不断改善】落实积极的就业政策，全年实现城镇失业人员再就业256人、本地农村劳动力就业450人、就业困难人员再就业211人。重点扶持自主创业128人，实现创业带动就业780人。全面扩大城乡居民参保覆盖范围，居民养老保险和居民医疗保险参保率分别在98.5%和99%以上。为全镇户籍人口购买人身意外伤害保险，安全保险实现全覆盖。加大贫困帮扶和慈善救助力度，发放各类救济款250万元，募集400万元特困帮扶基金。坚持教育优先发展，投入300万元对各校进行维修和现代教育技术改造，投资2000万元建成廊下幼儿园。全面建成镇社区卫生服务中心，村级社区卫生服务站规范化建设率100%。加强人口管理，全面开展免费普惠自助式婴幼儿早期教养活动。繁荣发展文化事业，建成开放镇文体中心，基本建成“10分钟文体活动圈”。

【社会管理切实加强】社区扁平化管理深入实施，制度化、规范化、程序化水平不断提高。制定出台廊下花苑、宛山湖花苑安置社区建设方案，进一步推进社区建设。以“政社互动”试点工作为契机，探索建成“和助社会组织孵化中心”，积极参与公益创投项目申报，羊尖村“空巢”老人帮扶项目获评市级2014年公益创投项目，5个项目入选区公益创投项目。法制宣传教育不断加强，“六五”普法扎实推进，组织开展法律宣传咨询活动12次，发放各类法制宣传材料5万份。法律服务体系日益健全，在各村（社区）成立司法行政服务站，进一步提高群众的公众安全感和法治满意度。

【省内最大铁皮石斛种植基地落户羊尖镇】无锡双喜金阳铁皮石斛产业科技园成立于2014年5月，位于羊尖镇南村村，占地面积13.33公顷，主要开展铁皮石斛种苗繁育、培育和示范基地建设。至年末，园区首期工程13.33公顷生产基地以及年产800万株种苗的组培工厂基本建设完成，其中连拱温室大棚1.1万平方米、单体双层温室大棚12万平方米，形成集铁皮石斛品种选育、种苗繁育、鲜品生产、产品研发、科技示范于一体的铁皮石斛科技产业链。基地通过产学研合作，引进专家团队15人，其中国家级铁皮石斛首席专家1名、教授2名、博士11名，年内申请发明专利3项。该项目的实施为全区现代设施农业项目的发展提供了示范。

【羊尖中学建成省级心理健康教育实践基地】羊尖中学心理健康教育实践基地于2013年8月9日立项启动，2014年7月9日完工，累计投入资金80万元，购置各类设施设备150台（套）。实践基地占地面积1000平方米，设有团体辅导、心理剧场、个体咨询、心理训练以及室内拓展等10余个功能室，是江苏省中小学心理教育设施最专业、最完善的基地。实践基地遵循中小学生心理发展规律，积极宣传普及心理健康知识，为学生营造良好的心理氛围；通过心理课堂和心理拓展训练，让学生有自主参与心理活动的机会，从而达到开发学生潜能、培养学生积极向上健康心理的目标。

【羊尖实验小学再夺“小梅花”金奖】在8月12日落幕的“第十八届中国少儿戏曲小梅花荟萃”上，羊尖实验小学代表江苏省参赛的锡剧曲目《信陵公子》，以98.07分的高分获“第十八届中国少儿戏曲小梅花荟萃”地方戏曲业余组金奖，羊尖实验小学学生余辰斌获得大赛的全国“金花”称号。余辰斌成为继2012年羊尖实验小学学生王晓龙获得“第十六届中国少儿戏曲小梅花荟萃”地方戏曲业余组金奖后又一位获得该项荣誉的学生。羊尖实验小学从2002年起踏上“传承锡剧、弘扬锡剧”之路，以锡剧特色教育为抓手，培养出一批优秀的锡剧苗子，并入选全国首批中华文化艺术传承学校。

【江苏爱玛二期工厂落成投产】12月22日，位于羊尖工业园区的江苏爱玛二期工厂落成投产。2014年，江苏爱玛车业科技有限公司实现逆势增长15%，突破2013年356万辆电动车的销量，率先实现400万辆电动车下线，创造了国内电动车生产的新纪录。公司于2006年进入电动车行业，2009年成为行业销量冠军，2014年实现销量6连冠。公司将以二期工厂投产为契机，全力打造民族电动车第一品牌，为带动和提升锡山电动车产业的整体水平、促进产业结构优化升级做出新的贡献。

2014年羊尖镇各村（社区）基本情况一览

表44

村（社区）	户数（户）	人口（人）	书记	主任	开票销售收入（万元）
羊尖村	1409	5174	奚新华	许静娟	13161
南村村	897	3332	沈巍锋	吴耀明	22878
宛山村	1692	6278	杜伟东	陆文明	34510
廊下村	1667	6245	周祖义	王建新	101396
南丰村	1095	4308	尤雯梁	华亚东	12970
严家桥村	1657	5911	汤义惠	巫　伟	15941
丽安村	1174	4527	陆　明	陆　明	20618
龙凤巷村	1192	4292	张建新	张建新	44176
羊尖镇社区	1029	2654	曹剑方	曹剑方	—

（陶　逸）

鹅湖镇

【概况】鹅湖镇位于无锡市锡山区东南部，与苏州市常熟市、相城区交界，因东倚鹅湖而得名，境内土地平坦，河荡众多，风光旖旎，景色宜人，是典型的江南水乡城镇，素有“古镇、水镇、重镇”之美誉。镇域总面积54.7平方公里，下辖10个行政村和4个社区，总人口7.1万人。2014年，全镇实现公共财政预算收入2.64亿元，比上年增长2.6%，其中税收收入2.54亿元，比上年增长2.7%。

【工业经济稳步提升】以项目建设为抓手，积极扩大有效投入，稳定经济增长。全年续建、新建工业项目36个，完成工业投入21.5亿元，比上年增长18%。新丰不锈钢、石花印刷等项目启动建设，中联铝业、佳健医疗等项目顺利竣工。全年完成工业总产值93.94亿元，比上年增长6.9%；完成规模以上工业总产值68.93亿元，比上年增长4%。新增规模以上工业企业5家。成功引进无锡利豪、友方电工等工业项目。

【商贸服务不断壮大】突出荡口古镇景区对旅游服务产业的带动作用，大力推进古镇建设运营，荡口古镇于4月3日开街，年内接待游客337.46万人次，荡口古镇创建成国家AAAA级旅游景区，入选“2014中国最美村镇”并获“人文环境奖”。地产项目顺利推进，御尊华庭、水岸名府开盘预售，泰吴置业启动建设，普洛斯一期顺利竣工。全年完成服务业固定资产投入14.6亿元，实现服务业开票销售收入36.03亿元。全年完成限上社会消费品零售额3741万元，比上年增长10%。

【现代农业加快发展】以科技创新为依托，高标准推动农业园区提升发展，甘露青鱼现代产业园、圩库现代渔业示范园、鹅湖玫瑰文化产业园被认定为市级现代农业重点园区，农业园区化比重为45%。建成鹅湖村高标准农田示范区，新增高标准农田40公顷。三新村农机库房项目通过省级验收。推进落实无公害、绿色农产品基地建设，全年申报省市级专业示范社各1家，申报绿色食品2个。新增市级农业龙头企业1家。

【产业升级持续推进】大力发展生产性服务业，以普洛斯平台为载体，加快物流企业集聚，新华文轩、全峰快递、得斯威物流仓储项目成功签约，现代化物流产业基地逐步成型。积极培育新兴产业和高新技术产业，高新技术产业产值比上年增长8.5%。推进企业加强资本运作，伽力森主食企业（无锡）股份有限公司在新三板挂牌上市，无锡佳健医疗器械有限公司完成股改工作。加快淘汰落后产能，整治“三高两低”企业4家，全镇规模以上工业企业万元产值能耗比上年下降8%。完成实际进出口总额1.14亿美元，其中实际出口额0.91亿美元，比上年增长10.83%。

【技改创新持续增强】加大对企业技改项目的指导服务，无锡宝顺不锈钢有限公司等8家企业申报重点技术改造项目，无锡市金杨新型电源有限公司等16家企业完成技改项目备案，全年完成技改项目25个，技改投入16.1亿元。科技创新步伐加快，无锡隆傲电子有限公司的国际合作高功率陶瓷微波项目通过科技部立项，获科技部补贴375万元。全年完成专利申请1335件，其中发明专利257件。全年新增省级高新技术企业2家，省级民营科技企业8家，市级以上企业技术中心2家，申报省级科技型中小企业12家。

【服务保障持续提升】紧紧围绕党的群众路线教育实践活动要求，切实转变政府职能，优化政务环境。组织召开园区在建企业座谈会、全镇低产出企业座谈会，深入走访调研企业，更加主动地服务企业发展。建立政企通服务平台，加强对企业运行的动态监测，畅通政企沟通渠道。积极帮助企业争取资金支持，无锡市锡林印刷制版厂等3家企业获市级技改扶持资金，无锡佳健医疗器械有限公司等3家企业获市科技型中小企业风险补偿贷款。强化园区基础设施保障，全面完成自来水总管铺设工程及庆安路、联安东路建设，园区承载能力得到进一步提升，获评无锡市知识产权示范园区。

【城镇形态不断完善】分步实施甘露老街改造工程，先期完成甘露广场提升工作，泰吴置业地产项目开工建设，甘露镇区形象逐步改善。全力推进拆迁安置，完成拆除面积1.01万平方米，拆迁清点12户，荡厚路地块实现整体拆平；北新河一期安置房竣工交付，安置全过渡804户、半过渡40户，北新河二期和香花苑三期全面封顶。市政设施不断完善，会通路建成通车，五星路、尚书路完成改建。荡口农贸市场实施改造提升。水利建设全面加强，完成黄塘河东段新开河道工程，望虞河沿线河岸除险加固一期工程全面推进，全年修建圩堤护岸2200米，防洪能力得到进一步提高。

【城镇管理不断深化】以荡口古镇开街和文明城市创建为抓手，深入推进市容环境整治，建立覆盖全镇所有村庄、河流、道路的每月考核通报机制，全面加强环境卫生长效管理，镇容镇貌持续改善，顺利通过省卫生镇复检。加快环卫基础设施建设，添置大型扫地车和机械化收集车各一辆，生活垃圾收集率、清运率和处理率保持100%。全镇15座公厕完成标准化改造。加大违法建设整治力度，全年查处违法建设150余处，拆除80余处，拆除面积9200余平方米，有力地遏制了违建蔓延的势头。

【生态环境不断优化】深化“河长制”管理，完成河道整治34条、清淤河道20条，清淤土方16万立方米。加大秸秆禁烧和畜禽养殖综合整治力度，关闭养殖户32家，整治到位34家，顺利通过区级验收。大力推进“蓝天工程”，淘汰整改燃煤锅炉14台，6家企业实施工业废气排放达标专项整治，完成5家企业的清洁生产审核。加快“绿色鹅湖”建设，完成义务植树3.5万株，新增绿化面积13.33公顷，新增绿地面积5.5万平方米。完成京沪高铁沿线补植5000株，农田林网53.33公顷。创建省级生态村1个，省级生态村创建实现全覆盖。

【社会保障全面加强】多渠道开发就业岗位，全年新增就业1197人，实现本地劳动力就业523人，被征地劳动力就业207人，扶持自主创业128人，创业带动就业837人，开发公益性岗位安置本地劳动力33人。举办各类技能培训班8期，培训1597人次。积极做好社保扩面工作，新增社保净缴费600人，断保被征地农民接续缴费248人。加大社会救助力度，发放低保金272.14万元、无固定收入重度残疾人生活救助金180.78万元、临时救助金50.83万元、深度贫困救助金253.96万元，实施慈善救助59.49万元，完成“慈善一日捐”17.10万元。为10户贫困残疾人家庭实施宜居工程，为9户低保低收入家庭完成危房改造。

【社会事业协调发展】教育事业投入持续加大，建成投用荡口实验小学，启动甘露学校“寻真楼”改造，完成荡口幼儿园、甘露幼儿园扩建，有效缓解“入学难”问题。全面实施家庭健康医生责任制工程，推进社区“六位一体”服务，完成65周岁以上老年居民的健康体检。扎实开展人口计生工作，认真落实单独两孩政策，完成“再生育一孩”网上审批132人，全镇户籍人口计划生育率99%。积极推进文化惠民工程，全年举办主题鲜明的综合性广场文艺演出7场，各类文体活动22场，送戏、送电影进社区活动63场，切实丰富了人民群众的文化生活。

相关链接

社区“六位一体”服务：对社区居民开展集预防、医疗、保健、康复、健康教育、计划生育技术服务于一体的服务。

【社会治理深入推进】加强基层民主建设，建立完善尚书苑社区服务管理平台，社区扁平化管理纵深推进，实现和谐社区建设达标率100%，甘露社区创建成全国和谐社区建设示范社区。“六五”普法教育持续开展，全年组织形式多样的法制活动23次，发放法制宣传材料9400余份。健全社会稳定风险评估机制，加强社会矛盾纠纷排查化解，各级调解委员会受理调处民事纠纷172起，调处成功率100%。安全工作常抓不懈，全面强化食品安全监管，组织开展食品安全专项整治6次，整治食品安全隐患商户90家；推进企业安全生产标准化建设，集中开展特种设备专项整治等安全生产检查整改行动，排查整改安全隐患860余条，全年未发生安全生产事故，全镇安全生产态势总体保持平稳。

【中国历史文化名镇荡口古镇开街】4月3日，中国历史文化名镇荡口古镇开街。荡口古镇是无锡市重点建设的五个历史文化街区（古镇）之一。古镇保护性修复工程始于2008年10月，一期工程于2013年年底全面竣工。荡口古镇以重点保护修缮文物保护单位、历史建筑，恢复繁华的江南水乡古镇风貌为建设重点，按照国家AAAA级旅游景区的建设标准，围绕“义”“水”“名人”三大文化特色，累计保护修缮建筑7万平方米，重点修复华氏义庄、华蘅芳故居、新当里古民居、北仓河驳岸等省市级文物保护单位；打造华氏义庄、会通馆、华蘅芳生平事迹陈列馆、华君武漫画馆、王莘故居、钱穆旧居等8个体验景点。同时，荡口古镇根据建筑群落的特点，围绕北仓河打造古镇民俗展示区、美味餐饮特色区、市井生活体验区、娱乐休闲风情区四个特色生态片区，重点瞄准“食、宿、玩”三个方面，累计引进中华老字号、地方名小吃、品牌连锁店、民宿民居、手工艺传人等商户240家，基本满足了“夜泊荡口、吃在荡口”的功能需求。2014年，围绕“打造长三角地区一流休闲度假旅游景区”的发展目标，荡口古镇从丰富业态、强化营销、规范管理等方面入手，推动景区健康发展，古镇运营总体态势良好，景区知名度、美誉度逐步提高，人气不断提升。景区接待旅游总人数337.46万人次。凭借着鲜明的特色文化、璀璨的历史遗存和优美的水乡环境，景区不仅获得游客好评、专家认可、业界肯定、领导赞誉，还获得“国家AAAA级旅游景区”“2014中国最美村镇”“无锡市商业特色街区”等称号。

【伽力森主食企业（无锡）股份有限公司挂牌上市】11月11日，伽力森主食企业（无锡）股份有限公司在北京市举行新三板挂牌仪式。该公司成为国内唯一一家登陆新三板的主食生产企业，也是鹅湖镇首家新三板挂牌上市企业。公司自2002年落户鹅湖镇，积极与鹅湖镇农副产品基地合作，有效带动了鹅湖镇农副产品产销一体化发展。通过多年发展，公司发展成为一家集"产、学、研"于一体的、以主食生产为重点的中国主食产业骨干龙头企业，为国家粮食局主食产业化重点标杆企业。

【甘露社区创建成全国和谐社区建设示范社区】甘露社区以基层社会管理体制改革创新为引领，以建立新型社区治理和服务体系为目标，以规范化、标准化建设为动力，积极推进社区管理创新，增强社区自治和服务功能，初步构建适应政治经济发展需要、服务主体多元、管理水平较高的基层工作体系，使社区成为服务居民群众的第一平台、维护社会稳定的第一防线。11月，经自查申报、省级考察、第三方独立评审及民政部部长办公会议研究，甘露社区被民政部评为"全国和谐社区建设示范社区"，成为锡山区首个国家级和谐社区建设示范社区单位。

2014年鹅湖镇各村（社区）基本情况一览

表45

村（社区）	户数（户）	人口（人）	书记	主任	开票销售收入（万元）
鹅湖村	1091	3830	夏家平	平建荣	41992
青荡村	969	3288	华庆祥	金　忠	43733
三新村	1176	3999	华民勇	谢秀琦	49629
圆通村	868	2857	华道荣	华培兴	19676
新桥村	853	3035	华志伟	陆　磊	25983
圩厍村	802	2806	戴小弟	浦向华	53326
群联村	1376	4765	滕国初	方雪忠	50417
燕水庄村	609	2301	周建华	蔡中华	62592
彩桥村	805	2879	赵小康	季益新	12193
松芝村	1066	3723	华　东	陈志刚	18554
甘露社区	1594	4979	陆荣华	陆荣华	116143
人民路社区	1567	4022	徐筱蕙	徐筱蕙	6046
青虹路社区	1046	3069	华新萌	平锡锋	32032
尚书苑社区	611	2145	华志伟	华志伟	—

（卢　煜）

东北塘街道

【概况】东北塘街道位于无锡市主城区东北，与惠山区、崇安区、北塘区及开发区交界。沪宁、锡澄高速公路在境内交汇，G312国道、北环路、锡沙公路纵横贯通，京杭大运河支流和锡北运河贯穿全境，交通条件便利，区位优势明显。街道总面积18.5平方公里，下辖6个行政村、4个社区和1个社区事务工作站，户籍人口3万余人，暂住人口3.4万余人。2014年，街道完成财政总收入8.3亿元，比上年增长12.2%，其中公共财政预算收入4.1亿元，比上年增长8.0%；实现国税开票销售收入614亿元；完成全社会固定资产投资24.27亿元，其中工业投资2.2亿元，服务业投资22.07亿元；实现自营进出口总额4.17亿美元，其中自营出口额3.40亿美元。

【经济发展结构优化】大明金属启动实施集团化改革，先后成立江苏大明协好贸易有限公司和大明国际进出口有限公司，2014年销售收入超200亿元。全年新增服务业企业344家，比上年增长15.4%，占新办企业总数的89.4%。各类科技创新项目稳步推进，为企业实现转型升级、创新发展提供有效载体，36家规模以上企业研发机构覆盖率85%。累计完成“营改增”税收收入4202万元，比上年增长85%，成为全年财税工作的新亮点。

【项目建设稳步推进】街道列入2014年计划的超1亿元重大产业项目9个，全年完成总投资15.21亿元。其中，房地产项目5个，分别为栖霞房产、融科房产二期、云厦房产一期、昊元房产和恒达房产项目，年内除恒达房产外开工4个，全年完成总投资12.14亿元；其他服务业项目2个，分别为汇坚博览中心和汇坚国际五金机电城三期项目，均基本竣工，完成总投资2.24亿元；工业项目2个，分别为无锡市宇寿医疗器械股份有限公司与无锡锦和科技有限公司的技改搬迁项目，年内全部开工，完成总投资8313万元。

【城市建管水平优化】完成锦旺路、东政路、西新路大修工程，实施锦阳路、天奇路及白荡公园、芙蓉公园、云厦公园建设，区域环境进一步完善。完成对锡港路、东亭北路、春塘路围合成的区域进行道路交通系统优化设计，有效改善道路通行环境，提升南部片区城市品质。对12条区、街道两级河道的保洁，15条主干道的日常保洁、绿化养护、路灯养护、生活垃圾收集等进行市场化运作；开展公用设施“三清四整”和城市桥梁“护桥保安”行动，道桥整体容貌得到进一步提升。加强兴塘公园、梓旺公园和锦旺公园等文化休闲活动场所和主干道沿线绿化管理，以良好的环境聚集浓厚的人气，公园广场管理和主干道沿线绿化管理实现精细化、服务化和人性化。改造生活垃圾中转站和建筑垃圾中转站，完善生活垃圾“四集中”收运体系建设，加大对保洁公司的监管考核力度，完善垃圾中转站建设和管理工作，生活垃圾保持日产日清。

【安全生产有效落实】落实安全生产责任制，安全生产责任签约率100%。对23家安全隐患企业全部整改完毕。对纳入区级安全生产重大隐患挂牌督办的4起案件和街道挂牌督办的5起案件进行全面跟踪督办。小微企业安全生产标准化建设进一步拓展，2014年开票销售满500万元至2000万元的65家小微企业全部启动创建程序，年内完成评审验收41家。发现并督促整改隐患81条，口头整改300余条，关闭存在重大隐患企业1家。

【社会管理服务提升】完成梓旺新村、锦旺新村技防改造工程，群众安全感得到提升。完善村（居）务公开制度，村（居）务公开率100%，群众满意率在90%以上，村（居）民对辖区内重大事务知晓率在80%以上。打造社区服务品牌，梓旺新村社区“爱翼”、锦旺新村社区“四叶草”两支志愿者服务队伍进一步壮大并制度化，满足了社区居民的多层次需求，社区服务氛围日益浓厚。坚决打击非法行医，取缔非法诊所8家；狠抓食品安全工作，检查食品小作坊6家，检查食品经营户127家，监督抽检食品4次。

【社会事业蓬勃发展】积极参与全国文明城市创建活动，广泛开展志愿服务制度化建设、未成年人（老年人、妇女）权益保护、社区民主建设与管理、家庭教育和社会教育等主题创建活动，文明新风愈加浓厚。区书法家协会副主席陶润生的书法作品获第十一届江苏省“五星工程奖”书法类银奖和第二届无锡市“群芳奖”比赛书法类金奖。广场舞蹈《鱼跃荷欢》获2014“欢乐百姓·舞动锡城”无锡市广场舞蹈大赛金奖；广场舞蹈《芙蓉鲤鱼灯》获第二届无锡市“群芳奖”比赛表演艺术类银奖。

【民生保障有效落实】全面落实就业帮扶优惠政策，切实抓好就业和再就业工作，年内提供就业岗位3216个，重点扶持创业人数121人，创业带动就业人数827人。扩大基本养老保险参保范围，切实做好被征地农民安置补偿和被征地农民断保续保工作。完善居民养老和居民医疗保险制度，居民养老保险适龄居民参保率100%，居民医疗保险覆盖率在99%以上。落实155户共289人最低生活保障对象，全年发放低保金150.9万元。完善临时生活救助制度，对因重病、大病、严重慢性病或遭遇突发灾害等导致生活困难的家庭给予临时生活救助。

【获评国家科技进步奖特等奖】在2014年度国家科学技术奖励大会上，无锡市东舟船舶附件有限公司作为主要完成单位参与完成的“超深水半潜式钻井平台研发与应用”项目获“国家科技进步奖特等奖”，该项目成为无锡企业首次参与完成的国家科技进步奖特等奖项目。在该项目中，无锡市东舟船舶附件有限公司负责研发和生产可以在水下40米深处开关的“液压铰链式防火水密门”，该项技术于2013年4月成为国家船舶行业标准。

【东北塘农贸市场改造完成】东北塘农贸市场于2002年6月18日营业，总投资2800万元，建筑面积5000平方米，总摊位280个，是江苏省四星级农贸市场。因市场使用时间较长，逐渐出现路面破损、管道堵塞、设备老化、照明缺失等问题。2014年6月，街道投入500万元实施农贸市场改造工程，改造标准摊位200个，新增照明设施12套，修补路面、雨水管道等设施，增设机动车、非机动车停车位，于2014年12月底改造完成。

【东北塘实验小学新校区投用】东北塘实验小学新校区位于东北塘街道中心区域，东到承塘路，西靠锦旺路，北接芙蓉四路，总投资1.2亿元。新校区占地面积5.34公顷，建筑面积28215平方米，绿化面积25258平方米；有52个教学班，学生2434名。新校区于2012年10月1日开工建设，于2014年8月全部完成软硬件建设。9月1日，东北塘实验小学新校区投入使用。

【两大社区服务中心启动建设】2014年，街道启动梓旺、锦旺两大社区服务中心建设。梓旺社区服务中心位于梓旺新村二期安置房小区东侧，北至芙蓉三路，东南至锡山中等专业学校，立项总投资800万元，工程总面积1680平方米，建筑占地面积840平方米，容积率0.6，建筑密度40%，绿化率30%，于2014年5月开工建设，于2014年11月完成土建施工。锦旺社区服务中心位于锦旺新村二期安置房小区北侧，芙蓉四路与锦旺路交界处，计划总投资1480余万元，总建筑面积4738平方米，内设社区服务区、图书吧、健身房、茶吧等功能区，三楼为街道公共图书馆，于2014年1月开工建设，于2014年10月完成土建施工。两大社区服务中心的建成将更好地满足周边居民的公共服务及日常生活需求，进一步完善街道城市功能。

【社区卫生服务中心原址重建启动】东北塘街道社区卫生服务中心位于东北塘街道东政路9号，占地面积0.63公顷，建筑面积5700平方米。其中，主体建筑（门诊住院楼）建于1991年，面积约3700平方米，主体结构为砖混结构；预防保健楼和辅助用房楼建于2005年，面积合计2000余平方米，建筑结构为水泥框架结构。2010年4月，经南京东南建设工程安全鉴定有限公司鉴定，门诊住院楼建筑安全等级不符合B类建筑抗震要求。2014年，东北塘街道社区服务中心原址重建工程被列为锡山区政府2014年10件为民办实事项目之一。经区发改局批复立项，中心原址重建工程用地面积9445.8平方米，总建筑面积7510平方米（含首层车库建筑面积380平米），总投资额3280万元（不包含医疗设备）。2014年9月5日启动重建工程前期手续报批工作。

【跨国造血干细胞捐献】7月，接到中国造血干细胞捐献者资料库通知，东北塘街道无锡市广新印刷厂业主朱凤荣与一名20岁的韩国急性白血病患者配型相合，后经高分辨检测和全身检查，完全符合捐献条件。9月11日，市红十字会、区红十字会与区政府、东北塘街道共同为朱凤荣举行欢送仪式。9月12日，朱凤荣赴北京市捐献造血干细胞。朱凤荣是无锡市第31位造血干细胞捐献者，也是无锡市第3位跨国捐献的志愿者。

2014年东北塘街道各村（社区）基本情况一览

表46

村（社区）	户数（户）	人口（人）	书记	主任	开票销售收入（万元）
裕巷村	407	1311	王协东	徐卫兵	76101
埬坝村	690	2458	谢继峰	谢　峰	112377
大马巷村	699	2417	阚　巍	蒋　彪	80988
正阳村	1354	4479	缪家平	沈其龙	3195700
锦阳村	694	2322	陆武斌	章文昇	61212
梓旺村	1245	3958	顾晓东	惠勇良	52209
严埭社区	837	2776	薛凯元	袁文贤	34951
锡通社区	910	2865	袁　东	王仁昌	2514344
东北塘社区	1090	3092	张雪峰	张雪峰	13771
梓旺新村社区	1267	4368	王　峰	—	—

（沈　昕）

锡北镇

【概况】锡北镇位于无锡市东北郊，北接江阴市，紧靠锡东新城、开发区和锡山主城区。全镇总面积70平方公里，总人口12.11万人，其中常住人口9.23万人（户籍人口6.4万人），下辖13个行政村、3个社区。锡沙线、锡东大道、泉山大道、团结大道、锡虞路、友谊路等交通要道在境内交汇，四级航道锡北运河纵贯镇区，距无锡市中心16公里，距苏南硕放国际机场15公里，距沪宁、锡澄高速公路道口5公里，距京沪高铁无锡东站5公里，临近江阴港、张家港港口。历史上曾为无锡连接江阴的重要农产品集散地，素有“锡北重镇”之称。境内建有规划面积近6平方公里的无锡市轨道交通装备产业园，是无锡市和锡山区重点打造的特色产业园区，产业园依锡北运河而建，紧靠S228省道，锡东大道贯穿产业园，与锡东新城一路相连。境内总面积21.11平方公里的斗山地区生态条件优越，盛产著名品牌绿茶——太湖翠竹，为无锡市现代农业开发综合创新试验区之一；斗山农业生态园被命名为省级农业生态园。锡北镇历史悠久，胜迹众多，名人辈出，历史上有东林党领袖顾宪成、清代“词家三绝”之一的著名词人顾贞观、无锡革命先驱严朴等20余位历史名人，素有“东林故里”“文化大乡”“红色锡北”之称。

【经济发展稳中有进】2014年，全镇上下紧紧围绕市委“三个深化年”活动和区委“六个更加”总要求，牢牢锁定产业、新镇“双崛起”总目标，稳扎稳打，群策群力，攻坚克难，砥砺奋进，经济社会保持稳中有进的良好态势。全镇有工业企业1446家，其中三资企业（中外合资经营、中外合作经营、外商独资经营企业）40家，年开票销售收入2000万元以上企业82家（其中超1亿元企业14家）。全年完成公共财政预算收入3.69亿元，比上年增长8.3%；全部国税开票销售收入142.2亿元，比上年增长1.1%，其中工业开票销售收入121.6亿元，比上年增长4.6%；规模以上工业总产值89.4亿元，比上年增长4.3%；全社会固定资产投资44.2亿元，比上年增长22.04%，其中工业投资29.91亿元，比上年增长22.7%；到位外资及港澳台资428万美元。

相关链接

六个更加：产业更加壮大、城市更加优美、实力更加增强、社会更加和谐、党建更加加强。

【项目引建支撑有力】着力抓引建、推进度，促进园区形象、效益同步提升。全年10个投资超1亿元产业项目完成总投资16.6亿元。晋拓电子、知原药业、小鸟车业等7个项目先后竣工投产。联东U谷国际企业港一期8万平方米主体工程竣工，年内有12家企业入驻。成功签约无锡慧谷金融电商产业园、联东U谷二期、优佳无纺、翔盛包装等9个重点项目，其中无锡慧谷金融电商产业园项目总投资2亿美元，总用地23.33公顷，一期10.8公顷完成挂牌。

【骨干企业转型加快】着力深培育、优服务，助推企业竞争力、抗压力"两翼齐飞"。全年企业研发支出占主营收入的比重为1.43%，完成高新技术企业产值41.4亿元。实施工业技改项目41个，完成技改投入11.5亿元。新增省级工程技术研究中心1家，推进产学研项目7个，获市"科技创新专项"立项的科技支撑项目1个，认定省级高新技术企业2家。万人发明专利拥有量13件以上，获评市知识产权示范镇、市科普示范镇。

【新镇建设展现新貌】制定规划引领方向，《无锡市锡北先导示范镇城乡统筹规划》《斗山发展专题研究及城市设计规划》批准实施。道路框架更加完善，泉山大道南段、斗山中路全面通车。新市镇商业圈日趋繁华，泉山中心广场、星天地步行街、天富广场开业营运，星邻里生活广场、苏韵阁国际大酒店全面启动建设。人居品位不断提升，新市镇绿色休闲长廊全面建成，鸿景雅园、金世名园等加快建设，丰泰苑安置小区竣工交付。

【城镇环境日益美化】扎实推进文明创建，全国文明乡镇创建工作通过验收。实施安置小区专项治理，斗山花苑综合整治等工程深入推进。村庄整治全面实行网格化长效管理机制，泾声路、蓉北大街专项整治全面完成。建成省级生态村3个，全镇实现省级生态村全覆盖，创建村庄绿化示范村1个，完成绿化造林33.8公顷。完成河道综合整治8条、清淤35条，完成群合联河泄水闸翻建工程和联新低田下防洪闸站主体工程。

【农村活力逐步释放】"美丽乡村"示范创建深入推进，锡北南大门综合整治全面实施，周家阁村创建成区五星级城乡一体化综合示范点。寨门村诸巷完成村庄环境整治提升。斗山乡村旅游规划全面启动。大力发展生态高效农业，周家阁村、东房桥村千亩市属蔬菜基地等一批特色园区得到提升。创新村级发展路子，村级联合体项目完成土地挂牌。积极承担农村改革试点任务，完成新明村土地承包经营权确权登记工作。

【社会保障托底有力】促进就业富民，培训就业创业人员1890名，解决就业1286人。推进社保扩面，完成社保扩面840人、失地农民断保续保339人，住房公积金扩面913人，居民养老保险和居民医疗保险覆盖率分别为99%和99.5%。加强住房保障，完成安置房分房803套、8.22万平方米，实现拆迁安置"零过渡"。合力开展社会救助，募集特困帮扶基金400万元、慈善救助资金322万元，累计发放各类救助保障金752万元。

【社会事业均衡发展】教育资源优化扩量，"优教育先优教师"三年计划启动实施，完成张泾实验小学等学校扩班改建，锡北镇创建成无锡市学前教育现代化乡镇。优化公共资源供给，锡北镇社区卫生服务中心加快改造，新坝村、东房桥村社区卫生服务站建设全面推进，周家阁村通过省示范村卫生室验收。打造锡北文化精品，在省、市、区各类赛事中荣获十项桂冠，实现省"五星工程奖"金奖两连冠，镇文化站被评定为全国一级文化站。

【社会环境和谐有序】推进综合治理信息化平台建设和社会稳定风险评估工作，矛盾纠纷调处率100%，调解成功率98.7%。率先建成镇级公共法律服务中心和交通事故人民调解工作室，实现法律服务全覆盖。开展"法润锡北春风行动·普法惠民村村行暨农村法治文化嘉年华"活动，引领群众遇事找法，办事依法。加强治安防控体系建设，扎实开展重点地区排查整治，严厉打击各类违法行为，社会治安稳定有序。强化安全生产监管，建立“党政同责、一岗双责”责任体系，开展“六打六治”专项行动，创建安全生产标准化企业87家，安全生产形势总体平稳。

【新四军六师师部旧址纪念馆改造提升】新四军六师师部旧址纪念馆位于锡北镇寨门村诸巷，是新四军挺进苏南东路地区进行抗日斗争的一个重要指挥部，始建于1936年。1988年6月和2005年11月，该旧址纪念馆先后被市政府列为文物保护单位和爱国主义教育基地。2013年1月，该旧址纪念馆被列入国家红色旅游景点目录，成为无锡市唯一一处列入该目录的景点。2014年3月，锡北镇对新四军六师师部旧址纪念馆进行全面修缮扩建，增加展厅，并重新设计布馆，陈列内容主要为“抗日烽火、燎原锡邑”“铁军六师、逞雄苏南”“继往开来、再创辉煌”三大部分。同时，在馆外新建红色广场等节点亮化配套工程。

【文化创作获殊荣】锡北镇自创自演的舞蹈《母亲》、女声小组唱《女大十八变》、器乐合奏《北调男腔京昆韵》以及摄影作品《水乡报春》在锡山区第五届群文会演（展）中均获一等奖。舞蹈《母亲》和女声小组唱《女大十八变》在第二届无锡市“群芳奖”比赛上均获金奖。舞蹈《母亲》在江苏舞蹈新人新作比赛中获青年组表演金奖，在江苏省第四届社会舞蹈比赛中获创作金奖和表演金奖，在第十一届江苏省“五星工程奖”群文会演舞台类比赛中获金奖。

【美丽周家阁建设形成三大亮点】锡北镇周家阁村大力推进美丽乡村建设，精心打造集社区服务、现代农业、农村环境整治等于一体的新农村元素，被评为“锡山区五星级城乡一体化综合示范点”，并形成三大亮点。建成总面积5900平方米，集办公、活动、服务、娱乐于一体的多功能社区服务中心，配套建有综合性的周家阁村民健身中心，内设游泳馆、迷你高尔夫练习馆、瑜伽馆、乒乓室、篮球场、道德讲堂（书场）、农家书屋等群众文化体育设施。初步建成内容涵盖精细蔬菜培种、精深加工、博览展示等设施现代化的千亩市属蔬菜基地，并初步形成五稼农庄、和润堂生物科技有限公司、瑞七新型保健蔬菜园等规模较大的现代农业园区。全面推进30个农村村庄整治，形成康居型村庄1个、生态型村庄3个，重点通过景观化、园林式改建，建成示范村庄——庄里，并建成集食宿于一体的“农家乐”2个。

【无锡慧谷金融电商产业园落户锡北园区】6月28日，无锡慧谷金融电商产业园项目落户锡北镇，并举行签约仪式。该项目是江苏爱康实业集团有限责任公司依托最新物联网技术，在无锡地区打造的智慧物流园区项目，项目计划总投资2亿美元，项目用地23.33公顷，注册资本5500万美元，计划总投资2亿美元，主要建设物流园区管理中心、数字化仓储交易中心、标准化仓储设施、货物分拨中心等，项目全部建成后预计年产值100亿元，可上缴各类税收1.5亿元。至年末，项目完成注册并完成一期10.8公顷地块挂牌。

【泉山商业中心开街运营】12月27日，锡北镇首个全业态的商业项目——泉山商业中心举行开业仪式。该商业中心位于锡北镇市镇中心，紧靠锡北新市镇主轴泾声商业街，占地面积10公顷，是一个集大型超市、巨幕影院、时尚购物、休闲娱乐、餐饮美食、精品公寓于一体的多元化商业综合体。由无锡金顺房地产开发有限公司投资的泉山商业中心是锡北镇2014年城镇建设的一个亮点精品工程。至年末，泉山商业中心入驻恒润发超市、喜洋洋健身会所、农贸市场、假日酒店、海澜之家、美特斯邦威、上海金一珠宝等数十个商家。

2014年锡北镇各村（社区）基本情况一览

表47

村（社区）	户数（户）	人口（人）	书记	主任	开票销售收入（万元）
新明村	1245	4929	陆介正	范晓兵	9635
周家阁村	1095	3891	周国君	王春秋	45617

续表47

村（社区）	户数（户）	人口（人）	书记	主任	开票销售收入（万元）
泾西村	1507	5727	苏宪忠	杜国君	70391
泾新村	1065	3953	时锡余	沈军贤	65663
寨门村	1438	5140	严诚伟	陆铁平	36843
光明村	1140	4429	辛红伟	徐　锋	32403
新坝村	840	2941	吴建洪	过希军	50019
八士村	1041	3778	张　敏	过献新	25868
联新村	727	2767	倪　倩	王秋涛	16847
劲丰村	810	2985	陈德安	陆叶洲	20247
斗山村	1020	3514	陆　云	张　健	3391
东房桥村	799	2675	秦国强	黄李明	53773
春风村	873	3389	华　军	周建平	6047
张泾社区	1399	3499	—	马伟标	—
八士社区	2400	4798	—	陆志荣	—
斗山花苑社区	1625	5618	凌均毅	王整跃	—

（夏国锋）

东港镇

【概况】东港镇位于无锡市东北部，长江三角洲黄金地带，是无锡市特大城市框架中的新型卫星城。东港镇交通便捷，S228省道、锡东大道、锡张高速公路、锡虞路及筹建中的锡昆高速公路贯穿全境，距张家港、江阴港、沪宁高速公路、京沪高铁、苏南硕放国际机场均约20公里。全镇总面积85.05平方公里，辖15个行政村、4个社区，户籍人口7.7万人，外来人口4.8万人。2014年，东港镇完成地区生产总值152亿元；完成国税开票销售收入370.6亿元，其中工业开票销售收入259亿元；完成规模以上工业总产值309.7亿元；完成财政总收入14.77亿元，其中公共财政预算收入6.08亿元；实现农村居民人均可支配收入24575元。各项社会事业全面发展，东港镇获“江苏省科普示范镇”“江苏省全国第三次经济普查先进集体”“江苏省信息化与工业化融合试验区”“江苏省基层安监机构能力建设项目验收合格单位”“无锡市两型社会示范镇”“无锡市平安镇”等称号；山联村被农业部、国家旅游局评为“全国休闲农业与乡村旅游示范点”，被江苏省水利厅评为江苏省“水美乡村”，并入选首批“无锡市美丽乡村休闲旅游示范村”；红豆生态园被列入国家旅游重点项目；东升村被江苏省依法治省领导小组评为第九批省级“民主法治示范村”；山联村大学生“村官”朱虹入选6月敬业奉献类“中国好人”；东港镇司法所所长胡国良入选4月敬业奉献类“无锡好人”。

【招商引资全力推进】 招商引资力度加大，成立28个招商小分队，围绕“以企引企、产业招商”主题，全面强化重大产业项目的招商引资工作。完成签约项目4个，分别为投资1.5亿元的飞天油脂项目、投资2.1亿元的阿科力二期募投项目、投资1亿元的昊辰塑业新型保鲜膜项目和投资1.4亿元的无锡惠浩机械化工装备项目；落实总投资12.5亿元的待签约项目3个，分别为投资3.5亿元的上海中服出国人员服务中心医疗器械项目、投资8亿元的无锡电缆厂高端电线电缆项目、总投资1500万美元的台湾裕博新材料项目。企业科技创新活力和上市热情不断激发，全镇申报各类科技项目126项，获得立项66项；无锡捷阳节能科技有限公司与麻省理工学院、无锡确成硅化学股份有限公司与清华大学建立产学研合作关系；引进“双高”人才25名、海归人才6名。与上海市、北京市、广东省深圳市等地科技园区、产业基地、行业协会以及江苏商会、上海对外合作交流委员会等十余家机构建立联系，通过上门拜访、邀请专家到园区交流等方式，推介东港园区。继续加强与市招商局、区招商局等横向招商机构的联系，全年接待客商400余人次。

【项目建设加快推进】 新开工、续建重点项目10个，计划完成总投资20亿元。其中，新开工4个项目，分别为投资8.4亿元的通用钢绳5万吨高速电梯绳项目、投资1.5亿元的安乃达电机驱动及控制系统项目、投资1亿元的航大光电家用节能电器项目、投资3.2亿元的洪汇科技股份二期6万吨氯乙烯共聚乳液募投项目；续建项目6个，分别为投资1亿元的泰斗胶水胶黏剂生产线技改项目、投资2.87亿元的小刀电动科技100万台电动车项目、投资7亿元的红豆通用科技100万套子午线轮胎扩能项目、投资1.1亿元的安欣达科技6亿支航空航天紧固件项目、投资2.9亿元的红豆通用科技子午线轮胎配套项目、投资4亿元的兴达泡塑二期16万吨杯料级EPS项目。竣工项目3个，分别为泰斗胶水胶黏剂生产线技改项目、兴达泡塑二期16万吨杯料级EPS项目、红豆通用科技100万套子午线轮胎扩能项目。签约拟建项目3个，分别为投资1.5亿元的飞天油脂项目、投资2.1亿元的阿科力二期募投项目、投资1亿元的大于环保装饰材料项目。

【城镇建设稳步推进】 积极推进道路框架建设，兴港路道路改造工程完成；群星路（春风东路—银杏西路）开工建设，其中春风东路—东港大道段完工，东港大道—银杏西路段施工顺利；锦湖路延伸至东升路道路工程完成预算送审；创业路西延段（东升路—黄土塘路）与东港西路北段（创业路西延段—S228省道）完成预算，未完成立项；创新西路东延段（群星路—东廊路）完成设计；金港大道南延段（春风东路—阳光西路）、阳光西路（怀仁路—金港大道）道路新建工程完成预算，城镇路网构建进一步完善。深入推进社区扁平化管理，加快社区信息化建设步伐，提升基层民主管理水平，全年上报市城乡一体化先导示范区项目6个，总投资规模4700余万元。加强外来人口居住区整治，对23个镇、村（社区）两级流动人口集中居住区进行整改，促进居住区与城镇发展相适相容；完善生活垃圾“四集中”体系建设，健全长效运行机制，全面实行生活垃圾上门收集，完成全镇公厕改造和中窑垃圾中转站建设工程，对全镇新建的25座垃圾转运站实施长效监督管理考核。

【城镇管理切实加强】 加大城管巡查力度，及时发现处理违法案件，立案查处各类案件233起，其中市容类案件110起、工商类案件123起；处罚金额50900元。在平时巡查中清理乱张贴500余起，清除乱涂写1200余平方米，清除乱堆放垃圾15吨，拆除违法、破损、褪色户外广告700余平方米，较好地维护了市场秩序和环境卫生秩序。加大违法建设执法力度，开展违法建设专项整治理。制止违法建设60余起，拆除违法建设87起，拆除面积9124平方米。对锡港路沿线超市、饭店、娱乐场所等车辆乱停放现象进行集中整治，规范各类非机动车500余次，对85起占用人行道的违法停车行为进行拍照贴单处罚，并制作、发放告市民书300余份，发送到驾驶员手中。打击振湖街流动摊点、违规占道行为，开展集中市容秩序整治6次；处罚无证流动商贩37起，店外经营11起；纠正路口、街口摩托车、电瓶三轮车违规占道200余次；督促沿街店面“门前五包”（门前包卫生、包绿化、包市政公用设施、包建筑物容貌、包秩序）责任制落实到位；严格查处出店经营、门前脏乱差，发出行政约谈30次，召开座谈会4次。

【生态环境不断优化】 持续推进生态修复工作，坚持“不欠新账、多还旧账”的原则，不断推进生态镇建设。全年新增公共绿地6.9万平方米，成片林43.47公顷。积极实施水生态综合整治工作，对7条河道进行全面整治，完成35条河道的复查验收工作。巩固农业面源污染整治成效，全面完成畜禽整治工作任务。大力推进企业节能减排，淘汰燃煤锅炉5台，关闭“三高两低”企业4家，实施强制清洁生产审核企业7家，红豆集团、无锡兴达泡塑新材料股份有限公司基本完成能源管理体系建设。建立新材料产业园安全环保管理服务站，并全面投入环境监测运行。持续开展农村环境整治，成效显著，2013年整治的106个自然村（包括53个区二星级生态村）通过复查验收；东升村高田上省村庄规划建设示范项目基本竣工。

【农村发展扎实有效】 全年接待游客42万人次，实现直接营业收入4200万元。大力发展现代高效设施农业，新增高标准农田66.67公顷，新建精品水果园10公顷。深入开展市级“幸福村”创建工作，港南村、东青河村创建成市级“幸福村”，市级“幸福村”累计建成率77.8%。巩固提升村庄整治成效，启动东升村省级生态村示范点建设。规范完善土地承包关系，山联村、东青河村、港东村、华东村等9个村开展土地承包经营权确权登记工作，年末基本完成土地承包合同签订。

【民生事业纵深推进】 社会保障成效明显，全年新增社保净参保人数1100人，住房公积金扩面1950人，失地农民续保240人。全力扩大就业再就业，安置本地农村劳动力就业543人，被征地劳动力就业213人，就业困难人员就业356人；举办各类培训班25期，培训各类城乡劳动力4919人；扶持自主创业人员132人，创业带动就业854人。全力保障困难群众的基本生活，发放各类生活保障金10432.5万元，发放低保金377万元，发放各类救助金185.5万元，发放生活困难补助和学业补贴53.8万元。开展党员干部联户结对工作，全镇264名党员干部结对264户贫困户，进行“一对一”、全方位的长期帮扶；重阳节对264户贫困户发放慰问金，每户2000元，共计52.8万元。慈善事业日益发展，在全镇机关事业单位、各村（社区）广泛开展“慈善一日捐”活动，募集资金20万元。教育资源加快优化，投入1200万元改善各中小学及幼儿园的办学条件；总投资70余万元的东湖塘小学新操场建成投用。“老年人幸福工程”免费体检人数4320人，开展白内障手术115例。创建成无锡市规范化社区卫生服务站2个、江苏省示范村卫生室1个，全部完成无锡市规范化社区卫生服务站创建工作。文体事业繁荣发展。在无锡市文化广电新闻出版局开展的“五特”评比活动中，东港镇开心戏友会和凤凰音乐沙龙被评为“无锡市特色文化团队”，东湖塘中心小学教师浦菊红和东港镇大学生“村官”虞嘉晔被评为“无锡市特色文化标兵”，怀仁中学教师吴新宇家庭被评为“无锡市特色文化家庭”，港下公园被评为“无锡市特色文化广场”。深入开展群众文化活动，全年举办15场大型广场文艺，组织送戏下乡140余场，送电影下乡240场。在8月举行的“2014年江苏省国际跳棋锦标赛”上，东湖塘中心小学3名学生分别夺得所在组的冠军。

相关链接

五特：特色文化之乡、特色文化团队、特色文化家庭、特色文化标兵、特色文化广场。

【社会大局和谐稳定】 以维护社会稳定为目标，镇、村（社区）干部主动出击，深入征地拆迁、环境治理、劳动纠纷以及安全生产等一线阵地，全面落实安全稳定工作。全年开展矛盾纠纷大排查47次，成功调处各类矛盾纠纷256起，有效化解了一批疑难信访积案；规范劳动关系，处理劳动纠纷203起，涉案金额1200余万元，结案率98%；扎实开展对烟花爆竹、外来人口居住区、人员密集场所、道路交通、危化企业、食品安全等重点领域的专项整治，排查整改各类安全隐患380条，清理整治非法混凝土生产企业5家。

【市首个渔业家庭农场成立】 8月，经工商部门注册批准，东港镇陈市村银河谷家庭农场获得营业执照，成为无锡市登记成立的首个渔业家庭农场。该农场养殖规模8.6公顷，以家庭成员为主要劳动力，将为无锡渔业创新发展提供可借鉴的实际经验。

【区首个五人制足球场建成使用】 11月，由东港镇足球协会筹资铺设的锡山区首个五人制人造草坪灯光足球场建成使用。该足球场位于红豆集团无锡南国企业有限公司的大学生公寓旁，占地面积650平方米，周围安装围栏、高泡灯等设施，铺设5厘米高的人工草地。该足球场对红豆集团职工和东港镇足球协会会员免费开放。

【红豆集团移动通信转售牌照获批】11月20日，工业和信息化部向8家民营企业发放第四批移动通信转售业务试点批文，红豆集团加入虚拟运营商的行列。红豆电信将根据集团客户的需求引入行业应用合作伙伴，开发具有红豆特色的个性化企业应用产品，并整合集团内部电子商务、行业信息化等业务，打造一揽子企业信息化解决方案优惠包；还将通过移动OA、外勤管家、门店视频监控业务发展集团内部、门店及上下游合作企业，通过企业"一卡通"覆盖集团内部、东港镇及周边异网用户，总辐射10万户。

【红豆杉大棚光伏发电工程开工建设】12月11日，红豆太阳能光伏发电项目——红豆杉大棚光伏发电工程破土动工。红豆杉大棚光伏发电工程总装机容量385.56千瓦，共用1512块光伏组件，建成后预计每年可发电38万度，带来良好的经济、社会和生态效益。

2014年东港镇各村（社区）基本情况一览

表48

村（社区）	户数（户）	人口（人）	书记	主任	开票销售收入（万元）
新巷村	1796	6970	宋林达	董晓平	33230.2
港东村	1059	3995	王志明	袁　锋	52098.0
山联村	1728	6331	吴岳平	秦　超	19593.1
陈市村	841	2994	包燕峰	孙　红	7515.1
张缪舍村	648	2329	蒋志远	黄晓东	33594.3
勤新村	1408	5399	冯　东	顾敏锋	18621.3
港南村	1122	4614	陈　雨	殷晓锋	12420.1
东湖村	1141	3920	吴亚平	浦利江	37850.2
华东村	719	2674	吴国栋	吴国栋	22260.1
东青河村	860	3115	沈卫东	顾云良	135037.7
东南村	1556	5600	程惠鹤	周　峰	12598.0
亚光村	915	3225	张文浩	张文浩	61680.8
黄土塘村	2064	7627	沈　勇	姚卫刚	71392.1
东升村	759	2631	顾科伟	蒋东晖	63589.3
朝阳村	1138	4401	顾　强	徐仁良	44885.9
湖塘桥社区	695	2509	胡建开	朱晓明	45652.1
蠡漍西社区	734	2890	顾　铿	冯义忠	26705.1
港下社区	1949	4548	王　明	张军海	1319708.9
东湖塘社区	814	1960	陶继军	陶继军	28933.2

（李　婷）

云林街道

【概况】 云林街道地处无锡市东部，开发区腹地，区位优势明显，交通便捷。西与锡山主城区毗邻，东与锡东新城（商务区）接壤，紧邻G312国道、锡沙公路、沪宁高速公路无锡东出入口，友谊路、团结路贯穿全境，南临九里河，北依锡北运河，兴塘河环带东西。街道下辖云昌、云龙、云林、云祥、云扬、春雷、竹园、新农丰、蓉阳9个村（社区），并托管芙蓉、双桥两个行政村，总面积29.58平方公里，户籍人口1.9万余人，外来人口7万余人。2014年，云林街道上下围绕贯彻落实党的十八大和十八届三中全会精神，紧扣转型发展主线，紧密结合党的群众路线教育实践活动，街道经济社会发展跃上新台阶。

【街道经济职能加强】 根据区委、区政府关于开发区和云林街道管理体制调整的相关精神，内部机构设置和人员调整到位，成立经济发展办公室和经济管理服务中心，做到机构明确、职责明晰、人员落实。开展清查工作，按照开发区的企业清单，遵循“实际存在，属地管理”的原则，逐村逐社区对街道辖区企业进行核对清理、分类汇总、补证办证，清查工作年内全部完成，清理出拆迁和关闭企业340家，补办工商登记企业39家，变更到街道辖区注册登记企业15家。为缩短磨合期，街道职能部门迅速与开发区相关部门进行全面对接，年内招商引资和企业服务工作均步入正常，实现了开发区和街道上下联动、合力发展的良好局面。

【拆迁安置推进】 2014年，云林街道有7个重点拆迁项目和5个应控拆迁项目。全年完成签约总面积7.91万平方米，其中住宅20户（面积0.55万平方米），非住宅14家（面积7.36万平方米）；拆除总面积7.77万平方米，其中住宅15户（面积0.42万平方米），非住宅12家（面积7.35万平方米）。及时做好安置工作，全年安置春雷苑南区515户、1092套房屋，面积9.77万平方米；完成东北塘街道梓旺花苑涉及云林街道的14户安置房房款清缴工作。有序推进转移登记工作，东亭街道金锡苑等4个安置小区涉及云林街道的126户（177套安置房、186间车库）的房产证全部发放到位，金锡苑小区转移登记办理基本结束，年底完成云林苑北区一期的转移登记及房产证发放工作。

【辖区环境提升】 整合街道城管、村（社区）、市场化运作单位和江苏德康物业管理公司等单位力量施行精细网格化管理，开展“奋战60天，美丽新云林”城市管理专项整治行动，对辖区卫生死角、违法广告、占道经营等“顽疾”进行大规模集中整治，辖区整体面貌大幅改善。整治春江路、春笋路和友谊路等无证摊贩400余个。逐步推进春雷公寓等新建小区、宜家家居和东方国际轻纺城等大型市场、友谊路等成熟商业街门头店招的统一。受理市容环境各类投诉460起，处理回复率100%。健全违法建设信息网络，建立社区违法建设专管员制度，实施新增违建周通报制、500平方米以上日报制，组织大型违法建设拆除工作9次，拆除各类违建27处，面积7376平方米。完善市政绿化设施，修补更新窨井盖430个，清理雨水井8400余个，增补绿化3.38万平方米，修补路面、人行道板砖、路侧石等12320米，检修路灯7400盏，检修信号灯233处，新建交通护栏936米。强力推进“蓝天工程”，做到小麦秸秆“零焚烧”。完成3条河道综合整治，重点排查水质出现恶化的10条河道，发放整改通知书18份，积极改善河道水质。推进村庄整治长效化管理，芙蓉、双桥9个自然村整治工作实施网格化分片包干管理。深化环境保护监督管理“关口前移、重心下沉”的扁平化运作模式，构建开发区安全环保局、街道、村（社区）“三位一体”监管体系。

【居民生活改善】 完成城乡劳动力职业技能培训1601人，实现就业再就业1603人，建立无锡皮革城大学生创业园基地，完成社保扩面净增缴费3895人，被征地农民断保人员接续缴费481人，居民养老保险和居民医疗保险参保覆盖率分别在98.5%、99%以上，调解劳资纠纷283起，结案率97%。不断加大弱势群体帮扶力度，发放临时救济费及各类专项救助慰问金95.14万元，落实老年人福利，发放尊老金51.85万元、重阳节慰问金50.23万元，做好19户失独家庭关爱帮扶工作，“爱心公益社”“美丽三色花”“绿动·爱巢”等公益项目服务单亲妈妈、残疾人、老人等弱势群体1132人次，志愿者服务时间1400余小时，完成950家企业残疾人就业保障金的征缴年审工作。云林商贸城投入运营，新建的社区卫生服务中心启用。全面修缮中小学及幼儿园教学设施，更新电脑等教学设备。推进人口信息建设，采集录入2.45万条人口信息。完成600余名外来人员子女入学预报名登记查验工作。完成5个新建社区第一届“两委”选举工作。新增公共体育设施面积1000余平方米，开展民俗文化活动周等系列文体活动21场，参与群众7500余人次，在第二届无锡市“群芳奖”比赛中获一等奖2个、三等奖1个。无锡倪云林艺术研究会编写并发行《倪云林诗词三百首》，成功举办“云林遗风”无锡书画名家作品展等纪念倪云林逝世640周年系列活动。

【社会和谐稳定】法治建设扎实推进，“六五”普法工作全面开展，组织开展“汇聚青春力量，共筑法治梦想”“法润云林春风行动·普法惠民村村行暨农村法治文化嘉年华”、法制电影“五进”（进农村、进社区、进企业、进工地、进校园）等专题法治教育宣传活动20场次；实现公共法律服务全覆盖，畅通法律援助“绿色通道”，直接办理法律援助案件4件，解答法律咨询152件（起）。云扬社区被评为“江苏省民主法治社区”。矛盾纠纷有效化解，深入开展社会矛盾纠纷滚动排查、网格排查，及时排查发现不稳定隐患，主动开展化解工作，有效调处无锡市强盛钢铁有限公司留守职工工资、无锡双喜纺织品有限公司包工头恶意欠薪等90起社会矛盾纠纷。认真落实党政领导信访接待制度，街道全年受理信访182件，结案178件，促进了社会稳定。安全监管落到实处，与950余家企业签订“安全生产、防火安全、交通安全目标管理责任书”，综合检查900余家单位安全生产情况，整改存在安全隐患企业18家。全面开展“打非治违”工作，重点整治消防、危险化学品、烟花爆竹、冶金等高危行业领域企业，组织“六打六治”专项整治工作。组织各类安全培训1400余人次，下发各类宣传材料1.5万余份。开展食品药品安全风险隐患、肉与肉制品检查、企事业单位食堂、农村食品安全“四打击四规范”等专项整治行动，监督排查各类食品生产经营单位1472家（处），集中整改199家（处）。协调区相关部门对街道熟食店熟肉制品、农贸市场豆制品及蔬菜、餐馆冷盘菜等进行抽检，年度食品合格率在98%以上。

【党建工作夯实】举行党的十八大、十八届三中全会以及习近平总书记系列重要讲话精神专题研读会、学习会；结合党的群众路线教育实践活动，组织街道领导班子和各基层党组织集中学习《论群众路线——重要论述摘编》等必读书目；利用“江苏学习在线”、街道网站“学习园地”版块、“云林新韵”公众微信号等平台，编发学习资料开展实时学习培训，确保党的声音及时传达到最基层；组织街道党员干部50余人到锡北革命烈士陵园和中国乡镇企业博物馆，缅怀革命先烈，感受“四千四万”（踏遍千山万水、吃尽千辛万苦、说尽千言万语、历尽千难万险）精神；集中观看《焦裕禄》等教育影片9部，对照典型汲取精神力量。强化干部队伍建设，继续实施《云林街道干部教育培训三年（2013～2015年）规划》，组织业务培训班12场次。做好大学生“村官”锻炼培养和聘期考核，完成第二批“三个一线”干部挂职工作，安排挂职干部参与拆迁安置、综治稳定等重点工作，不断提高挂职干部服务群众的能力。做好10名新疆籍高校毕业生岗位实习工作和两名新疆籍干部挂职工作。完成村（社区）、机关部门、事业单位班子年度考核工作，调整优化干部任职，进一步配强调优领导班子。以“作风建设深化年”活动为抓手，在人社所等10余个主要窗口和部门中开展“查问题、改作风、塑形象”主题活动，组织“为群众服务满意度调查”，集中解决党员干部工作纪律涣散、服务意识淡薄等突出问题。开展“5·10”思廉日等党风廉政主题教育实践活动，编印《廉政学习手册》，组织作风建设知识测试，各单位主要领导上廉政党课15次，参观预防职务犯罪警示教育基地，观看廉政教育片9部。对下辖11个村（社区）开展中央“八项规定”落实情况、管理费用包干、集体投资建设项目管理、集体资产收益管理、人员使用管理等情况进行专项检查。加大查处问责力度，全年受理群众举报8件次，立案查处违纪案件3件，实施作风效能问责2起，作出组织处理5人。围绕“为民务实清廉”主题，按照“照镜子、正衣冠、洗洗澡、治治病”的总要求，扎实推进党的群众路线教育实践活动。组织街道领导班子和各基层党组织举办群众路线主题学习讲座、“为了谁、依靠谁、我是谁”专题讨论、“中国梦·我的梦”征文等各种学习交流活动。广泛征求群众意见，共计直接联系群众2230户，征求意见和建议263条，梳理出42个事项并全部整改完成。扎实开展“四听四问四征求”“三级四方八点”听意见等活动，按照“四个必谈”要求分层分类开展谈心谈话活动，其中街道党政领导班子率先垂范，共开展谈心谈话383次，查摆14个主要问题，民主生活会上班子成员相互之间提出批评意见和建议171条。研究制定街道教育实践活动整改方案，包括6大类23项具体措施，明确7个专项整治行动和8个集中整改事项共计27个任务，完成任务26个。切实做好规章制度废、改、立工作，废止制度2项，修订完善制度8项，确保活动成果长效落实。

相关链接

四听四问四征求：听普通干部群众、听服务对象、听老同志、听党外人士的意见，问效、问怨、问症、问策，个别征求、座谈征求、上门征求、书面征求。

四个必谈：党（工）委（党组）主要负责同志与班子成员必谈，班子成员之间必谈，班子成员与分管部门单位、直属单位负责同志必谈，单位中层正职与副职必谈。

【中央电视台拍摄倪氏宗亲祭祖场景】1月11日，中央电视台《中华长歌行》栏目到倪瓒纪念馆拍摄倪氏宗亲祭祖的场景。祭祀先祖，是春节期间一项隆重的民俗活动。祭献礼仪包括上香、读祝文、奉献饭羹、奉茶、献帛、献酒、献馔盒、献胙肉、献嘏辞（福辞）、焚祝文、辞神叩拜等。倪云林故里长大厦（今云林街道云林社区）及东北塘等地的倪氏后人们参加该次祭祖活动。通过祭祖活动，展现了云林街道深厚的历史文化底蕴。该节目将于2015年2月19日（正月初一）晚8点在中央电视台科教频道首播。

【民俗文化活动周举办】农历四月初八是云林地区的传统庙会日，为传承民俗文化，同时引导庙会健康有序发展，云林街道坚持庙会搭台，百姓参与，通过举办丰富多彩、形式多样、规模适度、群众喜闻乐见的佛事、文娱活动，着力突出民俗文化、宗教文化、群众文化，进一步展示发展成果。5月1～6日，以“祇陀祈福、文化乐民”为主题，云林街道举办民俗文化活动周，包括民俗文化团队、祇陀寺财神菩萨巡游、企业“光彩”便民主题活动、百姓书画摄影艺术展、电影进社区活动、锡剧专场演出、向困难群众献爱心、云林文化展及文化知识问答、健康知识讲座、门球邀请赛、云林特色冷餐菜制作比赛、社区趣味运动会、浴佛节、广场文艺晚会等十大主题共15项活动。

【“荟聚·云林”购物中心开业】6月27日，位于云林街道团结中路，毗邻宜家家居、麦德龙等大型商户的“荟聚·云林”购物中心开业迎客。该购物中心由世界著名百货集团——瑞典英特宜家购物中心集团在中国投资的首家购物中心，总投资3.27亿美元，总占地面积约23公顷，总商业面积15.1万平方米，将集合350家国内外知名品牌，为顾客提供近4800个停车位。四大主力商户为宜家家居、欧尚超市、苏宁电器和金逸影院，品牌商户同时涵盖餐饮、娱乐、家电、生活方式及快时尚类。该购物中心有十余个不同年龄段孩子休闲娱乐的儿童中心，并配备专门的“母亲空间”，以方便更多的家庭成员购物聚会。

【日本友人探寻“许巷惨案”历史】8月14日，以宫内阳子（女）为团长的神户南京心连心会第18次访中团一行17名日本友好人士到“许巷惨案”发生地云林街道春雷社区，进行座谈交流，共同回顾“许巷惨案”历史，悼念遇难的中国同胞。青年志愿者、毕业于山东大学近现代史专业的硕士研究生吕振向日本友人详细介绍“许巷惨案”发生的经过，并发出中日两国人民，特别是青年一代要铭记历史、珍爱和平的倡议。唯一健在的“许巷惨案”幸存者、老人许玄祖现场讲述亲身经历，并展示了日本侵略者在他脸上留下的伤疤。座谈交流中，日本友人对侵华日军屠杀223名无辜村民，奸污19名妇女（其中4名被奸杀），焚毁94间房屋、34个谷堆的暴行感到无比震惊，表示回国后将所见所闻、历史真相告诉日本国人，特别是青年一代，共同守护当下的和平。

【“云林遗风”无锡书画名家作品展开幕】10月28日，无锡倪云林艺术研究会、无锡市美术家协会、锡山区书法家协会在中国乡镇企业博物馆举办“云林遗风”无锡书画名家作品展暨《倪云林诗词三百首》首发式。书画展邀请无锡老中青三代49位画家、20位书法家，展出画作96幅、书法作品35件。书法作品以倪云林诗词为内容，形式多样，时代感强，深刻地表现了书法家们对家乡先贤的崇敬之情；画作技法精湛，构图新巧，真切地表达了画家们对祖国山水和无锡美景的热爱。《倪云林诗词三百首》集中展示无锡倪云林艺术研究会成立两年的工作成果，精选倪云林各个阶段的300首代表作，编为“生平记要、信仰记实、书画记题、怡情记怀、文友记谊、吴越记游、词章记雅”七个主题板块，配以倪云林部分书画作品，由中国文联出版社于10月底公开发行。

【云林实验小学成立10周年】12月26日，云林实验小学举行10周年校庆。2004年，为适应东亭地区教育事业的发展，锡山区撤并6所村小（长大厦小学、凤威小学、杨亭小学、春雷小学、仓下小学、新屯小学），新建一所规模为36个班的现代化社区小学，定名为东亭镇云林小学。2008年9月，学校单列建制，更名为无锡市云林实验小学。学校坚持“规范立校、科研兴校、质量强校、特色扬校”的治校方略，在实践中探索，在追寻中反思，在传承中创新。学校始终遵循“传承文化经典，培育儒雅学子”的办学理念，以“雅行”文化为立校之魂，以书画特色教育为突破口，精心打造“传承云林遗风，弘扬民族文化”的教育品牌，着力把学校创建成一所适应学生成长、适应社会需求的现代化学校。学校先后获“江苏省平安校园”“江苏省绿色学校”“江苏省健康促进学校”“江苏省书画教育特色学校”“江苏省教育学会美术专业委员会科研基地”“江苏省科技教育先进学校”等称号。

2014年云林街道各村（社区）基本情况一览

表49

村（社区）	户数（户）	人口（人）	书记	主任	开票销售收入（万元）
蓉阳村	251	877	章建红	平国忠	135000
芙蓉村	172	634	包建国	过国清	80000
双桥村	351	1513	冯　明（1～10月） 陈　征（10～12月）	沈纪林	16000
竹园社区	595	2246	华逸明	花国民	10000
新农丰社区	265	910	高锦明（1～10月） 蔡立勇（10～12月）	沈建伟	—
云昌社区	560	2000	潘国民	潘国民	—
云龙社区	850	2823	阙建源（1～10月） 陈群献（10～12月）	阙建源（1～10月） 陈群献（10～12月）	13000
云扬社区	659	1838	包国东	高　宏	6000
云林社区	710	2483	倪向红	倪向红	30060
云祥社区	390	1390	徐忠明	徐　军	21000
春雷社区	986	3600	陈群献（1～10月） 冯　明（10～12月）	陈群献（1～10月） 冯　明（10～12月）	—

（章　燕）

厚桥街道

【概况】厚桥街道成立于2009年4月，是开发区的重要承载板块之一，是锡山区重点打造的锡东新城S-park（高新技术产业园）区。街道地理位置优越，东与羊尖镇接壤，西至走马塘，南邻鹅湖镇和新区鸿山街道，北接锡虞路，与东港镇交界，京沪高铁、锡张高速公路贯穿而过，锡太路、锡东大道、锡沪路三条主干道从南、西、北三个方向环绕，区域优势突出。下辖8个行政村、1个社区，面积33.5平方公里，常住人口4.2万人，流动人口1.3万人。2014年，厚桥街道科学谋划、积极作为，各项建设有序推进，各项事业健康发展，社会大局稳定和谐，各方面工作均取得显著成效，获“全国社区服务型党组织建设示范街道”“无锡市城市管理绩效考评优秀街道”等荣誉称号。

【街道经济职能加强】根据开发区《关于云林、厚桥街道财政管理体制调整的实施意见》和区机构编制委员会《关于调整开发区和云林、厚桥街道职能配置、机构设置和人员编制的通知》精神，开发区调整街道预算管理模式，下划部分企业由街道进行日常管理和服务，产生的财权按一定比例给街道。同时，适当下放部分事权，将开发区部分经济管理、安全生产等职能下放至街道。增设经济发展办公室，负责工业经济、外向型经济和服务业等工作。经济管理服务中心增挂“环境保护管理所”“安全生产管理所”“统计站”牌子，增加负责安全生产、环境保护、科技、统计的相关指导和服务工作的职能。

【经济发展稳步有序】组建经济发展办公室，制定《关于加快推动经济发展的意见》，组织摸排辖区企业和个体工商户底数，将辖区274家企业、886家个体户和16家规模以上工业企业纳入数据库，强化动态管理和跟踪服务。启动招商引资工作，引进总投资4.5亿元的无锡正罡自动化项目和凌达物流项目。通过走访调研扎实服务企业，定期召开经济工作座谈会，协助企业挖掘潜能和增产增效。扎实做好项目落地服务保障，开发区3个重大产业项目落地开工建设。规范市场主体经营行为，排查南方电动车城、中安投资等886家商户，对证照注册地与经营地不符的企业、无证经营户进行统一规范管理，新增注册个体工商户170户、各类企业72家，个体工商户全年累计缴纳各类税收368.01万元，比上年增长24%，有效提升了存量市场主体对地方的财税贡献比例。

【城镇形象全面提升】完成EV产业园地块的签约和拆除工作；拆除两家非住宅企业2.09万平方米。厚德苑二期安置全过渡156户、半过渡户541户，实现“零过渡”目标。完成土地复垦挂钩5.17公顷，完成伟成金属地块、昱珂地块、厚桥路地块22.22公顷的开发区重点产业项目征地，启动九里河、双泾河、芙蓉塘市级重点水利工程的征地工作。快速推进贸易街改造工程，完成联福路与锡太路交接段沥青摊铺，厚谢路、五七干校路、厚鸿路和曹慕塘南路4条道路完成改造并投入使用，总投入820万元。全线完成厚谢路两侧绿化工程，增绿10万平方米。启动厚桥河、铁路浜河控源截污工程，向阳河五七干校段完成污水接管。基本完成嵩山禅寺6个偏殿建设。街道文体服务中心建成投用，完成谢埭荡、大诚苑城乡一体化综合示范点创建工作。完成农贸市场东侧非机动车停车场和街道南卡车停车场建设，引导社会车辆定点停放。

【生态环境日益优化】完善分级监管环境保护责任体系，加强对重点排污企业和污染源的动态监管。重点抓好嵩山村陈巷周边环境整治，关闭关停落后产能、污染企业13家。完成畜禽禁养整治和秸秆禁烧工作，集中开展河道巡查29次，完成13条河道的综合整治工作。更新升级数字化城管工作系统软硬件，城管工作立案4895件，结案率100%，日均处理13.4件。主镇区全面实施生活垃圾定时上门收集新模式，完成7个保留垃圾收集点不锈钢雨棚加装工作，更换破损果壳箱180个。中转站累计清运垃圾8236.46吨，生活垃圾“四集中”收运收集率、清运率、处理率均为100%。制定《厚桥街道村庄环境长效管理实施意见》，定期对村庄环境、河道保洁、水环境状况等进行现场检查和考核。完成中东村晏家湾、嵩山村盛家桥两个自然村的“美丽乡村”环境综合整治提升工程。

【民生事业纵深推进】启动厚桥实验小学教育楼、专用教室楼建设和中小学运动场改造工程，完成中学行政楼外墙维修和小学食堂加固工程；拆除老政府办公大楼，改造完成中心幼儿园停车场。全年提供就业岗位2012个，实现本地劳动力就业502人；扶持自主创业112人，创业带动就业735人。新增企业社保缴费503人，为断保被征地农民接续缴费276人。落实居民养老保险、医疗保险个人缴费和政府补贴新标准，两项保险参保覆盖率分别为98.5%和99%。全年发放各类贫困家庭和弱势群体救助金758万元。无锡隆达房产开发有限公司、江苏中联铝业有限公司等79家企业慷慨解囊，完成区政府特困帮扶基金捐助201.18万元。举办中东村第三届“梨文化节”、大诚苑第五届邻里文化节、厚德苑第一届邻里文化节；参加区群众文化艺术节并获4项金奖，参加第二届无锡市“群芳奖”比赛并获1金3银3铜的好成绩。谢埭荡村获“全国城乡一体化幸福社区建设示范单位”称号，太芙村创建成国家级综合减灾示范社区，“母爱港湾·成长扬帆”项目获“市优秀公益创投项目十佳”称号。

【富民强村扎实有力】 新增高效农业面积26.67公顷、高效设施农业13.33公顷，新增造林绿化面积13.33公顷。推动谢埭荡乡村旅游、新厚桥苏芽苗菜基地、中东“千亩梨园”和嵩山果品农场基地等特色产业项目发展，建成东山头果蔬专业合作社，完成悠乐园有机蔬菜基地建设。新厚桥村、嵩山村创建成市级“幸福村”。完成谢埭荡村338户、39.12公顷土地承包经营权确权登记和新厚桥、嵩山、中东3个村的股份合作社改革设立工作，实现村级集体股份合作社改革全覆盖，谢埭荡、年余、太芙3个村2013年度股份分红44万元。农村居民人均可支配收入比2013年增长13.2%，收入增幅稳中见快。

【社会治理成效明显】 优化社区管理服务，开展社区减负治理行动，启动大诚苑、厚德苑一期安置小区“空挂户”归户工作。进一步健全深化“4+1”矛盾纠纷排查工作机制，加大矛盾纠纷排查调处力度，调解各类矛盾80余起，调解率100%，调解成功率98%。接待来访人员65批、300余人次，答复各类网上信访问题144件，答复来信15封，信访答复率100%。进一步完善街道、村、企业三级安全生产管理网络，建立例会和“三报”（周报、月报和季报）制度，抓好安全生产隐患排查和整改工作，检查企业363家次，整改隐患494条；查封15家“土电梯”。整治完成安置房小区违规群租72户。全年安全事故死亡人数比上年同期下降28.6%。开展法律宣传活动17次，印发各类宣传材料2.2万份，新建法治文化墙700余平方米，辖区社会秩序保持良好形势。

相关连接

“4+1”矛盾纠纷排查工作机制：排查突出信访问题、排查有风险预警项目、排查安全事故隐患、排查基层基础薄弱环节、排查新闻舆论关注问题。

【党建工作不断夯实】 紧紧围绕“为民务实清廉”主题，深入开展党的群众路线教育实践活动，实现“规定动作”做到位，“自选动作”有特色。高标准召开专题民主生活会，严肃开展批评与自我批评，促进党内生活的严格规范。收集意见和建议75条，整改完成率100%，解决了一批群众反映强烈的突出问题。围绕改进学风、加强党员干部作风建设等方面制定12个制度文件，落实从严治党责任，形成践行党的群众路线的长效机制。推行干部精细化动态管理，全面实施全员岗位考核制度，制定出台《厚桥街道机关各部门各村（社区）全员岗位绩效考核实施细则》和《各村（社区）机关部门工作绩效考核的意见》，推行绩效考核与收入水平相挂钩的街道、村（社区）两级全员目标考核评价机制，促进街道、村（社区）两级管理规范和行政效能提高。坚持以实绩评判干部、以实践检验干部的用人导向，加大干部考核推优提任力度，完善后备干部选拔推荐制度。积极部署落实“作风建设深化年”活动，完成村级“勤廉指数”测评，认真组织“5·10”思廉日活动。加强基层党建规范化建设，推进党建工作品牌化建设，以互动、互促、互帮为要求，推进“三解三促”“进万家、明万情、帮万需、凝万心”干部驻村联户活动常态化、长效化，打造一流的服务型党组织。

【第三届“梨文化节”举办】 4月2日，厚桥街道第三届“梨文化节”开幕式在中东村晏家湾举办。活动邀请市民畅游梨园，观看风情文艺汇演，感受特色休闲农业旅游的与众不同。至4月底，第三届“梨文化节”共开展“千亩梨园、万树银装”摄影比赛、“不离（梨）不弃”梨树认养等系列文化活动。“梨文化节”的成功举办，推进了“一村一园”的建设发展，扩大了晏家湾精品果园的知名度，进一步放大了晏家湾集休闲、观光、旅游、品鉴于一体的乡村生态旅游效应，同时将“梨”文化与“礼”文化巧妙融合，为厚桥街道打造了一张浓郁芳香的文化名片。

【厚桥街道文体服务中心启用】 5月23日，厚桥街道文体服务中心启用。新中心位于大诚苑睦邻中心3号楼，总建筑面积3000平方米，总投资约600万元。中心内设综合排练室、乒乓室、健身房、书画创作室、器乐培训室、声乐培训室、图书馆、综合展厅、培训室等11个文体活动室，以及妇女儿童之家、志愿者服务室、青少年活动中心、科普馆、多功能会议室、应急物资储备室、国防教育室、优抚之家8个社区功能室，实行街道和社区资源共享。同时，创新管理模式，引进锡山区沁远青少年俱乐部实施市场化管理，为居民提供基本公共文化服务。

【“母爱港湾·成长扬帆”项目关爱贫困青少年】“母爱港湾·成长扬帆”项目是厚桥街道“厚泽”爱心妈妈服务社承办的贫困青少年心理援助项目，2014年9月获“市优秀公益创投项目十佳”称号。该项目于2013年11月立项启动，为29名贫困家庭青少年提供课外学业辅导、心理健康疏导等公益服务258次，帮助他们树立乐观向上的生活态度，养成主动交流、热爱学习的良好习惯。“母爱港湾·成长扬帆”项目取得了优异的运营成效和良好的社会反响。

【谢埭荡乡村旅游活力洋溢】谢埭荡村依托得天独厚的水资源环境，结合渔业村的传统优势，成立无锡市纯美水乡现代农渔业发展有限公司，进一步开发以垂钓为核心的乡村休闲产业，全力打造江苏省最美乡村旅游新亮点。休闲垂钓基地和高效渔业示范区占千亩水面60%以上，新增垂钓园水上旅游线路、花式垂钓、儿童游乐设施和休闲茶吧等休闲项目以及俊杨农场户外烧烤、“农家乐”等餐饮服务，谢埭荡无公害鲫鱼入选“真正无锡味”——无锡土特产榜单，和畅园渔庄成为无锡首家涉外“农家乐”。谢埭荡村全年接待人数约15万人次，取得较好的经济效益和社会效益。2014年，谢埭荡村获首批江苏省“水美乡村”称号。

2014年厚桥街道各村（社区）基本情况一览

表50

村（社区）	户数（户）	人口（人）	书记	主任	开票销售收入（万元）
新厚桥村	1412	4875	华东明	华叶蜂	19423.11
谢埭荡村	798	2639	杨玉兴	杨玉兴	40809.75
中东村	836	3046	瞿梅红（至9月） 毕永良（9月任）	陈　友	76423.15
嵩山村	1700	6167	俞国良	蔡江峰	34813.50
新联村	950	3374	吴嘉华	周国良	13073.15
年余村	436	1698	周晓华（至9月） 瞿梅红（9月任）	朱　峰	24268.79
太芙村	880	3296	蔡晓东	蔡晓东	415.09
南桥头村	744	2780	金大明	金大明	9216.18
厚桥社区	465	1125	孙秋江	周伟江	—

（陈有为）

编辑：吴　霞

3月27日，东亭街道志愿者手绘“阿炳文化墙”　　（胡懿文 供稿）

7月14日，恒丰银行无锡锡山支行开业
（胡懿文 供稿）

12月，东亭街道志愿者在锡沪路、友谊路路口开展交通志愿执勤

（胡懿文 摄）

3月，在无锡市第十二届志愿者活动月期间，安镇街道开展宣传服务活动

（安镇街道 供稿）

4月，2014年幸福安镇全民健身系列活动特色团队展演举办

（安镇街道 供稿）

7月，安镇道德讲堂开讲　　　　（安镇街道 供稿）

11月，安镇街道第七届全民运动会开幕式暨“润发购物中心杯”健排舞大赛举办
（安镇街道 供稿）

6月25日，省人大常委会委员、省农业委员会主任张京霞（右）视察羊尖镇先锋家庭农场　　（陶　逸摄）

12月17日，市委常委、市委统战部部长、市总工会主席陈德荣（右三）调研江苏爱玛车业科技有限公司　　（陶　逸摄）

12月22日，副区长陈建清（左二）参加江苏爱玛二期工厂落成投产典礼　　（江苏爱玛车业科技有限公司供稿）

5月9日，“微孝 · 大义”系列活动之“感怀母恩”在荡口古镇举办（周雯洁 摄）

10月，荡口古镇喜迎国庆，客流量持续攀升（荡口古镇 供稿）

东北塘街道安置小区——环翠苑交付入住　　（谢　江 摄）

改造提升后的新四军六师师部旧址纪念馆　　（杨振华 摄）

锡北新市镇　　（杨振华 摄）

锡北新市镇绿色休闲长廊（杨振华 摄）

锡北镇自创自演的舞蹈《母亲》参加省“五星工程奖”群文会演场景（过敏慧 摄）

新建的安置小区——锡北镇丰泰苑（杨振华 摄）

5月16日，东港镇山联村“农家乐”　　（何云峰 摄）

东港镇山联村美景　　（何云峰 摄）

1月11日，中央电视台《中华长歌行》栏目在倪瓒纪念馆拍摄倪氏宗亲祭祖场景　　（万　青摄）

5月1日，云林街道2014年民俗文化活动周开幕式暨民俗文化团队巡游启动式举办　　（万　青摄）

8月14日，日本友人探寻“许巷惨案”历史　　（项盛林 摄）

10月28日，“云林遗风”无锡书画名家作品展开幕暨《倪云林诗词三百首》首发仪式在中国乡镇企业博物馆举行

（万　青 摄）

1月，厚桥街道“点亮心愿，温暖马年”爱心捐赠联欢会举办　　（陈有为 供稿）

4月2日，第三届厚桥梨文化节开幕　　（耿生国 摄）

厚桥街道新农村一角　　（耿生国 摄）

美丽的厚桥街道谢埭荡村　　（耿生国 摄）

人物·荣誉栏

Figures, Honor List

3月，市民在馨和园游玩　　（过亚叶 摄）

先进人物

盛玉红 女，1971年生，江苏无锡人，肢残运动员，民进锡山区基层委员会会员，锡山区体校教练，江苏省女子坐式排球队总教练，中国女子坐式排球队教练兼主攻手。

盛玉红曾是一名健全人排球运动员，1990年入选国家青年队。受伤后，她改练坐式排球，并进入国家队。在2004年雅典残奥会上，中国首次参加坐式排球比赛，盛玉红以主攻手的身份出战，与队友们为中国赢得残奥会上第一枚集体球类项目金牌，并以出色的表现被评为“残奥十大传奇英雄”之一。2008年9月15日，以盛玉红为主力的中国女子坐式排球夺得北京残奥会女子坐式排球冠军；在2012年9月伦敦残奥会蝉联女子坐式排球冠军。盛玉红先后获“全国五四青年杰出贡献奖章”“全国五一劳动奖章”“全国三八红旗手”“雅典残奥会优秀运动员”“北京奥运会、残奥会先进个人”“CCTV 2012年度体坛风云人物”“江苏省三八红旗手标兵”“江苏省五一劳动模范”“江苏省五一劳动奖章”“江苏省新长征突击手标兵”“江苏省劳动模范”“无锡市十大新人新事杰出人物”“锡山区新锡山功勋奖”等多项荣誉。2012年9月，盛玉红获“全国五一劳动奖章”“第14届残奥会中国体育代表团优秀运动员”“江苏省先进个人”“江苏省劳动模范”“江苏省三八红旗手标兵”多项荣誉。2014年10月，在韩国仁川亚残会上，盛玉红以教练与主攻手的身份出战，与队友们顽强拼搏，勇夺女子坐式排球冠军。

姚　娟 女，1984年7月生，祖籍安徽省六安市，锡山区东亭街道人，团员，大学本科，在无锡市残联工作，曾就读于锡山区体校。

1998年5月，姚娟代表锡山市参加无锡市首届残疾人运动会，获得女子站立F10（11）级标枪、铅球、铁饼三个项目的冠军。1999年9月代表无锡市参加江苏省第五届残疾人运动会，一举打破女子F42级跳远、铅球、铁饼三个项目的世界纪录。2000年5月，她代表江苏省参加在上海市举行的第五届全国残疾人运动会，在女子F44级标枪、铁饼、铅球比赛中，分别取得1金1银1铜的成绩。2000年，在澳大利亚举行的第11届残奥会上，在女子F46级标枪中以37.56米的成绩夺得冠军，并打破该项目的世界纪录。在2008年北京残奥会上，三度刷新女子标枪世界纪录，以40.51米的成绩夺得冠军。在2012年伦敦残奥会上，以13.05米的优异成绩夺得女子F42–44级合并级铅球比赛的金牌，并打破该项目的世界纪录。姚娟先后获“全国五一劳动奖章”“全国五四青年奖章”“全国三八红旗手”“全国优秀运动员”“北京奥运会、残奥会先进个人”“江苏省劳动模范”“江苏省三八红旗手”“江苏省五四青年奖章”等多项荣誉，被江苏省政府记一等功、二等功。2012年9月，姚娟获“全国五一劳动奖章”“第14届残奥会中国体育代表团优秀运动员”“江苏省先进个人”“江苏省劳动模范”“江苏省三八红旗手标兵”“江苏省五四青年奖章”多项荣誉。2014年10月，在韩国仁川亚残会上，姚娟勇夺铅球金牌、铁饼银牌。　　（区残联）

朱　虹 女，1986年2月生，江苏无锡人，中共党员，大学本科，第十二届全国人大代表，锡山区东港镇山联村党总支副书记、山联富民合作社总经理。

2007年，21岁的她不顾家人反对，辞去无锡市区的工作，毅然回到穷村僻壤山联村。2008年，她和全村人一起开始村庄综合整治，胼手胝足地改变面貌。村庄变美了，她率先开办“农家乐”。2013年，全村20家“农家乐”营业额1000余万元，每个“农家乐”净创利润25万元左右。她还担任山联富民合作社总经理，围绕现代农业和旅游休闲进行经济结构调整，山联村初步形成红豆杉实生苗繁育基地、水产养殖基地和特色观光农业三大现代农业集群，农产品年销售800余万元，村级经济逐年提高。山联村先后被评为“国家级生态村”“江苏省四星级乡村旅游示范点”“江苏省水美乡村”、无锡市政府最高综合奖“腾飞奖”。她先后被评为“全国农村青年致富带头人”“江苏省优秀大学生村官”“江苏省农村科技特派员”“无锡市建设社会主义新农村杰出青年”“无锡市十佳大学生村官”。2014年7月，朱虹被中央文明办授予“中国好人（敬业奉献类）”称号。　　（李　婷）

潘洪峰 1978年8月生，江苏无锡人，中共党员，法律硕士学位，锡山区人民法院安镇法庭庭长。

2000年8月参加工作后，他扎根基层法庭，默默奉献，做出了不凡的成绩。他立足执法办案，实现多项全省首创。在全省首创“假日法庭”，并在全省推广；率先在全省基层法庭成立“法律援助民生服务点”；设立全省首个以法官姓名命名的“潘洪峰法官谈心调解工作室”，开通“法官谈心QQ热线”，被国家、省、市各级媒体报道，该工作机制获市委政法委“政法工作创新奖二等奖”。2010年担任安镇法庭庭长后，他狠抓审判管理。2012年，安镇法庭审判绩效列全市25个法庭第一名。2012年12月，安镇法庭被江苏省人民法院评为“涉诉矛盾化解先进集体”。在搞好审判管理的同时，他做好法庭管理和社会管理创新工作。在全省首推调解建议书随案发送制度；在全市率先创办《法庭工作通讯》；推动无锡市首个“无诉讼社区”共建。2012年12月，安镇法庭被江苏省人民法院授予“规范化管理示范法庭”，并荣立集体三等功。他累计荣立个人一等功1次、二等功2次、三等功4次、嘉奖5次，先后获得“全国法院办案标兵”“江苏省优秀法官”“江苏省优秀法庭庭长”“无锡市民最信赖的十佳法官”等多项荣誉称号，并入选“2014江苏好青年百人榜”。2014年3月，潘洪峰被最高人民法院授予“全国法院人民法庭工作先进个人”称号。（宣锦虹）

过琴芬 女，1966年10月生，江苏无锡人，中共党员，大学本科，锡山区东北塘街道坾坝小学校长。

1985年9月，她高中毕业后在坾坝小学担任代课教师。1992年，经无锡洛社师范“民师班”学习，转为正式教师。1999年起，担任坾坝小学校长。2000年，参加函授学习，取得江苏教育学院颁发的本科毕业证书。她坚守乡村30年，先后送走8届毕业班，所任语文学科教育质量常常名列辅导区前茅。当了校长后，坚持认真备课、上课，同时开放她的课堂，热情指导青年教师。她致力于校本课程《弟子规》《无锡方言》的开发研究，60余篇教育教学论文在区级以上刊物获奖和发表，2012年和2013年连续两年在江苏省“教海探航”征文中获奖。2014年8月，过琴芬被人力资源和社会保障部、教育部授予“全国教育系统模范教师”称号。（余 磊）

任敞寿 1961年1月生，安徽当涂人，中共党员，初中毕业，无锡锡山建筑实业有限公司一级建造师。

多年来，以他为首的项目部，每年的各项指标都排名地区前列，累计40余项工程获得省“扬子杯”、市“太湖杯”等奖项，成为无锡建筑业知名的“铁军”。“作风硬朗、善打硬仗”是同事们对他的一致印象，他坚持“肯吃苦、能实干、会坚持”的工作理念，并创办劳模创新工作室，累计节约施工成本300余万元。他严抓每道施工工序的质量，对施工瑕疵“零容忍”。在负责施工无锡检测技术大楼项目中，他带领项目部全体人员加班加点，吃住在工地，编制专项施工方案，科学制订施工进度，获得各级主管部门和建设单位的一致好评。在施工中，大楼的剪力墙由于墙体截面尺寸较小，振动棒无法伸入，造成局部的蜂窝、麻面现象。他立刻组织技术人员，现场研究对策，制订施工操作规程，并亲自示范操作，全程督导，在一天内迅速解决该质量通病。在工程外墙面粉刷过程中，由于墙体面积大，他根据实际情况，果断地开展班组间外墙面粉刷竞赛，分段施工，既保证工程质量又加快工程进度。该项工程为锡山区捧回第一个国家工程最高奖——鲁班奖。2014年4月，任敞寿被全国总工会授予“全国五一劳动奖章”称号。（李 胜）

华东明 1976年11月生，江苏无锡人，中共党员，大学本科，锡山区厚桥街道新厚桥村党总支书记。

他深入实践“三个代表”重要思想，贯彻落实科学发展观，带领村“两委”班子尽心尽职为群众服务。为实现富民强村，他多方考察调研，利用富民合作社发展平台，组建无公害芽苗菜生产基地和舒馨物业服务有限公司，引入市场化运作模式，不仅为村级经济发展注入了活力，增加了就业岗位，还改善了新厚桥村整体环境。作为村党组织负责人，他不断总结经验，吸取成功做法，拓宽党建工作思路，开展形式多样的社区党建活动，突出“转变作风树形象，服务群众干实事，创先争优促发展”主题，扎实有效地开展创先争优活动，新厚桥村党员干部建设进一步加强。新厚桥村党总支有8个支部，党员183名，其中年轻党员108名，占党员总数的59%。他从社区实际出发，以居民需求为导向，多层次、全方位、深入持久地开展内容丰富的便民、惠民、利民服务，如在厚德苑安置小区设置电动车充电装置，在村里设置文体健身活动场地和人行休闲便道，建成村“一站式”服务大厅、老年关爱中心、农家书屋等，让村民尽享改革发展的“红利”。2014年起，新厚桥村所有符合条件的村民都享有合作社的年终股金分红。2014年12月，华东明被中国社会工作协会社区工作委员会授予“全国社区服务型党组织建设模范带头人”称号。（陈有为）

荣誉栏

2014年度获省级（含省条线）以上表彰先进个人一览

表51

姓名	单位	荣誉称号	授予单位
盛玉红	区体校	韩国仁川第十一届亚洲残疾人运动会女子坐式排球金牌	亚洲残疾人奥林匹克理事会
姚　娟	市残联	韩国仁川第十一届亚洲残疾人运动会铅球金牌、铁饼银牌	亚洲残疾人奥林匹克理事会
朱　虹	东港镇山联村	中国好人	中央精神文明建设指导委员会办公室
潘洪峰	区法院	全国法院人民法庭工作先进个人	最高人民法院
过琴芬	东北塘坎坝小学	全国教育系统模范教师	人力资源和社会保障部、教育部
任啟寿	无锡锡山建筑实业有限公司	全国五一劳动奖章	全国总工会
华东明	厚桥街道新厚桥村	全国社区服务型党组织建设模范带头人	中国社会工作协会社区工作委员会
陈永光	区委统战部	2014年度《中国统一战线》宣传先进个人	中央统战部宣传办、中国统一战线杂志社
殷晓伟	九三学社锡山区基层委员会	组织工作优秀干部	九三学社中央
蒋勤生	东亭街道办事处	中华孝亲敬老楷模提名奖	全国敬老爱老助老主题教育活动组织委员会
孙周卿	区委办公室	2013年度信息工作先进个人	中共江苏省委办公厅
丁柯佳	区法院	全省法院2013年度个人一等功	江苏省高级人民法院
潘洪峰	区法院	2014江苏好青年百人榜入选人员	江苏省文明办、共青团江苏省委、江苏省通信管理局、江苏省青年联合会
李　娟	区法院	2012～2013年度全省优秀人民法庭庭长	江苏省高级人民法院
朱小红	民盟锡山总支	2014年度江苏省信息先进个人	民盟江苏省委
戴锡军	民进锡山区基层委员会	民进全省组织建设先进个人	民进江苏省委
陆　昕	民建锡山总支	第二届江苏省“百名诚信之星”	江苏省文明办、省工商行政管理局等
冯志凌	九三学社锡山区基层委员会	2014年社会服务先进个人	九三学社江苏省委
薛玉宝	区委老干部局	2013全省老干部工作部门信息工作先进个人	中共江苏省委老干部局
裴文超	区科技局	2013年度江苏省科技政务信息工作先进个人	江苏省科学技术厅
张明峰	区建设局	2013～2014年度全省建筑行业管理先进工作者	江苏省住房和城乡建设厅

续表51

姓名	单位	荣誉称号	授予单位
张　杨	区司法局	全省“六五”普法中期先进个人	江苏省法制宣传教育工作领导小组
许早洪	区建设局	江苏省建筑扬尘集中整治先进个人	江苏省城市环境综合整治工作推进小组
蒋科鸣	区安监局	江苏省冶金等工贸行业先进个人	江苏省安全生产监督管理局
钱春杰	锡山国土分局	江苏省国土资源政务信息先进个人	江苏省国土资源厅
陈其华	区航道管理处	2013年度全省航道系统创先争优活动先进个人	江苏省交通运输厅航道局
王伟忠	荡口实验小学	江苏省优秀青少年科技辅导员	江苏省教育厅、省科学技术协会等
曹俊伦	区文体局	江苏省“五星工程奖”金奖	江苏省文化厅
朱　峰	区文体局	2010～2013年度全省群众体育先进单位	江苏省体育局
黄静波	区文体局	江苏省“五星工程奖”金奖	江苏省文化厅
陶涧生	区书法家协会	江苏省“五星工程奖”银奖	江苏省文化厅
唐兴春	区书法家协会	江苏省“五星工程奖”铜奖	江苏省文化厅
张　明	区书法家协会	第三届全省乡镇（街道）文化站长技能赛展金奖	江苏省文化厅
张　明	区书法家协会	2014年全省文化馆（站）业务干部技能展演银奖	江苏省文化厅
秦　怡	区文体局	2014年全省文化馆（站）业务干部技能展演银奖	江苏省文化厅
华颖珍	区妇联	江苏省“平安家庭”创建活动先进个人	江苏省维护妇女儿童合法权益联席会议暨“平安家庭”创建活动领导小组
周　挥	区工商联	全省工商联系统先进工作者	江苏省工商业联合会、省总商会
蒋文伟	锡山公安分局	全省公安机关优秀教师教官	江苏省公安厅
白雪娜	无锡海关驻锡山办事处	南京海关关区优秀党务工作者	南京海关直属机关党委
赵伟伟	无锡海关驻锡山办事处	个人嘉奖	南京海关
许美红	东亭街道办事处	江苏省第三次全国经济普查先进个人	江苏省第三次全国经济普查领导小组
倪爱军	安镇街道统计办	江苏省第三次全国经济普查先进个人	江苏省第三次全国经济普查领导小组
尤锡英家庭	东亭街道柏庄社区	江苏省“平安家庭”示范户	江苏省维护妇女儿童合法权益联席会议暨“平安家庭”创建活动领导小组

续表51

姓名	单位	荣誉称号	授予单位
许福娣家庭	安镇街道安南村	江苏省五好文明家庭	江苏省妇女联合会、省五好文明家庭创建活动协调小组
冯可民家庭	安镇街道鑫安社区	江苏省“平安家庭”示范户	江苏省维护妇女儿童合法权益联席会议暨“平安家庭”创建活动领导小组
周　骏	羊尖镇社区卫生服务中心	江苏省优秀基层医师	江苏省医师协会、省医学会
丁维伟	鹅湖镇政府	江苏省第三次全国经济普查先进个人	江苏省第三次全国经济普查领导小组
梅志清家庭	东北塘街道梓旺新村社区	江苏省五好文明家庭	江苏省妇女联合会、省五好文明家庭创建活动协调小组
王亚珠	东北塘司法所	全省“六五”普法中期先进个人	江苏省法制宣传教育工作领导小组
王亚珠	东北塘司法所	全省司法行政系统先进工作者	江苏省人力资源和社会保障厅、省司法厅、省公务员局
严伟雄	锡北镇环保所	江苏省农村环境连片整治示范工作先进个人	江苏省环境保护厅、省财政厅
刘　萍	锡北镇妇联	江苏省妇女“双学双比”竞赛活动先进工作者	江苏省妇女“双学双比”竞赛活动领导小组
方云平	云林司法所	全省“维护农民工权益，促进社会和谐”先进个人	江苏省司法厅
倪向红	云林街道云林社区	江苏省优秀小巷女总理	江苏省妇女联合会
包洪明	云林街道云林社区	江苏省第三次全国经济普查先进个人	江苏省第三次全国经济普查领导小组
蒋琴华家庭	云林街道双桥村	江苏省五好文明家庭标兵	江苏省妇女联合会、省五好文明家庭创建活动协调小组
王露露	厚桥街道嵩山村	全省退休人员社会化服务贡献大奖	江苏省社会保险基金管理中心
吴雪村	厚桥街道中东村	江苏省科普惠农兴村带头人	江苏省科学技术协会
钱晓明	无锡市锡惠公共交通有限公司	江苏省“五星工程奖”铜奖	江苏省文化厅
杨　英	厚桥街道俊杨农场	江苏省妇女“双学双比”竞赛活动女能手	江苏省妇女“双学双比”竞赛活动领导小组
陆伟庆	无锡华能电缆有限公司	江苏省五一劳动奖章	江苏省总工会
胡文林	江苏塞福天钢索股份有限公司	江苏省“安康杯”竞赛组织工作优秀个人	江苏省总工会、省安全生产监督管理局

2014年度获省级（含省条线）以上表彰先进集体一览

表52

获奖单位	荣誉称号	授予单位
锡山区	全国义务教育发展基本均衡县（市、区）	国务院教育督导委员会

续表52

获奖单位	荣誉称号	授予单位
锡山区	国家级慢性非传染性疾病综合防控示范区	国家卫生和计划生育委员会
区检察院	全国检察机关文明接待示范窗口	最高人民检察院
区委统战部	2014年度《中国统一战线》宣传先进单位	中央统战部宣传办、中国统一战线杂志社
民革锡山区支部	优秀基层组织	民革中央
区教育局	全国区域课程改革协作理事会成员单位	中国新课程研究院、教育部北京师范大学基础教育课程研究中心
区科技局	2014年中国产学研合作促进奖	中国产学研合作促进会
区文体局	2013年全国“扫黄打非”先进集体	全国“扫黄打非”工作小组
区总工会职工培训中心	全国职工教育培训示范点	全国总工会
开发区	国家知识产权试点园区	国家知识产权局
开发区服务外包产业园管理局	国家级服务业标准化示范单位	国家标准化管理委员会
鹅湖镇甘露社区	全国和谐社区建设示范社区	民政部
锡北镇文体服务中心	全国一级文化站	文化部
东港镇山联村	全国休闲农业与乡村旅游示范点	农业部、国家旅游局
厚桥街道	全国社区服务型党组织建设示范街道	中国社会工作协会社区工作委员会
厚桥街道谢埭荡村	全国城乡一体化幸福社区建设示范单位	中国社会工作协会社区工作委员会
厚桥街道太芙村	国家级综合减灾示范社区	国家减灾委员会、民政部
锡山区	2013～2014年度全省基层党员冬训工作示范区	中共江苏省委组织部、宣传部
锡山区	2013年度江苏省土地执法模范县（市、区）创建工作先进县（市、区）	江苏省国土资源厅
锡山区	2014年度江苏省家庭教育先进区	江苏省教育系统关工委
锡山区	江苏学习在线应用推广先行区	江苏省社会教育指导中心
区政府	江苏省第十届双拥模范区	中共江苏省委、江苏省人民政府、江苏省军区
区委办公室	2013年度信息工作先进单位	中共江苏省委办公厅
区法院	全省法院第二十五届学术讨论会组织工作先进奖	江苏省高级人民法院
区法院	2013～2014年度江苏政法新闻报道先进单位	法制日报社
区检察院控告申诉检察科	集体二等功	江苏省人民检察院

续表52

获奖单位	荣誉称号	授予单位
民进锡山区基层委员会综合支部	先进基层组织	民进江苏省委
民建锡山总支	先进基层组织	民建江苏省委
九三学社锡山区基层委员会	2014年度社会服务先进集体	九三学社江苏省委
区委老干部局	2013年度全省老干部工作部门信息工作先进集体	中共江苏省委老干部局
区教育局	江苏省第九届新世纪园丁论文大赛优秀组织奖	江苏省教育厅
区教育局	“2014年江苏省中小学幼儿园优秀教育管理论文评选”优秀组织奖	江苏省教育科学研究院
区教育局	江苏省第二十六届“教海探航”征文活动先进集体	江苏省教海探航征文竞赛组委会
天一实验学校	江苏省科学教育特色学校	江苏省科学技术协会、省教育厅
鹅湖中学	江苏省科学教育特色学校	江苏省科学技术协会、省教育厅
区科技局	2013年度江苏省科技政务信息工作先进单位	江苏省科学技术厅
区知识产权局	2013年度江苏省知识产权工作先进集体	江苏省科学技术厅、省知识产权局
区人社局	全省人力资源社会保障系统先进集体	江苏省人力资源和社会保障厅
区司法局	全省刑满释放人员安置帮教工作先进集体	江苏省综治委特殊人群服务管理工作领导小组
区建设工程安全监督管理站	2013～2014年度全省建筑行业管理先进单位	江苏省住房和城乡建设厅
区建设安装管理处	江苏省建筑扬尘集中整治先进单位	江苏省城市环境综合整治工作推进小组
江苏省望虞河锡山管理所	省管湖泊管理与保护先进单位	江苏省太湖地区水利工程管理处
区农林局	江苏省农机系统先进集体	江苏省农机系统评选表彰工作领导小组办公室
区体校	2010～2013年度全省群众体育先进单位	江苏省体育局
区统计局	第三批县级统计局规范化建设合格单位	江苏省统计局
区经济普查办公室	江苏省第三次全国经济普查先进集体	江苏省第三次全国经济普查领导小组
区总工会	全省工会新闻宣传工作先进单位	江苏省总工会
锡山公安分局	集体二等功	江苏省公安厅
锡山国土分局	江苏省国土资源依法行政先进单位	江苏省国土资源厅
区国税局团支部	江苏省五四红旗团支部	共青团江苏省委
锡山地税局“蓝翼”志愿服务队	江苏省优秀志愿服务组织	江苏省文明办、省民政厅

续表52

获奖单位	荣誉称号	授予单位
锡山地税局“蓝翼”志愿服务队	江苏地税20周年建功集体、集体二等功	江苏省地税局
开发区	江苏省知识产权试点园区	江苏省商务厅、省知识产权局
东亭街道	2013年度全省城市环境综合整治先进单位	江苏省城市环境综合整治工作推进小组
东亭街道	江苏省公共机构节能示范单位	江苏省机关事务管理局、省经济和信息化委员会
东亭街道映月社区	全省社区侨务工作示范单位	江苏省人民政府侨务办公室
东亭街道春星社区	江苏省民主法治示范社区	江苏省依法治省领导小组
东亭街道春星社区	江苏省五星级农家书屋	江苏省新闻出版局
东亭街道春星社区	江苏省科普示范社区	江苏省科学技术协会
安镇街道	省级乡村公路管养及安保工程示范乡镇	江苏省交通运输厅公路局
安镇街道	实施“十二五”妇女儿童发展规划省级示范乡镇（街道）	江苏省人民政府妇女儿童工作委员会
安镇街道	江苏省“水美乡镇”	江苏省水利厅
安镇街道人社所	江苏省充分就业单位	江苏省人力资源和社会保障厅
安镇街道文体中心	2014～2017年全国乡镇综合文化站评估定级一级文化站	江苏省文化厅
鹅湖镇	江苏省平安镇	江苏省人民政府
鹅湖镇文体中心	2014～2017年全国乡镇综合文化站评估定级二级文化站	江苏省文化厅
鹅湖镇	江苏省第三次全国经济普查先进集体	江苏省第三次全国经济普查领导小组
鹅湖镇	乡镇（街道、园区）统计规范化建设合格单位	江苏省统计局
鹅湖镇安监所	江苏省基层安监机构能力建设项目达标单位	江苏省安全生产监督管理局
鹅湖镇彩桥村	江苏省生态村	江苏省环境保护厅
鹅湖镇人民路社区	江苏省和谐社区	江苏省民政厅
鹅湖镇青荡村	江苏省“水美乡村”	江苏省水利厅
荡口古镇	国家AAAA级旅游景区	江苏省旅游局
锡北镇政府	江苏省“六五”普法中期先进集体	江苏省法制宣传教育工作领导小组
锡北镇周家阁村	江苏省示范村卫生室	江苏省卫生和计划生育委员会
锡北司法所	全省刑满释放人员安置帮教工作先进集体	江苏省综治委特殊人群服务管理工作领导小组

续表52

获奖单位	荣誉称号	授予单位
东港镇	江苏省科普示范镇	江苏省科学技术协会
东港镇东南村	江苏省示范村卫生室	江苏省卫生和计划生育委员会
东港镇安监办	江苏省基层安监机构能力建设项目验收合格单位	江苏省安全生产监督管理局
东港镇经济普查办公室	江苏省全国第三次经济普查先进集体	江苏省第三次全国经济普查领导小组
东港园区	江苏省信息化与工业化融合试验区	江苏省经济和信息化委员会
东港镇山联村	江苏省“水美乡村”	江苏省水利厅
东港镇山联村	江苏省“平安家庭”创建活动示范（社区）村	江苏省维护妇女儿童合法权益联席会议暨“平安家庭”创建活动领导小组
东港镇东升村	第九批省级“民主法治示范村”	江苏省依法治省领导小组
厚桥街道人社所	江苏省优质服务示范窗口	江苏省人力资源和社会保障厅
厚桥街道谢埭荡村	江苏省“水美乡村”	江苏省水利厅
厚桥街道年余村	江苏省优秀群众健身站点	江苏省体育局
厚桥街道中东村	第九批省级“民主法治示范村”	江苏省依法治省领导小组
厚桥街道中东村	江苏省充分就业示范社区	江苏省人力资源和社会保障厅
厚桥街道中东村	江苏省科普示范村	江苏省科学技术协会
厚桥街道太芙村	省级示范社区居家养老服务中心	江苏省老龄工作委员会办公室
云林街道团工委	江苏省五四红旗团委	共青团江苏省委
区“风信子”巾帼志愿团	江苏省十佳巾帼志愿服务队	江苏省妇女联合会
区和畅假日酒店	省级巾帼农家乐示范基地	江苏省妇女联合会、省妇女“双学双比”竞赛活动领导小组办公室
无锡锡州机械有限公司	江苏省五一劳动奖章	江苏省总工会
江苏爱玛车业科技有限公司售后服务部配件供应科	江苏省工人先锋号	江苏省总工会
无锡甘露焦化设备有限公司	江苏省工人先锋号	江苏省总工会
无锡万迪动力集团有限公司	江苏省“安康杯”竞赛优胜单位	江苏省总工会等
江苏新广联科技股份有限公司	江苏省模范劳动关系和谐企业	江苏省协调劳动关系三方委员会
江苏大明金属制品有限公司	江苏省模范劳动关系和谐企业	江苏省协调劳动关系三方委员会
无锡市宛山农业种植专业合作社	江苏省科普惠农服务站	江苏省科学技术协会

（区档案局）

编辑：吴　霞

经济和社会发展统计资料

Statistics of Economic and Social Development

6月27日，英特宜家“荟聚·云林”购物中心开业

（罗　贲 摄）

综　合

锡山区社会经济主要指标一览

表53

指标	单位	2014年	2013年	2014年比2013年（±%）
年末户籍总人数	人	431565	426642	—
年末常住人口	万人	70.15	69.95	—
地区生产总值（按2010年可比价）	亿元	620.71	590.54	8.8
人均地区生产总值（按现价、常住人口计算）	元	88508	84653	4.6
农林牧渔业总产值（当年价）	万元	329871	312236	—
规模以上工业企业工业总产值	万元	11279511	11247759	0.3
规模以上工业企业销售产值	万元	11033526	11110386	−0.7
500万元以上固定资产投资完成额	万元	5968275	5138975	16.1
工业投资	万元	2660881	2316335	14.9
社会消费品零售总额	万元	1358701	1218000	—
到位注册外资及港澳台资额（商务部承认数）	万美元	33036	37598	—
财政收入	万元	1227999	1313207	−6.5
公共财政预算收入	万元	605519	547432	10.6
公共财政预算支出	万元	557068	508106	9.6
各项存款余额	万元	7976503	6946292	14.8
各项贷款余额	万元	7044416	6137373	14.8
城镇居民人均可支配收入	元	39820	—	—
农村居民人均可支配收入	元	22489	—	—

说明：地区生产总值的增长幅度按可比价计算

锡山区地区生产总值一览

表54

指标	单位	2014年	2013年	2014年比2013年（±%）
		按当年价格计算		按2010年可比价
地区生产总值	亿元	620.71	590.54	8.8
第一产业	亿元	20.73	19.61	3.1
第二产业	亿元	325.55	321.69	8.7
工业	亿元	276.00	277.10	7.9
建筑业	亿元	49.55	44.59	14.9
第三产业	亿元	274.43	249.24	9.4
交通运输、仓储及邮政业	亿元	8.41	7.71	7.7
批发和零售业	亿元	117.25	108.26	10.9
批发业	亿元	92.65	86.22	11
零售业	亿元	24.60	22.04	10.2
住宿和餐饮业	亿元	24.44	21.99	8.2
住宿业	亿元	1.58	1.51	6.4
餐饮业	亿元	22.86	20.48	8.3
金融业	亿元	28.07	21.77	10.7
房地产业	亿元	35.84	34.29	10.5
营利性服务业	亿元	23.29	20.74	6.9
非营利性服务业	亿元	37.13	34.48	5.8
三产所占比重	%	44.2	42.2	提高2个百分点
人均地区生产总值（按现价、常住人口计算）	元	88508	84653	4.6

说明：地区生产总值的增长幅度按可比价计算

锡山区户籍人口基本情况一览

表55

指标	单位	2014年	2013年
年末总户数	户	128308	126965
年末总人数	人	431565	426642
男	人	211388	209027
女	人	220177	217615
全年出生人数	人	4347	3494
全年死亡人数	人	3041	3013
人口自然增长率	‰	3.04	1.1
迁入人口	人	4453	3961
迁出人口	人	980	992
机械增长率	‰	8.1	7.0

锡山区常住人口情况一览

表56

指标	单位	2014年	2013年
年末常住人口	万人	70.15	69.95
城镇人口	万人	48.21	46.6
城市化率	%	68.7	67.7
从业人员	万人	45.61	45.57
第一产业	万人	1.78	1.81
第二产业	万人	30.72	30.91
第三产业	万人	13.11	12.85
三次产业从业人员比	%	3.9：67.3：28.8	4：67.8：28.2

农 业

锡山区农林牧渔业总产值与增加值一览

（按当年价格计算）

表57

指标	单位	2014年	2013年
一、农林牧渔业总产值	万元	329871	312236
农业产值	万元	183886	168567
粮食	万元	27517	28996
蔬菜	万元	75171	75217
茶、桑、果	万元	28884	20319
林业产值	万元	28835	28343
牧业产值	万元	32350	33109
猪	万元	28405	29639
家禽	万元	3432	2912
渔业产值	万元	43000	43517
淡水鱼类	万元	30101	32876
农林牧渔服务业产值	万元	41800	38700
二、农林牧渔业增加值	万元	207255	196061
农业增加值	万元	120078	109622
林业增加值	万元	17762	17354
牧业增加值	万元	16110	16462
渔业增加值	万元	24338	24623
农林牧渔服务业增加值	万元	28967	28000

工业·交通

锡山区规模以上工业企业主要经济指标一览

表58

指标	单位	2014年	2013年	2014年比2013年（±%）
单位数	家	654	682	—
工业总产值	万元	11279511	11247759	0.3
销售产值	万元	11033526	11110386	−0.7
营业收入	万元	11295913	11360548	−0.6
主营业务收入	万元	11155718	11149370	0.1
营业成本	万元	9640596	9822405	−1.9
主营业务成本	万元	9547171	9686454	−1.4
营业税金及附加	万元	54537	53326	2.3
主营业务税金及附加	万元	51716	52640	−1.8
销售费用	万元	333777	308391	8.2
管理费用	万元	632500	603052	4.9
财务费用	万元	78375	92940	−15.7
利润总额	万元	563136	487608	15.5
资产总计	万元	10836968	10260985	5.6
负债合计	万元	5678766	5419228	4.8
应收账款	万元	2209584	2174551	1.6
产成品存货	万元	623055	540327	15.3
应付职工薪酬	万元	902947	866061	4.3

锡山区公路、航道、桥梁情况一览

表59

指标	单位	2014年	2013年
一、公路			
里程合计	公里	1078	1071
干线公路里程	公里	58	58
支线公路里程	公里	170	170
镇道里程	公里	425	425
村道里程	公里	425	418
二、航道			
里程	公里	244	244
水深一米以上	公里	166	166
经常养护里程	公里	128	128
三、桥梁			
实有桥梁座数	座	512	512
实有公路桥梁座数	座	42	42
实有农村桥梁座数	座	470	470
实有桥梁全长	米	20342	20104
实有公路桥梁全长	米	1623	1623
实有农村桥梁全长	米	18719	18481
竣工桥梁座数	座	5	25
竣工桥梁全长	米	—	—

锡山区运输、交通情况一览

表60

指标	单位	2014年	2013年
一、客运企业个数	家	8	9

续表60

指标	单位	2014年	2013年
出租企业个数	家	3	4
二、客运汽车总数	辆	1626	1626
旅游、接送班车	辆	754	281
出租客运	辆	1143	1345
三、货运企业个数	家	1996	2715
普货运输企业个数	家	1990	1934
危货运输企业个数	家	6	6
四、货运汽车总数	辆	4561	5690
普货运输车辆数	辆	4356	5473
危货运输车辆数	辆	205	217
五、货运总吨位	吨	31852	30148
六、水路运输企业个数	家	1	2
七、水路运输船舶数	艘	3	98
八、公交运行线路	条	74	70
九、公交站台数	个	380	350
十、公交运行车辆数	辆	702	655

固定资产投资

锡山区全社会固定资产投资完成额一览

表61

指标	单位	2014年	2013年	2014年比2013年（±%）
投资项目数	个	564	483	16.8
500万元以上固定资产投资完成额	万元	5968275	5138975	16.1

续表61

指标	单位	2014年	2013年	2014年比2013年（±%）
一、按建设性质分				
新建	万元	3915595	3500149	11.9
扩建	万元	496934	801703	−38.0
改建和技术改造	万元	1370731	780385	75.6
迁建	万元	35015	56738	−38.3
单纯购置	万元	150000	—	100.0
二、按城乡属性分				
城镇投资	万元	4144434	3687247	12.4
农村投资	万元	1823841	1451728	25.6
三、按构成分				
建筑工程	万元	3655438	3251064	12.4
安装工程	万元	496538	350492	41.7
设备工器具购置	万元	1229526	928218	32.5
其他费用	万元	586773	609201	−3.7
四、按产业分				
第一产业	万元	—	—	—
第二产业	万元	2660881	2316335	14.9
工业	万元	2660881	2316335	14.9
第三产业	万元	3307394	2822640	17.2
五、房屋建筑面积				
施工面积	万平方米	1196.82	1236.17	−3.2
竣工面积	万平方米	451.00	449.09	0.4
本年竣工房屋价值	万元	1195812	986433	21.2

贸易业·开放型经济

锡山区社会消费品零售总额一览

表62

指标	单位	2014年	2013年
社会消费品零售总额	万元	1358701	1218000
按规模分组			
一、限额以上	万元	403757	317713
二、限额以下	万元	954944	900287
按行业分组			
一、批发业	万元	145438	116148
二、零售业	万元	1105318	1006840
三、住宿业	万元	9075	7675
四、餐饮业	万元	98870	87337

锡山区开放型经济情况一览

表63

指标	单位	2014年	2013年
到位注册外资及港澳台资额（商务部承认数）	万美元	33036	37598
制造业到位外资及港澳台资金额	万美元	13184	—
服务外包接包合同金额	万美元	98000	78000
服务外包接包执行金额	万美元	85300	63000
离岸外包接包合同金额	万美元	58900	47000
离岸外包接包执行金额	万美元	56700	42000
外贸进出口总额	万美元	462189	445699
外贸自营出口总额	万美元	356339	328049
境外项目中方投资额	万美元	10043	5956

续表63

指标	单位	2014年	2013年
境外投资项目	个	15	15
新增“123”计划企业	家	1	—
培育重点规模企业	个	1	—

财政·金融

锡山区财政收入情况一览

表64

指标	单位	2014年	2013年	2014年比2013年（±%）
财政收入	万元	1227999	1313207	－6.5
中央	万元	446395	415915	7.3
地方	万元	781604	897292	－12.9
公共财政预算收入	万元	605519	547432	10.6
税收收入	万元	505227	460320	9.8
增值税	万元	119563	109240	9.5
营业税	万元	158498	132859	19.3
企业所得税	万元	61834	56594	9.3
个人所得税	万元	24662	22409	10.1
城市维护建设税	万元	45442	36669	23.9
房产税	万元	23117	21432	7.9
印花税	万元	8576	8051	6.5
城镇土地使用税	万元	20702	20372	1.6
土地增值税	万元	17082	18394	－7.1
车船税	万元	2059	2148	－4.1
耕地占税	万元	4711	13270	－64.5

续表64

指标	单位	2014年	2013年	2014年比2013年（±%）
契税	万元	18981	18882	0.5
国有资本经营收入	万元	63250	50700	24.8
非税收入	万元	37042	36412	1.7
行政性收费收入	万元	6728	14390	−53.3
罚没收入	万元	3031	4113	−26.3
专项收入	万元	20749	17799	16.6
其他收入	万元	6534	110	5786.5

说明：2013年数据根据同口径进行调整

锡山区财政支出情况一览

表65

指标	单位	2014年	2013年	2014年比2013年（±%）
公共财政预算支出	万元	557068	508106	9.6
一般公共服务	万元	43591	48359	−9.9
国防	万元	795	246	223.2
公共安全	万元	24449	22233	10.0
教育	万元	102835	94923	8.3
科学技术	万元	22564	25264	−10.7
文化体育与传媒	万元	14390	12293	17.1
社会保障和就业	万元	85367	76087	12.2
医疗卫生	万元	33145	24275	36.5
节能环保	万元	21808	18084	20.6
城乡社区事务	万元	91995	66272	38.8
农林水事务	万元	23982	36104	−33.6
交通运输	万元	44443	19364	129.5

续表65

指标	单位	2014年	2013年	2014年比2013年（±%）
资源勘探电力信息等事务	万元	14386	11161	28.9
商业服务业等事务	万元	15415	13360	15.4
金融监管等事务支出	万元	—	439	—
国土资源气象等事务	万元	463	637	－27.3
住房保障支出	万元	1239	9924	－87.5
粮油物资储备事务	万元	1793	1098	63.3
国债还本付息支出	万元	711	496	43.4
其他支出	万元	11310	26556	－57.4

锡山区金融系统信贷收支情况一览

表66

指标	单位	2014年	2013年	2014年比2013年（±%）
一、各项存款余额	万元	7976503	6946292	14.8
企业存款	万元	4075142	3452661	18.0
储蓄存款	万元	3657942	3345528	9.3
二、各项贷款余额	万元	7044416	6137373	14.8
短期贷款	万元	2188607	2352423	－7.0
中长期贷款	万元	3545684	2592105	36.8
票据融资	万元	248402	234227	6.1
消费贷款	万元	671237	641066	4.7
三、存贷款比例	%	88.3	88.4	下降0.1个百分点
四、银行承兑汇票	万元	931898	662284	40.7
五、外汇存款余额	万元	132806	105118	26.3
六、外汇贷款余额	万元	22195	63187	－64.9

教育 · 文化 · 卫生

2014年锡山区各级各类教育事业情况一览

表67

指标	学校（所）	教职工数（人）	专任教师数（人）	在校学生数（人）	毕业生数（人）	招生数（人）
合计	37	4404	4005	59570	10091	14428
中等学校	19	2304	2073	24056	7731	8064
中等专业学校	1	189	177	2811	762	841
普通中学	18	2115	1896	21245	6969	7223
小学	17	2100	1909	35412	5051	6364
特殊教育学校	1	36	23	102	12	—
附：幼儿园	33	1874	—	16102	—	—
教师进修学校	1	95	66	245	101	0
成人技术培训学校	190	338	178	162734	162470	162734

锡山区文化艺术事业情况一览

表68

指标	单位	2014年	2013年
一、影剧院、大会堂	个	1	1
区大会堂	个	1	1
镇影剧院	个	—	—
二、文化馆	个	1	1
三、文化中心	个	11	11
四、电影事业			
电影放映队	个	7	7

续表68

指标	单位	2014年	2013年
镇办	个	4	4
电影放映场次	万场次	0.2	0.2
观众人数	万人次	49.5	49.3
五、图书馆			
机构数	个	10	10
区图书馆	个	1	1
镇图书馆	个	9	9
藏书数	万册	87.5	85.21
区图书馆	万册	11.78	10.80
镇图书馆	万册	75.70	74.41

2014年锡山区卫生机构、床位情况一览

表69

指标	机构数（家）	床位数（张）	卫生技术人员数（人）	医生数（人）
合计	188	2010	2728	1086
医院	9	1705	1671	579
社区卫生服务中心	9	300	617	289
综合门诊部	12	—	151	51
个体诊所、医务室	83	—	199	104
疾病预防控制中心	1	—	27	19
卫生监督所	1	—	31	—
妇幼保健所	1	5	26	18
村、社区设置的医疗点	72	—	—	—

人民生活

2014年锡山区城镇居民人均收入、支出情况一览

表70

指标	单位	2014年
家庭总收入	元	45302
可支配收入	元	39820
一、工资性收入	元	29904
工资及补贴收入	元	29498
其他劳动收入	元	406
二、经营净收入	元	3184
三、财产性收入	元	3022
利息收入	元	101
股息与红利收入	元	134
保险收益	元	—
其他投资收入	元	37
出租房屋收入	元	2750
知识产权收入	元	—
其他财产性收入	元	—
四、转移性收入	元	9192
养老金或离退休金	元	7287
社会救济收入	元	—
辞退金	元	14
赔偿收入	元	—
保险收入	元	38
赡养收入	元	341

续表70

指标	单位	2014年
捐赠收入	元	842
提取住房公积金	元	—
记账补贴	元	171
其他转移性收入	元	499
家庭总支出	元	26393
一、消费性支出	元	19887
二、财产性支出	元	145
非生产性贷款利息支出	元	—
其他	元	—
三、转移性支出	元	3604
交纳所得税	元	199
捐赠支出	元	2618
购买彩票	元	14
赡养支出	元	425
在外就学子女费用	元	253
各种非储蓄性保险支出	元	317
车辆保险支出	元	214
其他转移性支出	元	31
四、社会保障支出	元	1427
个人交纳的养老基金	元	709
个人交纳的住房公积金	元	474
个人交纳的医疗基金	元	184
个人交纳的失业基金	元	60
其他社会保障支出	元	—

续表70

指标	单位	2014年
五、购房与建房支出	元	1330
购房	元	1330

2014年锡山区农村住户人均总收入、可支配收入、总支出情况一览

表71

指标	单位	2014年
一、全年总收入	元	24344
工资性收入	元	17367
家庭经营收入	元	3060
转移性收入	元	3077
财产性收入	元	840
二、人均可支配收入	元	22489
工资性收入	元	17367
家庭经营纯收入	元	2420
转移性纯收入	元	1862
财产性纯收入	元	840
三、全年总支出	元	15146
家庭经营费用支出	元	280
购置生产用固定资产支出	元	5
建造生产性固定资产雇工支出	元	—
税费支出	元	—
生活消费支出	元	13129
转移性支出	元	1732
财产性支出	元	—

（区统计局　区档案局）

编辑：吴　霞

文件汇编

Document Collection

锡北镇泉山文化公园晨练场景 （陈惠初 摄）

区委、区政府主要文件目录

2014年中共锡山区委主要文件目录

1. 中共锡山区委常委会2014年十项重点工作
锡发〔2014〕1号 2014年1月27日

2. 中共锡山区委 锡山区人民政府关于表彰2012～2013年度锡山区优秀人才贡献奖引进人才工作奖留学回国人员创业奖的决定
锡发〔2014〕2号 2014年2月17日

3. 中共锡山区委关于深入开展党的群众路线教育实践活动的实施意见
锡发〔2014〕3号 2014年2月18日

4. 中共锡山区委 锡山区人民政府关于表彰2013年度锡山区纳税十强企业和纳税增幅十强企业的通报
锡发〔2014〕4号 2014年3月13日

5. 中共锡山区委批转区委统战部关于2014年区委与党外人士政治协商计划安排请示的通知
锡发〔2014〕5号 2014年4月30日

6. 中共锡山区委 锡山区人民政府关于2014年度开发区商务区各镇（街道）工作绩效考核的意见
锡发〔2014〕6号 2014年4月30日

7. 中共锡山区委 锡山区人民政府关于2014年度区级机关部门工作绩效考核的意见
锡发〔2014〕7号 2014年4月30日

8. 中共锡山区委关于核定有关部门领导职数的通知
锡发〔2014〕8号 2014年4月30日

9. 中共锡山区委批转区委干部教育培训工作领导小组关于锡山区2014年干部教育培训工作计划的通知
锡发〔2014〕9号 2014年5月4日

10. 中共锡山区委关于贯彻落实中共中央《建立健全惩治和预防腐败体系2013～2017年工作规划》的实施意见
锡发〔2014〕10号 2014年5月9日

11. 中共锡山区委关于推荐评选优秀共产党员的通知
锡发〔2014〕11号 2014年5月20日

12. 中共锡山区委关于全面深化改革的意见
锡发〔2014〕12号 2014年6月11日

13. 中共锡山区委 锡山区人民政府关于在群众路线教育实践活动中开展最弱势群体帮扶工作示范区建设的意见
锡发〔2014〕13号 2014年6月12日

14. 中共锡山区委关于表彰2011～2013年度优秀共产党员的决定
锡发〔2014〕14号 2014年6月26日

15. 中共锡山区委 锡山区人民政府关于进一步深化行政审批制度改革的工作意见
锡发〔2014〕15号 2014年7月10日

16. 中共锡山区委关于建区以来党内规范性文件清理的决定
锡发〔2014〕16号 2014年9月4日

17. 中共锡山区委印发《关于完善党员干部直接联系群众制度的实施办法》的通知
锡发〔2014〕17号 2014年9月5日

18. 中共锡山区委关于加强基层服务型党组织建设的实施意见
锡发〔2014〕18号 2014年9月9日

19. 中共锡山区委 锡山区人民政府关于表彰2008～2013年度锡山区热心参与慈善事业（先进）企业的决定
锡发〔2014〕19号 2014年10月21日

20. 中共锡山区委 锡山区人民政府关于表彰锡山区热心参与助弱帮困（示范、先进）企业（单位、个人）的决定
锡发〔2014〕20号 2014年10月21日

21. 中共锡山区委关于区委常委会全面贯彻执行民主集中制的意见
锡发〔2014〕21号 2014年10月24日

22. 中共锡山区委 锡山区人民政府关于加强和创新社区治理工作的意见
锡发〔2014〕22号 2014年11月28日

23．中共锡山区委 锡山区人民政府关于加快服务型政府建设的实施意见

锡发〔2014〕23号 2014年11月28日

24．中共锡山区委关于进一步组织推动学习贯彻习近平总书记系列重要讲话精神的意见

锡发〔2014〕24号 2014年12月30日

（区委办）

2014年锡山区人民政府主要文件目录

1．锡山区人民政府关于鼓励扶持企业在全国中小企业股份转让系统挂牌的意见

锡府发〔2014〕4号 2014年2月14日

2．锡山区人民政府关于2014年度全区水利工作的意见

锡府发〔2014〕6号 2014年2月21日

3．锡山区人民政府关于开展国家知识产权强县工程试点的实施意见

锡府发〔2014〕8号 2014年2月28日

4．锡山区人民政府关于进一步加强殡葬管理工作的意见

锡府发〔2014〕19号 2014年3月28日

5．锡山区人民政府关于推进农村土地承包经营权确权登记试点工作中若干问题的指导意见

锡府发〔2014〕35号 2014年5月29日

6．锡山区人民政府关于进一步加强违法建设整治工作的补充意见

锡府发〔2014〕39号 2014年6月9日

7．锡山区人民政府关于印发《锡山区政府采购管理暂行办法》的通知

锡府发〔2014〕42号 2014年7月2日

8．锡山区人民政府关于调整2014年度锡山区居民养老保险待遇的通知

锡府发〔2014〕45号 2014年7月17日

9．锡山区人民政府关于调整城乡居民最低生活保障标准的通知

锡府发〔2014〕46号 2014年7月17日

10．锡山区人民政府关于加强全区社会组织培育发展的意见

锡府发〔2014〕59号 2014年8月20日

11．锡山区人民政府关于印发《锡山区太湖流域环境资源区域补偿返还资金使用管理办法》的通知

锡府发〔2014〕61号 2014年9月15日

12．锡山区人民政府印发《关于进一步加强政府性债务管理意见》的通知

锡府发〔2014〕62号 2014年9月16日

13．锡山区人民政府关于调整2015年度锡山区居民医疗保险筹资标准的通知

锡府发〔2014〕76号 2014年11月25日

14．锡山区人民政府关于推进示范家庭农场建设的意见

锡府发〔2014〕78号 2014年12月5日

15．锡山区人民政府办公室转发区人社局《关于适度调整区级机关事业单位劳务派遣用工2014年部分岗位工资指导价的方案》的通知

锡府办〔2014〕7号 2014年2月18日

16．锡山区人民政府办公室转发锡山区道路交通安全工作联席会议办公室《关于在全区范围内开展三轮机动车无牌无证上路专项整治行动方案》的通知

锡府办〔2014〕9号 2014年3月20日

17．锡山区人民政府办公室关于转发《锡山区科技型中小企业风险补偿贷款操作办法》的通知

锡府办〔2014〕12号 2014年3月25日

18．锡山区人民政府办公室关于印发《锡山区公益性安息堂建设以奖代补实施办法》的通知

锡府办〔2014〕14号 2014年3月28日

19．锡山区人民政府办公室关于切实做好城区禁止生产和使用粘土砖工作的通知

锡府办〔2014〕16号 2014年4月3日

20．锡山区人民政府办公室关于转发区商务局《锡山区招商引资奖励办法（试行）》的通知

锡府办〔2014〕26号 2014年5月26日

21. 锡山区人民政府办公室转发区交通运输局《关于对全区重点公路集镇交通秩序实行挂牌整治的方案》的通知

锡府办〔2014〕30号　2014年5月29日

22. 锡山区人民政府办公室转发区人社局《关于加快推进大学生创业园建设实施意见》的通知

锡府办〔2014〕31号　2014年6月4日

23. 锡山区人民政府办公室关于印发《锡山区政府采购协议供货办法（试行）》的通知

锡府办〔2014〕35号　2014年6月25日

24. 锡山区人民政府办公室关于公布锡山区2014年度政府集中采购目录政府采购限额标准和公开招标数额标准的通知

锡府办〔2014〕36号　2014年6月25日

25. 锡山区人民政府办公室关于印发《2014年锡山区农业保险实施意见》的通知

锡府办〔2014〕38号　2014年6月30日

26. 锡山区人民政府办公室关于转发区财政局等三部门制订的《锡山区政府采购工作操作规程》的通知

锡府办〔2014〕39号　2014年7月1日

27. 锡山区人民政府办公室关于印发《锡山区基本建设项目“并联审批”试行办法》的通知

锡府办〔2014〕40号　2014年7月1日

28. 锡山区人民政府办公室关于公布锡山区区级行政审批事项目录锡山区向镇（街道）下放行政审批事项目录锡山区向村（社区）服务前移便民事项目录的通知

锡府办〔2014〕41号　2014年7月1日

29. 锡山区人民政府办公室关于印发《锡山区企业设立登记“一站式”服务试行办法》的通知

锡府办〔2014〕42号　2014年7月1日

30. 锡山区人民政府办公室关于印发《锡山区71580服务企业区长热线工作管理办法》的通知

锡府办〔2014〕43号　2014年7月7日

31. 锡山区人民政府办公室关于转发区建设局《关于进一步加强国有（集体）投资建设项目工程签证变更管理的意见》的通知

锡府办〔2014〕65号　2014年9月16日

32. 锡山区人民政府办公室关于印发《锡山区规范租赁生产经营场所（场地）相关手续的实施意见》的通知

锡府办〔2014〕66号　2014年10月13日

33. 锡山区人民政府办公室关于做好2014年开发基层公共服务公益性岗位重点帮扶困难家庭高校毕业生就业工作的通知

锡府办〔2014〕67号　2014年10月16日

34. 锡山区人民政府办公室印发《关于成立锡山区中介服务超市提升中介服务效能的意见》的通知

锡府办〔2014〕70号　2014年10月29日

35. 锡山区人民政府办公室关于继续执行鼓励扶持企业在全国中小企业股份转让系统挂牌意见的通知

锡府办〔2014〕74号　2014年11月24日

36. 锡山区人民政府办公室印发《关于建立健全行政审批（服务）收费标准化规范化公开化制度的实施意见》的通知

锡府办〔2014〕75号　2014年11月24日

37. 锡山区人民政府办公室关于印发《两东主城区经营性地块房屋征收拆迁和安置补偿结算操作管理办法》的通知

锡府办〔2014〕77号　2014年12月2日

38. 锡山区人民政府办公室关于公布锡山区2015年度政府集中采购目录政府采购限额标准和公开招标数额标准的通知

锡府办〔2014〕80号　2014年12月18日

39. 锡山区人民政府办公室转发市政府《关于进一步减轻企业负担提升服务效能支持企业发展的若干意见》的通知

锡府办〔2014〕81号　2014年12月23日

（区政府办）

指导性文件

中共锡山区委关于
深入开展党的群众路线教育实践活动的实施意见

锡发〔2014〕3号

（2014年2月18日）

在全党深入开展以为民务实清廉为主要内容的党的群众路线教育实践活动，是全面贯彻落实党的十八大精神，坚持党要管党、从严治党的重大部署，是永葆党的先进性和纯洁性，不断增强党的创造力、凝聚力、战斗力的重大举措。有力有序开展好我区党的群众路线教育实践活动，对于推动第一批教育实践活动成果在基层落地生根，确保整个教育实践活动不断取得实效、取信于民，以作风转变推动我区全面深化改革各项任务落到实处，为建设富强美丽和谐幸福现代化新锡山凝聚强大力量，起着至关重要的作用。

根据中央和省委部署要求以及《中共无锡市委关于深入开展党的群众路线教育实践活动的实施意见》（锡委发〔2014〕6号）精神，我区教育实践活动从2014年2月开始，9月基本完成。参加单位主要是：区机关及其直属单位，开发区、商务区、镇、街道和村、社区，非公有制经济组织、社会组织和其他基层组织。现就我区教育实践活动，提出如下实施意见。

一、总体要求

开展党的群众路线教育实践活动，要以党的十八大和十八届三中全会精神为指导，认真贯彻习近平总书记系列重要讲话精神，认真贯彻中发〔2013〕4号、中办发〔2014〕4号和苏发〔2013〕9号、苏办发〔2014〕4号以及锡委发〔2014〕6号文件确定的指导思想、目标要求和方法步骤，认真贯彻“照镜子、正衣冠、洗洗澡、治治病”的总要求，以为民务实清廉为主题，以省委提出的“四查四治”为主线，以区管及以上领导班子和领导干部为重点，严格落实中央“八项规定”和省市区委“十项规定”，突出作风建设，贯彻整风精神，坚持严的标准、严的措施、严的纪律，坚决反对形式主义、官僚主义、享乐主义和奢靡之风，提高做好新形势下群众工作的能力，使党员、干部思想认识进一步提高、作风进一步转变，党群干群关系进一步密切，为民务实清廉形象进一步树立，基层基础进一步夯实。

第一，着力解决“四风”方面存在的突出问题。紧紧围绕“四查四治”，即查宗旨意识牢不牢，治脱离实际、脱离群众之病；查工作作风实不实，治急功近利、不负责任之病；查精神状态振不振，治慵懒散漫、贪图享乐之病；查廉洁自律严不严，治挥霍奢靡、铺张浪费之病，对作风之弊、行为之垢来一次大排查、大检修、大扫除，解决人民群众反映强烈的突出问题。区领导班子和领导干部重点解决政绩观不正确，不敢担当，搞“形象工程”“政绩工程”，换一任领导、变一套思路，有令不行、有禁不止，“上有政策、下有对策”等问题。区机关及其直属单位重点解决慵懒散拖、推诿扯皮，工作不落实、服务不主动等问题。执法监管部门和窗口单位、服务行业重点解决“门难进、脸难看、事难办”，乱收费、乱罚款、乱摊派，滥用职权、吃拿卡要、执法不公等问题。开发区、商务区、镇、街道领导班子和领导干部重点解决不关心群众冷暖，责任心不强，落实惠民政策缩水走样，工作方式简单粗暴，弄虚作假等问题。村、社区等基层组织重点解决软弱无力，服务群众意识和能力不强，办事不公等问题。各级机关及其直属单位和基层组织都要注重解决组织涣散、纪律松弛的问题。

第二，突出民生指向，着力解决关系群众切身利益的问题。教育实践活动在群众家门口开展，干部“四风”问题与千家万户的具体民生问题息息相关，要在解决“四风”问题的同时，注重解决群众在教育、就业、交通、社会保障、医疗、住房等方面的基本需求问题，解决生态环境、食品药品安全、安全生产、社会治安、执法司法、征地拆迁等方面损害群众利益的问题，解决困难群众的生产生活问题，解决与民争利的问题。畅通群众诉求表达渠道，加强与群众真诚沟通，做好矛盾纠纷排查化解工作，让群众办事更加便利、得到更多实惠，增强安全感、提高满意度，切身感受到社会公平正义。

第三，强化基层基础建设，着力解决联系服务群众“最后一公里”问题。注重以加强基层服务型党组织建设为抓手，扩大党的组织覆盖和工作覆盖，建设守信念、讲奉献、有本领、重品行的基层党组织书记队伍，组织带领广大党员、干部为群众提供更多更好服务。加强和改进镇、街道和村、社区便民服务工作，提升服务群众的功能和水平。完善基层服务保障体系，建立稳定的基层组织运转和基本公共服务经费保障制度，推动人、财、物向基层倾斜，落实关爱基层干部政策，充分调动服务群众的积极性。

第四，牢牢把握教育实践活动开展的基本原则。坚持正面教育为主，加强马克思主义群众观点和党的群众路线教育，加强党性党风党纪教育和道德品行教育，引导党员、干部坚定理想信念，增强公仆意识，讲党性、重品行、作表率，模范践行社会主义核心价值观，坚守共产党人精神追求。坚持批评和自我批评，开展积极健康的思想斗争，敢于揭短亮丑，崇尚真理、改正缺点、修正错误，真正让党员、干部思想受到教育、作风得到改进、行为更加规范。坚持开门搞活动，请群众参与，让群众评判，受群众监督，努力在解决作风不实、不正和行为不廉上取得实效，在提高群众工作能力、密切党群干群关系、全心全意为人民服务上取得实效。坚持分类指导，针对机关、企事业单位和基层的不同情况，找准各自需要解决的突出问题，提出适合各自特点的目标要求和办法措施。坚持领导带头，上级带下级、主要领导带班子成员、领导干部带一般干部，一级抓一级、层层抓落实。

二、方法步骤

全区党的群众路线教育实践活动大体安排8个月时间，具体到每个单位，开展教育实践活动的时间一般不少于3个月。采取统一部署、梯次展开、压茬进行的办法，区领导机关先行一步，从2月20日开始启动教育实践活动，为全区作出示范；区机关及其直属单位、开发区、商务区、镇、街道和村、社区及其他基层组织于3月中旬召开动员大会。坚持时间服从质量，各地区各部门各单位可结合实际，统筹协调、灵活安排时间进度。活动正式开始前，要扎实做好准备工作，认真学习传达中央和省市区委有关精神，深入开展调查研究。各地区各部门各单位制定实施方案，报区委督导组审核、区委教育实践活动领导小组办公室审批后组织实施。

突出问题导向，坚持教育实践并重，把学习教育、查摆问题、解决问题和制度建设贯穿始终，使教育实践活动各个环节有效衔接、相互贯通。重点抓好3个环节，每个环节分别制定具体实施办法。

（一）学习教育、听取意见

1．结合实际抓学习教育。采取多种形式，组织党员、干部认真学习党的十八大、十八届三中全会精神和习近平总书记系列重要讲话精神，学习中发〔2013〕4号、中办发〔2014〕4号和苏发〔2013〕9号、苏办发〔2014〕4号以及锡委发〔2014〕6号文件规定的学习内容，学习省市委十二届六次全会、区委三届五次全会精神，学习党的光辉历史和优良传统，开展理想信念、党性党风党纪和道德品行教育。联系学习吴仁宝等先进典型，开展“为了谁、依靠谁、我是谁”大讨论，组织马克思主义群众观点和党的群众路线专题学习研讨，使党的群众路线在全体党员、干部中深深扎根，使践行党的根本宗旨成为党员、干部的普遍自觉。区机关及其直属单位和开发区、商务区、镇、街道至少组织一次集中学习和专题讨论，每个领导班子至少开展一次中心组学习。不断改进和完善“三会一课”等制度，结合实际建立健全基层党内生活制度，运用灵活多样、务实管用的方式，抓好基层党员、干部的学习教育工作，每个党支部至少召开一次专题座谈会。

2．多种形式征求意见。既要“面对面”更要“背靠背”，既要“真听声音”更要“听真声音”，直接到群众中听取意见，特别是听取普通干部群众、服务对象、离退休老同志、党外人士等各个方面的意见，问效、问怨、问症、问策。区委常委、党员副区长开展集中调研活动，征求社会各界意见建议。各地区各部门各单位党（工）委（党组）充分听取并原汁原味地梳理干部群众意见。综合运用政府门户网站、12345政务平台、政风行风热线等载体，组织引导党员、干部深入矛盾集中、意见多的地方查找问题，走到基层群众中间、服务对象身边征求意见。认真梳理分析“三解三促”等活动中收集到的意见建议，重视来信、来访等“送上门”的意见，防止相互征求意见“公文旅行”“函来函往”，防止“一窝蜂”下基层、重复征求意见。各级纪检、组织、审计、信访部门分别对参加教育实践活动的单位领导班子和领导干部作风方面存在的问题进行集中梳理。

（二）查摆问题、开展批评

1. 找准找实突出问题。围绕为民务实清廉，学习和对照党章，对照廉政准则，对照改进作风要求，对照群众期盼，对照先进典型，采取群众提、自己找、上级点、互相帮、集体议等方式，查找“四风”问题具体表现，注重从关系群众切身利益的问题中查找“四风”问题。各级机关和企事业单位要对照中央“八项规定”、《党政机关厉行节约反对浪费条例》和省市区委“十项规定”等有关规定，镇（街道）、村（社区）还要对照《农村基层干部廉洁履行职责若干规定（试行）》进行检查。

2. 深入开展谈心谈话。坚持把话讲在当面、把问题摆上桌面、把矛盾化解在前面，深入开展谈心谈话活动，找准问题、理顺情绪、化解矛盾、增进团结。党（工）委（党组）主要负责同志与班子成员必谈，班子成员之间必谈，班子成员与分管部门单位、直属单位负责同志必谈，单位中层正职、副职必谈，该提醒的提醒，该批评的批评，并征求对自己的意见。同时，主动接受党员、干部和群众的约谈。

3. 认真撰写对照检查材料。区机关及其直属单位领导班子、班子成员，镇、街道领导班子、班子成员要撰写对照检查材料。对照检查材料要逐项列出“四风”问题的具体表现、典型事例，对“三公”经费支出、职务消费、人情消费、公务用车、办公用房和住房、家属子女从业等情况要作出说明；从理想信念、宗旨意识、党性修养、政治纪律等方面剖析根源，明确努力方向和整改措施。党（工）委（党组）主要负责同志要主持起草领导班子对照检查材料，并在一定范围内征求意见。班子成员要自己动手撰写个人对照检查材料。上级党组织、党（工）委（党组）负责同志要严格审核把关。村、社区正职也要撰写对照检查材料。

4. 开好专题民主生活会和组织生活会。把专题民主生活会和组织生活会作为关键来抓，充分做好各项准备工作，确保开出高质量。区机关及其直属单位和开发区、商务区、镇、街道领导班子要召开专题民主生活会。会上，要开门见山、直面问题，开展严肃认真的批评和自我批评，既揭短亮丑、动真碰硬，又实事求是、出以公心，不发泄私愤，不搞无原则纠纷。党（工）委（党组）主要负责同志要带头查摆问题，班子成员既要有深刻的自我批评，也要有诚恳的相互批评，并对群众提出的意见进行回应。其他基层党组织召开专题组织生活会，并开展民主评议党员工作，针对存在问题提出改进措施和办法。村、社区党组织要进行对照检查。上级机关党员领导干部要参加下级单位领导班子的专题民主生活会，党员领导干部要以普通党员身份参加所在党支部的组织生活会。

5. 召开情况通报会。专题民主生活会后，党（工）委（党组）要召开情况通报会，通报领导班子专题民主生活会情况。领导班子和党员领导干部的对照检查材料要作进一步修改完善，在通报会前发给与会人员。

（三）整改落实、建章立制

1. 认真抓好整改落实。针对查摆出来的“四风”问题，按照整改有目标、推进有措施、落实有责任、完成有时限的“四有”要求，即知即改，立行立改。区机关及其直属单位和开发区、商务区、镇、街道领导班子要认真制定整改方案，明确任务书、时间表和责任人；领导班子成员要制定个人整改措施。村、社区和非公有制经济组织、社会组织及其他基层组织可列出问题清单，明确整改措施。实行开门整改，向群众作出整改承诺，及时公布整改情况，在一定范围内进行公示，请群众进行评价和监督。上下联动抓整改，从领导机关和领导干部改起，把基层要整改的问题和需要上级帮助解决的问题衔接起来，以上带下、以下促上，真抓实改、攻坚克难，持续用劲、步步为营，确保让群众看得见、感受得到、大多数人满意。

2. 集中抓好专项整治。不折不扣地落实中央确定的专项整治任务，对文山会海、检查评比泛滥，行政审批改革不到位，门难进、脸难看、事难办，违反财经纪律，公款送礼、公款吃喝、奢侈浪费，超标配备公车、多占办公用房、新建滥建楼堂馆所，党政机关、事业单位人员超编超职数超规格配备，“三公”经费开支过大，侵害群众利益行为，以及特权病、漂浮病、冷漠病、懒散病、享乐病、挥霍病、“会所中的歪风”等问题，结合实际确定重点整治项目，集中时间和精力，下猛药、出重拳，一项一项整治。各地区各部门各单位要结合履行职能职责和作风建设情况，确定专项整治重点，尤其要把整治侵害群众利益行为作为重中之重，不达目的不罢休。

3. 严格抓好正风肃纪。坚持严字当头，坚决查处发生在群众身边的不正之风和腐败问题。对有问题不整改、大问题小整改、边整改边再犯的，要严肃批评教育，必要时采取组织措施和纪律措施。加强领导班子建设，严格教育管理干部，综合运用教育实践活动成果，集中开展一次领导班子和领导干部情况分析研判，着重关注重点班子和关键岗位干部。对软、懒、散的领导班子进行整顿；对存在一般性作风问题的干部，立足于教育提高，促其改进；对群众意见大、不能认真查摆问题、没有明显改进的干部，进行组织调整。对在活动中发现的重大违纪违法问题，要及时移交纪检监察机关或有关方面严肃查处。加强基层党组织建设和党员教育管理，对软弱涣散的基层党组织，进行集中整顿；建立健全处置不合格党员工作机制，对长期不起作用甚至起负面作用的党员，进行严肃教育，对不合格的要严肃党纪、给予组织处理。

4. 系统抓好建章立制。按照于法周延、于事简便的原则，围绕解决“四风”问题，突出针对性、具体可操作，建立健全行得通、指导力强、能长期管用的制度规定，推动改进作风常态化长效化。注意承接好、贯彻好第一批教育实践活动中上级出台的制度和办法，结合实际制定相应的配套措施和实施细则，防止简单照搬照抄、重复建设。强化制度执行，提高党员、干部依法按制度办事意识，加强对制度执行情况的督促检查，坚决纠正有令不行、有禁不止、无视制度的问题，使制度真正成为党员、干部改进作风的硬约束。

教育实践活动从一开始就要坚持立学立行、边学边改、边查边纠、即知即改，让群众看到成效、增强信心。坚持从具体问题抓起，对群众反映强烈的“四风”问题、民生问题，逐一梳理、列出清单，一件一件改，改一件成一件。

各地区各部门各单位要认真召开总结大会，会议结束时对党（工）委（党组）领导班子及其成员开展教育实践活动情况进行民主评议，重点评议解决问题、改进作风情况，督导组要向党（工）委（党组）反馈评议结果。对群众认可度不高、认为走过场的要返工补课。

三、分类实施

坚持从实际出发，根据不同层级、领域、对象的特点，提出不同目标要求，有针对性地加强指导，鼓励探索创新，给基层留出空间，把“规定动作”做到位，使“自选动作”有特色。各地区各部门各单位要结合实际，有重点地分类制定实施方案。

突出活动重点。区管及以上领导班子、领导干部要紧紧聚焦反对“四风”不走神、不散光，不折不扣把各个环节的“规定动作”做到位做扎实，结合实际灵活安排富有针对性的“自选动作”，在找准和解决突出问题上下功夫、见实效。

发挥行业系统指导作用。公安、国税、地税、工商、食药监、烟草等部门单位，要在上级行业主管部门的指导下，认真开展好教育实践活动。政法、教育、住房保障和房产管理、交通运输、水利、农林、卫生等关系群众切身利益的部门，发挥行业系统优势，加强对口指导。各级党（工）委认真落实党建工作责任制，会同行业系统主管部门，加强组织领导和督查指导，精心抓好执法监管部门和窗口单位、服务行业的教育实践活动。

注重分类实施。区领导机关、领导班子和领导干部要紧紧扭住“四风”问题，在找准和解决突出问题上下功夫、见实效。区以下单位要在增强服务群众意识、提高服务群众能力上下功夫，在结对帮扶、服务群众中增强宗旨意识，切实转变作风。各类基层党组织要以服务型党组织建设为有力抓手，突出服务群众这个着力点，扎扎实实开展教育实践活动。非公有制经济组织、社会组织要注重采取小型、业余、分散的方式开展活动。流动党员参加教育实践活动以流入地党组织为主、流出地党组织为辅。可采取送学上门等方式，组织离退休党员及年老党员参加学习教育。

四、组织领导

1. 落实领导责任。全区党的群众路线教育实践活动在区委常委会领导下开展。区委成立党的群众路线教育实践活动领导小组，区委主要负责同志担任组长，区纪委、区委组织部、区委宣传部主要负责同志担任副组长。领导小组下设办公室。各级党（工）委（党组）是抓好本地区本部门本单位教育实践活动的责任主体，要成立相应的领导机构和工作机构，具体负责教育实践活动，领导机构由党（工）委（党组）主要负责同志负责。区委承担双重职责，在抓好本级班子教育实践活动的同时，抓好全区教育实践活动。开发区、商务区主要抓好班子自身的教育实践活动，负责内设机构和企业等基层党组织和党员的教育实践活动。镇、街道党（工）委主要抓好班子自身的教育实践活动，负责组织村、社区等基层党组织和党员的教育实践活动。基层党组织要积极发挥作用，认真搞好本单位的教育实践活动。各级党（工）委（党组）主要负责同志要承担起第一责任人的责任，把教育实践活动紧紧抓在手上，发挥示范推动作用。建立督导组全程跟踪、上级党组织随机抽查、“一把手”专项述职的督查机制，实行“一把手”约谈和问责制，适时组织群众评议“一把手”，把“一把手”履职情况纳入干部考核的重要内容。

2．突出领导示范。区委常委会带头作出承诺，做坚决反对“四风”的表率。区委常委、党员副区长建立教育实践活动联系点，每个区委常委、党员副区长要到联系点参加动员大会和党委领导班子专题民主生活会，加强调查研究和督促指导，示范带动和推进教育实践活动深入开展。各地各部门各单位党（工）委（党组）主要负责同志要带头学习讨论，带头深入基层，带头征求意见，带头剖析自我，带头整改落实，力争认识高一层、学习深一步、实践先一着、剖析解决问题好一筹，作为民务实清廉的表率。

3．强化督查指导。区委派出督导组，对区级机关部门、开发区、商务区和镇、街道全面督导，对村、社区班子和正职直接督导，对基层单位抽查督导，区委督导组按照下沉一级的办法，既抓好直接管理的领导班子和领导干部，又抓好再下一级的正职，形成一贯到底、上下联动、层层推进的督导态势。要选派政治强、原则性强、责任心强的同志担任督导组成员。要认真抓好督导组培训，深入领会中央和省市区委精神，明晰工作任务，确保督导质量。督导组要认真审阅活动实施方案、对照检查材料、整改方案等，全程参与专题民主生活会并进行点评，督促抓好每个环节工作落实。要沉下去面对面开展工作，及时发现和解决问题，有效传导压力。要督促开展“回头看”，坚持标准、严格把关，确保活动质量。

4．坚持开门搞活动。积极探索群众有效参与的方式，查找问题直接听取群众意见，整改落实直接吸收群众参与，活动成效直接交给群众评判，推动干部直接联系群众、群众直接参与活动。拓宽群众参与范围，邀请“两代表一委员”、服务对象和普通群众代表，全程参与到活动中来。制定整改方案、出台有关制度，特别是在基层单位，涉及群众切身利益的，可请群众直接参与讨论、评估、表决。注意引导群众合理表达诉求，正确行使民主权利，既扩大群众参与，又做到有序可控。

5．加强宣传引导。充分运用传统媒体和新兴媒体，宣传中央和省市区委精神，宣传活动成效。总结推广好经验好做法，广泛宣传先进典型，及时曝光反面典型。把握好舆论引导的时机、力度和效果，更好发挥评论、言论的引导作用，营造良好舆论氛围。

6．突出务求实效。用好的作风组织开展教育实践活动，防止文山会海，力戒形式主义，做到“四不四防止”，即不提过多口号、不搞注重声势的活动排场、不设定形式大于内容的量化考核指标、不追求“盆景”的选树，防止借业务工作冲淡活动主题，防止以全员参与掩盖重点对象，防止以“自选动作”淡化“规定动作”，防止以自我感觉代替群众对“四风”整治的评价。坚持统筹兼顾，把开展教育实践活动与贯彻落实党的十八大、十八届三中全会等一系列重要会议精神结合起来，与推动全面深化改革结合起来，与做好当前各项工作结合起来，与保障和改善民生结合起来，做到两手抓、两不误、两促进。

中共锡山区委
关于加强基层服务型党组织建设的实施意见

锡发〔2014〕18号

（2014年9月9日）

加强基层服务型党组织建设，是党的十八大作出的创新基层党建工作的重大部署，是筑牢全面深化改革坚强堡垒的时代要求。长期以来，我区广大基层党组织在推动发展、服务群众、凝聚人心、促进和谐中发挥了重要作用。随着改革深入推进和社会主义市场经济发展，社会组织结构和组织形式发生了深刻变化，基层党组织服务群众、做群众工作的任务更为繁重。新形势下，强化基层党组织的服务功能，进一步密切党同人民群众的血肉联系，对于全面提高党建工作科学化水平具有重要的现实意义。为深入贯彻落实党的十八大和十八届三中全会精神，根据中央和省市委关于加强基层服务型党组织建设的精神及区委关于深入实施党建工作创新工程的部署，现就加强全区基层服务型党组织建设，提出如下实施意见。

一、指导思想

建设基层服务型党组织，要高举中国特色社会主义伟大旗帜，以邓小平理论、“三个代表”重要思想、科学发展观为指导，以服务群众、做群众工作为主要任务，以改革创新为动力，以群众满意为根本标准，围绕中心、服务大局，分类指导、统筹兼顾，以服务型党组织建设引领基层党建工作，使服务成为基层党组织建设的鲜明主题，推动基层党组织加快工作重心转移、工作方式转变、治理方式转型，着力解决联系服务群众“最后一公里”问题，在强化服务中更好地发挥领导核心和政治核心作用，为全面深化改革、加快推进富强美丽和谐幸福现代化新锡山建设提供坚强组织保证。

二、总体要求

建设基层服务型党组织，要主动顺应时代要求和人民期盼，把握工作导向，明确重点内容，紧扣基层组织建设的各项目标任务，通过3到5年的努力，在各领域全面建成基层服务型党组织。

1. 坚持“四个”导向。一是坚持服务导向。把服务作为基层党组织的自觉追求和基本职责，寓领导和管理于服务之中，通过服务贴近群众、团结群众、引导群众、赢得群众。二是坚持基层导向。做到人财物投入向基层倾斜，党员干部心往基层想、脚往基层走，工作深入在基层、服务体现在基层，服务成效由群众说了算。三是坚持民需导向。以群众需求为动力，以满足需求为追求，向群众“问需、问政、问计”，抓住涉及群众切身利益的问题，找准与群众利益需求的对接点，让服务内容契合群众需求。四是坚持问题导向。紧盯基层基础中的薄弱环节和需要解决的热点、难点问题，推动各级党组织和党员干部克服“四风”、求真务实，在转变作风中整改落实，促使大量具体问题在基层得到有效解决。

2. 贯彻“五服务”要求。把服务改革作为要务、服务发展作为方向、服务民生作为关键、服务群众作为根本、服务党员作为基础，推动基层党组织强化以服务为核心的功能定位。深入学习贯彻党的十八届三中全会精神，组织动员广大党员和群众深刻理解改革、大力支持改革、积极参与改革，推动中央和省市区委各项改革部署及举措真正落实到基层。深入贯彻落实科学发展观，充分发挥党员、群众的积极性主动性创造性，促进经济持续健康发展。认真落实党的惠民利民政策，帮助群众解决生产生活中的实际困难，推动基层社会治理创新，主动化解社会矛盾，促进社会和谐稳定。自觉践行党的根本宗旨和群众路线，切实做好群众工作，团结带领群众共同创造幸福美好生活。尊重党员主体地位，保障党员民主权利，健全党内激励关怀帮扶机制，激发党员服务群众内生动力。

3. 落实“六有”目标。按照中央提出的有坚强有力的领导班子、有本领过硬的骨干队伍、有功能实用的服务场所、有形式多样的服务载体、有健全完善的制度机制、有群众满意的服务业绩的目标，着力建设服务意识强、服务作风好、服务水平高的党组织领导班子，培养带头服务、带领服务、带动服务的党员干部队伍，打造便捷服务、便利活动、便于议事的综合阵地，创新贴近基层、贴近实际、贴近群众的工作抓手，形成规范化、常态化、长效化的工作制度，取得群众欢迎、群众受益、群众认可的服务成效。

4. 实现“五个进一步”。坚持把中央和省市委要求与锡山实际紧密结合，创造性开展工作，着力提升基层服务型党组织建设的整体水平。一是服务意识进一步强化。各领域基层党组织和广大党员干部的宗旨意识和群众观念牢固树立，服务自觉性主动性明显提高，工作作风明显转变，真正做到为民务实清廉。二是服务功能进一步拓展。基层组织体系全面覆盖，活动载体务实管用，制度规范衔接配套，服务内涵不断深化，实现服务的常态化长效化。三是服务能力进一步提升。适应服务对象、服务需求的变化，服务方式和服务举措不断优化完善，服务能力不断提高，更好满足经济社会发展和党员群众实际需要。四是服务保障进一步加强。关心支持基层的政策措施落实有力，基层服务阵地建设全面加强，基层党建工作信息化深入推进，经费投入力度不断加大，重视基层、关爱基层的氛围更加浓厚。五是服务成效进一步彰显。服务改革、服务发展、服务民生、服务群众、服务党员业绩突出，群众反映强烈的突出问题得到解决，基层党组织工作得到党员群众认可，基层社会保持和谐稳定。

三、主要措施

立足我区基层党组织建设现有基础、针对不同类型党组织实际，总结运用已有成功经验，根据新形势新任务新要求，创新工作理念、方式方法和制度机制，统筹推进全区基层服务型党组织建设。

1. 强化服务功能，明确各领域党组织的服务职责。镇（街道）党组织重点围绕转变工作作风、落实惠民政策、关心群众冷暖，优化服务方式；农村党组织重点围绕发展现代农业、促进增收致富、化解矛盾纠纷、保障安居乐业、推进美好乡村建设等加强服务，帮助群众和困难党员解决生产生活、增收致富中的实际问题，促进农村经济社会更好更快发展；社区党组织围绕创新社会治理、满足居民需求、融洽邻里关系等开展有效服务，着力建设文明和谐社区；机关事业单位党组织重点围绕服务中心工作、服务城乡基层、服务工作对象，扎实改进作风，创新服务理念，落实党员干部直接联系群众制度，争做服务型党组织建设的表率；非公企业党组织把服务的着力点放在引领发展方向、促进生产经营、凝聚员工群众、建设企业文化、维护各方权益等方面，努力成为企业的发展保障中心、人才培养中心、权益维护中心；社会组织党组织重点在团结凝聚群众、激发社会活力、沟通各方诉求、促进共同发展等方面提高服务水平，引导社会组织坚持正确政治方向，发挥提供服务、反映诉求、规范行为的作用；流动党员党组织重点围绕服务老乡、服务他乡、服务家乡，不断提高组织化程度，引导流动党员更好地发挥作用。

2. 优化组织设置，健全全覆盖的服务体系。适应经济结构、产业布局、党员流向、群众需求等变化，坚持“行业相近、地域相邻、活动便利”的原则，突出重点领域和薄弱环节，调整优化基层党组织设置，实现党的组织和服务有效覆盖。在按地域、单位设立党组织的基础上，积极创新符合现代农业特点的设置方式，进一步推动村村、村企、村社（居）等联建党组织，在农民安置小区、农民专业合作社、专业协会、产业链等全面建立党组织。推行在片区（邻里）、楼栋、外来创业者群体和流动党员集中点建立党组织，探索在志向相投、兴趣相近、活动相似的社区居民群体中建立党组织，构建纵向到底、横向到边的城乡社区服务网络。采取区域联建、行业统建等方式加大在非公有制企业和社会组织中组建党组织力度，重点推进各类合作经济组织、重点企业单独组建党组织工作。探索建立网络党组织，通过党务平台、QQ群、微博客、微信等开展党的活动，拓宽党建工作网络阵地。有序调整基层组织的隶属关系，健全完善条块结合的基层组织管理体系。全面推进区域化大党建，探索建立以街道、社区党组织为主导、各方面力量广泛参与的区域性党组织，深化以党组织带动、工青妇及综治、自治、社会组织于一体的“大组织”建设，完善区域共建机制，科学划分服务网格，调整优化责任单位，做到有群众的地方就有党组织提供服务。

3. 提升服务能力，建设高素质的服务队伍。着力建设基层党组织书记、党代表、党员志愿者、党务工作者等骨干队伍，示范带动全体党员开展服务。加强基层党组织领导班子建设，突出党组织书记这个核心，创新选拔培养机制，选拔党性强、能力强、改革意识强、服务意识强的党员担任党组织书记。注重选派机关和企事业单位党员干部到村（社区）任职挂职或担任“第一书记”，构建各领域基层党组织负责同志实训基地，加强基层党组织书记教育培训和监督管理，引导他们提高为民服务本领。发挥党代表联系服务群众优势，组织党代表依托各级党代表工作室经常性收集诉求、履职尽责、开展服务。加强党员志愿者队伍建设，围绕群众所想和民生所需，结合党员工作岗位、特长及个人意愿开展服务，促进党员志愿服务活动长效化、规范化、品牌化。加强党务工作者队伍建设，配强镇（街道）党务工作力量，充实机关、事业单位专职党务工作者，加大“两新”组织党务工作者培训力度，引导他们做好本职工作、履行服务职责。加强党员队伍建设，大力实施党员干部素质提升工程，做好党员发展工作，注重提升发展质量，扎实开展“党性教育、技能培育”的“双育”活动，注重把党员培养成服务骨干，严格党员日常教育管理，促使他们保持先进性和纯洁性。深入开展宗旨意识教育，引导基层党员干部增强服务意识，改进工作作风，密切联系群众，主动服务群众。组织各类专业技术人才和实用人才开展服务，培养群众服务骨干，以党组织服务引导群众参与服务、自我服务、相互服务，在全社会形成崇尚服务的良好风尚。

4. 完善服务平台，建设高标准的服务阵地。全面深化各级各领域党群综合服务中心建设，扩大开放度、提高利用率，搭建运行机制健全、服务功能完善、资源有效整合的公共服务平台。在农村深入推进“四有一责”建设，组织涉农部门和乡镇站所进驻村级党群综合服务中心设立办事窗口，推进为民服务全程代理。在街道社区不断深化“三强一化”（整合功能强、承载功能强、服务功能强，管理信息化）建设，普遍实行“一委一居一站一办”管理模式，深化扁平化管理，开展“公益创投”活动，整合和优化各类组织和公益机构的服务资源，积极推广“社区+社会组织+社工”的“三社联动”模式，推动公共服务下沉延伸，全面提高社区服务效率和管理水平。在窗口单位和服务行业持续开展争创群众满意窗口服务单位、争创人民满意基层站所活动，普遍推行“三亮三比三评”（亮标准、亮身份、亮承诺，比技能、比作风、比业绩，群众评议、党员互评、领导点评）和“承诺践诺”，设置党员服务岗、党员责任区，简化办事程序，优化服务流程，打造更多服务示范窗口。在“两新”组织深化“先锋公益伙伴”活动，深入探索“两新”党组织公益化、项目化、社会化服务模式。各类企事业单位都应建有党群服务中心（站、点）或得到区域内党群服务中心的有效辐射，为开展服务创造条件。着力优化升级网上为民服务平台，拓展市基层党务管理综合服务平台、区非公企业党建之窗等网络平台服务功能，依托党建网站、远程教育网络和党员干部手机信息系统，有效整合网络服务资源，推进信息互通、互动共享，助推基层“大组织”为民服务创新，切实增强运用网络宣传政策、汇集民意、服务群众的能力。

5. 创新服务载体，打造有特色的服务品牌。围绕群众多样化需求，改进基层党组织服务群众的方式方法。分层分类开展为民服务主题实践活动，以领导干部下基层“三解三促”（了解民情民意、破解发展难题、化解社会矛盾，促进干群关系融洽、促进基层发展稳定、促进机关作风转变）、机关党组织“三走进三服务”（走进农村、走进社区、走进企业，服务发展、服务基层、服务群众）、基层党员干部“三代三帮”（开展民意代言、事务代办、便民代理，帮群众反映诉求、帮群众解决问题、帮群众兴办实事）和机关、村（社区）、企业“三方结对共建”为主要内容，推动各种服务群众活动载体有机融合、相互促进，形成上下贯通、各方联动的直接联系群众机制。深入推进网格化管理、组团式服务，科学划分服务网格，大力推行“一网格+一党小组”模式，积极组建以党员为核心的网格服务团队，设置“党员服务区”，实施“党员中心户”制度，开展“党员示范户”争创，立足群众需求开展身边服务，努力实现服务动态化、全覆盖。全面推行在职党员到居住地社区报到，建立健全在职党员特长信息库，以党员志愿者为基础，凝聚、组织和引领各类群团组织服务队伍、社会组织、义工队伍，构建成“党员志愿者+社工+义工”的志愿服务模式。加强社情民意“直通车”建设，着力打造“12345”政府公共服务热线、“71580”企业服务热线、网络“书记工作室”、“两代表一委员”社区民情工作站等服务平台，积极推行“党群15分钟公共服务圈”“社情民意大收集”和“代表委员访民情”等做法，努力建设一批有影响力和示范性的特色服务品牌。

6. 完善制度建设，形成长效化服务机制。加强以服务为导向的制度设计，建立健全科学长效、保障有力的工作机制。全面构建党群联动的服务运行机制，深化党群共建，通过党组织示范带动，推动群众组织、自治组织、社会组织开展服务，协调面向基层的公共服务、市场服务和社会服务，构建以党组织为核心、全社会共同参与的服务格局。建立健全务实高效的服务推进机制，健全民意采集、首问负责、服务承诺、限时办结、情况报告、信息反馈等工作制度，从群众意见和问题的收集、整理到办理、反馈，形成具体化、标准化的操作规范和服务流程。健全完善结对帮扶机制，总结推广“三方结对共建”等做法，通过为结对党组织提供帮扶支持，进一步提升城乡基层党组织整体服务能力。要健全完善党内关爱机制，通过加强党内激励、关怀和帮扶，有效激发基层党员干部活力和动力，提高基层党组织的凝聚力。

四、组织领导

各级党组织要把建设基层服务型党组织作为当前和今后一个时期创新基层党建工作的总抓手，结合开展“基层建设深化年”和“作风建设深化年”活动，加强统筹协调，积极探索实践，狠抓工作落实，确保取得实效。

1. 加强领导，落实责任。坚持“书记抓、抓书记”，健全并落实基层党建工作责任制，完善党委统一领导、组织部门牵头协调、行业系统具体指导、有关部门密切配合的工作格局，形成推进基层服务型党组织建设的整体合力。各党（工）委要结合本地区本单位实际，制定具体实施意见，细化政策措施，搞好组织协调，指导探索创新，破解工作难题。镇（街道）党（工）委要加强自身建设，发挥示范带动作用，抓好村（社区）服务型党组织建设。区级机关部门党（工）委要制定相应的实施办法，并同地方党组织密切配合，帮助基层解决实际困难。各级党员领导干部要建立基层服务型党组织建设联系点，经常深入基层调查研究、指导工作。要坚持把基层服务型党组织建设与全面深化改革结合起来，与完成本地区本单位中心任务结合起来，做到统筹并举、相互促进。

2. 结合实际，分类指导。要坚持从实际出发，根据不同类型党组织的功能定位、具体特点和工作基础，加强分类指导，提出切合实际的具体目标和工作措施。针对不同地区、不同领域、不同层次的不同情况，找准需要解决的突出问题，重点解决组织设置是否合理、服务阵地是否健全、服务机制是否完善、经费保障是否落实，以及基层党组织和党员干部宗旨意识牢不牢、工作作风好不好、服务能力强不强等问题，以重点难点问题的突破带动整体工作不断提升。

3. 强化督查，严格考评。把服务型党组织建设纳入落实党建工作责任制和“三级联述联评联考”的重要内容，建立并落实党委书记述职评议考核制度，每年认真组织开展专项述职和评议考核。要根据简便易行、务实管用的原则，建立以群众满意为根本标准的基层服务型党组织建设绩效评价体系和考核办法，组织群众对基层党组织和党员干部的服务意识、服务水平、服务成效进行评价，加大窗口单位和服务行业群众评议力度，扩大群众对基层党组织和党员干部服务评价的权重。加强对考评结果的综合运用，将考评结果与干部选用、党内表彰、基层党建资源配置相挂钩，作为对党组织工作业绩评价的重要内容。

4. 面向基层，完善保障。坚持重心下移、力量下沉，坚持上下联动、多方配合，进一步完善和落实相关政策措施，加大资金、人才等各类资源向基层倾斜和投入力度，支持基层党组织更好履行服务职责。建立稳定规范的经费保障制度，村（社区）党组织工作经费纳入财政预算，完善村级组织运转和基本公共服务经费保障，多渠道解决“两新”组织党组织工作经费，完善基层党建工作专项经费制度，建立合理稳定的增长机制。各系统各部门给基层安排任务，要坚持权随责走、费随事转，提供相应的资金和资源，并以基层党组织为主渠道落实到位。真心关爱基层干部，健全离任村干部生活困难补贴最低标准正常增长机制，按规定全面落实基层党组织书记和其他基层干部报酬待遇及社会保障待遇，探索提高村（社区）党组织书记编制待遇的新途径和建立“两新”组织党组织书记岗位津贴制度，有效拓展村、社区干部的成长空间，使基层干部有资源有能力有动力为群众服务。

5. 典型引领，示范推动。各级党组织要善于发现和培育典型，充分发挥先进典型在建设基层服务型党组织中的引领带动作用。要挖掘一批叫得响、立得住、群众公认的先进典型，为基层党组织树标杆、作样板。尊重基层首创精神，鼓励基层立足实际积极探索，及时总结经验，加大推广力度，用基层经验推动基层工作。充分运用各类媒体，大力宣传基层服务型党组织建设的好做法好经验，加强对基层党员干部的正面宣传，形成良好的舆论导向。

中共锡山区委　锡山区人民政府
关于加强和创新社区治理工作的意见

锡发〔2014〕22号

（2014年11月28日）

按照党的十八届三中全会关于积极创新社会治理体制、提高社会治理水平的总体要求，根据省、市有关文件精神，为进一步创新社区治理体制机制，切实增强社区服务效能，着力提升群众生活满意度，结合我区实际，制定本意见。

一、指导思想

深入贯彻落实党的十八大和十八届三中、四中全会精神，紧紧围绕全区率先基本实现现代化的总目标，以党的群众路线教育实践活动为契机，以群众满意为目标，以民主自治为社区治理核心、扁平化管理为社区治理机制、多元化参与为社区治理架构、社会化服务为社区治理内容、智慧化社区为社区治理手段以及区域化党建为社区治理的组织保障，全面构建以善治为理念的社区治理体系，为建设富强美丽和谐幸福现代化新锡山奠定基础。

二、基本原则

（一）以人为本，服务群众。把服务居民、满足居民生活需求、提高居民生活质量作为工作的出发点和落脚点，把加强和创新社区治理同满足人民群众意愿和需要紧密结合起来，以强化服务提高治理实效。

（二）党政主导、多元参与。发挥党组织领导核心作用，加强基层政府、社区组织、市场主体和社会力量在社区治理过程中的平等协作，促进行政机制、自治机制和市场机制在社区层面的有效衔接，切实提高社区协同治理水平。

（三）加强民主，强化自治。进一步厘清行政事务和社区自治事务的职责边界，完善居民自治机制，强化社区自治功能，提高群众在基层民主实践中的自我管理水平，推进基层民主政治建设。

（四）依法办事，分类指导。严格遵循有关法律、法规和规章，确保社区各项工作依法开展；根据我区社区不同类型，因地制宜，探索创新，突出社区特色，形成以点带面、有序推进的良好局面。

三、工作目标

积极适应我区经济社会发展要求，着力完善社区治理工作体系，全面提高城乡社区建设水平。

——社区治理体制更加健全。在社区“一委一居一站一办”全覆盖的基础上，着力构建以社区党组织为核心、社区居（村）委会、社区事务工作站和社区服务中心、综治办、物业管理单位及其他各类社会组织和社区居民广泛参与的新型社区服务管理体制。

——社区居民自治更加深入。扎实推进社区居民自治制度化、规范化、程序化建设，扩大居民参与，保障居民民主权利，提高社区居民自治水平。

——社区服务体系更加完善。切实增强社区服务功能，居民对社区服务满意率不断提高，城乡基本公共服务均等化局面逐渐形成。社区社会组织健康有序发展，服务能力不断增强。

——社区文化生活更加丰富。积极推进社区文化建设，广泛开展形式多样的社区文化活动，全面建成文化共享工程社区基层服务点，拓展社区文化活动室等文化设施的服务功能，提升社区公共文化服务能力。

——社区社会秩序更加稳定。全面加强社区社会治安综合治理，深入推进平安社区建设，构筑社区治安防控体系。

四、工作内容

（一）完善社区治理体制协同化

1．坚持党建引领。健全和优化社区党组织设置，充分发挥社区党组织推动发展、服务群众、凝聚人心、促进和谐的领导核心作用。创新社区治理体制，建立社区党建工作联席会议制度，以共同需求、共同利益、共同目标为纽带，组织社区居（村）委会、社区事务工作站、综治办、业主委员会、物业公司和驻区单位等，研究社区共治事项，协商社区公共议题，解决社区重点难点问题。推进服务型社区党组织建设，健全在职党员到社区报到机制，鼓励流动党员参加社区组织生活，大力开展社区党员志愿服务、结对帮扶等活动，充分发挥党员在社区服务管理中的模范作用，带动社区居民广泛参与社区自治和服务活动。

2．推进政社互动。着力推进政府行政管理方式创新，初步形成政府调控同社会协调互联、政府行政功能与社会自治功能互补、政府管理力量同社会调解力量互动的统筹城乡发展的“政社互动”的行政管理新格局。全力厘清基层政府与自治组织的权责关系，明晰“行政权力”与“自治权利”的界限，全面清理社区居（村）民委员会依法履行职责事项和协助政府工作事项，为社区“定责、还权、赋能”。实行社区工作“准入制”，通过规范工作事项进社区，依法明确社区工作职责，有效克服基层自治组织行政化倾向。2014年在全区范围内全面开展“政社互动”工作，力争覆盖面达到80%；2015年实现全区全覆盖。

3．实行社经分设。按照社区公共服务和社会管理改革的要求，逐步分离社区发展经济的职能，将集体资产的经营管理归位于集体经济组织。按照产权清晰、权责明确、政企分开、管理科学的现代企业制度要求，逐步推进社区和股份合作社机构分离、人员分离、办公分离及居民公共福利待遇和分红分离。加快推动现有的股份合作社从封闭的经济形态向开放的运行模式转变，加快推进集体经济股份合作制改革，合理界定成员，明晰量化资产，搞好确权固化，健全内部法人治理结构，实行市场化经营，民主化管理，确保居民合法权益的享有。

4．理顺社区关系。建立新型的社区服务管理体制，不断完善“一委一居一站一办”新型社区服务管理模式，逐步理顺社区党组织、社区居（村）民自治组织、社区事务工作站、综治办、社区中介组织、社区志愿者组织及社区物业管理机构的横向关系。突出社区党组织领导核心作用，定期组织社区居（村）委会、业主委员会、物业公司和集体经济组织（股份合作社）以及其他驻区单位等讨论本社区重要工作事项，研究解决重点难点问题。社区居（村）委会要指导和监督社区内社会组织、业主委员会、物业公司开展工作，及时调解矛盾纠纷，维护各方合法权益。

（二）创新社区管理机制集约化

1. 深化扁平化管理。全面落实社区扁平化管理“一岗多能、分片包干、信息共享”三项机制。进一步细化社区分片包干机制，社区工作人员对于本包干区内的重点服务对象，做到“六必访”（即贫困家庭、孤寡老人、残疾居民、大病重病家庭、下岗失业人员、信访户六必访），建立以群众满意率为导向的工作评价反馈机制，切实将入户走访做到位，将服务管理做到位；切实从居民最迫切、最现实的服务需求出发，不断拓展服务领域和项目，优先办好面向老年人、残疾人、优抚对象、社会贫困人群的各种福利服务项目。面向全体居民群众的生活需要，积极兴办各种便民利民项目，实现服务项目人本化；明确事务权责，规范办事流程，规定服务时效，缩短信息传递时间，提高服务效能，实现服务程序标准化；加强对一些涉及专业化、职业化较强的服务内容的服务人员职业道德、服务技能的培训工作，不断提升从业人员素质和服务水平，实现服务内容专业化。

2. 实施属地化管理。坚持属地管理的原则，建立“户籍随房走、股权跟人走、福利在住地、管理归属地”的社区管理机制，尽快实现安置居民股份分红在原集体经济组织享受，民主权利在属地社区享受。全面清理安置小区的“人户分离”户籍，推进“人户分离”居民户籍迁入社区，党组织关系转入社区，由属地社区对居民提供统一的公共服务和社会管理。

3. 强化社区综治管理。加强流动人口和特殊人群的服务管理，建立健全实有人口动态管理机制。大力推广“平安先锋工程”，建立党员维稳信息员、治安巡逻员、矛盾纠纷调解员、社工服务员等队伍。深入推动“红袖标”工程，不断壮大群防群治队伍，充分发挥群防群治队伍的作用。加快推进社区安全技防建设，努力提高社区安全技防工作智能化、网络化水平。完善应急处置机制，提高社区应对突发事件、群体性事件的能力。

（三）推进居民自治民主化

1. 增强自治功能。社区居（村）委会要组织居民依法开展自治，宣传宪法、法律、法规和国家政策，开展社会主义精神文明建设，教育居民遵守社会公德和居（村）民公约，依法履行应尽义务；召集社区居（村）民会议或居（村）民代表会议，办理本社区公共事务和公益事业；兴办各类服务事业，开展社区便民利民服务和社区互助、志愿服务；组织居民积极参与社会治安综合治理，及时化解社区矛盾，促进家庭和睦、邻里和谐、民族团结、社会稳定；管理本社区居（村）委会财产，推行居（村）务公开；依法协助基层政府或其派出机构开展工作，及时反映居民的意见、要求，提出相关建议；组织居民有序参与涉及切身利益的公共政策听证活动，对政府机关及其工作人员、驻社区单位以及公共事业单位的服务情况进行评议和监督。

2. 健全民主机制。进一步健全社区党组织领导的充满活力的社区居民自治机制，推广社区党员或党员代表议事制度，完善民主决策制度，凡涉及居民利益的重要事项，由居（村）民会议或者居（村）民代表会议讨论决定。完善民主管理制度，实行社区“两委”任期目标责任制，引导居民依法参与社区事务、财务和集体资产等方面的管理。完善民主监督制度，定期开展社区“两委”成员述职评议。完善民主选举制度，规范社区民主选举程序，稳步扩大社区居民委员会直接选举覆盖面，全面推进居（村）民自治制度化、规范化、程序化。加强基层协商民主建设，推动社区广泛开展平等对话、相互协商、规劝疏导等协商活动，健全民情恳谈、社区论坛、社区评议等对话机制，推进基层民主协商制度化、规范化和程序化。

3. 扩大公众参与。发挥社区居（村）委会在社区治理中的基础作用，引导和组织居民群众参与公共事务，畅通群众参与社区治理的渠道，激发群众参与热情。鼓励社区居民献计献策、投工投劳，积极参与社区建设。培育各类社会组织，发挥它们在协调利益关系、反映群众诉求、服务群众需求等方面的积极作用。

4. 推进减负增效。凡属于基层政府及其职能部门、镇（街道）职责范围内的事项，一律不得转嫁给社区；凡依法应当由社区协助的事项，要为其提供必要的经费和工作条件；凡委托社区办理的有关服务事项，要实行“权随责走、费随事转”。凡未经过审批进入社区（村）的项目，社区（村）有权拒绝。大力压缩社区台账，规范检查评比、创建达标和挂牌、盖章等事项。各部门要充分利用社区综合信息系统，改变工作、检查和考核方式，实行台账电子化，减轻社区负担。对全区各级各部门延伸到社区的工作事项，同级社区治理工作领导小组要统一把关、统一整合，减少社区重复劳动和资源浪费，提升社区服务效能。

（四）深化社区服务社会化

1．搭建“三社联动”发展平台。着力构建政府、社会组织、专业社工共同参与、群众受益的新平台。社区要为社会组织和社会工作专业人才开展专业化和社会化服务提供必要的场所和条件，加强社区“三社联动”基础设施平台建设；按照“规范基础型、提升援助型、做优特色型服务项目”的原则，加强社区“三社联动”服务体系平台建设；实行“社工+义工”“项目+基地”“动态+常态”的工作模式，使服务组织和服务基地有机结合，加强社区“三社联动”多元参与平台建设，为实施社区“三社联动”提供基础保障。

2．提升社区服务能力。做好社区公共服务，依托社区综合服务设施和专业服务机构，认真做好涉及居民切身利益的劳动就业、社会治安、公共卫生、计划生育、社会保险、社会救助、文体教育等工作，推进社区公共服务均等化；发展便民利民服务，优化社区商业结构布局，鼓励和支持各类组织、企业和个人兴办社区服务业，不断完善社区社会化服务网络；拓展志愿互助服务，鼓励并组织社区居民和驻区单位开展社会捐赠、互帮互助等社区志愿服务，推行社区志愿者注册登记制度，力争到2015年，80%以上的社区党员和30%以上的社区居民参与社区志愿服务活动，城市和农村的社区志愿者注册率分别占居民人口15%以上、10%以上。

3．培育社区社会组织。大力发展社会组织，降低社区社会组织准入门槛，优先发展和重点培育服务性、公益性、互助性的社区社会组织，推进政府向社区社会组织购买服务力度。坚持社区服务项目化运作，探索引入第三方质量评估机制，积极开展公益创投工作，形成政府购买、社会资助等资金来源的多元化。鼓励和支持各类社会组织、企业和个人兴办社区服务业，满足城乡居民多样化、个性化需求。到2015年，平均每个城市和农村社区拥有社会组织数分别不少于10家、5家。

4．夯实社工队伍建设。积极吸纳社会工作专业人才从事社区工作，鼓励社区工作者参加全国社会工作者职业水平考试，取得社会工作师资格证书，不断提高专业化水平。深入推进社区工作者“提质增能”工程，建立和完善社工评价、使用和激励等机制，到2015年，全区社工站人员岗位培训合格证持证率达100%。关心社区工作者成长进步，积极探索从优秀社区党组织、居（村）委会成员和社区专职工作者中，考录公务员和选任镇（街道）机关、事业单位领导干部的有效途径。

（五）强化保障机制标准化

1．优化社区布局规模。根据城市发展的前瞻眼光和城市发展的管理理念，结合城市总体规划和区域功能，科学编制社区建设整体规划，按照便于管理、便于服务、便于居民自治的原则，对社区进行合理划分和布局。对镇（街道）、社区两个层级的公共服务设施进行合理配置，大规模集中居住区可通过建立睦邻中心统筹安排各类服务资源。

2．加强社区基础设施建设。将社区工作用房和服务设施纳入城乡建设规划、土地利用规划和社区发展专项规划，加大建设力度，完善服务功能。新建住宅小区要按照相关标准，建设集办公、服务、管理、活动为一体多功能布局的社区服务中心，为居民提供综合性服务，并配备一定数量的配套商业服务用房，用于出租经营，所得收入专项补充居委会日常运转经费。把好社区工作用房和居民公益性服务设施的规划、建设和验收等关口，确保社区工作用房和居民公益性服务设施依照法定程序配套到位。对已建成的住宅小区不达标的，通过新建、购买、置换、改造、扩建等方式予以解决，不断完善社区办公服务设施。

3．推进社区信息化建设。将社区信息化纳入信息化建设总体规划，充分利用现有信息网络资源，按照“一处固定场所、一套信息设备、一名信息员、一套管理制度、一个长效机制”的基本要求，建立覆盖全区城乡社区的综合服务管理信息平台。依托“无锡市社区管理服务综合信息平台”建立多方联动的支撑机制，实现各类信息资源的互联、互通、共建、共享，使管理更加高效，办事更加便捷，服务更加优质。探索“政府主导、企业主体、社会参与、市场运作”的模式，推动大数据服务应用，构建设施智能、管理精细、服务便捷、环境宜居的“智慧社区”。

4．加大社区经费投入力度。加大对社区建设经费投入力度，将社区党组织、社区居（村）委会和社区事务工作站、综治办的工作经费、培训经费、人员报酬、服务设施及社区信息化建设等经费纳入同级财政预算。积极争取驻区单位和社会各界对社区建设的支持，引入民间资本，利用社会力量，发展社区社会化服务，逐步形成社区建设多元化投入格局。加强社区经费管理，实行专款专用，不得挪用、挤占、截留，并定期向居民公开使用情况，接受居民监督。

5．深化社区共驻共建机制。建立社区党组织、社区居（村）委会、驻区单位联席会议制度，定期研究资源共享、社区共建等事项。积极推进驻区单位将文化、教育、体育等活动设施向居民开放，推动社区服务性、公益性资源共建共享。有关部门要把驻区单位履行共驻共建义务情况纳入考核内容，在评比表彰时主动听取社区党组织、社区居（村）委会和居民群众意见。

五、保障措施

（一）加强组织领导。成立区社区治理工作领导小组，由区委、区政府领导任组长，统一行使社区治理的规划、建设、检查、指导、协调等职能，对社区治理工作进行全面推进。领导小组下设办公室，负责社区治理日常的统筹、协调等工作。

（二）形成共治合力。各级各部门要高度认识社区治理工作的重要性和必要性，明确目标，各司其职，注重协调配合，统筹有序推进，形成工作合力。要创新党建工作机制和方法，把专业社工培养纳入人才队伍建设；要指导社区积极开展文明社区创建，营造良好的社会风尚；要指导社区开展党务、居务、财务等信息公开；要充分发挥牵头引导作用，探索社区治理途径；要积极发挥综合治理作用，推进平安社区建设；要做好社工站工作人员的招录、培训及管理等工作；要指导社区开展人口信息、人口综合服务管理和计划生育工作；要加强业主委员会组建指导，加大对物业公司的规范化建设和监管力度，大力支持社区治理工作。

（三）强化工作举措。各地区要加强调查研究，及时总结推广基层实践经验，认真分析城乡社区治理工作中出现的新情况、新问题，提出有针对性的对策措施，确保工作稳步推进。各级党（工）委、政府（办事处）及城乡社区治理工作协调机构要加大督查考核力度，抓好社区治理工作目标任务落实。对在社区治理工作中成绩显著的单位和表现突出的个人，要加大宣传、表彰和奖励力度，营造全社会关心、支持、参与社区治理的良好氛围。

中共锡山区委 锡山区人民政府
关于加快服务型政府建设的实施意见

锡发〔2014〕23号

（2014年11月28日）

为认真贯彻落实党的十八大和十八届三中、四中全会精神，切实转变政府职能，深化行政体制改革，创新行政管理方式，增强政府公信力和执行力，打造服务型政府，根据省、市《关于加快服务型政府建设的实施意见》精神，结合我区实际，现提出如下意见。

一、指导思想和总体目标

1．指导思想。高举中国特色社会主义伟大旗帜，以执政为民为宗旨，以职能转变为核心，着力解决群众路线教育实践活动中查找出来的突出问题，加强制度建设，为全面建设富强美丽和谐幸福现代化新锡山创造优良的发展环境。

2．总体目标。按照“一年重点推进，两年基本到位，三年优化完善”的要求，通过全面深化改革，切实提高政府驾驭市场经济和管理社会事务的能力，力争在2017年前建成职能科学、结构优化、廉洁高效、人民满意的服务型政府。

3．基本原则。坚持以人为本、执政为民，以促进社会公平正义、增进人民福祉为出发点和落脚点，努力提供更多更好的公共产品和公共服务，让发展成果更多地普惠于民。坚持简政放权、转变职能，正确处理政府与市场、政府与社会、政府层级间的关系，推进政府治理体系和治理能力现代化。坚持统筹兼顾、重点突破，在全面推进的基础上，突出解决群众反映强烈的现实问题。坚持实事求是、开拓创新，以改革创新精神研究新情况、谋划新思路，充分发挥各方面积极性。

二、切实转变政府职能

4．转变政府行政理念。以深入推进党的群众路线教育实践活动和“作风建设深化年”活动为契机，围绕“强化服务意识、增强服务效能、提高服务水平”主题，在全区政府系统开展更新行政理念学习教育活动，引导广大公务员把思想认识统一到党中央、国务院关于转变政府职能的最新要求上来，进一步消除全能行政、管制行政、封闭行政、指令行政的旧观念，牢固树立有限行政、服务行政、阳光行政、依法行政的新理念。

5. 理顺政府和市场的关系。优化对经济活动的服务，为市场主体培育发展创造良好环境，减少行政权力对微观经济活动的直接干预，充分发挥市场在资源配置中的决定性作用。加强市场监管，深化注册资本登记改革，实行统一的市场准入和退出制度，严禁各类不正当竞争、违法生产经营等行为。依据公平开放透明的市场规则，让市场主体在规范、高效、健全的资本市场、技术市场、土地市场、人力资源市场、商品市场和中介服务市场中实现资源配置的市场化、便利化、最优化，形成统一开放、竞争有序的现代市场体系。

6. 发挥行业协会和中介组织作用。进一步优化行业组织发展环境，推进政府转移职能和购买服务。大力培育发展社会组织，建立完善社会组织培育扶持（孵化）基地网络，实施行业协会商会类、科技类、公益慈善类、城乡社区服务类社会组织直接登记制度。健全行业组织法人治理结构，根据行业发展要求和社会群体的共性问题制定和实施行规行约，依据有关法律法规和政策，制定和执行质量规范和服务标准。引导和鼓励行业组织积极开展调查研究，向政府及其部门反映行业、会员诉求，提出行业发展和政府政策方面的意见和建议，参与相关产业发展规划及相关行政措施的研究、制定。2017年前基本形成政社分开、权责明确、依法自治的现代社会组织体制，基本形成统一登记、各司其职、协调配合、分级负责、依法监管的社会组织管理体制，为向社会组织、行业协会转移职能创造条件。

7. 加大政府购买公共服务探索力度。学习和借鉴先进城市政府购买公共服务的成熟做法，在园林绿化、环境卫生、教育培训、评价咨询、养老扶贫、公共交通、政府公共信息增值服务等领域，深入推进公共服务内容、产品及其提供机制的专业化、市场化与社会化改革，通过政府采购、定额补助、特许经营、政府参股、凭单等方式，将部分事务性、辅助性工作剥离出来，外包给企业和社会机构来承担、经营。编制年度政府购买公共服务清单和预算，建立健全公共服务外包业务招投标制度，强化绩效目标管理和资金管理，提高财政资金使用效益。

8. 加快社会信用体系建设。积极打造“诚信锡山”新形象，大力推进政务诚信、商务诚信、社会诚信和司法公信建设。重点依托全市企业信用数据库、个人信用数据库和“诚信无锡”网为支撑的“一库二网”建设，建立健全社会信用法规体系，有效构建守信激励、失信惩戒的联动运行机制，基本形成市场化的信用服务体系。加快推进落实政府领域应用信用产品的制度。

三、深化行政体制改革

9. 进一步改革政府机构。根据省、市统一部署，遵循精简统一效能原则，理顺部门职责关系，按照同一件事情由一个部门负责的原则，最大限度解决部门职责交叉、分散问题，确需多个部门负责的事项，要分清主次责任，明确牵头部门。稳妥做好工商、质监管理体制调整，推动食品安全监管职能整合和不动产统一登记职责整合。积极推动开发区、商务区体制机制创新，进一步完善工作绩效考核办法，充分激发开发开放园区的发展活力。按照下放管理权限、下移管理重心、加强服务和管理的思路，进一步明晰行政分级管理体制和相应的事权、财权和责权。

10. 加强重大决策调查研究。大兴调查研究之风，区政府每季度组织一次党组学习会，班子成员每年定期到基层镇（街道）、村（社区）开展调研，指导重点工作开展和重大问题化解，时间不少于 2 个月，开发区、商务区、各镇（街道）根据自身实际比照执行。建立政府重大决策立项调研制度，重大决策要先立项、先调研，正式决策时要形成详细的论证报告。注重发挥政府研究机构的职能作用，充实研究力量，利用高校和研究机构等各方面的智力资源，加强对宏观性、战略性课题的研究，提高决策的前瞻性和可操作性。

11. 全方位推进政务公开。深入实施政府信息公开条例，坚持以公开为常态、不公开为例外原则，主动、及时、规范、准确公开财政预算决算、重大建设项目批准和实施、社会公益事业建设等领域的政府信息，定期公开区级政府、部门和 “三公” 经费预决算。抓好重大突发事件和群众关注热点问题的公开，及时回应社会关切，正确引导社会舆论。进一步完善政府信息依申请公开、保密审查和监督保障等措施，认真做好涉及政府信息公开的举报投诉、行政复议、行政诉讼等工作。加强新闻发言人制度建设，建立重要政府信息及热点问题定期有序发布机制。充分发挥政府网站在政府信息公开中的主平台作用，积极探索利用微博、微信等新媒体及时发布各类权威政府信息。

12．完善行政决策责任制。建立重大决策终身责任追究制度及责任倒查机制，按照“谁决策、谁负责”的原则，强化对决策权的重点监控，对决策严重失误或者依法应该及时作出决策但久拖不决造成重大损失、恶劣影响的，依法进行责任追究。建立行政决策考核制度，每年组织对开发区、商务区、各镇（街道）以及区行政管理部门的行政决策是否合法、行政决策程序是否规范、行政决策是否存在过错等内容进行考核，对考核中发现的问题根据管理权限进行依法处理，及时进行整改。

四、积极推进依法行政

13．建立依法决策机制。完善深入了解民情、充分反映民意、广泛集中民智、切实珍惜民力的决策机制，推进决策科学化民主化。把公众参与、专家论证、风险评估、合法性审查、集体讨论决定确定为重大行政决策法定程序，确保决策制度科学、程序正当、过程公开、责任明确。凡是事关经济社会发展全局，事关人民群众切身利益的重大事项，在决策之前必须广泛听取社会各方面的意见，并在决策执行中和执行后及时充分掌握信息，努力保证决策的科学性。推行重大行政决策听证制度和专家咨询制度，进一步提高决策水平。修改区政府工作规则，完善区政府民主集中制，充分发挥班子整体合力。健全集体研究以及公示、听证和专家咨询论证制度，坚持重大事项尤其是重大决策出台前向人大报告和向政协通报制度。

14．加强行政决策合法性审查。积极推行政府法律顾问制度，建立政府法制机构人员为主体、吸收专家和律师参加的法律顾问队伍，保证法律顾问在制定重大行政决策、推进依法行政中发挥积极作用。建立行政机关内部重大决策合法性审查机制，未经合法性审查或经审查不合法的，不得提交讨论。坚持立、改、废相结合，健全规范性文件起草、论证、协调、审议机制，开展规范性文件的后评估工作，进一步做好政府规范性文件清理工作。

15．规范行政执法行为。按照减少层次、整合队伍、提高效率的原则，合理配置执法力量，建立权责统一、权威高效的行政执法体制，探索镇（街道）实行综合执法的有效途径，推进跨部门、跨行业综合执法，着力解决权责交叉、多头执法问题。围绕社会关注的热点难点，进一步加强食品药品、环境保护、劳动保障、安全生产等重点领域的执法工作。开展集中治理公共服务行业乱收费专项行动，进行拖欠群众钱款、克扣群众财物专项整改。完善行政执法程序，建立执法全过程记录制度，严格规范和约束自由裁量行为，减少执法的随意性，杜绝“以罚代管”“以罚代法”现象，防止权力滥用。全面落实行政执法责任制，加强执法监督，建立政府法制层级监督与行政监察联动工作机制，完善重大行政处罚、行政许可备案制度。

五、创新行政管理方式

16．科学配置行政管理资源。推进综合公共服务体系建设，按照全市统一部署，推进“一办三中心”（政务服务管理办公室、政务服务中心、公共资源交易中心、政府公共服务热线受理中心）体系建设，将本级部门所有审批事项集中到各级政务（行政）服务中心，实现行政权力网上公开透明运行。健全完善政府采购管理制度，科学调整和补充政府集中采购目录和限额标准，规范高效开展政府采购。优化政府热线工作机制，推动区级各类公共服务热线的整合、融合、联合，提高“12345”政府公共服务热线、“71580”服务企业区长热线运行管理水平。健全和完善企业政策服务体系，梳理整合现有资源，在政府门户网站上构建企业扶持政策综合办理平台；同时，利用网站和服务热线，为企业提供权威、及时的政策咨询服务。

17．深化行政审批制度改革。公布区本级政府行政权力清单，以“减、转、放、免”为方向，进一步承接好上级下放的行政审批事项、清理精简区本级行政审批事项、继续下放一批行政审批事项，实现“目录之外无审批”。贯彻落实投资审批负面清单管理制度，逐步扩大负面清单服务领域，清单之外领域市场主体均可依法平等进入。建立政府专项资金管理清单，改革资金支持方式，逐步减少、退出竞争性领域的无偿支持政策。全面清理行政事业性收费，2014年底前公布新的行政事业性收费和政府性基金目录清单并组织实施，实现“目录之外无收费”。再造优化行政审批（服务）流程，加快组织编制“套餐式”服务指南，成立行政审批中介服务超市，推行企业设立登记“一站式”服务和基本建设项目“并联审批”，最大限度地减少预审和前置审批环节，进一步提高审批效率和服务效能。

18．提高政府运转效率。优化机关公文流转程序，提高公文流转效率，公文办理期限一般限定在30个工作日以内。严格控制会议活动数量、规模和时间，除区委常委会议、区政府常务会议研究确定的重要会议以外，其他会议一律不以区政府名义召开。进一步压减各类文件和简报资料，对未经区委办、区政府办备案核准的简报资料一律不予办理。从严控制创建达标检查评比表彰和各类节庆、论坛、展会活动，对未经批准保留的活动一律取消。精减村（社区）台账，提高基层便民服务水平。着力加强督促检查工作，构建自上而下的督查责任体系。建立健全应急管理体制机制，及时修订完善各类应急预案，提高政府应对突发公共事件和抵御风险的能力。强化对政府部门自身的管理，规范奖惩办法，进一步完善绩效考核管理制度。

六、强化行为监督管理

19．加强廉政建设。深入开展党纪国法、廉政法规和从政道德教育。强化对权力运行的监督，各级政府和部门要自觉接受人民代表大会及其常委会的法律监督和工作监督，自觉接受人民政协民主监督，重视公众监督、舆论监督，加强行政监督和审计监督。完善权力运行制度和监督体系，将惩治和预防腐败要求体现到深化改革各项具体举措和制度建设之中。深化政府系统惩防体系建设，认真落实中共锡山区委《关于落实中共中央〈建立健全惩治和预防腐败体系2013～2017年工作规划〉的实施意见》，做好任务分解，落实责任主体，明确推进措施，强化督查考核，推动政府系统惩防体系建设任务落到实处。

20．强化行政效能监察。深入开展集中整治“中梗阻”专项活动，切实解决一些机关工作人员存在的履职不力、作风不实、效能不高、态度不好等现象。全面推行和落实首问负责制、公开承诺制，严格追究不作为责任。对重点岗位工作人员逐步施行勤政档案管理制度。全面推行基层站所公共服务标准化建设，实现公共服务和政风行风同步优化，打通服务群众“最后一公里”。强化厉行节约反对浪费，规范机关食堂和公车管理，严格执行公务接待管理规定、会议费管理办法、因公出国经费管理办法等支出管理制度，杜绝讲排场、相互攀比等不良风气。

21．完善财政审计监管。完善财政监督体系。强化财政“大监督”理念，加强对预算编制和执行情况的监督，推进监督关口前移，强化事前监督，逐步形成对预算执行情况开展实时分析监控。全面实现事前预警、事中监控和事后评估的全方位监督，确保财政资金的规范、安全和高效使用。强化纪检、监察、财政、审计等监管部门的协调配合，实现信息共享、成果共用，提高行政效能，着力形成共同参与、互有分工、相互协作、运转协调的行政监管机制。

22．加强组织领导。为保证建设服务型政府工作的顺利推进，成立锡山区建设服务型政府工作领导小组，由区长任组长，分管副区长任副组长，区政府有关部门主要负责同志为成员。领导小组下设办公室，由区政府办主任任主任，办公室成员由区级有关部门组成，具体负责建设服务型政府的指导、协调和监督工作。各地区、各部门要按照区政府建设服务型政府的统一部署，制订具体实施方案，分解目标任务，认真组织实施。

锡山区人民政府关于2014年度全区水利工作的意见

锡府发〔2014〕6号

（2014年2月21日）

开发区、商务区管委会，台创园管委会，各镇人民政府（街道办事处），区各办局，区各直属单位，驻区各条线单位：

为加快实现水利现代化，进一步提升水利基础设施建设水平，促进全区经济社会又好又快发展，现对2014年度全区水利工作提出如下意见：

一、指导思想

坚持以党的十八大精神为指导，深入贯彻落实科学发展观，围绕率先基本实现现代化、建设富强美丽和谐幸福现代化新锡山的总目标，大力推进水利现代化，把水生态文明建设作为推动水利改革发展和现代化建设各项工作的重要抓手，全面提高锡山水利的防洪保安、水环境保护、水资源保障、水生态维护和水利民生服务能力，确保全区安全度汛，努力争取尽早基本实现水利现代化。

二、目标任务

2014年，全区计划完成水利工程项目（不包括区级以上投资项目）建设55个，总投资约12172万元，其中完成新（改）建防洪三闸2座，排涝泵站3座，加高加固堤防4公里，新（翻）建护岸12公里；修建防渗渠道40公里，翻建灌溉站20座，新增节水灌溉面积666.67公顷。继续推进河道综合整治，完成河道综合整治80条。进一步严格水资源管理，计划完成节水型载体建设项目5个。着力推进水利工程管理养护，在做好区级以上重点水利工程达标管理的基础上，进一步提升全区所有排涝站、防洪闸、灌溉站及圩区河道堤防的管护水平，确保全区各级水利设施长期稳定运行，持久发挥效益，确保安全度汛。

三、工作重点

（一）以保障经济社会发展为中心，不断提升防洪减灾能力

1. 切实抓好防洪减灾的工程措施。根据《锡山区水利现代化规划》，对照50年一遇的防洪标准及20年一遇的排涝标准，按照“一次规划，分年实施”的原则，加快全区防洪减灾工程建设。一是继续推进圩区达标建设，在稳步推进万亩圩区达标建设的基础上，重点建设鹅湖串心圩、荡南联圩，东港小桥圩等中小圩区的提标建设；二是继续推进不设防半高地治理工作，各地可根据实际情况按照建圩、搬迁、局部填高三种处理方式加快推进，重点实施东港陈市老街、锡北联新低田下、羊尖袁家塘三处成片半高地的建圩设防工程；三是进一步研究望虞河西控负面影响消除工程及望虞河除险加固工程，加大对上争取力度，确保朝最有利方向顺利实施。

2. 切实抓好防洪减灾的非工程措施。加强汛前检查、除险加固和河湖清障工作，严格落实以行政首长负责制为中心的防汛防旱工作责任制，修订完善各项防汛预案，细化应急响应机制，加强防汛物资储备工作，加强防汛抢险专业队伍建设，完善防汛信息系统，实现防汛防旱工作的规范化管理、信息化支撑、专业化抢险和社会化动员，全面提升对洪涝、台风等突发性自然灾害的应急处置能力。

（二）以完善生态文明建设为主线，深入推进水环境综合治理

3. 深入推进河道综合治理。以区政府《关于河道综合整治工程的实施意见》（锡府发〔2009〕41号）为依据，以“河长制”“片长制”管理为平台，各板块按照河道综合整治中排污口封堵、河道清淤、河容河貌整治、河道长效管理和护岸建设与河岸绿化五个方面的标准要求，加快实施河道综合整治，年内至少完成80条河道综合整治任务，并力争完成本轮河道综合整治任务。

4. 狠抓落实河道长效管理。以《区政府关于进一步加强全区市政公用设施养护管理的实施意见》（锡府发〔2013〕37号）为依据，以河道复验为抓手，坚持“一建就管、边建边管”的原则，加强河道管理，落实人员队伍、保障经费、管理措施，强化督查考核，建立健全河道水质监测、巡查、整改、通报工作制度，确保河道长治久洁；年内完成2012年度、2013年度全区综合整治验收合格河道的复验工作。

5. 切实加强调水引流工作。锡山城区要通过水利工程调度，进一步提升城区已建成封闭控制圈内的水生态环境质量；商务区要加快完善调水引流配套工程建设，完成芙蓉塘闸站工程，同时启动调水引流信息化工程建设，争取年内运行；其他有圩区的各镇（街道）要结合防洪排涝建设，合理布置闸站工程，在非防洪期间适当运行、合理调度，改善圩区内水环境质量。

6. 着力打造河道生态环境。以改善人居生活条件，提升水环境质量为目标，坚持河道整治与生态建设相结合，大力开展生态河道创建，采取控源截污、水体生态修复等措施，因地制宜推广生态护坡建设，实施水质、水体，岸上、岸下综合整治。各板块年内至少完成1条示范河道的创建，要通过不断美化河道生态景观，继续提升人民群众对河道综合整治的满意度。

（三）以农田水利建管结合为抓手，继续提升农田水利现代化水平

7. 继续推进农田水利基础设施建设。以发展高标准旱涝保收农田和高效节水灌溉工程为工作重点，以“中央财政小型农田水利重点县”项目为抓手，加强农田水利基础设施建设。按照“建一片，成一片，发挥效益一片”的原则，通过资金整合、集中投入、整体推进，打造高标准农田水利示范区。完成“中央

财政小型农田水利重点县”年度项目建设，确保羊尖镇、鹅湖镇、锡北镇及东港镇高标准农田建设任务的顺利完成。

8．不断强化农田水利设施管护。明确农田水利设施所有方、使用方、管理方的责任和义务，完善农田水利设施管护和考核办法，多渠道筹集落实农田水利设施管护资金。同时加强排灌队伍建设，一方面可通过业务培训、以老带新等方式提高现有灌溉队伍的业务水平，另一方面可根据实际情况，尝试服务外包，采取符合实际、效益最优的灌溉队伍建设举措，最终确保农田水利设施的健康安全运行，充分整合发挥好现有农田水利设施的最优效益。

（四）以严格水资源管理为重点，切实保障水资源合理配置

9．严格落实水资源管理制度，按照水资源“三条红线”的管理要求，实行用水总量控制，建立取用水总量控制指标体系，严格执行取水许可制度、用水计划制度、水资源有偿使用制度，加强水资源论证，根据区域水资源条件引导产业结构合理布局，加大地下水管理力度；实行用水效率控制，严格执行新建、改建、扩建项目节水设施“三同时”制度，促进企业加大节水减排技术更新改造力度，推进节水型社会建设，全年至少创建节水型载体5家；探索水功能区纳污红线管理，加强河湖水质监测，严格入河排污口设置前置审批，编制全区水资源现代化管理相关实施方案。

（五）以活水清障为支撑，扎实构建引排畅通的健康水系

10．继续推进水系新开调整。积极推进全区“四纵四横”骨干水系建设和小流域水系整治。以“通、流、畅”为目标，以整治老河、拓宽窄河、拆坝建桥、连通死水河、消除断头浜为主要内容，加大支流水系整治力度，全力疏通“毛细血管”，放大骨干水系的引排效应。努力争取上级尽早实施九里河及伯渎港张塘河沿线综合整治、望虞河除险加固工程，重点完成羊尖沈先浜北延工程，鹅湖黄塘河、五星河北段新开工程，东北塘农里河新开工程。梳理摸清人为束窄河道，阻碍河道畅通、减少河道过水流量的涵管、坝埂等障碍物，制定相应清障计划。

11．扎实落实河道轮竣工作。按照“先截污、后清淤”的原则，落实河道轮竣制度，提高河道蓄水灌溉、防洪排涝能力。年内完成张缪舍塘、红星联河支河、罗巷浜、新泾河等32条、约42万立方米的河道清淤轮竣工作。

四、保障措施

（一）加强组织领导。各级党委和政府要深刻领会党的十八届三中全会明确的深化水利改革的总目标，充分认识水利工作的重要性，把水利现代化建设工作摆在重要议事日程，强化关键、突出重点，着力推进水行政管理职能转变，加快水生态文明建设，提升水利工程建设管理规范化水平，研究制订进一步加强水利工程建设管理工作的相关意见，深化水利工程管理达标建设，创新农村水利发展机制。全区各级各部门要坚持改革精神、强化改革动力，明确目标、分解任务、落实责任，通过加强协作配合形成合力，竭力推进我区水利现代化建设水平迈上一个新的台阶。

（二）加强工程建管。建立健全建管并重机制，加快推进水利工程“代建制”，重大水利工程原则上由区重点办代建。项目建设要进一步规范项目法人责任制、招标投标制、建设监理制、质量终身负责制、工程审计制和竣工验收制。加强项目法人和监理业务的行业指导，严格审查签订各项合同，从严把关工程施工过程中的质量与安全体系，规范工程完工、验收的资料，建立健全“建设单位负责、施工单位保证、监理单位控制、政府部门监督”的质量保证体系，建立质量检查通报制度，把质量监督管理贯穿于工程建设的全过程。对辖区内水利工程项目安全生产做到每季度巡查，每月抽查，彻底杜绝安全生产隐患及漏洞。同时做好工程项目日常协调推进工作，确保工程正常进度。并要加强项目建成后的管护，在继续抓好望虞河工程、运东大包围工程达标管理的基础上，通过“以奖代补”手段，努力提高镇（街道）和村（社区）对水利工程管理的重视程度，推动全区各块面进行水利工程规范化管理，完善管护制度，健全管护队伍，明确管护责任，以管促建，以管代建，确保水利工程长期稳定的运行，持久地发挥其效益。

（三）加强资金保障。2014年是深化水利改革，加快推进水利现代化建设的重要之年，全区水利工程建设与管理工作任务还相当繁重，为保障水利现代化建设的顺利推进，进一步统筹全区防洪保安资金使用，实行区级专户管理，按各镇（街道）水利资金收支分户核算，实行区级报账制。区财政继续对除开发区、商务区、台创园外的各板块列入区重点建设工程的项目实行以奖代补政策，按工程审计价格的30%左右进行补助。为进一步加强水利工程管理，确保现有

水利工程效益的持久发挥，区财政及时足额保障水利工程管理资金。管理经费由区水利局根据工程管理需要，年初进行预测并纳入区级年度预算，年终根据考核情况统一进行核算。区发改、财政、水利、国土等相关部门要加强与上级对口部门的沟通衔接，积极争取上级有关部门在项目、资金、政策等方面的支持，努力缓解我区建设资金的压力。

（四）加强依法治水。继续深化水行政审批制度改革，优化流程，提高效率，全面实施水行政许可网上公开透明运行，服务好企业发展。同时，进一步提高水行政执法队伍的综合素质，完善巡查制度，加强执法力度，规范执法行为，进一步探索与水利现代化发展相适应的新型执法方式，将水行政执法工作与水利建设和水利管护工作有机结合起来，建立服务型水行政执法体系。

（附件略）

锡山区人民政府关于推进农村土地承包经营权确权登记试点工作中若干问题的指导意见

锡府发〔2014〕35号

（2014年5月29日）

开发区、商务区管委会，台创园管委会，各镇人民政府（街道办事处），区各办局，区各直属单位，驻区各条线单位：

去年以来，我区按照中央、省、市的统一部署，根据保持稳定、依法规范、民主协商、因地制宜的原则，扎实推动农村土地承包经营权确权登记试点工作，建立健全农村土地承包经营权确权登记制度，为全区面上农村土地承包经营权确权登记工作积累了一定经验。为稳妥推进农村土地承包经营权确权登记试点工作，进一步规范登记程序，妥善处理试点过程中出现的具体问题，现提出以下意见。

一、明确农村土地承包经营权确权登记试点工作的目标任务

（一）紧扣时序安排。在2013年度开展农村土地承包经营权确权登记试点的基础上，2014年度稳步扩大试点范围，全区城乡一体化先导示范镇（街道）整体推进，其他镇（涉农街道）选择1个以上村开展试点工作；2015年，全区各镇（涉农街道）按照市、区目标要求全面启动试点扩面工作；到2016年底前基本完成土地承包经营权确权登记工作。

（二）把握政策界限。农村土地承包经营权确权登记是对1998年农村土地二轮承包的规范和完善，是在已有承包资料的基础上补发、换发承包经营权证书，不是对原有承包关系的全面重新调整，除因原有承包关系严重不合理，集体经济组织成员一致同意作出调整外，严禁借机违法调整或收回原承包户承包地而影响农村社会稳定。

（三）明确试点范围。村民小组范围内土地全部被征用且人员按照相关政策进行安置的，以及村组整体开展“双置换”的，不再纳入承包经营权确权登记范围；对历史遗留问题严重、群众矛盾突出等暂不具备登记条件的村民小组，待纠纷和矛盾化解后，再开展确权登记。

（四）选择确权模式。承包经营权确权登记原则上采取“确权确地”的方式，在明确承包地块面积、确定地块位置的基础上，通过绘制承包地块地形图，健全“四至”档案；对符合政策的试点单位，也可采取“确权确利”方式落实承包经营权，或结合本地实际，选择“确权确地”“确权确利”两者相结合的方式进行确权登记。

（五）妥善解决矛盾。镇村两级要依托承包经营权纠纷仲裁委员会、承包经营权矛盾处理小组等机构，及时做好矛盾纠纷调解工作。凡农户矛盾纠纷一时无法化解的，暂缓发证，并在《土地承包情况调查表》备注栏中注明争议情况。引导当事人依法理性地反映和解决承包经营矛盾纠纷，通过协商、调解、仲裁和诉讼等渠道妥善化解。

二、规范农村土地承包经营权确权登记的操作流程

（一）家庭承包方式登记

1. 准备前期资料

收集整理承包合同、土地台账、登记簿、农户信息等资料，形成《土地承包情况调查表》。按照《农业部办公厅关于印发〈农村土地承包经营权确权登记试点工作规程（试行）〉的通知》（农办经〔2012〕19号）要求，充分利用国土“二调”资料作为调查和实测的基础工作底图。

2. 入户权属调查

根据基础工作底图和《土地承包情况调查表》，入户实地进行承包地块信息调查，并由农户在本村民小组承包土地工作底图上标注本户承包地块位置。农户对调查结果无异议的，在《土地承包情况调查表》和基础工作底图本户承包土地示意图区块内签字。对存在争议的地块，待争议解决后再登记。

3. 测量地块成图

根据地方实际以及群众要求，对承包地块进行测量和绘图。承包土地地籍草图绘制应以入户调查基础工作底图为依据，以组为单位绘制。

4. 公示审核

村、组土地承包经营权确权登记工作组审核《土地承包情况调查表》和承包土地地籍草图后，将土地承包情况登记信息录入全区农村土地承包经营权确权登记管理系统，同时根据地籍草图制作承包土地地籍图（电子版），并导入登记管理系统。村级利用登记管理系统导出土地承包情况登记公示表及承包土地地籍公示图，在村、组内公示7天。对公示中农户提出的异议，及时进行核实、修正，并再次公示7天；若一次公示时间内，无农户提出异议的，可不进行二次公示。二次公示后，由村、组上报镇（街道）。镇（街道）汇总并核对后上报区级人民政府。

5. 建立登记簿

区级农村土地承包管理部门委托镇（街道）农经部门按照统一格式，以村民小组为单位将土地承包经营权登记簿建立成册。村民小组农户的土地承包经营权登记簿可利用登记管理系统导出。土地承包经营权登记簿分为纸质、电子两种类型，其中电子版登记簿由镇（街道）农经部门上报区级农村土地承包管理部门备案，纸质版登记簿由镇（街道）农经部门妥善保管。

6. 完善承包经营权证书

在建立土地承包经营权登记簿基础上，农村土地发包方与承包方检查并完善《农村家庭土地承包合同》，符合变更、注销条件的，根据当事人申请，签订《农村家庭承包土地变更合同》。完善承包合同后，农户向区级人民政府提交《农村土地承包经营权证登记申请书》，申请补发、换发《农村土地承包经营权证》。发证时严格执行“发新证、缴旧证”的原则，对原有承包证丢失或因其他原因无法缴回的，承包户签订《申明书》，申明原承包证失效、废止。镇（街道）农经部门会同村组工作人员具体负责农户申请的受理工作，信息核对无误后，根据授权并按照有关规程就地打印《农村土地承包经营权证》，通过村级将证书颁发到户。

7. 建立农村土地承包经营权管理系统

镇、村两级将登记过程中形成的影像、图表和文字等材料，同步录入全区农村土地承包经营权确权登记管理系统。

8. 资料归档

按照2010年农业部、国家档案局颁发的《关于加强农村土地承包档案管理工作的意见》（农经发〔2010〕12号）文件要求，区、镇（街道）、村组分别整理相关资料进行归档。

（二）其他承包方式登记

采取招标、拍卖、公开协商等方式，依法承包农村土地的，当事人申请土地承包经营权确权登记，按照《农村土地承包经营权证管理办法》有关规定办理登记。对境外企业、组织和个人租赁农村集体土地，暂不予登记。开展其他承包方式登记参照家庭承包方式登记的相关程序办理。

（三）变更登记、注销登记

承包期内，因下列情形导致土地承包经营权发生变动或者灭失，根据当事人申请，区级农村土地承包管理部门依法办理变更、注销登记，并记载于土地承包经营权确权登记簿：

1. 因集体土地所有权变化的；

2. 因承包地被征收导致承包地块或者面积发生变化的；

3. 因承包农户分户等导致土地承包经营权分割的；

4. 因土地承包经营权采取转让、互换方式流转的；

5. 因结婚等原因导致土地承包经营权合并的；

6. 承包地块、面积与实际不符的；

7. 承包地灭失或者承包农户消亡的；

8．承包地被发包方依法调整或者收回的；

9．其他需要依法变更、注销的情形。

开展变更登记、注销登记参照家庭承包方式登记的相关程序办理。

三、妥善处理农村土地承包经营权确权登记中的具体问题

（一）关于农村土地承包经营权主体资格的界定问题

1．以下人员不作为家庭承包土地共有人对象：因征地而纳入被征地农民基本生活保障体系并获得相应补偿安置待遇的人员；通过农村土地承包经营权置换城镇社会保障而自愿承诺放弃土地承包经营权的人员；户口迁入村集体经济组织的寄住人员、暂住外挂人员；户口在村集体经济组织的国家机关、事业单位的编内工作人员及退休、退职人员；2004年6月1日前，发生征地时被安置到行政事业单位和各类企业并参加城镇企业社会保险的人员（征土工）；村集体经济组织提出讨论、公示、审定并报镇（街道）政府（办事处）确认的其他对象。

2．承包户家庭成员增减变化（婚丧嫁娶）的，在承包经营权证中增减共有人信息，原则上不调整该户承包地面积。但因长期以来人员变动较大，造成本村组承包地分配严重不均衡的，在尊重村民意愿的前提下，由集体经济组织成员主动提出并经集体经济组织决议一致确认重新调整的，可统一调整。

3．承包户符合分户条件并要求分户，集体经济组织具备条件的，则根据农户申请对承包地重新调整；若集体经济组织不具备重新调整农村承包地条件的，则在承包户原有承包地面积内，由农户自行分割，报集体经济组织重新签订承包合同，并按有关规定申请办理《农村土地承包经营权证》。

4．承包户家庭成员全部死亡绝户的，该承包户土地承包经营权资格自然灭失，土地收归村集体。

5．2003年全省推进户籍制度改革前，承包户全家迁入设区的市，并转为非农户口的，承包地依照承包法相关规定收归村集体。

6．村组承包地被征收后，可根据集体经济组织决议，核减因本次征地进入被征地农民基本生活保障体系农户的承包地面积，并将相应面积调整到承包地被征收但暂未纳入被征地农民基本生活保障体系的农户家庭中。

7．集体经济组织成员因历史原因未取得承包经营权，现申请承包地的，原则上不予安排，但经村集体经济组织全体成员同意，可通过机动地、复垦土地发包等方式进行安排。二轮承包期间，农户有书面依据放弃承包经营权的，不再予以确权登记。二轮承包期间，农户无书面依据放弃承包经营权现又重新主张要回的，若其行为不存在争议，则按照农户原有承包地面积予以确权登记；若其行为存在争议，则暂不登记，并在《土地承包情况调查表》中注明纠纷情况。

（二）关于承包地权属不明确的认定问题

对于承包土地在村民小组之间进行互换的行为，已签订明确协议的，按照协议办理。互换行为若未签订明确的文书，但属双方村民小组经民主讨论同意互换的，可按互换后的承包关系登记；双方或一方村民小组不同意互换的，则仍应按互换前的承包关系登记。因历史原因不同集体经济组织之间承包地相互借调的，原则上以借调前已确立的承包关系为依据，进行确权登记。

（三）关于承包地承包关系不明确的认定问题

1．对于缺乏历史依据，权属关系不清晰，矛盾纠纷难以调处的承包地，只开展调查登记不进行确权发证，并在《土地承包情况调查表》备注栏中注明矛盾纠纷情况，待争议解决后再确权登记。

2．对因土地承包经营权流转实行规模经营、土地整治等原因，导致大多数农户原有“四至”界限被打乱的，可在尊重农户意愿的前提下，采取按原有经营权证记载面积的比例分摊、经村集体组织决议后统一调整、建立土地股份合作社等方式进行确权。

3．集体经济组织内部农户之间进行了承包地互换、转让，如果互换、转让以后土地承包经营权没有纠纷的，可根据当事农户的申请，按照现有承包关系确权登记；若互换、转让双方未签订互换、转让合同，且存在纠纷的，暂缓登记。

4．对于转包、出租、入股、抵押等方式进行承包经营权流转的土地，按照原有承包关系进行登记，其流转关系继续履行流转合同的约定。

5．农户未经村集体经济组织同意，自行平整土地造成实际种植面积大于承包面积的，仍按原承包面积确权登记。对其实际种植未经发包的土地，可维持其经营现状，但集体经济组织作出决议另行安排的，则遵从集体安排。对以村民小组为单位统一平整土地增加的面积，可以追加发包面积，也可暂由村集体经济组织统一经营，并采取确利的方式确权到户。

锡山区人民政府关于推进示范家庭农场建设的意见

锡府发〔2014〕78号

（2014年12月5日）

开发区、商务区管委会，台创园管委会，各镇人民政府（街道办事处），区各办局，区各直属单位，驻区各条线单位：

为贯彻落实中央和省、市积极稳妥发展家庭农场、加快培育新型农业生产经营主体的相关文件精神，推动我区家庭农场规范有序发展，按照无锡市《家庭农场认定暂行办法》（锡委农发〔2013〕43号）和《示范家庭农场认定管理办法》（锡委农发〔2014〕23号）要求，结合锡山实际，现就推进示范家庭农场建设提出如下意见：

一、指导思想

深入贯彻落实党的十八届三中、四中全会精神，加快创新农业生产经营机制，坚持和完善农村基本经营制度，尊重和保障农户生产经营的主体地位，按照“积极稳妥、示范引导、强化服务、务求实效”的基本思路，进一步明确发展目标、确立示范标准，通过开展示范家庭农场建设活动，加大对家庭农场的培育扶持力度，促进家庭农场有序发展，全面提升农业经营的集约化、专业化、组织化、商品化水平，不断增强农业综合生产力、市场竞争力和可持续发展能力。

二、推进举措

按照“自愿申报、逐级审核、总量控制、公开择优、动态管理”的原则，积极开展示范家庭农场建设活动，评选一批产业特色鲜明、生产管理规范、示范带动性强的示范家庭农场，引导和促进全区面上家庭农场提高管理水平、综合效益和市场竞争能力。

（一）申报范围

锡山区域范围内经区农经部门认定、获颁证书的家庭农场。已评定为市级及以上示范家庭农场的，不再参与同一年度区级示范家庭农场的评选。

（二）评定标准

根据省、市对家庭农场发展提出的导向要求，设置6大类17项考评指标，实行百分制考评。

1．产业导向先进。①以粮食作物种植作为主要产业的，种植面积达到总承包土地或流转土地面积70%以上；参与“菜篮子”工程，承担市级蔬菜基地建设的项目；从事其他农业生产经营项目的，综合考虑产业导向、市场需求等因素评定得分；②生产经营注重创意设计、注重参与体验、注重文化挖掘，充分整合农村文化资源和特色优势，开发休闲观光、采摘体验、垂钓鲜食、农家乐等农业经营形式；③农场拥有或使用统一的注册商标，积极开展品牌创建、拥有自主品牌或从事无锡市知名农产品品牌的生产经营活动。

2．辐射带动强劲。①农场主长期、稳定、专业从事商品化农产品生产，积极吸纳本地劳动力到家庭农场中就业，对周边农户具有较好的示范引领作用；②发展农产品加工，拉伸产业链条，采用物流配送、电子商务等方式拓宽经营渠道；③农产品实现订单化销售，或有稳定的销售或农超、农社等对接渠道，与农业企业、专业合作社、行业协会等社会化服务组织通过保底收购、股份合作、利润返还等形式建立利益联结机制；④经济效益可观，家庭收入以家庭农场经营性收入为主，占80%以上；家庭农场的收入以从事农产品生产性收入为主，占80%以上，其中观光休闲类家庭农场的农产品生产性收入占农场总收入70%以上；家庭农场年纯收入在10万元以上，家庭农场从业人员年人均纯收入高于全区农民人均纯收入20%以上。

3．规模布局合理。①发展适度规模经营，其中从事粮食种植业的，土地规模在100～300亩；从事园艺业的，露天种植在50～150亩，设施栽培在25～50亩；从事养殖业的，水面养殖面积在80～150亩，非禁限养区范围内生态养殖猪、羊等年出栏500～2000头，肉禽年出栏2万羽～5万羽，蛋禽存栏5000～10000羽；从事种养结合的，主要产业规模达到上述标准下限的70%以上；②符合农业产业规划布局，整体规划设计合理，内部环境美观，基础完善、设施配套。

4．创新优势突出。①在农业生产过程中注重科技创新，引进应用新品种、新技术、新机具，生产农产品优质高效、附加值较高；②家庭农场固定从业人员具有较为过硬的专业技能，其中至少有1人经过农技相关培训或具有高中（或相当于高中）及以上文化程度；③农场管理方式先进，利用物联网等相关技术控制日照、灌溉、通风等作业，应用防虫网、杀虫灯、生物农药等病虫害绿色防控措施，加工、冷储、运销等设备设施完备。

5. 生态效益显著。①发展生态循环农业，从事种植业的家庭农场不使用对生态环境有污染、有公害、有破坏的肥料农药等生产资料，从事养殖业的家庭农场有标准化养殖场，取得《动物防疫条件合格证》，种养结合型家庭农场有较为完善的循环农业生产设备；②实现清洁生产，废弃物集中清理，粪污处理设施完善、处理到位，符合秸秆综合利用的相关要求，污染物排放达到环保要求。

6. 经营行为规范。①以家庭农场为主体进行自主经营、独立核算、自负盈亏，有独立的银行账户；②财务收支核算规范，生产投入品的采购和使用有详细记录，有较为规范的生产（初级加工）和销售记录；③经营行为规范，不随意违章搭建，无质量安全事故，无群众利益纠纷。对存在破坏耕地红线保护、污染环境等行为，以及因为经营行为不规范造成群众社会矛盾的，实行一票否决。

（三）申报程序

区级示范家庭农场评选认定按下列程序办理：

1. 自愿申报。对照区级示范家庭农场评定标准，由已获区农经部门认定的家庭农场根据规定要求，自愿向所在镇（街道）的农经部门提出申报。

2. 初审推荐。镇（街道）农经部门对提出申请的家庭农场进行实地踏勘，对申报材料的真实性进行审核并进行初评分，综合得分80分以上的，由镇（街道）农经部门向区农经部门推荐列入示范家庭农场候选名单并递交申报材料。

3. 评审认定。区农经部门会同相关部门成立评审小组，对家庭农场进行评议，综合得分排名前十位的评为当年度区级示范家庭农场。

申报区级示范家庭农场需提供以下材料：①锡山区示范家庭农场申报表；②《无锡市家庭农场证书》复印件；③家庭农场情况介绍（包括从业人员基本情况、家庭农场类型及规模、基础设施及技术装备、经营与销售状况、家庭收入等）；④农场主户籍证明材料；⑤土地流转、农业设施相关证明材料；⑥工商登记、注册商标相关情况材料（已工商登记注册的）；⑦产品认证、特色农产品、品牌产品生产销售相关情况材料；⑧其他证明材料。

（四）政策扶持

经评选认定的示范家庭农场，区农经部门向相关商业金融机构推荐成为信贷优先支持对象。区设立50万元专项扶持资金，每年评选10个区级示范家庭农场，适当进行财政奖补。财政奖补资金实行项目化管理，主要用于：补助农场内部生产性基础设施建设，包括修建农田道路、农田排灌设施、晒场、烘干、贮藏、棚舍设施、废弃物处理设施等；提高农业科技装备水平，包括购置农产品加工、整理、储存、保鲜、运销和检测仪器，以及农用机械设备等；强化农产品质量控制，包括开展标准化生产建设，申报质量标准认证，培育自主农产品品牌；参加相关农业生产技术和管理培训等。

（五）动态管理

对评选认定的示范家庭农场实行动态管理，发现有下列情形之一的，一经核实，取消其“锡山区示范家庭农场”称号，并在3年内不予评选认定：

1. 提供虚假材料或存在舞弊行为的；

2. 未按规定使用财政奖补资金的；

3. 因经营不善资不抵债破产、停止实质性生产或被兼并的；

4. 有较为严重的银行不良贷款记录的；

5. 发生重大安全生产事故和农产品质量安全事故的；

6. 违反国家有关政策，存在违法违纪行为的；

7. 发生其他严重问题的。

三、保障措施

发展家庭农场是培育新型农业主体、促进适度规模经营、构建新型农业经营体系的重要举措，对推动农村改革、促进农业发展和农民增收具有重要意义。家庭农场作为新生事物，还处在发展的起步阶段，当前的主要任务是引导支持其发展壮大，并在实践中逐步规范。全区各级各部门要加强对家庭农场各方面的服务保障，优化发展环境，为家庭农场持续健康发展创造条件。

（一）做好家庭农场登记认定。对照无锡市《家庭农场认定暂行办法》，结合全区农业生产环境实际情况，对农、林、牧、渔等不同类型家庭农场的规模、性质等予以规范，进一步明确家庭农场认定标准。对符合认定条件的家庭农场，严格按照农户申报、村级初审、镇级复核、区级认定、市级备案的程序进行登记、建档，并颁发《无锡市家庭农场证书》。在坚持群众自愿的原则下，鼓励家庭农场向工商行政管理部门申请登记注册，申领营业执照，确认合法市场主体资格地位。

（二）健全土地流转服务机制。进一步完善区镇村三级土地流转服务体系，积极开展土地流转政策咨询、供求信息、合同指导、价格协调、纠纷调解等服务，引导农民土地向家庭农场等新型农业发展主体有序流转。鼓励农民委托村委会统一进行土地流转，由家庭农场经营者与村委会签订流转合同，促进土地连片集中，推进适度规模经营。引导家庭农场经营者通过实物计租货币结算、租金动态调整、土地经营权入股保底分红等利益分配方式，稳定土地流转关系，增强家庭农场经营的稳定性与长远性。

（三）强化社会服务体系建设。根据家庭农场生产经营特征，大力发展具有针对性的专业服务，为家庭农场的发展创造有利条件。把家庭农场作为农业技术推广和社会化服务的主要对象，为家庭农场提供科技服务、质量检测、加工营销等方面的服务，提高家庭农场的经营生产水平。鼓励家庭农场开展合作经营、共同经营、委托经营，联合组建合作社，进一步提升农业经营的社会化、组织化程度。

（四）加强家庭农场人才支撑。加大对家庭农场经营者的培训力度，确立目标、丰富内容、增强实效，有计划有步骤地开展培训，造就一批有文化、懂技术、善经营、会管理的家庭农场经营者。完善相关政策措施，鼓励中高等学校特别是农业职业院校毕业生、新型农村实用人才、务工经商返乡人员、市场经纪人等兴办家庭农场，投身现代农业开发。引导从事同类农产品生产的家庭农场经营者组建行业协会，加强相互交流与联合，带动其他农户共同发展。

（五）引导家庭农场规范发展。发展家庭农场要务求实效，杜绝形式主义，避免一哄而上，防止片面追求数量和规模。根据本地资源禀赋和产业优势，科学制定家庭农场发展规划，积极发展切合本地实际、体现地域特点的家庭农场。引导家庭农场加强科技创新力度，集成运用新品种、新技术、新模式，培育特色优势产业，形成“一场一品”“多场一品”的特色农场经济。充分运用各种宣传媒体，大力宣传鼓励家庭农场发展的政策措施，树立典型，示范带动，营造发展家庭农场的浓厚氛围。

（附件略）

【锡山区非物质文化遗产】

锡剧《骗婚记》在东方欢乐城演出　　（区文体局 供稿）

锡 剧

羊尖是锡剧发源地之一，它是起源于江南农村的民间艺术，至今有100多年的历史。1952年定名为锡剧。锡剧广泛流传于江浙沪地区，是中国江南戏曲文化艺术的瑰宝，被誉为“太湖一枝梅”，并有“中国有江南，江南听锡剧”的说法。著名剧目有传统戏《珍珠塔》《孟丽君》和现代戏《白丹山》《红霞》等。锡山区有锡剧社团18个，有着浓厚的群众基础。锡剧属传统戏曲，于2014年被列入无锡市第一批非物质文化遗产保护项目扩展名录。

索 引

Index

厚桥街道社区卫生服务中心　　（孙建光 摄）

说明：（1）本索引采用主题分析法编制，也有部分选用关键词。（2）本索引设有条目索引、表格索引、随文图片索引三个分目。按标引词首字的汉语拼音音序排列，首字相同按第二字音序排列，依次类推。（3）标引词后的阿拉伯数字表示内容所在的页码，数字后面的a、b、c表示栏别，即a为左栏，b为中栏，c为右栏。在表格索引和随文图片索引中，索引主题词后只标注页码。

条目索引

A

B

C

D

E

F

G

H

J

K

L

M

N

P

Q

R

T

W

X

Y

Z

表格索引

A

C

D

E

随文图片索引

A

B

C

D

E

F

G

H

J

T

W

X

Y

Z

编辑：孙剑光